4.   Lo siento.

5.   —Con (su) permiso.
     —Sí, cómo no.

6.   ¡Cuidado!

7.   —¡Salud!
     —Gracias.

8.   ¡Ay!

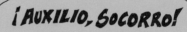

9.   ¡Auxilio, socorro!

DOS
mundos

This third edition of *Dos mundos* is lovingly dedicated to
Tracy D. Terrell, who died on December 2, 1991. Tracy was an
inspirational mentor, colleague, and friend to many of us in the
foreign-language teaching profession. His boundless energy and
enthusiasm, his wit, and his brilliance, both inside and outside
the classroom, are reflected in the pages of *Dos mundos*. When we
teach with *Dos mundos*, we are reminded of his wonderful
contributions to teachers and students of foreign languages.

THIRD EDITION

DOS mundos

Tracy D. Terrell
Late, University of California, San Diego

Magdalena Andrade
California State University, Long Beach

Jeanne Egasse
Irvine Valley College

Elías Miguel Muñoz

McGraw-Hill, Inc.
New York   St. Louis   San Francisco   Auckland   Bogotá   Caracas
Lisbon   London   Madrid   Mexico City   Milan   Montreal   New Delhi
San Juan   Singapore   Sydney   Tokyo   Toronto

This is an  book.

Dos mundos

This book is printed on acid-free paper.

4 5 6 7 8 9 0   VNH VNH   9 0 9 8 7 6 5

ISBN 0-07-063865-9 (Student Edition)
ISBN 0-07-063866-7 (Instructor's Edition)

The editors were Thalia Dorwick, Vincent Smith, and Richard Mason.
The production supervisor was Diane Renda.
Production and editorial assistance was provided by Edie Williams.
Illustrations were by Sally Richardson.
The design manager was Francis Owens.
The text and cover designer was Juan Vargas.
The cover photo illustrator was Harry Roolaart.
The photo researcher was Stephen Forsling.
This book was set in Janson by GTS Graphics.
This book was printed and bound by Von Hoffman Press.

Library of Congress Cataloging-in-Publication Data

Dos mundos : a communicative approach / Tracy D. Terrell . . . [et al.].
   3rd ed.
      p.   cm.
   Includes index.
   ISBN 0-07-063865-9 / 0-07-063866-7
   1. Spanish language—Textbooks for foreign speakers—English.
I. Terrell, Tracy D.
PC4129.E5D67   1993
468.2'421—dc20   93-20783
                                                CIP

Grateful acknowledgment is made for use of the following:

Photo credits: Page 1 © Robert Frerck/Odyssey Productions; **4** © Peter Menzel; **8** © Owen Franken; **16** © Robert Frerck/Odyssey Productions; **33** © Bob Daemmrich/Stock, Boston; **49** © Chip and Rosa Maria de la Cueva Peterson; **55** © Owen Franken/Stock, Boston; **62** © Allsport; **63** © Polly Hodge; **73** © Robert Frerck/Tony Stone Images; **80** © Stuart Cohen/Comstock; **83** © Peter Menzel; **85** © Bob Daemmrich/Stock, Boston; **87** © Robert Frerck/Tony Stone Images;

(*continued on page 584*)

Contents

La clase y los estudiantes   1

Las descripciones   16

Mi familia y mis amigos 33

Los datos personales y las actividades favoritas 49

Mis planes y mis preferencias 73

La residencia 178

Las experiencias 207

Los consejos y el comportamiento social   413

El futuro   440

To the Instructor

Welcome to the third edition of *Dos mundos!* We are encouraged by the positive feedback we have received from instructors using both the first and second editions. Many of you have written that *Dos mundos* has allowed you to do what you have always wanted to do in the classroom—to enjoy teaching and to help your students enjoy acquiring Spanish. *Dos mundos* offers an exciting alternative to the methodology of most Spanish-language textbooks available in the United States today. The success of the second edition has convinced us that many instructors are eager to apply the Natural Approach in their classroom.

What Has Changed in the Third Edition?

Those of you who have used the first and/or second edition of *Dos mundos* know that it is a special kind of text. When we asked for your suggestions for this revision, most of you replied that you liked the text just as it was. Don't worry; we haven't changed our basic concept. The **Actividades orales** remain the core of our program; grammar is still an adjunct, an aid in the language acquisition process. Even though a number of the chapters have been reorganized, you will recognize most of them from the previous editions.

Actividades orales

We have preserved most of the **Actividades orales,** because you asked us not to change them substantially. We did substitute new activities for a few in keeping with current topics of student interest.

- The number of **Pasos** has been expanded from two to four to allow for the acquisition of more manageable amounts of material in the early stages.
- New activities and readings based on authentic realia have been provided.
- There are more visual activities.
- A new theme—environment and ecology—has been added to the geography and climate chapter.
- The two travel chapters have been combined into one.
- In the Narration series activities there are more frames. We have also included a **Palabras útiles** section with sequencing words to help students comprehend and produce connected discourse.
- We have expanded preference activities to include an **Y tú, ¿qué dices?** section to allow for more student-to-student interaction.
- We have reduced the amount of chapter vocabulary.

Lecturas and Notas culturales

- There are two new reading sections, which feature the culture and the geography of the Hispanic world:

  El mundo hispano... imágenes: selections consisting of a photograph and one or two paragraphs that focus on specific areas of the Hispanic world

  El mundo hispano... su gente: first-person accounts of life and culture in Spanish-speaking countries

- Maps teach students geography by highlighting countries and cities mentioned in **Lecturas, Notas culturales,** and **El mundo hispano... su gente.**
- We have included new authentic literary selections.
- New post-reading activities include the following:

  Comprensión: innovative questions

  Ahora... ¡usted!: personalized questions

  Un paso más... : this engages students' creativity (it is also easily adapted to writing assignments)

Gramática y ejercicios

- Explanations are now easier to read and lend themselves readily to self-study.
- Grammar in the **Pasos** and in the second part of the book has been slightly reorganized.
- Margin notes give students hints or quick overviews of grammar points. For example, "**ser** = origin; **estar** = location" appears in the margin beside the more involved introduction of **ser** and **estar**.
- Grammar headings now have functional labels whenever appropriate. For example, Actions in Progress: Present Progressive tells students what the present progressive does.
- Some grammar exercises that required production have been replaced by ones that require recognition only.
- More graphics have been included to provide more visual appeal.
- **Vosotros/as** verb and pronoun forms are now included in all paradigms.
- The third edition continues to recycle grammar topics so that students keep hearing and using grammar presented in previous chapters.
- Simple introductions to **-ar** and **-er/-ir** verbs are now in **Pasos C** and **D** and precede the introduction of **gustar** + *infinitive.*
- The present tense is reentered more completely in Chapters 2 and 3.
- New grammar sections include Narration of Past Experiences, Present Perfect, Imperfect, Preterite (Chapter 11), and Subjunctive Summary (Chapter 16).

Instructor's Edition

- Expanded and rewritten Instructor's Notes give specific ideas on how to use the **Actividades orales** and make it easier for beginning instructors and teaching assistants to use *Dos mundos.*

- Instructor's Notes now include references to activities in the *Instructor's Resource Kit* appropriate to the topic.

Cuaderno de trabajo (Workbook/Lab Manual)

- The **Actividades de comprensión** have been shortened.
- Recorded read-along fairy tales, legends, and stories have been included in each chapter, beginning with Chapter 2.
- Recorded material now includes chapter vocabulary lists.

What Components Are Provided in this Edition?

Like the second edition of *Dos mundos*, the third edition includes a complete package of instructional materials for beginning Spanish courses whose primary goal is proficiency in communication skills. The package provides both oral and written activities that can be used as a starting point for communication. These materials are designed to encourage you and your students to feel free to interact in Spanish as naturally and as spontaneously as possible.

The student text consists of four preliminary chapters (**Pasos A–D)** and sixteen regular chapters. All chapters are organized by topics that are essential to communication at the beginning level and are supported by a wide variety of cultural materials that provide a context for language acquisition. Each regular chapter is divided into three parts:

- **Actividades orales y lecturas**   The **Actividades orales** are intended for listening comprehension and oral communication in the classroom. **Lecturas** are included in this section as well, keyed to the topic of each subsection.
- **Vocabulario**   This is a reference list of most new vocabulary introduced in the displays and activities.
- **Gramática y ejercicios**   This part provides concise explanations of grammar and usage plus short student-verification exercises.

The organization of the *Cuaderno de trabajo* (Workbook/Lab Manual) corresponds to that of the main text: **Pasos A–D** and sixteen chapters. Each chapter consists of four sections:

- **Actividades de comprensión** (coordinated with tapes)
- **Ejercicios de pronunciación y ortografía** (coordinated with tapes)
- **Actividades escritas**
- **Lecturas adicionales**

The instructional program also consists of the following components, which include some new features in this edition:

- The *Instructor's Edition*, whose marginal notes contain pre-text activities and suggestions for using and expanding the student text materials. These notes also provide teaching hints and references to the supplementary activities in the *Instructor's Resource Kit*.

- The *Instructor's Manual*, which provides a general introduction to the Natural Approach and to the types of acquisition activities encountered in the program. This separately bound manual also provides step-by-step instruction in how to teach the four **Pasos.** The *Instructor's Manual* suggests many pre-text activities designed for use before doing the oral activities and readings, as well as other ways to implement the Natural Approach.
- The *Test Bank*, which contains tests of listening comprehension (with testing tapes), reading, vocabulary, and grammar for each chapter. The *Test Bank* includes suggestions for testing oral achievement and writing skills, and presents two types of test items. One type could be considered "objective" and comprises multiple choice, true/false options, and sentence completions. The other is more personalized, contextualized, and open-ended. The *Test Bank* is also available as a computerized testmaker in IBM-PC and Macintosh formats.
- The *Audio Program*, with newly recorded oral texts including legends, fairy tales, and stories from the *Cuaderno de trabajo* that support the topics and functions of each chapter of the student text. The program also includes pronunciation exercises and chapter vocabulary.
- The *Tapescript*, containing the text of all recorded materials in the *Cuaderno de trabajo.*
- A set of full-color *Overhead Transparencies*, displaying much of the art of the student text, color maps, and other items.
- Three different *sets of slides* showing the Hispanic world, along with discussion questions and activities.
- The *McGraw-Hill Electronic Language Tutor* (*MHELT*), a newly upgraded software program based on the text's grammar exercises. It is available in IBM-PC and Macintosh formats.

What Components Are New to this Edition?

- The *Instructor's Resource Kit*, which contains the following supplementary activities and games that correspond to themes in the **Pasos** and regular chapters: TPR, **Veinte preguntas, Lotería, Búscalo tú, Entrevista, Actividad de firma, Interacción, Crucigrama, Encuesta,** and **¿Qué falta en este dibujo?**
- The *Training Video*, which demonstrates how to use *Dos mundos* and the Natural Approach in a variety of classroom settings.
- The *Destinos Video Modules*, which contain footage from the popular "Destinos" television series, as well as original footage shot on location. The *Modules* offer high-quality video segments on vocabulary, functional language, situational language, and culture. A videodisc version will also be available.
- The *¡Bravo!* picture file, 100 color photographs arranged thematically and designed to stimulate conversation in the classroom.
- The innovative series of readers comprising *The Storyteller's Series*, which is designed for advanced-beginning or intermediate students and which includes high-interest fiction. Novellas and short stories will be featured, as well as a comic-strip reader appropriate even for beginners.
- A cassette tape featuring recordings of some of the readings found in the student text (**Lecturas, El mundo hispano... su gente,** and **Notas culturales**).

- The *McGraw-Hill Video Library of Authentic Spanish Materials*, which consists of several volumes of video materials.

Theory

The materials in *Dos mundos* are based on Tracy D. Terrell's Natural Approach to language instruction, which in turn relies on Stephen D. Krashen's theoretical model of second-language acquisition. That theory consists of five interrelated hypotheses, each of which is mirrored in some way in *Dos mundos*.*

1. The *Acquisition-Learning Hypothesis* suggests that we have two independent ways of developing language ability:

- Language *acquisition* is a subconscious process; that is, we are not aware that it is happening. In addition, once we have acquired a segment of language, we are not usually aware that we possess any new knowledge; the knowledge is subconsciously stored in our brains. Research strongly supports the view that both children and adults can subconsciously acquire language.
- Language *learning* is a conscious process; when we are learning, we know we are learning. When we talk about "rules" and "grammar" we are usually talking about learning.

2. The *Natural Order Hypothesis* states that we acquire parts of a language in a predictable order. Some grammatical items, for example, tend to be acquired early while others are acquired late. The natural order appears to be immune to deliberate teaching; we cannot change the natural order by explanation, drills, and exercises.

3. The *Monitor Hypothesis* attempts to explain how acquisition and learning are used. We normally produce language using our acquired linguistic competence. The main function of conscious learning is as a "monitor" or editor. After we produce language using the acquired system, we sometimes inspect it and use our learned system to correct errors. This can happen internally before we speak or write, or as self-correction after we produce a sentence.

4. The *Input Hypothesis* proposes that we acquire language when we understand messages, or obtain *comprehensible input*. Comprehensible input can be aural or written. In fact, there is growing evidence that reading is a very good source of comprehensible input. According to the *Input Hypothesis*, production (talking and writing) is a *result* of language acquisition, not a cause.

5. The *Affective Filter Hypothesis* suggests that attitudes and feelings do not impact language learning directly but can prevent students from acquiring language from input. If a student is anxious or does not perceive the target culture in a positive light, he or she may understand the input but a psychological block (the *Affective Filter*) will prevent acquisition.†

---

*Portions of this section and the next are quoted by permission from Stephen D. Krashen, *Fundamentals of Language Acquisition*, Laredo Publications, 1992.

†For more detailed information see the section on theory in the *Instructor's Manual*. See also Stephen D. Krashen and Tracy D. Terrell, *The Natural Approach: Language Acquisition in the Classroom*, Prentice Hall, 1983.

The Natural Approach and *Dos mundos*

The principles of the Natural Approach follow from the preceding hypotheses:

1. *The primary goal of the Natural Approach classroom is to provide aural and written comprehensible input,* the components necessary for language acquisition. However, *Dos mundos* does develop both acquired and learned knowledge.

ACQUISITION	LEARNING
Actividades orales	**Gramática y ejercicios**
Lecturas y Notas culturales	**Actividades escritas**
Actividades de comprensión	**Ejercicios de pronunciación y ortografía**

The input provided by the instructor during the **Actividades orales** and the input received from reading the **Lecturas** contribute to students' acquired knowledge. A grammatical syllabus similar to those in other beginning Spanish textbooks is the basis for the **Gramática y ejercicios** section, but activities that encourage the acquisition of grammar are spread out over several chapters.

2. *Comprehension precedes production.* The ability to produce language is the result of acquisition. Thus, students' ability to use new vocabulary and grammar is directly related to the opportunities they have had to listen to and read that vocabulary and grammar in meaningful and relevant contexts. Opportunities to express their own meanings must follow comprehension.

3. *Speech emerges in stages. Dos mundos* allows for three stages of language development:

Stage 1: Comprehension
Stage 2: Early speech
Stage 3: Speech emergence

The activities in **Paso A** are designed to give students a chance to develop initial comprehension ability without being required to speak Spanish. The activities in **Paso B** are designed to encourage the transition from comprehension to an ability to respond naturally in single words. By the end of **Pasos C** and **D**, most students are making the first transitional steps from short answers to longer phrases and complete sentences. Students will continue to pass through these same three stages with the new material of each chapter; vocabulary and structures presented in **Paso D** may not be fully acquired until Chapter 5 or even later. The **Pre-text** and **Additional Activities** in the *Instructor's Edition,* the **Actividades orales** and **Lecturas** in the student text, and the **Actividades de comprensión** in the *Cuaderno de trabajo* all provide opportunities to understand Spanish before production is expected.

4. *Errors in form are not corrected in classroom activities that are aimed at acquisition.* We expect students to make many errors as speech emerges. Given sufficient exposure to Spanish, these early errors do not become permanent, nor do they affect students' future language development. We recommend correcting only factual errors and responding naturally to students' communication, expanding only when it feels normal and natural to do so. (Students may correct their responses to the self-study grammar exercises using the key in the back of the text.)

5. *Students acquire language only in a low-anxiety environment.* A low-anxiety atmosphere is created when the instructor provides students with truly interesting, comprehensible input and does not focus excessively on form. *Dos mundos* tries to create a positive classroom atmosphere by encouraging student interest and involvement in two sorts of activities: those relating directly to students and their lives, and those relating to the Hispanic world. Hence, the *"Dos mundos"* of the title. Input and interaction in these two areas will create a classroom environment wherein the instructor and students feel comfortable listening and talking to one another.

6. *Group work encourages interaction and creates classroom community.* In a Natural Approach classroom students are encouraged to speak and interact. Group work provides more opportunities for students to interact in Spanish during a given class period and helps create a sense of classroom community that is very conducive to communication.

7. *Speaking helps language acquisition* indirectly *in several ways.* Speaking encourages comprehensible input via conversation. It also gives students the positive feeling of engaging in real language use. Speaking helps create a sense of community as the instructor and students share opinions and information about themselves.

8. *Knowledge of grammar does not contribute to second-language fluency.* Although *Dos mundos* focuses on acquisition through oral, listening, and written activities, there are practical reasons for grammar study. It can lead to a greater appreciation of the structure of language and can be a good introduction to the field of linguistics. Also, some language students derive great satisfaction when they learn about what they are acquiring. Finally, very adept language learners can utilize grammatical knowledge to make the input they hear and read more comprehensible.

9. *The goal of the Natural Approach is proficiency in communication skills: listening, reading, speaking, and writing.* Proficiency is defined as the ability to understand and convey information and/or feelings in a particular situation for a particular purpose. Grammatical accuracy is one part of communicative proficiency, but it is not a prerequisite.

Student Materials

Each of the sixteen chapters opens with the **Actividades orales y lecturas,** which are intended to stimulate the acquisition of vocabulary and grammar. The following types of oral activities are repeated from chapter to chapter.

- TPR (Total Physical Response) Activities
- Student-centered input
- Photo-centered input
- Association activities
- Model dialogues
- Personal opinion activities
- Matching activities
- Interviews
- Interactions
- Definitions
- Narration series
- Open dialogues
- Situational dialogues
- Discussions
- Authentic texts taken from newspapers and magazines

The **Vocabulario** follows each **Actividades orales y lecturas** section; it contains most of the new words that have been introduced in the displays and activities. Students should *recognize* these words when they are used in a clear communicative context. Many will also be used *actively* by students in later chapters as the course progresses.

The third edition places renewed emphasis on the acquisition of Spanish through reading. Readings are found toward the end of each **Actividades orales y lecturas,** and in the **Lecturas adicionales** of the *Cuaderno de trabajo*. Although a first-year course is not the place to lecture on literature, we have included authentic texts because many students find them interesting and are encouraged by the idea that they can read real literature in a foreign language.

There are several categories of readings in *Dos mundos:*

- **Los amigos hispanos**
- **Los vecinos**
- **Notas culturales**
- **El mundo hispano... imágenes**
- **El mundo hispano... su gente**

- Journalistic texts
- Fiction
- Poetry
- Advertisements

The **Gramática y ejercicios** sections are visually distinguished by means of a blue color screen, for ease of study and quick reference. This component contains brief explanations followed by short verification exercises. (The answer key to the grammar exercises is in Appendix 3.) The purpose of the exercises is for students to verify that they have understood the explanation; we do not believe that students acquire grammar by doing exercises. Most new topics in the **Actividades orales y lecturas** sections begin with references (marked *Lea Gramática...*) to the pertinent grammar section(s) of the chapter. All activities can be done without previous grammar study, and it is desirable to do all **Actividades orales** in a purely communicative way, with both instructor and students focusing entirely on the meaning of what is being said. Spelling and pronunciation rules and practice are also found in the *Cuaderno de trabajo*. The last four chapters present advanced grammar topics and are optional for first-year programs.

Cuaderno de trabajo

The Workbook/Lab Manual contains both acquisition activities and learning exercises for study outside the classroom.

The **Actividades de comprensión** are recorded oral texts of various sorts.

- dialogues
- narratives
- commercial announcements
- fairy tales, legends, and stories
- newscasts
- interviews

Each oral text is accompanied by a list of new vocabulary, an illustration that orients students to the content, and comprehension questions. The latter help students determine whether they have understood the main ideas (and some supporting detail) of the recorded material.

The **Ejercicios de pronunciación** and the **Ejercicios de ortografía** provide explanations of the sound and spelling system as well as additional practice in pronunciation and spelling.

The **Actividades escritas** are writing activities coordinated with the topics of the **Actividades orales** and with the **Gramática** of the main text.

Acknowledgments

A special note of thanks is due Stephen D. Krashen for his role as consultant for second-language-acquisition theory, and for his expert annotated reading and suggestions for rewriting the grammar explanations, the *Instructor's Notes*, and the *Instructor's Manual*. Dr. Krashen gave us many valuable insights into creating more natural activities and providing more comprehensible input for students in both listening and reading components.

We would also like to thank Karen Christian (University of California, Irvine) for her tireless efforts on the *Instructor's Resource Kit*, and Polly Hodge (University of California, Irvine) for her exciting suggestions about the readings and reading activities. Nancy McCarty (California State University, Northridge) deserves special thanks for her valuable contributions to the grammar component of the third edition. We are also grateful for the annotated readings of the second edition of *Dos mundos* provided by Joseph Goebel of Temple University. Special thanks also go to Beatrice Tseng (Irvine Valley College) for her valuable comments on the latter portion of the text.

The authors would like to express their gratitude to the many members of the language-teaching profession whose valuable suggestions contributed to the preparation of this revised edition. The appearance of their names here does not necessarily constitute an endorsement of the text or Natural Approach methodology.

María Teresa Álvarez
Miami Dade Community College, South Campus

Mercedes Argüello
East Carolina University

Louise Arias
North Country Community College

Penny Armstrong
Pittsburg State University

Concepción Barba de Godev
College of Charleston

Linda-Jane Barnett
Ball State University

Sue L. Bectoleit-Valdez
Temple Junior College

Ruth Bell
University of Delaware

Carol Beresiwsky
Kapiolani Community College

Frances Meuser Blincow
University of Minnesota

William Boyer
West Liberty State College

Estelita Calderón-Young
Collin County Community College

Ramiro F. Canto-Lugo
Yuba Community College

Dick Carlson
Southern Utah University

Walter Chatfield
Iowa State University

Pat Chaves-Pickett
Skagit Valley College

Ben Christensen
San Diego State University

Larry Collins
College of St. Catherine

Kenneth W. Cook
Hawaii Pacific University

James W. Cooper
Maryville University

Kris Cropsey
University of Minnesota

Sylvie Davis
Morgan Community College

Octavio de la Suaree
William Paterson College

Karen Eberle-McCarthy
Mt. St. Mary College

Rosa Fernández
University of New Mexico

James F. Ford
University of Arkansas

Herschel Frey
University of Pittsburgh

Jeanne Gabriel
University of Minnesota

Rita M. Gargotta
York College of Pennsylvania

Marta Garza
Oxnard College

Nora González
University of Iowa

Barbara González-Pino
University of Texas, San Antonio

Elaine H. Griffin
College of Charleston

Charles Grove
University of Pittsburgh

Franco Guidone
Diablo Valley College

Robert M. Hammond
Purdue University

Jeannette Harker
Florida Atlantic University

Patricia Harpstrite
Leeward Community College

Helga N. Hill
East Carolina University

Margarita E. Hodge
Northern Virginia Community College

Ray E. Horst
Eastern Mennonite College

Laurie Huffman-Ojeda
Los Medanos College

Phil Jaramillo
Adams State College

Kathryn E. Kelly
Riverside Community College

Monica Kenton Morales
University of Minnesota

Jeff Kirsch
Tulane University

Joyce Lider
North Idaho College

Janie Lindquist
College of the Ozarks

Silvia L. López
University of Minnesota

María Concepción Lucas-Murillo
Black Hawk College

Nancy J. McCarty
California State University, Northridge

Lourdes R. Mallis
Keene State College

James C. Maloney
University of Texas-Pan American

María Angeles Martín-Morán
University of Minnesota

Edward H. Mayer
University of Utah

Frances H. Mecartty
University of Illinois, Urbana-Champaign

Cindy Medina
York College of Pennsylvania

Olga Mendell
D'Youville College

Melodee Metzger
University of Hawaii

Clara Mojica-Díaz
University of Texas, Arlington

Linda Morgan
Arizona Western College

Martha J. Nandorfy
University of Calgary

John L. Nesgoda
Carlow College

Garth Olsen
Ricks College

Helmut Ott
Southern College of Seventh-Day Adventists

Bert Patrick
Pittsburg State University

Ana Piffardi
Eastfield College

D. Curtis Pulsipher
Ripon College

M. Mercedes Rahilly
Lansing Community College

Tony Rector-Cavagnaro
Cuesta College

Melvyn C. Resnick
University of North Carolina at Charlotte

Doug Rice
Blue Mountain Community College

Vincent J. Riggs
Pima Community College

Joyce Robles
Fergus Falls Community College

Edmee F. Rodríguez
Emporia State University

Víctor J. Rojas
State University of New York, Brockport

Delia Sánchez
Phoenix College

María Sandoval
Mills College

Elsa Saucedo
Long Beach City College

Patricia Schroeder
University of Minnesota

Nancy Shearer
Cuesta College

Jane Simon
University of Minnesota

Donna Skoar
Concordia College, Moorhead

Jerry Smartt
Friends University

Karen L. Smith
University of Arizona

Domenico Sottile
College of the Desert

Micky Stiewe
Inver Hills Community College

Susan Taylor
University of Tampa

Marjorie Tello
Colorado State University

Phillip B. Thomason
Pepperdine University

Reid F. Tillery
St. John's River Community College

Germán Torres
Spokane Falls Community College

Mary Patricia Trenkle
East Texas State University

Jan Underwood
Portland Community College

Susan McMillen Villar
University of Minnesota

Helene Weldt
Fordham University

June White
Trinity College and the Gailer School

John Wilhite
Middle Tennessee State University

Edwin Williams
San Francisco State University

Lucy G. Willis
Texas Southmost College

Dolly Young
University of Tennessee

Patricia R. Zuker
University of California, San Diego

Many other people participated in the preparation of the third edition of *Dos mundos*. We feel deeply indebted to Thalia Dorwick for her care and support. As editor of the first edition, Thalia gave the text its initial push and continues to be an adviser on all major decisions regarding changes. Now, as our publisher, she provides us with countless resources, much needed guidance, and most important, the freedom to write the book we want to write. Our third-edition editor, Vincent Smith, did a wonderful job discovering and resolving problems and fine-tuning the manuscript.

We would also especially like to thank the McGraw-Hill editor, Richard Mason, as well as Mark Porter and Diane Renda for their excellent work on this complex project, and for their patience and perseverance. Special thanks go to our artist, Sally Richardson, who breathed life into more than fifty characters and who turned complex art specifications into instant images. In addition, we wish to thank Laura Chastain (El Salvador), María José Ruiz Morcillo (Spain), and María Sandoval (Mexico) for their help with questions of language usage and cultural content in the final manuscript. And finally we would like to thank each other for many years of moving the Natural Approach from idea into print. If we have made a meaningful contribution to the evolution of textbook materials and to the course of Spanish-language teaching, it will have been worthwhile.

To the Student

The course you are about to begin is based on a methodology called the Natural Approach. It is designed to help you develop your ability to understand and speak everyday Spanish; you will also learn to read and write Spanish.

Researchers have distinguished two ways of developing ability in another language: *language acquisition*, which is a subconscious process ("picking up" a language), and *language learning*, which is conscious (learning the rules). *Language acquisition* gives us our fluency and much of our accuracy in speaking, and our ability to understand authentic language when we hear it. *Language learning* is limited; it helps us edit our speech and writing. The **Actividades orales y lecturas** of *Dos mundos* will help you acquire Spanish through listening to your instructor and through interaction with your instructor and your classmates. The **Gramática y ejercicios** and the **Actividades escritas** will help you to learn Spanish and to apply the rules you have learned. Our goal in *Dos mundos* is to help you *acquire*, not just to help you learn. *Language acquisition* takes place when we understand messages, when we understand what we read or what we hear. The best ways for you to improve your Spanish are to listen to it and read it!*

Classes using *Dos mundos* provide you with a great deal of language you can understand. Your instructor will always speak Spanish to you and will use gestures, photos, real objects, and sound effects to help you understand. To get the most out of a class session, you only need to think about *what* the instructor is saying. You do not have to think *consciously* about grammar or try to remember all the vocabulary that is being used.

Dos mundos will also provide you with opportunities for reading. The more reading you do, the better your Spanish will become. When you are reading, just pay attention to the message. You do not have to know every word or figure out every grammatical construction.

You will have many chances to speak Spanish in the classroom, both with your instructor and with your classmates. Keep in mind that when you speak Spanish you will make mistakes. The best way to eliminate these errors is not to worry and think hard about grammar when you speak, but to continue to get more language input through listening, conversation, and reading. In time, your speaking will become more accurate.

---

*For a more in-depth treatment of *acquisition* and *learning* you may want to read the preceding section, *To the Instructor.*

Getting Acquainted with the Materials

The Textbook

	WHAT IS IT?	HOW WILL IT HELP?
Actividades orales	Oral activities done in class with instructor and classmates.	Give you opportunities to listen to, interact in Spanish.
Lecturas y Notas culturales	Short readings on interesting topics or topics relevant to the Hispanic world. For class or homework.	Allow you to acquire Spanish and help you learn about the Spanish-speaking world.
Vocabulario	A list of the important words from the **Actividades orales.**	Use as a reference or to review vocabulary.
Gramática y ejercicios	Explanations and examples of grammar rules followed by exercises, at ends of chapters.	For self-study and reference. Refer to grammar to edit your writing.
Appendix 1	Verb charts of regular and irregular verbs in all tenses.	Reference.
Appendix 2	Grammar Summary Tables. Summaries of major grammatical points introduced.	Reference.
Appendix 3	Key to grammar exercises.	Use to check your answers.
Vocabulary	Compilation of all vocabulary in *Dos mundos.*	Reference.

Cuaderno de trabajo (Workbook/Lab Manual)

	WHAT IS IT?	HOW WILL IT HELP?
Actividades de comprensión	Authentic listening activities for use outside class. Most activities have short comprehension questions.	Provide you with opportunities to listen to and acquire Spanish outside the classroom.
Ejercicios de pronunciación y ortografía	Taped pronunciation and spelling exercises.	An introduction to the spelling and pronunciation of Spanish.
Actividades escritas	Written activities usually done outside class. Coordinated with chapter theme, grammar.	Allow you to express yourself in writing and let your instructor see your progress.

	WHAT IS IT?	HOW WILL IT HELP?
Lecturas adicionales	Additional readings; may be done in class, as homework, or read for pleasure.	Allow you to acquire more Spanish through reading outside class.
Answer Keys	Answers to the taped **Actividades de comprensión** and some **Actividades escritas.**	Give you quick feedback on comprehension and written activities.

Using *Dos mundos:* Tips for Success

Actividades orales

During these in-class activities you should concentrate on the topic rather than on the fact that Spanish is being spoken. Remember that you will progress faster when you are focused on understanding something or when you are using Spanish to talk about a topic of interest to you. The point of these oral activities is to develop natural conversations, not just to get through the activity. Expand on the activity items. Don't rush through them; allow your partner to communicate with you and try to focus on the ideas and content. It isn't even necessary to finish every activity; as long as you are understanding and interacting in Spanish, you will acquire the language. Some students have reported that it is helpful to look over an activity before doing it in class. Others have suggested that a quick before-class preview of the new words be used to make it easier to participate in the activity.

It is important to relax during the oral activities. Don't worry if you don't understand every word your instructor says; just concentrate on getting the main idea. Nor should you worry about making mistakes. You will make fewer mistakes as your listening skills improve, so keep making every effort to understand. Keep your sentences simple, direct, and to the point. Don't expect to be able to express yourself as well as in your native language. Don't worry about your classmates' mistakes either. Some students will acquire Spanish more rapidly than others, but everyone will be successful in the long run. For now, minor grammatical or pronunciation errors do no harm. Always listen to your instructor's feedback when he or she comments on the communication or rephrases what a student has said in a more complete and correct manner. This is not done to embarrass anyone, but to give the entire class the chance to hear more Spanish spoken correctly.

Finally, speak *Spanish;* avoid English. If you don't know a word in Spanish, try another way of explaining yourself. Use gestures or act things out to get your ideas across. If you cannot think of a way to express an idea in Spanish, ask your instructor, **¿Cómo se dice ____ en español?** (*How do you say ____ in Spanish?*).

Lecturas

Reading is a valuable activity that will help you *acquire* Spanish. There are many reasons to learn to read Spanish. Many of you will want to read signs, advertisements, and menus when you travel in a Spanish-speaking country. Some of you may want to read stories and novels in Spanish for pleasure. Others may want to read research published in Spanish in professional or academic fields.

The most important thing to remember when reading in Spanish is to focus on the meaning, that is, to "get into" the content of the story or reading selection. You do not need to know every word to understand a text. You may occasionally have to look up a word or two to aid comprehension. But if you find that you are looking up a lot of words in the end vocabulary and translating into English, you are not reading. As your ability to comprehend spoken Spanish improves, so will your reading ability, and as reading becomes easier and easier you will, in turn, comprehend more spoken Spanish.

Some readings are scattered throughout the **Actividades orales y lecturas** sections. Others are included in the **Lecturas adicionales** sections of the *Cuaderno de trabajo*. It's a good idea to read as much Spanish as possible. In addition to the **Lecturas** in *Dos mundos*, try reading Spanish newspapers, comic strips, and magazines as soon as you are able.

Gramática y ejercicios

The final section of each chapter is a grammar study and reference manual. It is usually difficult to think of grammar rules and apply them correctly while speaking. Therefore, the grammar exercises are meant to be completed at home in order to allow you time to check the forms of which you are unsure. Your reference tools are the grammar explanations, the Verb Charts and Grammar Summary Appendixes 1 and 2, or the key to the grammar exercises located in Appendix 3. We advise you to use your knowledge of grammar when it does not interfere with communication, for example, when you are editing your writing. This will give your writing a more "polished" look. Some students find that studying grammar helps them understand classroom activities better. The beginning of each **Actividades orales y lecturas** section has a reference note (*Lea* [*Read*] *Grámatica...*) telling you what subsection of grammar to read. Keep in mind that grammar exercises teach you *about* Spanish; they do not teach you *Spanish*. Only real comprehension and communicative experiences of the type found in the oral activities and readings will do that.

Getting to Know the Characters

In *Dos mundos* you will read and talk about three groups of characters who reappear in activities and exercises throughout the text.

Los amigos norteamericanos (*North American friends*), a group of students at the University of Texas at San Antonio. Although they are all majoring in different subjects, they know each other through Professor Adela Martínez's 8:00 A.M. Spanish class.

Los amigos hispanos (*Hispanic friends*) live in various parts of the Spanish-speaking world. In Mexico you will meet Silvia Bustamante and her boyfriend,

Silvia   Carlos

doña María   Raúl

Carlos Padilla. You will also get to know Raúl Saucedo and his grandmother, María González de Saucedo. Raúl Saucedo lives with his parents in Mexico City but is currently studying at the University of Texas at San Antonio; he knows many of the students in Professor Martínez's class.

In Puerto Rico you will meet Carla Espinosa and her friend Rogelio Varela, students at the University of Puerto Rico. Marta Muñoz is a friend of both Rogelio and Carla. Marta is from Mexico but is currently living in Puerto Rico.

Pilar   Clara   José

In Spain you will accompany an American Student, Clara Martin, on her travels. Her friends in Spain are Pilar Álvarez and José Estrada.

In Caracas, Venezuela, you will get to know Ricardo Sícora, who is eighteen years old and has just graduated from high school.

Carla   Rogelio   Marta

In Argentina you will meet Adriana Bolini, a young single woman who works for a computer company.

On the radio you will listen to Julio Delgado, who works as an interviewer and reporter. Julio is Cuban but now lives in Miami.

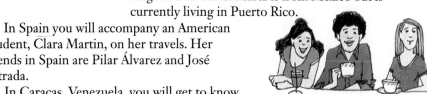

Inés y Bernardo Torres   Ricardo   Adriana   Julio

In Colombia you will meet the Torres family—Inés and Bernardo and their three children.

In Mexico you will meet **los vecinos,** neighbors in an average Mexican city. The main characters are the Ramírez family and their neighbors, the Ruiz family. There are others in the neighborhood as well, such as don Eduardo Alvar and don

Natalia, Rosalía y Lydia

1a familia Ramírez

Estela   Ernesto

Ernestito, Andrea, Paula y Gustavo

1a familia Ruiz

Pedro→   Guillermo

Margarita   Amanda

Anselmo Olivera, doña Lola Batini, doña Rosita Silva, Daniel Galván, and his girl-friend, Leticia Reyes.

don   don   doña   doña
Eduardo   Anselmo   Lola   Rosita   Daniel   Leticia

Getting Started with the *Pasos*

Understanding a new language is not difficult once you realize that you can comprehend what someone is saying without knowing every word. What is important in communication is understanding the ideas, the message the speaker wants to convey. Several techniques can help you develop good listening comprehension skills.

First and most important, you must *guess* at meaning! Several techniques can improve your ability to guess accurately. The most important is to pay close attention to the context. If someone greets you at 3:00 P.M. by saying **buenas tardes**, chances are they have said *good afternoon*, not *good morning* or *good evening*. The greeting context and time of day help you make a logical guess about the message being conveyed. If someone you don't know says to you, **Hola, me llamo Roberto**, you can guess from context and from the key word **Roberto** that he is telling you what his name is.

In the classroom, ask yourself what you think your instructor has said even if you haven't understood most—or any—of the words. What is the most likely thing to have been said in that particular situation? Context, gestures, and body language will all help you guess more accurately. Be logical in your guesses and try to follow along by paying close attention to the flow of the conversation. People try to make sense when they talk; they do not usually talk without meaning.

Another technique for good guessing is to listen for key words. These are the words that carry the basic meaning of the sentence. In the class activities, for example, if your instructor points to a picture and says in Spanish, *Does this man have brown hair?*, you will know from the context and intonation that a question is being asked. If you focus on the key words *brown* and *hair*, you will be able to answer the question correctly.

Second, it is important to remember that you do not need to know grammar rules to be able to understand much of what your instructor says to you. For example, you would not need to know the words *does, this,* or *have* in order to get the gist of the previous question. Nor would you have needed to study verb conjugations. However, if you do not know the meaning of key vocabulary words, you will not be able to make good guesses about what is said.

Vocabulary

Because comprehension depends on your ability to recognize the meaning of key words used in the conversations you hear, the preliminary chapters will help you become familiar with many new words in Spanish—probably several hundred of them. You should not be concerned about pronouncing these words perfectly; saying them easily will come with more exposure to spoken Spanish. Your instructor will write all the key vocabulary words on the board. You may want to copy them in a vocabulary notebook as they are introduced, for future reference and study. Copy them carefully, but don't worry now about spelling rules. Include English equivalents if they help you remember the meaning. Go over your vocabulary lists frequently: Look at the Spanish and try to visualize the person (for words such as *man* or *child*), the thing (for words such as *chair* or *pencil*), a person or thing with particular characteristics (for words such as *young* or *long*), or an activity or situation (for words such as *stand up* or *is wearing*). You do not need to memorize these words, but concentrate on recognizing their meaning when you see them and when your instructor uses them in conversation with you in class.

Classroom Activities

In the first preliminary chapter, **Paso** (*Step*) **A,** you will be doing three kinds of class activities: TPR, descriptions of classmates, and descriptions of pictures.

TPR: This is our version of Total Physical Response, a technique developed by Professor James Asher at San Jose State University in Northern California. In TPR activities your instructor gives a command that you act out. TPR may seem somewhat childish at first, but if you relax and let your body and mind work together to absorb Spanish, you will be surprised at how quickly and how much you can understand. Remember that you do not have to understand every word your instructor says, only enough to perform the action called for. In TPR, cheating is allowed! If you don't understand a command, sneak a look at your fellow classmates to see what they are doing.

Description of students: On various occasions, your instructor will describe students in your class. You will have to remember the names of each of your classmates and identify who is being described. You will begin to recognize the meaning of the Spanish words for colors and clothing, and for some descriptive words such as *long, pretty,* and *new.*

Description of pictures: Your instructor will bring many pictures to class and describe the people in them. Your goal is to identify the picture being described by the instructor.

In addition, just for fun, you will learn to say a few common phrases of greeting and leave-taking in Spanish: *Hello, Good-bye, How are you?,* and so on. You will practice these in short dialogues with your classmates. Don't try to memorize the dialogues; just have fun with them. Your pronunciation will not be perfect, of course, but it will improve as your listening improves.

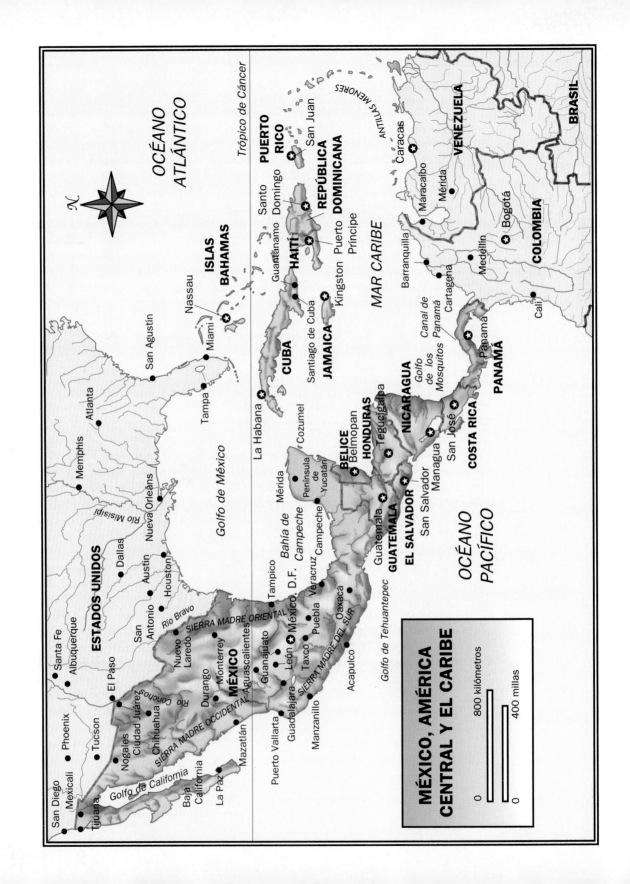

MÉXICO, AMÉRICA CENTRAL Y EL CARIBE

OCÉANO ATLÁNTICO

Trópico de Cáncer

OCÉANO PACÍFICO

MAR CARIBE

Golfo de México

Golfo de California

Bahía de Campeche

Golfo de Tehuantepec

Golfo de los Mosquitos

Canal de Panamá

ESTADOS UNIDOS

MÉXICO

CUBA

ISLAS BAHAMAS

HAITÍ

REPÚBLICA DOMINICANA

PUERTO RICO

JAMAICA

BELICE

GUATEMALA

HONDURAS

EL SALVADOR

NICARAGUA

COSTA RICA

PANAMÁ

COLOMBIA

VENEZUELA

BRASIL

ANTILLAS MENORES

SIERRA MADRE ORIENTAL

SIERRA MADRE OCCIDENTAL

SIERRA MADRE DEL SUR

Baja California

Península de Yucatán

Río Misisipi

Río Bravo

Río Conchos

San Diego
Mexicali
Tijuana
Phoenix
Tucson
Nogales
Ciudad Juárez
Chihuahua
El Paso
Santa Fe
Albuquerque
Memphis
Atlanta
Dallas
Austin
San Antonio
Nueva Orleáns
Houston
Nuevo Laredo
Monterrey
Durango
Mazatlán
La Paz
Puerto Vallarta
Guadalajara
Manzanillo
León
Aguascalientes
Guanajuato
Taxco
México, D.F.
Puebla
Veracruz
Acapulco
Oaxaca
Tampico
Mérida
Cozumel
Campeche
San Agustín
Tampa
Miami
Nassau
La Habana
Santiago de Cuba
Guantánamo
Santo Domingo
Puerto Príncipe
Kingston
San Juan
Belmopan
Guatemala
San Salvador
Tegucigalpa
Managua
San José
Panamá
Cartagena
Barranquilla
Maracaibo
Mérida
Medellín
Bogotá
Cali
Caracas

0   400 millas
0   800 kilómetros

MAR CARIBE

OCÉANO ATLÁNTICO

Barranquilla
Maracaibo
Caracas
PANAMÁ
VENEZUELA
GUYANA
Medellín
Georgetown
Paramaribo
Panamá
Río Orinoco
Cayena
Bogotá
COLOMBIA
SURINAME
GUYANA FRANCESA
Cali
Quito
Ecuador
ECUADOR
Río Amazonas
Belém
Guayaquil
Manaus
PERÚ
BRASIL
Recife
Cuzco
Lima
La Paz
Brasília
Arequipa
BOLIVIA
Sucre
PARAGUAY
Antofagasta
Río de Janeiro
CHILE
Asunción
Trópico de Capricornio
San Miguel
de Tucumán
São Paulo
La Serena
OCÉANO PACÍFICO
Córdoba
Rosario
OCÉANO ATLÁNTICO
URUGUAY
Valparaíso
ARGENTINA
Santiago
Buenos Aires
Montevideo
Concepción
Río de la Plata
N
Bahía Blanca
Puerto Montt
Bariloche
Chiloé

CORDILLERA DE LOS ANDES

AMÉRICA DEL SUR

Islas Malvinas
0   1500 kilómetros
Estrecho de Magallanes
Punta Arenas
Tierra del Fuego
0   1000 millas

Cabo de Hornos

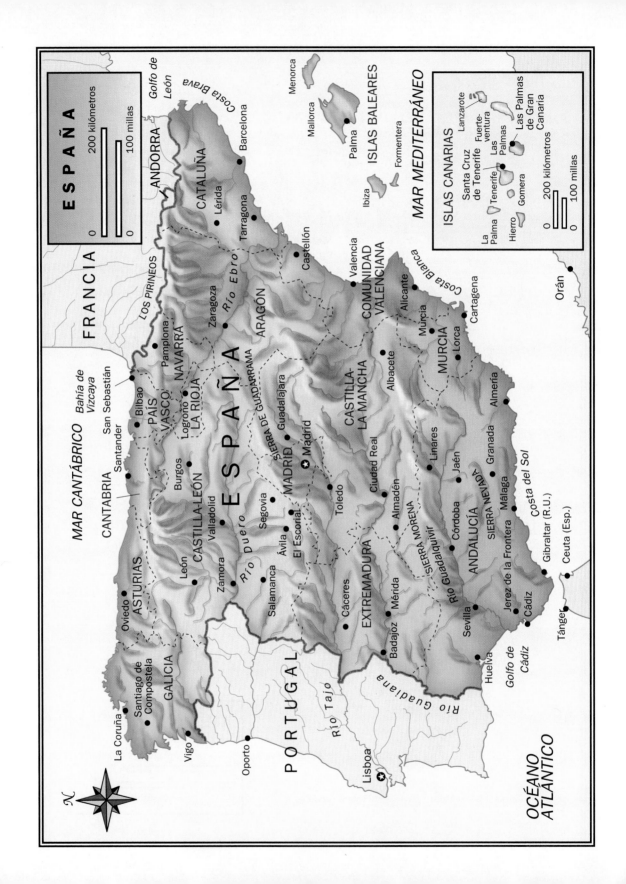

DOS mundos

La clase y los estudiantes

▼▼▼▼▼▼▼▼▼▼▼▼▼▼▼▼▼▼

Ciudad de México, Distrito Federal

ACTIVIDADES ORALES

Los mandatos en la clase

Los nombres de los compañeros de clase

¿Quién es?

Los colores y la ropa

Los números (0–39)

Los saludos y las despedidas

GRAMÁTICA

A.1 Commands

A.2 Naming: The Verb **llamarse**

A.3 Identification: Subject Pronouns and the Verb **ser**

A.4 Describing People and Things: Negation

A.5 Identifying People and Things: Gender

A.6 Describing People's Clothing: The Verb **llevar**

A.7 Identifying People and Things: Plural Forms (Part 1)

Actividades orales

Los mandatos en la clase

Lea Gramática A.1.

la profesora Martínez

saque un bolígrafo

escriba

escuche

póngase de pie

lea

siéntese

Lan   Esteban   Nora   Luis   Alberto   Carmen

Actividad 1. Los mandatos

a. Dé una vuelta.
b. Abra el libro.
c. Cierre el libro.

d. Camine.
e. Saque un bolígrafo.
f. Salte.

g. Corra.
h. Mire hacia arriba.

Los nombres de los compañeros de clase

Lea Gramática A.2.

Actividad 2. Los amigos

Luis   Esteban

—¿Cómo se llama el amigo de
_____ ?
—Se llama _____ .

Mónica Carmen

—¿Cómo se llama la amiga de
_____ ?
—Se llama _____ .

¿Quién es?

Lea Gramática A.3–A.4.

Actividad 3. Las descripciones

En la clase de español, ¿quién es _____ ?

1. rubio/a
2. alto/a
3. bonita/guapo
4. joven
5. delgado/a

Estudiantes de medicina en la
Universidad de Buenos Aires, Argentina

Los colores y la ropa

Lea Gramática A.5–A.6.

un sombrero gris
una corbata anaranjada
un saco gris
una camisa amarilla
una chaqueta verde
un traje gris
pantalones azules
zapatos color café

un suéter rojo
una blusa blanca
una falda roja
botas negras

un abrigo morado
un vestido rosado

Daniel Galván   Gustavo Rivero   Leticia Reyes   Estela Ramírez

Actividad 4. Los colores

¿De qué color es _____ ?

a. un automóvil

b. una planta

c. un perro

d. una casa

e. un gato

1. rojo/a

2. amarillo/a

3. verde

4. color café

5. blanco/a

6. ¿ _____ ?

Actividad 5. Mis compañeros de clase

Mire a los compañeros de clase. Diga el nombre del estudiante, la ropa y el color de la ropa que lleva.

MODELO: Carmen lleva una blusa amarilla.

	NOMBRE		ROPA	COLOR
1.	Carmen	lleva	una blusa	amarilla.
2.	_____	lleva	_____	_____
3.	_____	lleva	_____	_____
4.	_____	lleva	_____	_____
5.	_____	lleva	_____	_____

Los números (0 – 39)

Lea Gramática A.7.

0 cero	10 diez	20 veinte
1 uno	11 once	21 veintiuno
2 dos	12 doce	22 veintidós
3 tres	13 trece	23 veintitrés
4 cuatro	14 catorce	24 veinticuatro...
5 cinco	15 quince	30 treinta
6 seis	16 dieciséis	31 treinta y uno
7 siete	17 diecisiete	32 treinta y dos
8 ocho	18 dieciocho	33 treinta y tres...
9 nueve	19 diecinueve	39 treinta y nueve

Actividad 6. ¿Cuántos hay?

Cuente los estudiantes en la clase que...

LLEVAN
_____ pantalones
_____ lentes
_____ reloj
_____ blusa
_____ falda
_____ zapatos de tenis

TIENEN
_____ barba
_____ bigote
_____ el pelo largo
_____ el pelo castaño
_____ el pelo rubio
_____ los ojos azules

Los saludos y las despedidas

Buenos días.

Buenas tardes.

Buenas noches.

—Mucho gusto.
—Igualmente.

—¿Cómo está usted?
—Muy bien, gracias.

—Hasta luego.
—Adiós.

Actividad 7. Diálogos

1. Carlos Padilla saluda a Gil, un nuevo estudiante.

   CARLOS: Buenos días. ¿Cómo está usted?
   GIL: Muy bien, gracias. ¿Y usted?
   CARLOS: Muy bien.

2. La señora Silva habla por teléfono con el señor Alvar.

   SRA. SILVA: Señor Alvar, ¿cómo está usted?
   SR. ALVAR: Estoy un poco cansado. ¿Y usted?
   SRA. SILVA: Regular.

3. Amanda habla con doña Lola Batini.

   DOÑA LOLA: Buenas tardes, Amanda.
   AMANDA: Buenas tardes, señora. ¿Cómo está la familia?
   DOÑA LOLA: Bien, gracias.

4. Rogelio Varela presenta a Carla.

   ROGELIO: Marta, esta es mi amiga Carla.
   CARLA: Mucho gusto.
   MARTA: Igualmente.

Estudiantes de arquitectura en
Barcelona, España

Vocabulario

Los mandatos — Commands

abra(n)	open
el libro	the book
baile(n)	dance
camine(n)	walk
cante(n)	sing
cierre(n)	close
corra(n)	run
cuente(n)	count
dé/den una vuelta	turn around
diga(n)	say
escriba(n)	write
escuche(n)	listen
hable(n)	speak
lea(n)	read
mire(n)	look
hacia arriba/abajo	up/down
pónga(n)se de pie	stand up
salte(n)	jump
saque(n)	take out
un bolígrafo	a pen
siénte(n)se	sit down

Las preguntas — Questions

¿Cómo está usted?	How are you?
(Muy) Bien, gracias.	(Very) Well, thanks.
Estoy bien/regular.	I am fine/OK.
Estoy un poco cansado/a.	I am a bit tired.
¿Y usted?	And you?

¿Cómo se llama usted?	What is your name?
Me llamo...	My name is . . .
¿Cómo se llama?	What is his/her name?
Se llama...	His/Her name is . . .
¿Cuál es su nombre?	What is your name?
Mi nombre es...	My name is . . .
¿Cuántos/as (hay)?	How many (are there)?
¿De qué color es... ?	What color is (it) . . . ?
¿Quién (es)?/¿Quiénes (son)?	Who (is it)?/Who (are they)?

La descripción física
Physical Description

Es...	He/She is . . .
alto/a	tall
bajo/a	short
bonito/a	pretty
gordo/a	fat
guapo/a	good-looking
joven	young
viejo/a	old
Tiene...	He/She has . . .
barba	(a) beard
bigote	(a) moustache
Tiene el pelo...	His/Her hair is . . .
castaño	brown
corto	short
lacio	straight
largo	long
mediano	medium (length)
negro	black
rizado	curly
rubio	blond
Tiene los ojos...	His/Her eyes are . . . (He/She has . . . eyes)
azules	blue
castaños	brown
negros	black
verdes	green

Los colores
Colors

amarillo/a	yellow
anaranjado/a	orange
azul	blue
blanco/a	white
color café	brown
gris	gray
morado/a	purple

negro/a	black
rojo/a	red
rosado/a	pink
verde	green

La ropa
Clothes

un abrigo	a coat
una blusa	a blouse
botas	boots
una camisa	a shirt
una chaqueta	a jacket
una corbata	a tie
una falda	a skirt
pantalones	pants
un saco	a sport coat
un sombrero	a hat
un suéter	a sweater
un traje	a suit
un vestido	a dress
zapatos (de tenis)	(tennis) shoes

Las personas
People

el amigo/la amiga	friend
el compañero/la compañera de clase	classmate
don	title of respect used with a man's first name
doña	title of respect used with a woman's first name
el/la estudiante	student
el hombre	man
la muchacha	girl, young woman
el muchacho	boy, young man
la mujer	woman
el niño/la niña	boy/girl
el profesor/la profesora	professor
el señor	man; Mr.
la señora	woman; Mrs.

Los saludos y las despedidas
Greetings and Leave-Takings

Buenos días.	Good morning.
Buenas tardes.	Good afternoon.
Buenas noches.	Good evening; good night.
Hasta luego.	See you later.
Mucho gusto.	Pleased to meet you.
Igualmente.	Same here.

Los verbos — Verbs

es	is
habla	speaks
lleva(n)	is/are wearing
presenta	introduces
saluda	greets
soy	I am

Las cosas — Things

la casa	house
el gato	cat
los lentes	(eye)glasses
el perro	dog
el reloj	watch

PALABRAS SEMEJANTES (*Cognates*): **el automóvil, la familia, la planta**

Palabras del texto — Words from the Text

diga	say
el español	Spanish
hasta	up to, until
la página	page

PALABRAS SEMEJANTES (*Cognates*): **la actividad, la clase, el diálogo, la descripción, el modelo, oral**

Los números — Numbers

cero	0
uno	1
dos	2
tres	3
cuatro	4
cinco	5
seis	6
siete	7
ocho	8
nueve	9
diez	10
once	11
doce	12
trece	13
catorce	14
quince	15
dieciséis	16
diecisiete	17
dieciocho	18
diecinueve	19
veinte	20
veintiuno	21
veintidós	22
veintitrés	23
veinticuatro	24
veinticinco	25
veintiséis	26
veintisiete	27
veintiocho	28
veintinueve	29
treinta	30
treinta y uno	31
treinta y dos	32

Palabras útiles — Useful Words

con	with
de	of, from
del (de + el), de la	of the
el, la, los, las	the
en	in, on
mi(s)	my
por teléfono	on the telephone, by telephone
y	and

Gramática

Introduction

The **Gramática y ejercicios** sections of this book are written for your use outside of class. They contain grammar explanations and exercises that are presented in nontechnical language, so it should not be necessary to go over all of them in class.

The **Lea Gramática...** notes that begin each new topic in the **Actividades orales y lecturas** sections give the grammar point(s) you should read at that time. Study them carefully. Then do the exercises in writing and check your answers in the back of the book. If you have little or no trouble with the exercises, you have probably understood the explanation.

Keep in mind that successful completion of a grammar exercise only means you have understood the explanation. It does not mean that you have acquired the rule. True acquisition comes not from study of grammar but from hearing and reading a great deal of meaningful Spanish. Learning rules through study will allow you to use these rules when you are thinking about correctness and have time, as during careful writing.

If you have trouble with an exercise, ask your instructor for assistance. In difficult cases, your instructor will go over the material in class to be sure everyone has understood but probably won't spend too much time on the explanations, so as to use class time for real communication experiences.

The grammar explanations in **Paso A** contain information about Spanish that will give you an appreciation of how commands are made in Spanish. **Paso A** has no exercises because most of the information will be explained again in **Paso B** when you begin to speak Spanish.

A.1.   Commands

Your instructor will give you commands during the Total Physical Response activities, as well as for instructions.*

In English the same form of the verb is used for giving commands, whether to one person (singular) or to more than one person (plural).

> *Steve, please stand up.*
> *Mr. and Mrs. Martínez, please stand up.*

In Spanish, however, the singular commands end in **-a** or **-e,** but the plural commands add an **-n.**

Esteban, **abra** el libro.	*Steve, open the book.*
Alberto y Nora, **saquen** un bolígrafo, por favor.	*Al and Nora, take out a pen, please.*

---

*You will learn more about how to give commands in **Gramática 10.2.**

A.2.   Naming: The Verb *llamarse*

Here is one way to ask someone's name:

¿Cuál es su nombre? —Mi
nombre es Esteban.

What is your name? —My name is Steve.

A more common way is to use the verb form **llama** (*call*).

¿Cómo se llama usted?* —Nora.

What is your name? —Nora.

You may answer the question either briefly, by saying your name, as in the preceding example, or in a complete sentence with the pronoun **me** (*myself*) and the verb **llamo** (*I call*).

Me llamo Nora.

My name is Nora.

To ask what someone else's name is, use the following question-and-answer patterns:

¿Cómo se llama el amigo de
Nora? —Se llama Luis.

What's Nora's friend's name? —His name is Luis.

A.3.   Identification: Subject Pronouns and the Verb *ser*

ser = *to be* (identification)

A. Spanish uses the verb **ser** (*to be*) to identify things or people.

¿Qué **es** eso? —**Es** un bolígrafo.
¿Quién **es?** —**Es** Luis.

What is that? —It's a pen.
Who is it? —It's Luis.

B. Personal pronouns are used to refer to a person without having to mention the person's name. Here are four present-tense forms of **ser** with some of the personal pronouns that can serve as the subject of the sentence. It is not necessary to memorize these pronouns. You will see and hear them again.

yo	soy	*I am*
usted	es	*you (sing.) are*
él†/ella	es	*he/she is*
nosotros/nosotras	somos	*we are*
ustedes	son	*you (pl.) are*
ellos/ellas	son	*they are*

él = *he*	nosotros = *we* (masculine)	
ella = *she*	nosotras = *we* (feminine)	
	ellos = *they* (masculine)	
	ellas = *they* (feminine)	

---

*Literally this means *How do you call yourself?*
†The pronoun **él** (*he*) has an accent to distinguish it in writing from the article **el** (*the*).

| ¿Usted es profesor? | *Are you a professor?* |

C. It is not necessary in Spanish to use a subject pronoun if the verb itself or the context tells you who the subject is.

| Soy profesor de matemáticas. | *I'm a mathematics professor.* |
| Son estudiantes de la clase de la profesora Martínez. | *They are students in Professor Martínez's class.* |

A.4. Describing People and Things: Negation

In a negative sentence in Spanish, the word **no** comes in front of the verb.

| Ramón **no es** mi novio. Es el novio de Amanda. | *Ramón isn't my boyfriend. He's Amanda's boyfriend.* |

There are no additional words in Spanish corresponding to the English negatives *don't* or *doesn't*.

| Gustavo **no tiene** el pelo largo ahora. | *Gustavo doesn't have long hair now.* |

A.5. Identifying People and Things: Gender

Masculine nouns usually end in **-o.**

Feminine nouns usually end in **-a.**

A. Nouns (words that represent people or things) in Spanish are classified as either masculine or feminine. Masculine nouns often end in **-o** (**sombrero**); feminine nouns often end in **-a** (**falda**).

But the terms *masculine* and *feminine* are grammatical classifications only; Spanish speakers do not perceive things such as notebooks or doors as being inherently "male" or "female." On the other hand, words that refer to males are usually masculine (**amigo**), and words that refer to females are usually feminine (**amiga**).

| Esteban es mi **amigo** y Carmen es una **amiga** de él. | *Esteban is my friend and Carmen is a friend of his.* |

These endings can be learned, but are acquired late. Don't worry about them while you are speaking, only when you edit your writing.

B. Because Spanish nouns have gender, adjectives (words that describe nouns) change their endings from **-o** to **-a** according to the gender of the nouns they modify. Adjectives *agree* with nouns in Spanish. Notice the two words for *black* (**negro** and **negra**) in the following examples.

| Nora tiene el pelo **negro.** | *Nora has black hair.* |
| Luis lleva una chaqueta **negra.** | *Luis is wearing a black jacket.* |

El and **la** both mean *the*. **El** is used with masculine nouns, and **la** is used with feminine nouns.

C. Like English, Spanish has definite articles (*the*) and indefinite articles (*a, an*). Articles in Spanish also change form according to the gender of the nouns they accompany.

	DEFINITE (*the*)	INDEFINITE (*a, an*)
Masculine	el suéter	un sombrero
Feminine	la blusa	una chaqueta

Hoy Mónica lleva **un** vestido nuevo.	*Today Mónica is wearing a new dress.*
La chaqueta de Alberto es azul.	*Al's jacket is blue.*

A.6.   Describing People's Clothing: The Verb *llevar*

The Spanish verb **llevar** corresponds to the English verb *to wear*.

Mónica **lleva** un suéter azul.	*Mónica is wearing a blue sweater.*

Notice that Spanish verbs change their endings according to who is the subject of the sentence.

Yo **llevo** pantalones grises. Mis amigos **llevan** pantalones negros.	*I'm wearing gray pants. My friends are wearing black pants.*

Here are some of the common endings for Spanish verbs. The subject pronouns are in parentheses because it is not always necessary to use them.

llevar = *to wear*

(yo)	llev + o	*I wear*
(usted, él/ella)	llev + a	*you (sing.) wear; he/she wears*
(nosotros/as)	llev + amos	*we wear*
(ustedes, ellos/as)	llev + an	*you (pl.), they wear*

These endings are used on most Spanish verbs, and you will soon become accustomed to hearing and using them.

In **Paso C** you will see the forms of the verb **tener** (*to have*), which you have also heard in class.

La profesora Martínez **tiene** el pelo negro.	*Professor Martínez has black hair.*
Yo **tengo** los ojos azules.	*I have blue eyes.*

A.7. Identifying People and Things: Plural Forms (Part 1)

Almost all plural words in Spanish end with **-s** or **-es**. Articles and adjectives *agree* with nouns they modify.

Spanish and English nouns may be singular (**camisa**, *shirt*) or plural (**camisas**, *shirts*). Almost all plural words in Spanish end in **-s** or **-es**: **blusas** (*blouses*), **pantalones** (*pants*), **suéteres** (*sweaters*), **zapatos** (*shoes*), and so on. Unlike English, Spanish articles and adjectives that modify plural nouns must also be plural. Notice the plural ending on the Spanish word for *new* in the following example.

Nora tiene dos **faldas nuevas.**   *Nora has two new skirts.*

Here are some singular and plural nouns accompanied by the corresponding definite articles and adjectives.

	SINGULAR	PLURAL
Masculine	el vestido gris	los zapatos blancos
Feminine	la chaqueta roja	las blusas amarillas

You will learn more about how to make nouns and adjectives plural in **Gramática B.5.**

PASO

B

Las descripciones

▼▼▼▼▼▼▼▼▼▼▼▼▼▼▼

Sevilla, España

ACTIVIDADES ORALES

Hablando con otros

Las cosas en el salón de clase y los números (40–69)

Las partes del cuerpo

La descripción de las personas

GRAMÁTICA Y EJERCICIOS

B.1 Informal and Polite *you* (**tú/usted**)

B.2 Describing People: More About Subject Pronouns

B.3 Identifying People and Things: Gender

B.4 Expressing Existence: **hay**

B.5 Describing People and Things: Plural Forms (Part 2)

B.6 Adjectives: Gender and Number Agreement

Actividades orales

Hablando con otros

Lea Gramática B.1–B.2.

Actividad 1. Diálogos

¿CÓMO ESTÁ USTED?

El señor Ramírez saluda a su joven vecina Amanda.

> ERNESTO: Hola, Amanda.
> AMANDA: Buenos días, señor Ramírez. ¿Cómo está usted?
> ERNESTO: Muy bien, gracias. ¿Cómo está tu mamá?
> AMANDA: Ella está bien, gracias.

¿CÓMO ESTÁS?

Amanda saluda a su amigo Gustavo.

> AMANDA: Buenas tardes, Gustavo. ¿Cómo estás?
> GUSTAVO: Regular. ¿Y tú?
> AMANDA: Un poco cansada.

Actividad 2. Diálogos abiertos

> EL ESTUDIANTE NUEVO
> E1: Hola, _____ . ¿Cómo estás?
> E2: _____ . ¿Y tú?
> E1: _____ .

17

E2: ¿Quién es el chico de pelo _____ ?
E1: Es un amigo de _____ . Se llama _____ .

EN LA OFICINA
E1: Buenos días, _____ . ¿Cómo está usted?
E2: Estoy _____ . ¿Y usted?
E1: _____ . ¿Quién es la señorita de pelo _____ ?
E2: Es _____ . Es la secretaria.

Actividad 3. ¿*Tú* o *usted*? ¿Usa *tú* o *usted*?

Usted habla con estas personas.

1. un amigo de la universidad   2. el profesor de matemáticas   3. una niña de diez años   4. un amigo de su papá   5. una señora de treinta y cinco años   6. una recepcionista   7. su doctor   8. su hermano/a

Las cosas en el salón de clase y los números (40 – 69)

Lea Gramática B.3–B.4.

Actividad 4. El salón de clase

E1: ¿Cuántos/as _____ hay en el salón de clase?
E2: Hay _____ .

1. estudiantes 2. mesas 3. borradores 4. pizarras 5. ventanas
6. paredes 7. puertas 8. luces

Actividad 5. ¿Qué hay en el salón de clase?

MODELOS: En mi clase hay... → un lápiz viejo.

En mi clase hay... → una pizarra blanca.

1. un lápiz
2. una ventana
3. una pizarra
4. un reloj
5. un bolígrafo
6. una mesa
7. un libro
8. una puerta

a. amarillo/a
b. moderno/a
c. azul
d. fácil
e. blanco/a
f. largo/a
g. viejo/a
h. pequeño/a
i. grande
j. difícil
k. ¿ _____ ?

Actividad 6. Interacción: ¿Cuánto cuesta?

E1: ¿Cuánto cuesta *la mochila*?
E2: Cuesta *$40.39 (cuarenta dólares y treinta y nueve centavos).*

40	cuarenta	50	cincuenta	60	sesenta
41	cuarenta y uno	52	cincuenta y dos	63	sesenta y tres
45	cuarenta y cinco	58	cincuenta y ocho	69	sesenta y nueve

Las partes del cuerpo

Lea Gramática B.5.

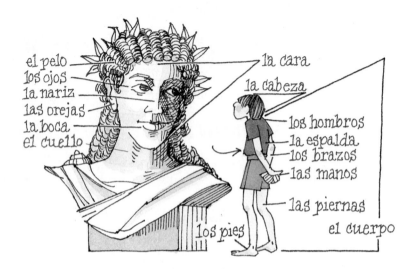

el pelo
los ojos
la nariz
las orejas
la boca
el cuello

la cara
la cabeza

los hombros
la espalda
los brazos
las manos

las piernas

los pies

el cuerpo

Actividad 7. ¿Quién es?

Mire a estas personas. Escuche la descripción y diga cómo se llama
la persona.

1. Rosa   2. el robot   3. Lupe   4. Reinaldo   5. Víctor   6. María

La descripción de las personas

Lea Gramática B.6.

Mónica   Lan   Esteban   Alberto   Luis

Mónica: pelo rubio, bonita, ojos azules — joven y artística

Lan: pelo negro, ojos negros — inteligente y reservada

Esteban: mediano, pelo castaño corto, ojos castaños, lentes — divertido y generoso

Alberto: alto, delgado, barba, pelo negro rizado — idealista y tímido

Luis: bajo, guapo, ojos negros, bigote — simpático y entusiasta

Actividad 8. Interacción: Mis compañeros y yo

Diga cómo son usted y sus compañeros.

simpático/a	reservado/a	conservador(a)	idealista
nervioso/a	generoso/a	trabajador(a)	deportista
tímido/a	considerado/a	inteligente	entusiasta

E1: ¿Cómo eres?
E2: Soy *simpático/a.* (No soy *tímido/a.*)

E1: ¿Eres *reservado/a?*
E2: Sí, soy *reservado/a.* (No, no soy *reservado/a.*)

Actividad 9. Diálogo: La amiga nueva

ESTEBAN: ¿Cómo es tu amiga nueva, Luis?
    LUIS: Es alta, delgada y de pelo castaño. ¡Y muy inteligente!
ESTEBAN: ¿Cómo se llama?
    LUIS: Cecilia Teresa.
ESTEBAN: Es un nombre muy bonito.
    LUIS: ¡Ella también es una chica muy bonita!

Actividad 10. Diálogo abierto: Los amigos nuevos

E1: ¿Tienes amigos nuevos?
E2: Sí, tengo dos.
E1: ¿Cómo se llaman?
E2: Se llaman _____ y _____ y son muy _____ .
E1: ¿Y son _____ también?
E2: ¡Claro que sí! (¡Claro que no!)

Actividad 11. Entrevista: Mi mejor amigo/a

ESTUDIANTE 1	ESTUDIANTE 2
1. ¿Cómo se llama tu mejor amigo/a?	Se llama _____ .
2. ¿De qué color tiene los ojos?	Tiene los ojos _____ .
3. ¿Es alto/a, bajo/a o de estatura mediana?	Es _____ .
4. ¿De qué color tiene el pelo?	Tiene pelo _____ .
5. ¿Tiene bigote/barba?	(No) Tiene _____ .
6. ¿Cómo es? ¿Es simpático/a? ¿tímido/a?	Es _____ .

Vocabulario

Las cosas en el salón de clase
Things in the Classroom

el borrador	eraser
el cuaderno	notebook
el diccionario	dictionary
el escritorio	desk
el lápiz	pencil
la luz	light
la mesa	table
la pared	wall
el piso	floor
la pizarra	(chalk)board
la puerta	door
el pupitre	student's desk
la silla	chair
el techo	ceiling
la tiza	chalk
la ventana	window

Las partes del cuerpo
Parts of the Body

la boca	mouth
el brazo	arm
la cabeza	head
la cara	face
el cuello	neck
la espalda	back
el estómago	stomach
el hombro	shoulder
la mano	hand
la nariz	nose
la oreja	ear
el pie/los pies	foot/feet
la pierna	leg

Las personas — People

el chico/la chica	young man/young woman
el hermano/la hermana	brother/sister
la señorita	young woman; Miss
el vecino/la vecina	neighbor

PALABRAS SEMEJANTES: el doctor/la doctora, la mamá/el papá, el/la recepcionista, el robot, el secretario/la secretaria

Las descripciones

abierto/a	open
conservador(a)	conservative
de... años	. . . years old
de estatura (mediana)	(medium) height
deportista	athletic
difícil	difficult
divertido/a	fun
entusiasta	enthusiastic
fácil	easy
feo/a	ugly
grande	big, large
mejor	better
nervioso/a	nervous
pequeño/a	small
simpático/a	friendly, nice
trabajador(a)	hard-working

PALABRAS SEMEJANTES: artístico/a, considerado/a, generoso/a, idealista, inteligente, moderno/a, reservado/a, tímido/a

Los verbos — Verbs

ser	to be
tener	to have

Expresiones útiles — Useful Expressions

Claro que sí/no.	Of course/not.
¿Cómo eres (tú)?	What are you like?
¿Cómo es usted/él/ella?	What are you/is he/she like?
¿Cómo son ustedes/ellos/ellas?	What are you/they like?
¿Cómo estás (tú)?	How are you?
¿Cuánto cuesta(n)... ?	How much is (are) . . . ?
Cuesta(n)...	It costs (They cost) . . .
¿De qué color tiene el pelo/los ojos?	What color is/are your/his/her hair/eyes?

Palabras útiles — Useful Words

el centavo	cent
la entrevista	interview
la oficina	office
otro/a	other; another
¿Qué... ?	What . . . ?
sí	yes
su	his/her
también	also
tu	your

PALABRAS SEMEJANTES: el dólar/los dólares, la interacción, las matemáticas, la universidad

Gramática y ejercicios

B.1.   Informal and Polite *you* (*tú/usted*)

Both **tú** and **usted** mean *you* (*singular*). **Tú** is used with friends and children. **Usted** is used with people you don't know well and people older than you.

A. English speakers use the pronoun *you* to address a person directly, whether or not they know that person well. In older forms of English, speakers used an informal pronoun—*thou*—among friends, but today *you* is used with everyone.

Spanish has two pronouns of address for *you*, singular: **usted** and **tú**. The polite pronoun **usted** is appropriate for people you do not know well, such as salespeople, receptionists, and other professionals, and especially for people older than you. The informal pronoun **tú** is reserved for friends, peers, children, and other people you know well. In some places in Latin America, including Argentina and Central America, speakers use **vos** instead of **tú** as the informal pronoun for *you*. However, everyone who uses **vos** also understands **tú**.

In the exercises and activities, **Dos mundos** addresses you with the polite (*pol.*) pronoun **usted**. You should use the informal (*inf.*) **tú** with your classmates. Some instructors prefer to address their students with **tú**; others use **usted**. Always use **usted** when speaking to an instructor unless the instructor asks you to use **tú**.

Soy puertorriqueño. ¿Y **tú**? ¿De dónde eres?	*I'm Puerto Rican. And you? Where are you from?*
Soy profesora de español. ¿Y **usted**? ¿Es **usted** estudiante?	*I'm a professor of Spanish. And you? Are you a student?*

B. Although both **tú** and **usted** correspond to English *you*, the verb forms used with each are different. Present-tense verb forms for **tú** always end with the letter **-s**. Present-tense verb forms for **usted** end in **-a** or **-e** and are always the same as the forms for **él/ella**.

¿Tiene**s** (**tú**) una blusa gris?	*Do you have a gray blouse?*
¿Tien**e** **usted** un vestido blanco?	*Do you have a white dress?*

We introduced the verb **ser** (*to be*) in **Gramática A.3** of **Paso A**. The **tú** form of **ser** is **eres**.

(**Tú**) **Eres** un buen amigo.	*You are a good friend.*

The **usted** form of **ser** is **es** (the same as the form for **él** and **ella**).

Usted es muy amable, señora Ruiz.	*You are very nice, Mrs. Ruiz.*

The plural of both **tú** and **usted** in Latin America is **ustedes**. In Spain, the plural of **tú** is **vosotros** and the plural of **usted** is **ustedes**.

C. Spanish distinguishes between singular *you* (**tú** or **usted**) and plural *you* (**ustedes**). Many American speakers of English make this distinction by saying "you guys" or "you all." The verb forms used with **ustedes** end in the letter **-n** and are the same as those used with the pronoun **ellos/as**.

| ¿Cómo **están ustedes**? —Bien, gracias. | *How are you (all)? —Fine, thanks.* |

Most speakers of Spanish do not distinguish between informal and polite address in the plural. **Ustedes** is used with everyone. In Spain, however, some speakers prefer the pronoun **vosotros** for the informal plural *you* and reserve **ustedes** for the polite plural *you.*

The regional pronouns **vos** and **vosotros** do not appear in the exercises and activities of **Dos mundos** because you will learn them quickly if you travel to areas where they are frequently used; more is explained about them in **Capítulo 10.** The verb forms corresponding to **vosotros/as** are listed with other verb forms and are given in Appendix 1. The verb forms corresponding to **vos** are footnoted in the grammar explanations. In the listening activities of the *Cuaderno de trabajo,* the characters from countries where **vos** and **vosotros** are prevalent will use those pronouns. This will give you an opportunity to hear **vos** and **vosotros** and their accompanying verbs, even though you will not need to use them yourself.

Ejercicio 1

Usted habla con estas personas: **¿tú** o **usted?**

1. una amiga de su clase de español
   a. ¿Tiene usted dos clases hoy?
   b. ¿Tienes dos clases hoy?
2. la recepcionista
   a. ¿Cómo estás?
   b. ¿Cómo está usted?
3. un niño
   a. Tú tienes una bicicleta nueva.
   b. Usted tiene una bicicleta nueva.
4. una persona de cuarenta y nueve años
   a. ¿Cómo se llama usted?
   b. ¿Cómo te llamas?
5. un vecino de setenta años
   a. Estoy bien. ¿Y tú?
   b. Estoy bien. ¿Y usted?

B.2. Describing People: More About Subject Pronouns

A. Gramática A.3 introduced some of the personal pronouns that can serve as the subject of a sentence. Here is a complete list, using the verb **ser** as an example.*

---

*Recognition: **vos sos**

(yo)	soy	*I am*
(tú)	eres	*you (inf. sing.) are*
(usted, él/ella)	es	*you (pol. sing.) are; he/she is*
(nosotros/as)	somos	*we are*
(vosotros/as)	sois	*you (inf. pl., Spain) are*
(ustedes, ellos/ellas)	son	*you (pl.), they are*

The pronouns are in parentheses to remind you that Spanish verbs can be used without an expressed subject. In fact, as the chart indicates, Spanish does not have a subject pronoun for *it* or for *they*, referring to things.

¿Mi automóvil? Es pequeño.   *My car? It's small.*
¿Las faldas? Son caras.   *The skirts? They're expensive.*

B. Subject pronouns may be used by themselves without verbs, either for emphasis or to point someone out.

¿Quién, **yo**? Yo no soy de Texas;   *Who, me? I'm not from Texas; I'm*
soy de Nueva York.   *from New York.*
¿Cómo estás? —Estoy bien.   *How are you? —I'm fine. And*
¿Y **tú**?   *you?*

C. The pronouns **ellos** (*they*), **nosotros** (*we*), **vosotros** (*you, inf., pl.*) can refer to groups of people that consist of males only or of males and females. On the other hand, **ellas** (*they*), **nosotras** (*we*), and **vosotras** (*you, inf. pl. fem.*) refer only to groups of females.

¿Y **ellos**? ¿Quiénes son?   *And those guys (they)? Who are*
—¿Esteban y Raúl? Son   *they? —Esteban and Raúl?*
amigos.   *They're friends.*
¿Y **ellas**? ¿Son amigas? —Sí,   *What about them? Are they*
Nora y Carmen son compa-   *friends? —Yes, Nora and*
ñeras de mi clase de español.   *Carmen are classmates from my*
                                     Spanish class.

Ejercicio 2

Escoja el pronombre lógico.

MODELO: —Y ella, ¿lleva pantalones? →
          —¿Quién, Mónica? Lleva una falda azul.

1. —¿_____ es profesor aquí?   a. ellos
   —¿Quién, Raúl? No, es estudiante.   b. usted
2. —¿_____ son mexicanos?   c. ellas
   —Sí, Silvia y Carlos son mexicanos.   d. él
3. —¡Viejos, _____ ! No, doña María y yo somos muy   e. nosotros
   jóvenes.

4. —Señor Torres, _____ tiene barba, ¿verdad?
5. —¿Y _____ ? ¿Son estudiantes aquí?
   —No, Pilar y Clara son estudiantes en Madrid.

B.3.   Identifying People and Things: Gender

A. As you know, Spanish nouns are classified grammatically as either masculine or feminine. The articles change according to grammatical gender (**un/una** and **el/la**) and agree with the nouns they modify.

¿Qué es esto? —Es **un** cuaderno de vocabulario.	_What is this? —It's a vocabulary notebook._
¿Y esto? ¿Qué es? —Es **una** revista de autos.	_And this? What's this? —It's a car magazine._

B. How can you determine the gender of a noun? The gender of the article and/or adjective that modifies the noun will tell you whether it is masculine or feminine. In addition, here are two simple rules that will help you determine the gender of a noun most of the time.

Rule 1: A noun that refers to a male is masculine; a noun that refers to a female is feminine. Sometimes they are a pair distinguished by the endings **-o/-a**.

un hombre	una mujer	_man/woman_
un muchacho	una muchacha	_boy/girl_
un niño	una niña	_(male) child/(female) child_
un amigo	una amiga	_(male) friend/(female) friend_

For some nouns referring to people, the masculine form ends in a consonant and the feminine form adds **-a** to the masculine noun.

un profesor	una profesora	_(male) professor/(female) professor_
un señor	una señora	_a man (Mr.)/a woman (Mrs.)_

This rule includes a few common animals. Some pairs end in **-o/-a**; some pairs end in consonant/consonant + **-a**.

un gato	una gata	_(male) cat/(female) cat_
un perro	una perra	_(male) dog/(female) dog_
un león	una leona	_(male) lion/lioness_

For other nouns, there is no change in the noun; only the article changes.

un estudiante	_a (male) student_
una estudiante	_a (female) student_

un joven	_a young man_
una joven	_a young woman_

Rule 2: For most nouns that refer to things (rather than people or animals), the gender is reflected in the last letter of the word. Nouns that end in **-o** are

usually grammatically masculine (**un/el cuaderno**), and nouns that end in **-a** are usually grammatically feminine (**una/la puerta**).*

MASCULINE: -o	FEMININE: -a
un/el cuaderno un/el libro un/el techo un/el bolígrafo	una/la mesa una/la silla una/la ventana una/la puerta

Don't be concerned if you can't remember all these rules! Note where they are in this book so you can refer to them when you are editing your writing and are unsure of gender. You will develop a *feel* for gender as you listen and read more in Spanish.

Words that end in **-d** (**una/la universidad**) or in the letter combination **-ión** (**una/la nación**) are also usually feminine.

Words that refer to things may also end in **-e** or in consonants other than **-d** and **-ión**. Most of these words that you have heard so far are masculine, but some are feminine.

un/el borrador	*eraser*	una/la clase	*class*
un/el pupitre	*desk*	una/la luz	*light*
un/el reloj	*clock*		
un/el lápiz	*pencil*		

Ejercicio 3

Conteste según el modelo.

> MODELO: ¿Es un bolígrafo? (lápiz) →
> No, no es un bolígrafo. Es **un** lápiz.

1. ¿Es una pizarra? (pared)
2. ¿Es una oficina? (salón de clase)
3. ¿Es una silla? (escritorio)
4. ¿Es un borrador? (cuaderno)
5. ¿Es una ventana? (silla)

Ejercicio 4

Esteban describe diferentes cosas de su universidad. Use **el** o **la**.

1. _____ estudiante es rubia.
2. _____ profesor de matemáticas es inteligente.
3. _____ clase es buena.
4. _____ reloj es moderno.
5. _____ papel es amarillo.
6. _____ universidad es buena.
7. _____ motocicleta es negra.
8. _____ automóvil es nuevo.
9. _____ plaza es grande.
10. _____ sombrero es nuevo.

*Three common exceptions are **la mano** (*hand*), **el día** (*day*), and **el mapa** (*map*).

B.4.   Expressing Existence: *hay*

Hay means *there is* or *there are*.

The verb form **hay** expresses the idea of existence. When used with singular nouns it means *there is*; with plural nouns it means *there are*.

¿Qué **hay** en el salón de clase?
—**Hay** dos puertas y una ventana.

What is there in the classroom?
—*There are two doors and a window.*

Whereas the verb **ser** (*to be*) identifies nouns (see **Gramática A.3**), **hay** simply states their existence.

¿Qué **es**? —**Es** un bolígrafo.
¿Cuántos **hay**? —**Hay** tres.

What is that? —It's a pen.
How many are there? —There are three.

Ejercicio 5

Imagínese qué cosas o personas hay o no hay en el salón de clase de la profesora Martínez. Use su sentido común (*common sense*).

MODELOS: lápices → Sí, hay lápices en el salón de clase.

perros → No, no hay perros en el salón de clase.

1. libros en la mesa
2. un reloj en la pared
3. una profesora
4. un automóvil
5. un profesor
6. papeles en los pupitres
7. un bolígrafo en el pupitre de Alberto
8. muchos cuadernos
9. una bicicleta
10. una ventana

B.5.   Describing People and Things: Plural Forms (Pt. 2)

A. You know from **Gramática A.7** that both nouns and words that modify nouns (articles and adjectives) may be plural. Plural words usually end in **-s** or **-es**. Words that end in a vowel (**a, e, i, o, u**) form their plural by adding **-s**.

To form plurals:
Words ending in vowels add **-s**; words ending in consonants add **-es**; words ending in **z** change **z** to **c** and add **-es**. In time, you will acquire a feel for the plural formations.

SINGULAR	PLURAL
el brazo	los brazos
el ojo	los ojos
el pie	los pies
la pierna	las piernas

Words that end in a consonant add **-es**.

SINGULAR	PLURAL
el borrador	los borradores
el profesor	los profesores
la pared	las paredes

If the consonant at the end of a word is **-z**, it changes to **-c** and adds **-es**.

SINGULAR	PLURAL
la luz	las luces
el lápiz	los lápices

B. Adjectives that describe plural words must also be plural.

ojos azul**es**	*blue eyes*	oreja**s** grand**es**	*big ears*
brazo**s** largo**s**	*long arms*	pie**s** pequeño**s**	*small feet*

En mi salón de clase hay dos **ventanas grandes**, varias **sillas viejas**, cinco **pizarras grises** y diez **luces**.

In my classroom there are two large windows, several old chairs, five gray chalkboards, and ten lights.

Ejercicio 6

Luisa y Marcos tienen muchas cosas. ¡Pero Luisa siempre tiene una y Marcos dos!

MODELO: Luisa tiene un suéter azul, pero Marcos tiene dos... →
suéteres azules.

1. Luisa tiene un par de zapatos, pero Marcos tiene dos...
2. Luisa tiene un perro nuevo, pero Marcos tiene dos...
3. Luisa tiene una chaqueta roja, pero Marcos tiene dos...
4. Luisa tiene un lápiz amarillo, pero Marcos tiene dos...
5. Luisa tiene una amiga mexicana, pero Marcos tiene dos...

Ejercicio 7

¡Ahora Marcos tiene una y Luisa tiene dos!

MODELO: Marcos tiene una clase fácil, pero Luisa tiene dos... →
clases fáciles.

1. Marcos tiene un cuaderno pequeño, pero Luisa tiene dos...
2. Marcos tiene un gato negro, pero Luisa tiene dos...
3. Marcos tiene una fotografía bonita, pero Luisa tiene dos...
4. Marcos tiene un reloj bonito, pero Luisa tiene dos...
5. Marcos tiene un libro difícil, pero Luisa tiene dos...
6. Marcos tiene un amigo divertido, pero Luisa tiene dos...

B.6. Adjectives: Gender and Number Agreement

A. Adjectives must agree in gender and number with the nouns they describe; that is, if the noun is singular and masculine, the adjective must also be singular and masculine. Adjectives that end in **-o** in the masculine form and **-a** in the feminine form will appear in the vocabulary lists in **Dos mundos** like this: **bonito/a.** Such adjectives have four possible forms.

	SINGULAR	PLURAL
Masculine	viej**o**	viej**os**
Feminine	viej**a**	viej**as**

Carmen lleva un suéter **bonito** y una falda **nueva**.
Mis zapatos de tenis son **viejos**.

Carmen is wearing a pretty sweater and a new skirt.
My tennis shoes are old.

B. Adjectives that end in a consonant,* the vowel **-e**, or the ending **-ista** have only two forms because the masculine and feminine forms are the same.

	SINGULAR	PLURAL
Masculine/Feminine	joven interesante pesimista azul	jóvenes interesantes pesimistas azules

---

*Adjectives of nationality that end in a consonant also have four forms: **inglés, inglesa, ingleses, inglesas**. See **Gramática C.4.**

Luis lleva una camisa **azul** y una chaqueta **azul**.	*Luis is wearing a blue shirt and a blue jacket.*
Mi amigo Carlos es **pesimista**, pero mi amiga Silvia es **optimista**.	*My friend Carlos is pessimistic, but my friend Silvia is optimistic.*

Ejercicio 8

Luisa y Marcos son gemelos (*twins*). Describa a Marcos.

MODELO: Luisa es delgad**a**; Marcos es delgad**o** también.

1. Luisa es alta; Marcos es _____ también.
2. Luisa es simpática; Marcos es _____ también.
3. Luisa es idealista; Marcos es _____ también.
4. Luisa es una niña excepcional; Marcos es _____ también.
5. Luisa es guapa; Marcos es _____ también.

Ejercicio 9

Seleccione todas las descripciones posibles.

MODELO: Raúl: chico, guapo, estudiante

1. Nora
2. Alberto
3. Esteban y Carmen
4. la profesora Martínez

a. mujer
b. chico
c. secretaria
d. chica
e. guapo
f. niñas
g. amigos
h. estudiantes
i. estudiante
j. profesor
k. mexicana

Mi familia y mis amigos

▼▼▼▼▼▼▼▼▼▼▼▼▼▼▼

In **Paso C** you will discuss your family, things you own, and people's ages. You will also talk about different languages and nationalities.

Texas, Estados Unidos

ACTIVIDADES ORALES

La familia

La posesión

Los números (10–100) y la edad

Los idiomas y las nacionalidades

GRAMÁTICA Y EJERCICIOS

C.1 Expressing Possession: The Verb **tener; de(l)**

C.2 Expressing Possession: Possessive Adjectives

C.3 Expressing Age: The Verb **tener**

C.4 Adjectives of Nationality

C.5 Habitual Actions: Present Tense of Regular **-ar** Verbs

Actividades orales

La familia

Lea Gramática C.1.

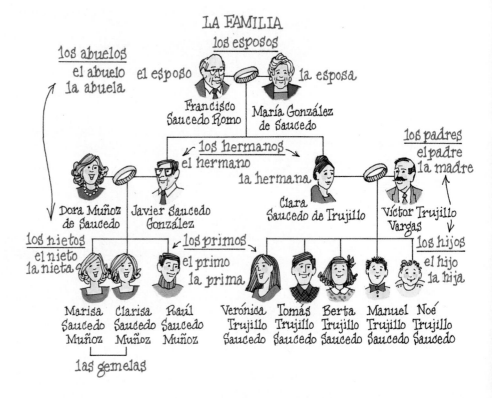

LA FAMILIA

los esposos

los abuelos
el abuelo
la abuela

el esposo — Francisco Saucedo Romo

la esposa — María González de Saucedo

los hermanos
el hermano
la hermana

los padres
el padre
la madre

Dora Muñoz de Saucedo

Javier Saucedo González

Clara Saucedo de Trujillo

Víctor Trujillo Vargas

los nietos
el nieto
la nieta

los primos
el primo
la prima

los hijos
el hijo
la hija

Marisa Saucedo Muñoz

Clarisa Saucedo Muñoz

Raúl Saucedo Muñoz

Verónica Trujillo Saucedo

Tomás Trujillo Saucedo

Berta Trujillo Saucedo

Manuel Trujillo Saucedo

Noé Trujillo Saucedo

las gemelas

Actividad 1. Interacción: La familia Saucedo

Conteste según el dibujo.

E1: ¿Cómo se llama *el hermano de Marisa y Clarisa*?
E2: Se llama *Raúl*.

E1: ¿Cuántos *hermanos* tiene *Verónica*?
E2: Tiene *tres*.

Actividad 2. Diálogo: ¿Quién es?

Don Eduardo Alvar habla con Pedro Ruiz.

DON EDUARDO: Perdón, Señor Ruiz. ¿Quién es ese señor?
SEÑOR RUIZ: Su nombre es César Ruiz.
DON EDUARDO: ¿Ruiz? ¿Es su hermano?
SEÑOR RUIZ: No. Su apellido es Ruiz también, pero no es mi hermano. Mi hermano se llama Germán.

Actividad 3. Diálogo abierto: Mis hijos

E1: ¿Cómo se llama usted, señor (señora, señorita)?
E2: Me llamo _____ .
E1: ¿Es usted casado/a o soltero/a?
E2: Soy _____ .
E1: ¿Tiene usted hijos?
E2: Sí, tengo _____ hijos y _____ hijas. (No, no tengo hijos.)

Actividad 4. Entrevistas

MI FAMILIA

1. —¿Cómo se llama tu padre?
   —Mi padre se llama _____ .
2. —¿Cómo se llama tu madre?
   —Mi madre se llama _____ .
3. —¿Cuántos hermanos tienes?
   —Tengo _____ hermanos.
   (No tengo hermanos.)

4. —¿Cómo se llama tu hermano?
   —Mi hermano se llama _____ .
5. —¿Cómo se llama tu hermana?
   —Mi hermana se llama _____ .
6. —¿Cuántos primos tienes?
   —Tengo _____ primos.
   (No tengo primos.)

La posesión

Lea Gramática C.1–C.2.

Daniel Galván tiene un coche nuevo.

Ernestito y su perro son amigos.

Los libros son de la profesora Martínez.

Actividad 5. ¿Qué tiene...?

1. ¿Quién tiene dos camisas nuevas?
2. ¿Quién tiene dos perros?
3. ¿De quién es el vestido nuevo?
4. ¿Quién tiene una computadora?
5. ¿De quién es el carro nuevo?
6. ¿Quiénes tienen helados?

Actividad 6. Diálogo: El coche de don Eduardo

ERNESTITO: ¿Tiene usted coche, señor Alvar?
DON EDUARDO: Sí, tengo un coche azul, un poco viejo.
ERNESTITO: Yo no tengo coche pero tengo una bicicleta nueva.
DON EDUARDO: Sí, y tu bicicleta es muy bonita.

Actividad 7. Mi perro y mi carro

1. —¿Tienes perro?
   —Sí, tengo _____ . (No, no tengo perro.)
2. —¿Cómo es tu perro?
   —Mi perro es _____ .
3. —¿Tienes carro?
   —Sí, tengo _____ . (No, no tengo carro.)
4. —¿Cómo es tu carro?
   —Mi carro es _____ .

Los números (10 – 100) y la edad

10 diez	76 setenta y seis
20 veinte	80 ochenta
30 treinta	82 ochenta y dos
40 cuarenta	90 noventa
50 cincuenta	94 noventa y cuatro
60 sesenta	100 cien
70 setenta	110 ciento diez

Actividad 8. Diálogos

MI PRIMO

AMANDA: Gustavo, ¿quién es ese chico?

GUSTAVO: Es mi primo, Ernestito.

AMANDA: ¿Cuántos años tiene?

GUSTAVO: Tiene sólo ocho años, y es muy inteligente.

¿CUÁNTOS AÑOS TIENEN?

DON EDUARDO: Señor Ruiz, ¿cuántos hijos tiene usted?

PEDRO RUIZ: Tengo dos.

DON EDUARDO: ¿Y cuántos años tienen?

PEDRO RUIZ: Bueno, Amanda tiene dieciséis años y Guillermo tiene doce.

DON EDUARDO: ¡Sólo dos hijos! ¡Cómo cambia el mundo!

Actividad 9. Diálogo abierto: ¿Cuántos años tienes?

E1: ¿Cuántos años tienes?

E2: Tengo _____ años.

E1: ¿Tienes hermanos?

E2: Sí, tengo _____ hermanos y _____ hermanas. (No, no tengo hermanos, pero tengo _____ .)

E1: ¿Cuántos años tiene tu hermano/a mayor/menor?

E2: Mi hermano/a _____ tiene _____ años.

SIGLO XXI: UNA ESPAÑA DE VIEJOS
(en miles de personas)

26.500

23.500

19.600

ENTRE 15 Y 64 AÑOS

9.500

8.350

7.200

MENORES DE 15 AÑOS

2.500

4.200

6.500

MAYORES DE 64 AÑOS

1960   1980   (*) 2000

ÍNDICE DE NATALIDAD
POR 1000 HABITANTES
1960-21 %
1980-15 %
1984-12 %

Los idiomas y las nacionalidades

Lea Gramática C.4–C.5.

Hans Schumann es alemán y habla alemán.

Gina Sfreddo es italiana y habla italiano.

Iara Gomes y Zidia Oliveira son brasileñas y hablan portugués.

Masato Hamasaki y Goro Nishimura son japoneses y hablan japonés.

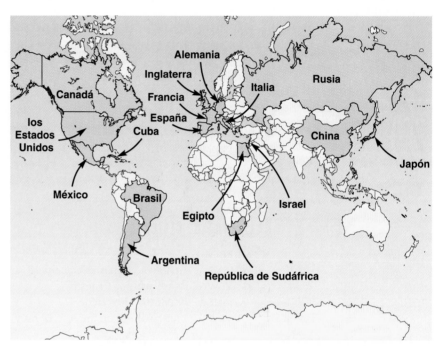

Canadá · los Estados Unidos · México · Cuba · Alemania · Inglaterra · Francia · España · Italia · Rusia · China · Japón · Egipto · Israel · Brasil · Argentina · República de Sudáfrica

PAÍS	NACIONALIDAD	IDIOMA(S)
Alemania	alemán, alemana	alemán
Argentina	argentino/a	español
Brasil	brasileño/a	portugués
Canadá	canadiense	inglés/francés
Cuba	cubano/a	español
China	chino/a	chino
Egipto	egipcio/a	árabe
España	español(a)	español
los Estados Unidos	(norte)americano/a	inglés
Francia	francés, francesa	francés
Inglaterra	inglés, inglesa	inglés

PAÍS	NACIONALIDAD	IDIOMA(S)
Israel	israelí	hebreo
Italia	italiano/a	italiano
Japón	japonés, japonesa	japonés
México	mexicano/a	español
República de Sudáfrica	sudafricano/a	afrikaans/lenguas africanas/inglés
Rusia	ruso/a	ruso

Actividad 10. Interacción: En la agencia de viajes

CLIENTE: Señorita (Señor, Señora), quiero viajar a *París.*

AGENTE: ¿Habla usted *francés?*

CLIENTE: Sí, hablo *un poco de francés.* (No, no hablo *nada de francés.* / Sí, hablo *francés muy bien.)*

Ciudades: Roma, Londres, Madrid, Moscú, Buenos Aires, Pekín, Río de Janeiro, Toronto, Los Ángeles, Montreal, Berlín, Tokio

Idiomas: italiano, inglés, español, ruso, portugués, chino, francés, alemán, japonés

Expresiones útiles: un poco de, nada de, muy bien

Actividad 11. ¿Qué nacionalidad? ¿Qué idioma?

Diga cuál es la nacionalidad de estas personas y qué idioma hablan.

MODELO: Gloria Estefan es cubana y habla español.

PERSONA	PAÍS
1. Nelson Mandela	Brasil
2. el Príncipe Carlos	Cuba
3. Sophia Loren	Egipto
4. Boris Yeltsin	España
5. Xuxa	los Estados Unidos
6. François Mitterand	Francia
7. Hosni Mubarak	Inglaterra
8. Gérard Depardieu	Israel
9. Felipe González	Italia
10. Yitzak Rabín	México
	República de Sudáfrica
	Rusia

Actividad 12. Diálogo abierto: Amigos internacionales

E1: ¿Tienes un amigo *japonés* (una amiga *japonesa*)?
E2: Sí, se llama _____ .
E1: ¿Hablas *japonés* o *inglés* con él/ella?
E2: Hablamos *inglés*.

Vocabulario

La familia	Family
el abuelo/la abuela	grandfather/grandmother
el esposo/la esposa	husband/wife
el hijo/la hija	son/daughter
los hijos	children (sons, sons and daughters)
la madre	mother
el nieto/la nieta	grandson/granddaughter
el padre	father
los padres	parents
el primo/la prima	cousin

Los países	Countries
Alemania	Germany
España	Spain
Estados Unidos	United States
Inglaterra	England
República de Sudáfrica	South Africa

PALABRAS SEMEJANTES: **Brasil, Canadá, Cuba, China, Egipto, Francia, Israel, Italia, Japón, México, Rusia**

Las nacionalidades	Nationalities
alemán/alemana	German
brasileño/a	Brazilian
chino/a	Chinese
egipcio/a	Egyptian
español(a)	Spanish
francés/francesa	French
inglés/inglesa	English
norteamericano/a	North American
ruso/a	Russian
sudafricano/a	South African

PALABRAS SEMEJANTES: **americano/a, árabe, argentino/a, canadiense, cubano/a, israelí, italiano/a, japonés/japonesa, portugués/portuguesa**

Los idiomas	Languages
el alemán	German
el chino	Chinese
el español	Spanish
el francés	French
el hebreo	Hebrew
los idiomas africanos	African languages
el inglés	English
el ruso	Russian

PALABRAS SEMEJANTES: **el afrikaans, el árabe, el italiano, el japonés, el portugués**

Las ciudades	Cities
Londres	London
Moscú	Moscow
Pekín	Peking

PALABRAS SEMEJANTES: **Berlín, Buenos Aires, Los Ángeles, Madrid, Montreal, Río de Janeiro, Roma, Tokio, Toronto**

Los adjetivos	Adjectives
casado/a	married
mayor	older

menor	younger	**¿De quién es/son... ?**	Whose is/are . . . ?
soltero/a	single	**Perdón.**	Pardon/Excuse me.

Las personas / People

el gemelo/la gemela	twin
el príncipe/la princesa	prince/princess

Los verbos

quiero	I want
viajar	to travel

Expresiones útiles

¡Cómo cambia el mundo!	How the world changes!
¿Cuántos años tiene(s)?	How old are you?
¿Qué edad tiene(s)?	How old are you?
Tengo... años.	I'm . . . years old.

Palabras útiles

el apellido	last name
la bicicleta	bicycle
bueno...	well . . .
el carro	car, automobile
el coche	car, automobile
¿Cuál... ?	Which . . . ?
el dibujo	drawing
el helado	ice cream
nada	nothing
pero	but
según	according to
sólo	only

PALABRAS SEMEJANTES: la computadora, la expresión, el modelo, no

Gramática y ejercicios

C.1. Expressing Possession: The Verb *tener; de*(*l*)

tener = *to have*
de + **el** = **del**
de + **la** remains **de la**

There are several ways of expressing possession in Spanish, just as in English. Unlike English, Spanish does not use an apostrophe and *s*.

A. Perhaps the simplest way of expressing possession is to use the verb **tener*** (*to have*). You have already heard the verb form **tiene** (*has*) in sentences such as **Alberto tiene barba**. Like the verb **ser**, **tener** is classified as an irregular verb because of changes in its stem.

(yo)	tengo	*I have*
(tú)	tienes	*you (inf. sing.) have*
(usted, él/ella)	tiene	*you (pol. sing.) have; he/she has*
(nosotros/as)	tenemos	*we have*
(vosotros/as)	tenéis	*you (inf. pl., Spain) have*
(ustedes, ellos/as)	tienen	*you (pl.), they have*

Profesora Martínez, ¿**tiene** usted un automóvil nuevo? —Sí, **tengo** un Toyota verde.

Professor Martínez, do you have a new automobile? —Yes, I have a green Toyota.

B. The verb **ser** (*to be*) followed by the preposition **de** (*of*) can also be used to express possession. The equivalent of the English word *whose* is **¿de quién?** (literally, *to* or *of whom?*).

¿De quién es el cuaderno? —**Es de** Carmen.

To whom does the notebook belong? —It's Carmen's.

C. The preposition **de** (*of*) followed by the masculine article **el** (*the*) contracts to **del** (*of the*).

¿De quién es el bolígrafo? —**Es del** profesor.

Whose pen is this? —It's the professor's.

The other combinations of **de** + article do not contract: **de la, de los, de las.**

Los zapatos **de la** niña son nuevos.

The girl's shoes are new.

---

42   *Recognition: **vos tenés**

Ejercicio 1

Diga qué tienen estas personas. Use las formas del verbo **tener**.

> MODELO: Luis <u>tiene</u> una bicicleta negra.

1. Nora _____ una chaqueta negra.
2. Esteban y yo _____ un coche viejo.
3. Mónica, tú no _____ el libro de español, ¿verdad?
4. (Yo) _____ dos lápices y un cuaderno sobre mi pupitre.
5. Nora y Alberto no _____ hijos, ¿verdad?

Ejercicio 2

Diga de quién son estas cosas.

> MODELO: Esteban / bolígrafo → El bolígrafo es de Esteban.

1. la profesora
   Martínez / carro

3. Nora / perro

5. Alberto / saco

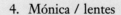

2. Luis / camisa

4. Mónica / lentes

6. Carmen / bicicleta

C.2. Expressing Possession: Possessive Adjectives

Possession can be indicated by the following five possessive adjectives.

SINGULAR		PLURAL	
mi	*my*	nuestro/a	*our*
tu*	*your (inf.)*	vuestro/a	*your (inf.)*
su	*your (pol.),* *his, her*	su	*your (pol.),* *their*

*****Tú** (with an accent mark) corresponds to *you*; **tu** (without an accent mark) corresponds to *your*.

¿**Mi** hermano? Tiene el pelo negro.	*My brother? He has black hair.*
¿De qué color es **tu** carro nuevo? —Es blanco.	*What color is your new car? —It's white.*

Nuestro/a and **vuestro/a** agree in gender and number with the noun that follows.

Nuestra profesora es Adela Martínez.	*Our professor is Adela Martínez.*
Nuestro amigo tiene dos carros.	*Our friend has two cars.*

Possessive adjectives must be plural in form if the noun that follows is plural. Remember that these adjectives modify the object(s) that are possessed, not the person who possesses them. In the first example below, **tus** agrees with **hermanas**, not with **Gustavo**.

Gustavo, **tus** hermanas son muy bonitas.	*Gustavo, your sisters are very pretty.*
Mis padres tienen un carro viejo pero bueno.	*My parents have an old but good car.*
Ernestito y Andrea, ¿cómo se llama **su** madre?	*Ernestito and Andrea, what is your mother's name?*
Nuestros abuelos son italianos.	*Our grandparents are Italian.*

Keep in mind that the pronoun **su(s)** can have various meanings: *your, his, her,* or *their.* The context normally clarifies to whom **su(s)** refers.

Luis no tiene **sus** libros.	*Luis doesn't have his books.*
El señor y la señora Ruiz tienen **su** coche aquí.	*Mr. and Mrs. Ruiz have their car here.*

Generally speaking, use **usted** and **su(s)** when addressing a person by their last name.

Señor Ramírez, ¿es **usted** mexicano? ¿Y **sus** padres?	*Mr. Ramírez, are you Mexican? And your parents?*

When using a first name to address someone, use **tú** and **tu(s)**.

Luis, **tu** amiga es inglesa pero **tú** y **tus** padres son mexicanos, ¿no?	*Luis, your friend is English but you and your parents are Mexican, aren't you?*

> Remember that you will acquire much of this material in time as you listen to and read Spanish.

Ejercicio 3

Complete con la forma apropiada del adjetivo posesivo: **mi(s)**, **tu(s)**, **su(s)** o **nuestro/a(s)**.

MODELO: Estela, ¿dónde están <u>tus</u> hijos?

1. Mi novia no tiene _____ libro de matemáticas.
2. El profesor no tiene _____ botas.

3. No tienes _____ reloj, ¿verdad?
4. No tengo _____ zapatos de tenis.
5. No tenemos _____ cuadernos.
6. —Señores Ramírez, ¿dónde están _____ hijas?
   —_____ hijas, Paula y Andrea, están en casa.
7. Gustavo no tiene _____ chaqueta.
8. Estela y Ernesto no tienen _____ automóvil todavía.
9. Graciela, _____ ojos son muy bonitos.
10. No tengo _____ bicicleta aquí.

Ejercicio 4

Complete los diálogos con la forma apropiada del adjetivo posesivo.

MODELO: RAÚL: ¡Qué inteligente es tu amiga!
ALBERTO: Sí, y ella es idealista, también.

1. PATRICIA: Cristina, _____ perro, Sultán, es muy inteligente.
   CRISTINA: Gracias, Patricia, pero no es _____ perro. Es de Carlos.

2. CLARA: Pilar, ¿tienen un carro _____ padres?
   PILAR: Sí, _____ padres tienen un Seat rojo.

3. JOSÉ: ¿Cómo se llama la novia de Andrés?
   PILAR: _____ novia se llama Ana.

4. ABUELA: Marisa y Clarisa, ¡qué bonitas son _____ faldas! ¿Son nuevas?
   MARISA: Sí, abuelita. Y _____ zapatos son nuevos también.

C.3. Expressing Age: The Verb *tener*

In English, the verb *to be* is used for telling age (*I am 21 years old*), but in Spanish the verb **tener** expresses age. To review the present-tense forms, see **Gramática C.1**. To ask about age, use the question **¿Cuántos años... ?** (*How many years . . . ?*)

Señora Ramírez, ¿cuántos años **tiene** usted? —**Tengo** treinta y cinco (años).

Mrs. Ramírez, how old are you? —I'm 35 (years old).

Ejercicio 5

Escriba la edad de estos amigos hispanos.

MODELO: Rogelio Varela / 21 → Rogelio Varela tiene 21 años.

1. Adriana Bolini / 28
2. Carla Espinosa / 22
3. Bernardo Torres / 50
4. Inés Torres / 37
5. doña María González de Saucedo / 79
6. yo / _____ años

Ejercicio 6

Escriba la edad de estas personas.

don
Eduardo
Alvar
(n.1914)

Estela
Ramírez
(n.1959)

Ernestito
Ramírez
(n.1986)

Gustavo
Rivero
(n.1978)

doña Lola
Batini
(n.1952)

C.4.   Adjectives of Nationality

A. As you know from **Gramática B.6**, adjectives that end in **-o/-a** have four forms: **rojo** (*masc. sing.*), **roja** (*fem. sing.*), **rojos** (*masc. pl.*), **rojas** (*fem. pl.*). Adjectives of nationality that end in **-o/-a** also have four forms.

	SINGULAR	PLURAL
Masculine	chino	chinos
Feminine	china	chinas

Victoria no es **china**, pero habla chino muy bien.	*Victoria is not Chinese, but she speaks Chinese very well.*

Adjectives of nationality and the names of languages are not capitalized in Spanish. Names of countries are capitalized.

B. Adjectives of nationality that end in a consonant have four forms also.

	SINGULAR	PLURAL
Masculine	inglés*	ingleses
Feminine	inglesa	inglesas

---

*See the *Cuaderno de trabajo*, **Capítulo 1**, for details on written accent marks.

John es **inglés**, pero su madre es
española.

*John is English, but his mother is
Spanish.*

C. Adjectives of nationality that end in **-e** have only two forms.

	SINGULAR	PLURAL
Masculine/Feminine	canadiense	canadienses

Ejercicio 7

¿De qué nacionalidad son estas personas? Escoja entre **español/española,
francés/francesa, italiano/italiana, inglés/inglesa, alemán/alemana, japonés/
japonesa** o **chino/china**.

> MODELO: el señor Shaoyi He → Es chino.

1. la señorita Fernández   2. los señores Watanabe   3. el señor Hartenstein
4. las hermanas Lemieux   5. la señorita Cardinale y la señorita Lomeli
6. la señorita Tang   7. el señor Thatcher

C.5.   Habitual Actions: Present Tense of Regular *-ar* Verbs

A. The verb form listed in the dictionary and in most vocabulary lists is called
an *infinitive*. In Spanish most infinitives end in **-ar** (**llamar, llevar**), but some
end in **-er** (**tener**) or in **-ir** (**vivir**). The forms of a verb are called its *conjugation*. You have already seen conjugations of **ser** (**Gramática A.3.B**), **llevar** (**Gramática A.6**), and **tener** (**Gramática C.1.A**). Here is the present-tense conjugation of the **-ar** verb **hablar.*** Notice that the endings are added to the stem (the
infinitive minus the **-ar** ending).

hablar (*to speak*)

(yo)	habl + o	I speak
(tú)	habl + as	you (inf. sing.) speak
(usted)	habl + a	you (pol. sing.) speak
(él/ella)	habl + a	he/she speaks
(nosotros/as)	habl + amos	we speak
(vosotros/as)	habl + áis	you (inf. pl. [Spain]) speak
(ustedes)	habl + an	you (pol. pl.) speak
(ellos/as)	habl + an	they speak

*Recognition: **vos hablás**

B. Because Spanish verb endings indicate in many cases who or what the subject is, it is not necessary to mention the subject explicitly in every sentence. That is why the pronouns are included in parentheses in the preceding table.

¿Hablas español? —Sí, y hablo inglés también.

Do you speak Spanish? —Yes, and I speak English too.

These endings take time to acquire. You can understand and communicate with an incomplete knowledge of them, but they are important; make sure you include them when you write.

Ejercicio 8

Estamos en una fiesta en casa de Esteban. Complete con una forma correcta del verbo **hablar**.

1. Esteban, las dos chicas rubias _____ alemán, ¿verdad?
2. Mónica, ¿_____ francés tu padre?
3. Alberto y Luis no _____ francés.
4. Nora, ¿_____ tú chino?
5. No, yo no _____ chino, pero _____ un poco de japonés.

Ejercicio 9

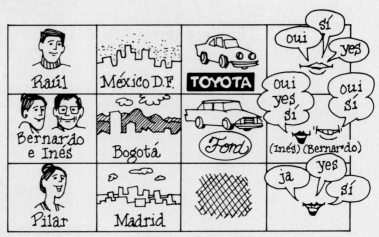

Diga si son ciertas o falsas estas afirmaciones. Si son falsas, diga por qué.

MODELO: Pilar dice: «Tengo un coche alemán y hablo alemán». →
          Falso. Pilar habla alemán pero no tiene coche.

1. El hombre que tiene un Toyota es de Bogotá y habla tres idiomas.
2. La mujer que habla alemán es de Madrid.
3. El muchacho de México no habla francés, pero habla inglés y español.
4. Bernardo e Inés Torres dicen: «Los dos hablamos francés, pero Bernardo no habla inglés».
5. Raúl dice: «Tengo un coche japonés pero no hablo japonés».

PASO D

Los datos personales y las actividades favoritas

▼▼▼▼▼▼▼▼▼▼▼▼▼▼▼▼▼▼

Torreón, México

ACTIVIDADES ORALES Y LECTURAS

Las fechas y los cumpleaños

Lectura: El horóscopo

Datos personales: El teléfono y la dirección

El mundo hispano... su gente

La hora

Las actividades favoritas y los deportes

El mundo hispano... imágenes

Nota cultural: Los deportes

GRAMÁTICA Y EJERCICIOS

D.1 Numbers 100–1000 and Dates

D.2 The Spanish Alphabet

D.3 Habitual Actions: Present Tense of Regular **-er** and **-ir** Verbs

D.4 Telling Time

D.5 Expressing Likes and Dislikes: **gustar** + Infinitive

Actividades orales y lecturas

Las fechas y los cumpleaños

Lea Gramática D.1.

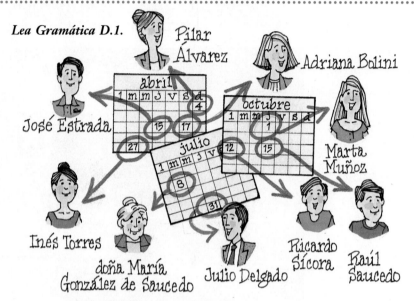

Actividad 1. Interacción: El cumpleaños

Mire el dibujo.

> E1: ¿Cuándo nació *José Estrada*?
> E2: Nació el *quince de abril*.

Actividad 2. Interacción: Los amigos de Esteban Brown

NOMBRE	LUGAR DE NACIMIENTO	FECHA DE NACIMIENTO
Raúl Saucedo	Arenal, Jalisco, México	15 de octubre de 1975
Rogelio Varela	San Juan, Puerto Rico	30 de mayo de 1973
Pilar Álvarez	Madrid, España	4 de abril de 1972
Ricardo Sícora	Caracas, Venezuela	12 de octubre de 1976
Carmen Bradley	Corpus Christi, Texas	23 de junio de 1975
Nora Morales	San Antonio, Texas	4 de julio de 1969

E1: ¿Quién nació el *30 de mayo de 1973*?
E2: *Rogelio Varela.*
E1: ¿Dónde nació?
E2: Nació en *San Juan, Puerto Rico.*

Actividad 3. Interacción: ¿Qué quieres para tu cumpleaños?

1. un reloj
2. una computadora
3. una bicicleta
4. un reproductor para discos compactos
5. una camisa
6. un suéter
7. unos esquíes
8. entradas para un concierto
9. un coche
10. una mochila
11. una cámara

invierno — diciembre, enero, febrero
primavera — marzo, abril, mayo
verano — junio, julio, agosto
otoño — septiembre, octubre, noviembre

E1: ¿Quieres *un reloj* para tu cumpleaños?
E2: Sí, quiero *un reloj.* (No, no quiero *un reloj*, quiero *una mochila*.)

El horóscopo

¿**L**ee usted el horóscopo? ¿Por qué (no)? ¿Cree usted que el horóscopo dice la verdad (*truth*)? Lea su signo y díganos, ¿es usted así?

CAPRICORNIO (del 22 de diciembre al 20 de enero): Usted es una persona profunda, determinada y organizada. Tiene un buen sentido del humor y una personalidad muy atractiva. Color: verde claro.

 ACUARIO (del 21 de enero al 18 de febrero): Usted es una persona elegante, creativa y sofisticada. Es un poco idealista y muy independiente. Colores: rosado y blanco.

 PISCIS (del 19 de febrero al 20 de marzo): Usted es muy trabajador[1] y muy independiente. No es celoso.[2] Color: amarillo.

 ARIES (del 21 de marzo al 19 de abril): Usted es muy expresivo, activo y enérgico, tal vez,[3] un poco impulsivo e impaciente. Color: rojo brillante.

 TAURO (del 20 de abril al 20 de mayo): Usted es un poco temperamental. Es fiel a sus amigos. Tiene un buen sentido del humor. Colores: café oscuro y negro.

 GÉMINIS (del 21 de mayo al 20 de junio): Usted es versátil, divertido,[4] muy sociable. No es muy sentimental. Le gusta[5] mucho conversar. La familia y los amigos son muy importantes en su vida.[6] Color: azul marino.[7]

CÁNCER (del 21 de junio al 22 de julio): Usted busca[8] la seguridad[9] y la buena vida. El dinero[10] es muy importante para usted. Es una persona activa y a veces[11] intensamente romántica. Colores: crema, amarillo y blanco.

LEO (del 23 de julio al 22 de agosto): Usted es agresivo, persistente, dedicado. Tiene pocos pero buenos amigos. Es muy trabajador y entusiasta. Color: anaranjado.

VIRGO (del 23 de agosto al 22 de septiembre): Usted es modesto y callado.[12] Es serio, práctico, competente. Tiene mucha energía y es un buen trabajador. Es muy selectivo en sus relaciones. Colores: café oscuro y verde.

LIBRA (del 23 de septiembre al 22 de octubre): Usted es sensible, artístico y un poco tímido. Tiene muchos amigos. Es muy jovial y amistoso.[13] Color: azul.

ESCORPIÓN (del 23 de octubre al 22 de noviembre): Usted es reservado, intuitivo y un poco tímido. Es romántico. Es también organizado y persistente. Colores: rojo y negro.

SAGITARIO (del 23 de noviembre al 21 de diciembre): Usted es entusiasta y optimista. Es sociable, honrado[14] y también sincero. A veces es impulsivo y apasionado. Colores: azul oscuro y violeta o morado.

[1]*hardworking*   [2]*jealous*   [3]tal... *perhaps*   [4]*entertaining*   [5]Le... *You like*   [6]*life*   [7]azul... *navy blue*   [8]Usted... *You seek*   [9]*security*   [10]*money*   [11]a... *at times*   [12]*quiet*   [13]*friendly*   [14]*honest*

Comprensión

Todas las siguientes oraciones son falsas. Cambie las palabras incorrectas para decir la verdad, según la lectura.

MODELO: Capricornio es del *21 de junio al 22 de julio.* →

Capricornio es del *22 de diciembre al 20 de enero.*

1. Libra es del *23 de julio al 22 de agosto.*
2. Las personas del signo Sagitario son *muy pesimistas.*
3. Un hombre del signo Virgo normalmente es *muy hablador.*
4. El signo de una mujer que nació el 25 de marzo es *Piscis.*
5. Si una muchacha es del signo Leo, entonces es *muy tímida.*
6. A veces las personas del signo Cáncer son *pragmáticas.*
7. Los colores típicos del signo Acuario son *el café oscuro y el negro.*
8. Generalmente, las personas del signo Géminis son *aburridas.*
9. Un joven del signo Escorpión probablemente es *agresivo.*
10. Las personas del signo Libra tienen *pocos amigos.*

Ahora... ¡usted!

¿Tiene amigos del mismo signo que usted? ¿Qué aspectos de la personalidad tienen ustedes en común?

Un paso más...

Lea su signo otra vez y díganos, ¿es usted así? ¿Qué características de su personalidad no se mencionan? Escriba una breve descripción de su signo con las correcciones necesarias.

Datos personales: El teléfono y la dirección

Lea Gramática D.2–D.3.

UNIVERSIDAD NACIONAL AUTÓNOMA DE MÉXICO

Nombre: Carlos Padilla
Dirección: Calle Juárez 528
Teléfono: 5-66-57-42
Fecha de Nacimiento: 26-II-73
Sexo: M   Edo. Civil: soltero
Ojos: negros   Pelo: castaño
Ciudadanía: mexicana
Nº. de Estudiante: 156-87-40-94

UNIVERSIDAD COMPLUTENSE DE MADRID

Nombre: Pilar Álvarez
Dirección: Calle Almendras 481
Teléfono: 4-71-94-55
Fecha de Nacimiento: 4-IV-72
Sexo: F   Edo. Civil: soltera
Ojos: castaños   Pelo: castaño
Ciudadanía: española
Nº. de Estudiante: 115-38-95-42

Actividad 4. El pasaporte

     NOMBRE <u>Inés Valle de Torres</u> DIRECCION <u>Molino</u> <u>883</u> 　　　　　　Calle　　　No. 　　　　　<u>Bogotá</u> <u>Colombia</u> 　　　　　　Ciudad　　　País FECHA DE NACIMIENTO 　　　　<u>27</u> <u>abril</u> <u>1961</u> 　　　　　Día　　Mes　　Año LUGAR DE NACIMIENTO 　　　　<u>Medellín, Colombia</u>	No. <u>M56</u>　<u>44937</u>　<u>26257</u> CIUDADANIA <u>colombiana</u> ESTADO CIVIL [X] casado(a)　　[ ] soltero(a) [ ] divorciado(a)　[ ] viudo(a) 　　　　　　　　Bernardo NOMBRE DE ESPOSO(A) <u>Torres</u> PROFESION <u>maestra</u> OJOS <u>negros</u> PELO <u>negro</u> ESTATURA <u>1.62</u> mts. PESO <u>63</u> kg. FIRMA　<u>Inés de Torres</u>

1. ¿Cómo se llama la señora?   2. ¿Dónde vive?   3. ¿En qué mes nació?
4. ¿Es casada o soltera?   5. ¿De qué color tiene los ojos?

Actividad 5. Diálogo abierto: ¿Dónde vives?

E1: ¿Cómo te llamas?
E2: _____ . ¿Y tú?
E1: _____ . ¿Dónde vives?
E2: En la calle _____ , número _____ . ¿Y tú?
E1: Vivo en la calle _____ , número _____ .
E2: ¿Cuál es tu número de teléfono?
E1: Es el _____ . ¿Tienes teléfono tú?
E2: Sí, es el _____ .

Actividad 6. Interacción: ¿Cómo se escribe?

Usted habla por teléfono con la operadora.

MODELO:　OPERADORA: Su nombre y apellido, por favor.
　　　　　　USTED: Ted Klamath.
　　　　　OPERADORA: Perdón, no entendí bien. ¿Cómo se escribe su apellido?
　　　　　　USTED: Ca-ele-a-eme-a-te-hache.

　　　　　OPERADORA: Su nombre y apellido, por favor.
　　　　　　USTED: _____ .
　　　　　OPERADORA: Perdón, no entendí bien. ¿Cómo se escribe su apellido?
　　　　　　USTED: _____ .

EL MUNDO HISPANO... su gente

Nombre: Ana Lilia Gaitán
Edad: 31 años
País: Chile

¿Cuáles son sus gustos y
pasatiempos?

Me encanta[1] escuchar todo
tipo de música, especialmente
la latinoamericana. A veces[2] me
gusta leer algún libro de Isabel
Allende* o artículos de revistas[3]
que, por lo general, son muy
interesantes y son otra forma
de aprender sobre otras culturas. Además, también intento[4]
leer algo en inglés...

SUDAMÉRICA

EL OCÉANO
PACÍFICO

Chile

EL OCÉANO
ATLÁNTICO

[1]Me... *I really like* [2]A... *Sometimes*
[3]*magazines, journals* [4]*I try*

*Escritora chilena muy famosa, autora de la novela *La casa de los espíritus*

La hora

Lea Gramática D.4.

¿Qué hora es?

Es la una.

Son las tres.

Son las nueve
menos diez.

Es la una y media.

Son las diez menos
veinte.

Son las once y
cuarto.

Es mediodía.

Es medianoche.

Son las tres menos
veinticinco. Son
las dos y treinta y
cinco.

Son las siete y
cinco.

Actividad 7. Interacción: ¿Qué hora es?

E1: ¿Qué hora es?
E2: Es la _____ ./Son las _____ .

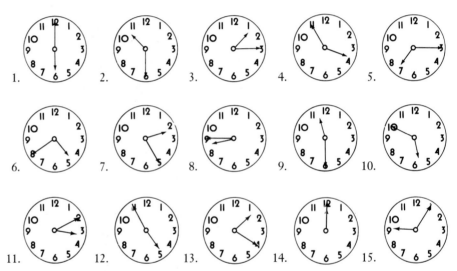

1.   2.   3.   4.   5.

6.   7.   8.   9.   10.

11.   12.   13.   14.   15.

Actividad 8. Diálogo: ¿Qué hora es?

SEÑORA SILVA: Perdón, señor, ¿qué hora tiene?
DON ANSELMO: Son las siete y cuarto.
SEÑORA SILVA: Muchas gracias.

Actividad 9. Interacción: Programas de televisión

POR AMOR AL ARTE ■ *T.V.*

MIERCOLES/22

Primera Cadena

7,30.—Buenos días.
9,00.—Puesta a punto.
9,15.—La cesta de la compra.
9,30.—Los ricos también lloran.
10,00.—Directo en la noche.
11,00.—Más vale prevenir.
11,30.—Dinastía.
12,25.—Avance telediario.
12,30.—Teletexto.
13,55.—Cobertura regional.
15,00.—Telediario.
15,35.—Falcon Crest.
16,30.—La tarde.
17,20.—Avance Telediario.
17,25.—Letra pequeña.
17,50.—¡Hola, chicos!
18,00.—Barrio Sésamo.
18,30.—El cachorro Puppy.
19,00.—Tocata.
20,00.—Telediario.
20,30.—Fútbol: España-Chile.
22,30.—Sesión de noche.
0,35.—Telediario.
1,05.—Teledeporte.

Segunda Cadena

19,00.—Agenda informativa.
19,15.—Curso de francés.
19,30.—Música para usted.
19,45.—Artes populares.
20,00.—Viejos amigos.
20,15.—Perros (nueva serie).
20,30.—Con las manos en la masa.

VIERNES/24

Primera Cadena

7,30.—Buenos días.
9,00.—Puesta a punto.
9,15.—La cesta de la compra.
9,30.—Los ricos también lloran.
10,00.—Tocata.
11,30.—Dinastía.
12,25.—Avance Telediario.
12,30.—Teletexto.
13,55.—Cobertura regional.
15,00.—Telediario.
15,35.—Falcon Crest.
16,30.—La tarde.
17,20.—Avance Telediario.
17,25.—Un país de Sagitario.
17,50.—¡Hola, chicos!
18,00.—Barrio Sésamo.
18,30.—Sherlock Holmes.
19,00.—Chocky.
19,30.—Al galope.
20,00.—Más vale prevenir.
20,30.—Telediario.
21,05.—Punto y aparte.
21,15.—Un, dos, tres…
22,50.—Ana Karenina.
23,45.—Telediario.
0,20.—Teledeporte.

Segunda Cadena

19,00.—Agenda informativa.
19,15.—Curso de francés.
19,30.—Música para usted.
19,45.—Artes populares.
20,00.—Así es Hollywood.

DOMINGO/26

Primera Cadena

8,30.—Miradas.
9,30.—Concierto.
10,30.—Santa Misa.
11,30.—Pueblo de Dios.
12,00.—Estudio estadio.
15,00.—Telediario.
15,35.—Dragones y mazmorras.
16,00.—Autopista hacia el cielo.
16,55.—Si lo sé no vengo.
17,50.—Pumuky.
18,15.—De 7 en 7.
18,40.—Avance Estudio estadio.
18,45.—Haroun Tazieff cuenta su tierra.
19,35.—Punto de encuentro.
20,30.—Telediario.
21,05.—Mascarada.
22,00.—Musical.
22,55.—Estudio estadio.

Segunda Cadena

12,00.—Música y músicos.
13,00.—La pequeña Memole.
13,25.—Gente menuda.
14,10.—7 novias para 7 hermanos.
15,00.—Ciclo Cross.
16,15.—La buena música.
17,05.—Estrenos TV.
18,50.—Los Fraguel.
19,15.—Tauromaquia.

Hágale estas preguntas a su compañero/a de clase.

1. ¿Qué día es el programa «Pueblo de Dios»?
2. ¿A qué hora es el partido de fútbol el miércoles? ¿A las 8:30?
3. ¿A qué hora es el programa «Barrio Sésamo»? ¿A las 5:00?
4. ¿Qué días es el programa «Buenos días»?
5. ¿A qué hora es el programa «Dinastía»?
6. ¿Qué días y a qué hora es el programa «Telediario»?
7. ¿———?

Las actividades favoritas y los deportes

Lea Gramática D.5.

Un fin de semana típico de los Ruiz

A Guillermo y a sus amigos
les gusta jugar al fútbol.

A Amanda y a Graciela
les gusta jugar al tenis.

A Guillermo le gusta
montar en bicicleta.

A Margarita le
gusta ir de compras.

A Amanda le gusta
ver su telenovela favorita.

A Pedro le gusta leer.

A Pedro y a Guillermo les gusta
ver un partido de béisbol en el
estadio.

A los Ruiz les gusta cenar
en restaurantes italianos.

Actividad 10. Interacción: Los fines de semana

NOMBRE	LOS SÁBADOS LE GUSTA...	LOS DOMINGOS LE GUSTA...
Ricardo Sícora, 18 años Caracas, Venezuela	ir al cine	jugar al basquetbol
Adriana Bolini, 28 años Buenos Aires, Argentina	cocinar	jugar al tenis
Raúl Saucedo, 20 años México, D.F., México	salir a bailar	ver un partido de fútbol
Carlos Padilla, 21 años México, D.F., México	ver la televisión	jugar al voleibol
Carla Espinosa, 22 años San Juan, Puerto Rico	ir de compras	ir a la playa

E1: ¿A quién le gusta *jugar al basquetbol*?
E2: A *Ricardo Sícora*.

E1: ¿Qué le gusta hacer a *Ricardo los sábados*?
E2: Le gusta *ir al cine*.

Actividad 11. Los gustos

Diga sí o no.

1. Durante las vacaciones me gusta...
   a. viajar.
   b. bailar por la noche.
   c. montar en bicicleta.
   d. dormir todo el día.
2. No me gusta...
   a. nadar en una piscina.
   b. acampar.
   c. jugar en la nieve.
   d. patinar en el hielo.
3. Por la noche a mis padres les gusta...
   a. ver la televisión.
   b. cenar en restaurantes elegantes.
   c. ir a fiestas.
   d. leer el periódico.
4. A mi profesor(a) de español le gusta...
   a. ir a fiestas.
   b. hacer ejercicio.
   c. cocinar.
   d. llevar ropa elegante.

E1: No me gusta acampar.
E2: A mí sí me gusta.

Y TÚ, ¿QUÉ DICES?

¡Qué interesante!   ¡No lo creo!   A mí no me gusta.
¡Qué divertido!   A mí sí me gusta.   A mí tampoco me
¡Qué aburrido!   A mí también me gusta.   gusta.

Actividad 12. Entrevista: ¿Qué te gusta hacer?

E1: ¿Te gusta *viajar*?
E2: Sí, me gusta mucho viajar. (No, no me gusta viajar.)

1. ver la televisión
2. cenar en restaurantes
3. pescar
4. bailar en discotecas
5. escribir cartas
6. viajar en carro
7. escuchar música
8. cocinar
9. sacar fotos
10. trabajar

Actividad 13. Interacción: La correspondencia

Estos muchachos de México quieren entablar correspondencia con otros muchachos y muchachas. Hágale preguntas a su compañero/a acerca de la información que hay sobre ellos.

Y TÚ ¿QUIÉN ERES?

✍ **MIGUEL ÁNGEL OJEDA CEGUEDA (19 años)**
Calz. I. Zaragoza 1111, Col. Agrícola Oriental, México, D.F., C.P. 08500.
Pasatiempos: natación, baloncesto, soccer americano y ciclismo.

✍ **JOSÉ GUADALUPE AYALA RAMÍREZ (18 años)**
Julio V. Plata 74, Col. Héroe de Nacozari, México, D.F., C.P. 07780.
Pasatiempos: jugar soccer y tener amigos por correspondencia.

✍ **LUIS MANUEL GALVÁN O. (20 años)**
Alzate 100, Ozumba, Edo. de México, C.P. 56800.
Pasatiempos: ir a las discos, jugar basquetbol y leer «Eres».

✍ **LETICIA VILLANUEVA R. (24 años)**
Ardilla 341, Col. Benito Juárez, Cd. Neza, Edo. de México, D.P. 57000.
Pasatiempos: escuchar música, bailar, pasear y tener amigos.

✍ **MARÍA GAUDALUPE E IRMA PRECIADO MENDOZA (16 y 23 años)**
Calle Carretera a Tesistán 1051, Col. Arcos de Zapopán, Zapopán, Jal., C.P. 45130.
Pasatiempos: escuchar música, ver televisión y leer.

✍ **MARÍA CRUZ RODRÍGUEZ P. (22 años)**
Motolinía 237, Centro, Morelia, Mich., C.P. 58000.
Pasatiempos: ir a la playa, escuchar música y tener muchos amigos.

Abreviaturas:

Calz.–calzada	C.P.–código postal	Gpe.–Guadalupe
Cd.–ciudad	D.F.–Distrito Federal	Jal.–Jalisco
Col.–Colonia	Edo.–Estado	Mich.–Michoacán

E1: ¿Cuántos años tiene _____ ?
E2: Tiene _____ .

E1: ¿Qué le gusta hacer a _____ ?
E2: Le gusta _____ .

E1: ¿Cuál es la dirección de _____ ?
E2: Su dirección es _____ .

E1: ¿Cuál es el deporte favorito de _____ ?
E2: Su deporte favorito es el/la _____ .

Actividad 14. Interacción: Los juegos panamericanos

XI JUEGOS DEPORTIVOS PANAMERICANOS AGOSTO 1991
PROGRAMA DIARIO DE ACTIVIDADES

Leyenda: ○ MAÑANA ◍ TARDE ● NOCHE * SUBSEDE SANTIAGO DE CUBA

EVENTO	V 2	S 3	D 4	L 5	M 6	M 7	J 8	V 9	S 10	D 11	L 12	M 13	M 14	J 15	V 16	S 17	D 18
ACTO DE INAUGURACIÓN	◍																
ATLETISMO		○	◍	◍		◍	◍		◍	◍							
BALONCESTO			◍	◍	◍	◍	◍	◍	◍	◍	◍	◍	◍		◍	◍	◍
BALONMANO				◍	◍	◍	◍	◍		◍	◍						
BÉISBOL			◍	◍	◍	◍	◍		◍	◍	◍	◍		◍	◍		
BOLOS					◍	◍	◍	◍		◍							
BOXEO							●	●	●	◍	●	●	●	●	●	◍	◍
CANOA/KAYAK		○	○														
CICLISMO			○		◍	◍	◍	◍	◍		○						
ECUESTRE				○	○	○	○	○		○							
ESGRIMA					◍	◍	◍	◍	◍	◍	◍	◍	◍	◍			
FÚTBOL				◍	◍	◍	◍	◍	◍		◍		◍		◍		◍
*GIMNASIA ARTÍSTICA			◍	◍	◍	◍		●	●	◍	◍						
*GIMNASIA RÍTMICA													●	●	◍	◍	
HOCKEY S/C			◍	◍	◍	◍	◍	◍	◍	◍		◍	◍	◍	◍		
*JUDO											◍	◍	◍	◍			
*LEVANTAMIENTO DE PESAS				◍	◍	◍	◍	●									
LUCHA				●	●	●		●	●	●							
ACUÁTICOS: CLAVADOS		◍	◍		◍	◍		◍	◍								
ACUÁTICOS: NATACIÓN										◍	◍	◍	◍		◍	◍	◍
ACUÁTICOS: NADO SINCRONIZADO			○	◍	◍	◍	◍	◍	◍	◍							
ACUÁTICOS: POLO ACUÁTICO				◍	◍	◍		◍	◍	◍	◍						
PATINAJE													◍	◍	◍	◍	◍
REMO							○	○	◍	○	○						
*SOFTBOL			◍	◍	◍	◍	◍	◍	◍	◍	◍	◍	◍	◍			
TAEKWONDO														◍	◍	◍	◍
TENIS				○	◍	◍	◍	◍	○		◍	◍	○	◍			
TENIS DE MESA					◍	◍	◍	◍	◍	◍	◍	◍					
TIRO					◍	◍	◍	◍	◍	◍							
*TIRO CON ARCO					◍	◍	◍	◍									
VELA						◍	◍		◍	◍	◍	◍					
VOLEIBOL									◍	◍	◍	◍	◍	◍	◍	◍	◍
EXH. PELOTA VASCA					◍	◍	◍	◍	◍								
CEREMONIA DE CLAUSURA																	●

E1: ¿Qué días hay competición de *baloncesto* (basquetbol)?
E2: Del *3 al 18 de agosto.*

E1: ¿Cuándo hay competición de *nado sincronizado* el *5 de agosto*?
E2: Por *la tarde.*

![gradient triangle]

EL MUNDO HISPANO... imágenes

Un deporte muy popular en España es el jai alai, un juego de origen vasco.[1] Para jugar al jai alai, uno debe ser ágil y rápido. El jai alai es un deporte que requiere mucha destreza.[2]

Estos dos jugadores en la foto se entrenan para un partido.

[1]*Basque*   [2]*skill*

N O T A

CULTURAL

Los deportes

¿Le gustan a usted los deportes? ¿Cuáles practica? En esta nota hablamos de los deportes más populares en el mundo hispano. ¿Puede mencionar uno?

El deporte más popular en el mundo hispano es el fútbol.* Otro deporte que los hispanos practican mucho es el béisbol. Este deporte, de origen norteamericano, es muy popular en Puerto Rico, Cuba, Venezuela y la República Dominicana. De hecho,[1] la Serie Mundial[2] se transmite[3] y se escucha con entusiasmo en todos los países del Caribe.

Los hispanos también practican los deportes individuales, el esquí y la natación,[4] por ejemplo. Hay lugares[5] en España, como la Sierra Nevada, adonde va[6] mucha gente a esquiar. También en Chile y Argentina se practica el esquí.

[1]*De... In fact*   [2]*la... the U.S. World Series*   [3]*se... is broadcast*   [4]*swimming*   [5]*places*   [6]*go*

*Fútbol es *soccer*; fútbol norteamericano es *football*. El fútbol es el deporte favorito de los argentinos, los uruguayos y los chilenos, entre otros.

En muchas ciudades del mundo hispano hay gimnasios donde es posible jugar al ráquetbol y al tenis, nadar, levantar pesas, hacer gimnasia o ejercicios aeróbicos.

El entusiasmo por los deportes es sin duda un rasgo[7] importante del carácter hispano.

Hay lugares en Chile, como Farallones, adonde va mucha gente a esquiar. ¡El paisaje (*landscape*) blanco es espectacular!

[7]*characteristic*

Comprensión

¿Cierto o falso?

1. El béisbol se practica mucho en el Caribe. 2. Normalmente, los hispanos no practican deportes individuales. 3. En los gimnasios, es posible esquiar.

Ahora... ¡usted!

¿Cuáles de los deportes mencionados le gusta practicar a usted? ¿Con qué frecuencia?

	MUCHO	A VECES	NUNCA (*never*)
el fútbol	_____	_____	_____
el béisbol	_____	_____	_____
el esquí	_____	_____	_____
la natación	_____	_____	_____
el ráquetbol	_____	_____	_____
el tenis	_____	_____	_____

Vocabulario

Los meses del año — Months of the Year

enero — January

PALABRAS SEMEJANTES: febrero, marzo, abril, mayo, junio, julio, agosto, septiembre, octubre, noviembre, diciembre

Las estaciones — Seasons

la primavera	spring
el verano	summer
el otoño	autumn
el invierno	winter

Los días de la semana
Days of the Week

(el) lunes	Monday
(el) martes	Tuesday
(el) miércoles	Wednesday
(el) jueves	Thursday
(el) viernes	Friday
(el) sábado	Saturday
(el) domingo	Sunday

Los datos personales
Personal Data

la calle	street
el cumpleaños	birthday
la dirección	address
divorciado/a	divorced
el estado civil	marital status
la fecha (de nacimiento)	date (of birth)
el lugar (de nacimiento)	place (of birth)
el peso	weight
el viudo/la viuda	widower/widow

PALABRAS SEMEJANTES: el pasaporte, el sexo

REPASO: el apellido, casado/a, soltero/a

La hora — Time

¿A qué hora (es)... ?	At what time (is) . . . ?
(Es) A la(s)...	(It is) At . . .

la medianoche	midnight
el mediodía	noon, midday
¿Qué hora es?	What time is it?
¿Qué hora tiene?	What time do you have?
Es la una y media.	It's one thirty (half past one).
Son las nueve menos diez.	It's ten to nine.
y cuarto	quarter past
menos cuarto	quarter to
y media	half past

Los deportes y los juegos
Sports and Games

el básquetbol (baloncesto)	basketball
el esquí	skiing
el estadio	stadium
el fútbol	soccer
jugar	to play
nadar	to swim
el partido	game, match
patinar (en el hielo)	to (ice) skate
pescar	to fish

PALABRAS SEMEJANTES: la competición, el tenis, el voleibol

Las actividades favoritas

acampar	to go camping
bailar	to dance
cenar	to have dinner
cocinar	to cook
dormir (todo el día)	to sleep (all day)
escribir cartas	to write letters
hablar (por teléfono)	to speak on the phone
hacer	to do; to make
hacer ejercicio	to exercise
ir	to go
a fiestas	to parties
de compras	shopping
leer (el periódico)	to read (the newspaper)
llevar	to wear; to take (*someone or something somewhere*)
montar en bicicleta	to ride a bike

sacar fotos	to take pictures
salir (a bailar)	to go out (dancing)
trabajar	to work
ver	to see
la televisión	to watch television
una telenovela	to watch a soap opera
un partido de...	to watch a game of . . .

el reproductor para discos compactos — CD player

PALABRAS SEMEJANTES: la cámara, elegante, la información, nacional, el operador/la operadora, el programa, la profesión, el teléfono, las vacaciones

Los lugares — Places

el cine	movie theater
el mar	sea, ocean
la piscina	swimming pool
la playa	beach

PALABRAS SEMEJANTES: la discoteca, el restaurante

Los verbos

querer	to want
quiero, quieren	I want, they want
vivir	to live
vivo	I live
vives	you (*inf. sing.*) live
vive	you (*pol. sing.*) live; he/she lives

Palabras útiles

durante	during
las entradas (para un concierto)	tickets (for a concert)
el fin de semana	weekend
la firma	signature
la mochila	backpack
mucho	a lot; much
para	for; in order to

Expresiones útiles

acerca de	about
¿Cómo te llamas (tú)?	What is your name?
¿Cómo se escribe... ?	How do you spell . . . ?
¿En qué mes nació?	What month were you (was he/she) born in?
Le gusta...	You (*pol. sing.*) like to . . . ; He/She likes to . . .
Les gusta...	You (*pl.*) like to . . . ; they like to . . .
(No) Me gusta...	I (don't) like to . . .
A mí (sí/no) me gusta...	I (do/don't) like to . . .
A mí también/tampoco me gusta...	I like to . . . also/I don't like to . . . either.
Muchas gracias.	Thank you very much.
No entendí bien.	I didn't quite understand.
No lo creo.	I don't believe it.
Por favor.	Please.
por la mañana/tarde/noche	in the morning/afternoon, evening/at night
¡Qué aburrido!	How boring!
¡Qué divertido!	How fun!
¡Qué interesante!	How interesting!
¿Qué le gusta hacer?	What do you (*pol. sing.*); does he/she like to do?
¿Qué te gusta hacer?	What do you (*inf. sing.*); like to do?
Te gusta...	You (*inf. sing.*) like to . . .
Y tú, ¿qué dices?	And you? (What do you say?)

Gramática y ejercicios

D.1.   Numbers 100–1000 and Dates

A. Here are the hundreds, from 100 to 1000. Note particularly the pronunciation and spelling of 500, 700, and 900. The word for *one hundred* is **cien,** but when combined with other numbers it is usually **ciento(s).** From 200 to 900, there is also a feminine form.

154	ciento cincuenta y cuatro	600	seiscientos/as
200	doscientos/as	700	setecientos/as
300	trescientos/as	800	ochocientos/as
400	cuatrocientos/as	900	novecientos/as
500	quinientos/as	1000	mil

¿Cuántos estudiantes de España hay en el grupo? ¿Hay **cien?** —No, hay **ciento cincuenta y cuatro.**	*How many students from Spain are in the group? Are there a hundred? —No, there are one hundred and fifty-four.*
¿Cuántas sillas hay? —Hay **doscientas diez.**	*How many chairs are there? —There are two hundred and ten.*

B. To state a year in Spanish, use **mil** (1000) followed by hundreds in the masculine form.

1832	mil ochocientos treinta y dos
1993	mil novecientos noventa y tres
2000	dos mil

Ejercicio 1

Diga las siguientes fechas.

1. 1876	3. 1775	5. 2000	7. 1011	9. 1615
2. 1588	4. 1991	6. 1945	8. 1929	10. 2025

D.2.   The Spanish Alphabet

LETTER	NAME	EXAMPLE
a	a	Ana
b	be, be grande	Bárbara
c	ce	Celia
ch	che	Chelo
d	de	David

LETTER	NAME	EXAMPLE
e	e	Ernesto
f	efe	Franco
g	ge	Gerardo
h	hache	Hortensia
i	i	Isabel
j	jota	Juan
k	ca	Kati
l	ele	Laura
ll	elle	Guillermo
m	eme	Miguel
n	ene	Nora
ñ	eñe	Íñigo
o	o	Olga
p	pe	Pedro
q	cu	Quintín
r	ere	Mario
rr	erre, doble ere	Roberto
s	ese	Sara
t	te	Tomás
u	u	Úrsula
v	uve, ve chica	Vicente
w	doble ve, ve doble	Walter
x	equis	Ximena
y	i griega	Yolanda
z	zeta	Zulema

Learn how to spell your name in Spanish; that is what you will be expected to spell most frequently.

A. The names of the letters are feminine: **la «ele», la «i», la «equis»**. The letters **ch** and **ll** are considered a single unit and thus affect alphabetization; for example, **chico** comes after **cumpleaños**. The combination **rr**, on the other hand, does not affect alphabetization, since it never appears as an initial letter. **Ch, ll,** and **rr** cannot be divided when splitting a word into syllables.

Since **b** and **v** are pronounced identically, speakers use different devices to differentiate them; the most common is to call one **la be grande** and the other **la ve chica** (or **la b larga** and **la v corta**). Many people say **la be de burro, la ve de vaca** (*the b in the word **burro*** and *the v in the word **vaca***). The letters **k** and **w** are used mostly in words of foreign origin: **kilo, whisky**.

B. Spanish speakers do not normally spell out entire words, but rather tend to refer only to the letters that might cause confusion. For example, if the name is **Rodríguez**, one might ask, **¿Se escribe con *zeta* o con *ese*?** (*Is it written with a z or with an s?*), since most speakers pronounce these letters the same way. Common spelling questions asked by most Latin Americans are the following.

s, z	¿Con **ese** o con **zeta**?		y, ll	¿Con **i griega** o con **elle**?
c, s	¿Con **ce** o con **ese**?		g, j	¿Con **ge** o con **jota**?
c, z	¿Con **ce** o con **zeta**?		v, b	¿Con **ve chica** o **be grande**?

Because the letter **h** is never pronounced in Spanish, a common question is *With or without h?*

h   ¿Con o sin **hache**?

Only with foreign words (or perhaps very unfamiliar Spanish words) do Spanish speakers spell out the entire word.

—¿Cómo se escribe Dorwick, por favor?
—Se escribe: **de, o, ere, doble ve, i, ce, ca**.
—Gracias.

Ejercicio 2

Escoja la respuesta correcta.

> MODELO: ¿Cómo se escribe _____apato?
> (a.) con zeta
> b. con ese

1. ¿Cómo se escribe _____ien?
   a. con ce
   b. con zeta
2. ¿Cómo se escribe _____aponés?
   a. con ge
   b. con jota
3. ¿Cómo se escribe nue_____o?
   a. con ve chica
   b. con be grande
4. ¿Cómo se escribe _____iudad?
   a. con ce
   b. con ese
5. ¿Cómo se escribe _____amar?
   a. con elle
   b. con i griega

6. ¿Cómo se escribe _____ermano?
   a. con hache
   b. sin hache
7. ¿Cómo se escribe amari_____o?
   a. con elle
   b. con i griega
8. ¿Cómo se escribe _____ombre?
   a. con hache
   b. sin hache
9. ¿Cómo se escribe piza_____a?
   a. con ere
   b. con erre
10. ¿Cómo se escribe ma_____or?
    a. con elle
    b. con i griega

D.3.   Habitual Actions: Present Tense of Regular *-er* and *-ir* Verbs

As you read in **Gramática C.5**, the verb form that appears in the dictionary and in most vocabulary lists is called an *infinitive*. In Spanish most infinitives end in **-ar** (**hablar**); others end in **-er** (**leer**) or in **-ir** (**vivir**). Here are the present-tense conjugations of the regular **-er** and **-ir** verbs **leer** and **vivir**. As you saw in **Gramática C.5** for the verb **hablar**, notice how the endings are added to the stem (the infinitive minus the **-ar**, **-er**, or **-ir** ending).*

---

*For recognition: **vos leés, vivís**

leer (to read)		
(yo)	le + o	*I read*
(tú)	le + es	*you (inf. sing.) read*
(usted, él/ella)	le + e	*you (pol. sing.) read; he/she reads*
(nosotros/as)	le + emos	*we read*
(vosotros/as)	le + éis	*you (inf. pl., Spain) read*
(ustedes, ellos/as)	le + en	*you (pol. and inf. pl.); they read*

vivir (to live)		
(yo)	viv + o	*I live*
(tú)	viv + es	*you (inf. sing.) live*
(usted, él/ella)	viv + e	*you (pol. sing.) live; he/she lives*
(nosotros/as)	viv + imos	*we live*
(vosotros/as)	viv + ís	*you (inf. pl., Spain) live*
(ustedes, ellos/as)	viv + en	*you (pol. and inf. pl.); they live*

Remember that, because Spanish verb endings indicate in many cases who or what the subject is, it is not necessary to use subject pronouns in every sentence.

¿Dónde vives? —Vivo en San Juan.

Where do you live? —I live in San Juan.

Ejercicio 3

Complete con la forma correcta del verbo **leer**.

1. Muchos españoles _____ el periódico *El país*.
2. ¿_____ (tú) muchas novelas?
3. Mi amigo _____ la Biblia todos los días.
4. (Yo) _____ libros en español.
5. Profesora, ¿_____ (usted) muchas composiciones?

Ejercicio 4

Complete con la forma correcta del verbo **vivir**.

1. Esteban _____ en Texas.
2. (Nosotros) No _____ en México.
3. Inés y Bernardo _____ en Colombia.
4. ¿_____ (ustedes) en España?
5. (Yo) _____ en los Estados Unidos.

D.4.   Telling Time

¿Qué hora es? = *What time is it?*

The phrase **¿Qué hora es?** is often used in Spanish to ask what time it is. The answer usually begins with **son**.

¿Qué hora es? —**Son** las tres.   *What time is it? —It's three o'clock.*

Es (not **son**) is used to tell the time with one o'clock and to tell the time between one o'clock and two o'clock.

1.15: Es la una y cuarto.
2.30: Son las dos y media.
3.25: Son las tres y
          veinticinco.
5.45: Son las seis menos
          cuarto.

¿Es la una? —No, **es** la una y   *Is it one o'clock? —No, it's one*
veinte.   *twenty.*

Use **y** (*and*) to express minutes after the hour.

¿Son las seis **y** diez? —No, son   *Is it ten after six? —No, it's twenty*
las seis **y** veinte.   *after six.*

Use **menos** (*less*) or **para** (*to, till*) to express minutes before the hour.

Son las siete **menos** veinte.   *It's twenty to seven. (Literally: It's seven less twenty.)*

Son veinte **para** las siete.   *It's twenty to (till) seven.*

Use **cuarto** (*quarter*) and **media** (*half*) for fifteen and thirty minutes, respectively.

¿Qué hora tiene usted? —Son   *What time do you have? —It's a*
las tres y **cuarto** (**media**).   *quarter after three (half past three).*

Use **a** to express *when* (*at what time*) an event occurs.

a la una   *at one o'clock*
a las cuatro y media   *at four thirty*

Ejercicio 5

¿Qué hora es?

MODELOS: 2:20 → Son las dos y veinte.
                     2:40 → Son las tres menos veinte.

1. 4:20	3. 8:13	5. 7:07	7. 3:00	9. 12:30
2. 6:15	4. 1:10	6. 5:30	8. 1:49	10. 5:15

D.5.   Expressing Likes and Dislikes: *gustar* + Infinitive

Gustar is used to express likes and dislikes: **Me gusta bailar.** (*I like to dance.*)

A. The Spanish verb **gustar** expresses the meaning of English *to like*. From a grammatical point of view, however, it is used similarly to the English expression *to be pleasing to someone*.

Me gusta leer.   *I like to read.*

The verb **gustar** is usually used with pronouns that tell *to whom* something is pleasing. Here are the pronoun forms.*

SINGULAR		PLURAL	
me	*to me*	nos	*to us*
te	*to you (inf.)*	os	*to you (pl. inf., Spain)*
le	*to you (pol.)*	les	*to you (pl.)*
le	*to him*	les	*to them*
le	*to her*		

¿Qué **te** gusta hacer? —**Me** gusta aprender cosas nuevas.

What do you like to do? —I like to learn new things.

¿Qué **les** gusta hacer? —**Nos** gusta cocinar.

What do you like to do? —We like to cook.

B. Since **le gusta** can refer to *you*, *him*, or *her*, and **les gusta** can refer to *you* (*pl.*) or *them*, Spanish speakers often expand the sentence to be more specific. They use phrases with **a** (*to*) like **a mi papá** (*to my father*), **a Juan** (*to Juan*), and **a los estudiantes** (*to the students*), in addition to using the pronoun **le** or **les**.†

A Carmen le gusta cantar.

Carmen likes to sing.

¿**A usted le** gusta lavar su carro? —No, no **me** gusta.

Do you like to wash your car? —No, I don't like to.

¿**Les** gusta acampar a Gustavo y a Ernestito? —Sí, **les** gusta mucho.

Do Gustavo and Ernestito like to go camping? —Yes, they like to a lot.

C. The verb form that follows **gustar** is an infinitive. An infinitive in Spanish always ends in **-r**, preceded by **a** as in **hablar** (*to speak*), **e** as in **leer** (*to read*), or **i** as in **vivir** (*to live*).

---

*Recognition: (**A vos**) **te gusta**
†You will learn more about phrases with **a**, **le**, and **les** in **Gramática 7.2**.

PRONOUN	+	**gusta**	+	INFINITIVE
me te le nos os les	+	gusta	+	estudiar (*to study*) jugar (*to play*) comer (*to eat*) correr (*to run*) competir (*to compete*) escribir (*to write*)

Ejercicio 6

¿Qué les gusta hacer a Ernestito y a Gustavo? Complete los diálogos con **me**, **te**, **les** o **nos**.

> MODELO: AMANDA: Graciela, ¿<u>te</u> gusta bailar?
> GRACIELA: Sí, <u>me</u> gusta mucho bailar.

1.   MAESTRA: Ernestito, ¿_____ gusta montar en bicicleta?
   ERNESTITO: Sí, _____ gusta mucho. Tengo una bici nueva.

2.   ERNESTITO: Gustavo, ¿_____ gusta jugar al béisbol?
   GUSTAVO: No, pero _____ gusta jugar al fútbol.

3.   PEDRO: Ernestito y Gustavo, ¿_____ gusta escuchar la música rock?
   LOS CHICOS: ¡Claro que sí! _____ gusta mucho.

Ejercicio 7

¿Qué le(s) gusta hacer a las siguientes personas?

1. A Ernestito _____ gusta _____ .
2. A Estela (la madre de Ernestito) no _____ gusta _____ .
3. A Andrea y a Paula (las hermanas de Ernestito) _____ gusta _____ .
4. A Ernestito _____ gusta _____ .
5. A mi perro _____ gusta _____ .
6. A mí _____ gusta _____ . ¿ ?

Mis planes y mis preferencias

▼▼▼▼▼▼▼▼▼▼▼▼▼▼▼▼▼

In **Capítulo 1** you will talk about your plans for the future and your preferences. You will also talk about your classes and the weather.

Salamanca, España

Actividades orales y lecturas

Los planes

Lea Gramática 1.1.   Los planes de Ernesto y Estela para el fin de semana

El viernes por la noche Ernesto y Estela van a ver una película.

También van a bailar en una discoteca.

El sábado Ernesto va a lavar el carro.

El sábado por la tarde, Ernesto y Estela van a dar una fiesta.

El domingo van a almorzar en un restaurante.

El domingo por la tarde Ernesto va a escribir una carta.

El domingo por la noche Estela va a escuchar música.

Actividad 1. Los planes

Diga sí o no.

1. El sábado por la mañana voy a...
   a. reparar mi carro.
   b. pasear por el centro.
   c. dormir.
   d. _____ .
2. El viernes por la noche mis padres van a...
   a. salir a cenar.
   b. ver la televisión.
   c. dar una fiesta.
   d. _____ .
3. El domingo por la tarde voy a...
   a. limpiar mi cuarto.
   b. practicar algún deporte.
   c. ir al cine.
   d. _____ .
4. Durante las vacaciones mis amigos/as y yo vamos a...
   a. viajar.
   b. descansar.
   c. jugar al tenis.
   d. _____ .
5. Este invierno voy a...
   a. esquiar.
   b. estudiar mucho.
   c. patinar en el hielo.
   d. _____ .

74

Y TÚ, ¿QUÉ DICES?

¡Qué aburrido!   ¿Dónde?   Yo también.
¡Qué divertido!   ¿Con quién?   Yo no.
¡Qué buena idea!

MODELO: E1: El domingo por la tarde voy a limpiar mi cuarto.
           E2: ¡Qué aburrido!

Actividad 2. Diálogo: La fiesta de Rodolfo

Rogelio y Carla se saludan enfrente de la biblioteca de la Universidad de Puerto
Rico.

ROGELIO: ¿Qué vas a hacer esta noche?
  CARLA: No sé. ¿Qué vas a hacer tú?
ROGELIO: Quiero divertirme.
  CARLA: Pues... yo creo que Rodolfo va a dar una fiesta. ¿Quieres ir?
ROGELIO: ¿Rodolfo? ¡Ay, no! Sus fiestas son siempre aburridas.
  CARLA: Pero, Rogelio, si nosotros vamos a la fiesta, ¡no va a ser aburrida!

Actividad 3. ¿Qué va a hacer Carmen el sábado?

Palabras útiles:
primero
luego
entonces
después
más tarde
por la tarde
por la mañana
finalmente
por último

Actividad 4. Interacción: Madrid en el verano

MADRID
en verano

Barcas

En los lagos del Retiro y la Casa de Campo y en el río Manzanares, a la altura del puente de Segovia. Desde las 10 de la mañana a la puesta del sol. El precio oscila entre 200 pesetas que cuesta una barca para dos personas y 100 pesetas por persona cuando son tres o más. Paseos de una hora.

Trenes turísticos

• **Trenes de ida y regreso en el día:**
«**Tren de la Fresa**» (sábados, domingos y festivos). Salida de Madrid-Delicias a las 10,10 h.; regreso de Aranjuez a las 19,05. Precios: adultos, 1.450 pesetas; niños de cuatro a doce años, 1.000 pesetas.
«**Ciudad de Toledo**» (electrotrén, domingos). Salida de Chamartín a las 9,05 h.; regreso de Toledo a las 19,45 h. Precio: adultos, 1.450 pesetas; niños de cuatro a doce años, 1.000 pesetas.
«**Murallas de Avila**» (sábados). Salida de Chamartín a las 9,15 h.; regreso de Avila a las 19,40 h. Precios: adultos, 1.450 pesetas; niños de cuatro a doce años, 1.000 pesetas.
• **Trenes de fin de semana**
«**Tierras del Cid**» (TER). Salida de Chamartín el sábado a las 8,30 h.; regreso de Burgos a las 17,45 h.
«**Ciudad Encantada de Cuenca**» (TER). Salida de Atocha los sábados a las 9,30 h.; regreso de Cuenca, el domingo a las 19 h.
«**Valladolid: Cuna del Descubrimiento**» (TER). Salida de la estación Príncipe Pío el sábado a las 8,35 h.; regreso de Valladolid el domingo a las 18,20 h.

Parques acuáticos

Acuópolis. Toboganes, Rompeolas, Atlantic-Surf, Lago de la Aventura, Poblado del Oeste. Restaurantes, Terrazas, Parking gratuito. Abierto todos los días de 1 a 20 h. Precios: adultos, 1.350 ptas.; menores de catorce años, 950 ptas..
Lagosur. Km. 9 carretera de Toledo a Leganés (Leganés). Abierto de 11 a 19 h. Precios: adultos, 1.300 ptas. Viernes y sábado abierto también desde las 23 h hasta la madrugada. Precios: hombres, 1.000 ptas.; mujeres, 600 ptas., con derecho a consumición.

Boleras

Bolera Club Stella. Arlabán, 7. Tel. 231 01 92.
Bowling Chamartín. Estación de Chamartín. Tel. 315 71 19.

Gimnasios

Gimnasio Angel López. Primer Centro Polaris de España. Squash (nueva instalación), karate, gimnasia, pesas, aerobic, gim-jazz, ballet infantil y adulto, baile español y rítmica. Amparo Usera, 14.
Gimnasio Argüelles. Karate, squash, aerobic, gimnasia, jazz, culturismo, musculación. Máquinas Polaris. Andrés Mellado, 21-23.

Centro de Salud Bellera Meditarrácutis. Sauna finlandesa, circulación, agotamiento, masajes musculares y deportivos, etc. De 14 a 22,30 horas. José Sánchez Pescador. 12 (avda. del Mediterráneo).

Piscinas

Municipales
Los precios de estas piscinas del Ayuntamiento son de 250 pesetas para los adultos y 100 para los niños. El horario de las piscinas es de 10 a 20 h., ininterrumpidamente.
Carabanchel. Polideportivo de la Mina (Monseñor Oscar Romero, 41), una piscina climatizada y un vaso de enseñanza.
Centro. Polideportivo de la Latina (plaza de la Cebada, 1), una piscina climatizada.
Ciudad Lineal. Polideportivo de la Concepción (Virgen del Portillo, s/n.), una piscina climatizada y una olímpica.
Moratalaz. Polideportivo de La Elipa (avda. de la Paz, prolongación de O'Donnell), una piscina olímpica, dos de adultos, una infantil y una con toboganes y zona nudista.
San Blas. Polideportivo de San Blas (avda. de Hellín, 79), una piscina climatizada, una olímpica, una para nadadores no expertos, una infantil y una piscina de 1.875 metros cuadrados.

Discotecas al aire libre

La Fiesta. Paseo Virgen del Puerto (puente Segovia).

El Jardín Del Sur. Disco-piscina. Ctra Toledo, km. 8. Tels 688 13 35 y 688 92 83.
Oh! Madrid. Disco-piscina. Ctra. Coruña, km. 8,700 (dirección Madrid). Tel. 207 86 97.

Restaurantes con terraza

Café Oriente. Pza. de Oriente, 2. Tels 241 39 74 y 247 15 64.
Casa Domingo. Alcalá, 39. Tel 276 01 37.
Casa Mingo. P.º de la Florida, 2. Tel 247 79 18.
Casa Rafa. Narváez, 68. Tel 273 10 87.
Cuarto y Mitad. Bolivia, 21. Tel. 250 83 34.
Currito. Pabellón de Vizcaya de la Feria del Campo. Tel 464 57 04.

Planetario

Situado en el parque Tierno Galván. Tel 467 38 98. Precios: adultos, 260 pesetas; niños menores de 14 años y jubilados, 130 pesetas. Abierto de martes a domingo, de 11 a 13,45 h. y de 17 a 19,45 h. Exposición: «El cielo del aficionado.» Programa: «**Cuentos de verano**». Horario: de martes a domingo, 11,30 13, 17,30 y 18,45 h. Miércoles, sesión 11,30 h.; «**Mundos de fuegos**» (versión inglés). Lunes, cerrado. Capacidad: 250 personas.

Zoo

Casa de Campo. Tels 711 98 50/54 16. Metro Batán. Horario apertura, 10 h. Cierre del parque, 21,30 h. Menores de ocho años, 390 pesetas; mayores, 580 pesetas. Pases delfinario: mañana y tarde.

Usted está en Madrid en el mes de julio. Mire esta lista de pasatiempos y decida qué va a hacer.

MODELO: E1: Voy a *nadar en la piscina.*
          E2: ¿Dónde?
          E1: En *el Polideportivo de San Blas.*

Preguntas y respuestas útiles:

¿Cuánto cuesta la entrada?	Cuesta *650* pesetas.
¿Dónde está?	Está en *la calle de Alcalá.*
¿A qué hora abren/cierran?	Abren/cierran a *las 9:00.*
¿A qué hora sale/llega el tren?	Sale/Llega a *las 10:30.*
¿En qué restaurante/piscina/etc.?	En *el Café de Oriente.*

Actividades posibles: nadar, jugar al boliche, tomar el sol, pasear en barca, levantar pesas, viajar a la ciudad en tren, cenar fuera, salir a bailar, ver los animales

Las clases

Lea Gramática 1.2.

UNIVERSIDAD · DE · PUERTO · RICO

Nombre _Carla Espinosa_

hora/día	lunes	martes	miércoles	jueves	viernes
8:00	biología		biología		biología
8:30		historia		historia	
9:00	economía		economía		economía
10:30	química	química	química	química	química
11:00	↓	(laboratorio)	↓	(laboratorio)	↓
12:00	almuerzo	↓	almuerzo	↓	almuerzo
1:00	literatura	almuerzo	literatura	almuerzo	literatura

UNIVERSIDAD · DE · PUERTO · RICO

Nombre _Rogelio Varela_

hora/día	lunes	martes	miércoles	jueves	viernes
8:00	informática	:	informática		informática
8:30		geografía		geografía	
9:00	psicología		psicología		psicología
11:00					
12:00		física		física	
2:00	ingeniería		ingeniería		ingeniería

Actividad 5. Diálogo: Las clases

Raúl, un estudiante mexicano, habla de sus clases con Esteban, su amigo norteamericano.

RAÚL: Tengo cuatro clases este semestre.
ESTEBAN: Yo tengo cinco.

RAÚL: ¿Son muy difíciles?

ESTEBAN: Solamente la clase de física es difícil. Las otras son fáciles.

RAÚL: Mi clase de arte es difícil pero muy interesante.

ESTEBAN: No tengo clase de arte, pero sí tengo una clase de sociología que me gusta mucho.

Actividad 6. Interacción: Las clases

Gustavo tiene muchas clases en su primer año de preparatoria. Pregúntele a su compañero/a cuál es su primera (segunda, tercera, cuarta, etc.) clase, a qué hora es y quién es su profesor(a).

MODELOS: E1: ¿Cuál es la *primera* clase de Gustavo?
          E2: Su primera clase es la clase de *inglés*.

          E1: ¿A qué hora es?
          E2: Es a *las 7:45*.

          E1: ¿Quién es el profesor (la profesora)?
          E2: Es *el señor García*.

SAGRADO CORAZÓN

Nombre: *Gustavo Rivero*   Año: *Primero de preparatoria*

hora	materia	salón de clase	profesor(a)
7:45→8:30	inglés	403	Manuel García
8:40→9:25	matemáticas	207	Eugenia Ibarra
9:35→10:20	geografía	201	Daniel Contino
10:30→11:05	alemán	402	Alma Morales de Braun
11:05→11:20	descanso		
11:30→12:15	literatura española	405	Consuelo Acuña de Ramos
12:25→1:10	historia de México	408	Héctor Magaña M.
1:20→3:20	almuerzo		
3:30→4:15	biología	214	Isabel Santizo de Barragán
4:25→5:10	música	311	Víctor Álvarez

Actividad 7. Entrevista: Las clases

1. —¿Qué clases tienes este semestre/trimestre?
   —Tengo _____ , _____ y _____ .

2. —¿Cuál es tu clase favorita? ¿A qué hora es?
   —Mi favorita es la de _____ . Es a la(s) _____ .
3. —¿Cuál es tu clase más fácil/difícil? ¿A qué hora es?
   —Mi clase más fácil/difícil es la de _____ . Es a la(s) _____ .

Actividad 8. La universidad del Valle de México

Estas son las especialidades más importantes en el México de los noventa.
Trabaje con su compañero/a para contestar las preguntas.

1. ¿Qué campus ofrece todas las especialidades? ¿Cuál ofrece menos especialidades?
2. ¿Cuántos campus ofrecen la especialidad en ingeniería industrial química?
3. Nombren las especialidades más atractivas, en su opinión.
4. ¿Se ofrecen estas especialidades en su universidad? ¿Estudian ustedes alguna de estas especialidades?
5. ¿Cuáles son las especialidades en el área de ciencias sociales?
6. En su opinión, ¿cuáles son las especialidades más importantes en el presente? ¿Por qué?

Estudiantes mexicanos en un laboratorio de biología en México, D.F. «Tu experimento es muy interesante», dice el muchacho. «¡Gracias!», responde la joven.

Los amigos hispanos: Nora Morales

En esta breve lectura, una estudiante chicana habla de sus clases. ¿Tiene usted clases que le gustan mucho? ¿Cuáles son sus favoritas?

Me llamo Nora Morales y soy estudiante de historia en la Universidad de Texas en San Antonio. Nací el cuatro de julio de 1969 y acabo de cumplir[1] los veinticinco. Soy de estatura mediana; tengo el pelo castaño y los ojos verdes.

Me fascina la historia, especialmente la historia de México, porque allí nacieron[2] mis padres. Y también me gusta mucho el español; este semestre tengo una clase muy divertida con la profesora Martínez. Tengo, además,[3] una clase de química y otra de biología. En la clase de biología hay un muchacho mexicano que me cae muy bien.[4] Se llama Raúl Saucedo. A veces practico el español con él y hablamos de México.

[1]acabo... *I just turned*   [2]*were born*   [3]*also, besides*   [4]que... *who I like a lot*

Comprensión

Diga si las siguientes oraciones son ciertas o falsas. Si son falsas, haga las correcciones necesarias.

MODELO: Los padres de Nora nacieron en España. →
              Es falso. Los padres de Nora nacieron en México.

1. Nora nació el Día de la Independencia de los Estados Unidos.
2. Nora tiene un amigo norteamericano en la clase de biología.
3. A Nora le gusta mucho su clase de español.
4. Nora es alta y tiene el pelo negro.

Ahora... ¡usted!

¿Le gusta a usted su clase de español? ¿Por qué (no)? ¿Cuáles son sus actividades favoritas en la clase? ¿Cuáles no le gustan?

Las preferencias y los deseos

Lea Gramática 1.3.

Estos son los planes de los vecinos para el sábado

Doña Lola quiere coser.

Daniel quiere montar a caballo.

El señor Ramírez prefiere nadar.

Doña Rosita quiere ir al parque.

Don Anselmo quiere pescar.

Gustavo prefiere montar en motocicleta.

Margarita y Pedro prefieren descansar y charlar.

La familia Ramírez quiere merendar en el parque.

Actividad 9. ¿Cuáles son sus actividades favoritas?

Converse con su compañero/a sobre sus preferencias.

MODELO: E1: ¿Qué prefieres hacer los lunes a las cuatro de la tarde?
E2: Prefiero...

HORA Y DÍA

1. Los sábados, a las siete de la mañana prefiero...
2. Los viernes, a las ocho de la noche prefiero...
3. Los lunes, a las cuatro de la tarde prefiero...
4. Los domingos, a las diez de la mañana prefiero...
5. Los sábados, a las tres de la tarde prefiero...

ACTIVIDADES

a. jugar al tenis.
b. cocinar.
c. descansar.
d. correr.
e. escribir cartas.
f. montar a caballo.
g. bailar.
h. ver la televisión.
i. dormir.
j. leer el periódico.

Actividad 10. Diálogo: Una invitación

ESTEBAN: ¿Te gusta *jugar al tenis*?
LAN: Sí, mucho.
ESTEBAN: ¿Quieres *jugar al tenis en el parque* el *domingo*?
LAN: ¿A qué hora?
ESTEBAN: A *las once*.
LAN: Perfecto. Nos vemos el *domingo* a *las once*.

Actividad 11. Entrevista: Mis actividades favoritas

MODELO: E1: ¿Prefieres *nadar en la piscina o en el mar*?
E2: Prefiero *nadar en el mar*.

1. ¿esquiar sobre el agua o en la nieve?
2. ¿cenar en casa o en un restaurante?
3. ¿jugar al boliche o al billar?
4. ¿jugar al basquetbol o al fútbol?
5. ¿montar en motocicleta o en bicicleta?
6. ¿escribir cartas o recibir cartas?
7. ¿leer el periódico o ver la televisión?
8. ¿lavar el carro o trabajar en el jardín?
9. ¿merendar en un parque o comer en casa?
10. ¿ir a la playa o a las montañas?

Actividad 12. El perfil del hombre perfecto

A. En grupos organicen estas descripciones en dos columnas: 1. el macho y 2. el hombre liberado.

- Le gusta ver películas violentas.
- Prefiere jugar al fútbol americano.
- Va a bailar con frecuencia.
- Le gusta jugar al tenis.
- Prefiere montar en motocicleta.
- Le gusta escuchar la música *rock*.
- Prefiere la música romántica.

- Prefiere manejar un jeep.
- Prefiere salir con los amigos.
- Prefiere llevar ropa deportiva.
- Le gusta mucho salir por la noche.
- Prefiere cenar en familia.
- Siempre quiere llevar vaqueros, botas y chaqueta negra.

B. Ahora, escriban una lista para describir uno de los siguientes estereotipos de mujer:

1. la mujer tradicional
2. la mujer liberada
3. la vampiresa
4. la mujer perfecta

EL MUNDO HISPANO... su gente

Nombre: Cecilia Ortega
Edad: 24 años
País: España

¿Qué le gusta hacer en su tiempo libre?

Leer me apasiona;[1] prácticamente devoro[2] los libros. Me gustan especialmente las novelas policíacas o de misterio y las biografías.

EL OCÉANO ATLÁNTICO

Francia

Portugal

España

EL MAR MEDITERRÁNEO

También suelo ir[3] al cine una vez por semana. Me gustan las películas europeas. En general, detesto las películas violentas y las comedias de chiste fácil,[4] aunque me gustan mucho las comedias inteligentes.

[1]me... *is my passion* [2]*I devour* [3]suelo... *I usually go* [4]de... *light-hearted*

El tiempo

Lea Gramática 1.4.

¿Qué tiempo hace?

Hace buen tiempo.

Hace sol.

Hace mucho calor.

Hace mucho frío.

Nieva.

Llueve.

Hace viento.

Hace fresco.

Actividad 13. El tiempo

¿Qué actividades asocia usted con el tiempo?

MODELOS: Cuando hace viento... →
            Cuando hace viento me gusta andar en velero.

            Cuando hace calor... →
            Cuando hace calor prefiero ir a la playa.

1. Cuando hace fresco...   2. Cuando hace frío...   3. Cuando hace sol...
4. Cuando llueve...   5. Cuando nieva...   6. Cuando hace buen tiempo...

Actividad 14. Interacción: El clima

E1: ¿Cuál va a ser la temperatura *máxima* en *Mexicali mañana*?
E2: Va a ser de *treinta y nueve grados*.

E1: ¿Cuál fue la temperatura *mínima* en *Acapulco ayer*?

E2: Fue de *veinticinco grados*.

CLIMA				
CIUDAD	TEMPERATURA DE AYER		PRONOSTICO	
	MAXIMA	MINIMA	MAXIMA	MINIMA
DF	21	12	22	12
Mexicali	37	25	39	24
Mérida	34	22	33	23
Toluca	18	8	18	8
Chihuahua	33	30	34	19
Monterrey	34	22	36	22
Guadalajara	26	16	25	16
Acapulco	32	25	32	24
Veracruz	25	23	29	24

Actividad 15. Interacción: Las actividades y el tiempo

Mire los dibujos y diga qué tiempo hace y qué quieren (prefieren, van a) hacer estas personas.

MODELO: E1: ¿Qué quieren hacer estas personas en *Acapulco, México*?

E2: Es *primavera* y *hace viento*. Quieren *navegar*.

Acapulco, México/marzo

Bariloche, Argentina/julio

Parque nacional, Los paraguas, Chile/octubre

el Caribe/mayo

Madrid, España/enero

México, D.F./agosto

NOTA

CULTURAL

El tiempo libre

¿Hay un lugar en su ciudad donde la gente pueda ir a pasear? ¿Qué lugar es? ¿Qué le gusta hacer a usted allí normalmente? En esta lectura describimos el lugar preferido de muchos hispanos. ¿Quiere conocerlo?

En las ciudades hispanas siempre hay mucha actividad en las calles. La gente sale con el pretexto de comprar algo,[1] visitar a un amigo o simplemente pasear por la plaza.

La plaza está generalmente en el centro de la ciudad; en México la llaman **zócalo**. Muchas plazas tienen una fuente,[2] árboles[3] y bancos.[4] A los hispanos les gusta ir a la plaza para sentarse y conversar, o simplemente para pasear.

Los hispanos, en general, prefieren no planificar[5] demasiado su tiempo libre. A muchos les gusta disfrutar[6] el momento presente y hacer las cosas de un modo espontáneo.

[1]*something* [2]*fountain* [3]*trees* [4]*benches* [5]*to plan* [6]*to enjoy*

¡Me gusta la lluvia!

Comprensión

Complete las oraciones lógicamente, según la lectura. Más de una respuesta puede ser correcta.

1. A los hispanos les gusta pasear por...
   a. las calles.
   b. la plaza.
   c. su casa.
2. **Zócalo** quiere decir lo mismo que **plaza** en...
   a. varios países de la América Latina.
   b. algunas regiones de España.
   c. todas las ciudades mexicanas.
3. Generalmente, los hispanos prefieren...
   a. planear todas sus actividades.
   b. ser espontáneos respecto al tiempo libre.
   c. pensar más en el momento presente.

Ahora... ¡usted!

1. ¿Qué le gusta hacer en su tiempo libre?
2. Generalmente, ¿planea muy bien sus actividades? ¿Por qué (no)?

Un paso más...

Descríbale su lugar favorito a su compañero/a. ¿Dónde está? ¿Por qué le gusta pasar tiempo allí? ¿Prefiere estar solo/a en ese lugar o con otras personas? ¿Con quiénes?

EL MUNDO HISPANO... imágenes

El Barrio de Santa Cruz, en Sevilla, España. A los hispanos les gusta ir a la plaza para sentarse, para pasear o para reunirse[1] con los amigos. En esta foto de una plaza de Sevilla, vemos a varios jóvenes, a una madre con sus hijos pequeños y a otra con su bebé. ¡Mucha gente se reúne en la plaza!

[1]*gather*

Vocabulario

Los verbos

almorzar	to have lunch
andar en velero	to go sailing
caminar	to walk
cenar fuera	to go out to dinner
comer	to eat
contestar	to answer
conversar	to converse, talk, chat
correr	to run
coser	to sew
charlar	to chat
dar una fiesta	to give a party
desayunar	to have breakfast
descansar	to rest
divertirse	to have fun
esquiar	to ski
estudiar	to study
lavar	to wash
levantar pesas	to lift weights
limpiar	to clean
manejar	to drive
merendar en el parque	to have a picnic in the park
montar (a caballo, en motocicleta)	to ride (a horse, a motorcycle)
navegar	to sail
organizar	to organize
pasear (en barca)	to take a boat ride
practicar	to play a sport; to practice
preferir	to prefer
prefiero, prefiere	I prefer/you (*pol. sing.*) prefer/he/she prefers

reparar	to repair, fix
tomar (una siesta)	to take (a nap)
tomar el sol	to sunbathe

REPASO: ser, ir

Las clases

la informática	data processing
la ingeniería	engineering
la química	chemistry

PALABRAS SEMEJANTES: la biología, las ciencias sociales, la economía, la física, la geografía, la historia, la literatura, la música, la psicología, la sociología

REPASO: el español, el francés, el inglés, las matemáticas

El tiempo   The Weather

el clima	climate
el grado	degree
Hace (muy) buen/mal tiempo.	The weather is (very) fine; the weather is (very) bad.
Hace (mucho) calor.	It's (very) hot.
Hace fresco.	It's cool.
Hace (mucho) frío.	It's (very) cold.
Hace (mucho) sol.	It's (very) sunny.
Hace (mucho) viento.	It's (very) windy.
Llueve (mucho).	It rains (hard).
Nieva (mucho).	It snows (hard).
el pronóstico del tiempo	weather forecast
¿Qué tiempo hace?	What is the weather like?

PALABRAS SEMEJANTES: la temperatura máxima/mínima

¿Cuándo?   When?

ahora	now
a la(s)...	at . . .
... de la mañana	. . . A.M.
... de la tarde	. . . P.M. (in the afternoon, evening)
... de la noche	. . . P.M. (at night)
ayer	yesterday

con frecuencia	frequently
después	after
entonces	then
esta noche	tonight, this night
finalmente	finally
luego	then
mañana	tomorrow
más tarde	later
siempre	always

Los lugares   Places

la biblioteca	library
el centro	downtown
el jardín	garden
las montañas	mountains
la preparatoria	junior college (*offers lower division requirements for university-bound students*)

PALABRAS SEMEJANTES: el campus, el laboratorio

Los números ordinales
Ordinals

primero/a	first
segundo/a	second
tercero/a	third
cuarto/a	fourth
quinto/a	fifth
sexto/a	sixth
séptimo/a	seventh
octavo/a	eighth
noveno/a	ninth
décimo/a	tenth

Las descripciones

PALABRAS SEMEJANTES: atractivo/a, importante, industrial, liberado/a, macho, perfecto/a, posible, romántico/a, social, tradicional, violento/a

REPASO: aburrido/a, interesante

Otros verbos útiles

abrir	to open
cerrar	to close
cierran	you (*pl.*), they close
contestar	to answer
creer	to believe; to think
llegar	to arrive
mirar	to look at
nombrar	to name
ofrecer	to offer
recibir	to receive
saludar(se)	to greet (each other)

PALABRAS SEMEJANTES: asociar, describir

Los sustantivos   Nouns

el agua	water
el almuerzo	lunch
el billar	billiards/pool
el boliche	bowling
el descanso	rest; break
la especialidad	major (*field of study*)
los pantalones vaqueros	jeans
el pasatiempo	pastime
la película	movie
la respuesta	answer
la ropa deportiva	sport clothes

PALABRAS SEMEJANTES: el animal, el área, el arte, el café, el cereal, el fútbol americano, el grupo, la invitación, la lista, la música rock, la opinión, el plan/ los planes, las preferencias, el presente, el semestre, el taxi, el trimestre

Palabras útiles

algún, alguno/a	some
enfrente de	in front of
más	more
menos	less
Pregúntele a...	Ask . . .
Pues...	Well . . .
(yo) sé	I know
solamente	only

Expresiones útiles

Nos vemos.	We'll be seeing each other; See you.
¿Por qué... ?	Why . . . ?
¡Qué buena idea!	What a good idea!

Gramática y ejercicios

1.1. The Informal Future: *ir* + *a* + Infinitive

Voy a estudiar. = *I'm going to study.*

The most common way of expressing future plans is to use the verb **ir** (*to go*) plus the preposition **a** (*to*) followed by an infinitive.

¿Qué **vas a hacer** mañana? —**Voy a esquiar.**	*What are you going to do tomorrow? —I am going to ski.*
¿Qué **van a hacer** ustedes este fin de semana? —**Vamos a ir** al cine.	*What are you going to do this weekend? —We're going to go to the movies.*
¿Qué **van a hacer** Esteban y Alberto después de la clase? —**Van a jugar** al basquetbol.	*What are Steven and Al going to do after class? —They're going to play basketball.*

Here are the forms of the irregular verb **ir.**[*]

ir (*to go*)

(yo)	voy	*I am going*
(tú)	vas	*you (inf. sing.) are going*
(usted, él/ella)	va	*you (pol. sing.) are going; he/she is going*
(nosotros/as)	vamos	*we are going*
(vosotros/as)	vais	*you (inf. pl., Spain) are going*
(ustedes, ellos/as)	van	*you (pl.), they are going*

Ejercicio 1

Aquí tiene usted una conversación sobre los planes de algunos compañeros de clase. Use las formas del verbo **ir.**

MODELO: Luis va a hacer ejercicio en el parque.

1. —¿Qué _____ a hacer tú después de la clase?
   —(Yo) _____ a ir de compras con una amiga.
2. —¿Y qué _____ a hacer Esteban y Carmen?
   —Esteban _____ a estudiar y Carmen _____ a trabajar.

90

*Recognition: **vos vas**

3. —¿Y la profesora Martínez? ¿Qué _____ a hacer ella?
   —Creo que _____ a leer las tareas de sus estudiantes, pero nosotros _____ a ir al cine.
4. —Luis, ¿cuándo _____ a estudiar tú?
   —(Yo) _____ a estudiar más tarde, probablemente esta noche.
5. —¿Y tú, Alberto? ¿Cuándo _____ a hacer la tarea para la clase de español?
   —(Yo) _____ a hacer mi tarea mañana.

1.2. Sequencing: Ordinal Adjectives

primer(o)/a = *first*
segundo/a = *second*
tercer(o)/a = *third*

Ordinal adjectives are used to put things and people into a sequence or order. The ordinals in English are *first, second, third, fourth,* and so on. The ordinals from *first* to *tenth* in Spanish are as follows:

primero/a	tercero/a	quinto/a	séptimo/a	noveno/a
segundo/a	cuarto/a	sexto/a	octavo/a	décimo/a

Mi **segunda** clase es difícil.   *My second class is difficult.*

As with **uno** (*one*), the words **primero** (*first*) and **tercero** (*third*) drop the final **-o** when used before a single masculine noun.

Estoy en el **primer** (**tercer**) **año.**   *I am in the first (third) grade.*

Ejercicio 2

Conteste las preguntas.

Ernesto Estela doña Lola Gustavo Amanda Ramón don Anselmo

1. ¿Quién es la primera persona?*
2. ¿Quién es la segunda persona?
3. ¿Es Gustavo el quinto?
4. ¿Es Amanda la primera?
5. ¿Es doña Lola la tercera?
6. ¿Quién es la sexta persona?
7. Don Anselmo es la quinta persona, ¿verdad?
8. ¿Quién es el primer hombre?
9. ¿Quién es la segunda mujer?
10. ¿Es don Anselmo el tercer hombre?

*Persona is a feminine word, even when it refers to a man.

1.3.   Preferences and Desires: *preferir* and *querer* + Infinitive

Quiero descansar. = *I want to rest.*

Prefiero comer ahora. = *I prefer to eat now.*

The verbs **preferir** (*to prefer, would rather*) and **querer** (*to want*) are used to express preferences and desires. They are often followed by an infinitive.

¿Qué **quieres** hacer este verano?   *What do you want to do this sum-*
—**Quiero** viajar.   *mer? —I want to travel.*
¿Qué **prefiere** hacer Esteban?   *What does Steve prefer to do?*
—**Prefiere** esquiar.   *—He would rather ski.*

Note that the vowel **e** of the stem of these verbs changes to **ie**, except in the **nosotros/as** and **vosotros/as** forms.*

querer (*to want*)		preferir (*to prefer*)	
(yo)	quiero	prefiero	*I want/prefer*
(tú)	quieres	prefieres	*you (inf. sing.) want/prefer*
(usted, él/ella)	quiere	prefiere	*you (pol. sing.) want/prefer; he/she wants/prefers*
(nosotros/as)	queremos	preferimos	*we want/prefer*
(vosotros/as)	queréis	preferís	*you (inf. pl., Spain) want/prefer*
(ustedes, ellos/as)	quieren	prefieren	*you (pl.), they want/prefer*

Ejercicio 3

Complete estas oraciones según el modelo.

MODELO: Nora <u>quiere</u> patinar, pero Luis <u>prefiere</u> jugar al tenis.

1. Yo _____ ir al cine, pero Esteban _____ salir a bailar.
2. Nora _____ ver la televisión, pero Alberto _____ ir de compras.
3. Lan _____ pasear por el parque, pero yo _____ dormir todo el día.
4. Nora _____ comer comida china, pero Carmen y Esteban _____ cocinar en casa.
5. Mónica _____ dar una fiesta, pero Alberto _____ bailar en una discoteca.
6. El padre de Esteban _____ acampar, pero yo _____ ir a la playa.
7. Carmen _____ sacar fotos, pero Lan _____ escribir una carta.
8. Luis _____ dibujar, pero yo _____ tocar la guitarra.
9. Mónica y Esteban _____ ir a pasear por el centro, pero yo _____ dormir toda la tarde.
10. Luis y Alberto _____ descansar, pero Esteban _____ leer el periódico.

---

*Recognition: **vos querés, preferís**

Ejercicio 4

¿Qué quieren hacer estas personas? Conteste según el modelo.

MODELO: ¿Qué quiere hacer Gustavo? → Quiere jugar al basquetbol.

1. ¿Qué quiere hacer Ernestito?

3. ¿Qué quieren hacer Estela y Margarita?

5. ¿Qué prefieren hacer Gustavo y Roberto?

2. ¿Qué prefiere hacer el señor Ramírez?

4. Luis y Nora, ¿qué prefieren hacer ustedes?

6. ¿Qué quiere hacer Amanda?

Ejercicio 5

Escriba los planes y las preferencias de estas personas.

	PLANES		PREFERENCIAS/DESEOS
MODELO: Nora	va a leer	pero	prefiere (quiere) dormir.

1. Lan

2. Carmen

3. Esteban

4. Alberto

5. Mi compañera

6. Yo

1.4. Weather

Hace frío. = *It's cold.*
Hace calor. = *It's hot.*
Hace buen tiempo. = *It's nice weather.*

A. Spanish speakers use several verbs to describe weather conditions. **Hacer** is the most common.

¿Qué tiempo **hace** hoy? —Hace frío.

What's the weather like today? —It's cold.

Other weather expressions with **hacer** are **hace calor** (*it's hot*), **hace buen/mal tiempo** (*it's good/bad weather*), **hace viento** (*it's windy*), and **hace sol** (*it's sunny*).

B. Other verb forms that describe weather include **nieva** and **llueve**.

Nieva mucho en Alaska.
Siempre **llueve** aquí por la tarde.

It snows a lot in Alaska.
It always rains here in the afternoon.

Note in these weather expressions that Spanish does not use a pronoun corresponding to English *it*.

Ejercicio 6

Diga qué tiempo hace.

1. 2. 3. 4. 5. 6.

Ejercicio 7

Diga si son posibles o imposibles estas combinaciones.

1. ¿Hace sol? —Sí, y también hace calor.
2. ¿Hace mal tiempo? —Sí, y llueve mucho.
3. ¿Hace buen tiempo? —Sí, y hace mucho frío.
4. ¿Hace calor? —Sí, y también nieva.
5. ¿Hace frío? —Sí, y también hace mucho calor.

2

Las actividades

▼▼▼▼▼▼▼▼▼▼▼▼▼▼▼▼▼▼

METAS

In **Capítulo 2** you will talk about daily activities as well as activities going on at the moment. You will also talk about places on your campus and about where you and others are from.

Tegucigalpa, Honduras

ACTIVIDADES ORALES Y LECTURAS

¿Dónde está?

Lectura: Los amigos hispanos—Una tarjeta postal desde México

Las actividades diarias

Lectura: Los amigos hispanos—Adela Martínez

El mundo hispano... imágenes

El origen

El mundo hispano... su gente

Nota cultural: Los hispanos en los Estados Unidos

Actividades en progreso

GRAMÁTICA Y EJERCICIOS

2.1 Location of People and Objects: **esta**

2.2 Habitual Actions: Present Tense of Regular Verbs

2.3 Irregular Verbs: **hacer, salir, jugar**

2.4 Origin and Location: **ser de / estar en**

2.5 Actions in Progress: Present Progressive

Actividades orales y lecturas

¿Dónde está?

Lea Gramática 2.1.

Actividad 1. Interacción: La Universidad Estatal del Oriente

Mire el plano de la página 98.

E1: ¿Dónde está *el teatro*?
E2: Está *enfrente del edificio de Bellas Artes*.

E1: ¿En qué calle está *la cafetería*?
E2: Está en la *Avenida de las Rosas, enfrente de la librería*.

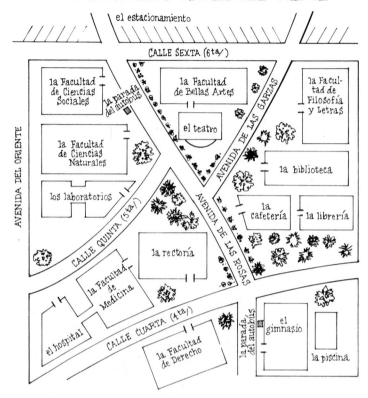

LA·UNIVERSIDAD·ESTATAL·DEL·ORIENTE

Actividad 2. Diálogo abierto: Las clases

E1: Hola, _____ . ¿Tienes clases hoy?

E2: Sí, tengo _____ y _____ .

E1: ¿Dónde?

E2: En el edificio de _____ .

E1: ¿Dónde está ese edificio?

E2: Está al lado del (de la) _____ .

Actividad 3. Entrevista: En nuestra universidad

Pregúntele a su compañero/a dónde están los siguientes lugares. Use **al lado de, enfrente de, detrás de, entre, en el edificio de...**

E1: ¿Dónde está *la cafetería*?

E2: Está *detrás de...*

1. la biblioteca
2. el gimnasio
3. la librería

4. el teatro
5. ¿ _____ ?

Los amigos hispanos: Una tarjeta postal desde México

¿**L**e gusta a usted viajar? Normalmente, ¿les manda (*do you send*) tarjetas postales a sus amigos y parientes cuando viaja?

A la joven argentina Adriana Bolini le gusta mucho viajar. Ella vive en Buenos Aires y es operadora de computadoras. Este verano Adriana está de visita en México por primera vez. Los padres de Adriana tienen ya una enorme colección de tarjetas postales de los distintos países de Europa y de América Latina que Adriana ha visitado. Aquí tiene usted la tarjeta más reciente.

Queridos padres:
Por fin estoy en la Ciudad de México. Es muy grande y tiene aún más tráfico que Buenos Aires. Estoy ansiosa por conocerlo todo. Me gustó[1] mucho el Parque Chapultepec. ¡Las pirámides de Teotihuacán son impresionantes! Esta tarjeta postal es del Palacio de Bellas Artes. Es muy bonito, ¿no? Un abrazo,[2]
— Adriana —

Sres. Reynaldo y Sara Bolini
Avenida Simón Bolívar 436
Buenos Aires,
— Argentina —

$700

[1]*Me... I liked* [2]*hug*

Ahora... ¡usted!

Imagínese que está de vacaciones y va a mandarle una tarjeta a una persona. ¿Quién es esta persona? ¿Qué va a decirle? Use la tarjeta de Adriana como guía y... ¡escriba!

Querido/a _____ :
    Por fin estoy en _____ . Es muy _____ y tiene _____ . Me gustó mucho _____ . Esta tarjeta postal es de _____ .

Un paso más...

Lea el texto de su tarjeta a su compañero/a. ¡Pero no mencione el lugar! Su compañero/a va a tratar de adivinar (*guess*) ese detalle.

Las actividades diarias

Lea Gramática 2.2–2.3.

Un día típico en la vida de la familia Ramírez

Ernesto lee el periódico todas las mañanas.

Los Ramírez y sus hijos desayunan juntos.

Ernesto sale de la casa a las 8:30.

Ernesto espera el autobús.

Ernestito y su hermanita caminan a la escuela.

Ernestito juega al fútbol con sus amigos.

Estela limpia la casa.

Estela prepara la cena.

La familia Ramírez cena a las 8:00.

Actividad 4. Interacción: Actividades diarias

	SILVIA BUSTAMANTE MÉXICO, D.F.	ADRIANA BOLINI BUENOS AIRES	JULIO DELGADO MIAMI
lun., por la mañana	va en metro al trabajo	toma un taxi para ir a su oficina	va en coche a la estación de televisión
mié., por la tarde	trabaja en la estación de autobuses	trabaja con una computadora	escribe un reportaje
vie., por la mañana	estudia	asiste a una reunión	hace ejercicio en el gimnasio
sáb., por la mañana	lleva su ropa a la lavandería	pasea por el parque	lee el periódico
dom., por la mañana	va a misa	juega al tenis	ve la televisión

E1: ¿Quién *va a misa?*
E2: *Silvia.*

E1: ¿Cuándo *hace ejercicio Julio?*
E2: *Los viernes por la mañana.*

Actividad 5. Un día en la vida de Carla Espinosa

Palabras útiles:
primero
luego
entonces
después
más tarde
finalmente

Actividad 6. Entrevista

GENERALMENTE LOS SÁBADOS...
1. ¿Practicas algún deporte? ¿Cuál prefieres?
2. ¿Ves la televisión? ¿Qué programas te gustan?
3. ¿Vas de compras? ¿Adónde?
4. ¿Trabajas? ¿Dónde? ¿Cuántas horas?

GENERALMENTE LOS VIERNES POR LA NOCHE...
5. ¿Sales con tus amigos? ¿Vas al cine? ¿Vas a una discoteca o a un club?
6. ¿Trabajas? ¿Hasta qué hora?
7. ¿Cenas en algún restaurante?
8. ¿Lees un libro?

Actividad 7. Las actividades de mi familia

En su familia, ¿quién hace estas actividades?

MODELO: estudia(n) en la universidad →
Mis hermanos estudian en la universidad.

1. sale(n) mucho con sus amigos
2. esquía(n) en el invierno
3. ve(n) la televisión
4. va(n) al cine los fines de semana
5. lee(n) el periódico por la mañana
6. escucha(n) música clásica

Actividad 8. Entrevista: La música

1. ¿Escuchas mucho la radio? ¿Cuándo y dónde? ¿En casa? ¿En el carro? ¿Los fines de semana? ¿Por la mañana?
2. ¿Qué clase de música prefieres? ¿Qué emisora escuchas, generalmente?
3. ¿Cuáles son tus artistas preferidos?
4. ¿Prefieres escuchar la radio o poner discos?

RADIO
Felicidad
1180 A.M.
el sonido de tu tiempo

INTEGRANTE DE GRUPO ACIR
EL GRUPO RADIOFONICO MAS IMPORTANTE DEL PAIS
CON MAS DE 130 RADIODIFUSORAS ENLAZADAS VIA SATELITE
SIRVIENDO A TODO EL TERRITORIO NACIONAL

LECTURA

Los amigos hispanos: Adela Martínez

La profesora Martínez nació en San Antonio, Texas, de padres mexicanos. Ella habla aquí de su trabajo de verano y de sus actividades favoritas. Piense en las actividades que *a usted* le gusta hacer durante los veranos.

Me gusta mucho mi trabajo, pero también disfruto de[1] mi tiempo libre. Por ejemplo, me gusta conversar con los amigos en algún café o restaurante. Uno de nuestros temas favoritos de conversación es la política[2] internacional. También me gusta montar a caballo y tocar la guitarra. A mis estudiantes les encanta[3] escucharme cantar canciones tradicionales como «Cielito lindo». No canto muy bien, pero, como dicen en México, le hago la lucha.[4]

Durante los veranos doy clases[5] en la ciudad de Guanajuato, México, donde nacieron[6] mis padres. Me gustan mucho los cursos de verano en Guanajuato porque llegan estudiantes de diferentes países. En mis clases tengo estudiantes árabes, chinos, japoneses, franceses y un gran número de canadienses y estadounidenses.[7] Juntos hacemos excursiones, salimos por la noche a bailar y visitamos los museos. A veces los invito a mi casa a merendar. ¡Cuánto les gusta hablar de México cuando vienen a mi casa!

Guanajuato es la capital del estado del mismo nombre, que está en el centro del país. Es una ciudad pequeña, muy hermosa, de aspecto colonial y repleta[8] de historia. En Guanajuato es fácil llegar a cualquier lugar[9] y la gente es muy amistosa. Es la ciudad ideal para cursos de verano. ¿No creen?

[1]disfruto... *I enjoy* [2]*politics* [3]les... *greatly enjoy* [4]le... *I try (Mex.)* [5]doy... *I teach* [6]*were born* [7]*U.S. citizens* [8]*full* [9]cualquier... *anywhere*

Comprensión

¿Qué razón puede dar usted para los siguientes comentarios? Más de una respuesta puede ser correcta.

1. La profesora Martínez viaja a Guanajuato todos los veranos porque...
   a. enseña un curso de español en esa ciudad.
   b. sus padres nacieron allí.
   c. no hay cursos de verano en otras ciudades.
2. A los estudiantes de la profesora les gusta escucharla cantar porque...
   a. ella tiene una voz fantástica, de soprano.
   b. ella sabe cantar canciones mexicanas muy bonitas.
   c. con la música ellos pueden comprender la cultura de México.

3. A la profesora Martínez le gusta tener tiempo libre porque...
   a. puede salir a cenar con sus amigos.
   b. necesita escribir libros sobre política mexicana.
   c. detesta su trabajo.

Ahora... ¡usted!

¿Qué le gusta hacer a usted durante los veranos? ¿Generalmente estudia? ¿Trabaja? ¿Viaja?

Un paso más...

Describa su ciudad. Puede utilizar como guía la descripción de Guanajuato que hace Adela Martínez. Para empezar, ¿es grande o pequeña su ciudad? ¿Dónde está? ¿En qué estado del país? Hable de su gente. ¿Es amistosa, distante, alegre? Termine esta oración: Mi ciudad es ideal para...

EL MUNDO HISPANO... imágenes

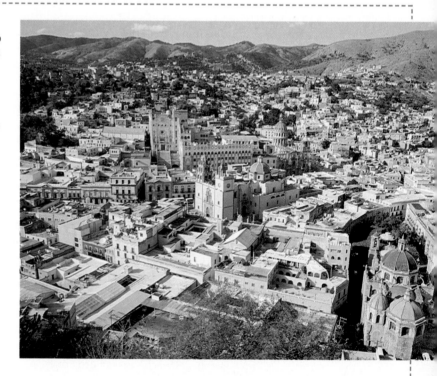

En muchas ciudades hispanas, como Guanajuato, México, se conservan los edificios y la arquitectura de la época colonial.

Guanajuato es una ciudad muy hermosa; es famosa, además, por su Festival de Teatro Cervantino,* que se celebra todos los años en octubre.

---

*Theater festival named after the Spanish writer Miguel de Cervantes (1547–1616)

El origen

Lea Gramática 2.4.

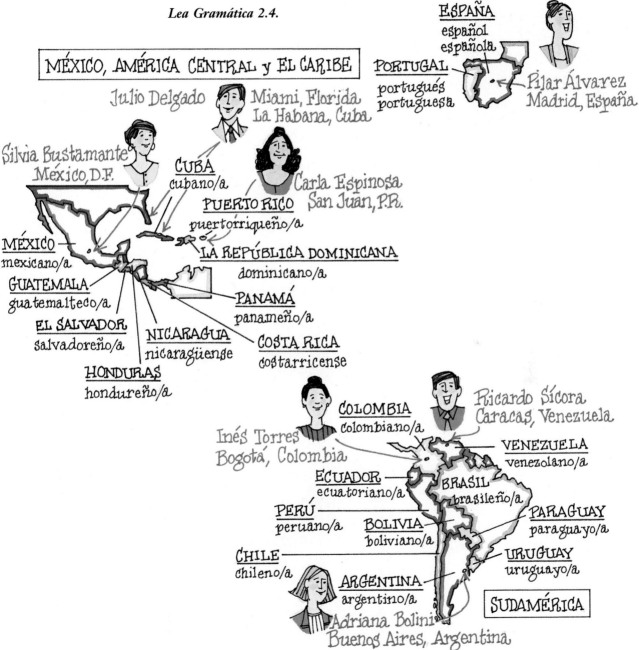

MÉXICO, AMÉRICA CENTRAL y EL CARIBE

Julio Delgado — Miami, Florida / La Habana, Cuba

Silvia Bustamante / México, D.F.

CUBA
cubano/a

Carla Espinosa / San Juan, P.R.

PUERTO RICO
puertorriqueño/a

MÉXICO
mexicano/a

LA REPÚBLICA DOMINICANA
dominicano/a

GUATEMALA
guatemalteco/a

PANAMÁ
panameño/a

EL SALVADOR
salvadoreño/a

NICARAGUA
nicaragüense

COSTA RICA
costarricense

HONDURAS
hondureño/a

ESPAÑA
español
española

PORTUGAL
portugués
portuguesa

Pilar Álvarez / Madrid, España

COLOMBIA
colombiano/a

Ricardo Sícora / Caracas, Venezuela

Inés Torres / Bogotá, Colombia

VENEZUELA
venezolano/a

ECUADOR
ecuatoriano/a

BRASIL
brasileño/a

PERÚ
peruano/a

BOLIVIA
boliviano/a

PARAGUAY
paraguayo/a

CHILE
chileno/a

URUGUAY
uruguayo/a

ARGENTINA
argentino/a

SUDAMÉRICA

Adriana Bolini / Buenos Aires, Argentina

La presencia hispana en los Estados Unidos es fuerte y se expresa de muchas formas. En la foto, un mural hispano en el distrito de La Misión (*Mission District*) de la ciudad de San Francisco, California.

Actividad 9. Diálogo: ¿De dónde eres tú?

ROGELIO: Buenos días. Yo soy Rogelio Varela. ¿Cómo te llamas?

MARTA: Me llamo Marta Muñoz. ¿De dónde eres tú?

ROGELIO: Soy de aquí, de San Juan. ¿Y tú?

MARTA: Soy de México, pero vivo en San Juan ahora.

Actividad 10. Entrevista

1. —¿De dónde eres?
   —Soy de _____ .
2. —¿De dónde es tu padre?
   —Es de _____ .
3. —¿De dónde es tu madre?
   —Es de _____ .
4. —¿Tienes algún amigo de otro país?
   —Sí, tengo un amigo (una amiga) de _____ .
5. —¿Cómo se llama tu amigo/a?
   —Se llama _____ .

EL MUNDO HISPANO... su gente

Nombre: Julieta Estrada Barroso
Edad: 19

¿De dónde es usted?

Soy de Cali, Colombia; llevo[1] cuatro meses y una semana en los Estados Unidos. Y vine[2] a los Estados Unidos a aprender el inglés y a madurar[3] más. También, me gusta la idea de vivir un año como norteamericana.

Nombre: Erick Mario Braun Santizo
Edad: 21
País: Costa Rica

¿Qué tipo de música le gusta más?

Me gusta la música *pop rock*, por su ritmo. La música que menos me gusta

[1]*I have been*   [2]*I came*   [3]*to mature*

es el *heavy metal rock*; pienso que esa música no tiene ritmo ni melodía. Mi cantante favorita es Madonna; sin embargo, mi conjunto[4] favorito son los Hombres G,* grupo que se dedica a tocar *pop rock* pero en español.

Nombre: María Diana Suárez
Edad: 18
País: Costa Rica

Me gusta toda la música, pero más el *rock* en inglés y en español. Mis cantantes favoritos son Lionel Richie y Whitney Houston. Mis conjuntos favoritos son Metallica y Hombres G. Me gusta la música instrumental y me encanta la música latina —la salsa, el merengue[†]— por su ritmo y su sabor,[5] y porque es nuestra. ¡Amo toda la música!

[4]grupo musical   [5]*energy, vitality (lit. flavor)*

*Conjunto español: su música tiene el estilo del *rock* de los años sesenta.
[†]La salsa y el merengue son parte de la música tradicional del Caribe.

N O T A

CULTURAL

Los hispanos en los Estados Unidos

¿Tiene usted amigos hispanos que vivan en los Estados Unidos? ¿De dónde son? ¿Practica el español con ellos?

En casi todas las ciudades de los Estados Unidos hay hispanos. La comunidad hispana se compone de[1] emigrantes de España y toda América Latina. Hay cuatro grandes grupos. El primer grupo es el de los *mexicoamericanos* o *chicanos*, que viven principalmente en el suroeste, en los estados de California, Nuevo México, Arizona, Texas y Colorado. Algunos son descendientes de los primeros exploradores españoles.

El segundo grupo es el de los *centroamericanos*, que viven en los estados del oeste. El tercer grupo lo componen los *puertorriqueños*, que en su mayor parte[2] se encuentran[3] en Nueva York. Y los *cubanos* forman el cuarto grupo; éstos viven en muchos estados y ciudades de los Estados Unidos, especialmente en Miami, Nueva York y California.

Aproximadamente 23 millones de personas hablan español en los Estados Unidos. ¡Ahora usted puede[4] hablar con esas personas!

[1]se... *is made up of*   [2]en... *mostly*   [3]se... *are found*   [4]*can*

Comprensión

Mencione cinco ciudades de los Estados Unidos y diga qué grupo(s) de hispanos predomina(n) en cada ciudad.

Ahora... ¡usted!

1. ¿Tiene usted amigos hispanos? ¿Son chicanos o de otros grupos?
2. ¿Cuántas personas famosas hispanas puede mencionar? ¿Sabe de qué países son?

Un paso más...

¿Quién habla en cada caso? Indique si es una persona mexicoamericana (M), puertorriqueña (P) o cubanoamericana (C).

Jackson Heights, Queens, Nueva York: Ahora hay vecindarios hispanos en casi todos los centros urbanos de los Estados Unidos.

1. _____ Vivo en Nuevo México; mi familia y yo somos descendientes de los primeros colonizadores españoles.
2. _____ Soy bilingüe y vivo en Los Ángeles. Mis padres nacieron en Guadalajara.
3. _____ Soy de una isla que es un estado libre asociado.
4. _____ Nací en una isla del Caribe. Ahora vivo con muchos de mis compatriotas en Miami.

Actividades en progreso

Lea Gramática 2.5

Son las 5:00 de la tarde y estas son las actividades de algunos de los vecinos

Gustavo está levantando pesas.

El bebé está llorando.

El perro está ladrando.

Pedro está leyendo el periódico.

Doña Lola está planchando la ropa.

Andrea y Paula están masticando chicle.

Don Anselmo está fumando.

Actividad 11. ¿Acciones extrañas?

El gato está buceando.

El caballo está fumando.

El bebé está levantando pesas.

Diga si la actividad es extraña o normal.

1. una muchacha que está caminando
2. un pez que está nadando
3. un caballo que está fumando
4. un bebé que está llorando
5. una profesora que está masticando tabaco en clase

6. un hombre que está planchando
7. un pájaro que está patinando
8. un perro que está ladrando
9. un gato que está buceando
10. un bebé que está levantando pesas

Actividad 12. ¿Qué está haciendo Rogelio?

Actividad 13. Diálogo: Hablando por teléfono

Imagínese que usted está hablando con su compañero/a por teléfono.

E1: Hola, _____ . ¿Cómo estás?
E2: Bien, gracias. ¿Y tú? ¿Qué estás haciendo?
E1: Estamos _____ Juan, Pablo y yo. ¿Quieres _____ con nosotros?
E2: ¿Ahora mismo?
E1: Sí.
E2: De acuerdo. ¡Ya voy!

Actividad 14. La hora y las actividades

Diga la hora usando **menos** o **para**.

MODELO: Son las ocho menos diez y Gustavo está haciendo su tarea.
(Son diez para las ocho...)

1. Estela

2. Ernestito

3. Amanda

4. Ernesto

5. la criada

6. Pedro

Vocabulario

¿Dónde está... ?
Where is . . . ?

al lado de	next to
alrededor de	around
aquí	here
arriba de	on top of
debajo de	under
detrás de	behind
encima de	on top of
entre	between, among

Los lugares en la universidad
Places in the University

el edificio	building
el estacionamiento	parking lot
la Facultad de Bellas Artes	School of Fine Arts
la Facultad de Ciencias Naturales	School of Natural Sciences
la Facultad de Derecho	School of Law
la Facultad de Filosofía y Letras	School of Humanities
la Facultad de Medicina	School of Medicine
la librería	bookstore
la parada del autobús	bus stop
la rectoría	office of the president
el teatro	theater

PALABRAS SEMEJANTES: la cafetería, el gimnasio, el hospital, la universidad

REPASO: la biblioteca, la Facultad de Ciencias Sociales, el laboratorio

Los lugares en la ciudad
Places in the City

la avenida	avenue
la escuela	school
la estación de autobuses	bus depot

la lavandería	laundromat
la tienda	store

El origen / Origin

¿De dónde es usted/eres tú?	Where are you from?
Soy de...	I'm from . . .
¿De dónde es... ?	Where is . . . from?
Es de...	He/She is from . . .

Los países hispanos y las nacionalidades
Hispanic Countries and Nationalities

Bolivia	boliviano/a
Colombia	colombiano/a
Costa Rica	costarricense
Cuba	cubano/a
Chile	chileno/a
Ecuador	ecuatoriano/a
El Salvador	salvadoreño/a
Guatemala	guatemalteco/a
Honduras	hondureño/a
Nicaragua	nicaragüense
Panamá	panameño/a
Paraguay	paraguayo/a
Perú	peruano/a
Puerto Rico	puertorriqueño/a
República Dominicana	dominicano/a
Uruguay	uruguayo/a
Venezuela	venezolano/a

REPASO: Argentina, argentino/a; Brasil, brasileño/a; España, español(a); México, mexicano/a

Otros lugares / Other Places

el Caribe	the Caribbean
Sudamérica	South America

PALABRAS SEMEJANTES: América Central, Portugal

Los verbos

asistir (a)	to attend
bucear	to skin-dive/scuba dive; to snorkle
ducharse	to shower
esperar	to wait (for)
fumar	to smoke
llorar	to cry
planchar	to iron
poner discos	to play records
preguntar	to ask (questions)
recoger	to pick up
regresar	to return
tocar	to play (*a musical instrument*); to touch

PALABRAS SEMEJANTES: preparar, usar

REPASO: hablar, levantar pesas, manejar

Los sustantivos

el/la bebé	baby
el caballo	horse
la cama	bed
la cena	dinner
el chicle	chewing gum
el metro	subway
la misa	Mass
el novio/la novia	boyfriend/girlfriend
el pájaro	bird
el pez	fish
el refresco	soft drink
la reunión	meeting
la tarea	homework
el trabajo	work
la vida	life

PALABRAS SEMEJANTES: la acción, el/la artista, el autobús, el club, la ensalada, la guitarra, la radio, el tabaco

Los adjetivos

algunos/as	some
diario/a	daily
extraño/a	strange
juntos/as	together
preferido/a	favorite

PALABRAS SEMEJANTES: clásico/a, normal, típico/a

Palabras y expresiones útiles

ahora mismo	right now
De acuerdo.	I agree, OK.
desde	from
generalmente	generally
hoy	today
Ya voy.	I'm coming.

Gramática y ejercicios

2.1. Location of People and Objects: *estar*

Estar is used for location.

Use the verb **estar** (*to be*) to locate people and objects.

¿Dónde **está** la profesora Martí-
nez? —**Está** en clase.
Esteban, ¿dónde **está** su libro?
—**Está** en casa.

Where is Professor Martínez?
—She's in class.
Steve, where is your book? —It's at
home.

Here are the present tense forms of the irregular verb **estar.***

estar (*to be*)		
(yo)	**estoy**	*I am*
(tú)	**estás**	*you (inf. sing.) are*
(usted, él/ella)	**está**	*you (pol. sing.) are; he/she/it is*
(nosotros/as)	**estamos**	*we are*
(vosotros/as)	**estáis**	*you (inf. pl., Spain) are*
(ustedes, ellos/as)	**están**	*you (pl.), they are*

Ejercicio 1

Diga dónde están estas personas.

MODELO: Mi hijo está en la escuela.

1. Yo _____ en la biblioteca.
2. Luis y Nora _____ en su clase de biología.
3. Tú _____ en la rectoría.
4. Esteban y yo _____ en el edificio de Ciencias Naturales.
5. La profesora Martínez _____ en su oficina.
6. Nora y yo _____ enfrente del hospital.
7. Esteban, ¿_____ detrás del teatro?
8. Profesora Martínez, ¿_____ usted en la librería ahora?
9. Alberto y Luis _____ en la universidad.
10. Nosotros _____ aquí en la Facultad de Derecho.

*Recognition: **vos estás**

2.2.   Habitual Actions: Present Tense of Regular Verbs

A. You already know that the endings of Spanish verbs must correspond to the subject of the sentence: that is, to the person or thing that does the action (see **Gramática C.5**).

Nora, ¿cuándo estudi**as**?	*Nora, when do you study?*
—Estudi**o** por la mañana.	*—I study in the morning.*
¿Qué hac**en** ustedes los domin-	*What do you do on Sundays?*
gos? —Visit**amos** a nuestros	*—We visit our grandparents.*
abuelos.	

B. Most Spanish verbs end in **-ar**. Here are the endings for **-ar** verbs.*

lleg-ar (*to arrive*)		
(yo)	lleg + **o**	*I arrive*
(tú)	lleg + **as**	*you (inf. sing.) arrive*
(usted, él/ella)	lleg + **a**	*you (pol. sing.) arrive; he/she arrives*
(nosotros/as)	lleg + **amos**	*we arrive*
(vosotros/as)	lleg + **áis**	*you (inf. pl., Spain) arrive*
(ustedes, ellos/as)	lleg + **an**	*you (pl.), they arrive*

¿A qué hora lleg**as** a la escuela?	*What time do you arrive at school?*
—Generalmente lleg**o** a las 9:00.	*—Generally I arrive at 9:00.*

C. Verbs that end in **-er** and **-ir** use identical endings, except for the **nosotros** and **vosotros** forms.†

com-er (*to eat*)		
(yo)	com + **o**	*I eat*
(tú)	com + **es**	*you (inf. sing.) eat*
(usted, él/ella)	com + **e**	*you (pol. sing.) eat; he/she eats*
(nosotros/as)	com + **emos**	*we eat*
(vosotros/as)	com + **éis**	*you (inf. pl., Spain) eat*
(ustedes, ellos/as)	com + **en**	*you (pl.), they eat*

---

*Recognition: **vos llegás**
†Recognition: **vos comés, escribís**

escrib-ir (*to write*)	
(yo) escrib + **o**	*I write*
(tú) escrib + **es**	*you (inf. sing.) write*
(usted, él/ella) escrib + **e**	*you (pol. sing.) write;*
	he/she writes
(nosotros/as) escrib + **imos**	*we write*
(vosotros/as) escrib + **ís**	*you (inf. pl., Spain) write*
(ustedes, ellos/as) escrib + **en**	*you (pl.), they write*

¿Dónde com**en** al mediodía?	*Where do you eat at noon? —We*
—Com**emos** en casa.	*eat at home.*
¿Escrib**es** la tarea a máquina?	*Do you type the homework? —No,*
—No, escrib**o** los ejercicios a	*I write out the exercises by hand.*
mano.	

These agreement rules take some time to acquire. Think about them when you are editing your writing; don't be overly concerned about them in speech.

D. The verb form must agree with the subject even when the subject is not explicitly stated. When the subject is expressed, it may be a pronoun, as in the preceding table, or a noun.

La profesora Martínez no habla francés.	*Professor Martínez does not speak French.*

The subject may also consist of a noun + pronoun. A subject combining a noun or pronoun with **yo** takes the **nosotros** form.

Nora y yo no hablamos italiano.	*Nora and I don't speak Italian.*

A subject combining a noun or pronoun with **tú** or **usted** takes the plural form.

Alberto y tú hablan español con Raúl.	*Al and you speak Spanish with Raúl.*

In Argentina and Uruguay **vos** = **tú**.

E. Central America, Argentina, and Uruguay use a different subject pronoun and verb form for informal singular address.

¿Qué hora ten**és vos**? —Tengo las 6:30.	*What time do you have? —I have 6:30.*
¿Cuándo lleg**ás vos**? —Llego a las 9:00 de la noche.	*When do you arrive? —I arrive at 9:00 P.M.*

Ejercicio 2

Combine las personas de la lista A con las actividades de la lista B.

MODELO: Mi hermano y yo jugamos al tenis.

LISTA A	LISTA B
1. la profesora Martínez	a. hacen la tarea para mañana
2. yo	b. maneja un carro nuevo
3. tú	c. jugamos al tenis
4. mi hermano y yo	d. como demasiado
5. mis compañeros de clase	e. habláis español
6. vosotros	f. lees el periódico

Ejercicio 3

Estas son las actividades de Amanda, su familia y sus amigos. Escriba la forma correcta del verbo.

MODELO: Amanda llama a Graciela muy temprano en la mañana. (llamar)

1. Graciela y yo _____ las composiciones juntas. (escribir)
2. Mi novio Ramón _____ ropa muy elegante. (llevar)
3. Mi mamá y yo _____ la casa los sábados. (limpiar)
4. Mis padres _____ juntos por la mañana. (desayunar)
5. Mi hermano Guillermo _____ las tiras cómicas los domingos. (leer)
6. Estela y Ernesto Ramírez _____ al mediodía. (comer)
7. Ernestito _____ mucho en su bicicleta. (montar)
8. (Yo) _____ por teléfono con mi amiga Graciela. (hablar)
9. Paula y Ernestito _____ a la escuela por la mañana. (asistir)
10. Guillermo, Gustavo y yo siempre _____ los últimos discos en la radio. (escuchar)

Ejercicio 4

Usted es Amanda. Escriba preguntas según el modelo. Use la forma correcta de **tú**, **usted** o **ustedes**.

MODELOS: Pregúntele al señor Ramírez si va en metro al trabajo. →
            Señor Ramírez, ¿va usted en metro al trabajo?

            Pregúntele a Gustavo si lee el periódico por la mañana. →
            Gustavo, ¿lees el periódico por la mañana?

1. Pregúntele a su papá si toma mucho café en el trabajo.
2. Pregúntele a Gustavo si él y sus amigos juegan al béisbol.
3. Pregúntele a Gustavo y a Ernestito si tienen una computadora.
4. Pregúntele a la señorita Reyes si hace ejercicio en un gimnasio.
5. Pregúntele al señor Galván si trabaja por la noche.
6. Pregúntele a don Eduardo si prepara café por la mañana.
7. Pregúntele a su mamá si cocina por la mañana o por la tarde.
8. Pregúntele a Ernestito si ve la televisión por la noche.
9. Pregúntele a doña Rosita Silva si asiste a misa los domingos.
10. Pregúntele a la señorita Reyes si lava su ropa en casa o en una lavandería.

2.3. Irregular Verbs: *hacer, salir, jugar*

A verb that uses more than one stem in its conjugation is considered irregular. Here are the forms of three common irregular verbs.

A. The present tense of **hacer** (*to do; to make*) uses two stems: **hag-** for the **yo** form and **hac-** for all others.*

hacer (*to do; to make*)		
(yo)	hag + o	*I do*
(tú)	hac + es	*you (inf. sing.) do*
(usted, él/ella)	hac + e	*you (pol. sing.) do; he/she does*
(nosotros/as)	hac + emos	*we do*
(vosotros/as)	hac + éis	*you (inf. pl., Spain) do*
(ustedes, ellos/as)	hac + en	*you (pl.), they do*

¿Qué **haces** después de clases? —**Hago** mi tarea.

What do you do after school? —*I do my homework.*

B. The present tense of **salir** (*to leave; to go out*) uses the stems **salg-** for the **yo** form and **sal-** for all others.†

salir (*to leave; to go out*)		
(yo)	salg + o	*I leave*
(tú)	sal + es	*you (inf. sing.) leave*
(usted, él/ella)	sal + e	*you (pol. sing.) leave; he/she leaves*
(nosotros/as)	sal + imos	*we leave*
(vosotros/as)	sal + ís	*you (inf. pl., Spain) leave*
(ustedes, ellos/as)	sal + en	*you (pl.), they leave*

To express a point of departure with **salir**, use the preposition **de**, even if the preposition *from* is not used in English.

¿Por la mañana a qué hora **sales** de tu casa? —**Salgo** a las 7:30.

What time do you leave home in the morning? —*I leave at 7:30.*

---

*Recognition: **vos hacés**
†Recognition: **vos salís**

C. The present tense of the verb **jugar** (*to play*) uses the stem **jug-** for the infinitive and the **nosotros/as** and **vosotros/as** forms and **jueg-** for all other forms.*

jugar (*to play*)		
(yo)	**jue**g + o	*I play*
(tú)	**jue**g + as	*you (inf. sing.) play*
(usted, él/ella)	**jue**g + a	*you (pol. sing.) play; he/she plays*
(nosotros/as)	jug + amos	*we play*
(vosotros/as)	jug + áis	*you (inf. pl., Spain) play*
(ustedes, ellos/as)	**jue**g + an	*you (pl.), they play*

Remember that there are two words spelled **juego**: **el juego** (*the game*) and **yo juego** (*I play*).

Los sábados **juego** al fútbol con mis amigos.	*Saturdays I play soccer with my friends.*

Ejercicio 5

Complete las conversaciones con la forma correcta de **hacer**, **salir** o **jugar**.

MODELO: —Luis, ¿cuándo haces las tareas?
—Hago las tareas por la tarde.

1. —Señor Ramírez, ¿a qué hora _____ usted de casa para su trabajo?
   —_____ a las 8:30.
2. —Gustavo, ¿ _____ al fútbol por la tarde?
   —Sí, _____ después de clases.
3. —Señor Galván, ¿ _____ usted ejercicio todos los días?
   —No, _____ ejercicio en el gimnasio solamente los lunes y miércoles.
4. —Ernesto y Estela, ¿ _____ ustedes al tenis?
   —Sí, _____ al tenis los sábados.

2.4.   Origin and Location: *ser de / estar en*

ser = origin; **estar** = location

A. A form of the verb **ser** (*to be*) followed by **de** (*from, of*) can specify origin. The following question shows you how to ask where someone is from.

¿**De dónde es** Adriana Bolini? —**Es de** Buenos Aires.	*Where is Adriana Bolini from? —She's from Buenos Aires.*
Raúl, ¿**de dónde eres**? —**Soy de** México.	*Raúl, where are you from? —I'm from Mexico.*

*Recognition: **vos jugás**

As you know, **ser** can be followed directly by an adjective of nationality (*see* **Gramática C.4**).

Sr. Ramírez, ¿es usted argentino?
—No, soy mexicano.

Mr. Ramírez, are you Argentinean?
—No. I'm Mexican.

B. Remember that two verbs in Spanish correspond to the English verb *to be*. **Ser** is used to tell where someone is from; **estar** is used to express location (*see* **Gramática 2.1**).

> The distinction between **ser** and **estar** takes a while to acquire. Keep listening to and reading Spanish and you will develop a feel for it.

Clara **es de** los Estados Unidos, pero este año **está en** España.
Inés **es de** Colombia, pero ahora **está en** Perú con su esposo.

Clara is from the United States, but she's in Spain this year.
Inés is from Colombia, but now she's in Peru with her husband.

Ejercicio 6

Diga de dónde son las personas y dónde están ahora.

MODELO: Adriana es de Argentina pero ahora está en Washington, D.C.

2.5. Actions in Progress: Present Progressive

The present progressive (**estar** + verb ending in **-ndo**) is used for expressing actions in progress. **Estoy leyendo un libro**. (*I am reading a book.*)

To describe an action that is taking place at the moment, Spanish uses a form of **estar** (*to be*) and an **-ndo** (*-ing*) form called a present participle.* This combination is called the *present progressive*.

estar + -ndo		
estoy		jugando (*playing*)
estás		caminando (*walking*)
está	+	fumando (*smoking*)
estamos		escuchando (*listening*)
estáis (inf. pl., Spain)		escribiendo (*writing*)
están		comiendo (*eating*)

¿Qué **está haciendo** Amanda?	*What is Amanda doing? —She's*
—**Está lavando** su carro.	*washing her car.*
Ernestito, ¿qué **estás haciendo**?	*Ernestito, what are you doing?*
—**Estoy escribiendo** una composición.	*—I'm writing a composition.*

The present participle (**-ando**, **-iendo**) is formed from the infinitive.

jug**ar** → jug**ando**	com**er** → com**iendo**
habl**ar** → habl**ando**	viv**ir** → viv**iendo**

When a present participle is irregular, it will be noted as follows: **dormir** (**durmiendo**), **leer** (**leyendo**).

¿**Está durmiendo** Ernestito ahora? —Sí, está muy cansado.	*Is Ernestito sleeping now? —Yes, he's very tired.*
Estela, ¿qué **estás leyendo**?	*Estela, what are you reading?*
—Estoy leyendo una novela.	*—I'm reading a novel.*

Ejercicio 7

1. ¿Qué está haciendo Gustavo?

2. ¿Qué están haciendo don Eduardo y don Anselmo?

3. ¿Qué está haciendo Amanda?

---

*Recognition: **vos estás jugando**

4. ¿Qué está haciendo la señora Ramírez?

5. ¿Qué están haciendo Pedro y Margarita?

6. ¿Qué está haciendo Daniel?

Ejercicio 8

Don Anselmo tiene curiosidad hoy y le hace muchas preguntas a don Eduardo. Conteste las preguntas que hace don Anselmo.

MODELO: —¿Y Amanda? ¿Va a ver la televisión más tarde?
—No, Amanda ya (*already*) está <u>viendo la televisión</u>.

1. —¿Y Raúl? ¿Va a dormir esta noche?
   —No, Raúl ya está _____ .
2. —¿Y Ernestito? ¿Va a jugar con sus amigos esta tarde?
   —No, Ernestito ya está _____ con ellos.
3. —¿Y doña Lola? ¿Va a leer el periódico más tarde?
   —No, doña Lola ya está _____ el periódico.
4. —¿Y Leticia Reyes? ¿Va a lavar la ropa mañana?
   —No, Leticia ya está _____ la ropa.
5. —¿Y Daniel Galván? ¿Va a tocar la guitarra esta noche?
   —No, Daniel ya está _____ la guitarra.

CAPÍTULO 3

La vida diaria y los días feriados

▼▼▼▼▼▼▼▼▼▼▼▼▼▼▼▼▼▼

METAS

In **Capítulo 3** you will discuss where events take place, daily activities, and how you feel. You will share your family's holiday customs with your classmates and you will also learn about holidays and celebrations in the Hispanic world.

San Antonio, Texas: Celebración de La Posada

ACTIVIDADES ORALES Y LECTURAS

Los lugares

Los días feriados y las celebraciones

El mundo hispano... imágenes

El mundo hispano... su gente

La rutina diaria

Los estados físicos y anímicos

Lectura: Los amigos hispanos—Las distracciones de Pilar

Lectura: «Versos sencillos» de José Martí

GRAMÁTICA Y EJERCICIOS

3.1 Location: **ir** + **a(l)**; **estar** + **en**

3.2 Habitual Actions: Verbs with Stem-Vowel Changes (**ie, ue**) in the Present Tense

3.3 Habitual Actions: Irregular Verbs

3.4 Daily Routine: Reflexives

3.5 Describing States: **estar** + Adjective

3.6 Describing States: **tener** + Noun

Actividades orales y lecturas

Los lugares

Lea Gramática 3.1.

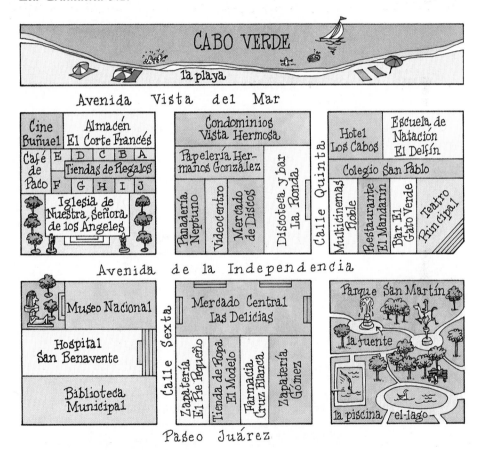

Actividad 1. ¿Qué hacemos cuando vamos a estos lugares?

MODELOS: el parque →
Cuando vamos al parque, merendamos con nuestros amigos.

la papelería →
Cuando vamos a la papelería, compramos papel, lápices, cuadernos, etc.

LUGAR	ACTIVIDAD
1. el cine	a. bailamos
2. una tienda de ropa	b. leemos y estudiamos
3. la playa	c. comemos
4. el mercado	d. caminamos y conversamos
5. una discoteca	e. rezamos
6. la biblioteca	f. vemos una película
7. un restaurante	g. visitamos a un enfermo
8. la iglesia	h. tomamos el sol y nadamos
9. la plaza	i. compramos vestidos y camisas
10. un hospital	j. compramos comida

Actividad 2. ¿Cuándo?

1. Voy a estudiar en la biblioteca...
   a. este fin de semana.   c. ahora mismo.
   b. esta noche.   d. ¿_____?
2. Voy a ir con mis amigos a una discoteca...
   a. mañana por la noche.   c. el próximo sábado.
   b. esta noche.   d. ¿_____?
3. Mi profesor(a) de español va a comer en un restaurante...
   a. hoy.   c. mañana por la noche.
   b. pasado mañana.   d. ¿_____?
4. Mi novio/a va a ir conmigo al cine...
   a. el sábado próximo.   c. el lunes por la tarde.
   b. este viernes.   d. ¿_____?

Y TÚ ¿QUÉ DICES?

¿De veras?   Buena idea.   ¡Qué divertido!
¡No lo creo!   Yo también.   ¡Qué aburrido!

E1: Voy a estudiar en la biblioteca a las 5 de la mañana.
E2: ¡No lo creo!

Actividad 3. Interacción: El cine en Sevilla

E1: ¿Quieres ir al cine?
E2: Mmm... no sé. ¿Qué película quieres ver?
E1: En el *cine Alameda* ponen *Juego de patriotas*.
E2: ¿A qué hora?
E1: A *las 15.45, 18.00, 20.15 y 22.30 horas*.

E2: ¿Cuánto cuesta?

E1: *450 pesetas.*

E2: Perfecto.

Guía del ocio — el cine en Sevilla

Alameda Multicines 4 salas
Tel. (95) 438 01 56.
Juego de patriotas. De Philip Noyce. 15:45, 18:00, 20:15, 22:30 horas. No recomendada para menores de 18 años. 450 pesetas.
La ciudad de la alegría. De Rolande Joffé. 16:00, 19:00, 22:00 y 0:45 horas. Todos los públicos. 400 pesetas.
Análisis final. De Phil Joanou. 12:00, 17:45, 20:15 y 22:45 horas. No recomendada para menores de 18 años. 350 pesetas.
El hombre de California. De George Zaloom. 12:30, 17:00, 19:00, 21:00 y 23:00 horas. Todos los públicos. 300 pesetas.

Azul Multicines 2 salas.
Tel. (95) 441 53 09/ La Florida 15.
Los últimos días del Edén. 18:00, 20:15 y 22:30 horas. No recomendada para menores de 18 años. 300 pesetas.
El cabo del miedo. De Martín Scorsese. 17:30, 20:00 y 22:30 horas. No recomendada para menores de 18 años. 450 pesetas.
Regina Tel. (95) 421 42 12/Jerónimo Hernández 19.
Tomates verdes fritos. De John Avnet. 17:45, 20:15 y 22:45 horas. Todos los públicos. 400 pesetas.

Rialto Multicines 3 salas.
Tel. (95) 425 44 88/Plaza del Padre Jerónimo de Córdoba, 7.
Soldado universal. 16:45, 18:45, 20:45 y 22:45 horas. No recomendada para menores de 18 años. 350 pesetas.
Aladino. Especial infantil. Dibujos animados. 12:30, 17:00, 18:30, 20:00, 21:30 y 23:00 horas. Todos los públicos. 450 pesetas.
Crímenes de amor. 17:00, 19:00, 21:00 y 22:45 horas. No recomendada para menores de 18 años. 300 pesetas.

Madrid: El cine es uno de los pasatiempos favoritos de los españoles. En España se exhiben muchas películas españolas, que hoy tienen una reputación internacional, y películas extranjeras dobladas (*dubbed*) al español.

Actividad 4. Entrevista: ¿Qué haces tú?

1. ¿Qué haces cuando estás en una biblioteca? ¿Lees periódicos?
2. ¿Qué te gusta hacer cuando vas a la playa? ¿Te gusta andar en velero?
3. ¿Qué haces en un parque? ¿Practicas algún deporte? ¿Cómo se llama tu parque favorito? ¿Caminas mucho allí? ¿Corres? ¿Cuándo?
4. ¿Vas mucho al cine? ¿Adónde vas? ¿Con quién? ¿Qué tipo de películas te gusta? ¿Te gustan las películas de acción?
5. ¿En qué mercado o supermercado compras la comida? ¿Por qué? ¿Está cerca de tu casa? ¿Tiene precios módicos?

Los días feriados y las celebraciones

Actividad 5. Definiciones: ¿Qué día es?

1. Generalmente hay regalos y un pastel cuando uno celebra su _____ .
2. En México se celebra el 16 de septiembre; en Argentina es el 9 de julio; en los Estados Unidos es el 4 de julio. Es el _____ .
3. El _____ es un día de fiesta en los Estados Unidos. Las familias se reúnen y preparan una comida abundante.
4. Los hispanos celebran este día más que los norteamericanos. Es el día antes de la Navidad, _____ .
5. Es la semana antes del Domingo de Pascua. Las personas religiosas, especialmente en España y en Latinoamérica, asisten a varias ceremonias en las iglesias. Es la _____ .
6. Mucha gente le da la bienvenida a este primer día de enero con bailes y fiestas muy alegres. Esperan las 12:00 de la noche con impaciencia. Es el _____ .

7. En muchos países hispanos, los niños no reciben regalos el 25 de diciembre. Los reciben el 6 de _____ , Día de _____ .

Actividad 6. Entrevista: Los días feriados

1. ¿Cómo celebran el Día de la Independencia en tu familia? ¿Van a un parque o se quedan en casa? ¿Celebran solos o invitan a sus amigos? ¿Ven los fuegos artificiales desde tu casa o van a algún parque para verlos? ¿A qué hora vuelves a tu casa?
2. ¿Qué haces con tu familia el Día de Acción de Gracias? ¿Celebran ustedes esta fiesta en su casa o van a la casa de otros parientes? ¿Qué comen?
3. ¿Qué aspecto de la Navidad te gusta más? ¿Qué aspecto te gusta menos? ¿Celebras la Navidad con tu familia? ¿Pones árbol de Navidad? ¿Das muchos regalos?
4. ¿Cómo te gusta celebrar tu cumpleaños? ¿Quién hace los preparativos para celebrar tu cumpleaños?
5. ¿Qué otras fiestas celebras con tu familia? ¿Qué hacen ustedes para celebrar esas fiestas?

EL MUNDO HISPANO... imágenes

Festividad de los Reyes Magos en Tizimín, Península de Yucatán, México. La cultura hispanoamericana es, en gran parte, una mezcla[1] de creencias indígenas y europeas. La religión católica se combinó[2] con las religiones nativas y africanas.

Estos descendientes de los mayas celebran la Epifanía.

[1]combinación   [2]se... *was combined*

EL MUNDO HISPANO... su gente

Nombre: Katia Capaldi
Edad: 22
País: Argentina

*¿Cuál es su día feriado predilecto[1]?
¿Con quién lo pasa normalmente y qué
hace? ¿Por qué prefiere ese día feriado?*

Mis feriados preferidos son la Noche-
buena, la Navidad y el Año Nuevo. Esos son los días en que nos
reunimos con familiares que no es posible ver durante el resto del año.

Normalmente hacemos una cena especial con mi familia y esperamos juntos la medianoche; entonces brindamos[2] y hacemos nuestros
planes para el futuro. Algunas veces recibimos visitas[3] en nuestra
casa y otras visitamos nosotros a amigos y parientes.

Estos últimos años, mis
hermanos y yo —como la
mayoría de los jóvenes—
vamos a fiestas que orga-
nizamos con nuestros ami-
gos y que se prolongan
hasta la mañana siguiente.

[1]favorito   [2]*we toast*   [3]recibimos...
we have company

SUDAMÉRICA

EL OCÉANO
PACÍFICO

EL OCÉANO
ATLÁNTICO

Argentina

Ciudad de Guatemala. Celebración de
la Pascua: La famosa procesión sobre
alfombras (*carpets*) durante la
Semana Santa.

¡ESTA NOCHE
LLEGAN LOS
REYES!

¡TENGO UNOS
NERVIOS!....
¿Y VOS?¿EEH?

¡EH!¿Y VOS?
¿TENÉS NER-
VIOS, O QUÉ
TENÉS?

"NERVO-CALM"
-GRAGEAS-

La rutina diaria

Lea Gramática 3.2–3.4.

Una mañana en la casa de los Ramírez

Ernesto se afeita.	Estela se maquilla.	Ernestito se lava los dientes.	Andrea se pone la ropa.	Paula se levanta.

Actividad 7. Primero... luego... y después...

Ponga en orden estas actividades. Use las palabras **primero, luego** y **después**.

1. a. Me seco. b. Me lavo los dientes. c. Me baño.
2. a. Me maquillo. b. Me levanto. c. Me acuesto.
3. a. Me peino. b. Me afeito. c. Me ducho.
4. a. Me baño. b. Me levanto. c. Me despierto.
5. a. Me lavo el pelo. b. Me quito la ropa. c. Me seco el pelo.
6. a. Me lavo los dientes. b. Desayuno. c. Preparo el desayuno.
7. a. Me levanto. b. Me acuesto. c. Me quito la ropa.

Actividad 8. Entrevista: Preguntas personales

1. ¿Quién se levanta primero donde tú vives? ¿Te gusta levantarte temprano o tarde?
2. ¿Te bañas o te duchas? ¿Cuándo prefieres bañarte? ¿Qué marca de jabón usas?
3. ¿Te afeitas con navaja o con rasuradora eléctrica?
4. ¿Te maquillas todos los días? ¿Te maquillas más cuando sales de noche? ¿Por qué?
5. ¿Te lavas el pelo todos los días? ¿Qué marca de champú prefieres? ¿Usas un acondicionador? ¿De qué marca es?
6. ¿Te pones perfume/colonia todos los días? ¿Qué marca prefieres?

Actividad 9. La rutina de Adriana

PALABRAS ÚTILES

primero	después
luego	más tarde
entonces	finalmente

Actividad 10. La rutina: Descripción de dibujos

Escoja un dibujo y descríbaselo a su compañero/a. Él (Ella) va a adivinar a qué dibujo se refiere usted.

Un lunes a las 7:00 con la familia Ramírez.

Un jueves a las 7:00 con la familia Ramírez.

Un sábado a las 9:00 de la mañana con los amigos norteamericanos.

Un domingo a las 9:00 de la mañana con los amigos norteamericanos.

Los estados físicos y anímicos

(Ernesto)   (Estela)

está contento   están tristes   está enojado   está enferma

está aburrido   está ocupada   está preocupado

tienen hambre   tienen prisa   tiene sueño  tiene sed

tiene calor   tiene frío   tiene miedo

Actividad 11. Su opinión (parte 1)

¿Qué hace usted en estas situaciones?

1. Cuando estoy enfermo/a...
   a. me acuesto.
   b. me quedo en casa.
   c. doy un paseo por el parque.
   d. ¿_____?
2. Cuando estoy triste...
   a. quiero estar solo/a.
   b. escucho música.
   c. compro ropa nueva.
   d. ¿_____?
3. Cuando estoy contento/a...
   a. salgo en el carro.
   b. voy de compras.
   c. prefiero estar solo/a.
   d. ¿_____?

4. Cuando estoy cansado/a...
   a. duermo.
   b. leo.
   c. me baño.
   d. ¿_____?
5. Cuando estoy aburrido/a...
   a. como.
   b. cocino.
   c. me quedo en casa.
   d. ¿_____?

Y TÚ ¿QUÉ DICES?

Sí, yo también.	Yo sí.	Yo tampoco. ¡Qué
Es mejor.	Yo no.	ocurrencia!
¡Excelente idea!	Yo tampoco.	¡Ni pensarlo!

Actividad 12. Su opinión (parte 2)

¿Qué hace usted cuando tiene... ? Diga sí o no.

1. Cuando tengo hambre...
   a. como hamburguesas.
   b. tomo un vaso de leche.
   c. me lavo los dientes.
   d. ¿_____?
2. Cuando tengo sed...
   a. bebo cerveza.
   b. como chocolates.
   c. llamo a mi novio/a.
   d. ¿_____?
3. Cuando tengo frío...
   a. me quito la chaqueta.
   b. me baño con agua caliente.
   c. me pongo un suéter.
   d. ¿_____?
4. Cuando tengo calor...
   a. tomo un refresco.
   b. tomo café caliente.
   c. me ducho.
   d. ¿_____?
5. Cuando tengo prisa...
   a. camino rápidamente.
   b. tomo el autobús.
   c. doy un paseo.
   d. ¿_____?

Y TÚ ¿QUÉ DICES?

Yo sí.	Yo también.	Yo también. Me gusta mucho.
Yo no.	Yo tampoco.	Yo tampoco. ¡No estoy loco/a!
		¡Qué buena idea!

Actividad 13. ¿Adónde va?

MODELO: Cuando tengo sueño... → voy a mi cuarto.

1. Cuando necesito un libro o quiero estudiar...
2. Cuando tengo hambre...
3. Cuando tengo clase de español...
4. Cuando tengo calor...
5. Cuando estoy aburrido/a...
6. Cuando quiero comprar una camisa nueva...
7. Cuando quiero ir de compras...
8. Cuando tengo todo el sábado libre...
9. Cuando quiero jugar al fútbol...
10. Cuando estoy muy enfermo/a...

a. a un museo.
b. a la biblioteca.
c. a un restaurante.
d. a la playa.
e. al centro.
f. a una tienda de ropa.
g. a la universidad.
h. al parque.
i. al hospital.
j. al cine.

Actividad 14. Entrevista: Soluciones

¿Qué haces cuando estás... ?

1. deprimido/a 2. de buen/mal humor 3. nervioso/a 4. enamorado/a

¿Qué haces cuando tienes... ?

5. frío 6. sed 7. sueño 8. miedo

Actividad 15. ¡Los Reyes Magos vienen mañana!

Mire los dibujos abajo. Ahora ponga en orden estas frases para que coincidan con los dibujos.

a. _____ Se lavan los dientes.

b. _____ Finalmente son las siete y media. Se ponen el pijama.

c. _____ Se despiertan a las cinco de la mañana. Tienen miedo de mirar la ventana.

d. _____ Se acuestan pero no se duermen. Hablan de los juguetes que esperan recibir.

e. _____ Su madre quiere llevarlos al museo y a la biblioteca pero ellos prefieren quedarse en casa.

f. _____ Es el cinco de enero. Son las 4:00 de la tarde. Ernestito, Paula y Andrea están nerviosos e impacientes.

g. _____ Rezan antes de acostarse.

h. _____ Corren a la ventana. Ahí están los juguetes que quieren. ¡Qué contentos están!

i. _____ Les dicen «Buenas noches» a sus padres con un beso.

j. _____ Ponen los zapatos en la ventana y esperan... ¡Los Reyes Magos van a venir mañana muy temprano!

k. _____ Por fin se duermen. Sueñan que los Reyes Magos no les traen nada.

l. _____ Cenan con sus padres y charlan sobre los juguetes que quieren.

LECTURA

Los amigos hispanos: Las distracciones de Pilar

Pilar Álvarez Cárdenas tiene veinte años y vive en Madrid, la capital de España. Es estudiante de diseño[1] y artes gráficas en el Instituto Español de Comercio. Trabaja de operadora algunas horas a la semana para la Compañía Telefónica.

¿Cómo se describe Pilar a sí misma[2]?

Bueno, mis amigos dicen que soy alegre y extrovertida. Me gustan mucho las fiestas, el cine y la música. La música española moderna es muy divertida,[3] sobre todo el *rock* y el *tecno pop*. Mis conjuntos[4] favoritos son Mecano y El último de la fila.* En mi tiempo libre me gusta escribir cartas a los amigos que tengo en todo el mundo.

En Madrid comparto[5] un piso[6] pequeño con mi hermana Gloria. Ella estudia psicología. Vivimos cerca del Parque del Retiro† y del Museo del Prado.‡ Cuando

---

[1]*design* [2]*a... herself* [3]*fun* [4]grupos musicales [5]*I share* [6]*apartment*

---

*Mecano es un grupo de música *rock/tecno pop*; lo componen dos hermanos y una joven vocalista. El último de la fila es un grupo de dos muchachos que tocan música *rock* con temas árabes.
†parque grande en el centro de Madrid
‡el museo más importante de España

no quiero estudiar más, doy un paseo[7] por el parque, que es enorme. Me gusta mucho caminar cuando hace sol.

Voy al Prado casi todos los domingos. Me gustan especialmente las obras de Goya, Velázquez y Picasso. Después de ir al museo, casi siempre paseo por la Gran Vía* y me tomo un café en algún lugar de buen ambiente.[8] Cerca de mi casa hay una discoteca muy buena. Los sábados por la noche voy a bailar allí con mis amigos.

Mi hermana Gloria dice que vivimos en un lugar ideal porque todo está cerca y siempre hay algo que hacer. A mí también me gusta donde vivimos, pero, la verdad, bueno... ¡a veces es difícil estudiar con tantas distracciones!

[7]doy... *I take a walk*   [8]*atmosphere*

Comprensión

¿A quién se refiere cada descripción: a Pilar (P), a Gloria (G) o a las dos (LD)?

1. _____ Estudia psicología.
2. _____ Uno de sus grupos favoritos es Mecano.
3. _____ Comparte un piso con su hermana.
4. _____ Estudia diseño y artes gráficas.
5. _____ Vive cerca del Parque del Retiro y del Museo del Prado.
6. _____ Dice que viven en un lugar ideal.
7. _____ Le gusta caminar cuando hace sol.
8. _____ Prefiere las obras de Goya, Velázquez y Picasso.

Ahora... ¡usted!

¿Es difícil para usted estudiar a veces? ¿Qué distracciones interrumpen sus estudios?

LECTURA

«Versos sencillos» (fragmentos) José Martí (Cuba, 1853-1895)

Varios de los *Versos sencillos* de este famoso poeta cubano se usaron[1] en la canción popular «Guantanamera». En las siguientes estrofas, el poeta hace una descripción de su personalidad; habla de su hijo, de la naturaleza y de su poesía.

[1]se... *were used*   *avenida en el centro de Madrid

Yo soy un hombre sincero
De donde crece la palma,[2]
Y antes de morirme[3] quiero
Echar[4] mis versos del alma.[5]

Yo vengo de todas partes,
Y hacia[6] todas partes voy:
Arte soy entre[7] las artes.
En los montes,[8] monte soy.

Oigo un suspiro,[9] a través[10]
De las tierras y la mar,
Y no es un suspiro, —es
Que mi hijo va a despertar.

Con los pobres de la tierra
Quiero yo mi suerte[11] echar:
El arroyo[12] de la sierra
Me complace[13] más que el mar.

Todo es hermoso y constante,
Todo es música y razón,[14]
Y todo, como el diamante,
Antes de luz es carbón.[15]

Mi verso es de un verde claro
Y de un carmín encendido:[16]
Mi verso es un ciervo herido[17]
Que busca en el monte amparo.[18]

Camagüey, Cuba. Una de las características del paisaje (*landscape*) cubano es la hermosa palma real.

[2]crece... *the palm tree grows* [3]antes... *before dying* [4]*Share* [5]*soul* [6]*toward* [7]*among* [8]*forests* [9]*sigh*
[10]a... *through* [11]*luck* [12]*brook* [13]Me... *Pleases me* [14]*reason* [15]*coal* [16]carmín... *bright crimson*
[17]ciervo... *wounded deer* [18]*shelter*

Ahora... ¡usted!

Escoja una o dos de las estrofas que siguen y escriba un poema para expresar sus propios sentimientos.

Yo soy _____
De donde _____ ,
Y antes de morirme quiero _____

_____ .

Yo vengo de _____
Y hacia _____ voy:
_____ soy entre _____
En _____ , _____ soy.

Todo es _____ y _____ ,
Todo es _____ y _____ ,
Y todo, como _____ ,
Antes de _____ es _____ .

Vocabulario

Los lugares — Places

el almacén	department store
allí	there
el colegio	high school
la iglesia	church
el lago	lake
el mercado	market
la panadería	bakery
la papelería	stationery store
el videocentro	video store
la zapatería	shoestore

PALABRAS SEMEJANTES: la América Latina (Latinoamérica), el bar, la farmacia, el hotel, el museo, la plaza

Los días feriados y las celebraciones
Holidays and Celebrations

el Año Nuevo	New Year's Day
el Día de Acción de Gracias	Thanksgiving Day
el Día de los Enamorados	Valentine's Day
el Día de la Independencia	Independence Day
el Día de la Madre	Mother's Day
el Día de los Muertos	All Souls' Day
el Día del Padre	Father's Day
el Día de los Reyes Magos	Epiphany, Jan. 6th (*lit.* Day of the Magi)
el día del santo	saint's day
el Día de Todos los Santos	All Saints' Day
el Domingo de Pascua	Easter Sunday
la(s) Navidad(es)	Christmas
la Nochebuena	Christmas Eve
la Semana Santa	Holy Week

La rutina diaria — Daily Routine

acostarse (ue) me acuesto/se acuesta	to go to bed
afeitarse	to shave
bañarse	to bathe

despertarse (ie) me despierto/se despierta	to wake up
dormir (ue) duermo/duerme	to sleep
lavarse los dientes	to brush one's teeth
lavarse el pelo	to wash one's hair
levantarse	to get up
maquillarse	to put on makeup
peinarse	to comb one's hair
ponerse (perfume/la ropa) me pongo/se pone	to put on (perfume/clothes)
quitarse (la ropa)	to take off (clothes)
secarse (el pelo)	to dry oneself (one's hair)
tomar café	to drink coffee
trotar	to jog

REPASO: almorzar (ue), divertirse (ie), ducharse, hacer (hago/hace)

Los estados físicos y anímicos
Physical and Mental States

estar...	to be . . .
aburrido/a	bored
alegre	happy
contento/a	happy
de buen/mal humor	in a good/bad mood
deprimido/a	depressed
enamorado/a	in love
enfermo/a	sick
enojado/a	angry
ocupado/a	busy
preocupado/a	worried
triste	sad
tener...	to be . . .
calor	hot
frío	cold
hambre	hungry
miedo	afraid
prisa	in a hurry
sed	thirsty
sueño	sleepy

¿Cuándo? | When?

antes	before
pasado mañana	day after tomorrow
la semana próxima	next week
tarde	late
temprano	early
todos los días	every day

REPASO: después, luego

Los verbos

ayudar	to help
beber	to drink
comprar	to buy
dar (doy/da)	to give
dar la bienvenida	to welcome
dar un paseo	to take a walk
decir (digo/dice)	to say; to tell
dormirse (me duermo/se duerme)	to fall asleep
escoger (escojo/escoge)	to choose
llamar	to call
necesitar	to need
quedarse (en casa)	to stay (home)
referirse a (ie)	to refer to
reunirse	to get together
rezar	to pray
saber (sé, sabe)	to know
salir de noche	to go out at night
salir de vacaciones	to go on vacation
soñar (ue) (con)	to dream (about)
traer (traigo/trae)	to bring
venir (vengo/viene)	to come
volver (ue) (vuelvo/vuelve)	to return

PALABRAS SEMEJANTES: celebrar, invitar, visitar

Los sustantivos

el acondicionador	hair conditioner
el árbol (de Navidad)	(Christmas) tree
el baile	dance
el beso	kiss
la cerveza	beer
la comida	food
el disco	record
los fuegos artificiales	fireworks
la fuente	fountain
la gente	people

la guía	guide(book)
el jabón	soap
la leche	milk
la marca	brand
la navaja	(razor)blade
las noticias	news
la palabra	word
el papel	paper
el pariente/la parienta	relative
el pastel	cake
la peseta	monetary unit of Spain
el precio	price
la rasuradora eléctrica	electric razor
el regalo	gift
el tipo	type
la toalla	towel
el vaso	glass

PALABRAS SEMEJANTES: el aspecto, la ceremonia, el condominio, el champú, el disco compacto, la frase, la hamburguesa, la impaciencia, el patriota, el pijama

Los adjetivos

bueno/a	good
caliente	hot
hermoso/a	beautiful
libre	free; available
próximo/a	next
varios/as	several

PALABRAS SEMEJANTES: abundante, económico/a, excelente, hispano, impaciente, personal, religioso/a

Palabras y expresiones útiles

cerca	near
conmigo	with me
¿De veras?	Really?
especialmente	especially
¡Ni pensarlo!	Don't even think about it!; No way.
por fin	finally
¿Por qué?	Why?
¡Qué ocurrencia!	What a silly idea!
rápidamente	fast, rapidly

Gramática y ejercicios

3.1. Location: *ir* + *a(l)*; *estar* + *en*

adónde = *where* (*to*)
ir a = *to go to*

A. **¿Adónde?** ([*to*] *where?*) is used to ask where someone is going. The verb **ir** (*to go*) followed by the preposition **a** (*to*) is used to express the idea of movement toward a location. Remember from **Gramática 1.1** that the present-tense forms of **ir** are **voy, vas, va, vamos, vais, van.*** Note that **a** + **el** contracts to **al** (*to the*).

¿Adónde vas? —**Voy al** parque.	*Where are you going?* —*I'm going to the park.*
¿Adónde va la profesora Martínez? —**Va a la** universidad.	*Where's Professor Martínez going?* —*She's going to the university.*

Ir a + infinitive is used to express the future.

The expression **ir** + **a** + *location*, used with the following expressions of time, indicates when you are going.

este viernes = *this Friday*
el próximo viernes = *next Friday*

este viernes	*this Friday*
este fin de semana	*this weekend*
esta primavera	*this spring*
el próximo sábado	*next Saturday*
la próxima semana	*next week*
el próximo mes	*next month*

Vamos a ir al restaurante El Tecolote **la próxima semana.**	*We're going to go to the Tecolote Restaurant next week.*

B. The verb **estar** + **en** is used to express the idea of being at a location.

¿Está Gustavo **en** la biblioteca? —No, **está en** el gimnasio.	*Is Gustavo at the library?* —*No, he's at the gym.*

Ejercicio 1

¿Adónde van estas personas? Complete las oraciones con formas del verbo **ir** y **al** o **a la.**

MODELO: Usted <u>va al</u> parque los domingos.

1. Mis compañeros y yo _____ tienda nueva enfrente de la universidad.
2. Mis hermanos siempre _____ cine los sábados.
3. (Nosotros) _____ supermercado a comprar fruta.
4. La profesora Martínez _____ oficina a trabajar.

140

*Recognition: **vos vas**

5. (Yo) _____ playa a tomar el sol y nadar.
6. (Yo) Siempre _____ biblioteca a leer y estudiar.
7. Esteban y Carmen _____ restaurante chino que hay cerca de aquí para cenar.
8. Luis _____ plaza a pasear con una amiga.
9. (Nosotros) _____ librería a comprar el libro de español.
10. (Tú) _____ trabajo después de las clases.

3.2.   Habitual Actions: Verbs with Stem-Vowel Changes (*ie, ue*) in the Present Tense

A. Recall from **Gramática 1.3** that the verbs **querer** (**quiero, quieres, quiere, queremos, queréis, quieren**) and **preferir** (**prefiero, prefieres, prefiere, preferimos, preferís, prefieren**) use two stems in their present-tense conjugations. The stem containing the vowel **e** appears only in the infinitive and in the **nosotros/as** and **vosotros/as** forms.* The stem containing **ie** occurs in the rest of the forms.

Here is the present tense of other verbs that follow the same pattern: **cerrar** (*to close*), **pensar** (*to think*), **empezar** (*to begin*), **perder** (*to lose*), **encender** (*to light; to turn on*).†

	cerrar	pensar	empezar	perder	encender
(nosotros/as)	cerramos	pensamos	empezamos	perdemos	encendemos
(vosotros/as)	cerráis	pensáis	empezáis	perdéis	encendéis
(yo)	cierro	pienso	empiezo	pierdo	enciendo
(tú)	cierras	piensas	empiezas	pierdes	enciendes
(usted, él/ella)	cierra	piensa	empieza	pierde	enciende
(ustedes, ellos/as)	cierran	piensan	empiezan	pierden	encienden

¿A qué hora **cierran** ustedes en Nochebuena? —**Cerramos** a las 5:00 de la tarde.
¿**Encienden** ustedes las luces de Navidad cada noche? —Sí, las **encendemos** a las 7:00.

What time do you close on Christmas Eve? —We close at 5:00 P.M.
Do you turn on the Christmas lights every night? —Yes, we turn them on at 7:00.

---

*Recognition: **vos querés, preferís**
†Recognition: **vos cerrás, pensás, empezás, perdés, encendés**

These forms may be difficult to remember, but they will feel more natural as you hear and read more Spanish.

B. Recall from **Gramática 2.3** that the verb **jugar*** (*to play*) changes **u** to **ue** in exactly the same way as the verbs listed in paragraph A above change **e** to **ie**.

Three other verbs follow the same pattern: **dormir** (*to sleep*), **volver** (*to return, go back*), and **almorzar** (*to have lunch*).*

	jugar	**dormir**	**volver**	**almorzar**
(nosotros/as)	jugamos	dormimos	volvemos	almorzamos
(vosotros/as)	jugáis	dormís	volvéis	almorzáis
(yo)	juego	duermo	vuelvo	almuerzo
(tú)	juegas	duermes	vuelves	almuerzas
(usted, él/ella)	juega	duerme	vuelve	almuerza
(ustedes, ellos/as)	juegan	duermen	vuelven	almuerzan

Don't try to memorize all this. With time you will acquire many of these details. Refer to the rules, however, when you edit your writing.

¿A qué hora **vuelven** a casa después de una fiesta? —A veces no **volvemos** hasta las 3:00 o 4:00 de la madrugada.

What time do you return home after a party? —Sometimes we don't return until 3:00 or 4:00 in the morning.

Ejercicio 2

¿Qué hacen usted y sus amigos? Use la forma correcta del verbo.

MODELO: —¿Cierran ustedes los ojos en clase? (cerrar) →
—No, no cerramos los ojos en clase.

1. —¿_____ ustedes en su clase de español? (dormir)
   —¡Claro que no! Nunca _____ en clase, porque nos divertimos.
2. —¿_____ ustedes en casa o en el trabajo? (almorzar)
   —Generalmente _____ en casa con la familia.
3. —¿_____ ustedes al trabajo después de almorzar? (volver)
   —Sí, _____ a las 2:00.
4. —¿_____ ustedes al tenis los fines de semana? (jugar)
   —A veces _____ , a veces no.
5. —¿_____ ustedes mucho al tenis en el invierno? (jugar)
   —No, _____ poco porque hace demasiado frío.
6. —¿_____ ustedes frecuentemente cuando _____ al basquetbol? (perder, jugar)
   —No, casi nunca _____ cuando _____ al basquetbol.
7. —¿_____ ustedes ir al cine por la mañana? (preferir)
   —No, _____ ir por la tarde con los niños.

---

*Recognition: **vos jugás, dormís, volvés, almorzás**

8. —¿_____ ustedes las vacaciones en junio o en julio? (empezar)
   —Normalmente _____ las vacaciones en julio.

3.3 Habitual Actions: Irregular Verbs

A. As you know, an irregular verb is one that uses more than one stem to form its conjugation. In many cases the irregularity is only in the **yo** form. Here are some common verbs that add a **g** in the **yo** form: **tener** (*to have*), **venir** (*to come*), **salir** (*to leave; to go out*), **poner** (*to put*).*

tener	venir	salir	poner
tengo	vengo	salgo	pongo
tienes	vienes	sales	pones
tiene	viene	sale	pone
tenemos	venimos	salimos	ponemos
tenéis	venís	salís	ponéis
tienen	vienen	salen	ponen

¿**Viene** usted siempre temprano? —Sí, casi siempre **vengo** a las 8:00.

Do you always come early? —Yes, I almost always come at 8:00.

¿Dónde **pongo** mi ropa? —Aquí mismo, encima de esta silla.

Where do I put my clothes? —Right here, on this chair.

B. The verbs **traer** (*to bring*) and **oír** (*to hear*) insert **ig** in the **yo** form.† In addition, **oír** adds a **y** in all but the **nosotros/as** and **vosotros/as** forms. The verbs **hacer** and **decir** change the **c** to **g**. **Decir** (*to say, tell*) also changes the stem vowel **e** to **i** in all but the **nosotros/as** and **vosotros/as** forms.‡

traer	oír	hacer	decir
traigo	oigo	hago	digo
traes	oyes	haces	dices
trae	oye	hace	dice
traemos	oímos	hacemos	decimos
traéis	oís	hacéis	decís
traen	oyen	hacen	dicen

---

*Recognition: **vos tenés, venís, salís, ponés**
†Recognition: **vos traés, oís**
‡Recognition: **vos hacés, decís**

¿Qué **traes** a las fiestas?
—**Traigo** mis discos compactos y algo de comer.
¿**Oyes** música? —No, no **oigo** nada.

What do you bring to parties? —I bring my CDs and something to eat.
Do you hear music? —No, I don't hear anything.

Ejercicio 3

Un amigo le hace preguntas sobre su clase de español. Conteste según el modelo.

MODELO: —Generalmente, ¿vienes temprano a la clase de español?
—Sí, vengo temprano todos los días.

1. —¿Traes tu perro a la clase de español?
   —¡Claro que no! _____ solamente el libro y el cuaderno.
2. —¿Pones tu libro de español debajo de la mesa?
   —No, _____ el libro encima de la mesa.
3. —¿Le dices «Buenos días» en español al profesor (a la profesora)?
   —¡Qué va! A las 2:00 de la tarde le _____ «Buenas tardes».
4. —¿Oyes música en tu clase?
   —Sí, _____ canciones en español, naturalmente.
5. —¿Sales de tu clase a las 3:00?
   —No, _____ a las 2:50.
6. —¿Siempre vienes a la clase preparado/a?
   —Sí, casi siempre _____ preparado/a.
7. —¿Tienes mucha tarea?
   —Sí, _____ tarea todos los días excepto el domingo.
8. —¿Qué haces en tu clase?
   —_____ un poco de todo: converso, leo, escribo.

3.4.   Daily Routine: Reflexives

A. In English, pronouns that indicate that the subject of a sentence does something to himself or herself are called *reflexive*; they end in *-self* (*-selves*).

He cut himself.
She looked at herself in the mirror.

Babies often talk to themselves.
We didn't blame ourselves.

Some actions that the subject does to himself or herself are not expressed with reflexive pronouns. For example, *I get up at 7:00. I take a bath and then get dressed.* In such sentences, Spanish always uses a reflexive pronoun: **Yo me levanto a las 7:00. Me baño y luego me pongo la ropa.**

B. Here is the present tense of the verb **levantarse** (*to get up*) with reflexive pronouns.*

---

*Recognition: **vos te levantás**

levantarse (*to get up*)

(yo)	me levanto	*I get up*
(tú)	te levantas	*you (inf. sing.) get up*
(usted, él/ella)	se levanta	*you (pol. sing.) get up;* *he/she gets up*
(nosotros/as)	nos levantamos	*we get up*
(vosotros/as)	os levantáis	*you (inf. pl., Spain) get up*
(ustedes, ellos/as)	se levantan	*you (pl.), they get up*

C. Here is a list of verbs with the reflexive pronoun **me** (*myself*) that you can use to describe your daily routine. Notice that the infinitives with the reflexive pronoun end in **se**.

	INFINITIVE	
Me acuesto.	(acostarse)	*I go to bed.*
Me despierto.	(despertarse)	*I wake up.*
Me levanto.	(levantarse)	*I get up (out of bed).*
Me baño.	(bañarse)	*I take a bath.*
Me ducho.	(ducharse)	*I take a shower.*
Me lavo el pelo.	(lavarse el pelo)	*I wash my hair.*
Me seco.	(secarse)	*I dry off.*
Me afeito.	(afeitarse)	*I shave.*
Me lavo los dientes.	(lavarse los dientes)	*I brush my teeth.*
Me peino.	(peinarse)	*I comb my hair.*
Me maquillo.	(maquillarse)	*I put on makeup.*
Me pongo la ropa.	(ponerse la ropa)	*I put on my clothes.*
Me quito la ropa.	(quitarse la ropa)	*I take off my clothes.*

Me levanto temprano y **me ducho** en seguida. General-mente **me lavo** el pelo. Luego **me seco** y **me peino**.	*I get up early and I take a shower immediately. Generally I wash my hair. Afterward I dry off and I comb my hair.*

D. Reflexive pronouns are normally placed directly before the verb (**me seco**), but they may be attached to infinitives (**secarme**) and present participles (**secándome**).

Me gusta **afeitarme** primero y luego **bañarme**.	*I like to shave first and then take a bath.*
Ernesto va a **levantarse** y **bañarse** inmediatamente.	*Ernesto is going to get up and take a bath immediately.*
Amanda, ¿qué estás haciendo? —Estoy **lavándome** los dientes.	*Amanda, what are you doing? —I'm brushing my teeth.*

Ejercicio 4

¿Qué oración describe mejor los
siguientes dibujos?

1. _____

2. _____   3. _____

4. _____   5. _____

6. _____   7. _____

a. Él se quita la camisa, pero ella se pone los zapatos.
b. Él sale para el trabajo a las 8:00, pero su hijo sale para la escuela a las
   8:30.
c. Ella lee novelas después de trabajar, pero él prefiere ver la televisión.
d. Este chico se ducha por la mañana, pero las niñas prefieren bañarse por
   la noche.
e. Él se afeita la cara, pero su esposa se afeita las piernas.
f. A él no le gusta bañarse pero le gusta bañar al perro.
g. Se acuesta a las 11:30 y se levanta a las 6:00.

Ejercicio 5

Su hermanito de tres años le hace estas preguntas tontas. Contéstele
correctamente.

MODELO: ¿Te lavas los dientes con jabón? →
No, me lavo los dientes con pasta de dientes.

1. ¿Te bañas antes de las 5:00 de la mañana? 2. ¿Te lavas el pelo con
detergente? 3. ¿Te afeitas en la lavandería? 4. ¿Te duchas por la noche?
5. ¿Te quitas la ropa en la universidad? 6. ¿Te peinas en la biblioteca?
7. ¿Te maquillas en la clase de español? 8. ¿Te levantas temprano los
domingos?

3.5. Describing States: *estar* + Adjective

Estar (*to be*) describes a state (how someone is at a particular time).

Use **estar** (**estoy, estás, está, estamos, estáis, están**) to describe how someone
is, or is feeling, at a particular time.

¿Cómo **estás**? —**Estoy** un poco deprimido.	*How are you? —I'm a bit depressed.*
¿Cómo **está** José Luis hoy? —**Está** enfermo.	*How is José Luis today? —He's sick.*
¿Cómo **están** ustedes? —**Estamos** muy bien, gracias.	*How are you? —We are fine, thank you.*

Remember that **ser** is used to identify or describe the relatively permanent
characteristics of someone or something, *not* to tell how they are (feeling) at a
particular moment.

Alberto **es alto, delgado, joven y muy guapo**.	*Al is tall, thin, young, and very handsome.*
Hoy **está confuso y cansado**.	*Today he's confused and tired.*

Ejercicio 6

Describa el estado de estas personas.

MODELOS: Carmen → Carmen *está nerviosa*.

yo → Yo *estoy cansado*.

1. yo
2. mi primo
3. Luis y yo
4. Nora y Mónica
5. tú (*f.*)

a. está nervioso
b. están deprimidas
c. estoy enojado/a
d. estamos preocupados
e. estás contenta

Graciela

Ejercicio 7

Mire los dibujos aquí y en la página 148 y haga preguntas. Use adjetivos como
(un poco) **triste, ocupado/a, cansado/a, enojado/a, deprimido/a, interesado/a en..., irritado/a, contento/a, enamorado/a**, etc.

MODELO: ¿Está cansada Graciela?

3.6 Describing States: *tener* + Noun

Some states of being are described in Spanish with the verb **tener** (*to have*), although they correspond to the verb *to be* in English. Recall from **Gramática C.1** the forms of **tener: tengo, tienes, tiene, tenemos, tenéis, tienen.** Common states expressed with **tener** are **tener hambre** (*to be hungry*), **tener sueño** (*to be sleepy*), **tener sed** (*to be thirsty*), **tener prisa** (*to be in a hurry*), **tener frío** (*to be cold*), **tener calor** (*to be hot*), and **tener miedo** (*to be afraid*).

Ernesto, ¿cuándo quieres comer? **Tengo** mucha **hambre.**

Ernesto, when do you want to eat? I'm very hungry.

Estela, ¿quieren ir al cine tú y Ernesto esta noche? —No, gracias. **Tenemos** mucho **sueño** y queremos acostarnos.

Estela, do you and Ernesto want to go to the movies tonight? —No, thanks. We're very sleepy and want to go to bed.

Gustavo, ¿**tienes sed**? —Sí, **tengo** mucha **sed.** Vamos a tomar algo.

Gustavo, are you thirsty? —Yes, I'm very thirsty. Let's get something to drink (drink something).

¿Por qué **tiene prisa** Amanda? —Porque su clase empieza a las 8:00.

Why is Amanda in a hurry? —Because her class begins at 8:00.

With the words **calor/frío** (*heat/cold*) and **caliente** (*hot*), several combinations are possible.

To describe people: **tener** + **calor/frío**

Nora, ¿tú no **tienes calor**? —No, no **tengo calor.** Me gusta mucho el sol.

Nora, aren't you hot? —No, I'm not hot. I love the sun.

To describe things: **estar** + **caliente/frío**

> Alberto, cuidado. No toques la estufa. **Está** muy **caliente**.

> *Al, be careful. Don't touch the stove. It's very hot.*

To describe weather: **hacer** + **calor/frío**

> Ay, Carmen, **hace mucho frío** hoy. Voy a ponerme un abrigo.

> *Carmen, it's really cold today. I'm going to put on a coat.*

Ejercicio 8

Describa el estado de estas personas. Estados posibles: **tener calor**, **frío**, **hambre**, **prisa**, **sed**, **sueño**, **miedo**.

> MODELO: (Yo) <u>Tengo prisa</u> porque la clase empieza a las 4:00.

1. A mediodía, Margarita _____ .
2. Si (tú) _____ , ¿por qué no te pones un suéter?
3. (Nosotros) _____ porque la temperatura está a 45°C hoy.
4. A medianoche (yo) _____ .
5. Estoy en casa. Son las 8:55 y tengo una clase a las 9:00. (Yo) _____ .
6. Hace mucho sol hoy. Gustavo y Ernestito quieren tomar agua fría porque _____ .
7. Cuando estoy solo de noche, a veces _____ .
8. ¿Tienes algo para tomar? (Yo) _____ .

Ejercicio 9

Mire los dibujos. ¿Cuál es la oración que mejor identifica cada dibujo?

> MODELO: Tiene sed.

1._____

a. Tienen miedo.
b. Tiene prisa.
c. Tiene calor.
d. Tienen sed.

e. Hace mucho calor.
f. Nieva hoy.
g. Está enojado.
h. Hace mucho frío.

i. Está preocupado.
j. Está deprimido.
k. Tiene hambre.

2._____

3._____

4._____

5._____

CAPÍTULO 4

Las clases y las carreras

▼▼▼▼▼▼▼▼▼▼▼▼▼▼▼

Universidad de Madre y Maestra en Santiago, República Dominicana

Actividades orales y lecturas

Las actividades de la clase de español

Lea Gramática 4.1.

Alberto les habla a sus compañeros.

Mónica le escribe
una carta a su amigo.

La profesora nos dice «Buenos días».

La profesora nos hace preguntas.

Le contestamos a la profesora.

Nora le lee las notas
culturales a Esteban.

Carmen le hace una pregunta
a la profesora Martínez.

La profesora le explica la
gramática a Carmen.

Actividad 1. Mi clase de español

¿Con qué frecuencia se hacen estas actividades en la clase de español? Palabras
útiles: **nunca, a veces, muchas veces, siempre, todos los días**.

MODELO: Escribimos las palabras nuevas en el cuaderno todos los días.
A veces leemos las notas culturales.

151

1. Les hablamos a los compañeros de clase.
2. Escribimos las palabras nuevas en el cuaderno.
3. Merendamos en el salón de clase.
4. Contestamos las preguntas.
5. Escuchamos las opiniones de los compañeros de clase.
6. Limpiamos el coche.
7. Aprendemos palabras nuevas.
8. Le hacemos preguntas al profesor (a la profesora).
9. Hacemos la tarea en clase.
10. Dormimos una siesta.
11. Le decimos «Buenas noches» al profesor (a la profesora).
12. Les escribimos cartas a los parientes.

Actividad 2. Entrevista: La clase de español

1. ¿Haces toda la tarea que nos asigna el profesor (la profesora)? ¿Lees todas las lecturas? ¿Escuchas las cintas de las actividades de comprensión en tu coche o en casa?
2. ¿Les explicas a tus compañeros cómo hacer la tarea cuando no comprenden las instrucciones del profesor (de la profesora)? ¿Te ayudan ellos?
3. ¿Llegas tarde a clase a veces? Cuando llegas tarde, ¿qué le dices al profesor (a la profesora)?
4. ¿Te gusta cuando el profesor (la profesora) te hace una pregunta? ¿Le contestas al profesor (a la profesora) siempre en español? ¿Piensas en español cuando hablas español?
5. ¿Te gusta la clase de español? ¿Qué cosas no te gusta hacer en la clase?

Actividad 3. La escuela de idiomas Berlitz en Madrid

Lea este anuncio y conteste las preguntas.

1. ¿Qué lenguas pueden aprender sus hijos en Berlitz?   2. ¿Cuál es el número de teléfono de la escuela que hay en la Gran Vía?   3. ¿Cuántas escuelas hay en Madrid?   4. ¿De cuántos meses son los cursos?   5. ¿Hay cursos para adultos también?   6. ¿Qué pueden hacer sus hijos si toman estos cursos?

Actividad 4. Descripción de dibujos: En la universidad

Escoja un dibujo y descríbaselo a su compañero/a. Él (Ella) va a adivinar de qué dibujo está hablando usted.

en la clase de español

en la clase de español

en la cafetería de la universidad

en la cafetería de la universidad

N O T A

CULTURAL

Las palabras extranjeras

Hay muchas palabras de origen español en inglés. Y también palabras del inglés que se usan en español. ¿Puede usted nombrar algunas?

En el idioma español aparecen diariamente palabras inglesas. En la comida, por ejemplo: *bistec*[1] y *sandwich*. En la ropa: *suéter* y *jeans*. Y cuando se habla de deportes, los hispanos juegan al *fútbol*, al *basquetbol*, al *voleibol*, y hacen un *jonrón*[2] o meten un *gol*. Entre los préstamos[3] más recientes, se encuentran los anglicismos *estrés* y *formatear*.

Pero no olvidemos que el inglés también toma palabras del español. Por ejemplo, tenemos *vista*, *plaza*, *canal*, *sierra*, *rodeo*, *patio* y *siesta*. Otras palabras inglesas de origen español, aunque[4] modificadas, son *cigar* (cigarro), *alligator* (el lagarto[5]), *hurricane* (huracán) y *barbecue* (barbacoa).

En los nombres geográficos, la influencia del español es muy evidente. Colorado, California, Nevada, San Francisco, San Diego, Santa Fe, El Paso, Amarillo, Pueblo y muchos otros nombres de ciudades y estados norteamericanos son españoles.

En un idioma, la adopción de palabras extranjeras es un hecho[6] positivo y natural. Después de todo, los idiomas cambian[7] constantemente.

[1]*(beef)steak*   [2]*home run*   [3]*borrowings*   [4]*although*   [5]*lizard*   [6]*fact*   [7]*change*

Comprensión

¿Cierto o falso?

1. En el inglés hay muy pocas palabras de origen español.
2. Los idiomas no cambian mucho.
3. En el español hay muchas palabras inglesas que se refieren a los deportes.

Ahora... ¡usted!

1. ¿Puede nombrar otras palabras de origen extranjero que se usan en el inglés?
2. ¿Por qué tienen nombres en español ciudades norteamericanas como Los Ángeles y El Paso?
3. ¿Cree usted que el uso de palabras extranjeras en un idioma es algo positivo o negativo? ¿Por qué?

Un paso más...

Todas las palabras de la izquierda vienen del español. ¿Cuáles son las palabras españolas correspondientes?

1. _____ mustang	a. lazo
2. _____ chaps	b. tamal
3. _____ lariat	c. mesteño
4. _____ lasso	d. el lagarto
5. _____ tamale	e. barbacoa
6. _____ alligator	f. la reata
7. _____ barbecue	g. chaparreras

Las habilidades

Lea Gramática 4.2.

—Señora Ruiz, ¿sabe usted montar a caballo?
—Sí, y también sé jugar al polo.

—Y sus hijos, ¿saben ellos montar a caballo también?
—No, pero saben patinar muy bien.

Ahora mi hijo Guillermo no puede patinar; tiene una pierna fracturada. Sólo puede leer y ver la televisión.

Actividad 5. Diálogo original

Usted le pide permiso a su madre (padre) para acompañar a sus amigos en un viaje este fin de semana. Su compañero/a hace el papel de la madre (del padre).

USTED: Mamá (Papá), ¿puedo ir a _____ para _____?

MADRE (PADRE): No sé, hijo/a. ¿Cuándo vas a regresar?

USTED: Salimos el _____ a las _____ y regresamos el _____ a las _____ . Son sólo dos días.

MADRE (PADRE): Y, ¿qué van a hacer allí?

USTED: Queremos _____ y _____ . ¿Puedo ir?

MADRE (PADRE): Está bien, hijo/a. ¡Diviértanse pero manejen con cuidado!

Actividad 6. Entrevistas

LAS HABILIDADES

> E1: ¿Sabes *esquiar?*
>
> E2: Sí, sé *esquiar.* (No, no sé *esquiar.* / Sí, sé *esquiar un poco.*)

1. patinar en el hielo   2. jugar al basquetbol   3. nadar   4. preparar comida mexicana   5. reparar carros   6. montar en motocicleta   7. bucear   8. hablar francés   9. tocar el piano   10. pintar

EN TU CASA O EN LA RESIDENCIA ESTUDIANTIL

> E1: ¿Puedes hacer la tarea en casa (en la residencia estudiantil)?
>
> E2: No, no puedo hacer la tarea en casa porque hay muchas distracciones.

1. ¿Puedes cenar a la hora que quieras?   2. ¿Puedes tener animales domésticos donde vives?   3. ¿Puedes ver la televisión a cualquier hora?
4. ¿Puedes dormir hasta las 10:00 de la mañana?   5. ¿Puedes escuchar música y hacer la tarea a la vez?

Actividad 7. Ernestito quiere bañar al perro

Busque el orden correcto.

_____	ERNESTITO: Mamá, tengo ocho años. ¡Sé bañar un perro!
_____	ESTELA: Perfecto, pero también vas a...
_____	ESTELA: Bueno, hijo, después de bañarlo, vas a secarlo muy bien.
_____	ERNESTITO: Ya sé, mamá.
_____	ESTELA: Sí, hijo, pero antes de traer al perro, prepara el agua y el jabón.
_____	ERNESTITO: Mamá, mamá, ¿puedo bañar a Sultán?
_____	ERNESTITO: Ya está todo listo, mamá.

N O T A

CULTURAL

Los gestos

Las ideas se comunican por medio del idioma. Pero también se usa el cuerpo para la comunicación. Y a veces los gestos dicen más que las palabras. Por ejemplo, cuando conocemos a una persona por primera vez, le damos la mano. Hay gestos que son universales; hay otros que varían de cultura a cultura. A veces un gesto que se usa en un país puede crear grandes problemas en otro, porque significa algo diferente.

¿Cuáles son los gestos que caracterizan a los hispanos? Aquí tiene algunos de los más usados en España y en América Latina.

1. No.   2. Quiero comer.   3. ¡Excelente!   4. furioso/a (enojado/a)   5. tacaño/a

6. muy amigos   7. Un momentito...   8. dinero (cuesta mucho)   9. ¡Ojo! ¡Tenga cuidado!

Comprensión

Mire los dibujos e indique qué gesto se puede usar en cada situación.

1. Los chicos tienen mucha hambre.
2. El profesor está muy contento con la clase.
3. La recepcionista de una oficina le dice a usted que tiene que esperar.
4. La muchacha ve a su novio con otra chica.
5. El esposo no quiere llevar a su esposa a un restaurante caro.

Ahora... ¡usted!

1. Haga algunos gestos que caracterizan a los norteamericanos. ¿Qué significan? ¿Hay algunos gestos similares a los de los hispanos?
2. ¿Ha tenido usted una experiencia en la que usó un gesto propio de su país, con resultados diferentes en otra cultura? ¿Qué pasó?

Las carreras y las actividades del trabajo

Lea Gramática 4.3.

 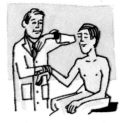  

El mesero sirve la comida.   El médico examina a los enfermos.   El chofer maneja el autobús.   La cajera recibe el dinero en un banco o en una tienda.

El piloto pilotea un avión.

La abogada defiende a los acusados y la juez decide casos criminales.

El peluquero corta el pelo.

La enfermera cuida a los enfermos.

El cocinero prepara la comida.

Los obreros trabajan en una fábrica.

La mecánico repara el automóvil.

la supervisora

Esta dependienta habla con una clienta.

Aquella dependienta habla con la supervisora.

Ese dependiente arregla la ropa.

Actividad 8. ¿Dónde trabaja...?

MODELO: Un mecánico trabaja en un taller de reparaciones.

1. un(a) piloto
2. un mesero/una mesera
3. un peluquero/una peluquera
4. un(a) médico
5. un cajero/una cajera

a. en un restaurante
b. en la cocina de un restaurante
c. en su consultorio y en un hospital
d. en un autobús

6. un dependiente/una dependienta
7. un(a) cantante
8. un profesor/una profesora
9. un obrero/una obrera industrial
10. un(a) mecánico
11. un cocinero/una cocinera
12. un(a) chofer

e. en una fábrica
f. en un banco
g. en una tienda
h. en una universidad
i. en un club nocturno
j. en un taller de reparaciones
k. en un avión
l. en una peluquería

Actividad 9. Entrevistas

LAS CARRERAS

1. ¿Cuál es tu clase favorita en la universidad?
2. ¿Qué carrera quieres seguir? ¿Cuántos años tienes que estudiar?
3. ¿Son buenos los sueldos en esa carrera?
4. Después de la graduación, ¿dónde te gustaría trabajar?

EL TRABAJO

1. ¿Tienes trabajo de jornada completa o de media jornada ahora?
2. ¿Dónde trabajas? ¿Cuánto tiempo tardas en ir de tu casa al trabajo?
3. ¿A qué hora entras al trabajo? ¿A qué hora sales? ¿Te gustan tus horas de trabajo? ¿Por qué?
4. ¿Qué haces en tu trabajo? ¿Haces diferentes actividades o siempre la misma? De todas las actividades de tu trabajo, ¿cuál te gusta más? ¿Por qué?
5. ¿Cuáles son los aspectos desagradables de tu trabajo? ¿Por qué?

Actividad 10. Un juego

Trate de adivinar la profesión de estas seis personas: los Hurtado (Jaime y Ana), los Pérez (Hugo y Cecilia), los Salinas (Alejandro y Olivia). Las posibilidades son doctor(a), dentista, ingeniero/a, maestro/a, secretario/a, abogado/a. Use esta información para encontrar la solución.

1. Ana trabaja en un hospital, pero no es doctora. 2. El esposo de la abogada es ingeniero. 3. La secretaria está casada con un doctor. 4. El esposo de la dentista trabaja en una escuela. 5. Jaime trabaja con enfermeras. 6. Alejandro enseña matemáticas.

Actividad 11. Avisos clasificados: ¿Busca empleo?

Conteste las preguntas según la información en los avisos abajo.

NUESTRO TRABAJO ES IMPORTANTE.

Mañana, en Correos y Telégrafos, más de 60.000 personas se pondrán en marcha. Con eficacia y con los medios más modernos para que sus envíos y comunicaciones lleguen donde tienen que llegar y con el menor costo.

Con toda seguridad.

1. ¿Qué tienen que hacer las personas que trabajan en el bar Noche de Ronda?
2. ¿Qué aptitudes necesita tener el/la chofer?
3. Si usted quiere el trabajo de secretario/a, ¿qué experiencia necesita tener?
4. Si usted sabe hacer muebles, ¿a quién tiene que llamar?
5. ¿Qué tiene que saber hacer el cocinero (la cocinera)?
6. ¿Es necesario ser hombre para obtener el trabajo de guardia?
7. ¿Qué compañía necesita personas que hablen inglés y español?
8. Si usted sabe reparar coches, ¿a qué número tiene que llamar?

SE NECESITA cocinero/a con experiencia en comida mexicana. Venga personalmente a la Calle Obregón 838.

BAR «Noche de Ronda» necesita meseras/os para atender mesas. Sueldo y comisión. Si le interesa, favor de llamar al 45-67-94.

SECRETARIA/O con tres años de experiencia. Algo de inglés y que escriba a máquina mínimo 50 ppm, para trabajo estable de oficina cerca del centro. Llame sólo de 5 a 7 P.M. 58-03-49.

GUARDIA h/m. Para trabajo de noche, 4 días a la semana. Llame al 49-05-34.

CHOFER h/m. Con experiencia. Debe hablar inglés. Compañía «Transportes El Blanco» en Coyoacán. 67-45-93.

CARPINTERO h/m. Con experiencia en todo tipo de muebles. Llame de 9–11 A.M. al Sr. Varniz. 80-34-76.

ATENCIÓN: Compañía Hnos. Menéndez necesita varias personas bilingües para sus oficinas en Laredo y Ciudad Juárez. Llame al 56-94-93 o al 93-57-00 desde las 10 hasta las 2.

TALLER DE REPARACIONES busca mecánico con experiencia. Cinco días por semana. Buen sueldo. 56-94-83.

LECTURA

Los amigos hispanos: Adriana Bolini

¿**T**iene usted computadora? ¿La usa con frecuencia? En esta lectura se describe a una muchacha argentina que es experta en computadoras. ¿Quiere conocerla?

Adriana Bolini tiene veintiocho años y trabaja en el Centro Argentino de Informática.[1] Para Adriana, su profesión está llena de estímulos y desafíos.[2] Trabaja con los últimos modelos de computadoras* que llegan al país. Además, a veces entrena[3] a los nuevos empleados[4] del Centro en el uso de ciertos programas, usando especialmente el sistema DOS 6.1 y la nueva versión WINDOWS de la compañía norteamericana Microsoft.

Adriana vive y trabaja en Buenos Aires. Varias veces al año hace viajes de negocios[5] a Brasil, Venezuela, México y los Estados Unidos. Con frecuencia asiste a exposiciones internacionales donde se presentan los últimos avances tecnológicos en el campo de las computadoras. Además de español, Adriana habla italiano —el idioma de sus padres[†]— y también francés e inglés. Últimamente[6] estudia japonés.

La mujer de hoy, piensa Adriana, puede aspirar[7] a mucho más que la mujer de antes. A Adriana le gusta salir con sus amigos, ir a fiestas, al teatro y al cine. Se divierte, pero su profesión tiene sin duda[8] prioridad en su vida. Aunque no rechaza[9] la idea del matrimonio, ahora prefiere disfrutar de su independencia y de su trabajo.

[1]*data processing* [2]*challenges* [3]*she trains* [4]*employees* [5]*business* [6]*Lately* [7]*aspire* [8]sin... *undoubtedly*
[9]no... *she doesn't reject*

Comprensión

Clasifique las actividades de Adriana como negocios (N), diversión (D) o los dos (LD).

1. _____ Adriana va diariamente al Centro Argentino de Informática.
2. _____ Sale con sus amigos.
3. _____ Entrena a otros empleados.
4. _____ Viaja a Brasil, Venezuela, México y los Estados Unidos.
5. _____ Usa el sistema DOS 6.1.
6. _____ Asiste a exposiciones internacionales.
7. _____ Va al teatro y al cine.
8. _____ Habla español, italiano, francés e inglés y estudia japonés.

Ahora... ¡usted!

1. ¿Cree usted que hay más trabajo que diversión en su vida? ¿Qué aspectos de su rutina o de sus actividades quiere cambiar?
2. ¿Usa usted computadora? ¿Para qué la usa? ¿Cree usted que es importante saber usar la computadora hoy día? ¿Por qué (no)?

*En español se usan las siguientes palabras para *computer*: computadora y computador (que son traducciones del inglés) en Hispanoamérica y ordenador (del francés *ordinateur*) en España.
[†]Muchos argentinos son de ascendencia italiana.

EL MUNDO HISPANO... imágenes

El sistema hispano de educación se divide en cuatro
partes: la educación primaria, la secundaria, la preparatoria y la universitaria. La primaria dura seis años, y la educación secundaria es de tres o cuatro años. Después, el
estudiante recibe enseñanza preparatoria si quiere seguir
estudios universitarios. En la universidad escoge[1] una carrera —Medicina, Derecho, Ingeniería, Filosofía y Letras—
y estudia de cuatro a cinco años en la facultad[2] de su
elección.

[1]*he chooses*   [2]*school, college, department*

Mi futuro

Lea Gramática 4.4–4.6.

Éstos son los planes de Pilar Álvarez, José Estrada y Clara Martin.

Estudio informática,
porque quisiera
ganar mucho dinero.

Después de graduarse,
José va a ir de vacaciones
a México.

Nos gustaría ir a
bailar este viernes
por la noche.

Clara piensa quedarse en
casa el viernes por la noche.
Tiene ganas de descansar.

Actividad 12. Las preferencias

Diga sí o no.

1. El sábado por la noche pienso...
   a. salir con los amigos.
   b. ir al cine.
   c. quedarme en casa.
   d. ¿_____?
2. Este fin de semana voy a...
   a. levantarme temprano.
   b. dormir todo el día.
   c. limpiar la casa.
   d. ¿_____?
3. Este fin de semana mi padre tiene ganas de...
   a. acostarse tarde.
   b. trabajar en el jardín.
   c. merendar con la familia.
   d. ¿_____?

4. Durante las vacaciones mis hermanos quisieran...
   a. estudiar.
   b. divertirse mucho.
   c. leer varias novelas policíacas.
   d. ¿_____?
5. El verano próximo a mi amigo/a le gustaría...
   a. trabajar de mesero/a en un restaurante.
   b. viajar a España.
   c. tomar una clase de fotografía.
   d. ¿_____?

Y TÚ ¿QUÉ DICES?

¿Dónde?   ¡Qué divertido!   ¿Por qué?
¿Con quién?   Yo también.   ¿Otra vez?

E1: Este fin de semana mi padre tiene ganas de merendar con la familia.
E2: ¿Dónde? ¿En qué parque?

Actividad 13. ¿Cuáles son sus planes?

1. Mañana, antes de ir a clases,...
2. Hoy, después de clases,...
3. Esta noche, antes de acostarme,...
4. Hoy, después de hacer la tarea,...
5. Antes de salir para el trabajo,...

a. voy a _____ .
b. pienso _____ .
c. quisiera _____ .
d. me gustaría _____ .
e. tengo ganas de _____ .

Estudiantes de Derecho en la Universidad de La Habana, Cuba. El gobierno cubano ofrece becas (*scholarships*) a muchos jóvenes cada año.

Actividad 14. Interacción

Pregúntele a su compañero/a cuáles son los planes de estas personas. Use **le gustaría**, **quisiera**, **piensa** y **antes de** o **después de**.

MODELO: E1: ¿Qué le gustaría hacer a Amanda después de jugar al tenis?
E2: Le gustaría tomar un refresco.

1. Margarita   2. Gustavo   3. Pedro   4. Daniel Galván

5. Estela   6. don Eduardo   7. doña Rosita   8. Ernesto

Actividad 15. ¿Qué quieres hacer?

Mire los dibujos. ¿Qué sugerencias hacen estas personas?

MODELO: —¿Qué quieres hacer?
—Vamos a *jugar al voleibol.*

1.   2.   3.   4.

5. 6. 7. 8.

EL MUNDO HISPANO... su gente

Nombre: Erick Mario Braun Santizo
Edad: 21 años
País: Costa Rica

Háblenos de su familia.

Mi padre es técnico en telecomunicaciones y trabaja para el Instituto Costarricense de Electricidad, empresa[1] que también está encargada[2] del servicio telefónico del país.

Mi madre es empresaria[3] y tiene su propio negocio;[4] tiene una fábrica procesadora de productos de maíz.

[1]*company* [2]*está... is in charge* [3]*businessperson* [4]*su.. her own business*

Nombre: Gregorio Merino Díaz
Edad: 32 años
País: Chile

Describa un día típico de su vida en su país.

Un día típico es un día de trabajo. Soy Inspector General[1] de un colegio particular[2] de Santiago. Para mi esposa y para mí el día comienza a las 6:00 de la mañana, pues vivimos muy lejos[3] de nuestro trabajo.
Nos duchamos y luego desayunamos café y tostadas. A las 7:00 nos vamos[4] al trabajo. Tomamos locomoción colectiva.[5] Luego de cuarenta y cinco minutos de viaje, llegamos al colegio; yo voy a mi oficina y mi esposa a la biblioteca, donde trabaja.

Por lo general, acostumbramos[6] tomar un café alrededor de[7] las 10:00. Regresamos a casa a las 15 horas, cuando termina la jornada de trabajo.[8]

[1]*Inspector... Administrator* [2]*colegio... private school* [3]*far* [4]*nos... we leave*
[5]*locomoción... public transportation* [6]*we are accustomed to* [7]*alrededor... around* [8]*la... the workday*

SUDAMÉRICA

EL OCÉANO PACÍFICO

Chile

Santiago ●

EL OCÉANO ATLÁNTICO

Vocabulario

Las actividades en la clase de español
Activities in Spanish Class

aprender	to learn
comprender	to understand
decir	to say
enseñar	to teach
explicar	to explain
hacer preguntas	to ask questions
llegar (tarde) (a tiempo)	to arrive/be (late) (on time)
pensar (ie)	to think

PALABRA SEMEJANTE: asignar

Las habilidades   Abilities

poder (ue) (+ *infin.*)	to be able to (*do something*)
saber	to know (*how to do something*)

Las profesiones y las carreras
Professions and Careers

el abogado (la abogada)	lawyer
el cajero (la cajera)	cashier
el/la cantante	singer
el cocinero (la cocinera)	cook
el/la chofer	driver
el dependiente (la dependienta)	clerk, sales person
el enfermero (la enfermera)	nurse
el ingeniero (la ingeniera)	engineer
el/la juez	judge
el maestro (la maestra)	teacher
el/la médico	doctor
el mesero (la mesera)	waiter/waitress
el obrero (la obrera) (industrial)	(industrial) worker
el peluquero (la peluquera)	hairdresser
el sueldo	salary

PALABRAS SEMEJANTES: el/la carpintero, el/la dentista, el doctor (la doctora), el/la guardia, el/la mecánico, el/la piloto, el secretario (la secretaria), el supervisor (la supervisora)

Los lugares del trabajo
Workplaces

el avión	(air)plane
el club nocturno	nightclub
el consultorio	doctor's office
el empleo	job
la fábrica	factory
la peluquería	beauty parlor
el taller de reparación	garage

PALABRAS SEMEJANTES: el banco, la compañía

Las actividades del trabajo

arreglar	to fix
atender (ie) mesas	to wait on tables
cortar (el pelo)	to cut (hair)
cuidar (de)	to take care (of)
entrar al trabajo	to start work
escribir a máquina	to type
ganar dinero	to earn money
pilotear	to fly (*a plane*)
pintar	to paint
salir del trabajo	to get off work
seguir (i) una carrera	to have a career
servir (i)	to serve
sirvo/sirve	

PALABRAS SEMEJANTES: decidir, defender, examinar, reparar

Los verbos

bañar	to bathe
buscar	to look for
deber (+ *infin.*)	should, ought to
encontrar (ue)	to find
hacer el papel de	to play the role of
hacer la compra	to do the grocery shopping
obtener	to obtain, get
pagar	to pay
pedir (i) permiso	to ask for permission

sacar	to take out
tener que (+ *infin.*)	to have to (*do something*)
tratar de (+ *infin.*)	to try to (*do something*)
vestirse (i)	to get dressed
me visto/se viste	

PALABRAS SEMEJANTES: acompañar, graduarse

REPASO: divertirse (ie) (me divierto/se divierte)

Los sustantivos

el acusado (la acusada)	accused
el aviso (comercial)	notice; ad
el aviso clasificado	classified ad
la bolsa	purse
la cinta	tape, cassette
el/la cliente	customer
la cocina	kitchen
el curso	course
el dinero	money
el fin	end
la fotografía	picture
la gramática	grammar
la lectura	reading
los muebles	furniture
la residencia estudiantil	university dorm
la sugerencia	suggestion
la taza	cup
el viaje	trip

PALABRAS SEMEJANTES: el adulto, el animal doméstico, la aptitud, la atención, el caso criminal, la comisión, la comprensión, la distracción, la experiencia, la graduación, las instrucciones, la mamá, las notas culturales, la novela, el piano, la posibilidad

Los adjetivos

(estar) de pie (sentado/a)	(to be) standing (seated, sitting down)
desagradable	unpleasant
estable	stable
(estar) listo/a	(to be) ready
el mismo/la misma	the same
policíaco/a	police (*adj.*)

PALABRAS SEMEJANTES: bilingüe, correcto/a, diferente, fracturado/a, necesario/a

¿Con qué frecuencia?
How Often

a veces	sometimes
muchas veces	many times
nunca	never
otra vez	again
... veces a la/por semana	. . . times a week

Mi futuro   My Future

me (te, le, nos, os, les) gustaría (+ *inf.*)	I (you [*inf. sing.*], you [*pol. sing.*], he/she, we, you [*inf. pl., Spain*], you [*pl.*], they) would like to (*do something*)
pensar (ie) (+ *infin.*)	to plan to (*do something*)
quisiera (+ *infin.*)	I, you (*pol. sing.*), he/she would like to (*do something*)
tener ganas de (+ *infin.*)	to feel like (*doing something*)

REPASO: ir a, querer (ie)

Palabras y frases útiles

a la vez	at the same time
con cuidado	with care, carefully
¿Cuánto tiempo tarda(s) en... ?	How long does it take you to . . . ?
desde la(s)... hasta la(s)...	from . . . to . . . (*time*)
favor de (+ *infin.*)	please (*do something*)
me interesa	I am interested
le interesa	you (*pol. sing.*), he/she are/ is interested
jornada completa	full time
media jornada	part time
personalmente	in person
se necesita	is needed
Vamos a (+ *infin.*)	Let's (+ *infin.*)
venga	come (*command*)
ya	already

Gramática y ejercicios

It takes time to acquire these forms.

4.1. Indirect Object Pronouns with Verbs of Informing

A. You already know that indirect object pronouns (**me, te, nos, os, le, les**) are used with the verb **gustar** to say to whom something is pleasing (see **Gramática D.4**).* These pronouns are also used with verbs of informing that tell to whom something is said (told, explained, reported, asked, answered, and so on).

¿Qué **les explica** la profesora Martínez? —**Nos explica** el significado de las palabras nuevas.	*What does Professor Martínez explain to you? —She explains the meaning of new words to us.*
Amanda ya no **me habla.**	*Amanda doesn't speak to me anymore.*
¡Pobre Ernestito! Su mamá siempre **le dice** que no.	*Poor Ernestito! His mother always says no to him.*

B. The indirect object pronouns, just like reflexive pronouns, are placed before the main verb or are attached to infinitives (**-ar, -er, -ir** form) and present participles (**-ndo** form).

¿Qué **te va** a decir tu papá? —No sé qué va a **decirme.**	*What is your father going to say to you? —I don't know what he is going to say to me.*
Esteban **nos está** leyendo la respuesta. Esteban está **leyéndonos** la respuesta.	*Steve is reading the answer to us.*

C. When using **le** (*to him, to her, to you* [*pol.*]) or **les** (*to them, to you* [*pl.*]), it is common to use a phrase with **a** to specify the person (or thing) involved. Spanish requires the pronoun even when the phrase with **a** is used.

¿**A quién le** escribe Clara la carta? —**Le** escribe la carta **a su amiga Norma.**	*To whom is Clara writing the letter? —She's writing the letter to her friend Norma.*
Yo siempre **le** aviso **a mi jefe** con tiempo si no voy a ir al trabajo.	*I always tell my boss ahead of time if I'm not going to go to work.*

Ejercicio 1

Complete las oraciones basándose en los dibujos. Use **me, te, le, nos, les.**

MODELO: Carmen les dice «Buenos días» a sus amigas.

168

*Recognition: The indirect object pronoun for **vos** is **te.**

1. Esteban dice: —_____ contesto a mis compañeros.

2. La profesora Martí- nez _____ explica la lección a los estudiantes.

3. Nosotros _____ hacemos muchas preguntas a la profesora.

4. Nora _____ lee la Nota cultural a nosotros.

5. Luis _____ habla a Lan por teléfono.

6. Carmen _____ escribe una carta a sus padres.

7. _____ decimos «Adiós» a la profesora.

8. —Nora, ¿ _____ dices la respuesta número 5, por favor?
   —Sí, Lan, en un momento _____ digo todas las respuestas.

Ejercicio 2

Complete con **me**, **te**, **le**, **nos** o **les**.

4.2.   Expressing Abilities: *saber* and *poder* + Infinitive

saber = *to know how to*
Yo sé nadar. (*I know how to swim.*)

A. In the present tense, the verb **saber** (*to know*) is irregular only in the **yo** form: **sé, sabes, sabe, sabemos, sabéis, saben.***

> ¿**Sabes** cuándo va a llegar Alberto? —No, no **sé.**

> *Do you know when Al is going to arrive? —No, I don't know.*

Saber followed by an infinitive means *to know how to do something.* Note in the following examples that there is no need to include a separate word to convey the English *how to.*

> ¿**Sabes hablar** francés? —No, pero **sé hablar** un poco de italiano.

> *Do you know how to speak French? —No, but I know how to speak a little Italian.*

> ¿Quién **sabe jugar** al ajedrez? —Yo **sé jugar** al dominó, pero no al ajedrez.

> *Who knows how to play chess? —I know how to play dominoes, but not chess.*

poder = *can, to be able to*
¿Puedes salir esta noche? (*Can you go out tonight?*)

B. The verb **poder** followed by an infinitive usually indicates potential (*can, to be able to do something*) or permission (*may*). **Poder** uses two stems: **pod-** for the infinitive and the **nosotros/as** and **vosotros/as** forms and **pued-** for all other present-tense forms: **puedo, puedes, puede, podemos, podéis, pueden.**†

---

*Recognition: **vos sabés**
†Recognition: **vos podés**

¿Van a correr una vuelta más
Carmen y Nora? —No
pueden. Ya están cansadas.

*Are Carmen and Nora going to
run another lap? —They can't.
They're already tired.*

Gustavo, ¿vas a jugar al fútbol el
domingo? —No **puedo**.
Tengo un examen el lunes.

*Gustavo, are you going to play soc-
cer on Sunday? —I can't. I have
an exam Monday.*

Ejercicio 3

¿Qué (no) saben hacer estos vecinos hispanos? Complete las frases con una
forma de **saber**.

> MODELO: Daniel dice: «Yo no <u>sé</u> mucho de matemáticas».

1. Doña Lola dice: «Yo _____ montar a caballo».
2. Don Eduardo, ¿ _____ usted hablar italiano?
3. Paula y Andrea no _____ montar en bicicleta todavía, porque son muy
   pequeñas.
4. Ernestito le pregunta a Gustavo: «¿ _____ esquiar?»
5. Amanda le dice a Ramón: «Graciela y yo ya _____ manejar».

Ejercicio 4

¿Qué (no) pueden hacer estos vecinos hispanos? Complete las oraciones con una
forma de **poder**.

> MODELO: Nosotros no <u>podemos</u> esperarte hoy después de clase, porque
> tenemos mucha prisa.

1. Gustavo le pregunta a Guillermo: «¿ _____ salir a jugar conmigo?»
2. Margarita les pregunta a Estela y a Ernesto: «¿ _____ venir a cenar con
   nosotros mañana?»
3. Leticia no _____ salir con Daniel mañana porque va a trabajar.
4. Doña Lola y doña Rosita no _____ ver su programa favorito de televisión
   mañana porque van a ir de compras.
5. Amanda le pregunta a su mamá: «¿ _____ Graciela y yo ir a la plaza a
   pasear después de comer?»

4.3. Demonstrative Adjectives

Demonstrative adjectives are normally used to point out nouns.

este/esta = *this*
estos/estas = *these*
ese/esa = *that*
esos/esas = *those*

Quiero terminar **esta lección**
primero.

I want to finish this lesson first.

Esos tres **muchachos** quieren
ser médicos.

Those three boys want to be doctors.

A demonstrative adjective must agree in gender and number with the noun
it modifies.

aquí/acá (*here*)			
Singular		*Plural*	
este libro	*this book*	estos pantalones	*these pants*
esta señora	*this lady*	estas casas	*these houses*

allí/allá (*there*)			
ese libro	*that book*	esos pantalones	*those pants*
esa señora	*that lady*	esas casas	*those houses*

Amanda, ¿no te gusta **esta blusa**? —No, prefiero **esa blusa** roja.

Amanda, don't you like this blouse? —No, I prefer that red blouse.

Estos pantalones son nuevos. ¿Te gustan?

These pants are new. Do you like them?

Use the demonstrative pronouns **esto** or **eso** when the object has not been identified.

Estela, ¿sabes qué es **esto**? —No, no sé.

Estela, do you know what this is? —No, I don't know.

aquel/aquella = *that*
aquellos/aquellas = *those*

The demonstratives **aquel, aquellos, aquella,** and **aquellas** indicate that the person or thing pointed out is more distant.

—¿Ves **aquella casa**?
—¿**Aquella casa** con los árboles grandes?

—*Do you see that house (over there)?*
—*That house with the big trees?*

Estudio biología en **este edificio,** y estudio química en **aquel edificio.**

I study biology in this building, and I study chemistry in that building (over there).

Ejercicio 5

Amanda está hablando con Graciela de su ropa. Complete las frases con **este, esta, estos** o **estas.**

MODELO: Me gusta esta blusa azul.

1. _____ blusa es mi favorita.
2. _____ zapatos son muy viejos.
3. _____ pantalones son nuevos.
4. _____ faldas son bonitas pero un poco viejas.
5. _____ suéter es de mi mamá.

Ejercicio 6

Doña Lola y doña Rosita están en la plaza hablando de sus vecinos. Complete las frases con **ese, esa, esos** o **esas**.

MODELO: <u>Esa</u> señora es una cocinera magnífica.

1. _____ señoritas trabajan en la oficina con Margarita Ruiz.
2. _____ chico es Guillermo, el hijo de Pedro y Margarita Ruiz.
3. _____ muchacha se llama Amanda. Tiene 16 años.
4. _____ señores juegan al ajedrez con don Anselmo.
5. _____ muchachos son compañeros de escuela de Gustavo.

Ejercicio 7

Usted está en una fiesta con Esteban. Esteban no conoce a muchas personas y por eso le hace a usted estas preguntas. Complete las preguntas de Esteban con formas de **este** o **ese**.

1. ¿Cómo se llama _____ señora que está hablando con Nora allí en el rincón?
2. Creo que _____ señor que está aquí a la derecha es amigo de tu padre, ¿verdad?
3. ¿Son arquitectos _____ dos jóvenes que están allí en la cocina?
4. ¿Se llama Jesús _____ muchacho que está aquí detrás de nosotros?
5. ¿Cómo se llaman _____ muchachas que están sentadas aquí justamente enfrente de nosotros?

Ejercicio 8

Usted sale a comprar zapatos. ¿Cuáles recomienda usted? Use formas de **este**, **ese** y **aquel**, según la distancia entre usted y los dibujos.

1. _____ zapatos son mejores para jugar al tenis.
2. _____ zapatos son para un señor que trabaja en una oficina.
3. _____ zapatos me parecen muy incómodos.
4. _____ zapatos son para una mujer que trabaja en una oficina.
5. _____ botas son para un obrero.
6. _____ sandalias me gustan mucho.

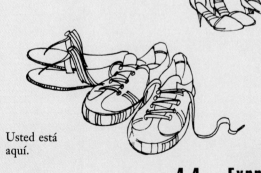

Usted está aquí.

4.4. Expressing Plans: *pensar, quisiera, me gustaría, tener ganas de*

A. You already know that the verbs **querer** (see **Gramática 1.3**) and **ir** + **a** (see **Gramática 1.1**) followed by infinitives are commonly used to talk about future actions in Spanish. The verb **pensar** (*to think*) followed by an infinitive expresses the idea of *to think about* or *to plan on doing* something. Here are the forms of **pensar (ie)**: **pienso, piensas, piensa, pensamos, pensáis, piensan.***†

¿Qué **piensan hacer** ustedes durante las vacaciones? —**Pensamos viajar** a Europa.	*What are you thinking about doing for vacation? —We're planning on traveling to Europe.*

B. Quisiera and **me (le) gustaría**‡ are also frequently used to indicate future desires, especially those that are speculative. Both forms are equivalent to English *would like*. Neither has a **yo** form ending in **-o**.

(yo)	quisiera	me gustaría	*I would like*
(tú)	quisieras	te gustaría	*you (inf. sing.) would like*
(usted, él/ella)	quisiera	le gustaría	*you (pol. sing.), he/she/it would like*
(nosotros/as)	quisiéramos	nos gustaría	*we would like*
(vosotros/as)	quisierais	os gustaría	*you (inf. pl., Spain) would like*
(ustedes, ellos/as)	quisieran	les gustaría	*you (pl.), they would like*

Quisiéramos viajar este verano si tenemos tiempo.	*We would like to travel this summer if we have time.*
A mi esposa **le gustaría viajar** a España.	*My wife would like to travel to Spain.*
Estoy cansado; **quisiera descansar** un poco.	*I'm tired; I would like to rest a while.*

C. Tener ganas de (*to feel like* [*doing something*]) is also followed by an infinitive.

Tenemos ganas de quedarnos en casa esta noche.	*We feel like staying home tonight.*
Tengo ganas de salir a bailar.	*I feel like going out dancing.*

---

*Recognition: **vos pensás**

†When not followed by an infinitive, **pensar (ie)** usually expresses *to think*: **pensar que** (*to think that*), **pensar de** (*to think about, have an opinion of*), **pensar en** (*to think about someone or something, have one's thoughts on*).

¿Qué **piensas del** nuevo plan? —**Pienso que** es muy bueno.	*What do you think about the new plan? —I think that it's very good.*
Ramón, ¿**piensas** mucho **en** Amanda? —No, **pienso en** ella solamente de vez en cuando.	*Ramón, do you often think about Amanda? —No, I think about her only from time to time.*

‡Recognition: **vos quisieras, a vos te gustaría**

Ejercicio 9

¿Qué quisieran hacer estos estudiantes el sábado próximo? Escoja la forma correcta: **quisiera, quisieras, quisiera, quisiéramos, quisieran**.

1. Luis _____ ir al campo a montar a caballo.
2. Carmen y yo _____ ir de compras.
3. Alberto y Luis _____ merendar con unas amigas.
4. Mónica, ¿_____ quedarte en casa a descansar?
5. Esteban dice: «Yo _____ jugar al tenis».

Ejercicio 10

¿Qué les gustaría hacer a la familia de Margarita Ruiz y a sus amigos? Escoja la forma correcta del pronombre: **me, te, nos, le, les**.

1. A Guillermo _____ gustaría no tener un examen de biología el viernes.
2. A mis hijos Amanda y Guillermo _____ gustaría ir al campo a merendar.
3. A mi esposo Pedro _____ gustaría ir al cine.
4. A mí _____ gustaría salir a comer a un buen restaurante.
5. A Estela y a mí _____ gustaría jugar a las cartas el sábado en la noche.

Ejercicio 11

¿Qué piensan hacer Pilar y sus amigos?

1. El hermano de Pilar _____ quedarse en casa esta noche para estudiar.
2. Clara, ¿_____ tú ir de compras mañana?
3. José y yo _____ visitar a mis abuelos el sábado.
4. José y Clara _____ ir al Museo del Prado por la tarde.
5. Pilar dice: «Yo _____ hacer mi tarea el domingo por la noche».

4.5. Making Suggestions: *Let's*

To make a suggestion in Spanish, most speakers use the expression **vamos a** + infinitive.

No tengo ganas de estudiar esta noche. ¡**Vamos a dar** una fiesta!	*I don't feel like studying tonight. Let's give a party!*
No quiero quedarme en casa este fin de semana. ¡**Vamos a salir** a bailar!	*I don't want to stay home this weekend. Let's go out dancing!*

The use of **nos** makes the ¡**vamos!** command more emphatic. When **nos** is added, the **-s** of **vamos** is dropped.

¡**Vámonos!**	*Let's go! (Let's get going!)*

Ejercicio 12

Usted está hablando con unos amigos después de clase. Haga sugerencias usando **vamos a** + infinitivo.

> MODELO: Tengo mucha sed. (tomar un refresco) →
> ¡Vamos a tomar un refresco!

1. Tengo frío.
2. Necesito comprar un regalo.
3. No tengo comida en casa.
4. Estoy cansado/a.
5. No estoy listo/a para el examen mañana.

a. hacer la compra
b. estudiar esta noche
c. preparar chocolate caliente
d. ir de compras
e. sentarnos debajo de ese árbol

4.6.   Ordering Events: Infinitives After Prepositions

A. When telling a story or relating a sequence of events, speakers use "sequencing" words to let listeners know the order in which the events occur.

primero	*first*	antes	*before*
luego	*then*	finalmente	*finally*
entonces	*then; therefore*		
después	*afterward*		

Primero me baño y **luego** me cepillo los dientes. **Después,** preparo el desayuno. **Luego** voy al trabajo y trabajo hasta las 6:00 de la tarde. **Finalmente** vuelvo a casa a eso de las 8:00.	*First I take a bath and then I brush my teeth. Afterward, I fix breakfast. Then I go to work and work until 6:00 P.M. Finally I return home about 8:00.*

B. The words **después** and **antes** by themselves express the meanings *after(ward)* and *before.*

Después, vamos a cenar con Pedro y Margarita Ruiz.	*Afterward, we're going to have dinner with Pedro and Margarita Ruiz.*

C. The preposition **de** follows **antes** and **después** before a noun or an infinitive. (English uses the *-ing* form instead of the infinitive.) Don't forget to attach any object pronouns to the end of the infinitive.

Antes de acostarme, quiero terminar la tarea.	*Before going to bed, I want to finish my homework.*
Vamos a terminar la tarea **antes de (después de) la comida.**	*We are going to finish our homework before (after) dinner.*
Después de jugar al béisbol, voy a ir a la playa.	*After playing baseball, I'm going to go to the beach.*

Ejercicio 13

¿Qué oración describe mejor el dibujo?

1. _____ 2. _____

3. _____ 4. _____ 5. _____

a. Prepara la cena después de trabajar.   b. Limpian la casa antes de salir a jugar.   c. Siempre se lava los dientes después de comer.   d. Después de hacer ejercicio, se ducha.   e. Antes de acostarse, apaga la luz.

Ejercicio 14

Complete las frases lógicamente.

1. Nos gusta lavar el coche antes de...
2. El señor Galván acostumbra leer el periódico después de...
3. Pedro Ruiz dice: «Antes de levantarme por la mañana, me gusta... »
4. Antes de acostarse, es necesario...
5. Gustavo siempre ayuda a su papá antes de...

a. trabajar.
b. apagar las luces.
c. dormir un poquito más.
d. salir a jugar con sus amigos.
e. salir a pasear.

Ejercicio 15

Haga una frase lógica con **antes de** o **después de**.

MODELO: terminar la tarea/ ver la televisión (nosotros) →
Después de terminar la tarea, vamos a ver la televisión.
(Antes de ver la televisión, vamos a terminar la tarea.)

1. preparar la comida / hacer la compra (Estela)
2. limpiar la casa / invitar a unos amigos (Pedro y Margarita Ruiz)
3. dormir una siesta / ayudar a su papá (Gustavo)
4. correr / bañarse (tú)
5. salir a bailar / ponerse la ropa (nosotros)

La residencia

▼▼▼▼▼▼▼▼▼▼▼▼▼▼▼▼

Zona residencial en Caracas, Venezuela

La casa, los cuartos y los muebles

Lea Gramática 5.1.

las cortinas · el armario · la sala de baño
el dormitorio · el espejo · el tocador · las toallas · la ducha · el lavabo
la cama · la bañera · la taza · el inodoro
el comedor · el refrigerador · los gabinetes · la cocina · el fregadero
las sillas · la mesa · la estufa · el horno
los cuadros · la chimenea · la lámpara
el sofá · la mesita
la sala · la alfombra · el sillón

179

Actividad 1. ¿Qué hay en su casa?

Diga sí o no. Si la respuesta es **no**, explique por qué no.

1. En mi casa hay...
   a. una cancha de tenis.
   b. tres dormitorios.
   c. una cocina pequeña.
   d. un garaje para dos carros.
   e. un patio detrás de la casa.
   f. ¿_____?

2. En la sala de mi casa hay...
   a. una cama.
   b. un lavabo.
   c. varias lámparas.
   d. muchas plantas.
   e. una alfombra.
   f. ¿_____?

3. En la cocina de mi casa hay...
   a. una estufa.
   b. un lavaplatos.
   c. un refrigerador.
   d. un estante con libros.
   e. un horno de microondas.
   f. ¿_____?

4. En mi cuarto hay...
   a. una cama matrimonial.
   b. una bañera.
   c. un armario.
   d. cinco almohadas.
   e. una cómoda.
   f. ¿_____?

Actividad 2. Entrevista: Mi casa

1. ¿Vives en una residencia estudiantil, en un apartamento o en una casa?
2. ¿Vives con otras personas? ¿Son simpáticas?
3. ¿Es grande el lugar donde vives? ¿Es de uno o dos pisos tu casa (apartamento)?
4. ¿Tiene comedor tu casa (apartamento)? ¿Comes allí con frecuencia?
5. ¿Tienes tu propio dormitorio? ¿Qué muebles y aparatos eléctricos hay en tu dormitorio?
6. ¿Tiene patio o terraza tu casa (apartamento)? ¿Cómo es? ¿Hay piscina? ¿Es grande? ¿Nadas allí con frecuencia?
7. Tu casa, ¿tiene garaje para dos coches? ¿Qué hay en tu garaje?
8. De todas las cosas que tienes, ¿cuál te gusta más? ¿Cuál es el aparato más útil que tienes en tu casa?

Actividad 3. ¿Para qué sirve?

Mire los siguientes objetos y aparatos y diga para qué sirven.

MODELO: Una lámpara sirve para ver y leer de noche.

para verse la cara	para secarse
para preparar el café	para apoyar la cabeza cuando uno duerme
para ver y leer de noche	para lavarse las manos
para guardar la ropa	para lavar los platos
para lavarse los dientes	para calentar la comida rápidamente

1. una lámpara

2. un horno de microondas

3. una almohada

4. un lavaplatos

5. una cómoda

6. un cepillo de dientes

7. una cafetera

8. un lavabo

9. un espejo

10. una toalla

Actividad 4. Interacción: Las cosas de la casa

Mire los dibujos y conteste las preguntas.

el horno de microondas

el tostador

la cafetera

el ventilador

el cepillo de dientes

la escoba

el calentador

la cama

la toalla

la tetera

MODELO:　E1: ¿Cuál cuesta más, el calentador o la cama?
　　　　　　E2: La cama cuesta más que el calentador.

1. ¿Cuál cuesta más, el horno de microondas o la tetera? ¿El ventilador o la escoba?
2. ¿Cuál cuesta menos, la cafetera o el cepillo de dientes? ¿La toalla o el tostador?
3. ¿Cuál de estos tres objetos es el más caro: el tostador, el cepillo de dientes o la cafetera?

4. ¿Cuál de estas tres cosas es la más cara: la tetera, la toalla o la cama?
5. ¿Cuál de estas tres cosas cuesta menos: la escoba, el calentador o el cepillo de dientes?
6. ¿Cuál cuesta más, el ventilador o el tostador?
7. ¿Cuál cuesta menos, la tetera o la toalla?

La casa y el vecindario

Lea Gramática 5.2.

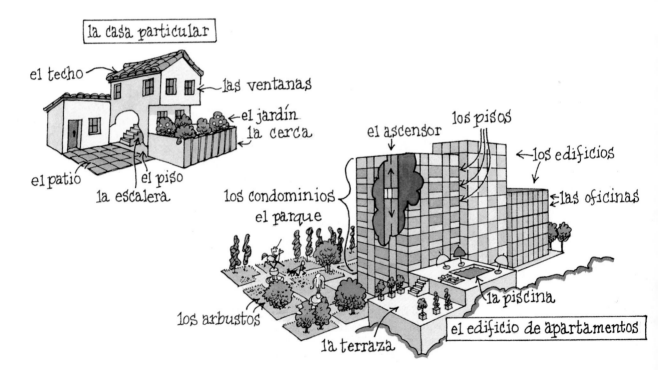

Actividad 5. Interacción: Comparación de casas

la casa de los Medrano

5 dormitorios
3 baños
1 biblioteca
3 balcones

(servicio)

E1: ¿Cuántas *ventanas* tiene la casa de los *Medrano*?
E2: Tiene *ocho*. Tiene *más* que la casa de los *Toledo*.
E1: ¿Cuántos *árboles* tiene la casa de los *García*?
E2: Tiene *tres*. Tiene *tantos como* la casa de los Toledo.
  Tiene *menos que* la casa de los *Medrano*.

3 dormitorios
2 baños
2 balcones

la casa de
los Toledo

2 dormitorios
1 baño

la casa de los García

Actividad 6. Avisos comerciales: Un departamento en México

Imagínese que va a pasar tres meses en la Ciudad de México y necesita alquilar un departamento. En el periódico mexicano «La Prensa» encuentra los siguientes anuncios. ¿Cuál le parece mejor? ¿Qué departamento o habitación le gustaría alquilar? ¿Por qué?

ANUNCIOS

SE ALQUILA departamento. Dos recámaras. Sala. Comedor. Cocina. Baño. Lugar céntrico. Alquiler módico. Llamar a Luz María Galván. Tel. 6-59-50-69. Calle 12 No. 49 México 22, D.F.

SE ALQUILA habitación amueblada. Preferible: joven estudiante, callado y serio. Alquiler bajo. Derecho a cocina. Favor de enviar datos personales. Isabel la Católica 96 (centro) México, D.F. Tel. 5-85-72-44.

SE ALQUILA departamento amueblado. Dos recámaras. Dos baños. Cocina amplia: estufa, refrigerador, gabinetes grandes y todos los utensilios. Ascensor. Avenida Juárez No. 420. México, D.F.

DEPARTAMENTO. Una recámara. Bien decorado. Ventanas grandes. Vista agradable. Cerca de todo transporte. Llamar al 7-79-09-22 o escribir a: Sres. Gallegos, Luis Kuhne No. 755, México 20, D.F.

Actividad 7. Entrevista: Mi vecindario

1. ¿Vives en un vecindario viejo o nuevo? ¿Te gusta vivir allí? ¿Por qué?
2. ¿Hay edificios de apartamentos en tu vecindario? ¿Condominios?

3. ¿Hay muchos edificios comerciales en tu vecindario?
4. ¿Hay alguna gasolinera cerca de tu casa?
5. ¿Cuál es el centro comercial más cercano a tu casa? ¿Vas de compras allí a menudo?
6. ¿Llevas tu ropa a la lavandería o tienes lavadora y secadora en tu casa?
7. ¿Hay alguna piscina pública en tu vecindario? ¿Te gusta nadar allí?
8. ¿Hay algún parque en tu vecindario? ¿Vas mucho allí? ¿Qué haces allí?

N O T A

C U L T U R A L

Las ciudades hispanas

¿Conoce usted alguna ciudad hispana? ¿Es similar a la ciudad donde usted vive? ¿Qué tienen en común? ¿Qué diferencias hay entre ellas?

Las ciudades hispanas son antiguas.[1] Algunas tienen entre 300 y 400 años, y en España hay ciudades que datan del Imperio Romano. En algunas ciudades la parte más antigua se ha reconstruido[2] y hoy es un centro de interés turístico, como el Viejo San Juan, la ciudad colonial de Santo Domingo en la República Dominicana y el Quito colonial.

Con el gran crecimiento[3] de la población, las ciudades se extienden hasta las afueras.[4] Algunas zonas de la ciudad son únicamente residenciales, mientras que otras son industriales o comerciales. Más comunes, sin embargo,[5] son las zonas «mixtas»: calles con casas particulares, apar-

[1]*ancient*   [2]*se... has been reconstructed*   [3]*growth*   [4]*suburbs*   [5]sin... *however*

El Viejo San Juan, Puerto Rico

EL OCÉANO ATLÁNTICO

La República Dominicana

Puerto Rico

Santo Domingo

San Juan

tamentos, tiendas y oficinas. Cartagena, en Colombia, es un buen ejemplo. La zona del centro es un lugar de mucha actividad comercial: Hay tiendas, oficinas, restaurantes y una gran variedad de negocios.

El centro de las ciudades hispanas es un lugar lleno de vida donde también residen muchas personas; algunas viven en casas particulares y otras en los apartamentos que hay en los pisos de arriba de los locales comerciales.

Las diferentes zonas de la ciudad suelen[6] tener nombres: «Argüelles», «La Loma», «La Villa». Frecuentemente los adultos de la familia trabajan lejos[7] de su casa, pero hacen sus compras en las tiendas de su vecindario y los niños pasan el tiempo jugando con otros niños allí también.

[6]*usually* [7]*far*

Cartagena, Colombia: El centro de las ciudades hispanas es un lugar de mucha actividad.

Comprensión

Indique si las siguientes descripciones se aplican a las ciudades hispanas (CH), a las ciudades norteamericanas (CN) o a las dos (D).

1. _____ Son muy viejas.
2. _____ Hay ciudades que datan del Imperio Romano.
3. _____ El centro es muchas veces zona turística.
4. _____ Hay mucha actividad comercial en el centro.
5. _____ Hay muchos restaurantes.
6. _____ Muchas personas viven en apartamentos en el centro.
7. _____ Las diferentes áreas tienen sus propios nombres.
8. _____ Se hacen las compras muy cerca de casa.

Ahora... ¡usted!

1. ¿Le gusta el vecindario donde vive? ¿Le gustaría vivir en otro vecindario? ¿Por qué?
2. ¿Qué le gusta y qué no le gusta de la ciudad donde vive?
3. ¿Ha visitado alguna ciudad hispana? ¿Le parece muy diferente de una ciudad típica norteamericana? ¿Qué diferencias hay entre las dos?

Un paso más...

Compare su ciudad con las ocho características en Comprensión.

EL MUNDO HISPANO... su gente

Nombre: Leticia Recina Pérez
Edad: 20 años
País: Costa Rica

Describa su ciudad (o pueblo) y su vecindario.

La ciudad en la que yo vivo se llama Alajuela. Es más bien[1] un pueblo. A mí me gusta mucho porque todo queda[2] cerca de casa (el supermercado, la zapatería, la carnicería,[3] el parque, la iglesia, etc.). Y casi todas las personas nos conocemos.[4]

El Parque Central, que está enfrente de la Catedral, tiene muchos árboles de mangos, por eso llaman a Alajuela «La Ciudad de los Mangos» y a los alajuelenses «manudos». Las tiendas no son muy grandes, pero podemos conseguir[5] todo lo que necesitamos.

En los jardines de las casas hay árboles frutales (de mango, naranja, mandarina) y algunas flores. Las casas no son muy grandes; unas son muy lindas y lujosas[6] y hay otras que son muy humildes. Las casas están pegadas unas con otras[7] pero los vecinos no se pelean.[8]

[1]más... *rather* [2]está [3]*butcher shop* [4]todas... *we all know each other* [5]*obtener* [6]*luxurious* [7]están... *are very close to each other* [8]se... *argue, fight*

Las actividades en casa

Lea Gramática 5.3.

En la casa de los Ramírez

Andrea debe encender (prender) la luz.

Es necesario apagar la luz.

La empleada doméstica necesita limpiar el piso.

Hay que cortar el césped.

Estela necesita cocinar.

Ernesto tiene que barrer el patio.

Ernestito debe regar las plantas.

En la casa de los Ruiz

Guillermo tiene que sacar la basura.

Hay que secar la ropa.

Es necesario tender las camas.

Margarita tiene que lavar los platos.

Amanda necesita planchar una blusa.

La empleada doméstica tiene que sacudir los muebles y pasar la aspiradora.

Actividad 8. Descripción de dibujos

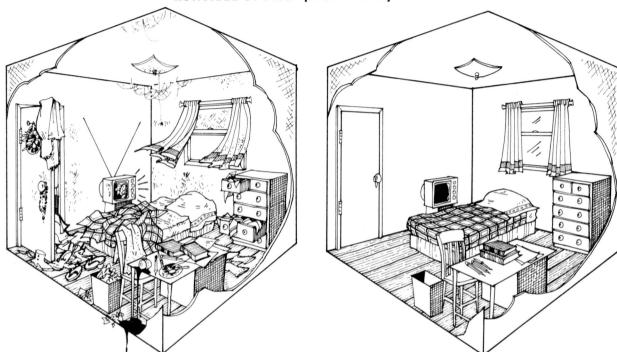

Con su compañero/a, decidan qué debe hacer Esteban para arreglar su cuarto.

MODELO: Esteban debe recoger la ropa y necesita apagar el televisor. También...

Actividad 9. Lectura/Interacción: Los quehaceres de la casa

Lea este artículo con su compañero/a y luego contesten las preguntas.

"¿Cuánto tiempo me toma?"

Para hacer la limpieza de la casa cuando se dispone de poco tiempo, la palabra clave es organizarse. Y para organizarse, no hay nada mejor que saber el tiempo aproximado que toma cada tarea. Esta guía básica puede servirle de base para confeccionar su horario de trabajo.

5 minutos. En ese tiempo puede limpiar el interior del horno de microondas, pasarle una esponja húmeda al refrigerador o separar la correspondencia del día.

10 minutos. Elimine el polvo acumulado bajo las camas o en las áreas altas de la alcoba; o limpie espejos y marcos. También puede dedicar ese tiempo a limpiar la parte alta del refrigerador.

20 minutos. Úselos para limpiar el closet de la ropa blanca o para organizar periódicos y revistas acumulados. O aprovéchelos para arreglar un estante del closet y dividir la ropa en tres grupos (lo que va a conservar, a regalar y a tirar).

30 minutos. Tiempo suficiente para mover los libros, desempolvarlos uno a uno, pasar un paño por la repisa y reponerlos en su sitio; para limpiar uno de los gabinetes de cocina o para pasarles la aspiradora a los muebles tapizados.

40 minutos. Puede hacer una limpieza ligera de la casa, o clasificar los discos y casetes o las cintas de video.

1. Según el artículo, ¿qué puede limpiarse en cinco minutos? ¿Y en veinte?
2. ¿Qué otros quehaceres (no mencionados en el artículo) puede usted hacer en diez minutos? ¿Y en treinta?
3. Este artículo menciona varios quehaceres de la casa: limpiar el interior del horno de microoondas, limpiar el refrigerador, quitar el polvo de debajo de las camas, limpiar los espejos, desempolvar los libros, pasar la aspiradora, etc. Pregúntele a su compañero/a quién en su casa tiene que hacer esas actividades y con qué frecuencia.

PALABRAS ÚTILES

todos los días, cada semana, una vez (dos/tres/cuatro veces) al mes, una vez al año, nunca

E1: En tu casa, ¿quién tiene que *limpiar el refrigerador?*
E2: Normalmente *mi esposo.*
E1: ¿Con qué frecuencia?
E2: *Una vez al mes.*

Actividad 10. Entrevista: Las diversiones en casa

1. ¿Qué aspecto de tu casa te gusta más? ¿Por qué?
2. ¿Qué te gusta hacer en casa?
3. ¿Pasas mucho tiempo en casa los fines de semana o prefieres salir?
4. ¿Te visitan mucho tus amigos durante la semana? ¿Y los fines de semana?
5. ¿Das muchas fiestas en tu casa? ¿Cuándo das fiestas? Describe una fiesta típica.

LECTURA

Los vecinos: Habla la gata Manchitas

¿Cree usted que los animales piensan o tienen sentimientos? Pues, la gata Manchitas obviamente tiene sus propias opiniones...

¡Ay! Estas pulgas[1]... ¡estas pulgas! Mis amos[2] nunca me prestan atención. Sólo Ernestito y sus hermanas juegan conmigo. Y no siempre me gusta estar con ellos. A veces me jalan la cola,[3] ¡miau!, o me tratan como si fuera[4] un juguete. ¡Y yo soy un animal de carne y hueso,[5] no soy una muñeca[6]!

[1]*fleas* [2]*masters* [3]*me... they pull my tail* [4]*como... as if I were* [5]*carne... flesh and blood* [6]*doll*

Mis amos no saben que soy muy observadora. Ellos probablemente piensan que a mí sólo me gusta comer y dormir. ¡Ah! Los seres humanos[7] no comprenden a los animales, y mucho menos a nosotros, los felinos.

Todos los días mis amos hacen las mismas cosas. Mi ama[8] se levanta temprano y va a la cocina para preparar esa bebida negra y caliente que ellos toman todas las mañanas. (Una vez Ernestito puso[9] ese líquido en mi plato y me obligó[10] a tomarlo. ¡Qué asco![11] Los humanos tienen muy mal gusto.[12]) Después, mi ama llama a mi amo, aunque él siempre quiere dormir un poco más. Mi ama abre entonces las cortinas y la luz entra en el cuarto. Luego va a la recámara[13] de los niños y los despierta. Ellos también quieren dormir más. «¡Vamos, a la escuela!» grita[14] mi ama. Y todos se levantan.

Mi amo se baña, se viste, toma la bebida negra y dice algunas cosas complicadas que yo no comprendo. Mi ama les prepara el desayuno a los niños, y luego mi amo sale con ellos. Mi ama entonces vuelve a la cama y me permite acostarme a sus pies.

Mis amos no saben que soy muy observadora...

Desgraciadamente,[15] una hora después, mi ama se levanta y me lleva afuera, diciendo: «Vete, Manchitas. ¡Busca ratones![16]» Hace frío por las mañanas y no me gusta estar afuera; por eso siempre busco un rayito[17] de sol o salto a la ventana. Y desde allí puedo mirar a mi ama que está dentro. Ella se baña, se viste, se maquilla, tiende la cama, sacude los muebles, pasa la aspiradora. ¡Miau! ¡No me gusta esa máquina! Después mi ama va a la cocina y prepara la comida. Ah, en el aire hay entonces olores[18] muy ricos a carne o a pescado o a pollo.[19] Mmmm. Los seres humanos comen mucho mejor que nosotros los gatos.

Mi ama sale todas las tardes y yo me quedo en el patio sola y aburrida. Para divertirme me subo a la cerca... En la casa de al lado hay un perro loco que salta y salta para alcanzarme.[20] ¡El pobre ladra[21] con tanta desesperación!

Por las noches mis amos comen y me dan las sobras.[22] Después de comer, todos van a visitar a los vecinos o se sientan enfrente de la caja de luces.[23] ¡Cómo les gusta mirar a otros seres humanos en esa caja! Por fin, todos se acuestan. Y yo, pues, me doy un buen baño con mi lengüita,[24] me acomodo[25] en el sofá y me duermo también.

¡Miau! ¡Cuánto detesto estas pulgas!

[7]seres... *human beings* [8]*mistress* [9]*put* [10]*forced* [11]¡Qué... *Yuck!* [12]mal... *bad taste* [13]dormitorio (*Mex.*) [14]*yells* [15]*Unfortunately* [16]¡Busca... *Go look for mice!* [17]*little ray* [18]*smells* [19]carne... *meat, fish, or chicken* [20]*get me* [21]*barks* [22]*leftovers* [23]caja... *box of lights (that is, the TV)* [24]*little tongue* [25]me... *I get comfortable*

Comprensión

¿A quién se refiere cada oración? a. al amo   b. al ama   c. a Ernestito   d. a Manchitas o   e. a toda la familia

1. _____ Es muy observadora.
2. _____ Se levanta temprano.
3. _____ Toma una bebida negra.
4. _____ Puso la bebida negra en el plato de Manchitas.
5. _____ Detesta las pulgas.
6. _____ Pasa la aspiradora.
7. _____ Juega con Manchitas.
8. _____ Ve la televisión.
9. _____ Visita a los vecinos.
10. _____ Siempre quiere dormir un poco más.

Ahora... ¡usted!

1. ¿Le gustan los animales? ¿Por qué (no)?
2. ¿Tiene usted algún animal doméstico? Descríbalo. ¿Cómo es? ¿Qué come? ¿Tiene una personalidad especial? ¿Hace cosas cómicas a veces?
3. ¿Le gusta a usted jugar o pasar mucho tiempo con su animal? ¿Por qué?

Un paso más...

Imagínese que su animal doméstico puede hablar. (Si no tiene un animal, invente uno.) ¿Cuál es la opinión de su animal sobre su condición doméstica? ¿Cómo contestaría (_would it answer_) estas preguntas?

1. ¿Está contento/a en su casa? ¿Por qué (no)?
2. ¿Le gusta la comida?
3. ¿Qué cosas le molestan? ¿Las pulgas, por ejemplo?
4. ¿Cómo son sus amos?

El vecindario y los amigos

**Lea Gramática 5.4.**

1. ¿Limpiaste la casa el sábado?
2. ¿Estudiaste mucho?
3. ¿Saliste a comer en algún restaurante?

1. ¿Vio usted la televisión?
2. ¿Ya escribió los exámenes?
3. ¿Visitó a sus amigos este fin de semana?

Actividad 11. ¿Qué hice?

Ponga estas actividades en orden cronológico.

Palabras útiles: primero, luego, entonces, después, finalmente, por último

1. Esta mañana (yo)...
   a. me lavé el pelo.
   b. desayuné.
   c. me desperté.
   d. corrí dos millas.
2. Ayer por la tarde (yo)...
   a. volví a casa.
   b. asistí a una clase.
   c. preparé el almuerzo.
   d. salí para el trabajo.
3. Anoche antes de acostarme (yo)...
   a. vi la televisión.
   b. planché una blusa.
   c. lavé los platos.
   d. preparé la comida.
4. El sábado pasado (yo)...
   a. invité a unos amigos a cenar.
   b. cené con mis amigos.
   c. limpié la casa.
   d. barrí el patio.

Actividad 12. Interacción: El fin de semana

Aquí tiene usted algunas de las actividades del fin de semana pasado de Gustavo, de Estela y del señor Alvar.

NOMBRE	EL VIERNES	EL SÁBADO	EL DOMINGO
Gustavo Rivero	Bailó en una fiesta. Se acostó tarde.	Se levantó tarde. Limpió su cuarto.	Ayudó a su padre. Salió a pasear.
Estela Ramírez	Preparó la comida. Planchó la ropa.	Almorzó con una amiga. Charló con la vecina.	Visitó a su madre. Descansó toda la tarde.
Señor Alvar	Escribió una carta. Tocó el piano.	Jugó con sus nietos. Barrió el patio.	Asistió a Misa. Sacó unas fotos.

E1: ¿Quién *preparó la comida (el viernes)*?
E2: *Estela.*

E1: ¿Cuándo *sacó fotografías el señor Alvar*?
E2: *El domingo.*

Actividad 13. Un fin de semana de Nora Morales

Palabras útiles: primero, luego, entonces, después, finalmente, por último

Actividad 14. Entrevistas

ESTA MAÑANA...

1. ¿A qué hora te levantaste? ¿Te bañaste?
2. ¿Desayunaste? ¿Qué tomaste?
3. ¿A qué hora saliste para la universidad? ¿A qué hora llegaste?
4. ¿A qué clase asististe primero?
5. ¿Leíste el periódico?

ANOCHE...

1. ¿Trabajaste? ¿A qué hora volviste a casa?
2. ¿Estudiaste? ¿Qué?

3. ¿Hablaste por teléfono con tus amigos? ¿Escuchaste música?
4. ¿Viste la televisión?
5. ¿A qué hora te acostaste?

EL FIN DE SEMANA PASADO...
1. ¿Limpiaste tu cuarto (tu casa)?
2. ¿Saliste con amigos? ¿Adónde?
3. ¿Comiste en un restaurante? ¿Cuál? ¿Con quién?
4. ¿Jugaste a algún deporte? ¿Con quién? ¿Dónde?
5. ¿Fuiste al cine? ¿Qué película viste?

EL MUNDO HISPANO... imágenes

Aunque las tierras de cultivo son sólo el 2% (dos por ciento) del territorio, la agricultura es la actividad básica del Perú. Aproximadamente el 60% (sesenta por ciento) de la población se dedica a este trabajo. Se cultiva, entre otros productos, la caña de azúcar, las papas, el maíz y el café. En algunas partes del país se usan ya métodos modernos de cultivo, pero el campesino indígena todavía trabaja de sol a sol y con métodos tradicionales. En esta foto una pareja indígena de Urubamba está arando la tierra.

Las presentaciones

Lea Gramática 5.5–5.6.

—Quiero presentarte a mi
  amigo, Jorge.
—Hola, Jorge, ¿qué tal?

—Señor Luján, quisiera presentarle a
  mi amiga, la señora Ruiz.
—Mucho gusto en conocerla, señora.
—Igualmente, señor Luján.

—Señorita Batini, me gustaría
  presentarle a mi nuevo vecino, el
  señor Marcos.
—Mucho gusto en conocerlo, señor.
—Encantado, señorita Batini.

Actividad 15. Diálogos abiertos: Las presentaciones

Preséntele su nuevo amigo (nueva amiga) a otro amigo (otra amiga).

> E1: _____ , quiero presentarte a mi amigo/a _____ . Vive en _____ .
> E2: Mucho gusto.
> E3: _____ .

Ahora, preséntele su nuevo amigo (nueva amiga) a un amigo (una amiga) de su familia.

> E1: Sr./Sra./Srta. _____ , quiero presentarle a mi amigo/a _____ . Es _____ .
> E2: _____ en conocerlo/la.
> E3: _____ .

Presente a dos de sus compañeros/as que no se conocen.

> E1: Oye _____ , ¿conoces a mi amigo/a _____ ?
> E2: No, no _____ conozco.
> E1: _____ , te presento a _____ . Él/Ella estudia _____ aquí en la universidad.
> E2: Mucho gusto, _____ .
> E3: Igualmente, _____ .

Actividad 16. Entrevista: ¿Conoces tu vecindario?

1. ¿Conoces a los vecinos de la casa de la izquierda? ¿De la derecha? ¿De enfrente?

2. ¿Sabes el nombre del colegio más cercano a tu casa? ¿Conoces al director de ese colegio?
3. ¿Sabes dónde hay un buen restaurante cerca de tu casa?
4. ¿Conoces a los dependientes del supermercado donde haces las compras?
5. ¿Sabes cuánto cuesta un apartamento pequeño en la ciudad donde vives?
6. ¿Conoces a alguien que tenga piscina?
7. ¿Sabes cuánto cuesta una casa en tu vecindario?
8. ¿Sabes dónde está el parque _____ ?

Vocabulario

Los cuartos y otras dependencias
Rooms and Other Parts of the House

el ascensor	elevator
el baño (la sala de baño)	bathroom
la cerca	fence
el césped	lawn
el comedor	dining room
la chimenea	fireplace
el dormitorio	bedroom
la escalera	stairway, stairs
la habitación	room
la recámara	bedroom (*Méx.*)
la sala	living room

PALABRAS SEMEJANTES: el balcón, el garaje, el patio, la terraza

REPASO: la cocina, el jardín

Los muebles y los aparatos eléctricos
Furniture and Electrical Appliances

la alfombra	carpet
la almohada	pillow
el aparato	appliance
el armario	closet
la aspiradora	vacuum cleaner
la bañera	bathtub
el bote de la basura	trash can
la cafetera	coffeepot

el calentador	heater
la cama (matrimonial)	(double) bed
el cepillo de dientes	toothbrush
la cómoda	chest of drawers
el congelador	freezer
la cortina	curtain
el cuadro	picture (*on the wall*)
la ducha	shower
la escoba	broom
el espejo	mirror
el estante	shelf
la estufa	stove, range
el fregadero	kitchen sink
el gabinete	cabinet
la gaveta	drawer
el horno (de microondas)	(microwave) oven
el inodoro	toilet
el lavabo	bathroom sink
la lavadora	washing machine
el lavaplatos	dishwasher
la mesita	coffee table
la secadora	dryer
el sillón	easy chair
la taza del inodoro	toilet bowl
el televisor	TV set
la tetera	teapot
el tocador	dresser
el ventilador	fan

PALABRAS SEMEJANTES: la lámpara, el plato, el refrigerador, el tostador, el utensilio

REPASO: los muebles, la silla, el sofá, la toalla, el vaso

La casa y el vecindario
The House and the Neighborhood

el arbusto	bush, shrub
la cancha de tenis	tennis court
la casa particular	private home
el centro comercial	shopping center
el departamento	apartment (*Mex.*)
la gasolinera	gas station

PALABRAS SEMEJANTES: el apartamento, el supermercado

REPASO: el cine, la ciudad, el colegio, el condominio, el edificio, la iglesia, el parque, la piscina, la plaza, la tienda

Los quehaceres domésticos
Household Chores

barrer	to sweep
calentar (ie) caliento/calienta	to warm up
desempolvar, quitar el polvo, sacudir los muebles	to dust
guardar (ropa)	to put away (clothes)
pasar la aspiradora	to vacuum
regar (ie) riego/riega	to water
sacar la basura	to take the trash out
tender (ie) la cama tiendo/tiende	to make the bed

REPASO: ayudar, cocinar, hacer la compra, lavar, limpiar, planchar, secar

Verbos

alquilar	to rent
apagar (la luz)	to turn off (the light)
colgar (ue) cuelgo/cuelga	to hang (*clothes in a closet*)
conocer conozco/conoce	to meet; to know
doblar	to fold
encender (ie) (la luz) enciendo/enciende	to turn on (the light)

enviar	to send
parecerle (a uno)	to seem (to one)
pasar tiempo	to spend time
prender (la luz)	to turn on (the light)

PALABRAS SEMEJANTES: imaginar (imagínese), mencionar, presentar

REPASO: almorzar (ue), cenar, desayunar, ir (fui/fue), hacer (hice/hizo), jugar (jugué/jugó), llegar (llegué/llegó)

Los sustantivos

el alquiler	rent
el director/la directora	school principal
la diversión	entertainment
el empleado doméstico/la empleada doméstica	servant
el pasado	past
el polvo	dust

PALABRAS SEMEJANTES: la comparación, el examen, el minuto, el objeto, la presentación, el transporte

REPASO: el aviso comercial, el lugar, el vecino/la vecina

Los adjetivos

agradable	pleasant, nice
amplio/a	roomy
amueblado/a	furnished
callado/a	quiet
caro/a	expensive
cercano/a	near, close by
encantado/a	delighted, pleased (*to meet someone*)
limpio/a	clean
módico/a	affordable
ordenado/a	tidy
propio/a	own

PALABRAS SEMEJANTES: apropiado/a, (edificio) comercial, cronológico/a, decorado/a, mencionado/a, preferible, público/a, serio/a

REPASO: cerca de

¿Cuándo? ¿Con qué frecuencia?
When? How Often?

a menudo	often
anoche	last night
antes de/después de	before/after
cada semana	each/every week

REPASO: ahora, ahora mismo, ayer, el (día/mes/año) pasado, esta noche, hoy, mañana, por la mañana/tarde/noche, una vez/dos, tres, ... veces

Las comparaciones Comparisons

bueno, mejor, el/la mejor	good, better, (the) best
malo, peor, el/la peor	bad, worse, (the) worst
el/la más (+ *adj.*)	the most . . . , the _____-est
más/menos que (de)	more/less than
tan... como	as . . . as
tanto(s)/tanta(s)... como	as many . . . as

Las obligaciones
Obligations and Duties

hay que	one has to
necesitar (+ *infin.*)	to need (*to do something*)

REPASO: deber, tener que

Palabras y expresiones útiles

a/de la derecha	to/from the right
a/de la izquierda	to/from the left
alguien	someone
Oye...	Hey . . .
¿Para qué sirve?	What is it used for?
¿Qué tal?	How are you?

¿Y quién remodela mis baños y mi cocina?

EN OFICINAS · EMPRESAS · HOTELES · RESTAURANTES · CASAS · APARTAMENTOS

Casaviva
SOMOS PROFESIONALES EN LA CREACIÓN DE AMBIENTES

Gramática y ejercicios

5.1. Comparisons of Inequality: *más / menos*

más que = *more than*
menos que = *less than*

A. Use the words **más... que** (*more . . . than*) and **menos... que** (*less . . . than*) to make unequal comparisons in Spanish. English often uses the ending *-er* (*taller*) in such comparisons, but Spanish uses **más/menos** + adjective.

Gustavo es **más** alto **que** Ramón.	*Gustavo is taller than Ramón.*
Graciela es **menos** seria **que** Amanda.	*Graciela is less serious than Amanda.*
Yo tengo **más** experiencia **que** Pilar.	*I have more experience than Pilar.*
José tiene **menos** tiempo **que** Clara.	*José has less time than Clara.*

el más alto = *the tallest* (*m.*)
la más alta = *the tallest* (*f.*)

B. To single out a member of a group as "the most" or "the least," add an article (**el, la, los, las**) to this construction. Note again that English often uses the ending *-est*: **el más gordo** (*the fattest*), **las más grandes** (*the biggest ones*); **la más cara** (*the most expensive one*), **el menos útil** (*the least useful*).

Adriana es **la más** simpática (**de** las tres que conozco).	*Adriana is the nicest (of the three I know).*
Estas son **las** casas **más** modernas **del** vecindario.	*These are the most modern houses in the neighborhood.*
Aquí tiene usted **el** cuarto **más** grande **de** la casa.	*Here you have the largest room in the house.*

C. There are special comparative forms for **bueno** and **malo**.

el/la mejor = *the best*
el/la peor = *the worst*

bueno	mejor	el/la mejor		*good/better/best*
malo	peor	el/la peor		*bad/worse/worst*

En mi opinión la cocina es **el mejor** cuarto de la casa.	*In my opinion, the kitchen is the best room in the house.*
No hay nada **peor** que el ruido de los coches cuando uno quiere dormir.	*There is nothing worse than traffic noise when you want to sleep.*

D. The special forms **mayor/el (la) mayor** (*older/oldest*) and **menor/el (la) menor** (*younger/youngest*) are used to compare ages.

mi hermana mayor = *my older sister*
mi hermano menor = *my younger brother*

Mi hermano **mayor** se llama Jaime y mi hermana **menor** se llama Paula.

My older brother is called Jaime, and my younger sister is called Paula.

Ejercicio 1

Haga comparaciones. Use **más/menos que**.

MODELO: El sofá cuesta $150. El sofá-cama cuesta $500. →
El sofá-cama cuesta más que el sofá.

1. La mesa pesa cinco kilos. El sillón pesa diez.
2. En mi casa viven ocho personas. En la casa de los vecinos viven cinco.
3. La casa de los López tiene cuatro dormitorios. La casa de los vecinos tiene dos.
4. En el patio de mis abuelos hay tres árboles. En nuestro patio hay cinco.
5. En la casa de los Ramírez hay tres dormitorios. En la casa de los Ruiz hay cuatro.

Ejercicio 2

Exprese su opinión. Use **mejor, peor, mayor, menor** o **el/la más**.

MODELO: el Mercedes Benz; el Jaguar (mejor) →
En mi opinión, el Jaguar es mejor que el Mercedes.

1. vivir en el desierto; vivir en el centro de la ciudad (peor)
2. vivir en una casa; vivir en un apartamento (mejor)
3. un ventilador; un horno de microondas; un refrigerador (útil)
4. mi hermano Armando tiene 12 años; mi hermana Irma tiene 10 (mayor)
5. mi sobrino tiene 6 meses; tu sobrina tiene 1 año (menor)
6. un Ferrari que cuesta $85,000; un Rolls Royce que cuesta $200,000; un BMW que cuesta $50,000 (caro)

5.2.   Comparisons of Equality: *tan / tanto*

tan + adjective + **como** = *as + adjective + as*

A. When stating that qualities are (or are not) equal or identical (*as pretty as / not as pretty as*), use (**no**) **tan... como**. **Tan** never changes form in comparisons or contrasts of qualities.

Marisa es **tan** inteligente **como** Clarisa.

Marisa is as intelligent as Clarisa.

Gustavo **no** es **tan** alto **como** Roberto.

Gustavo is not as tall as Roberto.

tanto + noun + **como** = *as much/many + noun + as*

B. When equating quantities (*as much/many as*), use **tanto... como**. **Tanto** agrees with the noun that follows: **tanto, tanta, tantos, tantas**.

Alicia no tiene **tanto dinero como** Adriana.

Alicia doesn't have as much money as Adriana.

Ustedes tienen **tantas tareas como** nosotros.	*You have as many assignments as we do.*

Ejercicio 3

Haga comparaciones. Use **tan... como.**

> MODELO: El Parque de Chapultepec es muy grande. El Parque Juárez es pequeño. (grande) →
> El Parque Juárez no es tan grande como el Parque de Chapultepec.

1. La piscina de los señores Montes es muy bonita. La piscina de los señores Lugo es muy bonita también. (bonita)
2. El edificio de la Avenida Oriente tiene seis pisos. El edificio nuevo de la Avenida del Libertador tiene diez. (alto)
3. La lavandería nueva de la Calle Ebro es muy limpia. La lavandería vieja de la Avenida Almendros no es muy limpia. (limpia)
4. Los condominios «Princesa» son muy modernos. Los condominios «San Juan» tienen ya once años. (modernos)
5. El edificio de la Avenida Oriente mide 200 metros. La torre San Martín mide 100 metros. (alto)

Ejercicio 4

Haga comparaciones. Use **tantos/tantas... como.**

> MODELO: Mi casa tiene dos dormitorios. Su casa tiene cuatro. →
> Mi casa no tiene tantos dormitorios como su casa.

1. La sala de nuestra casa tiene cuatro lámparas. La sala de su casa tiene sólo dos lámparas.
2. La casa de los señores Ramírez tiene ocho cuartos. La casa de los señores Ruiz tiene cinco cuartos.
3. La casa de los señores Ramírez tiene dos baños. La casa de los señores Ruiz también tiene dos baños.
4. El edificio de la Calle Colón tiene cuatro pisos. El edificio de la Calle Bolívar también tiene cuatro pisos.
5. El patio de doña Lola tiene muchas flores y plantas. El patio de don Anselmo tiene pocas flores y plantas.

5.3. Expressing Obligation and Duty: *tener que, deber, necesitar, hay que, es necesario*

The verbs **tener que** (*to have to*), **deber** (*should, ought to*), **necesitar** (*to need*), and the impersonal expressions **hay que** (*one must*) and **es necesario** (*it is necessary*) are always followed by infinitives.

¿A qué hora **tenemos que estar** en el teatro? —A las nueve.	*What time do we have to be at the theater? —At 9:00.*
Hay que llegar un poco antes para recoger los boletos.	*We have to (One must) get there a little early to pick up the tickets.*
¡Pero **necesito estudiar** más! —Está bien, pero **debemos salir** pronto.	*But I need to study more! —OK, but we should leave soon.*

Ejercicio 5

Esteban cuenta lo que él y sus compañeros de clase tienen que hacer hoy. Use una forma de **tener + que**.

1. Luis _____ trabajar hasta las doce.
2. Carmen y Nora _____ prepararse para un examen de sociología.
3. Yo _____ terminar la tarea para mi clase de matemáticas.
4. Alberto y yo _____ lavar el carro.
5. Mónica, ¿qué _____ hacer tú esta noche?

Ejercicio 6

Estela Ramírez está hablando de lo que ella y su familia deben hacer mañana. Use una forma de **deber**.

1. Ernesto _____ barrer el patio.
2. Yo _____ limpiar la cocina.
3. Ernestito, tú _____ hacer la tarea para la escuela.
4. Paula y Andrea _____ recoger sus juguetes.
5. Ernesto, tú y yo _____ llevar a los niños al parque a jugar.

Ejercicio 7

Estas son las necesidades y obligaciones que tienen Mónica y sus amigos. Complete las oraciones con **debe**, **tengo que**, **necesitan**, **tienes que** o **debemos**.

1. _____ estudiar esta noche porque tengo un examen mañana.
2. Luis _____ escuchar al profesor con mucho cuidado, porque no comprende nada.
3. (Nosotros) _____ ayudar a mamá porque está muy cansada.
4. Nora y Carmen _____ comprar un regalo para la profesora Martínez.
5. _____ ir a la fiesta, porque todos tus amigos van a estar allí.

5.4. Past Actions: Preterite Tense of Regular Verbs (Part 1)

The Spanish past (preterite) tense is formed by adding endings to the stem. Here are the singular past-tense endings of the regular verbs **hablar** (*to speak*), **comer** (*to eat*), and **vivir** (*to live*).

	-ar verbs	-er verbs	-ir verbs
(yo)	hablé	comí	viví
(tú)	hablaste	comiste	viviste
(usted, él/ella)	habló	comió	vivió

The singular forms of the past tense are presented in this chapter. Plural forms and many common irregular verbs will be introduced in the next chapter. Note the written accent marks. They tell you where to put the stress. Also note that the endings for **-er** and **-ir** verbs are the same. The following are some time expressions that often act as clues to help you recognize the past tense and that you can use to talk about the past: **anoche, ayer, ayer por la mañana (tarde, noche), anteayer, el lunes (martes, miércoles,** etc.) **pasado, la semana pasada, esta mañana, el mes (año) pasado.**

Hablé con la vecina nueva ayer.

I spoke with the new neighbor yesterday.

¿Ya **comiste**? —Sí, **comí** en casa.

Did you already eat? —Yes, I ate at home.

Ejercicio 8

¿Hizo usted (*Did you do*) estas actividades ayer? Conteste sí o no.

MODELO: trabajar → Sí, trabajé siete horas. (No, no trabajé.)

1. comprar un disco
2. comer en un restaurante
3. hablar por teléfono
4. escribir una carta
5. estudiar por cuatro horas
6. abrir la ventana
7. visitar a un amigo (una amiga)
8. correr en la mañana
9. tomar un refresco
10. lavar los platos

Ejercicio 9

Diga si cada una de estas personas hizo estas actividades.

MODELO: Boris Yeltsin / beber vodka en el Kremlin esta mañana →
Boris Yeltsin no bebió vodka en el Kremlin esta mañana.

1. mi madre / charlar con el Presidente la semana pasada
2. el Presidente de México / comer tacos en la calle ayer
3. la profesora de español / salir con Jon Secada anoche
4. yo / jugar al tenis con Gabriela Sabatini ayer a medianoche
5. Fidel Castro / visitar los Estados Unidos el mes pasado

5.5.   Knowing People, Places, and Facts: *conocer* and *saber*

conocer = *to know people, places*
saber = *to know something/ how to do something*

A. Conocer (*to know*) is used in the sense of *to be acquainted with*; it is normally used with people and places.

Saber (*to know*) is used in the sense of *to know something* or *to know how to do something*. The present-tense forms of **conocer** are **conozco, conoces, conoce, conocemos, conocéis, conocen.** The present-tense forms of **saber** are **sé, sabes, sabe, sabemos, sabéis, saben.**

Note that the preposition **a** precedes a direct object noun when that noun is a person.

¿Conoces a Carla Espinosa? —Sí, y **conozco** también a su hermano.	*Do you know Carla Espinosa? —Yes, and I also know her brother.*
¿Conoces muy bien la Ciudad de México? —Todavía no.	*Do you know Mexico City well? —Not yet.*
¿Sabes la respuesta? —¡Por supuesto, yo lo **sé** todo!	*Do you know the answer? —Of course, I know everything!*
¿Sabes nadar? —No, no **sé** nadar.	*Do you know how to swim? —No, I don't know how to swim.*
¿Sabes dónde está el restaurante? —No, no **sé.**	*Do you know where the restaurant is? —No, I don't (know).*

B. The past tense of **conocer** (**conocí, conociste, conoció**) expresses the meaning *met* (*for the first time*) in English.

Conocí a Raúl la semana pasada.   *I met Raúl last week.*

Ejercicio 10

—¿Conoce usted a los vecinos que viven enfrente?
—Sí, los conozco muy bien. Su apellido es Ramírez.

El señor Valdés lleva sólo una semana viviendo en el vecindario de San Vicente. Está hablando con su vecino, don Eduardo. Complete con las frases apropiadas las preguntas del señor Valdés.

¿Conoce usted...
¿Sabe usted...

1. a los dueños de la casa de la esquina?
2. al cura de la parroquia?

3. si hay una farmacia cerca?
4. si hay una alberca (piscina) pública cerca?
5. al director del colegio que está en la esquina?
6. un buen restaurante chino?
7. dónde está el parque de Colón?
8. si hay una lavandería en el centro comercial El Toro?
9. cuánto cuesta ponerle un techo nuevo a la casa?
10. a la vecina de la casa amarilla?

5.6. Referring to People Already Mentioned: Personal Direct Object Pronouns

In the sentence *John saw her,* the word *her* is a direct object pronoun.

A. Personal direct object pronouns are used with verbs such as *to see* (*someone*), *to remember* (*someone*), *to know* (*someone*), *to love* (*someone*), *to take* (*someone somewhere*), *to invite* (*someone*), and so forth. Here are some examples of direct object pronouns in English.

> Raúl Saucedo? I don't remember him.
> Ernestito and his sisters? We saw them yesterday.
> I'm José Estrada. You remember me, don't you?

B. You already know four of the personal direct object pronouns, because they are the same as the reflexive pronouns: **me** (*me*), **te** (*you*), **os** (*you; inf., pl., Spain*), **nos** (*us*).

These forms take a long time to acquire.

> Usted no **me** conoce todavía. Soy Raúl Saucedo.
> *You don't know me yet. I'm Raúl Saucedo.*
> **Te** quiero mucho.
> *I love you a lot.*
> Tú no **nos** recuerdas, ¿verdad?
> *You don't remember us, do you?*

C. Four other direct object pronouns are used, according to the gender and number of the person(s) referred to.*

lo	*him, you (pol. masc. sing.)*	los	*them; you (pl.)*
la	*her, you (pol. fem. sing.)*	las	*them; you (females only)*

> ¿Conoces a **José Estrada**, el amigo de Pilar? —Sí, **lo** conozco.
> *Do you know José Estrada, Pilar's friend? —Yes, I know him.*

---

*Recognition: Some Spanish speakers from Spain use **le/les** instead of **lo/los** as the direct object pronoun to refer to males.

¿Mi hija **Carla**? **La** llevo todos los días a la escuela.	*My daughter Carla? I take her to school every day.*
¿No **lo** vi a usted ayer, Señor Torres? —Sí, **me** vio en la biblioteca.	*Didn't I see you yesterday, Mr. Torres? —Yes, you saw me in the library.*
¿Y tus **parientes**? ¿**Los** ves frecuentemente? —Sí, durante las fiestas, **los** invitamos a casa a cenar con nosotros.	*And your relatives? Do you see them frequently? —Yes, during the holidays we invite them to our house to have dinner with us.*
¿Vas a visitar a las **hermanas** de Ernestito mañana? —Sí, **las** voy a ver al mediodía.	*Are you going to visit Ernestito's sisters tomorrow? —Yes, I'm going to see them at noon.*
Mamá, ¿cuándo vas a recoger**nos**? —Paso a recoger**las** a las 2:45.	*Mom, when are you going to pick us up? —I'll pick you up at 2:45.*

Ejercicio 11

Complete las conversaciones con los pronombres apropiados.

> MODELO: —¿Conoces a Marta Muñoz?
> —Sí, la conozco.

1. —¿Conocen ustedes a los señores Ramírez?
    —Sí, _____ conocemos muy bien.
2. —¿Conoces tú a doña Rosita?
    —Sí, _____ conozco un poco.
3. —¿Y a Daniel Galván?
    —Sí, _____ conozco también.
4. —¿Conoce Estela Ramírez a Margarita y a Pedro?
    —Sí, ella _____ conoce bien.
5. —Señor, yo no _____ conozco a usted.
    —¿No me conoce? ¡Soy Ernesto Ramírez, su vecino!
6. —¿Conoce usted al esposo de Margarita Ruiz?
    —No, no _____ conozco.
7. —¿Conocen ustedes a la señora Batini?
    —Sí, _____ conocemos muy bien; es amiga de mi madre.
8. —¿Conocen los señores Ramírez a los señores Ruiz?
    —Sí, los señores Ramírez _____ conocen muy bien; son vecinos.
9. —¿Conoces tú a Gustavo?
    —Sí, _____ conozco muy bien; es mi primo.
10. —¿Conoce Amanda a Graciela?
    —Sí, _____ conoce muy bien; es su mejor amiga.

Las experiencias

▼▼▼▼▼▼▼▼▼▼▼▼▼▼▼▼▼▼

METAS

In **Capítulo 6** you will talk further of things that happened in the past: your own experiences and those of others.

Cantabria, España

ACTIVIDADES ORALES Y LECTURAS

Mis experiencias

El mundo hispano... su gente

Lectura: Los vecinos—La excusa de Gustavo

Las experiencias con los demás

Los hechos del pasado

Lectura: Los amigos hispanos—Una carta desde Perú

El mundo hispano... imágenes

Lectura: «Oda a la tormenta», Pablo Neruda

GRAMÁTICA Y EJERCICIOS

6.1 Past Actions: Preterite Tense of Regular Verbs (Part 2)

6.2 Verbs with Irregular Past (Preterite) Tense Forms

6.3 Stem-Changing Verbs in the Past (Preterite) Tense

6.4 Indirect Object Pronouns with **decir**

6.5 Asking and Answering Questions: Patterns in the Past (Preterite) Tense

6.6 Expressing *ago*: **hacer** + Time

Actividades orales y lecturas

Mis experiencias

Lea Gramática 6.1–6.2.

Ayer por la mañana...

Me lavé el pelo.

Desayuné
rápidamente.

Salí de la casa.

Tomé café con algunos
amigos.

Asistí a la clase
de biología.

Escribí una composición
para la clase de inglés.

Ayer por la tarde...

Volví a casa a las dos.

Almorcé con mi mamá.

Trabajé por cuatro horas en
una tienda de ropa.

Anoche...

Cené con mi familia.

Leí un poco antes de
acostarme.

Me acosté temprano.

Actividad 1. Serie narrativa: El fin de semana de Ricardo Sícora

PALABRAS ÚTILES

primero	luego	entonces	más tarde
poco después	también	finalmente	

Actividad 2. La última vez

¿Cuándo fue la última vez que usted hizo estas actividades? Aquí tiene algunas posibilidades: **ayer, anoche, la semana pasada, ayer por la mañana (tarde, noche), el lunes (martes...) pasado, el año pasado.**

MODELO: ¿Cuándo habló con su mamá por teléfono? →
Hablé con ella la semana pasada.

1. ¿Cuándo lavó su carro?
2. ¿Cuándo se bañó?
3. ¿Cuándo se cortó el pelo?
4. ¿Cuándo fue a la playa? ¿Al lago? ¿Al río?
5. ¿Cuándo asistió a clase?
6. ¿Cuándo estudió por más de una hora?
7. ¿Cuándo vio la televisión?
8. ¿Cuándo limpió la casa?
9. ¿Cuándo fue de compras?
10. ¿Cuándo leyó el periódico?

Actividad 3. Interacción: Las últimas vacaciones

Pregúntele a su compañero/a qué hicieron las personas en estas fotos.

E1: ¿Qué hizo *la familia puertorriqueña*?
E2: *Fueron a la playa, tomaron el sol y nadaron.*

Ahora pregúntele a su compañero/a si hizo estas actividades durante sus últimas vacaciones.

E1: *¿Fuiste a la playa?*
E2: No, no *fui a la playa*, pero *nadé mucho en la piscina.*

MODELO: Una playa en Puerto Rico

El tenis en México

El cine en Venezuela

De viaje en la Argentina

Un restaurante en
Sevilla, España

El esquí en Chile

EL MUNDO HISPANO... su gente

Nombre: María del Carmen Méndez Navarro
Edad: 19 años
País: España

Describa unas vacaciones inolvidables.[1]

EL OCÉANO ATLÁNTICO

Los Pirineos

El Escorial
• Madrid

España

EL MAR MEDITERRÁNEO

Unas vacaciones que nunca olvidaré[2] son las del verano de hace dos años. En junio estuve con mi madre en una residencia de estudiantes en El Escorial,* un pueblecito en las montañas. Todo el mes de julio lo pasé en Irlanda, en un pueblo al norte de Dublín. Me pareció un país precioso, ¡y sobre todo verde! Y la gente era toda muy abierta y cantarina.[3] En agosto fui con mi padre a los Pirineos y allí pasamos quince días en un refugio, paseando por el bosque.[4]

Ese verano fui a muchísimos sitios y conocí a mucha gente de mi edad, y todavía me mantengo en contacto con muchos de ellos. Además, fue cuando descubrí las bellezas[5] que hay por todo el mundo... ¡y las que me quedan por conocer![6]

[1]*unforgettable* [2]*que... that I'll never forget* [3]*fond of singing*
[4]*forest* [5]*beauty* [6]*¡y... and the ones I haven't seen yet!*

*El Escorial es conocido por El Monasterio de El Escorial, que fue construido (*was built*) entre los años 1563 y 1584. En el Monasterio hay un palacio, una iglesia y un mausoleo donde están enterrados (*buried*) los monarcas españoles.

Actividad 4. Diálogo original: El verano pasado

Usted se encuentra con un amigo (una amiga) del último año de la escuela secundaria. Él/Ella quiere saber qué hizo usted durante el verano. La verdad es que usted no hizo nada interesante, pero como quiere impresionar a su amigo/a, tiene que inventar algo. Imagínese por lo menos cinco cosas interesantes que hizo.

E1: Hola, _____ . ¡Tanto tiempo sin verte! ¿Qué hiciste este verano?
E2: Pues, este... yo _____ .

Los vecinos: La excusa de Gustavo

Gustavo llega a la clase de francés y la profesora Goddard le pide la tarea.

PROFESORA: Gustavo, ¿tiene su tarea?

GUSTAVO: No, profesora. Lo siento. Es que... No estuve en clase ayer... ¡Tuve un día terrible!

PROFESORA: ¡Qué excusa más interesante! ¿Quiere contarme un poco más?

GUSTAVO: Pues, profesora, primero no me desperté cuando sonó el despertador, y por eso me levanté tarde, claro. No desayuné. Me duché rápidamente y salí corriendo para llegar a tiempo a clase. Llegué un poco tarde... unos minutos solamente... pero no encontré a nadie aquí en el salón... Me senté y esperé veinte minutos, ¡pero nadie apareció!

PROFESORA: ¿No se acordó de que los lunes siempre vamos al laboratorio de idiomas?

GUSTAVO: ¡Ay, no! ¡Lo olvidé por completo! Luego vi a Roberto y no me dijo nada sobre la tarea.

PROFESORA: ¿Por qué no le preguntó usted?

GUSTAVO: Es que... lo vi en la clase de historia y... no pude interrumpir al profesor para conversar con Roberto. Usted sabe cómo es el profesor Cárdenas...

PROFESORA: No. Yo no sé cómo es él.

GUSTAVO: Pues... el profesor Cárdenas siempre habla y habla los cincuenta minutos de la clase, ¡sin parar!

PROFESORA: Bueno, Gustavo, su excusa no me parece muy original, pero...

GUSTAVO: ¡Es la verdad! ¡La mera verdad![1]

PROFESORA: Está bien. No olvide traer la tarea mañana. *D'accord?*[2]

GUSTAVO: *Oui! D'accord!*

---

[1]¡La... *The whole truth!* (Mex.)   [2]*Agreed?* (Fr.)

Comprensión

¿Qué excusas le dio Gustavo a la profesora? Diga sí o no.

Gustavo le dijo a la profesora que...

1. el perro se comió la tarea.
2. no oyó el despertador.
3. se levantó tarde.
4. desayunó en un restaurante y el mesero tardó una hora en servirle la comida.
5. tuvo un accidente con su carro.
6. se le olvidó que los lunes van al laboratorio.
7. se murió su abuela.
8. Roberto no le dijo nada sobre la tarea.

Ahora... ¡usted!

Imagínese que usted tampoco hizo la tarea. Invente una excusa más imaginativa que la de Gustavo.

Un paso más...

¿Cuál es la excusa más original e increíble que usted o un amigo (una amiga) inventó en la escuela secundaria? Cuéntesela a su compañero/a.

Las experiencias con los demás

Lea Gramática 6.3–6.5.

Ramón y Gustavo fueron a una fiesta ayer.

Se vistieron con cuidado.

Llegaron un poco tarde y les dijeron «¡Disculpen!» a sus amigos.

Bailaron y se divirtieron, pero bebieron mucha cerveza y...

¡Se sintieron mal! Tuvieron que regresar a su casa.

No quisimos beber en la fiesta.

Nos pusimos unos vestidos lindos.

Llegamos a la fiesta y nos sirvieron cerveza; no la aceptamos.

No nos quedamos en la fiesta. Preferimos ir a jugar al boliche.

Nos sentimos un poco ridículas con nuestros vestidos de fiesta, pero nos divertimos mucho.

Actividad 5. Interacción: El fin de semana de los vecinos

Aquí tiene usted la lista de lo que hicieron algunos de los vecinos de Ernesto y Estela durante el fin de semana.

	LOS OLIVERA	LOS SILVA	LOS RUIZ
el viernes	Limpiaron la casa.	Fueron al cine y vieron *El amor secreto*.	Viajaron a Acapulco con sus hijos.
el sábado	Dieron una fiesta y se divirtieron mucho.	Salieron a cenar.	Pasaron el día en la playa.
el domingo	Durmieron hasta las once; no hicieron nada.	Jugaron al tenis.	Almorzaron en un restaurante elegante.

E1: ¿Qué hicieron *los Olivera el viernes*?
E2: Limpiaron la casa.

E1: ¿Quiénes *jugaron al tenis*?
E2: *Los Silva.*

Actividad 6. Las vacaciones de Inés y Bernardo

Bernardo e Inés

1. México, D.F.
2. MARÍA ISABEL
3.
4. Las Palmas Villafontana

Actividad 7. El mes pasado

Diga con quién hizo estas actividades el mes pasado. Luego comente sus respuestas con su compañero/a.

MODELO: Fuimos al cine. → *Mi amigo Jorge y yo* fuimos al cine.

1. Practicamos un deporte.
2. Esquiamos en las montañas.
3. Dormimos en el campo, al aire libre.
4. Dimos una fiesta.
5. Vimos una película.
6. Bailamos.
7. Nos divertimos muchísimo.
8. Montamos a caballo.
9. Corrimos varios kilómetros.
10. Estudiamos en la biblioteca.

Y TÚ ¿QUÉ DICES?

¿Dónde?	¡Qué divertido!	¿De veras?
¿Cuál?	¡Qué aburrido!	¡Qué envidia!

Actividad 8. Entrevista: El domingo pasado

Entreviste a su compañero/a. Uno/a de ustedes va a hacer el papel del profesor (de la profesora).

1. ¿Se levantó tarde? ¿A qué hora se levantó?
2. ¿Leyó el periódico?
3. ¿Dónde almorzó?
4. ¿Salió con algún amigo (alguna amiga)? ¿Adónde fueron? ¿Se divirtieron?
5. ¿Cenó en casa?
6. ¿Qué hizo después de cenar? ¿Vio la televisión?
7. ¿Preparó la lección para esta semana?
8. ¿A qué hora se acostó? ¿Durmió bien?

Actividad 9. Narración: Los héroes y el ladrón

Los dibujos de la página 216 representan una aventura de Gustavo y su primo Ernestito. Las oraciones a continuación describen cada dibujo. Póngalas en orden, según los dibujos.

a. _____ Gustavo le ató las manos al ladrón y Ernestito llamó a la policía.
b. _____ Los chicos se pusieron rojos. Pero se sintieron muy bien porque hicieron algo heroico.
c. _____ Gustavo y Ernestito oyeron unos gritos desesperados.
d. _____ Corrieron detrás del ladrón.
e. _____ Miraron por la ventana y vieron dos hermosas chicas asustadas.
f. _____ Lo atraparon y le quitaron las bolsas de las chicas.
g. _____ Ellas les dijeron: «¡Ayúdennos, por favor! ¡Aquel hombre nos robó las bolsas!»
h. _____ Las chicas les dijeron: «¡Muchísimas gracias!» y les dieron un beso.
i. _____ El policía arrestó al ladrón.
j. _____ Salieron y les preguntaron: «¿Qué les pasa?»

Los hechos del pasado

Lea Gramática 6.6.

Cristóbal Colón llegó a las Américas hace cinco siglos.

12 de octubre de 1492

4 de julio de 1776

Jefferson firmó la Declaración
de la Independencia
hace más de 200
años.

5 de mayo de 1862

Los mexicanos ganaron la
batalla de Puebla hace
aproximadamente 133 años.

Actividad 10. Los hechos del pasado

Busque la(s) actividad(es) que *no* son lógicas y explique por qué no lo son.

1. Soy Ernesto. Esta mañana me levanté muy tarde.
   a. El despertador no sonó.
   b. Llegué temprano al trabajo.
   c. Desayuné tranquilamente en casa.
   d. Manejé el carro muy rápido para llegar pronto a la oficina.
2. Hace una semana Ramón fue a acampar en las montañas con su familia.
   a. Su hermano se bañó en el río.
   b. Su hermana bailó toda la noche en una discoteca.
   c. Su papá escaló una montaña.
   d. Su mamá preparó el desayuno.
3. Soy Amanda. Hace dos días fui con unas amigas a comprar el disco nuevo de Jon Secada.
   a. Tomamos el metro.
   b. No pagamos mucho por el disco.
   c. Compramos un taco en la tienda de discos.
   d. Encontramos otro disco de Miguel Mateos que nos gustó.
4. Hace un año Inés y Bernardo fueron a Europa.
   a. Visitaron el Museo del Prado en Madrid.
   b. Comieron en restaurantes franceses muy buenos.
   c. Subieron a las pirámides aztecas de Teotihuacán.
   d. Cruzaron el canal entre Inglaterra y Francia.

Actividad 11. Entrevista: Hechos memorables... una entrevista algo indiscreta

MODELO: ¿Cuánto tiempo hace que empezaste a estudiar español? →
Hace *seis meses* que empecé a estudiar español.

1. ¿Cuánto tiempo hace que saliste solo/a con una amiga (un amigo) por primera vez?
2. ¿Cuánto tiempo hace que te dieron tu primer beso?
3. ¿Cuánto tiempo hace que te graduaste en la escuela secundaria? ¿En la universidad?
4. ¿Cuánto tiempo hace que tus padres se casaron? ¿Que tú te casaste?
5. ¿Cuánto tiempo hace que nació tu primer hijo (primera hija)?
6. ¿Cuánto hace que cumpliste años?
7. ¿Cuánto hace que conociste a tu mejor amigo/a?
8. ¿Cuánto hace que te pusieron una multa por manejar a exceso de velocidad?

Actividad 12. Diálogo original: ¿Qué pasó anoche?

Imagínese que usted está hablando con su hermano/a menor. Él/Ella sabe que usted regresó tarde anoche y que su padre quiere saber por qué. Continúe el diálogo con su compañero/a.

SU HERMANO/A: Te oí entrar a las tres de la madrugada... ¡Papá está furioso y quiere saber por qué llegaste tan tarde! También quiere saber por qué no llamaste. ¿Qué le vas a decir?

USTED: Pues... tengo que decirle la verdad, aunque él no va a creerme.

SU HERMANO/A: ¿No? ¿Por qué no? ¿Qué te pasó?

USTED: Pues, mira, anoche salí con... Fuimos...

Los amigos hispanos: Una carta desde Perú

En esta carta, Adriana les describe a sus padres la excursión que hizo de Cuzco a Machu Picchu. ¿Cómo llegó ella allí? La antigua ciudad sagrada (*sacred*) de los incas, Machu Picchu, queda (está) tan lejos de la civilización que es necesario usar varios medios de transporte para llegar a las ruinas.

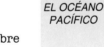

Cuzco, 15 de noviembre

Queridos padres:

Aquí estoy en Perú finalmente y me encuentro bien. Fuimos a Cuzco* por avión desde Lima. Tomamos un taxi directamente al hotel y descansé una hora. Como estamos a tanta altura[1] sobre el nivel del mar,[2] uno tiene que acostumbrarse[3] a caminar lentamente para no marearse.[4] Después salí a pasear por la ciudad con Hernán y Luisa, dos ecuatorianos que venían[5] en el mismo vuelo. Fuimos al mercado donde compré un suéter de alpaca muy bonito. Los indígenas[6] de Cuzco hablan quechua† entre sí,[7] pero con nosotros hablaron castellano.‡

A la mañana siguiente me encontré con los otros miembros de la excursión en la estación del tren, para ir a Machu Picchu. En el tren me senté al lado de la ventanilla para no perderme[8] nada del paisaje.[9] A la salida de Cuzco el tren tiene que subir muchos metros en una distancia muy corta, así que subimos muy despacio dando muchas vueltas[10] por la misma ladera.[11]

---

[1]*altitude* [2]*nivel... sea level* [3]*get used to* [4]*get dizzy* [5]*came along* [6]*natives* [7]entre... *among themselves* [8]*miss*
[9]*landscape* [10]*turns* [11]*side (of a mountain)*

---

*Cuzco es la antigua capital de Perú; Lima es la capital hoy día.
†El quechua es el idioma de los incas que se habla en Perú y Bolivia.
‡En algunos países como Argentina y Colombia se usa la palabra *castellano* en vez de *español*. La palabra viene del nombre Castilla, el área de España donde se originó el idioma.

El viaje a Machu Picchu duró aproximadamente cuatro horas. Pasamos por valles entre montañas muy verdes. ¡Qué paisajes tan bellos[12]! Llegamos a una pequeña estación dentro de un valle profundo. De allí subimos en autobús a la cima[13] de la montaña, y por fin pudimos admirar las ruinas de Machu Picchu y una vista panorámica de los Andes. ¡Quedé[14] tan impresionada! ¿Cómo pudieron construir todo aquello en un lugar tan remoto, tan inaccesible? ¿Cómo pudieron subir las piedras? ¡No se había inventado la rueda todavía![15]

Comimos en el hotel que está en la cima de la montaña, al lado de las ruinas. Luego bajé en el autobús con los demás. Ya casi de noche abordamos el tren para el viaje de regreso a Cuzco. Como pueden ver, mi viaje ha sido[16] estupendo hasta ahora.

Hasta mi próxima carta,

los abraza,

Adriana

[12]bonitos   [13]top   [14]*I was*   [15]¡No... *The wheel had not been invented yet!*
[16]ha... *has been*

Machu Picchu, Perú: En el Templo del Sol puede admirarse el tamaño enorme de las piedras.

Comprensión

Busque el orden correcto.

_____ Adriana compró un suéter.

_____ En el tren Adriana se sentó al lado de la ventanilla.

_____ Adriana salió a pasear con dos amigos ecuatorianos.

_____ Adriana vio las ruinas de Machu Picchu.

_____ Adriana bajó en autobús con los demás.

_____ Adriana subió a la cima de la montaña en autobús.

_____ Adriana llegó a Cuzco.

Ahora... ¡usted!

Adriana usó varios medios de transporte para llegar a Machu Picchu: el avión, el taxi, el tren y el autobús. ¿Conoce usted un lugar muy escondido (*hidden*), como Machu Picchu, al cual sea difícil llegar? Si no conoce un lugar así, ¡imagínelo! ¿Dónde queda? ¿Qué medios de transporte se usan para llegar allá? ¿Qué interés tiene ese lugar?

EL MUNDO HISPANO... imágenes

...Subimos en autobús a la cima de la montaña, y por fin pudimos admirar las ruinas de Machu Picchu y una vista panorámica de los Andes. ¡Qué impresionante! ¿Cómo pudieron construir todo aquello en un lugar tan remoto, tan inaccesible? ¿Cómo pudieron subir las piedras?...

LECTURA

«Oda a la tormenta» (fragmento) por Pablo Neruda

Pablo Neruda (Chile, 1904–1973), uno de los más grandes poetas y escritores de la literatura hispana, recibió el Premio Nóbel de Literatura en 1971. Entre (*Among*) sus muchos poemas, hay una serie de odas que Neruda dedicó a objetos y elementos de la vida diaria, como el libro, el reloj, la cebolla y el tomate. En la siguiente oda el poeta chileno describe un fenómeno natural, la tormenta (*storm*).

Anoche
vino
ella,
rabiosa,[1]
azul, color de noche,
roja, color de vino,
la tempestad[2]
trajo
su cabellera[3] de agua,
ojos de frío fuego,[4]
anoche quiso
dormir sobre la tierra.[5]
Llegó pronto...
quería dormir
y preparó su cama,
barrió selvas,[6] caminos,
barrió montes,[7]
lavó piedras[8] de océano,
y entonces
como si fueran plumas[9]
removió los pinares[10]
para hacerse su cama.
Sacó relámpagos[11]
de su saco de fuego,[12]
dejó caer truenos[13]
como grandes barriles.[14]
De pronto
fue silencio:
una hoja[15]
iba[16] sola en el aire,
como un violín volante,[17]
entonces,
antes
de que llegara[18] al suelo,[19]
tempestad, en tus manos
la tomaste...
y cuando ya creíamos[20]
que terminaba[21] el mundo,
entonces,
lluvia,
lluvia,
sólo
lluvia...

Sacó relámpagos de su saco de fuego, dejó caer truenos...

[1]*furiosa* [2]*storm* [3]*head of hair* [4]*fire* [5]*earth* [6]*jungles* [7]*woodlands* [8]*stones* [9]*como... as if they were feathers* [10]*pine trees* [11]Sacó... *She shook the lightning* [12]saco... *quiver of fire* [13]dejó... *dropped thunderclaps* [14]*barrels* [15]*leaf* [16]*was floating* [17]*flying* [18]*it arrived* [19]*ground* [20]ya... *we were beginning to think* [21]*was ending*

Comprensión

Busque en el poema...

1. dos colores de la tormenta.
2. seis acciones de la tormenta.

Ahora... ¡usted!

1. ¿Cree usted que la tormenta del poema causó mucho daño? ¿Por qué? ¿Qué destruyó probablemente?
2. ¿Ha estado usted en una tormenta fuerte alguna vez? ¿Qué pasó? ¿Qué hizo usted?

Un paso más...

Usted es poeta y quiere escribir una oda para el Concurso Pablo Neruda. Escoja un objeto de su vida diaria; puede ser una comida, un mueble, una prenda de ropa, ¡cualquier cosa! Ahora describa su objeto. ¿De que color es? ¿Qué forma tiene? ¿Es grande o pequeño? ¿Largo o corto? Imagínese un día típico en la vida de su objeto. ¿Qué hizo? ¿Dónde estuvo? ¿Qué pasó?

Vocabulario

La naturaleza — Nature

la madrugada	dawn
la ola	wave
el oso	bear
la palmera	palm tree
el río	river

PALABRAS SEMEJANTES: el canal

REPASO: el sol

Los lugares — Places

al aire libre	outdoors
la alberca	swimming pool (Mex.)
el campo	country(side)
la escuela secundaria	high school
el zoológico	zoo

PALABRAS SEMEJANTES: la basílica, Europa, el palacio, la pirámide

Otros sustantivos — Other Nouns

el amor	love
la batalla	battle
el desayuno	breakfast
el despertador	alarm clock
el exceso de velocidad	speeding
el grito	shout, scream
el hecho	event
el ladrón	thief
la lección	lesson
el mejor amigo/la mejor amiga	best friend
la multa	traffic ticket
la policía	police (force)
el siglo	century
el traje de baño	bathing suit
la verdad	truth

PALABRAS SEMEJANTES: la aventura, el ballet, la composición, la declaración, el héroe, el kilómetro, la narración, el secreto, el taco

Los verbos en el pasado (irregulares)
Verbs in the Past (Irregular)

almorzar	to have lunch
almorcé/almorzó	
cruzar	to cross
crucé/cruzó	
dar un beso	to (give a) kiss
di/dio...	
decir	to say
dije/dijo	
divertirse (i)	to have fun
me divertí/se divirtió	
dormir (u)	to sleep
dormí/durmió	
empezar	to begin
empecé/empezó	
hacer cola	to wait in line
hice/hizo...	
leer	to read
leí/leyó	
llegar	to arrive
llegué/llegó	
oír	to hear
oí/oyó	
ponerse rojo/a	to blush
me puse/se puso...	
preferir (i)	to prefer
preferí/prefirió	
querer	to want
quise/quiso	
sentirse (i)	to feel
me sentí/se sintió	
servir (i)	to serve
serví/sirvió	
vestirse (i)	to get dressed
me vestí/se vistió	

Más verbos

atar	to tie
atrapar	to trap
casarse	to get married
cortarse el pelo	to cut one's hair, have one's hair cut
cumplir años	to have a birthday
encontrarse (ue) con	to meet; to run into

entrevistar	to interview
escalar	to climb a mountain
estacionar	to park
firmar	to sign
saludar	to greet, say hello
sonar (ue)	to ring, go off (*alarm clock*)
subir	to go up
volar (ue)	to fly

PALABRAS SEMEJANTES: aceptar, comentar, continuar, robar

Los adjetivos

asustado/a	scared
lindo/a	pretty
último/a	last

PALABRAS SEMEJANTES: azteca, furioso/a, lógico/a, rápido/a, ridículo/a

Los adverbios   Adverbs

muchísimo	very much
tranquilamente	peacefully

PALABRAS SEMEJANTES: aproximadamente

REPASO: con cuidado

Palabras y expresiones útiles

algo	something
aunque	although
como	since
¿Cuánto tiempo hace que... ?	How long has it been since . . . ?
disculpe	excuse me
hace + *time*	(time) . . . ago
lo que	that which, what
los demás	the rest, others
un poco	a little
poco después	a bit later
pronto	soon
¡Qué envidia!	How I envy you!
¿Qué pasa?	What's going on?
¿Qué pasó?	What happened?
la semana pasada	last week
sin	without
¡Tanto tiempo sin verte!	I haven't seen you [*inf.*] in ages!
la última vez	the last time

Gramática y ejercicios

6.1. Past Actions: Preterite Tense of Regular Verbs (Part 2)

The plural forms for the past tense:

-ar	-er/-ir
-amos	-imos
-asteis	-isteis
-aron	-ieron

A. As you learned in **Capítulo 5**, the past tense is formed by adding a set of endings to the verb stem. There are only two sets of endings for regular verbs: one for **-ar** verbs and another for **-er/-ir** verbs.*

	hablar	**comer**	**escribir**
(yo)	hablé	comí	escribí
(tú)	hablaste	comiste	escribiste
(usted, él/ella)	habló	comió	escribió
(nosotros/as)	hablamos	comimos	escribimos
(vosotros/as)	hablasteis	comisteis	escribisteis
(ustedes, ellos/as)	hablaron	comieron	escribieron

Note the following details about the difference between present and past forms.

In regular past forms, the stress is always on the final syllable of the **yo** and **usted/él/ella** forms.

> Generalmente me levanto a las ocho, pero ayer **me levanté** a las siete.

> *Usually I get up at 8:00, but yesterday I got up at 7:00.*

Tú forms in the past do not end in **-s**.

> Normalmente me llamas por la noche, pero anoche no me **llamaste**.

> *Normally you call me in the evening, but last night you didn't call me.*

Though both present and past third-person plural forms end in **-n**, it is always **-ron** in the past.

> Por lo general mis padres **salen** poco, pero la semana pasada **salieron** cinco veces.

> *Usually my parents go out very little, but last week they went out five times.*

Notice that the past and present **nosotros/as** forms are different in **-er** verbs.

---

*Recognition: **vos hablaste, comiste, escribiste**

Por lo general **comemos** un poco de carne, pero ayer no **comimos** ninguna.

Usually we eat a little meat, but yesterday we didn't eat any.

However, in **-ar** and **-ir** verbs, the **nosotros/as** form is the same in the present and past tenses (**hablamos, escribimos**). The context clarifies whether the speaker intends the present or past tense.

Ayer **salimos** para la universidad un poco tarde, pero mañana **salimos** temprano.

Yesterday we left for the university a little late, but tomorrow we're leaving early.

B. If an **-er/-ir** verb's stem ends in a vowel (**le-er**), the **i** of the **-ió** and **-ieron** endings changes to **y** in the past tense.

leer: leí, leíste, leyó, leímos, leísteis, leyeron
oír: oí, oíste, oyó, oímos, oísteis, oyeron

Yo **leí** el libro pero Esteban no lo **leyó**.

I read the book, but Esteban didn't read it.

Don't try to remember all of this. Refer to this information when you are writing. In time you will acquire much of it through listening and reading.

C. Regular verbs that end in **-car, -gar,** and **-zar** change the spelling of their **yo** form in order to preserve the same sound as the infinitive.*

buscar: busqué, buscaste, buscó, buscamos, buscasteis, buscaron
llegar: llegué, llegaste, llegó, llegamos, llegasteis, llegaron
almorzar: almorcé, almorzaste, almorzó, almorzamos, almorzasteis, almorzaron

Llegué al centro a las 4:00.

I arrived downtown at 4:00.

Ejercicio 1

¿Qué hizo Adriana ayer por la mañana? Busque el orden más lógico.

_____ Leyó el periódico.
_____ Llegó al trabajo a las 8:00.
_____ Comió cereal con leche y fruta.
_____ Se bañó.
_____ Comió una hamburguesa.
_____ Se levantó a las 6:00.
_____ Almorzó con un colega de su trabajo.
_____ Tomó el autobús al trabajo.
_____ Se preparó un desayuno pequeño.

¿Qué hizo usted ayer por la mañana?

---

*For more information on spelling changes in the past tense, see **Capítulo 6** in the *Cuaderno de trabajo*.

Ejercicio 2

Complete los diálogos con formas de **llegar** y **leer**.

> JOSÉ: ¿A qué hora _____ (tú) a la universidad?
> CLARA: _____ a las ocho y media. ¿Y tú?
> JOSÉ: Pilar y yo no _____ hasta las nueve y media porque el metro _____ tarde.
>
> CLARA: ¿ _____ el artículo sobre el viaje a Mallorca la próxima semana?
> JOSÉ: Sí, lo _____ .
> CLARA: ¿Lo _____ Pilar y Andrés?
> JOSÉ: No sé si Andrés lo _____ , pero lo _____ Pilar y yo.

Lo refers back to **el artículo**.

Ejercicio 3

¿Qué oración corresponde al dibujo? Estas son las actividades de Pilar y su hermana Gloria un domingo del verano pasado en Madrid.

a. _____ Leyeron (por) un rato antes de apagar las luces.
b. _____ Caminaron desde la estación del metro hasta su apartamento.
c. _____ Almorzaron hamburguesas en el Wendy's de la Gran Vía.
d. _____ Salieron a pasear por el centro de Madrid.
e. _____ Vieron una película francesa.
f. _____ Llegaron a su apartamento a las 12:00 de la noche.
g. _____ Regresaron en el metro.

Piense en un domingo del verano pasado. ¿Qué actividades hicieron usted y sus amigos (o parientes)?

MODELO: Mis amigos y yo escuchamos música y bailamos en una discoteca.

6.2.   Verbs with Irregular Past Tense (Preterite) Forms

Some verbs have a different stem in the past tense and a slightly different set of endings.*

INFINITIVE	YO	TÚ	USTED/ÉL/ ELLA	NOSOTROS/AS	VOSOTROS/AS	USTEDES/ELLOS ELLAS
tener	tuve	tuviste	tuvo	tuvimos	tuvisteis	tuvieron
estar	estuve	estuviste	estuvo	estuvimos	estuvisteis	estuvieron
poder	pude	pudiste	pudo	pudimos	pudisteis	pudieron
poner	puse	pusiste	puso	pusimos	pusisteis	pusieron
saber	supe	supiste	supo	supimos	supisteis	supieron
hacer	hice	hiciste	hizo	hicimos	hicisteis	hicieron
venir	vine	viniste	vino	vinimos	vinisteis	vinieron
querer	quise	quisiste	quiso	quisimos	quisisteis	quisieron
decir	dije	dijiste	dijo	dijimos	dijisteis	dijeron
traer	traje	trajiste	trajo	trajimos	trajisteis	trajeron
conducir	conduje	condujiste	condujo	condujimos	condujisteis	condujeron
traducir	traduje	tradujiste	tradujo	tradujimos	tradujisteis	tradujeron

Many of the most common verbs in Spanish are irregular. Do not try to memorize each form, but refer to the chart when you write. In time, you will acquire these forms through listening and reading.

The preceding table provides the past-tense forms of most common irregular verbs. Look at the table and you will notice the most important differences.

A. Unlike regular verb endings, the endings of the **yo** and **usted/él (ella)** forms are not stressed.

¿Dónde **pusiste** mi chaqueta? —La **puse** encima de la cama. ¿Quién **vino** contigo? —Nadie; **vine** solo.

Where did you put my jacket? —I put it on the bed. Who came with you? —Nobody; I came alone.

B. The verb **hacer** has a spelling change from **c** to **z** in the **usted/él (ella)** form.

Ayer en el gimnasio Alberto **hizo** su tarea y yo **hice** ejercicio.

Yesterday at the gym Alberto did his homework and I exercised.

C. The verbs **conducir, decir, traducir,** and **traer** drop the **i** in the **ustedes/ ellos/as** form.

¿Qué te **dijeron** de mí? —Me **dijeron** que estás locamente enamorado de Carmen.

What did they tell you about me? —They told me that you are madly in love with Carmen.

*Recognition: The **vos** forms in the preterite (regular and irregular) are identical to the **tú** forms: **vos quisiste, fuiste, hiciste.**

¿Qué **trajeron** ustedes de comer? —**Trajimos** refrescos y sandwiches.

What did you bring to eat? —We brought sodas and sandwiches.

D. The verbs **dar** and **ver** take the **-er/-ir** endings, but with no written accents. The verbs **ser** and **ir** share the same stem in the past tense: Their forms are thus identical, so the meaning must be inferred from the context.

ser/ir			
yo	fui	nosotros/as	fuimos
tú	fuiste	vosotros/as	fuisteis
usted	fue	ustedes	fueron
él/ella	fue	ellos/ellas	fueron

¿Qué te **dieron**? —Mi tío me **dio** dinero.
¿Adónde **fue** Luis anoche? —**Fue** al cine.
¿Qué **fue** ese ruido? —No **fue** nada. ¡Estás imaginando cosas!

What did they give you? —My uncle gave me money.
Where did Luis go last night? —He went to the movies.
What was that noise? —It wasn't anything. You are imagining things!

Ejercicio 4

Estas son las actividades de ayer de algunos de los vecinos hispanos. Complete las frases con la forma correcta del tiempo pasado de **ver, ir, dar, hacer, decir, traer, poner** o **venir.**

1. Daniel Galván _____ una fiesta para sus compañeros de trabajo.
2. Dice Daniel: «_____ más de treinta personas a mi fiesta.»
3. Dice Leticia: «Yo _____ una botella de tequila.»
4. Todos _____ que la fiesta fue fantástica.
5. Amanda _____ a Graciela hablando con su novio, Roberto.
6. Ernestito le _____ una cadena de identificación a su perro.
7. Gustavo _____ la tarea para su clase de biología.
8. Ernesto y Estela _____ al teatro.

Ejercicio 5

Cuente lo que hicieron estas personas.

MODELO: (Soy Pilar.) Anoche fui al cine con mi hermana. Después cenamos en un restaurante y dimos un paseo por el centro. Me acosté muy tarde. →
Pilar fue al cine con su hermana. Después cenaron en un restaurante y dieron un paseo por el centro. Se acostó muy tarde.

1. (Soy Margarita Ruiz.) Anoche mi esposo y yo fuimos a cenar a un restaurante francés. Como Pedro no sabe ni una palabra de francés, yo le traduje los nombres de los platillos franceses. Decidimos comer la especialidad: *chateaubriand*. Después de comer caminamos un rato por el Paseo de la Reforma, y luego fuimos en taxi a casa.

2. (Soy Ricardo Sícora.) Un sábado por la mañana fui con mis hermanos Pablo y Enrique y unos amigos a una playa cerca de Ocumare a bucear. Llegamos temprano a la playa, así que descansé un rato antes de meterme al agua. Buceamos una hora y vimos muchísimos peces y animales marinos. Por la noche hicimos una fogata en la playa y cocinamos pescado en ella. Luego, toqué la guitarra y cantamos y bailamos hasta muy tarde.

3. (Soy Silvia Bustamante.) Anoche fui con mi novio Carlos Padilla a una fiesta. Llegamos a las 9:00 y cuando entré, vi a Luisa Hernández, una amiga del Instituto de Inglés, donde estudié el año pasado. La saludé y salimos al patio a charlar de los viejos amigos del Instituto. Bailé mucho con Carlos y tomé una copa de champaña. ¡Regresé a casa un poco mareada!

Ejercicio 6

Diga qué hacen estos amigos generalmente, qué hicieron ayer por la tarde y qué van a hacer mañana.

MODELO: Generalmente *Adriana juega al tenis por la tarde*, pero ayer *tradujo un documento del italiano al español* y mañana *va a aprender un nuevo programa de informática*.

	GENERALMENTE	AYER	MAÑANA
Pilar Bernardo e Inés	asistir a clase almorzar con sus hijas	dormir toda la tarde estar en Cali todo el día	visitar a una amiga ir de compras
Adriana	jugar al tenis por la tarde	traducir un documento del italiano al español	aprender un nuevo programa de informática
doña María	quedarse en casa	tomar café con sus amigas	cocinar toda la tarde
Carla y Rogelio	estudiar en la biblioteca	ir a la playa	lavar el carro

6.3. Stem-Changing Verbs in the Past (Preterite) Tense

A. You'll recall that a small number of verbs have stem-vowel changes in the present-tense forms in which the spoken stress is on the stem vowel: **pienso** versus **pensar**. (See **Gramática 3.2.**) In most cases the vowels of these verbs do not change in the past tense.

cerrar		contar	
Present	*Past*	*Present*	*Past*
cierro	cerré	cuento	conté
cierras	cerraste	cuentas	contaste
cierra	cerró	cuenta	contó
cerramos	cerramos	contamos	contamos
cerráis	cerrasteis	contáis	contasteis
cierran	cerraron	cuentan	contaron

B. However, a few verbs, all in the **-ir** group, do change their stem vowel in the **usted/él/ella** and the **ustedes/ellos/ellas** forms of the past tense. There are two possible changes: **e → i** and **o → u.*** The present- and past-tense forms of the verbs **divertirse** (*to have a good time*) and **dormir** (*to sleep*) are given below. Other common verbs with this change are **sentir** (*to feel*), **sugerir** (*to suggest*), **preferir** (*to prefer*), and **mentir** (*to lie*).

divertirse		dormir	
Present	*Past*	*Present*	*Past*
me divierto	me divertí	duermo	dormí
te diviertes	te divertiste	duermes	dormiste
se divierte	se divirtió	duerme	durmió
nos divertimos	nos divertimos	dormimos	dormimos
os divertís	os divertisteis	dormís	dormisteis
se divierten	se divirtieron	duermen	durmieron

---

*This same stem-vowel change also occurs in the present participle: **durmiendo** (*sleeping*) **divirtiéndose** (*having fun*).

Yo **dormí** bien. Estela **durmió** mal.	*I slept well. Estela slept poorly.*
¿**Se divirtió** usted anoche? —Sí,	*Did you have fun last night? —Yes,*
me **divertí** mucho.	*I had a great time.*

Ejercicio 7

Complete los siguientes diálogos con la forma correcta de los verbos.

DORMIR

—¿Cuántas horas _____[1] tú anoche?

—_____[2] solamente cinco.

—¿Generalmente _____[3] tan pocas horas?

—No, generalmente _____[4] por lo menos siete, a veces ocho.

SENTIR(SE)

—¿Tú te _____[5] mal ahora?

—No, me _____[6] bastante bien.

—Pero anoche te _____[7] muy mal, ¿verdad?

—Sí, anoche me _____[8] mal por un dolor de cabeza.

DIVERTIR(SE)

—¿Te _____[9] anoche en la fiesta?

—Sí, me _____[10] muchísimo. ¿Se _____[11] tu esposa?

—No, no se _____[12] porque no le gustó la música.

MENTIR

—Tú me _____,[13] ¿verdad?

—No, no te _____.[14] Te dije la verdad.

—Pues, alguien me _____.[15]

—No fui yo.

6.4.   Indirect Object Pronouns with *decir*

In **Gramática 4.1** you learned that the indirect object pronouns (**me, te, nos, os, le, les**) are frequently used with verbs of informing such as **hablar, preguntar**, and **contestar**. In the past tense, the verb **decir** is commonly used with indirect object pronouns to report speech.

decir	
(yo)	dije
(tú)	dijiste
(usted, él/ella)	dijo
(nosotros/as)	dijimos
(vosotros/as)	dijisteis
(ustedes, ellos/as)	dijeron

Remember that **dijo** is *past* tense, not present.

Le dije que...   *I told/said to you/him/her that . . .*
Te dijimos que...   *We told/said to you that . . .*
Me dijo que...   *You/He/She told/said to me that . . .*
Me dijeron que...   *They told/said to me that . . .*

Note that the phrase **Le dijo que...** has several possible meanings; interpretation depends on the context.

Le dijo que...

$$\left\{\begin{array}{l} \textit{He/She told him that . . .} \\ \textit{He/She told her that . . .} \\ \textit{He/She told you that . . .} \\ \textit{You told him/her that . . .} \end{array}\right.$$

Don Anselmo fue a la casa de doña Rosita y **le dijo** que sus hijos van a llegar pasado mañana.

Don Anselmo went to doña Rosita's house and told her that his children are going to arrive the day after tomorrow.

Ejercicio 8

Complete esta conversación telefónica usando pronombres de complemento indirecto (**me, te, nos, le, les**) y las formas correctas del pasado del verbo **decir** (**dije, dijiste, dijo, dijimos, dijeron**).

GRACIELA: No oigo bien, Amanda. ¿Qué _____¹ _____²?

AMANDA: _____³ _____⁴ que no voy a estar en casa esta noche.

GRACIELA: ¡Ay, lo mismo _____⁵ _____⁶ tu hermano Guillermo! ¿Adónde vas?

AMANDA: Es que mi madre _____⁷ _____⁸ que hay una venta especial con precios muy rebajados hoy en El Palacio de Hierro.

GRACIELA: ¿Y qué _____⁹ _____¹⁰ tú a ella? ¿No _____¹¹ _____¹² que hoy tenemos mucha tarea?

AMANDA: Mmm no, pero _____¹³ _____¹⁴ que tú quieres ir con nosotras. Es verdad, ¿no?

GRACIELA: Ay, sí, Amanda, sí quisiera acompañarlas, pero... ¡_____¹⁵ _____¹⁶ a mi papá que no voy a comprar más ropa este mes!

AMANDA: Pues, ven con nosotras pero... ¡deja tu dinero en casa!

GRACIELA: ¡Imposible!

6.5. Asking and Answering Questions: Patterns in the Past (Preterite) Tense

A. Three common question-and-answer patterns in the past tense include **yo** or **nosotros/as** forms of verbs in the answer.

SINGULAR INFORMAL
Did you . . . ? —Yes, I did./No, I didn't.

QUESTION	ANSWER	EXAMPLE
¿ -aste? ¿ -iste?	-é. -í.	¿Terminaste? —Sí, terminé. ¿Comiste? —Sí, comí.

SINGULAR POLITE
Did you . . . ? —Yes, I did./No, I didn't.

QUESTION	ANSWER	EXAMPLE
¿ -ó usted? ¿ -ió usted?	-é. -í.	¿Terminó usted? —Sí, terminé. ¿Comió usted? —Sí, comí.

PLURAL INFORMAL AND POLITE (Latin America), POLITE (Spain)
Did you . . . ? —Yes, we did./No, we didn't.

QUESTION	ANSWER	EXAMPLE
¿ -aron ustedes? ¿ -ieron ustedes?	-amos. -imos.	¿Terminaron ustedes? —Sí, terminamos. ¿Comieron ustedes? —Sí, comimos.

PLURAL INFORMAL (Spain)
Did you . . . ? —Yes, I did./No, I didn't.

QUESTION	ANSWER	EXAMPLE
¿ -asteis (vosotros)? ¿ -isteis (vosotros)?	-amos. -imos.	¿Terminasteis (vosotros)? —Sí, terminamos. ¿Comisteis (vosotros)? —No, no comimos.

B. If the question refers to others, then the verb form in the question and answer will usually be the same.

¿Llegó tu hermano a las ocho? —No, **llegó** más tarde. **¿Viajaron** tus padres a Europa? —Sí, **visitaron** España y Por- tugal.	*Did your brother arrive at eight?* *—No, he arrived later.* *Did your parents travel to Europe?* *—Yes, they visited Spain and* *Portugal.*

Ejercicio 9

Conteste sí o no.

> MODELO: ¿Te lavaste el pelo? → Sí, me lavé el pelo.

Ayer,...

1. ¿fuiste a un concierto? 2. ¿cenaste con tus abuelos? 3. ¿escribiste una carta? 4. ¿compraste un auto? 5. ¿leíste un poema?

La semana pasada, tú y tus hermanos...

6. ¿fueron a Nueva York? 7. ¿vieron una película buena? 8. ¿ganaron dinero en la lotería? 9. ¿dieron una fiesta? 10. ¿sacaron muchas fotografías?

6.6. Expressing *ago*: *hacer* + Time

hace una hora = *an hour ago*

The verb **hace** followed by an amount of time is equivalent to English expressions of time with *ago*.

hace cinco minutos	*five minutes ago*
hace una hora	*an hour ago*
hace dos años	*two years ago*
¿Cuándo salió Ricardo? —**Hace una hora.**	*When did Ricardo leave? —An hour ago.*

There are two ways to formulate the question *How long ago did . . . ?*

¿Cuánto (tiempo) hace que + *past tense*?
¿Hace cuánto (tiempo) que + *past tense*?

Sra. Torres, **¿cuánto (tiempo) hace que** usted **fue** a México? **—Fui hace tres años.**	*Mrs. Torres, how long ago did you go to Mexico? —I went three years ago.*

Ejercicio 10

Estela está hoy de mal humor, y acusa a Ernesto de no hacer nada para ayudarla. ¿Cómo puede defenderse Ernesto?

> MODELO: ESTELA: ¡Tú nunca lavas los platos en esta casa!
> ERNESTO: Pero, Estela, lavé los platos hace una hora.

1. ¡Tú nunca limpias el baño!   2. ¡Tú nunca barres el patio!   3. ¡La alfombra está sucia porque tú nunca pasas la aspiradora!   4. El pobre perro, ¡tú nunca lo bañas!   5. Estoy cansada de comer las mismas cosas. ¡Tú nunca me llevas a ningún restaurante elegante!

Ejercicio 11

¿Sabe usted mucho de historia? ¿Cuánto hace que... ?

> MODELO: ¿Cuánto (tiempo) hace que terminó la Segunda Guerra Mundial? (1945) →
> Terminó hace cuarenta y nueve años.

1. ¿Cuánto tiempo hace que Alejandro G. Bell inventó el teléfono? (1876)
2. ¿Cuánto tiempo hace que Gustave Eiffel construyó la Torre Eiffel? (1889)
3. ¿Cuánto hace que murió Pancho Villa? (1923)
4. ¿Cuánto tiempo hace que Colón llegó a América? (1492)
5. ¿Cuánto hace que murió Francisco Franco, el dictador de España? (1975)
6. ¿Cuánto hace que Alemania se unificó? (1990)

CAPÍTULO 7

La comida

METAS

In **Capítulo 7** you will learn to talk about food and food situations: ordering meals in restaurants, shopping for food, and following recipes in Spanish.

El Viejo San Juan, Puerto Rico

ACTIVIDADES ORALES Y LECTURAS

La comida y las bebidas

La compra y la preparación de la comida

El mundo hispano... su gente

El mundo hispano... imágenes

Nota cultural: Algunos platillos hispanos

Los restaurantes

Lectura: «Oda al tomate», Pablo Neruda

GRAMÁTICA Y EJERCICIOS

7.1 Impersonal Direct Object Pronouns: **lo, la, los, las**

7.2 More About the Verb **gustar**

7.3 Prepositions + Pronouns

7.4 Negation

7.5 The Impersonal **se**

7.6 Stem- Changing Verbs like **pedir** and **servir**

La comida y las bebidas

El desayuno

los huevos
el jamón
el tocino
el pan tostado con mantequilla
el jugo de naranja
la leche
la fruta

¿La leche? La bebemos todas las mañanas.

El almuerzo

el sandwich de queso
las papas fritas
el refresco
las galletitas

¿Las papas fritas? Siempre las como para el almuerzo.

La cena

la ensalada de lechuga y tomate
el bistec
el arroz
las legumbres
el vino
el pan
el postre

¿El vino? Lo compré ayer.

Actividad 1. Las comidas del día

¿Con qué frecuencia come usted estos alimentos?

frecuentemente   a veces   casi nunca   nunca

MODELO: Para el desayuno... ¿La lechuga? →
¿La lechuga? Nunca la como para el desayuno.

1. Para el desayuno...
   a. ¿los huevos?
   b. ¿los guisantes?
   c. ¿el tocino?
   d. ¿el cereal?
   e. ¿los panqueques?
2. Para el almuerzo...
   a. ¿un sandwich?
   b. ¿la avena?
   c. ¿las papas fritas?
   d. ¿la sopa?
   e. ¿el pollo frito?
3. Para la cena...
   a. ¿la jalea?
   b. ¿la coliflor?
   c. ¿los espárragos?
   d. ¿el bistec?
   e. ¿las chuletas de cerdo?

Actividad 2. Mis bebidas favoritas

Escoja su bebida favorita según la ocasión. Aquí tiene usted algunas: refrescos, café, té caliente, té helado, cerveza, vino, agua mineral, leche, limonada, chocolate, batidos de leche, jugos naturales (de tomate, de naranja, de pera, de toronja).

MODELO: en la mañana →
Cuando me levanto por la mañana me gusta tomar una taza de café con leche.

1. para el desayuno
2. para el almuerzo
3. en una fiesta de Año Nuevo
4. después de hacer ejercicio
5. para dormir
6. cuando hace frío

Actividad 3. Interacción

Pregúntele a su compañero/a cuántas calorías contienen los jugos de frutas mencionados en este artículo.

E1: ¿Cuántas calorías contiene el jugo de ciruelas?
E2: Ciento ochenta.

Los jugos y las calorías que contienen ————————

Los jugos de frutas son muy saludables, sin embargo, cada uno de ellos tiene su contenido específico de calorías. De manera que si estás a dieta, es muy importante que sepas cuál de ellos te ayudará a mantener tu peso o cuál es mejor para tu dieta. El jugo de naranja (china) es el más popular de todos, pero... ¿es dietético? Examina la siguiente lista de jugos, donde te damos las calorías que contienen, por vaso (de 8 onzas):

- Jugo de manzana: 118 calorías.
- Jugo de arándano: 173 calorías.
- Jugo de toronja (pomelo): 170 calorías.
- Jugo de piña (ananá): 138 calorías.
- Jugo de ciruelas: 180 calorías.
- Jugo de naranja (china): 112 calorías.

Actividad 4. Una dieta para mejorar la salud

Imagínese que usted necesita comer mejor para mejorar su salud. Aquí tiene algunas sugerencias para una dieta. Escoja los alimentos que usted va a comer mañana. Diga lo que le gusta y lo que no le gusta. ¡No coma demasiado!

Una dieta ideal

DESAYUNO

▶ jugo o porción de fruta: media toronja o una naranja entera, una porción de piña, durazno, uvas o manzanas
▶ Escoja uno: (a) cereal frío o caliente, (b) huevos revueltos o cocidos
▶ un panecillo con un poco de margarina (no use mantequilla)
▶ una taza de café, té (sin azúcar) o leche

ALMUERZO

▶ Seleccione uno de los grupos siguientes:
 ▪ una ensalada de lechuga y tomate y una taza de sopa de legumbres
 ▪ una ensalada de lechuga con trozos pequeños de queso o pollo, vinagre y muy poco aceite
 ▪ una ensalada de fruta fresca sin azúcar
 ▪ un sandwich de atún o una porción de pescado
▶ jugo de tomate, agua mineral, un refresco sin azúcar

CENA

▶ un vaso de jugo de tomate o una ensalada pequeña
▶ pollo horneado o pescado a la parrilla
▶ una papa horneada o arroz, sin mantequilla
▶ legumbres: bróculi, coliflor o habichuelas
▶ té frío sin azúcar o café sin azúcar
▶ una porción de fruta fresca o una porción de queso

Actividad 5. Entrevista: La comida en casa

1. ¿Qué desayunas normalmente? ¿Qué comiste esta mañana antes de salir de tu casa?
2. ¿Qué almuerzas generalmente? ¿Qué almorzaste hoy? ¿Qué vas a almorzar mañana?
3. ¿Tomas café durante el día? ¿Lo tomas con o sin azúcar? ¿Con o sin leche?
4. ¿Comes entre comidas? ¿Qué comes?
5. ¿Prefieres comer más al mediodía o por la noche? ¿Por qué? ¿Cenas en tu casa, generalmente? ¿Con quién?
6. ¿Qué prefieres de postre? ¿Siempre comes postre?
7. ¿Generalmente comes mientras ves la televisión? ¿Te gustan las palomitas de maíz? ¿Les pones mantequilla? ¿Qué otra cosa te gusta comer?

La compra y la preparación de la comida

Lea Gramática 7.4–7.5.

Las carnes, las aves, el pescado y los mariscos

la carne de res
el pollo
los cangrejos
el pescado
la langosta
los camarones
las ostras

A mí no me gusta el hígado.
¡A mí tampoco!

¿Te gusta el flan?
¡Ay no! Nunca lo como.

Las legumbres

las mazorcas de maíz
el apio
los tomates
la cebolla
el ajo
las zanahorias
los guisantes
los rábanos

¿Hay papayas?
Sí, pero ninguna está madura.

Las frutas

el durazno
la naranja
la sandía
las uvas
las fresas
los albaricoques

Actividad 6. Definiciones

TASCA MEDITERRANEA

purísima
165

especialidad
TAPAS
calientes
y frías

- sandwichs con sabor mediterráneo
- desagunos
- onces
- almuerzos ejecutivos (plato de fondo + ensalada y postre) $ 250

abierto desde las 9.30 A.M.

1. legumbre anaranjada que contiene vitamina A
2. legumbre pequeña, roja por fuera y blanca por dentro
3. fruta tropical
4. «salsa» para la ensalada
5. es blanca, como el azúcar, pero no es dulce
6. uvas secas
7. líquido dorado, muy espeso y muy dulce
8. son un producto del mar, pero se pueden comprar en lata con aceite
9. platillo español hecho de arroz, mariscos y otros ingredientes
10. postre hecho de huevos, leche y azúcar, muy popular en los países hispanos

a. la sal
b. las sardinas
c. la paella
d. el aderezo
e. la miel
f. el mango
g. las pasas
h. la zanahoria
i. el rábano
j. el flan

EL MUNDO HISPANO... su gente

Para mí, una cena ideal es...

« ...una cena sentados a la mesa y teniendo primer plato,[1] segundo plato y postre. Para la cena no me gusta nada muy pesado,[2] sino más bien ligero. Una sopa o un puré primero y tortilla o carne después. De postre... un mousse».

María del Carmen Méndez Navarro, española

« ...una pizza preparada por mí con atún y queso».

Joaquín Zasueta Ortiz, español

« ...frijolitos fritos, queso, jamón, tortilla de harina o pollo con papas, con jugo de naranja».

Xiomara Zendejas, hondureña

« ...arroz con frijolitos arreglados,[3] tamales (un platillo típico costarricense), puré de papas y té frío».

José Antonio Vásquez, costarricense

« ...una copa de helado de vainilla, con nueces y bañado[4] de chocolate caliente (¡Mmmmmm!)».

Katia Capaldi, argentina

« ...un pollo al horno con papas y verduras, con empanadas de entrada y panqueques con dulce de leche de postre».

Verónica Lugo, argentina

« ...cuando puedo pedir lo que desee[5] de comer».

Erick Mario Braun Santizo, costarricense

[1]primer... *first course* [2]*heavy* [3]arroz... *rice covered with beans* [4]*drenched* [5]lo... *whatever I wish*

Actividad 7. Supermercado «El Diamante»

Usted va a ir al supermercado El Diamante en Puerto Rico para hacer las compras. Vea las dos listas y calcule el precio total de cada lista.

LISTA 1
1 paquete de tocino
2 latas de sopa de legumbres
2 aguacates
3 libras de carne molida
2 libras de limones
14 onzas de avena

LISTA 2
1 libra de carne molida
1 tarro de 16 onzas de mayonesa
3 libras de cebollas amarillas
1 paquete de zanahorias
2 libras de manzanas

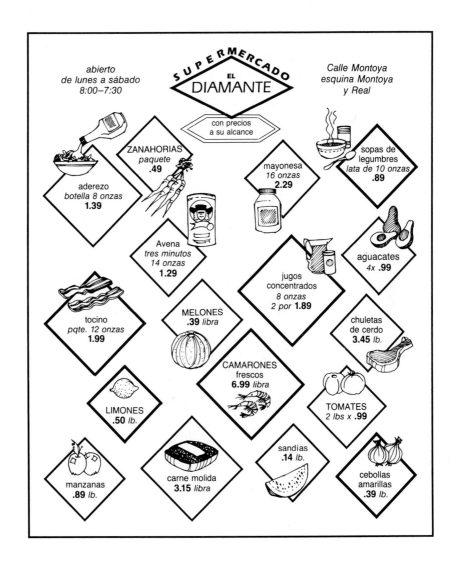

EL MUNDO HISPANO... imágenes

Todos juntos a la hora de comer. Después del postre, los adultos se quedan sentados a la mesa para la «sobremesa»: conversación y café. Para muchos hispanos, la sobremesa es la mejor parte de la comida. Es el momento de charlar y compartir[1] impresiones, ideas, gustos, y hablar de política. Muchas veces la sobremesa dura más tiempo que la comida misma.

[1]share

Actividad 8. Busque el error

En cada grupo de palabras hay una que no pertenece a la lista. Búsquela y explique por qué.

MODELO: la salchicha, la hamburguesa, la chuleta, la pera →
La pera no pertenece a esta lista porque no es carne.

1. el apio, el pepino, la avena, los guisantes
2. el flan, el helado, las aceitunas, el pastel
3. la miel, la mazorca de maíz, la mermelada, la jalea
4. el plátano, las almejas, los camarones, la langosta
5. las nueces, el plátano, la piña, la toronja

Actividad 9. ¿Cómo se prepara... ?

Ponga en orden los pasos para la preparación de estas comidas.

UN SANDWICH DE JAMÓN Y QUESO
_____ Se cortan varias rebanadas de tomate.
_____ Se pone mayonesa y mostaza en las dos rebanadas de pan.
_____ Se corta el jamón y el queso.
_____ Se come con un refresco frío.
_____ Se sacan dos rebanadas de pan.
_____ Se le agrega la lechuga y las rebanadas de tomate.

UNA QUESADILLA MEXICANA
_____ Se dobla la tortilla.
_____ Se saca una lata de chiles y una tortilla de harina.
_____ Se pone en una sartén.
_____ Se pone el queso y un chile en un lado de la tortilla.
_____ Se tapa la sartén y se fríe la quesadilla tres minutos de cada lado.
_____ Se ralla el queso.

Actividad 10. Serie narrativa: Vamos a preparar chiles rellenos

PALABRAS ÚTILES

primero luego después entonces finalmente

NOTA CULTURAL

Algunos platillos hispanos

Hay varios platillos hispanos que son populares en los Estados Unidos. ¿Puede mencionar algunos? ¿Conoce, por ejemplo, la paella? ¿El arroz con pollo? ¿Las empanadas? Si responde que *no* a todas estas preguntas, pues... ¡no sabe lo que se pierde![1] La cocina[2] hispana es muy variada. Aun[3] dentro de un mismo país, los platos y la manera de prepararlos varían de región en región. La deliciosa paella valenciana que vemos en la foto es el plato más conocido de España. La paella es un platillo de arroz que puede llevar pollo, chorizo, mariscos y verduras. La tortilla española es un tipo de *omelette* hecho de huevos y patatas.

Otros platillos del mundo hispano son el arroz con pollo, que se come especialmente en el Caribe; es un plato de arroz con trozos de pollo y tomate, aceitunas

La deliciosa paella es el plato más conocido de España.

[1]lo... *what you're missing* [2]*cuisine* [3]*Even*

En los bares, la copa de vino y la cerveza van acompañadas de alguna variedad de tapas: aceitunas, pescado frito, cacahuetes, patatas fritas, trozos de tortilla española y todo tipo de fiambres.

y otros condimentos. Las empanadas,[4] muy populares en Sudamérica, son pasteles rellenos de diferentes tipos de carnes. El cebiche, un plato de pescado en escabeche,[5] es típico de Perú. En Argentina se preparan exquisitas parrilladas: cerdo, cordero, ternera, salchichas —todas estas carnes preparadas a la parrilla.

Últimamente, muchos platillos españoles se han puesto de moda[6] en los Estados Unidos bajo el rótulo[7] general de «tapas». En su función original, las populares tapas acompañan el vino o la cerveza; pueden ser muy simples —aceitunas y cacahuetes, por ejemplo— o platillos cocinados como la tortilla de patatas. Algunas de las tapas predilectas de muchos españoles son, además, los boquerones[8] fritos, los calamares, los champiñones al ajillo,[9] y todo tipo de fiambres.[10]

[4]*filled pastries*   [5]*marinade of oil, vinegar, and spices*   [6]*se... have become popular*   [7]*nombre*   [8]*small sardines*   [9]*los... mushrooms seasoned with garlic*   [10]*cold cuts*

Comprensión

¿Qué ingredientes se usan en estos platillos hispanos? Puede usar algunos ingredientes en más de un platillo.

1. el arroz con pollo
2. la paella
3. la tortilla española
4. las empanadas
5. las tapas
6. la parrillada
7. el cebiche

a. las aceitunas
b. los mariscos
c. los huevos
d. las verduras
e. las papas
f. la carne de cerdo
g. el pescado
h. la ternera
i. las salchichas

Ahora... ¡usted!

1. ¿Cuáles de los platillos mencionados no conoce pero le gustaría probar? ¿Por qué?
2. En algunas partes de los Estados Unidos son populares los «tapas bars», que en muchos casos funcionan más como restaurantes que como bares. ¿Conoce usted alguno de estos lugares? ¿Le gustan las tapas? ¿Cuáles?

Un paso más...

Hay una fiesta en su clase y usted y su compañero/a van a planear el menú ideal. El cocinero (La cocinera) de un restaurante hispano va a preparar todos los platillos. ¿Cuáles van a incluir ustedes? ¿Por qué? No tienen que incluir solamente los platillos mencionados en esta lectura.

Los restaurantes

Lea Gramática 7.6.

Bernardo e Inés pidieron una ensalada, bistec al punto, papas fritas y bróculi.

El cocinero les preparó un platillo especial.

El mesero les sirvió la comida.

Inés tomó una copa de vino tinto, pero Bernardo prefirió tomar agua mineral.

Comieron con gusto.

Pagaron la cuenta con su tarjeta de crédito.

Dejaron una propina.

la carne cruda

el bistec

poco asado/ poco cocido

al punto/ cocido

bien asado/ bien cocido

Actividad 11. Interacción: Restaurante Mi Casita

Lea el menú del Restaurante Mi Casita con su compañero/a. Primero vean los precios; después escojan las comidas y bebidas que van a pedir y digan por qué van a pedir esos platillos. Miren los ejemplos de la página 249.

RESTAURANTE MI CASITA

Rica comida mexicana e internacional a precios módicos

ANTOJITOS MEXICANOS

Se sirven para el almuerzo y la cena. (Con cada uno se incluye pan o tortillas, ensalada, arroz y frijoles o sopa del día.)

Enchiladas (3)	verdes o rojas	$17,500	N$17.50
Tostadas (2)	de res o de pollo	12,500	12.50
Tacos (4)	de res o de pollo	13,000	13.00
Burritos (2)	de res y/o frijoles	9,900	9.90
Chiles rellenos (2)	de carne o queso	16,000	16.00
Tamales de puerco con chile verde (3)		12,000	12.00
Tamales dulces con almendras y pasas (3)		9,500	9.50

RINCÓN INTERNACIONAL

De España:	Rica paella valenciana (mínimo tres personas)	$45,000	N$45.00
De Perú:	Sabrosísimo cebiche	12,000	12.00
De los Estados Unidos:	Las mejores hamburguesas al sur de la frontera	8,000	8.00
De Italia:	Exquisita pizza de la casa (tamaño grande)	30,000	30.00
De China:	Delicioso y ligero chop suey de pollo	12,600	12.60

DESAYUNO

(Incluye pan o tortillas.)

Huevos rancheros	$8,500	N$8.50
Cereal frío	6,300	6.30
Avena	5,000	5.00
Leche (vaso)	4,500	4.50
Jugos frescos (vasito)	3,150	3.15
Fruta fresca (3 piezas)	7,800	7.80

SOPAS

Caldo de res con legumbres	$5,000	N$5.00
Crema de espárragos	6,300	6.30
Crema de hongos	4,150	4.15
Minestrone	5,500	5.50
Sopa del día	2,500	2.50

BEBIDAS

Cerveza Carta Blanca	$6,300	N$6.30
Cerveza Tecate	5,500	5.50
Cerveza Superior	7,000	7.00
Cerveza Bohemia	4,900	4.90
Refrescos	3,150	3.15
Limonada	4,000	4.00
Té helado con limón	2,900	2.90
Tehuacán (Agua mineral)	3,000	3.00
Tehuacán de sabores	4,650	4.65
Café	3,150	3.15
Té caliente	2,500	2.50
Vino tinto (copa)	7,500	7.50
Vino blanco (copa)	7,800	7.80

POSTRES

Arroz con leche	$4,000	N$4.00
Flan	5,000	5.00
Helado de fresa o vainilla	4,500	4.50
Melocotón en almíbar	3,150	3.15
Mango en almíbar	5,150	5.15
Pastel (rebanada)	4,800	4.80

E1: ¿Cuánto cuestan *los tamales de puerco*?

E2: Cuestan $12.00 *nuevos pesos*.

E1: ¿Qué vas a pedir?

E2: Me gustaría pedir *los chiles rellenos de queso*, pero voy a pedir *el chop suey porque estoy a dieta*.

Actividad 12. Lectura/interacción: Dónde comer en Buenos Aires

RECOMENDAMOS

22 puntos LA POSTA DEL ANGEL
Santa Clara del Mar (Mar del Plata). Reservas al (023) 602-2311/2384. Abadejo a la argelina. Inviernos, fines de semana de 12 a 05 hs. Entre $ 15 y $ 30 por persona.

18 puntos LOS TRONCOS
Suipacha 732. Reservas al 322-1295. Parrilla. Chivito al asador. Todos los días, de 11 a 02 hs. Entre $ 17 y $ 22 por persona.

15 puntos OVIEDO
Berutti 2602. Reservas al 83-5415. Cocina porteña y especialidades españolas. Langostinos al ajillo. Todos los días mediodía y noche. Entre $ 13 y $ 30 por persona.

16 puntos POMODORO
Juan F. Seguí 3760. Reservas al 802-3709. Lomo Pomodoro. Todos los días mediodía y noche. Entre $ 11 (menú ejecutivo mediodía) y $ 15 (menú de la noche).

Primero lea las recomendaciones de una revista argentina que están a la izquierda. Luego conteste estas preguntas con su compañero/a.

1. De los cuatro restaurantes recomendados, ¿cuál es el mejor? ¿Cuántos puntos recibió?
2. De los restaurantes que se recomiendan en la revista, ¿cuáles son «buenos»? ¿Cuáles son «normales»? ¿Cuáles son «muy buenos»? ¿Hay alguno «excelente»?
3. ¿Cuáles son los elementos que se consideran para calificar un restaurante? ¿Cuál de todos es el más importante, en su opinión? ¿Por qué?
4. ¿En cuál de todos los restaurantes es más barata la comida?
5. ¿En cuál de todos le gustaría cenar a usted? ¿Por qué?

RESTAURANTES

 0/10 puntos MALO REGULAR ◯ 11/15 puntos NORMAL   16/20 puntos BUENO 21/25 puntos MUY BUENO 26/30 puntos EXCELENTE

Actividad 13. Entrevista: Los restaurantes

1. ¿Qué clase de restaurante te gusta más?
2. ¿Te gusta la comida japonesa? ¿La comida china? ¿Qué otro tipo de comida internacional te gusta?
3. ¿Cuál es el restaurante más elegante cerca de tu casa? ¿Comes allí con frecuencia? ¿Te gusta la comida? ¿El ambiente? ¿Te gustan los precios?
4. ¿Conoces algún restaurante vegeteriano? ¿Sirven buena comida?
5. ¿Cuánto consideras que se debe pagar por una comida excelente en un buen restaurante?
6. ¿Cuántas veces por semana comes fuera de casa? ¿Comes frecuentemente en algún lugar? ¿Dónde?
7. ¿Vas mucho a los restaurantes de «servicio rápido»? ¿Cuál de ellos es tu favorito? ¿Por qué?

Actividad 14. Ernesto y Estela salieron a comer.

Palabras útiles: primero, entonces, luego, después, más tarde.

«Oda al tomate» (fragmento) de Pablo Neruda

Es posible escribir un poema sobre un tomate. ¡Aquí tiene usted uno!

La calle
se llenó de tomates,
mediodía,
verano,
la luz
se parte[1]
en dos
mitades[2]
de tomate,
corre
por las calles
el jugo.
En diciembre
se desata[3]
el tomate,
invade
las cocinas,
entra por los almuerzos,
se sienta
reposado[4]
en los aparadores,[5]
entre los vasos,
las mantequilleras,[6]
los saleros[7] azules.
Tiene
luz propia,[8]
majestad benigna[9]....
Debemos, por desgracia,[10]
asesinarlo:
se hunde
el cuchillo
en su pulpa viviente,[11]
es una roja
víscera,
un sol fresco,
profundo,
inagotable,[12]
llena las ensaladas
de Chile,...

Tiene luz propia, majestad benigna.... Debemos, por desgracia, asesinarlo:...

[1]*se... breaks* [2]*halves* [3]*se... breaks away* [4]calmado [5]*sideboards* [6]*butter dishes* [7]*saltshakers* [8]*own* [9]buena [10]*por...*
unfortunately [11]*se... the knife sinks into its living pulp* [12]*inexhaustible*

Comprensión

1. ¿En qué momento del día se describe el tomate? ¿Qué estación del año menciona el poeta?

2. Este tomate tiene atributos humanos y hace varias cosas. Mencione tres de sus acciones.

Ahora... ¡usted!

1. ¿Le gusta a usted el tomate? ¿Qué otras legumbres o frutas le gustan? ¿Cuáles no le gustan y por qué no?   2. Normalmente, ¿qué le pone usted a una ensalada?

Un paso más...

Escriba un breve poema sobre su legumbre favorita o la fruta que más le gusta. ¿De qué color es? ¿Qué vitaminas tiene? ¿En qué estación del año se cultiva más? ¿Por qué le gusta? Para empezar, use los versos de Neruda: *La calle se llenó de...*

Vocabulario

El desayuno	Breakfast
la avena	oatmeal
los huevos (cocidos, revueltos)	eggs (hard-boiled, scrambled)
el pan	bread
el panecillo	roll, bun
los panqueques	pancakes
el pan tostado	toast

REPASO: el cereal, el tocino

El almuerzo	Lunch
el caldo	clear soup
las papas fritas	French fries
el queso	cheese
la salchicha	sausage, frankfurter, hot dog

PALABRAS SEMEJANTES: la hamburguesa, la pizza, el sándwich, la sopa

REPASO: la ensalada

En el restaurante	In the Restaurant
el ambiente	atmosphere
la cuenta	bill, check
el postre	dessert
la propina	tip
la tarjeta de crédito	credit card

PALABRAS SEMEJANTES: el menú, la reservación, el servicio

REPASO: atender (ie), la cena, cenar, la comida, la mesa, el mesero (la mesera), pagar, servir (i)

La carne	Meat
el ave	fowl
el bistec	steak
la carne de cerdo/puerco	pork
la carne de res	beef
la carne molida	ground beef
las chuletas	chops
el hígado	liver
el jamón	ham
el pollo (frito)	(fried) chicken

El pescado y los mariscos Fish and Seafood	
las almejas	clams
el atún	tuna
los camarones	shrimp
el cangrejo	crab

la langosta	lobster
la ostra	oyster

PALABRA SEMEJANTE: la sardina

Las legumbres — Vegetables

el apio	celery
el arroz	rice
la cebolla	onion
los frijoles	beans
los guisantes	peas
las habichuelas	green beans
los hongos	mushrooms
la lechuga	lettuce
el maíz	corn
la mazorca de maíz	ear of corn
la papa	potato
el pepino	cucumber
el rábano	radish
las verduras	(green) vegetables
la zanahoria	carrot

PALABRAS SEMEJANTES: el bróculi, la coliflor, los espárragos, el tomate

Las frutas — Fruits

el aguacate	avocado
el albaricoque	apricot
las almendras	almonds
los arándanos	cranberries
la ciruela (seca)	plum (prune)
el durazno/el melocotón	peach
la fresa	strawberry
la manzana	apple
la naranja/la china	orange
la nuez (pl. nueces)	nut
las pasas	raisins
la piña/el ananá	pineapple
el plátano	banana
la sandía	watermelon
la toronja/el pomelo	grapefruit
las uvas	grapes

PALABRAS SEMEJANTES: el limón, el mango, el melón, la papaya, la pera

Los postres — Desserts

el arroz con leche	rice pudding
la crema	cream

el flan	sweet custard
las galletitas	cookies

REPASO: el helado, el pastel

Las bebidas — Drinks

el batido (de leche, de frutas)	(milk, fruit) shake
el jugo natural	fresh-squeezed juice
el té (caliente, frío, helado)	(hot, cold, iced) tea
el vino (blanco, tinto)	(white, red) wine

PALABRAS SEMEJANTES: el agua mineral, la limonada

REPASO: el agua, el café, la cerveza, la leche, el refresco

Los condimentos y las especias
Condiments and Spices

el aceite	oil
la aceituna	olive
el aderezo	(salad) dressing
el ajo	garlic
el almíbar	syrup
el azúcar	sugar
la harina	flour
la jalea	jelly
la mantequilla	butter
la miel	honey
la mostaza	mustard
la pimienta	pepper
la sal	salt
la salsa	sauce

PALABRAS SEMEJANTES: la margarina, la mayonesa, la mermelada, la vainilla

Las medidas y los recipientes
Measurements and Containers

la botella	bottle
la copa	(wine)glass
la lata	can
la libra	pound
la onza	ounce
el paquete	package
el platillo	dish (food)
la porción	serving

la rebanada	slice
la sartén	(frying) pan
el tamaño	size
el tarro	jar

REPASO: la caloría, el plato, la taza, el vaso (el vasito)

Los verbos

agregar	to add
asar	to roast
batir	to beat
contener	to contain
estar a dieta	to be on a diet
freír (i)	to fry
frío/fríe	
incluir	to include
incluyo/incluye	
llenar	to fill
mojar	to dip; wet
rallar	to grate
tapar	to cover

PALABRAS SEMEJANTES: calcular, considerar

La descripción de la comida
Describing Food

a fuego lento	over a low fire
a la parrilla	grilled, char-broiled
al punto, cocido/a	medium rare
bien asado/a	well-done
crudo/a	raw
dorado/a	golden brown
dulce	sweet
espeso/a	thick
fresco/a	fresh
horneado/a	baked
ligero/a	light
maduro/a	ripe
poco asado/a (poco cocido/a)	rare
rico/a	delicious
saludable	healthy
seco/a	dry

PALABRAS SEMEJANTES: concentrado/a, delicioso/a, dietético/a, exquisito/a

Los adjetivos

| barato/a | inexpensive, cheap |

| entero/a | whole |
| medio/a | half |

PALABRAS SEMEJANTES: específico/a, ideal, popular, recomendado/a, tropical

Los sustantivos · Nouns

el agua corriente	running water
el alimento	nourishment, food
el antojito	snack (*Mex.*)
la cantina	bar
la colonia	cologne
la compra	grocery shopping
la frontera	border, frontier
el lado	side
las palomitas de maíz	popcorn
la pieza	piece
la revista	magazine
la salud	health
la semilla	seed

PALABRAS SEMEJANTES: el artículo, la dieta, el error, el líquido, la ocasión, la preparación, el producto

Palabras y expresiones útiles

cada	each
casi	almost
casi nunca	very rarely
con gusto	with pleasure
de cada lado	on each side
demasiado	too much
frecuentemente	frequently
¡No me digas!	You don't say!
normalmente	normally
por dentro	on the inside
por fuera	on the outside
sin embargo	however

Palabras afirmativas y negativas

algo/nada	something/nothing
alguien/nadie	somebody/nobody
algún/ningún	some/none
alguno/a/os/as	some
ninguno/a	none
siempre/nunca	always/never
también/tampoco	also/neither

Gramática y ejercicios

7.1. Impersonal Direct Object Pronouns: *lo, la, los, las*

These pronouns take time to acquire. You will find that you will gradually come to use them in your speech as you hear and read more Spanish.

A. When referring to things already mentioned, use the Spanish object pronouns **lo** and **la**, which correspond to the English object pronoun *it*: **lo** refers to masculine words and **la** to feminine words. Spanish **los** and **las** correspond to English *them*: **los** refers to masculine words and **las** to feminine words.

¿Quién compró **el pastel**? —**Lo** compró Raúl.	*Who bought the cake? —Raúl bought it.*
¿Quién trajo **la fruta**? —**La** trajo Nora.	*Who brought the fruit? —Nora brought it.*
Luis, ¿preparaste **los tacos**? —Sí, **los** preparé esta mañana.	*Luis, did you prepare the tacos? —Yes, I prepared them this morning.*
Carmen, ¿dónde pusiste **las servilletas**? —**Las** puse en la mesa.	*Carmen, where did you put the napkins? —I put them on the table.*

B. Recall that the pronouns **lo, la, los, las** also serve as personal direct object pronouns (see **Gramática 5.6.**).

¿Viste a **Alberto** ayer? —No, no **lo** vi.	*Did you see Al yesterday? —No, I didn't see him.*
¿**La señora Martínez**? **La** vi ayer en el mercado, pero ella no me vio.	*Mrs. Martínez? I saw her yesterday at the market, but she didn't see me.*

Thus the Spanish direct object pronouns **lo, la, los, las** may substitute for words referring to people *or* to things. For example, **la** in the first sentence below refers to **Mónica** (*her*); in the second one it refers to **salsa** (*it*).

¿Llamaste a **Mónica**? —Sí, **la** llamé ayer.	*Did you call Monique? —Yes, I called her yesterday.*
Luis, ¿encontraste la **salsa**? —Sí, **la** encontré en el refrigerador.	*Luis, did you find the sauce? —Yes, I found it in the refrigerator.*

DIRECT OBJECT PRONOUNS

lo	*you, him, it* (m.)
la	*you, her, it* (f.)
los	*you; them* (m. nouns or males or males and females)
las	*you; them* (f. nouns or females)

Ejercicio 1

Conteste con **lo**, **la**, **los** o **las** y terminación lógica.

MODELO: —¿Cuándo bebiste el jugo de naranja?
—<u>Lo</u> bebí...
_____ hace diez años.
<u>✓</u> anoche.
_____ antes de levantarme.

1. —¿Cuándo preparaste el postre?
—_____ preparé...
_____ en el restaurante.
_____ ayer.
_____ en la cocina.

2. —¿Dónde pusiste la carne?
—_____ puse en...
_____ el jardín.
_____ el supermercado.
_____ el congelador.

3. —¿Dónde compraste las legumbres?
—_____ compré...
_____ en una tienda de ropa.
_____ en el supermercado.
_____ en la cafetería de la escuela.

4. —¿Cuándo trajiste el hielo?
—_____ traje...
_____ el año pasado.
_____ hace diez minutos.
_____ hace dos semanas.

5. —¿Dónde pusiste la mayonesa?
—_____ puse en...
_____ la mesa.
_____ el sofá.
_____ el dormitorio.

6. —¿Cuándo preparaste las bebidas?
—_____ preparé...
_____ hace dos minutos.
_____ para la fiesta de esta noche.
_____ mañana por la noche.

7. —¿Dónde pusiste los vasos?
—_____ puse en...
_____ el armario.
_____ la cómoda.
_____ el gabinete.

8. —¿Dónde compraste el pan?
—_____ compré...

_____ esta mañana.

_____ en la panadería.

_____ en la biblioteca.

9. —¿Cuándo hiciste las tortillas?

—_____ hice...

_____ en el fregadero.

_____ cuando me levanté.

_____ después de acostarme.

10. —¿Cuándo trajiste los tomates para la salsa?

—_____ traje...

_____ esta mañana.

_____ hace veinte años.

_____ el mes pasado.

Ejercicio 2

Complete estos diálogos con **lo, la, los** o **las**.

1. —¿Viste a Mónica y a Nora en la fiesta?

—Sí, _____ vi. Las dos bailaron toda la noche.

2. —Raúl, ¿conoces a la señora Venegas?

—No, no _____ conozco. ¿Quién es?

3. —¿Visitaron ustedes a sus parientes durante las vacaciones?

—No, _____ visitamos hace tres semanas.

4. —Alberto, ¿conociste al profesor nuevo ayer en la reunión?

—Sí, _____ conocí. Me parece muy simpático.

5. —Carmen, ¿es esa señora que está allí la madre de Luis?

—No sé; no _____ conozco.

7.2. More About the Verb _gustar_

A. In **Gramática D.5** you learned that the verb **gustar**, followed by an infinitive, is the most common Spanish equivalent for the English verb _to like_ (_to do something_) and that **gustar** resembles the English verb phrase _to be pleasing_ (_to someone_). You also learned that an indirect object pronoun (**me, te, nos, os, le, les**) is used with **gustar** to identify the person to whom something is pleasing.

A Nora le gusta cocinar.	_Nora likes to cook._
Me gusta desayunar temprano.	_I like to eat breakfast early._

B. Gustar can also be followed by a noun. If the noun is singular, use the singular form **gusta**; if it is plural, use the plural form **gustan**.

¿Te gusta **la sandía?** —Sí, pero me gustan más **las uvas.**	_Do you like watermelon? —Yes, but I like grapes better._

The past-tense (preterite) forms are **gustó** (_singular_) and **gustaron** (_plural_).

¿Te **gustó el** helado? —Sí, me **gustó** mucho.	_Did you like the ice cream? —Yes, I liked it a lot._

C. To ask who likes something, begin with **¿A quién... ?**

¿A quién le gusta la pizza? —¡A todos nos gusta!	*Who likes pizza? —We all do!*

To identify a specific person or persons who like(s) something, use the following pattern:

A + name + **le(s)** + **gusta(n)**...

A Magali le gusta leer novelas.	*Magali likes to read novels.*
A Graciela no **le** gusta la comida italiana.	*Graciela doesn't like Italian food.*
A Gustavo y **a Ernestito les** gusta mucho montar en bicicleta.	*Gustavo and Ernestito like to ride their bikes a lot.*

D. To state more emphatically that someone likes something, use the preposition **a** followed by the person (noun or pronoun) and then the corresponding indirect object pronoun (**me, te, nos, os, le, les**) + **gusta(n)**.

¿A Margarita le gustan las hamburguesas?	*Does Margarita like hamburgers?*
—¡**¿A Margarita**?! No, **a ella** no **le gustan** las hamburguesas.	*Margarita?! No, she doesn't like hamburgers.*

The following emphatic phrases are made up of the preposition **a** followed by pronouns. Notice that these pronouns are the same as the subject pronouns, except for **mí** and **ti**.*

a mí me gusta	a nosotros/as nos gusta
a ti te gusta	a vosotros/as os gusta
a usted le gusta	a ustedes les gusta
a él le gusta	a ellos les gusta
a ella le gusta	a ellas les gusta

Pues, **a mí me** gustan mucho todas las frutas, especialmente la papaya.	*Well, I really like all fruits, especially papaya.*
¿Y de veras **a ti no te** gustan las papas fritas?	*And do you really not like French fries?*

E. Emphatic short answers to questions with **gustar** are very common. Use the preposition **a** plus a pronoun or noun and the words **sí** or **no**.

¿Le gustan las sardinas? —¡**A mí, no!**	*Do you like sardines? —No, I don't!*
¿Les gustan los postres de chocolate? —**A mí sí**, pero **a Nora, no.**	*Do you like chocolate desserts? —I do, but Nora doesn't.*

*Recognition: **a vos te gusta**

You can use the words **también** (*also*) and **tampoco** (*neither*) instead of **sí** and **no** in short answers.

A Nora le gustan las fajitas.
—Pues, **a mí también**.

Nora likes fajitas. —Well, so do I.

Luis, a mí no me gustan mucho estos tacos. —**A mí tampoco**.

Luis, I don't like these tacos very much. —I don't either.

Ejercicio 3

Diga si a usted le gustan las cosas de la lista. Luego compare sus respuestas con las de su compañero/a. Después dígale las respuestas de los dos a la clase.

	A MÍ		A MI COMPAÑERO/A		A NOSOTROS/AS	
	SÍ	NO	SÍ	NO	SÍ	NO
1. los guisantes	___	___	___	___	___	___
2. el pescado	___	___	___	___	___	___
3. el hígado	___	___	___	___	___	___
4. los camarones	___	___	___	___	___	___
5. las galletitas	___	___	___	___	___	___
6. las almejas crudas	___	___	___	___	___	___

Ejercicio 4

Complete los siguientes diálogos.

Use **me, mí; te, ti**.

—¿_____^{1} gustan las zanahorias?
—A mí no _____^{2} gustan mucho. ¿Y a _____^{3}?
—A _____,^{4} sí. Son muy buenas para los ojos.

Use **él, le; me, mí; te, ti**.

—¿A tu hermano _____^{5} gusta el pollo frito?
—A _____^{6} sí le gusta, pero a _____,^{7} no.
—¡A _____^{8} no te gusta el pollo! ¿Por qué no _____^{9} gusta?
—A _____^{10} sí me gusta el pollo, pero no _____^{11} gusta el pollo frito.

7.3. Prepositions + Pronouns

A. As you have seen in **Gramática 7.2**, pronouns often follow prepositions in Spanish.

a mí	*to, at me*	para ella	*for her*
de ti, usted(es)	*of, from you*	sin nosotros/as	*without us*
en él	*in, on him*	con ellos/as	*with them*

¿Para quién es el regalo? ¿Es **para mí**? —No, es **para él**.
¿**Sin** Rogelio? No podemos ir **sin él**.
Adriana es una magnífica empleada. Tengo mucha confianza **en ella**.

Who is the present for? Is it for me? —No, it's for him.
Without Rogelio? We can't go without him.
Adriana is a magnificent employee. I have a lot of confidence in her.

B. Con and **mí** combine to form **conmigo** (*with me*). **Con** and **ti** form **contigo** (*with you*).

Marta, ¿quieres ir **conmigo** al teatro esta noche?
No, no puedo ir **contigo** esta noche. Tengo que estudiar.

Marta, do you want to go to the theater with me this evening?
No, I can't go with you tonight. I have to study.

Ejercicio 5

Graciela le dice a Amanda para quién son algunas cosas, y Amanda reacciona con sorpresa. ¿Qué dice Amanda en cada caso?

MODELO: Esta cerveza es para mi hermanito. →
  ¿Para <u>él</u>? ¡No lo creo! <u>¡Es muy pequeño!</u>
  (Posibilidades: ¿Para _____? ¡No lo creo! ¿Te/Le/Les gusta[n]?
  ¡No me/te/le/nos/les gusta[n]! ¡Es muy pequeño/a!)

1. Esta comida congelada es para mi madre.
2. Este hígado es para ti.
3. Esta tequila es para Paula y Andrea.
4. Estos ajos son para ti y para tus amigos.
5. Esta dieta es para mi papá.
6. Este vino es para mí.
7. Estas cebollas son para la profesora de español.
8. Este jugo de naranja es para Sultán, el perro de Ernestito.

Ejercicio 6

Complete los diálogos con **mí, ti, él, conmigo** o **contigo**.

1. ROBERTO: Amanda, ¿quieres ir _____ al Baile de los Enamorados?
   AMANDA: No, Roberto, lo siento, no puedo ir _____ porque voy a ir con Ramón, mi novio.

2. ROBERTO: Graciela, estas rosas son para _____ . ¿Te gustan?
   GRACIELA: ¿Para _____ ? ¡Ay, Roberto, muchas gracias! Me gustan mucho.

3. AMANDA: Graciela, ¿qué piensas tú de Richard, el nuevo estudiante francés?

GRACIELA: ¿Qué pienso de _____? Pues no lo conozco pero creo que es *muy* atractivo.

AMANDA: Ajá... y yo voy a estudiar con _____ esta tarde... en mi casa.

GRACIELA: ¡No lo creo, Amanda! ¿Vas a estudiar con _____? ¿Sola? ¿Sin _____? Pues... ¡Fabuloso para _____ y terrible para _____!

7.4. Negation

algo	*something*	nada	*nothing*
alguien	*somebody*	nadie	*nobody*
algún	*some*	ningún	*none, no one*
alguno/a/os/as		ninguno/a (de)	
siempre	*always*	nunca (jamás)	*never*
también	*also*	tampoco	*neither*

A. Spanish often requires the use of multiple negatives in the same sentence.

¿Tienes algo en el horno? —**No, no** tengo **nada**.

Do you have something in the oven? —No, I don't have anything.

¿Hay alguien en la puerta? —**No, no** hay **nadie**.

Is there someone at the door? —No, there is no one.

Señora Silva, ¿va usted siempre al mercado los martes? —**No, no** voy **nunca** los martes.

Mrs. Silva, do you always go to the market on Tuesdays? —No, I don't ever (I never) go on Tuesdays.

B. Alguno/a corresponds to English *some* or *any*, and **ninguno/a** corresponds to English *none*, *not any*, or *neither*.

¿Hay **algunos** postres sin azúcar? —No, señor, no tenemos **ningún** postre sin azúcar.

Are there any desserts without sugar? —No, sir, we don't have any desserts without sugar.

¿Hay **alguna** sopa sin carne? —No, no hay **ninguna**; todas tienen carne.

Are there any soups without meat? No, there aren't any; they all have meat.

Note that Spanish uses **ninguno/a** in the singular form.

C. Alguno and **ninguno** shorten to **algún** and **ningún** before masculine singular nouns.

¿Hay **algún** restaurante en esta calle? —No, no hay **ningún** restaurante por aquí.

Is there a restaurant on this street? —No, there aren't any restaurants around here.

Uno/un, bueno/buen, primero/primer and **tercero/tercer** follow the same rule.

¿Quieres pedir **una** copa de vino?

Do you want to order a glass of wine?

Sólo hay **un** plato mexicano en el menú.	*There is only one Mexican dish on the menu.*
¡Aquí sirven **unos** mariscos exquisitos!	*They serve excellent seafood here!*
Esteban es un **buen** cocinero.	*Steve is a good cook.*
Nora y Carmen también son **buenas** cocineras.	*Nora and Carmen are also good cooks.*
Vamos a sentarnos en la **tercera** mesa.	*Let's sit down at the third table.*
El **primer** plato es la sopa.	*The first dish is the soup.*

D. No is not used when the negative word precedes the verb.

Nunca como entre comidas.	*I never eat between meals.*
Nadie fue al mercado.	*Nobody went to the market.*

E. Express *I (you, we . . .) don't either* with a subject pronoun + **tampoco.**

Yo no quiero comer helado. —**Yo tampoco.**	*I don't want to eat ice cream. —I don't either. (Me neither.)*
Yo no quiero más arroz. **Tú tampoco**, ¿verdad?	*I don't want more rice. You don't either, do you?*

Ejercicio 7

Conteste las preguntas en forma negativa. Use **nada, nadie, nunca** o **ninguno/a.**

MODELO: —¿Hay algo de comer en el refrigerador?
—No, no hay <u>nada</u>.

1. —¿Fue alguien al supermercado ayer?
   —No, no fue _____ .
2. —¿Desayunaste algo esta mañana?
   —No, no comí _____ .
3. —¿Siempre comes en restaurantes chinos?
   —No, _____ como allí.
4. —¿Invitaste a alguien a cenar esta noche?
   —No, no invité a _____ .
5. —¿Compraste sandía?
   —No, no encontré _____ madura.
6. —¿Quieres algo de tomar?
   —No gracias, no quiero _____ .
7. —¿Te sirvo espinacas?
   —No, gracias. ¡_____ las como!
8. —¿Por qué no invitaste a Roberto y a Ramón a la fiesta?
   —Sí los invité, pero _____ de los dos quiso venir.

Ejercicio 8

Responda afirmativa o negativamente a lo siguiente. Venga a clase preparado/a para comentar sus respuestas con los compañeros.

1. Me gustan las espinacas.
   _____ A mí también.
   _____ A mí no me gustan.
2. No me gusta comer hígado.
   _____ A mí tampoco.
   _____ A veces me gusta comerlo.
3. ¿Invitaste a alguien a comer la semana pasada?
   _____ Sí, invité a _____ porque...
   _____ No, no invité a nadie porque...
4. Prefiero el batido de chocolate al de vainilla.
   _____ Yo también.
   _____ No me gusta ninguno de los dos.
5. ¿Dejaste una propina la última vez que comiste en un restaurante?
   _____ Sí, dejé...
   _____ No, no dejé nada porque...
6. No me gusta desayunar cereal.
   _____ A mí sí. Siempre lo como.
   _____ A mí tampoco. No lo como nunca.

7.5. The Impersonal *se*

In addition to being a reflexive pronoun (see **Gramática 3.4**), **se** is also used in "impersonal" constructions.

In English this structure is expressed with the impersonal *you* (*You need good film to take good pictures*), the pronoun *one* (*One should always think before acting*), the pronoun *they* (*They sell beer by the glass*), or the simple passive (*Beer is sold only by the glass here*).

¿Cómo **se dice** *tablecloth* en español? —**Se dice** «mantel».	*How do you say* tablecloth *in Spanish?* —*You say* **mantel**.
Aquí **se habla** español.	*Spanish is spoken here. (They speak Spanish here.)*
Primero **se agrega** la sal y después **se mezcla** todo.	*First you add the salt and then you mix everything.*
No **se debe** dormir inmediatamente después de comer.	*One shouldn't (go to) sleep immediately after eating.*

If the topic in question is plural, the verb is usually also plural.

¿Se sirven mariscos frescos aquí? —Sí, **se preparan camarones** deliciosos y el precio es muy módico.	*Are fresh shellfish served here?* —*Yes, they prepare delicious shrimp, and the price is very moderate.*

Ejercicio 9

Use el **se** impersonal de los siguientes verbos: **preparar, poner, cortar, lavar, agregar, necesitar, hablar, batir.**

1. Para preparar un sandwich de jamón y queso, _____ el jamón y el queso en rebanadas.
2. Para alimentarse (*eat*) bien, _____ comer de los cuatro grupos esenciales de alimentos.
3. Primero _____ el bróculi y luego _____ en el agua a hervir.
4. En este restaurante _____ mariscos frescos y deliciosos.
5. Para hacer un buen guacamole, _____ cebolla y otros ingredientes.
6. Para hacer una tortilla española, _____ huevos y patatas.
7. ¿_____ francés en ese restaurante?
8. ¿_____ los huevos para la tortilla española?

7.6.   Stem-Changing Verbs like *pedir* and *servir*

pedir (*to ask for*)
present: (**yo**) **pido**
past: (**yo**) **pedí**

For a few verbs like **pedir** (*to order; to ask for*) and **servir** (*to serve*), the **-e-** of the infinitive changes to **-i-** in the present and past tenses. In the present, all forms of **pedir** and **servir** use the stems **pid-** and **sirv-** except for the **nosotros/as** and **vosotros/as** forms and the infinitive.*†

pedir		servir	
pido	pedimos	sirvo	servimos
pides	pedís	sirves	servís
pide	piden	sirve	sirven

In the past tense, only the **él/ella** and **ellos/as** forms use the stem with **i**.

pedir		servir	
pedí	pedimos	serví	servimos
pediste	pedisteis	serviste	servisteis
pidió	pidieron	sirvió	sirvieron

---

*The **e** → **i** change also occurs in present participles: **pidiendo** (*ordering*) and **sirviendo** (*serving*).
†Recognition: **vos pedís, servís, vos pediste, serviste**

En este restaurante **sirven** excelente comida. La semana pasada me **sirvieron** una paella sabrosísima.

Pilar, ¿qué platillo **pediste** en el Restaurante Mi Casita? —**Pedí** unas enchiladas de pollo. Siempre **pido** lo mismo.

They serve excellent food in this restaurant. Last week they served me a delicious paella.

Pilar, what dish did you order at Restaurant Mi Casita? —I ordered chicken enchiladas. I always order the same thing.

The verbs **vestirse** (*to dress*) and **seguir** (*to follow*) conform to the **e → i** pattern.*

vestirse		seguir	
Present	*Past*	*Present*	*Past*
me visto	me vestí	sigo	seguí
te vistes	te vestiste	sigues	seguiste
se viste	se vistió	sigue	siguió
nos vestimos	nos vestimos	seguimos	seguimos
os vestís	os vestisteis	seguís	seguisteis
se visten	se vistieron	siguen	siguieron

Daniel se **vistió** rápido anoche. Estela no **siguió** la receta y el pastel no resultó.

Daniel dressed quickly last night. Estela didn't follow the recipe and the cake didn't turn out well.

Reír (*to laugh*), **sonreír** (*to smile*), and **freír** (*to fry*) also follow this pattern, except that in the third-person forms of the past tense one **i** is dropped: **fri- + -ió → frió, fri- + -ieron → frieron.**†

freír			
Present		*Past*	
frío	freímos	freí	freímos
fríes	freís	freíste	freísteis
fríe	fríen	frió	frieron

---

*The **e → i** change also occurs in present participles: **vistiendo/vistiéndose** and **siguiendo.**

†The present participles are: **friendo, sonriendo, riendo.** Recognition only: Present: **vos te vestís, vos seguís, vos freís, sonreís, reís.** Past: **vos te vestiste, seguiste, freíste, sonreíste, reíste.**

Doña Rosita ya **frió** las tortillas.	*Doña Rosita already fried the tortillas.*
Don Eduardo **sonrió** cuando le sirvieron su platillo favorito.	*Don Eduardo smiled when they served him his favorite dish.*

Ejercicio 10

Use las formas apropiadas de **servir** o **pedir**.

PILAR: ¿Qué vas a _____¹ ahora?

CLARA: Creo que voy a _____² pollo asado.

PILAR: En este restaurante _____³ muy buenos mariscos.

CLARA: Entonces voy a _____⁴ camarones fritos.

JOSÉ: ¿Qué _____⁵ tú en un restaurante mexicano?

PILAR: Eso depende. Si _____⁶ mariscos, _____⁷ un cóctel de mariscos.

JOSÉ: ¿Y si no hay mariscos?

PILAR: Entonces prefiero _____⁸ un chile relleno.

PILAR: Ayer mi novio y yo fuimos a un restaurante francés muy elegante.

CLARA: ¿Qué _____⁹ ustedes?

PILAR: _____¹⁰ cóctel de mariscos, ensalada y carne de res en salsa de vino.

CLARA: Mmm. ¿Y les _____¹¹ postre también?

PILAR: Oh sí, yo _____¹² flan y mi novio _____¹³ pastel de chocolate.

ANDRÉS: Pilar, ¿_____¹⁴ leche otra vez?

PILAR: No, ayer yo _____¹⁵ una Coca-Cola y José _____¹⁶ un vaso de leche.

ANDRÉS: Ah sí, ya recuerdo. Después ustedes _____¹⁷ un sandwich de pollo.

PILAR: No, Andrés. Después _____¹⁸ un sandwich de jamón pero el mesero nos _____¹⁹ sandwiches de pollo.

ANDRÉS: ¿Y a mí también me _____²⁰ un sandwich de pollo?

PILAR: No, hombre. ¡Tú no viniste con nosotros!

La comida mexicana es muy variada. Entre sus platillos más populares se encuentran los tacos.

El pasado

▼▼▼▼▼▼▼▼▼▼▼▼▼▼▼▼▼▼

METAS

In **Capítulo 8** you will expand your ability to talk about your family. You will learn to express different kinds of memories: your habitual activities and others' and how you felt about things in the past.

Zaragoza, España

ACTIVIDADES ORALES Y LECTURAS

La familia y los parientes

Lectura: Los hispanos hablan de su familia

El mundo hispano... imágenes

La niñez

Lectura: ¡Así piensan los niños!

La juventud

El mundo hispano... su gente

Las experiencias y los recuerdos

GRAMÁTICA Y EJERCICIOS

8.1 Diminutives

8.2 Past Habitual Actions: The Imperfect Tense

8.3 Describing the Past: The Imperfect and Past (Preterite) of "State" Verbs

8.4 The Imperfect of **ir** + **a** + Infinitive

8.5 Unplanned Occurrences: **se**

Actividades orales y lecturas

La familia y los parientes

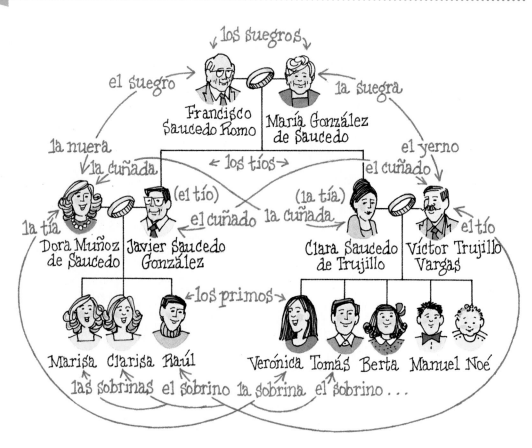

los suegros

el suegro

Francisco
Saucedo Romo

María González
de Saucedo

la suegra

la nuera

la cuñada

el yerno

los tíos

el cuñado

(el tío)

el cuñado   la cuñada

(la tía)

el tío

la tía

Dora Muñoz
de Saucedo

Javier Saucedo
González

Clara Saucedo
de Trujillo

Víctor Trujillo
Vargas

los primos

Marisa   Clarisa   Raúl

Verónica Tomás   Berta   Manuel Noé

las sobrinas   el sobrino   la sobrina   el sobrino . . .

Actividad 1. La familia de Raúl

1. ¿Cómo se llama la tía de Raúl, Clarisa y Marisa?
2. ¿Cuántos primos tiene Raúl?
3. ¿Cómo se llaman los abuelos de Raúl?
4. ¿Cómo se llama el tío de Tomás?
5. ¿Cuántas sobrinas tienen Dora y Javier? ¿Cómo se llaman?
6. ¿Cómo se llama el cuñado de Javier?
7. ¿Cómo se llaman los suegros de Dora?

8. ¿Cuántos nietos tienen Francisco y María?
9. ¿Cómo se llaman las primas de Tomás, Manuel, Berta, Verónica y Noé?
10. ¿Cómo se llama el yerno de Francisco y María? ¿Y su nuera?

Actividad 2. Entrevista: Mi familia

1. ¿Cuántas personas hay en tu familia?
2. ¿Cuántos años tiene tu padre? ¿Y tu madre?
3. ¿Cuántos tíos tienes? ¿Dónde viven?
4. ¿Tienes muchos primos? ¿Cómo se llama tu primo favorito (prima favorita)?
5. ¿Están vivos (muertos) tus abuelos? ¿Cuántos años tienen? ¿Dónde viven?
6. ¿Tienes hermanos? ¿Están casados? ¿Tienes sobrinos? ¿Cómo se llaman?
7. ¿Estás casado/a? ¿Cómo se llama tu esposo/a? ¿Dónde viven tus suegros?
8. ¿Cuántos cuñados tienes? ¿Son simpáticos?
9. ¿Tienes hijos? ¿Cómo se llaman?
10. ¿Están casados tus hijos? ¿Cómo se llaman tus yernos/nueras? ¿Son simpáticos? ¿Tienes nietos? ¿Cuántos años tienen tus nietos?

Los hispanos hablan de su familia

A continuación, varios estudiantes hispanos describen a su familia. Lea sus comentarios y díganos, ¿piensa usted que hay muchas diferencias entre la familia hispana y la norteamericana? ¿Son similares?

RAÚL SAUCEDO: «Mi familia es bastante[1] grande... A veces, los domingos, nos vamos todos al Parque de Chapultepec a merendar. Siempre nos divertimos mucho».

ADRIANA BOLINI: «Afortunadamente, mis padres son mis mejores amigos. Con ellos tengo una relación estrecha[2] y sincera. Siempre recurro[3] a ellos cuando necesito algún consejo».

SILVIA BUSTAMANTE: «No hay vacaciones como las que paso con mis padres en Morelia.* Espero ansiosamente[4] el verano para regresar a verlos».

ROGELIO VARELA: «En mi familia somos muy unidos».

[1]*rather* [2]*close* [3]*I turn, go* [4]*anxiously*

———————

*Una ciudad colonial, capital del estado de Michoacán, México.

Las familias de estos jóvenes representan bastante bien a la familia hispana: Es grande y unida. El hispano prefiere hablar de sus problemas con el padre, la madre o un hermano antes que hablar con un amigo. «Un buen amigo», dice Rogelio Varela, «puede tratar de ayudarnos, pero nadie puede entendernos tan bien como un miembro de la familia».

La familia es un núcleo importante en la sociedad hispana. Y por lo general no consta solamente de los padres y los hijos: También están incluidos los abuelos. De hecho,[5] es normal encontrar a una tía, a un primo o a un sobrino viviendo en la casa familiar.

«Mi casa», explica Silvia, «nunca está vacía.[6] La puerta siempre está abierta para los amigos. Todos son parte de nuestra familia».

[5]De... *In fact*   [6]*empty*

Comprensión

A. ¿Quién diría lo siguiente, Rogelio (RO), Adriana (A), Raúl (RA) o Silvia (S)?

1. _____ «Mis padres son mis amigos».
2. _____ «Normalmente, veo a mis padres durante los veranos».
3. _____ «Nos gusta ir al parque los domingos».
4. _____ «Tengo una familia muy unida».
5. _____ «Nos divertimos mucho cuando nos reunimos».
6. _____ «Mi familia es grande».
7. _____ «Cuando tengo un problema, hablo con mis padres».
8. _____ «En mi casa siempre hay algún amigo».

B. ¿Cierto o falso? Si la oración es falsa, haga las correcciones necesarias para decir la verdad.

1. La familia hispana es pequeña; normalmente la forman los padres y los hijos.
2. La familia es muy importante en la sociedad hispana.
3. Los hispanos prefieren hablar de sus problemas con un amigo.
4. A veces hay tíos y primos que viven en la casa familiar.
5. La puerta de una casa hispana siempre está cerrada para los amigos y vecinos.

Ahora... ¡usted!

1. ¿Quiénes forman parte de una típica familia norteamericana?
2. ¿Cómo son sus relaciones con sus padres? ¿Con sus hermanos? ¿Qué le gusta hacer a usted con su familia? ¿Con quién prefiere usted hablar de sus problemas? ¿Por qué?

Un paso más...

Pregúnteles a cuatro o cinco compañeros/as de clase qué opinan de su familia. Luego escriba una composición titulada «Los estudiantes norteamericanos hablan de su familia».

EL MUNDO HISPANO... imágenes

La Alberca, España. La relación entre los mayores y los jóvenes es estrecha y especial, conversan e intercambian ideas. Los nietos escuchan los consejos[1] y los recuerdos[2] de sus abuelos. Y los abuelos disfrutan de[3] la juventud y las experiencias de sus nietos.

En la foto, la abuela viste a la nieta con un traje tradicional de la región.

[1]advice [2]memories [3]disfrutan... *enjoy*

La niñez

Lea Gramática 8.1–8.2.

Cuando Adela Martínez era niña, vivía en Guanajuato.

15, 16, 17...

Mis amigas y yo jugábamos al escondite en el parque.

Leía las tiras cómicas los domingos.

Saltaba la cuerda.

Mis amigas y yo jugábamos con nuestras muñequitas en el jardín de la casa.

Mi abuela y yo preparábamos la cena.

Jugaba al bebeleche en el patio de recreo de la escuela.

Actividad 3. La niñez de algunas personas famosas

¿Qué hacían estas personas famosas en su niñez? ¿A cuál(es) de estas personas le(s) atribuye usted las siguientes actividades?

Elizabeth Taylor, actriz
Fidel Castro, primer ministro de Cuba
Marie Curie, científica francesa
Cristóbal Colón, explorador/navegante

1. Soñaba con cambiar la sociedad.
2. Pensaba mucho en la ciencia.
3. Vivía en Cuba.
4. Jugaba con muñecas.
5. Vivía en Francia.
6. Navegaba.
7. Hablaba francés.
8. Soñaba con viajar.
9. Trabajaba en el cine.
10. Leía mucho.
11. Estudiaba danza.
12. Quería descubrir «nuevos mundos».
13. Montaba a caballo.
14. Hablaba español.
15. Estudiaba los mapas.
16. Se miraba con frecuencia en el espejo.
17. Soñaba con descubrir una nueva ruta a la India.

Actividad 4. ¡Viva el verano!

Mire el dibujo y piense en su niñez.

¿Hacía usted las mismas cosas que los niños de los dibujos? ¿Iba al cine? ¿Con quién? ¿Jugaba a la pelota? ¿Dónde? ¿Volaba un papalote? ¿Dónde? ¿Iba al zoológico? ¿Dónde? ¿Con quién? ¿Paseaba en bicicleta? ¿En el parque o en su barrio? ¿Tomaba helados? ¿Qué sabor prefería? ¿Qué otras cosas hacía durante el verano?

Panamá, Mar Caribe: villa de pescadores cerca de Isla Grande.

Actividad 5. Entrevista: La niñez

1. De niño/a, ¿vivías en una ciudad o en un pueblito?
2. ¿Qué te gustaba hacer? ¿Jugabas con muñequitas? ¿Con carritos?
3. ¿Tenías perro? ¿Cómo se llamaba?
4. ¿A qué escuela asistías? ¿Cómo era? ¿Recuerdas cómo se llamaba tu maestro favorito (tu maestra favorita)?
5. ¿Qué te gustaba hacer en la escuela? ¿Qué no te gustaba hacer?
6. ¿Tenías muchos amiguitos? ¿A qué jugaban en el recreo? ¿Al gato? ¿A la pelota? ¿Al escondite? ¿A la rayuela (Al bebeleche)?
7. ¿Qué hacías después de clases todos los días? ¿Jugabas? ¿Estudiabas?
8. ¿Hacías muchas cosas con tus padres? ¿Visitabas mucho a tus abuelitos? ¿Te divertías mucho con tus hermanitos?
9. ¿Ibas al cine con frecuencia? ¿Qué películas te gustaba ver?
10. ¿Qué hacías durante el verano? ¿Salías de vacaciones? ¿Tomabas clases?

LECTURA

¡Así piensan los niños!

En estos breves recortes (*clippings*) de la revista española *Ser padres* que se encuentran en la página 274, se narran tres anécdotas humorísticas de la infancia. ¿Recuerda usted algún concepto equivocado que tenía de niño/a? ¿Era una idea muy «adulta» que usted no comprendía bien?

NIÑA PRECAVIDA[1]

Mi hija Ana (3 años) bajó corriendo por una cuesta[2] muy empinada.[3] «¡Ten cuidado, que te vas a caer!»[4] exclamé al verla correr tan alocada.[5] «No te preocupes mamá, voy agarrada a los tirantes.»[6]

(*Lurdes Mejido, Badajoz*)

¡QUÉ DIVER![7]

María (3 años) y su amiga Patricia (5 años) estaban jugando en el jardín de nuestra casa. De pronto, María hizo una propuesta[8] sugerente: «¿Por qué no jugamos a que tú te escondes[9] detrás de ese árbol y yo te busco?»

(*Ana Isabel Fernández, Palma*)

[1]*cautious* [2]*hill* [3]*steep* [4]¡Ten... *Be careful, you're going to fall down!* [5]*crazily* [6]voy... *I'm hanging on to my suspenders* [7]*divertido* [8]*proposal* [9]te... *hide*

LÓGICA INFANTIL

Le dije a mi hija Conchita (4 años) que tenía que comer todo el arroz para hacerse grande[1] como papá y mamá. La pequeña se quedó pensativa[2] y después de un rato[3] me dijo: «Mami, yo tengo que comer para hacerme grande como papá y como tú, ¿verdad?» «¡Sí, mi niña!» exclamé, contenta de que por fin lo hubiese entendido.[4] «Oye —prosiguió—[5] ¿y vosotros para qué coméis?»

(*Conchita Palazón, Sardañola*)

[1]hacerse... *to become a big girl* [2]se... *looked thoughtful* [3]*while* [4]hubiese... *I had understood* [5]*she continued*

Comprensión

1. ¿Por qué está preocupada la mamá de Ana? Según Ana, ¿por qué no necesita preocuparse su mamá?
2. ¿A qué jugaban María y Patricia?
3. Según la madre de Conchita, ¿para qué tienen que comer los niños todo lo que sus padres les sirven?
4. ¿Por qué pregunta Conchita para qué comen sus padres?

Ahora... ¡usted!

1. ¿Recuerda algo chistoso que usted (o su hijo/a) dijo cuando tenía cuatro, cinco, seis o siete años? ¡Cuéntenos!
2. ¿A qué jugaba? ¿Con quién jugaba?
3. De niño, ¿qué comía usted con gusto? ¿Qué no comía nunca?
4. ¿Qué hacía usted cuando su madre le servía algo que a usted no le gustaba? ¿Siempre se servía postre en su casa?
5. ¿Comía usted en restaurantes con frecuencia? ¿Cuál era su favorito y qué pedía allí?

Un paso más...

Con su compañero/a, prepare una breve comedia en la que se presenta una experiencia cómica o interesante de la infancia. Luego hagan una representación (*performance*) para la clase.

La juventud

Lea Gramática 8.3–8.4.

doña Lola

Doña Lola era una joven muy bonita.

Bailaba con su novio en las fiestas.

Estudiaba todas las noches.

En la escuela siempre sabía la lección.

Tenía muchos amigos y amigas. Iba al cine con ellos.

Conoció a su mejor amiga, Rosita, cuando las dos tenían 8 años.

Quería casarse a los 15 años, pero su papá no quiso darle permiso.

Actividad 6. Descripción de dibujos

Mire los dibujos de la niñez de algunos de los estudiantes de la Profesora Martínez que se encuentran en la página 276. Descríbale a su compañero/a qué hacían estos jóvenes cuando eran niños. Él/Ella va a adivinar a qué dibujo se refiere.

LA NIÑEZ DE LOS AMIGOS NORTEAMERICANOS

LA NIÑEZ DE RAÚL

La familia hispana, como lo demuestra esta familia de Torreón, México, es generalmente grande y muy unida.

Actividad 7. Interacción: La escuela secundaria

Diga qué hacía usted en estas situaciones cuando era estudiante de la escuela secundaria.

1. Cuando no quería ir a la escuela,...
   a. decía: «Ay, estoy enfermo/a».
   b. iba al cine.
   c. jugaba con mi perro.
   d. ¿ _____ ?

2. Cuando mi madre no me permitía ver la televisión antes de hacer la tarea,...
   a. lloraba.
   b. hacía la tarea rápidamente.
   c. decía: «Pero hoy no tengo tarea».
   d. ¿ _____ ?

3. Cuando quería comprar ropa nueva y no tenía dinero,...
   a. le pedía dinero a mi padre (madre, abuelo, ¿ _____ ?).
   b. ahorraba dinero.
   c. trabajaba.
   d. ¿ _____ ?

4. Cuando quería salir con mis amigos y mi padre no me daba permiso,...
   a. me escapaba cuando todos estaban dormidos.
   b. discutía con mi padre.
   c. lloraba y gritaba.
   d. ¿ _____ ?

5. Cuando tenía que entregarle la tarea al profesor (a la profesora) y no la tenía,...
   a. la hacía rápidamente durante la clase.
   b. le decía: «Anoche no pude hacerla porque estaba enfermo/a».
   c. le preguntaba: «¿Teníamos tarea?».
   d. ¿ _____ ?

Y TÚ ¿QUÉ DICES?

Yo también.   ¿De veras?   ¡No lo creo!   ¡Qué buena idea!
Yo no, yo...   ¡Qué pícaro/a!   ¡Qué mentiroso/a!   ¿Y nunca tuviste problemas?

E1: Cuando mi madre no me permitía ver la televisión antes de hacer la tarea, hacía una parte y le decía: «Ya terminé».
E2: ¡Qué pícaro!

Actividad 8. Entrevista: La escuela secundaria

1. ¿Cómo se llamaba tu escuela secundaria?
2. ¿Vivías lejos de la escuela? ¿Cómo ibas a la escuela?

3. ¿Llegabas a la escuela a tiempo o llegabas tarde?
4. ¿Te quejabas de las tareas?
5. ¿Qué materia preferías? ¿Estudiabas mucho? ¿Sacabas buenas notas?
6. ¿Participabas en actividades deportivas? ¿Cuáles?
7. ¿Qué hacías después de las clases todos los días?
8. ¿Salías mucho con tus amigos/as? ¿Adónde iban?

EL MUNDO HISPANO... su gente

Nombre: Katia Capaldi
Edad: 22 años
País: Argentina

¿Cree que hay mucha diferencia entre los jóvenes de hoy y los de la generación de sus padres?

Sí, creo que hay diferencias. Por ejemplo, los jóvenes de la generación de mis padres se veían obligados a desarrollar[1] más su imaginación, al no tener tanta televisión u otras cosas que actualmente[2] ocupan parte de nuestro tiempo libre.

Con respecto a la relación entre padres e hijos, no era muy diferente a la del presente: informal y de confianza.[3] Tanto como ahora, los jóvenes se expresaban libremente y luchaban por sus ideales y principios.[4]

Nombre: Gregorio Merino Díaz
Edad: 32 años
País: Chile

Piense en su vida de hace cinco años. ¿Era muy diferente a su vida actual?

Hace cinco años mi vida era algo distinta de la actual. De partida,[5] aún no me casaba[6] y trabajaba como profesor en dos colegios. Vivía con mi hermana mayor y su familia. Ya estaba de novio[7] pero recién empezaba a concebir[8] seriamente la posibilidad de matrimonio con mi esposa. De hecho,[9] en esa época no nos imaginábamos siquiera[10] que tendríamos[11] una hijita tan linda como nuestra Francisquita, ni que un hijo pudiese[12] darnos tanta dicha.[13]

---

[1]se... *were forced to develop* [2]hoy [3]de... *based on trust* [4]*principles* [5]De... *Para empezar* [6]no... no estaba casado [7]estaba... *I had a serious relationship* [8]pensar en [9]De... *In fact* [10]*even* [11]*we would have* [12]*could* [13]alegría, felicidad

Actividad 9. Entrevista: Los veranos

1. Cuando eras más joven, ¿dónde pasabas los veranos? ¿Viajabas solo/a o con tus padres?
2. ¿Visitabas a tus parientes? ¿Qué hacías con ellos?
3. ¿Trabajabas? ¿Dónde? ¿Qué hacías? ¿Ganabas mucho dinero?
4. ¿Qué hacías por las tardes? ¿Por las noches? ¿Practicabas algún deporte?
5. Cuando empezaban las vacaciones, ¿pensabas que ibas a hacer muchas cosas? ¿Las hacías? ¿Por qué?
6. ¿Había cosas que querías hacer pero que tus padres no te permitían? ¿Recuerdas algunas? ¿Por qué no te permitían hacerlas? ¿Las hacías de todos modos?

Actividad 10. Drama: El esposo celoso

Este año se celebra una reunión de los estudiantes de la escuela secundaria a la que asistió Estela Ramírez. Desde que ella se graduó hace dieciocho años, casi no ve a ninguno de sus antiguos amigos. Estela llega a la reunión y se encuentra con su primer novio. Empiezan a hablar del pasado, de cómo eran las cosas en aquel entonces. El ex novio comienza diciendo, «Siempre eras la más bonita de toda la escuela... » ¡Ernesto, el esposo de Estela, se muere de celos!

Hagan ustedes los papeles de Estela, Ernesto y el ex novio y preparen un pequeño drama para presentarlo en clase.

Las experiencias y los recuerdos

Lea Gramática 8.5.

La profesora le preguntó a Esteban si tenía la tarea y él le dijo: «¡Ay, profesora, se me olvidó en casa!»

PROFESORA: Alberto, ¿por qué no llegó a tiempo a tomar el examen?
ALBERTO: Profesora, se me descompuso el carro y no pude repararlo.

Lan iba a comprar una blusa nueva, pero se le perdió su libro de química y tiene que comprar otro.

Nora iba a esquiar con sus amigos este fin de semana, pero no pudo porque se le rompieron los esquíes.

Actividad 11. ¿Qué pasó?

¿Qué les pasó a estas personas? ¿Le pasó alguna vez algo semejante a usted?

1. A Gustavo...   2. A Amanda...   3. A Ernesto y Estela...

4. A Ernestito...   5. A Amanda...

Actividad 12. Los accidentes y las experiencias

¿Recuerda algunos accidentes y experiencias desagradables que tuvo cuando era joven? Cuénteles los detalles a sus compañeros. Use frases como **se me olvidó, se me rompió, se me descompuso, se me cayó, se me perdió** y **se me escapó**.

1. Una vez, en una fiesta,...
2. En un viaje...
3. Un día, en la escuela secundaria,...
4. Un día, en casa...
5. La primera vez que fui a...

Actividad 13. Entrevista

Pregúntele a su compañero/a qué hacía a la edad de _____ . Compare lo que hacía con lo que hace actualmente.

MODELO: 10 años / ir al cine →
    Cuando tenías 10 años, ¿ibas mucho al cine? ¿Vas con frecuencia actualmente?

1. 14 años / ir a muchas fiestas
2. 7 años / jugar al béisbol (y practicar otros deportes) con tus amiguitos
3. 11 años / leer mucho
4. 8 años / pasar mucho tiempo con los abuelos
5. 17 años / trabajar después de las clases

Vocabulario

La familia y los parientes
Family and Relatives

el abuelito (la abuelita)	grandfather (grandmother)
el cuñado (la cuñada)	brother-in-law (sister-in-law)
la nuera	daughter-in-law
el sobrino (la sobrina)	nephew (niece)
el suegro (la suegra)	father-in-law (mother-in-law)
el tío (la tía)	uncle (aunt)
el yerno	son-in-law

REPASO: el padre, la madre, el hijo (la hija), el abuelo (la abuela), el nieto (la nieta), el primo (la prima)

Otras personas Other People

el científico (la científica)	scientist
el/la navegante	navigator

PALABRAS SEMEJANTES: el explorador (la exploradora), el primer ministro

Los verbos

ahorrar	to save (*money*)
cambiar	to change
comenzar (ie)	to begin
contar (ue)	to tell, narrate
dar permiso	to give permission
descubrir	to discover
discutir	to discuss; to argue
entregar	to hand in
gritar	to yell, shout, scream
había (haber)	there was/there were
jugar (ue) a la rayuela (bebeleche [*Mex.*])	to play hopscotch
jugar (ue) al escondite	to play hide-and-seek
jugar (ue) al gato	to play tag
llevarse bien	to get along well
morirse (ue, u) (de celos)	to die (of jealousy)
pelear	to fight

pensar en (ie)	to think about (*something/ someone*)
permitir(se)	to (be) allow(ed)
practicar un deporte	to play a sport
quejarse	to complain
recordar (ue)	to remember
sacar buenas/malas notas	to get good/bad grades
saltar la cuerda	to jump rope
volar (ue) una cometa (un papalote [*Mex.*])	to fly a kite

PALABRAS SEMEJANTES: atribuir, comparar, participar

Los accidentes Accidents

caerse	to fall down
se me cayó/cayeron	fell (from my hands)
se le cayó/cayeron	fell (from your/his/her hands)
descomponerse	to break down
se me descompuso/ descompusieron	broke down (on me)
se le descompuso/ descompusieron	broke down (on you/him/ her)
escaparse	to escape, run away
se me escapó/escaparon	escaped (from me)
se le escapó/escaparon	escaped (from you/him/ her)
irse	to go away, get away
se me fue/fueron	got away (from me)
se le fue/fueron	got away (from you/him/ her)
olvidarse	to forget
se me olvidó/olvidaron	slipped my mind
se le olvidó/olvidaron	slipped your/his/her mind
perderse (ie)	to get lost
se me perdió/perdieron	lost my . . .
se le perdió/perdieron	lost his/her/your . . .
romperse	to break
se me rompió/ rompieron	broke (on me)
se le rompió/rompieron	broke (on you/him/her)

Los sustantivos

el barrio	neighborhood
la caricatura	cartoon
el detalle	detail
el juguete	toy
la juventud	youth
la materia	subject (*school*)
el mundo	world
la muñeca (muñequita)	(little) doll
la niñez	childhood
el patio de recreo	school yard
la pelota	ball
el pueblo (pueblito)	(small) town
el recreo	recess
los recuerdos	memories
el sabor	flavor, taste
las tiras cómicas	comic strips

PALABRAS SEMEJANTES: la danza, el mapa, el problema, la ruta, la sociedad

REPASO: el amigo (amiguito), el carro (carrito)

Adjetivos

antiguo/a	old, antique
celoso/a	jealous
dormido/a	asleep
famoso/a	famous
muerto/a	dead
vivo/a	alive

Expresiones relacionadas con el tiempo
Expressions of Time

actualmente	at present, nowadays
¿Cómo era... ?	What were you/was he/she/ it like?
en aquel entonces	at that time
por primera vez	for the first time
una vez	once

Palabras y expresiones útiles

después de clases	after school
de todos modos	anyway
¡Qué mentiroso/a!	What a liar!
¡Qué pícaro/a!	What a rascal!

Gramática y ejercicios

8.1 Diminutives

The suffixes **-ito/a** and **-cito/a** are diminutives. They indicate smallness or affection.
hermanito = *little brother*
The use of diminutives varies greatly from country to country in the Hispanic world, and women and children tend to use diminutives more than men do.

The diminutive form of a noun usually denotes small size and/or a positive or affectionate attitude. English has a few common diminutives, like *doggie* and *kitty*, and some names have diminutive forms (*Bobby*, *Tommy*, *Susie*). But in Spanish most nouns and many adjectives have diminutive forms. The most common diminutive endings are **-ito/a** and **-cito/a**, which replace the **-o** or the **-a** ending.

mesa → mesita
carro → carrito
gordo → gordito/gordita

A mi **hermanito** le gusta jugar a las canicas.

My little brother likes to play with marbles.

Usually, words that end in **-o** or **-a** form their diminutives with **-ito/a**; others most often add **-cito/a** to the whole word.

pobre → pobrecito/pobrecita
avión → avioncito
pantalones → pantaloncitos

Notice that **poco/a** undergoes a slight spelling change when the diminutive suffix is added: **poquito/a**.

Ejercicio 1

Los parientes de Ernestito le regalaron muchas cosas en Navidad. Diga qué regalos recibió Ernestito, sin usar un diminutivo.

MODELO: Su papá le regaló un carrito. → Ernestito recibió un carro.

1. Su abuela le regaló zapatitos.
2. Sus hermanas le regalaron un avioncito.
3. La tía Sara le regaló pantaloncitos.
4. Sus padres le regalaron un perrito.
5. Su primo Gustavo le regaló un sombrerito.

Ejercicio 2

Los mexicanos son famosos por su uso de los diminutivos. Complete la conversación de Estela con Viviana, usando diminutivos.

ESTELA: Pasa, Viviana. Te invito a tomar un _____ (*café*).
VIVIANA: Gracias. Sólo puedo quedarme un _____ (*rato*).
ESTELA: ¿Por qué tan _____ (*poco*) tiempo?
VIVIANA: Tengo al nene _____ (*enfermo*) y no me gusta dejarlo _____ (*solo*).
ESTELA: ¡Claro que no! ¡ _____ (*pobre*)! Tal vez le gustarían algunos juguetes, este _____ (*carro*) y este _____ (*avión*).
VIVIANA: Gracias. Voy a decirle que son _____ (*regalos*) de su amigo Ernestito.

8.2.   Past Habitual Actions: The Imperfect Tense

A. The Spanish imperfect is used to describe actions that occurred repeatedly or habitually in the past. To express the same idea, English often uses the phrases *used to* or *would*, or just the simple past.

> The imperfect often means *used to*.
>
> **De niña, nadaba todos los días en el verano.**
> *As a child, I used to swim every day in the summer.*

¿A qué hora te **levantabas** aquel verano?

What time { *did you* / *did you used to* / *would you* } *get up that summer?*

Siempre me **levantaba** a las 9:00.

I always { *got up* / *used to get up* / *would get up* } *at 9:00.*

B. There are two patterns of endings for the imperfect: for **-ar** verbs, the **-aba** endings, and for **-er/-ir** verbs, the **-ía** endings.*

	manejar	**comer**	**vivir**
(yo)	manej**aba**	com**ía**	viv**ía**
(tú)	manej**abas**	com**ías**	viv**ías**
(usted, él/ella)	manej**aba**	com**ía**	viv**ía**
(nosotros/as)	manej**ábamos**	com**íamos**	viv**íamos**
(vosotros/as)	manej**abais**	com**íais**	viv**íais**
(ustedes, ellos/as)	manej**aban**	com**ían**	viv**ían**

Mis hermanos **comían** mucho cuando **visitábamos** a nuestros abuelos.

My brothers used to eat a lot when we visited (would visit) our grandparents.

¿Qué **hacía** Raúl los domingos cuando **estaba** en la secundaria? —**Jugaba** al tenis con sus amigos.

What did Raúl used to do on Sundays when he was in high school? —He used to play tennis with his friends.

---

*Recognition: In the imperfect, the **vos** form is identical to the **tú** form: **tú/vos manejabas, comías, ibas**, etc.

C. Only three verbs are irregular in the imperfect.

Only **ir**, **ser**, and **ver** are irregular in the imperfect.

	ir	ser	ver
(yo)	iba	era	veía
(tú)	ibas	eras	veías
(usted, él/ella)	iba	era	veía
(nosotros/as)	íbamos	éramos	veíamos
(vosotros/as)	ibais	erais	veíais
(ustedes, ellos/as)	iban	eran	veían

Te **veía** más cuando trabajabas en esta oficina.	*I used to see you more when you worked in this office.*
Cuando **era** muy joven, **íbamos** a la finca y mi padre me llevaba en su caballo.	*When I was very young, we used to go to the farm and my father would let me ride with him on his horse.*

Ejercicio 3

¿Qué hacían estas personas de niños?

MODELO: jugar mucho al tenis / Leticia → Leticia jugaba mucho al tenis.

1. montar en bicicleta / Gustavo
2. jugar con muñecas / Amanda y yo
3. leer las tiras cómicas del periódico los domingos/ Margarita
4. bañarse en el mar en Acapulco / doña Lola y doña Rosita
5. comer muchos dulces / don Eduardo
6. limpiar su recámara / Estela
7. pasar las vacaciones en Acapulco / la familia Ramírez
8. escuchar música rock / Pedro Ruiz
9. ver dibujos animados en la televisión / Ernesto
10. cuidar el jardín / el abuelo de Margarita

Ejercicio 4

Complete cada oración de la página 286 con una forma del imperfecto y luego indique a qué dibujo corresponde.

MODELO: Ya no monta a caballo mucho, pero antes <u>montaba</u> a caballo todos los fines de semana.

a. _____ Ya no juegan a las cartas, pero antes _____ todas las tardes.
b. _____ Antes _____ a misa todos los domingos, pero ya no van mucho.
c. _____ De niña _____ la cuerda, pero ya nunca salta la cuerda.
d. _____ Ya no se pelea con sus hermanas, pero antes _____ mucho con ellas.
e. _____ Ya no llora tanto cuando ve películas tristes, pero de adolescente _____ mucho.
f. _____ Ya no lo hago mucho, pero antes _____ .

8.3   Describing the Past: The Imperfect and Past (Preterite) of "State" Verbs

Verbs of state do not express action—for example, *to want, to have.* When talking about the past, they are usually in the imperfect.

A. Some verbs express actions (*run, jump, eat*); others express states (*want, have, be, can*). In the narration of a past event, verbs describing states are usually given in the imperfect.

¿Gustavo, **sabías** la respuesta de la cuarta pregunta? —**Sabía** una parte pero no toda.

¿Qué **querías** hacer? —**Quería** ir al cine.

¿Por qué no **podías** ir? —Porque no **tenía** dinero.

Gustavo, did you know the answer to the fourth question? —I knew part of it, but not all.

What did you want to do? —I wanted to go to the movies.

Why couldn't you go? —Because I didn't have any money.

B. When Spanish speakers use state verbs in the past (preterite) tense, they usually do so to convey that the state came to an end. English speakers often use completely different verbs to express that meaning. Compare the English equivalents of the following verbs of state in the imperfect and the past.

IMPERFECT		PAST (PRETERITE)	
sabía	I knew	supe	I found out
no sabía	I didn't know	no supe	I never knew
conocía	I was acquainted with	conocí	I met
tenía	I had	tuve	I had; I received
quería	I wanted	quise	I wanted (and tried)
no quería	I didn't want	no quise	I refused
podía	I was able, could	pude	I could (and did)
no podía	I wasn't able, couldn't	no pude	I (tried and) couldn't

(**yo**) **sabía** = I knew
(**yo**) **supe** = I found out

¿**Supiste** lo que les pasó a Graciela y a Amanda? —No, no **supe** nada. ¿Qué les pasó?

¿Por qué no **pudiste** terminar? —**No quise** terminar, porque me cansé mucho.

Did you find out what happened to Graciela and Amanda? —No, I didn't find out (never heard) anything. What happened?
Why weren't you able to finish? —I didn't try to finish, because I got very tired.

When used to express *was/ were*, **ser** and **estar** are usually in the imperfect.

C. The verbs **ser** and **estar** are usually used in the imperfect; they are used in the past only when the state has explicitly come to an end within a specified amount of time.

	IMPERFECT		PAST (PRETERITE)	
ser	era	I was	fui	I was
estar	estaba	I was	estuve	I was

¿Cómo **eras** de niño? —Yo **era** muy tímido.
¿Cuánto tiempo **fuiste** presidente del club? —**Fui** presidente seis años.
¿Dónde **estaban** tus padres anoche? —**Estaban** con los abuelos.
¿Cuánto tiempo **estuvieron** en España? —**Estuvimos** allí de mayo a julio.

What were you like as a child? —I was very shy.
How long were you president of the club? —I was president for six years.
Where were your parents last night? —They were with my grandparents.
How long were you in Spain? —We were there from May to July.

Ejercicio 5

Complete las oraciones según el modelo. Use el imperfecto en todos los verbos.

> MODELO: Ahora no soy tímido, pero de niño era muy tímido.

1. Ahora Gustavo tiene 16 años, pero cuando tú lo conociste _____ sólo 10 años.
2. Ahora sé muy bien las respuestas, pero esta mañana, cuando tomé el examen, no las _____ .
3. Ahora conocemos muy bien a doña Rosita, pero hace un año no la _____ .
4. Ahora Leticia es actriz, pero yo recuerdo cuando _____ secretaria.
5. Ahora Leticia Reyes está aquí en México, pero el verano pasado _____ en Hollywood.

Ejercicio 6

A. Use la forma apropiada del imperfecto de estos «verbos de estado»: **tener, querer, estar, ser, conocer, saber, poder.**

1. Luis _____ sólo 10 años cuando viajó a Colombia.
2. Einstein _____ un joven muy inteligente, pero sacaba malas notas.
3. Yo no _____ a tu hermano. ¡Qué guapo es!
4. (Nosotros) _____ comprar un carro nuevo pero no _____ dinero. Ahora, por fin tenemos suficiente dinero.
5. ¿Dónde _____ (tú) esta mañana?
6. Ayer almorcé a las 11:00 porque _____ mucha hambre.

B. Use la forma apropiada del pretérito de estos «verbos de estado»: **saber, tener, conocer, poder, querer.**

1. Ayer _____ que el hijo mayor de mi vecino es adoptado.
2. Hoy no fui a trabajar porque no dormí anoche. Toda la noche _____ un dolor de cabeza horrible.
3. ¡Qué simpático es el esposo de Margarita Ruiz! Lo _____ anoche en la fiesta.
4. Ah, sí, la fiesta de fin de año... Los Ruiz me invitaron pero yo no _____ ir. ¡A mí no me gustan las fiestas!
5. Ayer fui al parque con mis hijos; traté de patinar con ellos pero no _____ . ¡Me estoy poniendo viejo!

8.4.   The Imperfect of *ir* + *a* + Infinitive

Recall from **Gramática 1.1** that the present tense of **ir** + **a** + an infinitive is used to express future actions.

> Amanda, ¿**vas a llamar** a Ramón esta noche?   *Amanda, are you going to call Ramón tonight?*

The imperfect of **ir** (iba, ibas, iba, íbamos, ibais, iban) can be used in this construction to express past intentions (*was/were going to do something*).

---

va a + infinitive = *he/she/you* (form.) *is* (*are*) *going to*

Paula va a comprar un coche. = *Paula is going to buy a car.*

iba a + infinitive = *I/he/she/ you* (form.) *was* (*were*) *going to*

Iba a viajar por Europa pero tuve que trabajar. = *I was going to travel through Europe but I had to work.*

Íbamos a esquiar el jueves, pero ahora dicen que va a llover.	*We were going to ski on Thursday, but now they say it's going to rain.*
Inés y Bernardo **iban a pasar** el día en el parque, pero decidieron visitar las pirámides.	*Inés and Bernardo were going to spend the day at the park, but they decided to visit the pyramids.*

The imperfect of **querer** and **pensar** + *infinitive* is similar in meaning.

Quería acampar en las montañas este verano, pero resulta que tengo que trabajar.	*I wanted (was hoping) to go camping in the mountains this summer, but it turns out I have to work.*
Carmen **pensaba pasar** el verano en España, pero no ahorró suficiente dinero.	*Carmen was thinking about (was planning on) spending the summer in Spain, but she didn't save enough money.*

Ejercicio 7

Invente una excusa. Use **iba** + **a** + infinitivo, seguido de su excusa.

MODELO: —¿Por qué no me llamaste anoche?
—Iba a llamarte, pero llegué a casa muy tarde.

1. ¿Por qué no viniste en tu carro anoche?
2. ¿Por qué no trajiste flores?
3. ¿Por qué no me compraste un regalo?
4. ¿Por qué no cenaste con nosotros?
5. ¿Por qué no fuiste al «Baile de los Enamorados»?
6. ¿Por qué no me dijiste que no sabías bailar?

8.5. Unplanned Occurrences: *se*

This construction will take some time to acquire.

Use the pronoun **se** + *verb* to describe unplanned occurrences such as forgetting, dropping, leaving behind, and breaking.

¿Qué le pasó al coche? —**Se** descompuso.	*What happened to the car? —It broke down.*
¿Qué le pasó al vaso? —**Se** cayó y **se** rompió.	*What happened to the glass? —It fell and broke.*

If a person is involved, he or she is referred to with an indirect object pronoun: **me, te, le, nos, os, les**.

Se me olvidó el libro.	*I forgot the book.*
A Ernestito **se le** perdió la pelota.	*Ernestito lost the ball.*

If the object involved is plural, the verb must also be plural.

Se me **quedaron los libros** en casa.	*I left my books at home.*

Ejercicio 8

Mire los dibujos y diga qué les pasó a estos objetos.

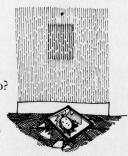

MODELO: —¿Qué le pasó al cajero automático?
—¡Se descompuso!

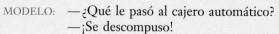

1. —¿Qué le pasó al perrito?

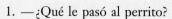

2. —¿Qué les pasó a los lentes?

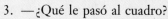

3. —¿Qué le pasó al cuadro?

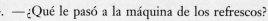

4. —¿Qué le pasó a la máquina de los refrescos?

Ejercicio 9

¿Qué les pasó a estas personas? Describa las escenas.

MODELO: romper / botella / Esteban →
A Esteban se le rompió la botella.

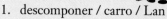

1. descomponer / carro / Lan
2. caer / espejo / Carmen
3. olvidar / libro de español / en el salón de clase / profesora Martínez
4. quedar dentro de la casa / llave / Ernesto y Estela
5. perder / libro de matemáticas / Luis y Alberto

La geografía, el transporte y el medio ambiente

▼▼▼▼▼▼▼▼▼▼▼▼▼▼▼▼▼▼▼▼

METAS

In **Capítulo 9** you will talk about places you have traveled to, including their geography and climate. You will also discuss transportation, in particular automobile travel. Finally, you will learn to comment on environmental problems.

Cuzco, Perú

ACTIVIDADES ORALES Y LECTURAS

La geografía y el clima

El mundo hispano... su gente

El mundo hispano... imágenes

Lectura: Un terremoto

Los medios de transporte

Lectura: Iberia, la aerolínea española

Viajando en automóvil

Nota cultural: SEAT—La asistencia en la carretera

La ecología y el medio ambiente

GRAMÁTICA Y EJERCICIOS

9.1 The Present Perfect: "Have You Ever . . . ?"

9.2 **Por** and **para:** *By, Through,* Destination, and Time (Part 1)

9.3 Describing Actions: Adverbs

9.4 Exclamations with **qué, cuánto**

9.5 **Hace** + Time: "How Long Have You . . . ?"

9.6 Expressing Reactions: Verbs Like **gustar**

Actividades orales y lecturas

La geografía y el clima

Lea Gramática 9.1.

Actividad 1. Definiciones: La geografía

1. la selva
2. el río
3. la montaña
4. el lago
5. la playa
6. el desierto
7. la península
8. la isla
9. el valle
10. la bahía

a. porción de tierra rodeada completamente de agua
b. espacio entre dos montañas
c. parte de arena a la orilla del mar
d. lugar árido, a veces con mucha arena
e. porción de tierra rodeada de agua pero unida a tierra firme por un lado
f. entrada del mar en la costa, más pequeña que un golfo
g. extensión de agua rodeada de tierra
h. lugar donde llueve mucho y hay mucha vegetación
i. elevación considerable del terreno
j. corriente de agua que generalmente corre hacia el mar

Actividad 2. Entrevista: ¿Adónde has viajado?

1. ¿Has pasado algún tiempo en las montañas? ¿Dónde? ¿Qué hiciste allí? ¿Te gustó?
2. ¿Vives cerca del mar? ¿Cuántas veces has ido al mar/a la playa durante los últimos seis meses? ¿Cómo estaba el agua? ¿Muy fría?
3. ¿Conoces algún lago cerca de donde tú vives? ¿Cómo se llama? ¿Qué puedes hacer allí? ¿Vas con frecuencia? ¿Por qué?
4. ¿Has ido alguna vez al desierto? ¿Dónde? ¿Cuándo? ¿Qué hiciste allí?
5. ¿Has visto una selva? ¿Dónde? ¿Te gustó?
6. ¿Viste algunos ríos en tu último viaje? ¿Cómo se llama el río más grande que has visto? ¿Qué te gusta hacer en un río?

Actividad 3. El pronóstico del tiempo

Busque la información en este anuncio de un periódico de Tampico, México.

°C		°F	
hace mucho calor	45°	110°	
	40°	100°	
	35°	90°	
hace calor	30°	80°	
	25°		
hace fresco	20°	70°	
	15°	60°	
	10°	50°	
hace frío	5°	40°	
	0°	30°	
	-5°	20°	
hace mucho frío	-10°	10°	
	-15°	0°	
	-20°		

La temperatura de la semana: Tampico

LUNES. Se anticipa un día de calor con una temperatura máxima de 30° C (grados centígrados) y una mínima de 18° C.

MARTES. Neblina por la costa en la mañana, pero se anticipa un día de mucho calor. La temperatura máxima va a llegar a 35° C. En la noche la temperatura va a bajar a 20° C.

MIÉRCOLES. Se pronostica un día fresco, parcialmente nublado. La temperatura máxima durante el día será de 22° C y la mínima esta noche será de 14° C.

JUEVES. Un día soleado pero va a hacer más frío que ayer. Temperatura máxima de 19° C, mínima de 15° C.

1. ¿Qué día va a ser el más caluroso?
2. ¿Cuál va a ser la noche más fría?
3. ¿Va a llover esta semana?
4. ¿Qué día va a estar nublado?
5. ¿Va a haber neblina? ¿Dónde? ¿Qué día?
6. ¿Ha visto el pronóstico de hoy para la ciudad donde vive? ¿Qué se pronostica?

Actividad 4. Descripciones del tiempo

Use estas palabras para completar las siguientes oraciones: **escarcha, nubes, truenos, viento, humedad, tormenta, neblina, fresco, llovizna.**

1. Después de los relámpagos, casi siempre vienen los _____ .
2. Si baja la temperatura por la noche, puede aparecer _____ en las ventanas y en los techos.
3. Antes de una _____ , las _____ cubren el sol.
4. Una lluvia ligera también se llama _____ .
5. Cuando hace mucho _____ , la gente pierde el sombrero.
6. En las zonas tropicales hay mucha _____ .
7. Hay que manejar lentamente cuando hay mucha _____ .
8. Cuando la temperatura está a 18° C, hace _____ .

EL MUNDO HISPANO... su gente

Nombre: Claudia Hernández Alarcón
Edad: 35 años
País: España

¿Cómo es el clima en la ciudad donde vive? ¿Ha cambiado el clima últimamente? ¿Por qué?

En la ciudad donde vivo, que es Madrid, decimos «tres meses de invierno y nueve de infierno[1]», pero llevamos varios años que todas las estaciones son menos crudas.[2] Apenas[3] nieva y el verano no es tan fuerte. Ya no caen esas heladas[4] que hasta los cristales (de las ventanas) se nos llenaban de

EL OCÉANO ATLÁNTICO

• Madrid

España

EL MAR MEDITERRÁNE

[1]*hell* [2]*harsh* [3]*Barely* [4]*frosts*

hielo por dentro de las casas. A mí se me han llegado a helar los garbanzos echados al agua.[5] El verano no es tan riguroso; sólo hace calor fuerte veinte días. A mí la estación del año que más me ha gustado en mi ciudad ha sido el otoño por el color de miel de los árboles. Los atardeceres[6] daban la sensación de dulzones[7] y más si llovía por las tardes. Pero ya los otoños no son como antes, pues se han perdido muchos bulevares[8] con los árboles tan preciosos[9] que tenían, y en su lugar han hecho grandes avenidas para los coches.

[5]A ... *The garbanzos I had soaking literally froze in the water.*   [6]*late afternoon, dusk*   [7]*softness*   [8]*boulevards*
[9]*beautiful*

Parque del Retiro, Madrid: «El otoño es hermoso por el color de miel de los árboles...»

Actividad 5. Entrevista: Mis actividades y el tiempo

1. ¿Qué te gusta hacer cuando hace calor (frío, viento, mal tiempo)?
2. ¿Qué haces cuando llueve (nieva, hace buen tiempo, hay relámpagos y truenos)?
3. ¿Qué estación prefieres? ¿Por qué? ¿Qué te gusta hacer en el verano? ¿En el invierno?
4. ¿Has vivido en un lugar muy húmedo? ¿En un lugar muy seco? ¿Dónde? ¿Te gustó? ¿Por qué?
5. ¿Has estado alguna vez en un huracán? ¿Qué pasó?
6. ¿Has manejado alguna vez por la carretera en la neblina? ¿Tenías miedo?
7. ¿Has visto un tornado alguna vez? ¿Dónde? ¿Hubo daños?
8. ¿Has pasado por una tormenta en avión? ¿Dónde? ¿Te dio mucho miedo?

El lago de Nicaragua, al sur de Nicaragua, cerca de la frontera con Costa Rica. En Nicaragua, como en otros países del Caribe, la Navidad se asocia con el invierno. En los países al sur de la línea ecuatorial, como Argentina, la Navidad es una época de calor y clima veraniego.

EL MUNDO HISPANO... imágenes

Algunos países, como Guatemala, tienen solamente dos estaciones: la estación de las lluvias y la estación seca. En la Ciudad de Guatemala, por ejemplo, normalmente no llueve en los meses de noviembre a abril. Por su altura (aproximadamente 1500 metros), hace fresco por las noches y sol durante el día. En los meses de lluvia, de mayo a octubre, puede hacer buen tiempo por la mañana y llover por una o dos horas por la tarde. Muchos llaman a Guatemala «la tierra de la eterna primavera».

Tikal, Guatemala

LECTURA

Un terremoto

Este es un artículo del periódico chileno *La estrella*. Trata de un terremoto que no tuvo consecuencias trágicas, pero que sí asustó a muchas personas. ¿Ha estado usted en un terremoto? ¿Cómo reaccionó?

Pánico provocó sismo[1] en la Tercera Región

COPIAPÓ, CHILE. Escenas de pánico y confusión se vivieron esta mañana en Copiapó como consecuencia de un sismo que alcanzó[2] 6 grados en la escala de Richter. Según se informó en la Dirección Regional de Emergencia de la provincia, el temblor se registró a las 5 de la mañana con 12 minutos. En Vallenar tuvo una intensidad de 5 a 6 grados, y en Chañaral de 3 a 4.

El movimiento telúrico[3] estuvo acompañado de fuertes

[1]*earthquake*   [2]*attained, reached*   [3]*de la tierra*

ruidos subterráneos, que causaron pánico entre la población. Muchas personas abandonaron sus hogares[4] esperando posteriores réplicas[5] que no se produjeron. No se registraron heridos[6] ni destrucciones en viviendas, aunque algunas casas antiguas resultaron con grietas[7] o pequeños desmoronamientos.[8]

Carabineros informó en Vallenar que, hasta este mediodía, no se tenía conocimiento de des-gracias[9] personales ni de derrumbes.[10] Tampoco había informaciones en tal sentido desde pueblos ubicados[11] al interior. «La situación es totalmente normal», se informó.

Vecinos agregaron que «más que el movimiento fue el gran ruido el que asustó a la gente; parecía una avalancha».

---

[4]casas [5]posteriores... *aftershocks* [6]*wounded* [7]*cracks* [8]*crumbling, breaks* [9]*misfortunes* [10]*landslides* [11]situados

Comprensión

Imagínese que usted es el gobernador de Copiapó y ahora tiene que mandar un informe sobre el terremoto al presidente de Chile.

1. Lugar exacto y hora del terremoto: _____
2. Grados en la escala de Richter: _____
3. ¿Hubo víctimas? _____
4. ¿Destruyó residencias? _____
5. ¿Destruyó edificios comerciales? _____
6. Describa la situación en este momento: _____

Ahora... ¡usted!

1. Si usted ha vivido la experiencia de estar en un terremoto, descríbala. ¿Sabe cuántos puntos marcó en la escala de Richter? ¿Qué daños causó?
2. En 1985 la Ciudad de México sufrió un terremoto devastador. En 1989, en la región del norte de California hubo también un terremoto que causó mucho daño. ¿Estuvo usted presente? ¿Estuvo algún miembro de su familia o algún amigo?
3. Mencione otros dos casos (año y lugar) de terremotos destructivos.

Un paso más...

1. ¿Qué fenómenos naturales afectan el área donde usted vive? ¿Cómo se prepara usted para protegerse?
2. Mencione las ciudades, los estados o las regiones de su país que se ven afectados por los siguientes fenómenos.

FENÓMENOS	CIUDADES O REGIONES
terremotos	_____
huracanes	_____

FENÓMENOS	CIUDADES O REGIONES
tornados	
lluvias fuertes	
sequías	
nevadas	
inundaciones	

Los medios de transporte

Lea Gramática 9.2–9.3.

Se puede viajar cómodamente por avión.

Salimos ahora para España.

Los trenes en Suiza salen y llegan puntualmente.

Hicimos una gira en bicicleta por dos semanas.

Hoy salimos. Tenemos que estar en Madrid para el lunes.

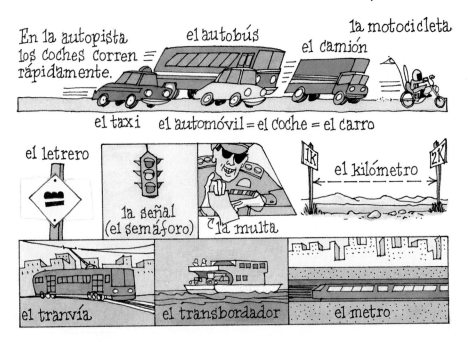

Actividad 6. Definiciones: El transporte

1. el avión
2. el autobús
3. el barco
4. la bicicleta
5. el automóvil
6. el tren

a. vehículo aéreo
b. medio de transporte que tiene vagones y una loco-motora
c. vehículo de dos ruedas que no usa gasolina
d. vehículo para el transporte personal o familiar
e. vehículo de ocho ruedas que puede transportar de 30 a 80 personas
f. medio de transporte que flota en el agua

Actividad 7. Entrevista: El transporte

1. ¿Usas mucho el autobús? ¿Por qué?
2. De niño/a, ¿viajabas mucho en auto con la familia? ¿Adónde? ¿Te gustaba hacer viajes con tu familia?
3. ¿Has viajado por tren? ¿Adónde fuiste? ¿Te gusta viajar por tren? ¿Por qué (no)?
4. ¿Montas mucho en bicicleta? ¿Por qué (no)? ¿Montabas mucho en bicicleta de niño/a?
5. ¿Has montado alguna vez en motocicleta? ¿Te gustó? ¿Llevas casco cuando montas en moto? ¿Crees que es peligroso no usar casco?
6. ¿Has viajado por avión? ¿Adónde has ido? ¿Te gusta viajar por avión? ¿Por qué (no)? ¿Crees que es peligroso viajar por avión? ¿Por qué (no)?
7. ¿Has viajado en barco? ¿Adónde fuiste? ¿Te gustó el viaje? ¿Era grande o pequeño el barco? ¿Te mareas cuando viajas por barco?

LECTURA

Iberia, la aerolínea española

¿**H**a viajado usted por avión? ¿Adónde fue? ¿Le gusta usar este medio de transporte? ¿Por qué (no)? Aquí tiene un anuncio de la aerolínea más importante de España. Léalo y díganos, ¿le gustaría viajar en un avión de Iberia? ¿Lo ha hecho ya (*already*)? ¿Cómo le fue?

©STRICKLER/MONKMEYER

IBERIA

¡Volamos por el mundo adonde todo el mundo quiere volar!

IBERIA PRESENTA SERVICIO «CABINA ANCHA» A MADRID 5 DÍAS A LA SEMANA.

Bienvenido a bordo del nuevo 747 de Iberia. El avión de «cabina ancha» más avanzado tecnológicamente ahora está volando sin escala 5 días a la semana a las 6:10 P.M. de San Juan a Madrid.

El 747 vuela suave y silenciosamente. La «cabina ancha» le ofrece más espacio para usted y su equipaje de mano. Y como siempre, usted disfruta del servicio y la hospitalidad que son tradicionales de Iberia... tanto en la lujosa primera clase como en la acogedora económica. Cuando usted quiera viajar a Madrid, o a cualquier ciudad de España, llame a su agente de viajes para que le reserve un asiento en el fabuloso 747 de Iberia.

Comprensión

¿Son ciertas o falsas estas afirmaciones? Sin son falsas, diga por qué.

1. La cabina del avión 747 es estrecha.
2. Los vuelos a Madrid salen todos los días a las 6:10 de la tarde.
3. El 747 es ruidoso pero muy rápido.
4. Usted no puede llevar equipaje de mano a bordo.
5. A bordo del avión usted disfruta del servicio y la hospitalidad tradicionales de esta compañía.
6. La clase económica es lujosa.

Ahora... ¡usted!

¿Recuerda usted la primera vez que viajó en avión? ¿Adónde fue? Describa su experiencia. ¿Le gustó? ¿Qué sintió? Si no ha viajado en avión, ¿le gustaría hacerlo?

Viajando en automóvil

Lea Gramática 9.4–9.5.

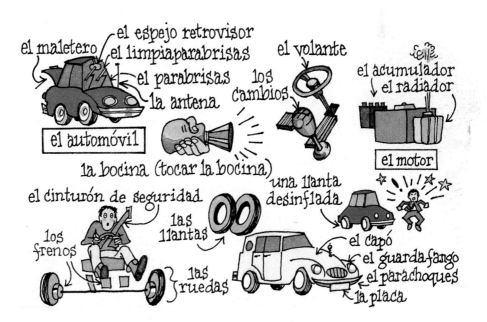

¡Qué auto más hermoso!

¡Cuánto tránsito hay hoy en la autopista!

—¿Cuánto hace que sabes manejar?
—Hace más de cinco años que sé manejar.

Actividad 8. Definiciones: Las partes del coche

1. los frenos
2. el limpiaparabrisas
3. el volante
4. la bocina
5. la placa
6. los asientos
7. el acumulador
8. la antena
9. el parabrisas
10. el radiador

a. Se usan para sentarse.
b. Protege a los pasajeros del viento.
c. Se usa cuando llueve.
d. Se usa para manejar el coche.
e. Se toca para llamar la atención de los peatones y otros choferes.
f. Tiene los números para identificar el coche.
g. Recibe la señal de la radio.
h. Da energía para las luces y el arranque.
i. Guarda agua para enfriar el motor.
j. Se usan para parar el coche.

Actividad 9. Cómo mantener su auto en buenas condiciones

¿Con qué frecuencia se debe hacer estas actividades relacionadas con el carro?

MODELO: Se debe *lavar el carro cada semana.*

MANTENIMIENTO
1. revisar la presión de las llantas
2. revisar el líquido de la transmisión
3. revisar el aceite
4. agregarle líquido al recipiente de agua para el limpiaparabrisas
5. revisar el acumulador
6. ponerle gasolina al tanque
7. pasar la aspiradora en el interior
8. encerar el auto
9. ¿ ____ ?

FRECUENCIA
a. todos los días
b. cada semana
c. dos veces al mes
d. cada mes
e. cada tres meses
f. cada seis meses
g. una vez al año
h. cuando es necesario
i. de vez en cuando
j. ¿ ____ ?

NOTA CULTURAL

SEAT: La asistencia en la carretera

¿Ha tenido usted problemas con su coche en la carretera? ¿Qué hizo? ¿Lo reparó usted mismo/a? ¿Llamó a un club de automovilistas? En este anuncio se describe un servicio para las personas que viajan en coche por España. ¿Le parece un buen servicio?

Sí piensa hacer un viaje —

corto o largo — no necesita preocuparse por su coche. Uno de los 250 talleres-rodantes[1] de **SEAT** puede resolverle cualquier problema. Circulan diariamente, y sobre todo durante las vacaciones veraniegas,[2] domingos y días festivos.[3] Los talleres-rodantes pasan por todas las carreteras de España y reparan cualquier coche. Usted no necesita tener un **SEAT** para obtener nuestro servicio. La mano de obra[4] es gratis . . .

¡Así sus vacaciones van sobre ruedas!

[1]*auto shops on wheels* [2]de verano [3]de fiesta, feriados [4]mano... *labor*

Comprensión

Forme oraciones con las frases de ambas columnas.

1. En el servicio de SEAT se incluye...
2. Se usa el taller-rodante cuando...
3. En todas las carreteras de España...
4. Los talleres-rodantes de SEAT reparan...
5. Hay talleres-rodantes todos los días...

a. y especialmente durante los días festivos.
b. su coche se descompone en el camino.
c. solamente el costo de las piezas (*parts*).
d. también coches de otras marcas.
e. se encuentran los talleres-rodantes de SEAT.

Ahora... ¡usted!

1. ¿Tiene usted su propio carro? ¿Qué hace cuando se le descompone? ¿Lo lleva a un taller de reparaciones? ¿Lo repara usted mismo/a?
2. ¿Considera que este servicio de talleres-rodantes es una buena idea? ¿Hay un servicio similar en la ciudad donde usted vive? ¿Lo ha usado?
3. Cuando usted viaja a otras ciudades, ¿normalmente alquila un carro? ¿Por qué (no)?

Actividad 10. Anuncios comerciales: Coches pequeños

Lea este anuncio y hágale preguntas a su compañero/a.

MODELO: E1: ¿Cuántas marchas tiene *el Renault*?
          E2: Tiene *cuatro*.

¿Cuántas marchas (Cuántos cambios) tiene el... ?
¿Qué clase de combustible usa el... ?
¿Cuál es la velocidad máxima de un... ?
¿Cuánto cuesta un... ?

Coches pequeños (1)
Hasta 1.200.000 pesetas

Marca y modelo	Cilindrada (c.c.)	Potencia (CV)	Velocidad máxima (km/h)	Tracción	Núm. de marchas	Combustible	Precio
Renault 4	1.108	38	120	D	4	N	725.215
Seat Marbella L	903	40	117	D	4	N	819.724
Ford Fiesta 1.1	1.117	50	146	D	5	S	857.500
Renault 5C	1.108	38	135	D	4	S	909.292
Opel Corsa 1.0	993	45	142	D	4	S	919.334
Seat Ibiza Street	903	44	132	D	4	N	936.995
Volkswagen Polo Bunny	1.043	40	143	D	4	N	960.044
Fiat Uno 45S Fire	999	45	146	D	4	S	997.500
Peugeot 205 XL	1.118	55	144	D	4	N	1.039.999
Seat Ibiza 1.2 Junior	1.193	63	154	D	5	N	1.064.715
Opel Corsa Swing 1.2	1.196	55	153	D	5	S	1.066.984
Citroën AX 14 TRS	1.360	65	156	D	5	S	1.087.374
Austin Metro 1.3 LE	1.275	63	155	D	4	S	1.091.000
Renault 5 GTL	1.397	60	156	D	4	S	1.108.218
Ford Fiesta Ghia 1.4	1.392	75	166	D	5	S	1.116.900
Opel Corsa Swing D	1.448	50	149	D	5	G	1.192.546

N = gasolina normal; S = súper; G = gasóleo. El precio comprende IVA y transporte; ha entrado en vigor en febrero de este año y el fabricante puede haberlo modificado.

Actividad 11. Los letreros de la carretera

Diga cuál es la frase que corresponde a cado letrero.

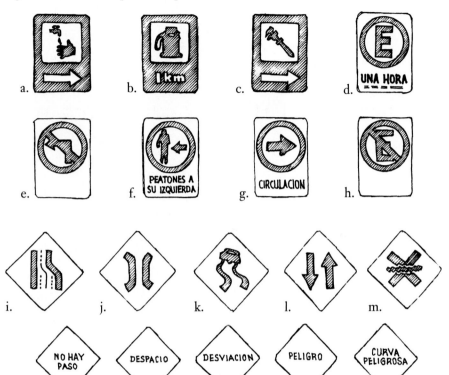

1. Puente angosto
2. No doble a la izquierda.
3. Tránsito de un solo sentido (una vía)
4. Baños
5. ¡Cuidado! Puede haber personas a su izquierda.
6. Gasolinera
7. Mecánico
8. Estacionamiento de una hora
9. Tránsito de doble sentido (vía)
10. No se estacione.
11. Tren
12. Camino angosto
13. Superficie resbalosa
14. Prohibido el tránsito
15. Disminuya la velocidad porque hay una curva.
16. Tiene que ir por otro camino.
17. Disminuya la velocidad.
18. Tenga mucho cuidado.

Actividad 12. Entrevista: Tú y tu coche

1. ¿Cuánto hace que tienes licencia de manejar?
2. ¿Cuánto hace que tienes tu propio coche? ¿Lo compraste tú o fue un regalo de tus padres?
3. ¿Te gusta manejar? ¿Cuántas millas manejas cada día?

4. ¿Has salido de vacaciones en tu coche? ¿Cuánto (tiempo) hace? ¿Adónde fuiste? ¿Cuántas horas tuviste que manejar? ¿Te gustó?

5. ¿Le has dado «un aventón» a una persona que no conocías? ¿Tuviste miedo? ¿Por qué lo hiciste?

6. ¿Has tenido un accidente en tu coche? ¿Cuánto (tiempo) hace? ¿Fue serio o sin importancia?

7. ¿Tienes seguro? ¿Es muy caro? ¿Crees que es indispensable tener seguro?

Monumento a la Independencia, Avenida Paseo de la Reforma, Ciudad de México. En toda ciudad grande del mundo hispano, el transporte público es barato y accesible; gran parte de la población prefiere usarlo en vez de manejar. Y, claro, hay gente que simplemente camina. Muchos hispanos completan un viaje en autobús o metro con una caminata de varias cuadras para llegar a casa o al trabajo.

La ecología y el medio ambiente

Lea Gramática 9.6.

A los científicos les interesa resolver el problema de la destrucción de las selvas tropicales.

A todos nos preocupa mucho el agujero en la capa de ozono.

A Esteban y a Raúl les llama mucho la atención el número de especies que están en peligro de extinción.

Actividad 13. Lectura/Entrevista ¡El coche del año!

Lea el siguiente anuncio del Volkswagen.

¡EL COCHE DEL AÑO!
EL NUEVO GOLF ES...
¡ECOLÓGICO!

Los de la Volkswagen se pusieron de parte de los jóvenes, que somos los más interesados en combatir la contaminación. Para eso, el nuevo Golf tiene estas características:

• Sus materiales plásticos son reciclables, es decir, que estas partes se pueden aprovechar para hacer otro coche.

• Sólo utilizan materiales sin disolventes; o sea que se eliminaron los compuestos que dañan la capa de ozono.

• El refrigerante del sistema de aire acondicionado no tiene carburos fluorados, y esto también permite preservar la capa de ozono.

• Su nuevo catalizador regulado hace que se reduzca la emisión de gases contaminantes.

• Además: el diseño de todas sus partes está pensado para que consuma menos combustible: así ahorras y proteges el medio ambiente.

Lo mejor de todo, es que al comprar un nuevo Golf, obtienes un mejor coche a menor costo que uno equivalente... bueno, en realidad, no hay ninguno que se le pueda comparar, porque el nuevo Golf es un coche ¡fuera de serie!

Ahora combine las dos columnas de la página 308 para indicar que las innovaciones del nuevo Golf no dañan el medio ambiente.

MODELO: El Golf *produce menos gases contaminantes* porque *consume menos combustible.*

CUESTIONES ECOLÓGICAS

1. la capa de ozono
2. el reciclaje
3. los gases contaminantes
4. un consumo excesivo de petróleo

ELEMENTOS POSITIVOS DEL GOLF

a. consume menos combustible
b. los materiales plásticos
c. catalizador regulado
d. materiales sin disolventes
e. el sistema de aire acondicionado

Entreviste a su compañero/a.

1. ¿Tienes tu propio coche? ¿De qué marca es?
2. ¿Cómo es tu coche? ¿Es práctico? ¿Grande? ¿Elegante?
3. ¿Gasta mucho combustible tu carro? ¿Cuántas millas hace por galón?
4. ¿Te gusta manejar? ¿Por qué? ¿Cuántas millas manejas por semana?
5. ¿Usas mucho el transporte público? ¿Por qué?
6. ¿Crees que la contaminación del aire causada por los automóviles es un problema grave? ¿Te preocupa?

Actividad 14. El medio ambiente: Problemas y soluciones

¿Le preocupan los siguientes problemas ecológicos? Diga qué podemos hacer para resolverlos.

MODELO: Me preocupa *la sequía.* Creo que no debemos *desperdiciar el agua.*

PROBLEMAS ECOLÓGICOS

1. el consumo excesivo de petróleo
2. la destrucción de las selvas tropicales
3. el uso excesivo de productos plásticos
4. la destrucción del hábitat de algunas especies de animales y plantas
5. la contaminación de los ríos y los océanos
6. el agujero en la capa de ozono
7. los desperdicios de las plantas nucleares
8. la contaminación del aire en las grandes ciudades
9. la sequía; la escasez de agua
10. ¿ _____ ?

SOLUCIONES

a. usar pesticidas no tóxicos
b. imponer fuertes restricciones a las industrias
c. usar menos energía
d. fomentar la agricultura orgánica
e. restringir el uso de los autos
f. criar animales en los zoológicos
g. controlar la natalidad
h. crear nuevas reservas naturales
i. desarrollar otros medios de transporte
j. reducir drásticamente o eliminar la producción de carburos fluorados
k. comprar productos en envases de vidrio
l. no desperdiciar el agua
m. ¿ _____ ?

Actividad 15. «Abecedario ecológico»

ABECEDARIO ECOLÓGICO

Amazonía: Es una zona selvática que llega al sur de Colombia y Venezuela, a una parte del oriente peruano y a toda la zona norte del Brasil. Su área total es de 7 millones de kilómetros cuadrados, tiene 200 millones de hectáreas de flora y alberga[1] a 30 millones de especies animales. Su temperatura promedio es de 27 grados centígrados, llueve durante todo el año y está conformada[2] por densas selvas y grandes ríos, lo que le da un potencial maderero[3] e hidroeléctrico inmenso.

A pesar de esto, la flora tropical crece en terrenos relativamente infértiles, pues el 70%[4] del suelo[5] amazónico es muy pobre. La escasa cantidad de nutrientes que circula en el ecosistema se mantiene dentro de las plantas vivas. A esto se suma que el consumo maderero ha crecido 15 veces desde 1950 y para los próximos 25 años se espera una marcha de extinción animal próxima a las 100 especies por día.

Otro elemento de explotación que no ha sido controlado es el de las plantas: muchos medicamentos tienen origen en el trópico y sin ciertas especies de la Amazonía, la industria farmacéutica no existiría. A propósito, el científico[6] brasileño Carlos Nobre, asegura que "Si existiera alguna cura para el cáncer, esta se encontraría en algún lugar del Amazonas".

[1]*gives shelter to*   [2]*está... is made up of*   [3]potencial... *potential for lumber*   [4]el... el setenta por ciento   [5]*soil*   [6]*scientist*

Lea este artículo sobre la Amazonía con su compañero/a. Luego, unan las frases para tener una lista de las ideas principales del artículo.

1. La Amazonía cubre una área inmensa y...
2. La temperatura promedio es de 27° centígrados y...
3. La Amazonía tiene densas selvas y grandes ríos que...
4. El suelo de esta región es muy pobre;...
5. Dentro de los próximos veinticinco años, se espera la extinción de...
6. Según un científico brasileño, si existe una cura para el cáncer...

a. los pocos nutrientes se mantienen en las plantas vivas.
b. aproximadamente cien especies por día.
c. está entre las plantas de la Amazonía.
d. tiene 30 millones de especies de animales
e. ofrecen mucho potencial para producir madera y energía hidroeléctrica.
f. llueve durante todo el año.

Selva tropical en La Amazonía, Perú

Vocabulario

La geografía

el arrecife	reef
la bahía	bay
el bosque	forest
la colina	hill
la isla	island
el llano	plain
la selva (tropical)	(tropical) jungle
la tierra	earth; land

PALABRAS SEMEJANTES: la agricultura, el cañón, la costa, el desierto, la elevación, la extensión, el golfo, el océano, la península, el trópico, el valle, la vegetación, la zona

El clima — Weather, Climate

el cielo	sky
el grado	degree
la humedad	humidity
llover (ue)	to rain
la llovizna	drizzle
la lluvia	rain
la neblina	fog
la nube	cloud
(parcialmente) nublado	(partly) cloudy
pronosticar	to forecast
se pronostica	
el relámpago	lightning
soleado/a	sunny
la tormenta	storm
el trueno	thunder

PALABRAS SEMEJANTES: anticiparse (se anticipa), el centígrado, el ciclón, húmedo/a, el huracán, la temperatura, el tornado

Los medios de transporte
Means of Transportation

el barco	ship
el camión	truck
el crucero	cruise ship; cruise
la lancha	boat
el pasajero	passenger
el transbordador	ferry
el tranvía	cable car
el vagón	car (of a train)

PALABRAS SEMEJANTES: la locomotora, el tránsito, transportar, el vehículo

El automóvil — The Automobile

abrocharse el cinturón de seguridad	to fasten the seatbelt
el acumulador	battery
el arranque	ignition
el asiento	seat
la autopista	freeway
los cambios	gears
el camino	road
el capó	hood
la carretera	highway
el daño	damage
el espejo retrovisor	rearview mirror
estacionarse	to park
los frenos	brakes
gastar combustible	to use gas
el guardafangos	fender
el limpiaparabrisas	windshield wiper
la llanta (desinflada)	(flat) tire
el maletero	trunk
el parabrisas	windshield
el parachoques	bumper
el peatón	pedestrian
la placa	license plate
la presión	pressure
el puente	bridge
la rueda	wheel
el seguro (de automóvil)	(car) insurance
el semáforo	signal; traffic light
tocar la bocina	to honk the horn
el vidrio	glass (a material)
el volante	steering wheel

PALABRAS SEMEJANTES: el aire acondicionado, la antena, el cilindrado, la circulación, el espacio, el galón, la gasolina, la licencia de manejar, la milla, el motor, el radiador, el tanque, la tracción, la transmisión, la zona

Los letreros en la carretera
Road Signs

despacio	slow
desviación	detour
doble sentido	two-way (*street*)
no hay paso	no entrance
peligroso/a	dangerous
la señal	sign; signal
un solo sentido	one-way (*street*)

PALABRA SEMEJANTE: la curva

La ecología y el medio ambiente
Ecology and the Environment

el agujero	hole
la capa de ozono	ozone layer
el consumo	consumption
los desperdicios (nucleares)	(nuclear) waste
el envase	packing, packaging; bottle
la escasez	scarcity
el fabricante	manufacturer
la madera	wood
la natalidad	birth
el promedio	average
el reciclaje	recycling
la sequía	drought
la superficie	surface

PALABRAS SEMEJANTES: la contaminación del aire, la destrucción, el ecosistema, la emisión, la energía (hidroeléctrica), las especies, la extinción, la innovación, el nutriente, el pesticida, el petróleo, la planta nuclear, el plástico, la reserva, el uso

Los verbos

aparecer	to appear
bajar	to go down
crear	to create
cubrir	to cover
dar un aventón (*Mex.*)	to give (*someone*) a ride
dar miedo	to frighten
desperdiciar	to waste
enfriar	to cool off
hacer una gira	to take a tour
hacer viajes	to take trips, travel
llamar la atención a	to call attention to
marearse	to get sea/carsick, dizzy
molestar	to bother
parar	to stop
perder (ie)	to lose
proteger	to protect
resolver (ue)	to solve
revisar	to check
salvar	to save (*from danger*)
sentarse (ie)	to sit down
tener cuidado	to be careful

PALABRAS SEMEJANTES: consumir, controlar, corresponder, eliminar, modificar, preservar, usarse

Los adjetivos

aéreo/a	pertaining to air (travel)
angosto/a	narrow
fuerte	strong
relacionado/a	related
resbaloso/a	slippery
rodeado/a	surrounded
unido/a	united; attached

PALABRAS SEMEJANTES: árido/a, causado/a, denso/a, ecológico/a, inmenso/a, orgánico/a, práctico/a, prohibido/a, tóxico/a

Los adverbios

cómodamente	comfortably
lentamente	slowly

PALABRAS SEMEJANTES: completamente, drásticamente, puntualmente

Palabras y expresiones útiles

¿Cuántas millas hace por... ?	How many miles per . . . do you get?
¿Cuánto hace que + *present...* ?	How long have/has . . . ?
de venta	for sale
de vez en cuando	once in a while

Gramática y ejercicios

9.1. The Present Perfect: "Have You Ever . . . ?"

A. The present perfect is formed with the present tense of the verb **haber** (*to have*) followed by a form of the verb called the *past participle*.

¿Han visitado ustedes Europa? —Sí, **hemos visitado** España dos veces.	*Have you visited Europe? —Yes, we've visited Spain twice.*

(Yo) he hablado. = *I have spoken.*

he = present tense of **haber**
hablado = past participle of **hablar**

B. The present-tense forms of **haber** are irregular.*

(yo)	he	*I have*
(tú)	has	*you (inf. sing.) have*
(usted, él/ella)	ha	*you (pol. sing.) have; he/she has*
(nosotros/as)	hemos	*we have*
(vosotros/as)	habéis	*you (inf. pl., Spain) have*
(ustedes, ellos/as)	han	*you (pl.), they have*

Bernardo, **¿has recogido** las maletas? —No, no **han llegado** todavía.	*Bernardo, have you picked up the suitcases? —No, they haven't arrived yet.*

C. The past participle is formed by adding **-ado** to the stem of **-ar** verbs and **-ido** to the stem of **-er** and **-ir** verbs.

-ar	
Infinitive	**Past Participle**
hablar	hablado
jugar	jugado
preparar	preparado

*Recognition: **vos habés**

-er/-ir	
Infinitive	**Past Participle**
comer	comido
vivir	vivido
dormir	dormido

¿Ya **han comprado** los señores Torres los boletos? —No, no **han tenido** tiempo todavía.

Inés, ¿**has terminado**? —No, el agente de la aduana no **ha inspeccionado** mi equipaje todavía.

Have the Torres' already bought the tickets? —No, they haven't had time yet.

Inés, have you finished? —No, the customs agent hasn't inspected my baggage yet.

D. A few verbs have irregular participles.

abrir: **abierto**	*to open / opened*
cubrir: **cubierto**	*to cover / covered*
decir: **dicho**	*to say / said; to tell / told*
escribir: **escrito**	*to write / written*
hacer: **hecho**	*to do / done; to make / made*
morir: **muerto**	*to die / died; dead*
poner: **puesto**	*to put / put*
resolver: **resuelto**	*to solve / solved*
romper: **roto**	*to break / broken*
ver: **visto**	*to see / seen*
volver: **vuelto**	*to return / returned*

The participles of verbs derived from these verbs are also irregular. For example, **describir** is derived from **escribir**.

describir: **descrito**	*to describe / described*
devolver: **devuelto**	*to return / returned*
inscribir: **inscrito**	*to enroll / enrolled*
reponer: **repuesto**	*to put back / put back*
suponer: **supuesto**	*to suppose / supposed*

Inés, ¿dónde **has puesto** mis pantalones nuevos? —Ya te **he dicho** que están encima de la cama.

Bernardo fue a la agencia de viajes hace dos horas y todavía no **ha vuelto**.

Inés, where have you put my new pants? —I've already told you that they're on top of the bed.

Bernardo went to the travel agency two hours ago and hasn't come back yet.

Note that **ya** (*already*) and **todavía no** (*not yet*) are adverbs commonly used with the present perfect tense.

Ejercicio 1

Estas son algunas de las cosas que han hecho los amigos y parientes de Gustavo. Complete las oraciones con **comer, escribir, ver, viajar, comprar, hablar, limpiar, oír, ir** y **pasar.**

MODELO: Mis primos han ido mucho a Puerto Vallarta porque les gustan las playas y el sol.

1. Pedro y yo _____ la nueva película de Almodóvar cuatro veces.
2. Ramón le _____ varias cartas a Amanda.
3. Yo _____ tres veces este mes a Cuernavaca.
4. Los señores Ramírez _____ una casa nueva.
5. Ernesto, ¿ _____ en un restaurante chino últimamente?
6. Gustavo no _____ con Ernesto hoy.
7. Graciela, tú nunca _____ a España, ¿verdad?
8. Marisa y Clarisa _____ la casa muy bien.
9. Adriana, ¿ _____ ? ¡El señor Miraglia dice que vamos a cerrar temprano hoy!
10. Los señores Ramírez _____ sus vacaciones en Cancún muchas veces.

Ejercicio 2

¿Cuántas veces ha hecho usted estas cosas? Haga preguntas y respuestas.

MODELO: bucear en el mar Caribe →
   —¿Cuántas veces has buceado en el mar Caribe?
   —Nunca he buceado allí.
   (Mi hermana y yo hemos buceado en el mar Caribe dos o tres veces.)

1. viajar a México
2. esquiar en un lago
3. subir a una pirámide
4. acampar en las montañas
5. alquilar un coche
6. cocinar para diez personas
7. leer tres novelas en un día
8. correr 5 kilómetros sin parar
9. decirles una mentira a sus padres
10. romper un vaso en un restaurante

9.2. *Por* and *para*: *By, Through,* Destination, and Time (Part 1)

The prepositions **por** and **para** have distinct meanings.

A. Para indicates movement *toward* a destination.

Cuando era niño, salía **para** la escuela a las 7:30.

When I was a kid, I used to leave for school at 7:30.

Por = movement *through* or *by*, or *means of transportation*
para = movement *toward a destination*

Perdón, señor, ¿cuál es el tren que sale **para** Madrid?	*Excuse me, sir, which is the train that is leaving for Madrid?*

On the other hand, **por** indicates motion *through* or *by* (*along*) a place.

Pasamos **por** varios pueblos antes de llegar a Salamanca.	*We went through various villages before arriving in Salamanca.*
Por las noches caminábamos **por** la orilla del lago de Chapala.	*In the evenings we would take walks along the shore of Lake Chapala.*

Por is also used to indicate means of transportation.

Mis hermanos quieren viajar **por** barco, pero yo quiero ir **por** avión.	*My brothers want to travel by boat, but I want to go by plane.*

Note the contrast in usage in the following example:

Mañana salgo **para** París. Voy a viajar **por** tren.	*Tomorrow I'm leaving for Paris. I'll travel by train.*

B. **Por** and **para** can also be followed by expressions of time.

1. Use **por** to indicate length of time (although you may often omit **por** in these cases). Some examples of time expressions are **por una semana, por tres meses, por un año,** and **por mucho tiempo.**

Hoy tengo que trabajar en el taller (**por**) **diez horas.**	*Today I have to work in the shop for ten hours.*

You can also use **por** to express *during, in,* or *at* with parts of the day: **por la mañana, por la tarde, por la noche.**

Aquí **por la noche** todo el mundo sale a pasear.	*Here in (during) the evening everybody goes out for a walk.*

por = *length of time, during*
para = *deadline*

2. Use **para** to indicate a deadline by which something is expected to happen.

Hay que entregar el informe **para** las 10:00.	*We have to turn in the report by 10:00.*
La tarea es **para** el viernes.	*The homework is for (due) Friday.*

Ejercicio 3

Aquí tiene usted parte de una conversación entre Silvia Bustamante y su novio, Carlos Padilla. Escoja **por** o **para**.

SILVIA: Ayer trabajé _____ ocho horas en la terminal de autobuses.
CARLOS: Yo manejé mi taxi _____ solamente cinco horas.
SILVIA: ¿Cuándo sales _____ Morelia?
CARLOS: Dentro de dos días. Salgo _____ la mañana, y voy a viajar _____ tres horas.
SILVIA: ¿No vas _____ avión?

CARLOS: ¡Claro que no! Voy _____ tren. Es mucho más barato.

SILVIA: ¿Cuánto tiempo piensas quedarte allí?

CARLOS: ¡Una semana! Necesito recoger unos documentos importantes. Van a estar listos _____ el viernes próximo.

9.3.   Describing Actions: Adverbs

Words that describe actions are called *adverbs*. Many adverbs are formed in Spanish by adding **-mente** to the feminine form of the adjective: **rápida** (*fast*) → **rápidamente** (*quickly*); **libre** (*free*) → **libremente** (*freely*).

Amanda, ¿vas al cine **frecuentemente**? —No, voy una vez al mes.	*Amanda, do you go to the movies frequently? —No, I go once a month.*
En este país puedes hablar **abiertamente**.	*In this country you can talk openly.*

Ejercicio 4

Primero escoja el adjetivo más lógico entre **puntual, inmediata, constante, cómoda** y **rápida**. Luego forme un adverbio.

MODELO: (general) → <u>Generalmente</u> tomo el autobús número 73 para ir a la universidad.

1. ¡Los trenes en Japón transitan a 250 kilómetros por hora! Los pasajeros llegan _____ a su destino.
2. Me gusta viajar por tren. Me siento _____ y miro el paisaje por la ventanilla.
3. En Suiza los trenes y los autobuses llegan y salen _____ .
4. ¡Nunca he visto tantos autobuses! En la estación de autobuses de Guadalajara, los autobuses llegan y salen _____ .
5. Tenemos que correr; el próximo autobús sale _____ .

9.4.   Exclamations with *qué, cuánto*

A. Form exclamations with **qué** using ¡**Qué** + *adjective* . . . !*

¡**Qué bonita** es la playa!	*How pretty the beach is!*
¡**Qué interesante** fue ese viaje!	*What an interesting trip that was!*

B. Use the pattern ¡**Qué** + *noun* + **tan/más** + *adjective*! to express *What a . . . !*

¡**Qué país tan grande**!	*What a large country!*
¡**Qué viaje más divertido**!	*What an enjoyable trip!*

---

*Note that **qué** and **cuánto** take an accent mark in exclamations as well as in questions.

C. Use **cuánto/a/os/as** to express surprise about quantity.

¡**Cuánto** dinero tiene ese hombre!   *That man has a lot of money!*
¡No te imaginas **cuántas** horas   *You can't imagine how many hours*
tuvimos que esperar!   *we had to wait!*

Ejercicio 5

Usted está mirando las fotos de Inés Torres y su esposo Bernardo, quienes acaban de regresar de un viaje por la América Latina. Exprese su sorpresa al ver estas fotos.

MODELO: las pirámides de Teotihuacán: pirámides / altas →
              Las pirámides de Teotihuacán... ¡Qué pirámides tan (más) altas!

1. Bolivia: país / interesante
2. un vuelo de Quito a Madrid: vuelo / largo
3. los Andes: montañas / altas
4. una selva tropical en Venezuela: selva / verde
5. una playa en el Caribe: arena / blanca

Ejercicio 6

Usted también ha hecho un viaje por España y por la América Latina. Haga comentarios sobre los lugares interesantes que ha visto.

MODELO: azul / el agua del Caribe → ¡Qué azul es el agua del Caribe!

1. impresionantes / las ruinas de Machu Picchu
2. grande / el lago Titicaca
3. cosmopolita / la ciudad de Buenos Aires
4. húmeda / la selva de Ecuador
5. seco / el desierto de Atacama en Chile
6. alta / la torre de la Giralda en Sevilla
7. hermoso / el edificio del Alcázar de Segovia
8. inmenso / el parque del Retiro en Madrid
9. interesante / el Museo del Prado
10. antiguo / el acueducto de Segovia

9.5. *Hace* + Time: "How Long Have You . . . ?"

You will be able to understand this structure right away; you will be able to produce it correctly after you have read and heard it many times.

A. Recall that **hace** + *time*, preceded or followed by a verb in the past tense, expresses the idea of English *ago* (see **Gramática 6.6**).

Fui a Puerto Rico **hace un año**.   *I went to Puerto Rico a year ago.*

B. Hace followed by an expression of time plus a present-tense verb expresses the duration of an action or state from past to present.

Hace diez años que tenemos el   *We have had the same cat for ten*
mismo gato.   *years.*

C. To ask how long someone has been doing something, use the following: **¿cuánto (tiempo) hace que** + *present tense*?

¿Cuánto hace que usted **estudia** español? —**Hace** más de **dos años.**	*How long have you studied Spanish? —It's been more than two years.*
¿Cuánto tiempo hace que no **ves** a Ricardo? —**Hace un mes,** porque está en Puerto Rico ahora.	*How long has it been since you've seen Ricardo? —It's been a month, because he's in Puerto Rico now.*

Ejercicio 7

Conteste las siguientes preguntas.

MODELO: —¿Cuánto tiempo hace que usted juega al tenis?
—Hace cinco años que *juego al tenis.*

¿Cuánto tiempo hace que usted...

1. estudia en esta universidad?
2. sabe manejar un auto?
3. vive en su vecindario?
4. conoce a su mejor amigo/a?
5. habla español?

9.6.   Expressing Reactions: Verbs Like *gustar*

A. Recall from **Gramática D.5** that **gustar** is used with indirect object pronouns.

me	*to me*	le	*to you (pol.), to him/her*
te	*to you (inf.)*	os	*to you (inf. pl., Spain)*
nos	*to us*	les	*to you (pl.), to them*

B. Several other verbs also use indirect object pronouns.

encantar *to really love*	molestar *to bother*
fascinar *to be fascinating to; to love*	parecer *to seem like* (*to*)
importar *to matter*	preocupar *to worry*
interesar *to be interesting to*	dar rabia *to infuriate*
llamar la atención *to attract attention*	dar miedo *to frighten*

Some useful expressions:
me interesa = *I'm interested in*
no me interesa = *I'm not interested in*

me importa = *it matters to me*
no me importa = *I don't care*

me parece que sí = *I think so*
me parece que no = *I think not*

The English equivalents to these verbs vary according to context.

¿Qué **te interesa?** —**Me interesa** la geografía porque **me fascina** viajar.	*What interests you? —I'm interested in geography because I love to travel.*
El paisaje es tan lindo que no **nos importa** si llueve.	*The countryside is so pretty that it doesn't matter to us if it rains.*
Inés, ¿qué **te parece** un viaje a Perú y Bolivia? —**Me parece** una idea fantástica.	*Inés, what do you think about a trip to Peru and Bolivia? —It seems like a great idea to me.*

The person whose opinion is described (**me, te, le, nos, os, les**) is usually mentioned first. The subject of this kind of sentence normally follows the verb. In the following sentence, *our* opinion (**nos**) is described, and the smoke (**el humo**) is the subject of the sentence. **Molesta** is singular because **el humo** is singular.

Nos molesta **el humo**.	*The smoke bothers us.*

If the subject that follows the verb is a singular noun or an infinitive, the verb is singular. In the following sentence, the verb is followed by an infinitive, so the verb is singular.

Me importa **conservar** energía.	*I care about conserving energy.*

In the next sentence, the subject (**las maletas**) is plural, so the verbs (**gustan/ parecen**) are plural.

Me gusta**n las maletas** que usted compró; **me parecen** muy prácticas.	*I like the suitcases you bought; they seem very practical to me.*

Ejercicio 8

Exprese su opinión usando la forma apropiada de los verbos indicados. Luego pídale su opinión a su compañero/a. ¿Están ustedes de acuerdo?

MODELO: La contaminación del aire...

√ me <u>molesta</u>. (molestar)

_____ me <u>encanta</u>. (encantar)

1. La conservación de nuestros recursos naturales...
   _____ me _____ necesaria. (parecer)
   _____ no me _____ . (importar)
   ¿ _____ ?

2. Los bosques y las selvas...
   _____ me _____ . (fascinar)
   _____ no me _____ . (interesar)
   ¿ _____ ?

3. Vivir en un clima caluroso...
   _____ me _____ . (encantar)
   _____ no me _____ . (gustar)
   ¿ _____ ?

4. El tránsito en las autopistas...
   _____ me _____ . (molestar)
   _____ no me _____ . (gustar)
   ¿ _____ ?

5. Los ríos del mundo...
   _____ me _____ . (importar)
   _____ no me _____ . (interesar)
   ¿ _____ ?

S.O.S. NOS QUEDAMOS SIN OZONO
Un nuevo agujero amenaza a Europa

CAPÍTULO 10

Los viajes

▼▼▼▼▼▼▼▼▼▼▼▼▼▼▼

La Alhambra, Granada, España

ACTIVIDADES ORALES Y LECTURAS

Los planes de viaje

El mundo hispano... su gente

Buscando sitios y usando planos

De viaje por los países hispanos

Lectura: La leyenda de Popocatépetl e Iztaccíhuatl

El mundo hispano... imágenes

Los sitios turísticos

Lectura: Las ruinas de Tikal

GRAMÁTICA Y EJERCICIOS

10.1 Regional Pronouns: **vos** and **vosotros/as** Forms

10.2 Polite Commands

10.3 Present Subjunctive Following **querer** and **cuando**

10.4 Present Subjunctive: Irregular Verbs

10.5 Past Actions in Progress: Imperfect Progressive

10.6 Imperfect in Contrast to the Past (Preterite)

Los planes de viaje

8 mayo
28 mayo
¿Quieren un boleto de ida y vuelta?

¿Se necesitan vacunas?

el boleto

el pasaporte
las reservaciones

los cheques de viajero

el Consulado de México

la visa

el agente de viajes

la agencia de viajes

el equipaje (las maletas)

el aeropuerto

LAN CHILE

la clase turística

la primera clase

el mostrador

subir al avión

la sección de no fumar

la sección de fumar

la sala de espera

Actividad 1. Interacción: Agencia de viajes Salinas

AGENCIA DE VIAJES SALINAS
Los Ángeles, California

No haga sus reservaciones a última hora. Hágalas ahora y pase los próximos días feriados en su país natal, junto a su familia. Nosotros tenemos los precios que usted busca. Disponemos de un moderno sistema de computadoras «SABRÉ» para hacer sus reservaciones inmediatamente. ¡Llame ahora mismo al 850-8921 y disfrute de sus próximas vacaciones!

Tarifas de ida y vuelta desde Los Ángeles
(sujetas a cambios y ciertas restricciones)

ARGENTINA (Buenos Aires)	$1,366
BOLIVIA (La Paz/Cochabamba)	$987
COLOMBIA (Bogotá)	$699
COSTA RICA (San José)	$500
CHILE (Santiago)	$1,001
ECUADOR (Quito)	$834
EL SALVADOR (San Salvador)	$495
GUATEMALA (Guatemala)	$460
HONDURAS (Tegucigalpa)	$484
NICARAGUA (Managua)	$485
PANAMÁ (Panamá)	$579
PERÚ (Lima)	$954
VENEZUELA (Caracas)	$810

AGENCIA DE VIAJES SALINAS
¡Nombre de excelencia desde 1969!

E1: ¿Cuánto cuesta el pasaje a *Costa Rica* desde Los Ángeles?
E2: Cuesta *$500.00.*

Actividad 2. ¡Viajar es tan fácil como decir 1, 2, 3!

Ordene lógicamente estas actividades.

_____ comprar los boletos
_____ subir al avión
_____ comprar ropa y otras cosas
_____ planear el viaje
_____ ir al aeropuerto
_____ sacar el pasaporte y la visa

_____ hacer las maletas (empacar)
_____ comprar cheques de viajero
_____ ahorrar el dinero necesario
_____ hacer las reservaciones

Actividad 3. ¿Qué acaba de hacer Adriana?

MODELO: Adriana acaba de hacer las reservaciones.

Para una persona, de ida y vuelta a Australia. Lo recojo mañana.

1.

2.

3.

4.

5.

6.

Actividad 4. Diálogo original: El exceso de equipaje

Margarita y Pedro Ruiz van a viajar a España. Ahora están en el aeropuerto de México, D.F. Llegan al mostrador para facturar las maletas y el empleado les informa que tienen diez kilos de exceso de equipaje. Hagan los papeles de Pedro, Margarita y el empleado (la empleada) de la aerolínea.

EMPLEADO/A: Lo siento, señores, pero les voy a tener que cobrar por el exceso de equipaje.

PEDRO: No, espere un momento. (A Margarita) Querida, vamos a sacar...

MARGARITA: ¡Ay, no! Es imposible sacar eso, porque... ¿Por qué no sacamos... ?

Termine el diálogo entre ellos.

EL MUNDO HISPANO... su gente

Nombre: Verónica Lugo
Edad: 20 años
País: Argentina

¿Ha hecho algún viaje interesante en su vida? ¡Descríbalo!

Hace unos años, mi mejor amiga y yo decidimos veranear en las playas de Uruguay. Trabajamos durante un año para conseguir el dinero y el permiso de nuestros padres.
Finalmente, en enero partimos[1] hacia ese país. Viajamos toda una noche en colectivo[2] y al día siguiente llegamos a Montevideo. Como estábamos las dos solas, tuvimos que hacernos cargo[3] de todo: los documentos de la aduana, el transporte de las valijas[4] y el cambio de moneda.
   Por fin llegamos al camping[5] y, con la ayuda de otros chicos y chicas, armamos la carpa.[6] El lugar era hermosísimo, a dos cuadras del mar y con muchos árboles. Y estábamos rodeadas[7] de gente joven.
   Aunque parezca increíble, nos quedamos en ese lugar un mes, sin más lujos que[8] una carpa y las instalaciones del camping (baños, despensas,[9] agua...), pero teníamos todo lo que hacía falta para pasar unas vacaciones inolvidables: sol, playas, gente joven ¡y muchas ganas de divertirnos!

SUDAMÉRICA

EL OCÉANO PACÍFICO

Uruguay
Montevideo
Buenos Aires
Argentina

EL OCÉANO ATLÁNTICO

[1]salimos   [2]autobús (*Arg.*)   [3]hacernos... *take charge*   [4]maletas (*Arg.*)
[5]*campground*   [6]*tent*   [7]*surrounded*   [8]*sin.. with only*   [9]*provisions*

Buscando sitios y usando planos

Lea Gramática 10.2.

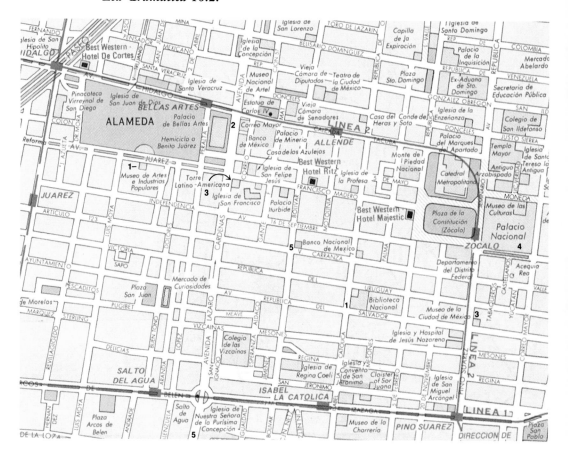

México, D.F.: *DEL MUSEO DE ARTES E INDUSTRIAS POPULARES AL COLEGIO DE LAS VIZCAÍNAS

TURISTA: Perdone, ¿puede decirme cómo llegar al Colegio de las Vizcaínas?

RAÚL: Sí. Mire aquí en su plano. **Salga** del museo **a la derecha** y **camine por** Juárez hasta la Avenida Lázaro Cárdenas. En Lázaro Cárdenas **doble a la derecha**. Así puede ver la Torre Latinoamericana también. Si tiene tiempo, **suba**; hay una vista hermosa de la ciudad. **Camine seis cuadras por** Lázaro Cárdenas. Luego **doble a la izquierda** en Vizcaínas. El colegio está al lado derecho.

TURISTA: Muchísimas gracias, señor.

RAÚL: Para servirle. Adiós.

Actividad 5. Plano: La Ciudad de México

Mire el plano de la página 324 y explique cómo se va de una parte del centro de la ciudad a otra.

MODELO: del Museo de las Culturas hasta el Palacio de Bellas Artes →
Después de salir del museo, tome Moneda a la izquierda y siga hasta Seminario. Doble a la derecha en Seminario y siga hasta Calzada Tacuba; doble a la izquierda. Camine siete cuadras hasta la Avenida Lázaro Cárdenas. El Palacio de Bellas Artes está en la Avenida Lázaro Cárdenas.

1. de la Biblioteca Nacional a la Pinacoteca Virreinal de San Diego
2. del Palacio de la Inquisición al Correo Mayor
3. del Museo de la Ciudad de México a la Torre Latinoamericana
4. del Palacio Nacional al Teatro de la Ciudad de México
5. de la Iglesia de la Purísima al Banco Nacional de México

Actividad 6. Consejos para los viajeros

Lea este artículo de una revista. Luego, con su compañero/a de clase, escriban otros dos o tres consejos útiles para los viajeros.

PARA VIAJAR SIN PROBLEMAS...

▲▲▲▲▲▲▲▲▲▲▲▲▲▲▲▲

Publicamos aquí una lista de consejos para los viajeros al extranjero. Si usted sigue nuestros consejos, podrá disfrutar de unas vacaciones divertidas y seguras.

¡HÁGALO!

1. Llame a la embajada o al consulado del país al cual usted quiere viajar y pregunte si necesita un visado.
2. Haga varias fotocopias de su pasaporte; deje una en casa y lleve otra en su maleta. Así, si se le pierde el pasaporte, va a tener toda la información necesaria para obtener otro inmediatamente.
3. Para no tener problemas o preocupaciones en los hoteles, deje sus joyas valiosas en casa.
4. Si no habla el idioma del país que va a visitar, compre un diccionario de frases útiles.

¡NO LO HAGA!

1. Si necesita tomar medicinas diariamente, llévelas a bordo; no las ponga en su maleta. ¡Su equipaje puede perderse!

2. Si quiere aprender el idioma y las costumbres del país, no se hospede en hoteles para turistas, ni pase mucho tiempo en lugares donde hay muchos turistas.
3. No olvide preguntar qué vacunas se necesitan para entrar al país a donde usted piensa viajar, y para regresar a su país.
4. No ponga objetos de metal en sus bolsas de mano, porque pueden causarle problemas con los detectores en el aeropuerto.

Le deseamos ¡BUEN VIAJE! ▲

Actividad 7. Plano: El metro de Madrid

Dé instrucciones para ir de una estación del metro a otra. No olvide hacer los transbordos necesarios.

MODELO: De Atocha a El Carmen →

Suba a un tren de la Línea 1 en Atocha, dirección Plaza de Castilla, y baje en la Estación Sol. Allí suba a un tren de la Línea 2, dirección Ventas, y baje en la Estación Ventas. En Ventas, suba a un tren de la Línea 5, dirección Canillejas, y siga hasta la primera estación. Bájese; allí es El Carmen.

1. de Tetuán a Sevilla   2. de Puente de Vallecas a Ríos Rosas   3. de Aluche a Puerta de Toledo   4. de Oporto a Portazgo   5. de Esperanza a Quintana

De viaje por los países hispanos

Lea Gramática 10.3–10.4.

reclamo de equipaje

Cuando llegue al hotel, voy a descansar.

Cuando encuentre mi traje de baño, voy a bajar a la piscina del hotel para broncearme.

revisar el equipaje

← el contrabando

los impuestos (los derechos de aduana)

la aduana

—Abra sus maletas, por favor. Voy a revisarlas.
—Pero señor, si no traigo nada de contrabando.

—Mmm, cámara japonesa... Tiene que pagar 240 pesos de derechos.
—¡Tres veces el valor de la cámara! Pero si no es nueva, es para mi uso personal.
—Está bien, entonces. Pase usted.

la inmigración

← la cola →
hacer cola

—Su pasaporte, por favor.
—Aquí lo tiene.

en el banco

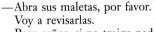

los billetes   el cajero ↗

Cambio
US $1.⁰⁰ = MN 3.30

—Quisiera cambiar cheques de viajero.
—¿Tiene usted su pasaporte?

—Bienvenidos al Hotel El Presidente. ¿Tienen reservaciones?
—Sí, somos los señores Torres.
—Ah, sí, una habitación para dos con cama matrimonial, ¿verdad?

Los Torres se hospedaron en el Hotel El Presidente
por tres días. Hoy van a regresar a Colombia.
Quieren que el botones recoja su equipaje.

Actividad 8. Sugerencias para un viaje

A. Imagínese que tiene 20 años y que va a viajar por Hispanoamérica con dos compañeros/as. Es la primera vez que viaja sin su familia y su papá le hace algunas recomendaciones. Su compañero/a hace el papel del padre. El padre lee los consejos y usted le responde a cada uno.

MODELO: SU PADRE: No quiero que me traigas muchos regalos.
                USTED: De acuerdo, voy a traerte solamente dos o tres regalitos.

1. Quiero que me llames si tienes algún problema.
2. No quiero que salgas solo/a de noche.
3. Quiero que me mandes una tarjeta postal todos los días.
4. Quiero que te cuides y que comas bien.
5. No quiero que estudies, quiero que te diviertas.
6. Quiero que...

B. Su papá está preocupado porque usted no está preparándose para el viaje. Él le hace muchas preguntas. Contéstele.

MODELO: SU PADRE: ¿Cuándo vas a *recoger los pasajes?*
             USTED: Voy a *recoger los pasajes* cuando *tenga tiempo.*

1. hacer las reservaciones
2. lavar tu ropa
3. hacer las maletas
4. cambiar dinero
5. sacar el pasaporte
6. comprar los cheques de viajero

Actividad 9. Interacción

El año pasado Adela Martínez viajó a Argentina para pasar allí las Navidades. Esta es la cuenta por los cuatro días que estuvo en el hotel Carsson.

T.E. 392-3551/3601
    392-3653/3701
    392-3751/3801
    392-3851/3901
TELEX: 23511 HOCAR AR

N° GANANCIAS 391900-010-03
N° I.V.A. 05017815
ING. BRUTOS 117 300 06
DNR. PREV. 246700
IMP. INTERNOS. NO RESP.

CARSSON HOTEL S.R.L.
VIAMONTE 650
(1053) BUENOS AIRES

NOMBRE: ADELA MARTINEZ   FACTURA: 80944
DOMICILIO: EEUU   CARSSON HOTEL. SRL.
                          IMP. INT. NO RESP.
N° GANANCIAS: 0   HABITACION: 308
N° I.V.A.: CONSUMIDOR FINAL   MES 12   AÑO 94

	DIA: 23/12	DIA: 24/12	DIA: 25/12	DIA: 26/12
ALOJAMIENTO	125.00	125.00	125.00	125.00
SERVICIO DE BAR		25.00	20.00	30.00
VARIOS			11.00	5.00
TELEFONO	35.00	15.00	28.00	18.00
COCHERA				
TINTORERIA		40.00		15.00
HELADERA	6.00		3.00	19.00
SUB-TOTAL	166.00	205.00	187.00	212.00
PAGOS				
TOTAL	166.00	371.00	558.00	770.00

Hágale estas preguntas a su compañero/a.

1. ¿Dónde está el hotel Carsson?
2. ¿En qué habitación se hospedó la profesora Martínez?
3. ¿Usó el servicio del bar todos los días?
4. ¿Cuánto gastó en servicio telefónico?
5. ¿Gastó mucho en bebidas (de la heladera de su habitación)? ¿Cuánto?
6. ¿Qué otro(s) servicio(s) usó? ¿Cuánto pagó?
7. ¿Cuánto pagó por la habitación al día? ¿En total?

Actividad 10. Diálogos originales

EN EL BANCO

Un turista llega al banco para cambiar cheques de viajero. Con su compañero/a, hagan los papeles del cajero y del turista.

USTED: ¿En qué puedo servirle, señor(ita)?
TURISTA: Quisiera cambiar unos cheques de viajero.
USTED: Muy bien. ¿Cuánto quiere cambiar?
TURISTA: Quisiera cambiar...

EN EL HOTEL

Usted acaba de llegar al hotel Camino Real en Monterrey, México, después de manejar diez horas. Está muy cansado/a. Necesita una habitación para una noche. Dígale al empleado lo que usted quiere y pídale la información necesaria (precio,...). Luego decida si quiere la habitación o no.

EMPLEADO: Buenas noches, señor(ita). ¿En qué puedo servirle?
USTED: Quisiera una habitación con ...
EMPLEADO: Tengo la habitación perfecta. ¿Cuál es su nombre?
USTED: Perdón, primero quisiera verla y saber...
EMPLEADO: ...

Actividad 11. En el hotel

Imagínese que usted es botones en el Hotel Ritz de Madrid y que los huéspedes de la habitación 333 le han llamado. Hacen gestos desesperados, porque hablan solamente un poco de español. Usted trata de interpretar sus gestos. Mire los dibujos y hágales preguntas para determinar si usted comprende lo que quieren expresar.

MODELO: ¿Quieren que les sirva la comida?

FOTOS: A. GARRIDO

EL PARADOR DE ZAFRA

Cuenta la historia que en un castillo de la localidad de Zafra habitó Hernán Cortés antes de partir para conquistar Méjico. Hoy, ese castillo ofrece todo el encanto de un cómodo Parador Nacional disponible para todos los que, sin sentirse héroes de grandes hazañas, están dispuestos a trasladarse hasta el siglo XV y revivir glorias pasadas. El Parador Hernán Cortés está acondicionado con todo tipo de comodidades. Destaca su restaurante especializado en platos típicos de la zona. Por su situación privilegiada, es la base perfecta para recorrer los alrededores, que ofrecen pueblos medievales de gran interés cultural. Precio: 9.000 ptas habitación doble. Parador Hernán Cortés. Zafra, Badajoz.

1.

2.

3.

4.

5.

6.

La leyenda de Popocatépetl e Iztaccíhuatl

En esta breve lectura se narra una historia que forma parte del folklore mexicano, la leyenda de dos amantes aztecas que fueron convertidos en volcanes. ¿Conoce usted una leyenda del folklore de su país? ¿Es una historia de amor y aventuras? ¿Tiene magia y misterio? Si no conoce una leyenda, lea ésta y luego... ¡invente una!

Hace varios siglos, antes de la llegada de los españoles, el emperador[1] azteca tenía una hija hermosísima que se llamaba Iztaccíhuatl. Esta doncella[2] estaba enamorada de Popocatépetl, un joven guerrero.[3] El emperador, como todos los padres, quería lo mejor para su hija. Para permitir el matrimonio entre los dos jóvenes, puso como condición que Popocatépetl encabezara el ejército del imperio[4] porque él ya

---

[1]*emperor* [2]*maiden* [3]*warrior* [4]encabezara... *would head the army of the empire*

no podía guiarlo por ser muy viejo. Le pidió también que derrotara[5] a sus enemigos. Popocatépetl amaba tanto a la princesa que aceptó inmediatamente y partió para la guerra.

Después de crueles batallas, el ejército del imperio venció[6] y empezó la marcha de regreso. Popocatépetl iba feliz. Por el camino recogió plumas de colores brillantes para regalárselas a su amada.[7]

Mientras tanto, otro guerrero que también amaba a la princesa se separó del ejército, y se apresuró[8] a llegar, sin parar ni de día ni de noche. Al llegar, sucio y cansado, se dirigió inmediatamente al palacio. Mintiendo, declaró que Popocatépetl había muerto y que él había llevado el ejército a la victoria. La corte lo felicitó.[9] El emperador ofreció darle una recompensa.[10] Él, naturalmente, pidió la mano de la princesa y el emperador se vio

Los volcanes Popocatépetl e Iztaccíhuatl pueden verse desde la capital de México. Según la leyenda, dos jóvenes enamorados fueron convertidos en estos dos volcanes.

obligado a concedérsela. Las fiestas empezaron en seguida. La princesa obedeció pálida y llorosa,[11] pero cuando su nuevo prometido[12] quiso tomarle la mano ella solamente pronunció el nombre de Popocatépetl y cayó muerta ante la sorpresa de todos.

Al día siguiente llegó el ejército con Popocatépetl triunfante a la cabeza. Cuando este entró al palacio, en vez de los cantos de las ceremonias nupciales escuchó lamentos fúnebres.[13] Corrió hacia el salón y encontró a su amada tendida entre flores y rodeada de mujeres llorosas. Se acercó y tomándola en sus brazos, le prometió estar siempre a su lado.

Se alejó entonces con ella. Caminó lentamente hasta llegar a la sierra.[14] Allí depositó el cadáver de Iztaccíhuatl en una colina y se sentó a llorar a su lado.

Luego los dioses[15] decidieron premiar[16] la fidelidad de ese amor. Para que los amantes estuvieran siempre juntos,[17] los convirtieron a ambos en volcanes. El Iztaccíhuatl es un volcán también, aunque ya no está activo.* Claro, no puede estar activo porque la doncella estaba muerta. En cambio el Popo —así lo llaman los mexicanos— hace erupción de vez en cuando porque todavía llora al ver a su amada que duerme el sueño de la muerte...

[5]*he defeat*   [6]tuvo la victoria   [7]regalárselas... *to give them to his loved one*   [8]se... fue muy rápido   [9]lo... *congratulated him*   [10]*reward*   [11]*crying*   [12]*fiancé*   [13]lamentos... *cries of mourning*   [14]la... las montañas   [15]*gods*   [16]*to reward*
[17]estuvieran... *would always be together*

---

*Muchos mexicanos afirman que el volcán Iztaccíhuatl tiene la forma de una mujer acostada boca arriba.

Comprensión

A. Ordene las siguientes oraciones cronológicamente.

_____ El emperador puso una condición para permitir el matrimonio.

_____ El ejército del imperio, encabezado por Popocatépetl, venció.

_____ La princesa cayó muerta.

_____ Popocatépetl e Iztaccíhuatl fueron convertidos en volcanes.

_____ Otro guerrero dijo que Popocatépetl había muerto.

_____ Popocatépetl recogió plumas para regalárselas a Iztaccíhuatl.

_____ La princesa Iztaccíhuatl estaba enamorada de Popocatépetl.

_____ Popocatépetl salió para la guerra.

_____ El emperador le concedió la mano de la princesa al otro guerrero.

_____ Popocatépetl se llevó a su amada muerta a la sierra.

B. Ahora indique qué sentimientos se representan en los eventos mencionados en la Parte A: *A* para Alegría, *O* para Orgullo (*Pride*), *T* para Tristeza (*Sadness*) y *E* para Envidia. En algunos casos puede indicar más de un sentimiento.

Ahora... ¡usted!

1. ¿Conoce una leyenda similar relacionada con su país? ¿Con sus antepasados (*ancestors*)? ¿Por qué considera que es especial?
2. ¿Hay alguna historia del pasado de su familia que le gustaría contarles a sus descendientes? ¿Por qué considera que es especial?

Un paso más...

Usted está muy enamorado/a y quiere vivir para siempre con su amada/o. ¿En qué quiere que los dioses los conviertan para que puedan estar juntos eternamente? Por ejemplo, ¿quieren ustedes ser convertidos en volcanes, flores, mariposas, árboles, plumas? ¡Invente su propia leyenda!

MODELO: Quiero que los dioses nos conviertan en _____ porque...

EL MUNDO HISPANO... imágenes

Niña de la tribu Cuna en las Islas San Blas, en Panamá. La población indígena en la América Latina es grande. Los indígenas mantienen vivo su pasado y conservan su cultura a pesar de[1] la industrialización.

Los niños aprenden desde muy pequeños a hacer artesanía. Detrás de esta niña vemos los famosos bordados[2] panameños conocidos por su fino trabajo y sus colores brillantes.

[1] *a... in spite of* [2] *embroidery*

Los sitios turísticos

Lea Gramática 10.5–10.6.

Pedro y Margarita hicieron las reservaciones en la Agencia Mercurio el 10 de abril.

Pedro y Margarita llegaron a Madrid el 7 de mayo.

Pedro y Margarita dormían cuando sonó el teléfono.

Estaban tomando un refresco en un café de la Gran Vía cuando vieron a un viejo amigo de Pedro.

A las 4:00 de la tarde Pedro y Margarita admiraban las pinturas de Goya en Museo del Prado cuando las luces se apagaron.

Actividad 12. El viaje de Inés y Bernardo

Diga qué estaba pasando.

MODELO:

A las 6:05 Inés y Bernardo estaban recogiendo los boletos en la agencia de viajes.

MODELO:

Inés y Bernardo estaban paseando por el Paseo de la Reforma cuando dos carros chocaron.

Actividad 13. Los Ruiz: De turistas en España

Diga qué hicieron Pedro y Margarita durante su viaje a España.

Actividad 14. Anuncio/Entrevista: El Club Atlas de Vacaciones

Lea el anuncio y hágale estas preguntas a su compañero/a.

Playa de Trinidad y Tobago, uno de los 113 destinos que usted podrá escoger entre las Bermudas, las Bahamas y el Caribe.

Entre en el club de vacaciones más exclusivo del mundo.

Esto le dará a usted y su familia, entre otros, los siguientes derechos de por vida:

■ Viajar alrededor del mundo, eligiendo entre más de 2.000 complejos turísticos.

■ Disfrutar de unas vacaciones de 5 estrellas con el máximo confort e independencia.

Usted puede permitírselo. Realice un único pago sin cobros extras.

Conozca el nuevo sistema
internacional de vacaciones,
sin compromiso alguno.
Llámenos al teléfono:
(900) 30 60 90.

Recorte este cupón
y envíelo en un sobre

Deseo recibir
más información sobre el nuevo
sistema internacional de vacaciones.

Nombre ....
Apellidos ....
Domicilio ....
Teléfono ....
Población .... D.P. ....
Provincia ....
Edad .... Profesión ....

Atlas 90 S.L. Oficina central. C/. Zurbano. 7 bajos
08201 Sabadell - Barcelona.

1. ¿Cuántos complejos turísticos tiene Atlas?
2. ¿Cómo son las vacaciones que ofrece Atlas?
3. ¿Dónde está la oficina central de Atlas?
4. ¿A qué número debes llamar si quieres más informes?
5. ¿Has pasado tus vacaciones en algún complejo turístico? ¿Dónde? ¿Cómo se llamaba? ¿Qué te pareció? ¿Fue caro? ¿Fuiste solo/a o con amigos?
6. Cuando vas de vacaciones, ¿quién hace las reservaciones? Por lo general, ¿te hospedas en un hotel, te quedas con amigos o prefieres dormir en una carpa de campaña?
7. ¿Prefieres unas vacaciones de lujo como las que describe el anuncio o unas más económicas?

LECTURA

Las ruinas de Tikal

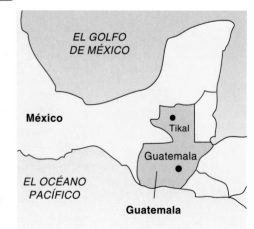

¿**Le** gusta a usted visitar ruinas indígenas? ¿Por qué (no)? ¿Qué le interesa de estos lugares? Tikal, en Guatemala, le invita a explorar sus secretos y su misterio....

Uno de los lugares más fascinantes de Guatemala es Tikal, el conjunto[1] de ruinas mayas que fueron descubiertas en medio de la selva, en el enorme departamento[2] de El Petén. En Tikal hay unas

[1]grupo   [2]*province*

tres mil construcciones distintas, templos, palacios, plataformas ceremoniales y muchas residencias de tamaño mediano.

El palacio ceremonial es impresionante. Allí se puede ver más de doscientos monumentos de piedra, altares, figuras y muchísimas «chultunes», que son cámaras[3] subterráneas cavadas[4] en la roca.

Para llegar a Tikal desde la capital, el avión pasa primero por una zona montañosa y después por una selva espesa[5] que se extiende en todas direcciones. Al cabo[6] de una hora de vuelo, aproximadamente, aparece el gran lago Petén Itzá. Tras[7] unos quince minutos de vuelo al norte del lago, el avión aterriza en un campo, a unos 200 metros sobre el nivel del mar. Hay vehículos que esperan el avión para transportar a los pasajeros a la Posada de la Selva, un pequeño hotel rústico donde los visitantes descansan antes de comenzar su visita a las ruinas mayas.

La civilización maya es una de las civilizaciones prehispánicas más notables. Los mayas tenían una organización política semejante a la de los griegos, basada en ciudades estados y practicaban el comercio con éxito.[8] En el campo de la cultura sobresalen[9] en la arquitectura, la escultura[10] y la pintura. También desarrollaron[11] conocimientos avanzados de astronomía como lo atestiguan[12] sus calendarios. Tenían, además, sistemas de numeración que incluían el concepto del cero y un sistema de escritura que aún no se ha podido interpretar.

Los mayas abandonaron su ciudad mucho antes de la llegada de los españoles; no se sabe con certeza[13] por qué. Algunos arqueólogos dicen que fue por una epidemia o quizás por cambios bruscos en el clima. Sea cual sea[14] la razón, lo cierto es que dejaron una de las ciudades más fascinantes de la América precolombina.[15]

Templo del Gran Jaguar, Tikal, Guatemala

[3]*chambers* [4]*dug* [5]*densa* [6]*Al... Después* [7]*After* [8]*con... successfully* [9]*they excel* [10]*sculpture* [11]*they developed*
[12]*attest to* [13]*con... for sure* [14]*Sea... Whatever* [15]*antes de Colón*

Comprensión

Ponga las siguientes palabras en la categoría apropiada: Arquitectura, calendario, ciudades estados, «chultunes», escultura, lago Petén Itzá, montañas, palacios, pintura, plataformas ceremoniales, residencias, selva, sistema de escritura, sistemas numéricos, templos.

CONSTRUCCIÓN	GEOGRAFÍA	CIENCIA	CULTURA
arquitectura	*montañas*	*calendario*	*pintura*

Ahora... ¡usted!

¿Conoce algunas ruinas? ¿Dónde están? ¿Tienen estas ruinas una historia interesante? ¿Misteriosa? ¿Qué detalles puede contar de su historia?

Un paso más...

Usted es arqueólogo/a y ha descubierto la razón por la cual los habitantes de Tikal abandonaron su ciudad. Explique lo que pasó, usando las siguientes preguntas como guía. ¿Hubo una epidemia? ¿De qué? ¿Hubo un cambio drástico en el clima? ¿Cómo lo sabe? ¿Qué pasó? ¿Qué testimonios ha encontrado para probar su teoría?

Vocabulario

Los viajes

el/la agente de viajes	travel agent
el alojamiento	lodging
¡Buen viaje!	Have a nice trip!
el complejo turístico	tourist resort
el correo	post office
la corrida de toros	bullfight
el cheque de viajero	traveler's cheque
el derecho de aduana	customs duties, taxes
el destino	destination
la embajada	embassy
el equipaje	baggage
el extranjero	abroad
la factura	invoice, bill
el huésped/la huéspeda	guest
el impuesto	tax
la maleta	suitcase
el mostrador	counter
el pasaje	ticket
el plano	(city) map
la primera clase	first class
la sala de espera	waiting room
la vacuna	vaccination
el visado (la visa)	visa

PALABRAS SEMEJANTES: la clase turística, el consulado, el contrabando, la inmigración, la tarifa

El transporte aéreo   Air Transportation

el/la asistente de vuelo	flight attendant
el boleto	ticket
de ida y vuelta	round-trip ticket
la bolsa de mano	carry-on luggage; handbag
a bordo	on board
el exceso de equipaje	excess baggage
la sección de (no) fumar	(non)smoking section
el transbordo	transfer
el viajero (la viajera)	traveler

PALABRAS SEMEJANTES: la aerolínea, el aeropuerto, la agencia, el detector de metales

REPASO: el avión, el piloto, el vuelo

Los mandatos

bajar(se)	
baje/(bájese)	get off
dejar caer	
(no) deje caer	(don't) let . . . fall/drop
doblar	
doble	turn
hacer	
hágalo, no lo haga	do it, don't do it
llamar	
llame	call
llevar	
lleve	take (with you)
olvidar	
(no) olvide	(don't) forget
pedir (i)	
pídale	ask him/her for
perdonar	
perdone	excuse (me)
preguntar	
pregunte	ask (*a question*)
salir	
salga	go out, leave
seguir(i)	
siga adelante	keep on going
siga derecho	go straight ahead
subir (a)	
suba (a)	board, climb aboard
tomar	
tome	take

PALABRAS SEMEJANTES: informar, informe

REPASO: compre, cuéntele, dé, espere, pase

Los verbos

acabar de (+ *infin.*)	to have just (*done something*)
broncearse	to get a tan
cambiar cheques (dinero)	to cash checks (money)
cobrar	to charge (*amount one collects*)
cuidarse	to take care of oneself

chocar con	to crash, run into (*something*)
disfrutar	to enjoy
disponer de	to have (*at one's disposal*)
facturar (la maleta)	to check (baggage)
hacer cola	to stand in line
hacer las maletas	to pack
hacer ruido	to make noise
hospedarse en	to stay at
mandar (por correo)	to send (by mail)
sacar el pasaporte (la visa)	to get one's passport (visa)
suponer	to suppose

PALABRAS SEMEJANTES: admirar, causar, determinar, interpretar, ordenar, planear, prepararse, responder

Los sustantivos

el billete	ticket; bill (*paper money*)
el botones	bellhop
el cambio	change (*money*)
la carpa de campaña	tent
la cochera	garage
la costumbre	habit, custom
la cuadra	block (*street*)
el domicilio	address
el empleado (la empleada)	employee
la estrella	star
el gesto	gesture
la heladera	refrigerator
Hispanoamérica	Spanish America
la joya	jewel
el lujo	luxury
la mayoría	majority
el pago	payment
el país natal	native country
el pintor (la pintora)	painter
la preocupación	worry
el regal(it)o	(little) gift
la sábana	(bed) sheet

el sitio	place, location
la tarjeta postal	postcard
la tintorería	dry cleaners
la torre	tower
el valor	value; cost

PALABRAS SEMEJANTES: la excelencia, la tarifa, el/ la turista

Adjetivos

bienvenido/a	welcome
seguro/a	safe
sujeto/a a	subject to
único/a	only; unique
valioso/a	valuable

PALABRAS SEMEJANTES: exclusivo/a, imposible

Adverbios

de noche	at night
diariamente	daily
tan (feo, alto, lento)	so (ugly, tall, slow)
a última hora	at the last minute

PALABRAS SEMEJANTES: inmediatamente, lógicamente

Palabras y expresiones útiles

¿Cómo se va de... a... ?	How does one get from . . . to . . . ?
¿En qué puedo servirle?	May I help you?
Lo siento.	I'm sorry.
lo único	the only thing
Para servirle.	At your service.
¡Qué coincidencia!	What a coincidence!

REPASO: a la derecha/a la izquierda

Gramática y ejercicios

10.1. Regional Pronouns: *vos* and *vosotros/as* Forms

In some countries of Central and South America, **tú** = **vos**. In some parts of Spain, **ustedes** = **vosotros/as**.

A. The pronouns **tú** and **usted(es)** are used by the majority of Spanish speakers and recognized by everyone. As you know, Spanish has two other pronouns that are equivalent to English *you*: **vos** (*sing.*) and **vosotros/as** (*inf. pl.*).

In some countries, particularly Argentina, Uruguay, Paraguay, and most of Central America, most speakers prefer to use the pronoun **vos** and its verb forms when speaking with friends. **Vos** is also used by many speakers in parts of Colombia, Chile, and Ecuador. If you travel to areas where **vos** is used, everyone will assume that you use **tú** and **usted** because you are a foreigner, but if you stay in one of those countries for any length of time, you will probably find yourself using **vos** and **vos** verb forms with your friends.

Like **tú**, the plural pronoun **ustedes** is recognized and used by all speakers of Spanish. However, in the northern and central areas of Spain, including Madrid, speakers distinguish informal and formal *you* in the plural. They use **vosotros/as** as an informal plural pronoun and **ustedes** as a formal plural pronoun.

B. Except for the present tense indicative and subjunctive (and some forms you have not yet learned), the **vos** verb forms are almost identical to the **tú** verb forms. In the present tense, use the endings **-ás** for **-ar** verbs, **-és** for **-er** verbs, and **-ís** for **-ir** verbs. Stem vowels do not change: **querés, podés, dormís**. Note in the examples that follow that, unlike the pronoun **tú**, the pronoun **vos** is commonly used in place of someone's name.

¿Qué **querés** comer, **vos**?	*What do you want to eat?*

The **vos** commands are formed with the infinitive minus its **-r**: **terminá, comé, escribí**.

Vení con nosotros.	*Come with us.*

Most other tenses use the same forms as **tú**.

¿Adónde **fuiste** ayer, **vos**?	*Where did you go yesterday?*
Y **vos**, ¿dónde **vivías** de joven?	*And you, where did you live in your youth?*
¿Qué **estás** haciendo, **vos**?	*What are you doing?*
¿**Has** terminado, **vos**?	*Are you finished?*

The subject pronoun **vos** is also used after a preposition. All other pronouns as well as the possessive adjectives are the same as the **tú** forms.

Este regalo es para **vos**.	*This gift is for you.*
Vos, ¿cómo es el clima en **tu** ciudad?	*What's the weather like in your city?*

¿En qué hotel **te** quedaste, **vos**?	*Which hotel did you stay at?*
No **te** vi ayer, **vos**. ¿Dónde estabas?	*I didn't see you yesterday. Where were you?*
Te voy a contar un buen chiste, **vos**.	*I'm going to tell you a good joke.*

C. Here is a review of the **vosotros/as** endings for the tenses you have learned so far. Like the pronoun **tú**, the pronoun **vosotros/as** is usually dropped.

PRESENT: habláis, coméis, recibís
PAST: hablasteis, comisteis, recibisteis
IMPERFECT: hablabais, comíais, recibíais
PRESENT PROGRESSIVE: estáis + hablando/comiendo/recibiendo
PRESENT PERFECT: habéis + hablado/comido/recibido
COMMANDS: hablad, comed, vivid

¿Qué **queréis** comer?	*What do you want to eat?*
¿Adónde **fuisteis**?	*Where did you go?*
Y vosotros, ¿dónde **vivíais** cuando **estabais** en Madrid?	*And you, where did you live when you were in Madrid?*
¿Qué **estáis** haciendo?	*What are you doing?*
¿**Habéis** terminado?	*Have you finished?*

The pronouns are **vosotros/as** (subject, object of preposition), **vuestro/a(s)** (possessive), and **os** (all other object pronouns).

Soy de Madrid. ¿De dónde sois **vosotros**?	*I'm from Madrid. Where are you from?*
Estos billetes son para **vosotras**.	*These tickets are for you.*
¿Cómo es el clima en **vuestro** país en el invierno?	*What's the weather like in your country in the winter?*
No **os** vi ayer. ¿Dónde estabais?	*I didn't see you yesterday. Where were you?*
Os voy a contar una historia interesante de este castillo.	*I'm going to tell you an interesting story about this castle.*
¿En qué hotel **os** quedasteis?	*What hotel did you stay at?*

Ejercicio 1

Aquí tiene una conversación entre dos amigos en Argentina. Imagínese que el diálogo ahora tiene lugar en Cuba, y haga los cambios necesarios para cambiar **vos** a favor de **tú**.

—¿Vas a quedarte en casa esta noche, vos?
—No, pienso salir al cine. ¿Y vos?
—No sé.
—¿Por qué no venís conmigo, vos?
—¿Qué pensás hacer después del cine?
—Dar una vuelta por el centro. ¿Querés?

—¿Tenés coche?
—Claro que sí. ¿Qué decís?
—De acuerdo. ¿A qué hora pasás a buscarme?
—A las ocho.

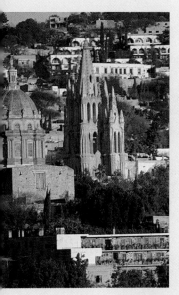

San Miguel de Allende, México

Ejercicio 2

Esta conversación tuvo lugar en Madrid, pero vamos a suponer que estamos ahora en Santiago de Chile. Lea el diálogo en voz alta con dos compañeros, haciendo todos los cambios necesarios para usar **ustedes** en vez de **vosotros**.

—¿Qué pensáis hacer esta noche?

—No sé. ¿Qué queréis hacer vosotros?

—¿Qué os parece ir al cine? Hay una nueva película francesa que tengo ganas de ver.

—A vosotros os gustan las películas francesas, pero a mí no. Me aburren. ¿No os gustaría salir a bailar un rato?

—Pero si vosotras sabéis que soy el peor bailador de Madrid. ¡No, gracias! ¿Qué tal si hacemos una fiesta en casa?

—¡Excelente idea! Vosotros dos invitáis a vuestros amigos y yo invito a los míos. ¿A qué hora?

—¿Qué os parece si empezamos a las diez?

10.2. Polite Commands

A. Polite singular commands (a command you would make to a person you address with **usted**) are formed by changing **-ar** verb endings to **-e**; **-er** and **-ir** endings change to **-a**. (Informal commands are presented in **Gramática 13.1**).

-ar: Llev**e** el paquete.	*Take the package.*
-er: Com**a** cereal por la mañana.	*Eat cereal in the morning.*
-ir: Abr**a** la ventana, por favor.	*Open the window, please.*

B. To give polite commands to more than one person, add **-n**.*

No bail**en** más de dos horas.	*Don't dance more than two hours.*

C. If a verb stem is irregular in the **yo** form of the present tense, it usually has the same irregularity in the command form: **yo pongo → ponga**.

Venga(n) temprano, por favor.	*Come early, please.*
Salga(n) inmediatamente.	*Leave immediately.*

Here are some common irregular commands based on the **yo** form.

conozca	(conocer)	*know*	tenga	(tener)	*have*
diga	(decir)	*say*	traiga	(traer)	*bring*
haga	(hacer)	*do; make*	vea	(ver)	*see*
oiga	(oír)	*hear*	venga	(venir)	*come*

Tengan cuidado en la autopista.	*Be careful on the freeway.*
Traiga sus documentos mañana a la oficina de la aduana.	*Bring your documents tomorrow to the customs office.*

---

*In Spain the **vosotros/as** command form is used for plural *informal* commands. See paragraph **C** of **Gramática 10.1**. In most of Latin America, however, the plural polite command is used to give a command to more than one person, whether one normally addresses them politely or informally.

D. The following command forms do not match the first person singular.

dé	(dar)	*give*	sepa	(saber)	*know*
esté	(estar)	*be*	vaya	(ir)	*go*
sea	(ser)	*be*			

Sepa muy bien lo que quiere decir antes de hablar.	*Know well what you want to say before speaking.*
Si quiere reservar un asiento para diciembre, **vaya** ahora mismo a la agencia de viajes.	*If you want to reserve a seat for December, go to the travel agency right away.*

E. Verbs with vowel changes in the stem show the same changes in the polite command.

p**ie**nse	pensar (ie)	*think*	c**ie**rre	cerrar (ie)	*close*
d**ue**rma	dormir (ue)	*sleep*	v**ue**lva	volver (ue)	*return*
s**i**rva	servir (i)	*serve*	cons**i**ga	conseguir (i)	*get*

Duerma por lo menos ocho horas cada noche.	*Sleep at least eight hours every night.*
Cierre la maleta.	*Close the suitcase.*
Sirva los refrescos.	*Serve the refreshments.*

F. Object pronouns and reflexive pronouns are attached to affirmative commands and precede negative ones.

Tráigale café, por favor; **no le traiga** té.	*Bring her coffee, please; don't bring her tea.*
Dígame la verdad; **no me diga** que no la sabe.	*Tell me the truth; don't tell me that you don't know (it).*
Espere, **no lo haga** ahora; **hágalo** más tarde.	*Wait, don't do it now; do it later.*
Levántese temprano, no **se pierda** las noticias de las seis.	*Get up early, don't miss the six o'clock news.*

Ejercicio 3

Usted es agente de viajes. Conteste las preguntas de sus clientes con un mandato lógico. Si es necesario, use un pronombre de complemento directo (**lo, la, los, las**).

MODELOS: ¿Tengo que **pagar** el pasaje hoy? → Sí, **páguelo** hoy por favor.

¿Necesito **ir** al consulado mañana? → Sí, **vaya** lo más pronto posible.

1. ¿Debo hacer las reservaciones inmediatamente?
2. ¿Tengo que comprar ya los cheques de viajero?
3. ¿Tengo que traer el dinero mañana?

4. ¿Necesito recoger los pasajes la semana próxima?
5. ¿Debo llegar al aeropuerto dos horas antes de la salida de mi vuelo?
6. ¿Necesito conseguir otro pasaporte?

Ejercicio 4

Sus primos dicen que deben hacer las siguientes cosas. Déles mandatos directos. Si es necesario, use un pronombre de complemento directo (**lo, la, los, las**).

MODELOS: Debemos **llamar** a Jorge. → ¡Buena idea! ¡Llámenlo!

Debemos **volver** antes de septiembre. →
Sí, **vuelvan** antes de septiembre.

1. Debemos preparar el itinerario.
2. Debemos conseguir los pasaportes.
3. Debemos limpiar las maletas.
4. Debemos hacer las maletas esta noche.
5. Debemos dormir antes de salir.
6. Debemos salir inmediatamente.

10.3. Present Subjunctive Following *querer* and *cuando*

A. You already know the Spanish verb forms used to give direct commands: for example, **siéntese, descanse, tome la medicina.** Rather than give a direct command, a speaker may prefer to use a "softened" expression, such as *I want you to . . .* A softened expression is also used to talk about what one person wants another to do: *My parents want me to . . .*

¿Qué **quiere** el aduanero?
—**Quiere** que abramos todas las maletas.

What does the customs inspector want? —He wants us to open all of our suitcases.

In Spanish, the verb in the clause that follows softened expressions like **quiero que...** has the same form as a command, but because these softened commands can be addressed to anyone, the second verb changes endings to indicate who is to do the action. These forms are called the *subjunctive mood.* You will learn more about the subjunctive in **Capítulo 13.**

Quiero que { **vayamos** al museo primero.
tú **te quedes** con Adriana.
Carla nos **compre** los boletos.

I want { *us to go to the museum first.*
you to stay with Adriana.
Carla to buy us the tickets.

B. When the action or state described in a clause that begins with **cuando** refers to the future, the subjunctive form of the verb is also used.

Vamos a facturar el equipaje **cuando revisen** el boleto.

We are going to check in the bags when they check the ticket.

Bernardo va a hacer las reservaciones **cuando hable** con Inés.

*Bernardo is going to make the res-
ervations when he speaks with
Inés.*

Cuando lleguemos a Madrid,
quiero ver el Museo del
Prado.

*When we get to Madrid, I want to
see the Prado Museum.*

However, if the action or state described in the **cuando** clause refers to a
habitual action, the present indicative is used.

Mis primos **siempre** van a la
costa **cuando viajan**.

*My cousins always go to the coast
when they travel.*

C. The forms of the present subjunctive are the same as the **usted** command
plus the person/number endings: **hablar** → **hable** + **-s, -mos, -éis, -n**. Thus,
the endings contain a different vowel from the present tense (which we will call
present indicative when we want to contrast it with the present subjunctive).

INFINITIVE	PRESENT INDICATIVE	PRESENT SUBJUNCTIVE
hablar	habl + a	habl + e
comer	com + e	com + a
escribir	escrib + e	escrib + a

Here are the rest of the present subjunctive forms.*

	-ar	-er	-ir
(yo)	hable	coma	escriba
(tú)	hables	comas	escribas
(usted, él/ella)	hable	coma	escriba
(nosotros/as)	hablemos	comamos	escribamos
(vosotros/as)	habléis	comáis	escribáis
(ustedes, ellos/as)	hablen	coman	escriban

¿Qué quiere la mesera?
—Quiere que **paguemos**† en
la caja a la salida.

*What does the waitress want?
—She wants us to pay at the
cash register when we leave.*

---

*Recognition: **vos hablés, comás, escribás**
†See the *Cuaderno de trabajo*, **Capítulo 10,** for an explanation of spelling changes in the present
subjunctive.

D. Although pronouns are attached to affirmative commands (**cómalo**), they are placed before conjugated verbs. (Pronouns are also attached to infinitives and present participles.)

¿Qué quiere nuestro agente de viajes? —Quiere que **lo llamemos** mañana.	*What does our travel agent want? —He wants us to call him tomorrow.*

Ejercicio 5

Aquí tiene usted algunas recomendaciones del agente de viajes de Bernardo e Inés Torres. Ahora Inés está repitiéndole la información a una vecina. Use el subjuntivo en todos los casos.

MODELO: Lleguen al aeropuerto con una hora de anticipación. →
Nuestro agente de viajes quiere que lleguemos al aeropuerto con una hora de anticipación.

1. Recojan sus boletos pronto.
2. Escriban una lista de lo que van a necesitar.
3. No lleven demasiadas cosas en las maletas.
4. Compren cheques de viajero.
5. Coman en restaurantes buenos, no coman en la calle.
6. Lleguen al aeropuerto temprano.
7. Beban refrescos o agua mineral, no beban el agua.

Ejercicio 6

Escoja el verbo que mejor corresponda al contexto.

MODELO: Voy a darte tu boleto cuando *subamos/subimos* al avión.

1. Voy a mandarte una postal cuando *llegue/llego* al hotel.
2. Cuando *viajemos/viajamos* a Argentina, siempre nos hospedamos en el Hotel Carsson.
3. Todos los días la asistente de vuelo sirve las bebidas cuando los pasajeros *suben/suban* al avión.
4. Voy a saber más de los mayas cuando *leo/lea* estos libros sobre su cultura.
5. José y Pilar van a pagar en la caja cuando *terminen/terminan* de cenar.

10.4. Present Subjunctive: Irregular Verbs

The subjunctive takes a long time to acquire.

A. Verbs that have different stems in the **yo** forms of the present tense have those same stems in the present subjunctive (as they do in the command forms).

conocer	conozco	conozca, conozcas, conozca, conozcamos, conozcáis, conozcan
construir	construyo	construya, construyas, construya, construyamos, construyáis, construyan
decir	digo	diga, digas, diga, digamos, digáis, digan

hacer	hago	haga, hagas, haga, hagamos, hagáis, hagan
oír	oigo	oiga, oigas, oiga, oigamos, oigáis, oigan
poner	pongo	ponga, pongas, ponga, pongamos, pongáis, pongan
recoger	recojo	recoja, recojas, recoja, recojamos, recojáis, recojan
salir	salgo	salga, salgas, salga, salgamos, salgáis, salgan
tener	tengo	tenga, tengas, tenga, tengamos, tengáis, tengan
traer	traigo	traiga, traigas, traiga, traigamos, traigáis, traigan
venir	vengo	venga, vengas, venga, vengamos, vengáis, vengan
ver	veo	vea, veas, vea, veamos, veáis, vean

Cuando **recojamos** los boletos, le vamos a preguntar al agente si necesitamos vacunas.	*When we pick up the tickets, we'll ask the agent if we need vaccinations.*

Use this section as a reference; don't try to memorize all these forms!

B. Verbs that end in **-oy** in the **yo** form, as well as the verb **saber**, have irregular stems in the present subjunctive.*

dar	doy	dé, des, dé, demos, deis, den
estar	estoy	esté, estés, esté, estemos, estéis, estén
ir	voy	vaya, vayas, vaya, vayamos, vayáis, vayan
ser	soy	sea, seas, sea, seamos, seáis, sean
saber	sé	sepa, sepas, sepa, sepamos, sepáis, sepan

Quiero que me **des** tu nuevo número de teléfono antes de salir.	*I want you to give me your new telephone number before you leave.*
La profesora quiere que **sepamos** todos estos verbos para el examen.	*Professor wants us to know all these verbs for the exam.*

C. The present subjunctive forms of stem-changing verbs are as follows.

Group I. Verbs with stem-vowel changes **e → ie** and **o → ue** in the present indicative keep those changes in the present subjunctive. The stems of **pensar** and **volver** always change except **nosotros/as** and **vosotros/as** forms.†

INDICATIVE	SUBJUNCTIVE	INDICATIVE	SUBJUNCTIVE
pienso	piense	vuelvo	vuelva
piensas	pienses	vuelves	vuelvas
piensa	piense	vuelve	vuelva
pensamos	pensemos	volvemos	volvamos
pensáis	penséis	volvéis	volváis
piensan	piensen	vuelven	vuelvan

---

*Recognition: **vos des, estés, vayás, seás, sepás**
†Recognition: **vos pensés, volvás**

No quiero que tú **pienses** mal
de mí.

*I don't want you to think badly of
me.*

El presidente del Banco de Guadalajara quiere que sus empleados **vuelvan** al trabajo a las 2:00.

*The president of the Bank of Gua-
dalajara wants his employees to
return to work at 2:00.*

Group II. Verbs like **pedir** and **servir**, whose stems show an **e** → **i** change in
the present tense (except for the **nosotros/as** and **vosotros/as** forms*), will have
the same stem-vowel change in *all* the present subjunctive forms.

INDICATIVE	SUBJUNCTIVE	INDICATIVE	SUBJUNCTIVE
pido	pida	sirvo	sirva
pides	pidas	sirves	sirvas
pide	pida	sirve	sirva
pedimos	pidamos	servimos	sirvamos
pedís	pidáis	servís	sirváis
piden	pidan	sirven	sirvan

Papá quiere que todos **pidamos**
un sandwich.

*Dad wants all of us to order a
sandwich.*

El cocinero quiere que **se sirva**
la comida a partir de las 7:00.

*The cook wants the meal to be
served starting at 7:00.*

Group III. Verbs like **divertirse**, which show an **e** → **ie** change in the present
tense as well as an **e** → **i** change in the past, and verbs like **dormir**, which show
an **o** → **ue** change in the present and an **o** → **u** change in the past, maintain
both changes in the present subjunctive.[†]

INDICATIVE	SUBJUNCTIVE	INDICATIVE	SUBJUNCTIVE
me divierto	me divierta	duermo	duerma
te diviertes	te diviertas	duermes	duermas
se divierte	se divierta	duerme	duerma
nos divertimos	nos divirtamos	dormimos	durmamos
os divertís	os divirtáis	dormís	durmáis
se divierten	se diviertan	duermen	duerman

---

[*]Recognition: **vos pidás, sirvás**
[†]Recognition: **vos te divertás, te durmás**

Todos quieren que **nos divirtamos** mucho en el viaje.	*Everyone wants us to have a lot of fun on the trip.*
Quiero que **te duermas** ahora, porque el viaje mañana va a ser difícil.	*I want you to sleep now, because the trip tomorrow is going to be difficult.*

Ejercicio 7

Usted va a ir de excursión a México con un grupo de estudiantes de la clase de español. Ahora sus padres quieren saber las recomendaciones que su profesor ha hecho. Repítales la información.

MODELO: No salgan sin los boletos. →
Mi profesor no quiere que yo salga sin los boletos.

1. Hagan las maletas dos días antes de la salida. 2. Duerman ocho horas la noche anterior a la salida. 3. Traigan ropa para ocho días. 4. Vayan directamente a la estación de autobuses. 5. Pongan el dinero en un lugar seguro. 6. Denme los pasaportes. 7. Vuelvan con buenos recuerdos del viaje. 8. No pidan comida americana en los restaurantes. 9. Diviértanse mucho. 10. Díganle «Adiós» a su familia.

Ejercicio 8

Primero escriba las formas apropiadas de los verbos indicados. Luego señale la frase que mejor complete la oración.

MODELO: Mi profesora quiere que me divierta (yo/divertirse) cuando salga (yo/salir) de vacaciones.

1. Mis padres quieren que los _____ (yo/llamar)...
2. Queremos que Juan, el mesero más guapo, nos _____ (servir)...
3. Quiero que _____ (tú/oír) mi nuevo disco...
4. Alberto quiere que le _____ (nosotros/traer) regalos...
5. Quiero que _____ (tú/sacar) muchas fotos...

a. cuando _____ (tú/estar) en México.
b. cuando _____ (tú/venir) a visitarme.
c. cuando _____ (yo/llegar) a mi destino.
d. cuando _____ (nosotros/ir) al restaurante argentino.
e. cuando _____ (nosotros/volver) de Madrid.

Uno de los impresionantes murales de Diego Rivera en Cuernavaca, México.

10.5. Past Actions in Progress: Imperfect Progressive

To describe an action that was taking place at some past moment, use the imperfect tense of **estar** (**estaba, estabas, estaba, estabais, estábamos, estaban**), followed by a present participle (see **Gramática 2.5**).

¿Qué **estabas haciendo** a las 4:00? —Creo que **estaba viendo** la televisión.	*What were you doing at 4:00? —I think I was watching television.*

> Bernardo, ¿qué **estabas haciendo** ayer cuando te llamé? —¡Durmiendo, por supuesto!
>
> *Bernardo, what were you doing yesterday when I called? —Sleeping, of course!*

Ejercicio 9

Usando el participio del presente de **ver, estudiar, asistir, dormir** y **leer**, diga qué estaba haciendo y qué no estaba haciendo usted ayer.

Ayer a las 4:00 de la tarde estaba...

		SÍ	NO
1.	_____ una siesta.	____	____
2.	_____ a una clase.	____	____
3.	_____ la televisión.	____	____
4.	_____ la lección de español.	____	____
5.	_____ el periódico.	____	____

Ahora diga qué estaban haciendo las siguientes personas.

6. Mi profesor(a) _____.
7. Mi mejor amigo/a _____.
8. Dos compañeros/as de clase _____.
9. Mis padres _____.
10. El presidente Clinton _____.

10.6.   Imperfect in Contrast to the Past (Preterite)

Although the imperfect and the past (preterite) tenses both describe past actions or states, their uses are not the same. As you know, the past (preterite) is used with verbs of action to emphasize that a past event was completed.

Some review:
past = *action completed*
imperfect = *action went on over time in past*
imperfect progressive = *action was going on at a particular past time*

> ¿Qué **hiciste** ayer? —**Visité** el Museo del Prado.
>
> *What did you do yesterday? —I visited the Prado Museum.*

The imperfect, on the other hand, is chosen if the speaker wishes to emphasize that an action happened repeatedly in the past.

> Cuando **íbamos** de vacaciones a Acapulco, siempre **nos quedábamos** en el Hotel Condesa del Mar.
>
> *When we were on vacation in Acapulco, we would always stay at the Condesa del Mar Hotel.*

In **Gramática 10.5**, you've learned that the imperfect progressive can be used to indicate that something was happening at a particular time.

> ¿Qué **estabas haciendo** cuando te llamé? —**Estaba bañándome.**
>
> *What were you doing when I called? —I was taking a bath.*

action in progress / interrupting action = *imperfect / past*

Similarly, you can use the simple imperfect to describe an action that was in progress in the past when something else interrupted it. The interrupting action is expressed in the past (preterite) tense.

> **Caminaba** por la calle cuando **vi** al agente de policía.
>
> *I was walking down the street when I saw the policeman.*

Imperfect is used for past habitual action:
De joven, vivía en México.

or past action in progress:
Caminaba por la plaza, cuando oí la música.

Descansaba en mi cuarto cuando **sonó** el teléfono.	*I was resting in my room when the phone rang.*
Comía un postre cuando alguien **tocó** a la puerta.	*I was eating dessert when someone knocked at the door.*
Salía de la casa cuando me **gritó** la vecina.	*I was leaving (the house) when the neighbor yelled to me.*
Llegábamos a Madrid cuando **se descompuso** el motor.	*We were arriving in Madrid when the engine broke down.*

Ejercicio 10

Escriba la forma apropiada de los verbos entre paréntesis. Luego indique si eso le ha pasado a usted alguna vez.

MODELO: El profesor hablaba (hablar) cuando me dormí en clase.

	SÍ	NO
1. _____ (yo/manejar) en la autopista cuando se me descompuso el carro.	_____	_____
2. _____ (yo/ver) mi programa favorito cuando sonó el teléfono y no contesté.	_____	_____
3. _____ (yo/caminar) por la calle cuando vi un accidente.	_____	_____
4. Mi profesor _____ (hablar) cuando entré tarde a la clase.	_____	_____
5. _____ (yo/hacer) mi tarea en la biblioteca cuando comenzó una tormenta y no pude salir por largo rato.	_____	_____
6. _____ (yo/bañarse) cuando entró una persona desconocida.	_____	_____

Ejercicio 11

Amanda habla de sus vacaciones. Lea toda la historia primero y luego escoja entre el imperfecto o el pretérito según el contexto.

Cuando *era/fui*[1] niña, todos los años mi familia y yo *íbamos/fuimos*[2] a las islas Baleares. Siempre *alquilábamos/alquilamos*[3] una casa con vista al mar. De día *buceábamos/buceamos*[4] y nos *bañábamos/bañamos*.[5] De noche *salíamos/salimos*[6] a cenar a un restaurante elegante y luego *caminábamos/caminamos*[7] por la plaza.

Una tarde de verano, cuando mi hermano menor, Guillermo, *tenía/tuvo*[8] 8 años, él y yo *íbamos/fuimos*[9] solos a la playa. Nuestros padres *estaban durmiendo/durmieron*[10] todavía. Mi hermanito *jugaba/jugó*[11] en el agua y yo *hablaba/hablé*[12] con unos chicos que ya *conocía/conocí*[13] de otros veranos. Después de unos minutos *miraba/miré*[14] hacia donde *jugaba/jugó*[15] mi hermanito y no lo *veía/vi*.[16] Mis amigos y yo nos *levantábamos/levantamos*[17] y *corríamos/corrimos*[18] al agua para buscarlo. No lo *encontrábamos/encontramos*.[19] Lo *buscábamos/buscamos*[20] por toda la playa y no lo *podíamos/pudimos*[21] encontrar. *Estaba/Estuve*[22] desesperada. Por fin *regresábamos/regresamos*[23] adonde *teníamos/tuvimos*[24] las toallas... allí *estaba/estuvo*[25] sentado mi hermanito, comiendo un sandwich. «¿Adónde *ibas/fuiste?*»[26] le *gritaba/grité*.[27] Él no me *contestaba/contestó*[28] pero yo *estaba/estuve*[29] tan contenta de verlo que no me *enojaba/enojé*[30] con él.

11

La salud y las emergencias

▼▼▼▼▼▼▼▼▼▼▼▼▼▼▼▼▼▼

In **Capítulo 11** you will talk about health-related situations and problems: keeping healthy and fit as well as experiences with illnesses and accidents.

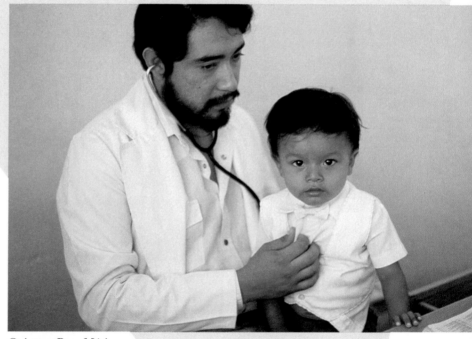

Quintana Roo, México

ACTIVIDADES ORALES Y LECTURAS

Las partes del cuerpo

Las enfermedades y su tratamiento

Lectura: La infección del VIH y el SIDA

Las visitas al médico, a la farmacia y al hospital

El mundo hispano... imágenes

Lectura: «Paletitas de guayaba», Erlinda González-Berry

Los accidentes y las emergencias

El mundo hispano... su gente

GRAMÁTICA Y EJERCICIOS

11.1 Expressing Existence: **haber**

11.2 Expressing Changes in States: *Become, Get*

11.3 Making Requests: Indirect Object Pronouns with Commands and the Present Subjunctive

11.4 Narration of Past Experiences: Present Perfect, Imperfect, Past (Preterite)

11.5 Narration of Past Experiences: Present Perfect and Pluperfect

Las partes del cuerpo

Lea Gramática 11.1.

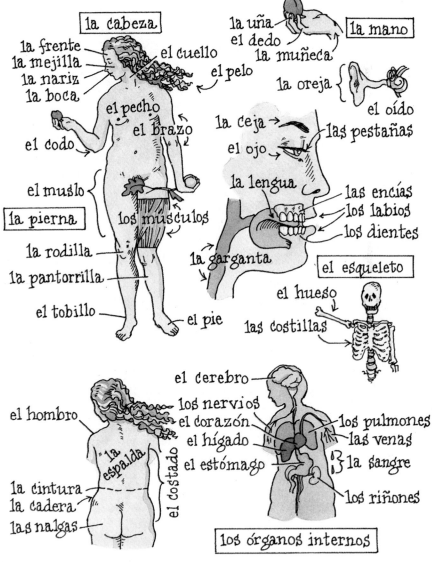

la cabeza
la frente
la mejilla
la nariz
la boca
el cuello
el pelo
el pecho
el brazo
el codo
el muslo
la pierna
los músculos
la rodilla
la pantorrilla
el tobillo
el pie

la uña
el dedo
la muñeca
la mano
la oreja
el oído
la ceja
las pestañas
el ojo
la lengua
las encías
los labios
los dientes
la garganta
el esqueleto
el hueso
las costillas

el hombro
la espalda
la cintura
la cadera
las nalgas
el costado

el cerebro
los nervios
el corazón
el hígado
el estómago
los pulmones
las venas
la sangre
los riñones

los órganos internos

353

Actividad 1. Las funciones de las partes del cuerpo

¿Para qué usamos estas partes del cuerpo?

    MODELO: la boca → Usamos la boca para comer y para hablar.

1. las manos	a. caminar
2. las piernas	b. tocar
3. los ojos	c. abrazar
4. los brazos	d. besar
5. los labios	e. oír
6. la nariz	f. ver
7. los oídos	g. oler
8. los dedos	h. escribir

Actividad 2. Definiciones

1. los pulmones	a. Órganos internos que se usan para respirar.
2. el cerebro	b. Parte interior del cuello.
3. el corazón	c. Órgano que se usa para hablar y comer.
4. la garganta	d. Lo que usamos para percibir los sonidos.
5. los músculos	e. Órgano del pensamiento que forma parte del sistema nervioso.
6. la sangre	f. Órgano principal de la circulación de la sangre.
7. los oídos	g. Sus contracciones permiten los movimientos del cuerpo.
8. la lengua	h. Líquido rojo que circula por las venas y las arterias.

Actividad 3. Lectura/Discusión: ¿Quiere dejar de fumar?

Hay ciertos factores relacionados con el ambiente en que vivimos que afectan la salud. Por ejemplo, la contaminación del aire y el estrés. Algunos hábitos también pueden hacernos daño. Uno de los hábitos más dañinos es, sin duda, fumar tabaco. Si usted fuma y quiere dejar de hacerlo, estos consejos le pueden servir. ¡Sígalos!

¿Quiere dejar de fumar?

Si usted quiere dejar de fumar, recuerde la letra D.

Distancia: Ponga distancia entre usted y el tabaco. Rompa todos sus cigarros y tire sus ceniceros. Dígale a sus amistades que está dejando de fumar. Analice las situaciones en que fuma más, y si es posible, evítelas.

Tome la **Decisión:** Nadie puede hacerlo por usted. Usted se tiene que decidir por sí mismo que va a dejar de fumar.

Actúe con **Determinación:** El tabaco es adictivo y no es fácil dejarlo. No se desanime. Aunque tenga una recaída, vuelva a tratar.

Distráigase: Cuando sienta ganas de fumar, espere un minuto. Trate de hacer otra cosa: relájese, respire profundo, tome agua, háblele a sus amistades, coma frutas o verduras, salga a pasear o haga ejercicio.

Muchas personas han dejado de fumar, y usted también puede.

¡¡ SUERTE !!

COMPRENSIÓN

Si una persona quiere dejar de fumar, ¿de qué manera puede ayudarla recordar la letra D? Vamos a ver: explique lo que significa cada palabra.

1. distancia   2. decisión   3. determinación   4. distracción

ENTREVISTA

1. ¿Fumas? ¿Cuántos cigarrillos al día? ¿Quieres dejar de fumar? ¿Por qué? Si no fumas, ¿tienes otro vicio que quieras dejar? ¿Cuál? ¿Crees que los consejos de este anuncio podrían servirte para dejar ese vicio?
2. ¿Puedes nombrar otros hábitos —no precisamente vicios— que también dañan la salud? ¿Es posible dejar estos hábitos? ¿Cómo?

Las enfermedades y su tratamiento

Lea Gramática 11.2.

Actividad 4. Cuando me siento mal...

Responda con **siempre**, **generalmente**, **a veces** o **nunca**.

1. Cuando tengo fiebre,...
   a. me quedo en la cama.
   b. tomo aspirinas.
   c. consulto con el médico.
   d. tomo muchos líquidos.
   e. ¿_____?
2. Cuando tengo tos,...
   a. tomo jarabe.
   b. tomo té caliente.
   c. corro.
   d. voy al trabajo.
   e. ¿_____?

3. Cuando tengo dolor de cabeza,...
   a. me acuesto y descanso.
   b. escucho música clásica.
   c. tomo aspirinas.
   d. me pongo algo frío en la frente.
   e. ¿_____?
4. Cuando tengo gripe,...
   a. tomo aspirinas y me acuesto.
   b. bebo muchos líquidos.
   c. tomo el sol en la playa.
   d. leo y descanso.
   e. ¿_____?

Y TÚ ¿QUÉ DICES?

Yo también.   Yo no.   Yo prefiero...   Es mejor...

Es peor el remedio...

Sabemos lo recomendable de hervir el agua antes de beberla. El otro día, cuando mi hijo Eduardo (7 años) llegó corriendo y se fue a la llave a beber, le dije que no lo hiciera, que había que hervirla para matar a los microbios. El puso una cara muy rara y me dijo: ''Pues qué asco, beberse luego los microbios muertos''

Estrella Serrano

Actividad 5. Los remedios: ¿Qué hace usted... ?

MODELO: Si tiene el tobillo hinchado... →
          Si tengo el tobillo hinchado, lo pongo en agua fría.

1. Si tiene un resfriado...
2. Si tiene tos...
3. Si le duele la cabeza...
4. Si se corta un dedo...
5. Si tiene dolor de garganta...
6. Si tiene la nariz tapada...

a. me pongo gotas.
b. me pongo una curita.
c. tomo jarabe para la tos.
d. hago gárgaras de agua con sal.
e. tomo dos aspirinas.
f. me pongo un vendaje.
g. tomo vitamina C.

Actividad 6. Entrevista: Las medicinas y los remedios

1. ¿Qué medicinas buenas hay para el dolor de cabeza? ¿Para el dolor de estómago? ¿Para la tos? ¿Para la gripe?
2. ¿Había medicinas buenas para estas dolencias antes?
3. ¿Qué medicinas habrá en el siglo XXI para la tos? ¿Para el catarro? ¿Para _____ ?
4. ¿Crees que habrá algún día una vacuna contra el VIH? ¿Contra el SIDA? ¿Y una medicina para los que ya sufren de esta enfermedad? ¿Hay algo ahora?
5. En tu opinión, ¿habría ya una medicina para curar el SIDA si el gobierno tuviera interés en desarrollarla?

Actividad 7. Los estados de ánimo

¿Es usted irritable? ¿Tranquilo/a? Conteste estas preguntas.

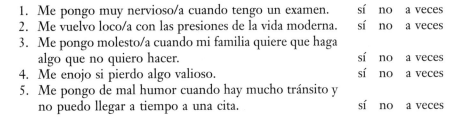

1. Me pongo muy nervioso/a cuando tengo un examen.   sí   no   a veces
2. Me vuelvo loco/a con las presiones de la vida moderna.   sí   no   a veces
3. Me pongo molesto/a cuando mi familia quiere que haga algo que no quiero hacer.   sí   no   a veces
4. Me enojo si pierdo algo valioso.   sí   no   a veces
5. Me pongo de mal humor cuando hay mucho tránsito y no puedo llegar a tiempo a una cita.   sí   no   a veces

VALOR DE SU RESPUESTA: sí = 2 puntos   a veces = 1 punto   no = 0 puntos
De 8 a 10 puntos = Usted es una persona muy irritable. No es bueno para su salud. ¡Contrólese un poco!
De 5 a 8 puntos = Usted es una persona de un estado de ánimo normal.
De 0 a 5 puntos = Usted es una persona muy tranquila.

Actividad 8. Entrevista: Los estados físicos y anímicos

1. ¿Cuándo estás más contento/a?
2. ¿Estás feliz cuando estás solo/a? ¿Por qué (no)?
3. ¿Te sientes cansado/a frecuentemente? ¿Qué actividades te cansan mucho?
4. ¿Te enojas con frecuencia? ¿Qué te hace enojar? ¿Qué cosas te entristecen? ¿Te entristeces fácilmente?
5. Cuando hay muchas presiones en tu vida, ¿qué síntomas tienes? ¿Sientes cansancio? ¿Mareo? ¿Picazón?

Actividad 9. Opiniones: ¿Es bueno para la salud?

Diga si estas actividades son beneficiosas para mantenerse en buena salud y en buenas condiciones físicas. Explique por qué (no).

¿Es (No es) beneficioso...

1. comer carne con frecuencia?
2. tomar el sol tres horas o más diariamente?
3. hacer ejercicio cada día?
4. trabajar diez horas al día?
5. tomar vino con la cena?
6. dormir siete horas o más cada noche?
7. fumar cigarrillos?
8. tomar café todas las mañanas?
9. beber seis vasos de agua o más diariamente?

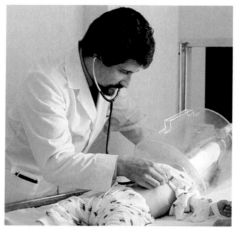

Bogotá: Este doctor especialista en pediatría revisa el aparato de oxígeno de su pequeño paciente.

La infección del VIH y el SIDA

La siguiente información es parte de un folleto (*brochure*) publicado por la Cruz Roja Americana. El propósito de este tipo de publicación es informarnos sobre las causas y formas de contagio de ciertas enfermedades y de cómo podemos protegernos (*protect ourselves*). ¿Sabe usted lo que es el VIH? ¿y el SIDA? ¿Sabe qué puede hacer para protegerse de esta enfermedad? ¡Infórmese, por favor!

LA INFECCION POR HIV Y EL SIDA

La enfermedad conocida como el SIDA* es causada por el virus de inmunodeficiencia humana (VIH). El virus puede vivir en el cuerpo humano durante muchos años y puede transmitirse a otras personas aun antes de que aparezca síntoma alguno.[1] El VIH no permite que el cuerpo humano se defienda de infecciones y de otras enfermedades. Estas enfermedades e infecciones pueden causar la muerte.

[1]antes... *before any symptoms appear*

---

*Síndrome de inmunodeficiencia adquirida

El VIH, o sea, el virus que causa el SIDA, se está propagando. Hasta la fecha se calcula que hay entre un millón y un millón y medio de personas en los Estados Unidos que están infectadas con el VIH. Cada una de estas personas puede transmitirles el virus a otras. La mayoría de la gente se contagia del VIH cuando comparte agujas[2] y/o cuando tiene relaciones sexuales con personas que ya están infectadas. El virus puede atacar a cualquiera, no importa quién sea o dónde viva. Se puede contraer[3] el virus tanto en los pueblos como en las ciudades, en las escuelas, en las universidades o en la calle.

Hasta hoy no existe una vacuna ni hay una cura para la infección del VIH o para el SIDA. Los expertos opinan que el VIH, y por tanto el SIDA, van a ser parte de nuestra vida durante muchos años. Pero usted puede aprender a protegerse a sí mismo y proteger a sus seres queridos contra el VIH. La educación y el comportamiento[4] sin riesgo[5] son nuestras mejores defensas contra la transmisión del virus.

Después de leer esta información, muchos nos preguntamos, ¿habrá una cura para el SIDA en el futuro cercano? Algunos científicos dicen que es posible. Se están haciendo investigaciones en varios países. Ya hay avances médicos que ayudan a los enfermos a mejorar y a prolongar su vida. Por ejemplo, hay medicamentos para prevenir la pulmonía, que es una de las enfermedades relacionadas con el SIDA. Las personas infectadas del VIH pueden vivir una vida larga, si se descubre su infección pronto. Por eso la prueba[6] del SIDA es tan importante. Si una persona sospecha que tuvo contagio de VIH, debe hacerse la prueba inmediatamente. El mensaje de los médicos es que no hay que desesperarse. ¡Ya hay maneras de combatir este síndrome!

[2]*needles*   [3]*contract*   [4]conducta   [5]*risk*   [6]*test*

Comprensión

Imagínese que usted trabaja para la Cruz Roja y su responsabilidad es informar a la comunidad hispana sobre el SIDA. Siga los siguientes pasos y explique.

1. Descripción del virus VIH.
2. Número aproximado de personas infectadas hasta la fecha.
3. Causas de contagio.
4. Personas que pueden contraer la enfermedad.
5. Lugares donde se puede contraer la enfermedad.
6. Maneras de combatir el VIH y el SIDA.

Ahora... ¡usted!

1. ¿Piensa que hay suficiente información sobre el SIDA en su comunidad? ¿Por qué (no)?
2. ¿Ha discutido el tema del SIDA con su familia? ¿Con sus amigos? ¿Con su novio/a o esposo/a? ¿Cómo han reaccionado estas personas? Explique.

Las visitas al médico, a la farmacia y al hospital

Lea Gramática 11.3.

La enfermera atiende a los pacientes.

El dentista le examina los dientes.

La farmacéutica surte las recetas médicas.

El médico examina al enfermo.

La psiquiatra (psicóloga) cuida de la salud mental de sus pacientes.

El cirujano opera a los pacientes.

El veterinario cuida a los animales.

Actividad 10. Interacción

Usted es médico/a (M) y su compañero/a es el/la paciente (P). Escuche sus síntomas y diga qué le recomienda usted.

MODELOS: P: Tengo mucho catarro. *(No) Descanse/tome caldo de pollo.*

M: Le recomiendo que descanse y tome caldo de pollo.

P: Tengo el tobillo torcido. *Póngalo (No lo ponga) en agua fría/ (no) camine.*

M: Le aconsejo que lo ponga en agua fría y que no camine por dos días.

PACIENTE
1. Me duele la garganta.
2. Tengo mucha tos.
3. Tengo náuseas. (Estoy mareado/a.)
4. Tengo dolor de cabeza.
5. Me duele la rodilla.

MÉDICO
(No) Tome aspirinas/líquidos/jarabe.
(No) Haga gárgaras/hable mucho.
(No) Coma mucho/baile/haga ejercicio.
(No) Salga/vaya a trabajar/descanse.
(No) ¿ _____ ?

Actividad 11. Silvia tiene bronquitis.

LOS SÍNTOMAS

ESE MISMO DÍA

AL DÍA SIGUIENTE

Actividad 12. Entrevista: El hospital

1. ¿Has estado internado/a alguna vez en un hospital?
2. ¿Qué tenías? ¿Cuánto tiempo estuviste allí?
3. ¿Te hicieron un análisis de sangre?
4. ¿Tuviste que quedarte mucho tiempo en cama después de regresar a casa?
5. ¿Faltaste a muchas clases? ¿Al trabajo?
6. ¿Fue muy doloroso/a? ¿Qué medicinas tomaste?
7. ¿Tenías seguro médico o tuviste que pagarlo tú mismo/a?

Actividad 13. Diálogo original: Problema de salud

Usted se siente muy mal. Necesita consultar con su médico pero no tiene cita. Llama al consultorio y el/la recepcionista le dice que no es posible porque el doctor tiene todas las horas del día ocupadas. Usted insiste.

USTED: ¿Puedo ver al doctor esta tarde, señor(it)a?
RECEPCIONISTA: Lo siento mucho, señor(a), pero...
USTED: Señor(it)a, por favor, me siento muy mal...

Otrivín destapa la nariz y alivia el goteo nasal.

Para que un resfriado no le haga pasar las 24 horas pendiente de su nariz son suficientes entre una y cuatro nebulizaciones de Otrivín al día.
Otrivín destapa la nariz y alivia el goteo nasal, para que usted respire libremente sin usar, de continuo, el pañuelo.
Además como alivia y despeja, de forma suave y paulatina, usted se sentirá mejor naturalmente.
Recuerde, al primer estornudo, que Otrivín alivia las molestias del resfriado.
Y que respirará mejor si, desde el principio, cierra el grifo.

Otrivín
CIBA—GEIGY

Lea las instrucciones. A partir del 4.º día de su utilización, debe consultar a su médico. Usar sólo a partir de 6 años.
Contiene Clorhidrato de Xilometazolina. Consulte a su médico o farmacéutico.

EL MUNDO HISPANO... imágenes

En algunos pueblos pequeños de España y América Latina, hay personas que intentan curarse con remedios naturales que les recetan los curanderos (*practitioners of folk remedies*) o que pasan de padres a hijos. Algunos de estos remedios, como la «balsamina» en la foto, tienen varios usos.

Aunque todavía hay gente que prefiere curarse en casa, con remedios caseros, los países hispanos tienen modernos recursos médicos y doctores muy bien preparados. Esta es una foto del Hospital Universitario en Caracas, Venezuela, un centro importante de investigación científica en la América Latina.

Actividad 14. Lectura/Discusión

MINITEST: ¿LE TEME AL DENTISTA?

Para algunos, ir al dentista es una diligencia más; para otros, una prueba durísima... y hay también posiciones intermedias. ¿A cuál de esos grupos pertenece usted?

1. Mañana tiene una cita con el dentista. ¿Cómo se siente hoy?
a) Deseoso de que llegue mañana.
b) Indiferente.
c) Un poco nervioso.
d) Algo asustado.
e) Extremadamente angustiado.

2. Ya está en el dentista, aguardando su turno en la sala de espera. Se siente:
a) Relajado.
b) Un poco inquieto.
c) Tenso.
d) Ansioso.
e) Tan asustado que no puede resistirlo.

3. Llegó el momento. Está sentado en la silla, y el dentista prepara el taladro.

¿Cómo se siente?
a) Relajado.
b) Un poco inquieto.
c) Tenso.
d) Ansioso.
e) Tan asustado que no puede resistirlo.

4. Está sentado en la silla, pero esta vez el dentista prepara los instrumentos para hacerle una limpieza. ¿Como se siente?
a) Relajado.
b) Un poco inquieto.
c) Tenso.
d) Ansioso.
e) Tan asustado que no puede resistirlo.

PUNTUACION

Anótese 1 punto por cada *a*; 2 puntos por cada *b*; 3 puntos por cada *c*; 4 puntos por cada *d*; y 5 puntos por cada *e*. Sume los puntos obtenidos y vea la evaluación.

EVALUACIÓN

Los «valientes»: 4 a 7 puntos. No siente miedo alguno del dentista, y es un paciente ideal. ¡Nunca ha entendido por qué otras personas se asustan tanto!

Los «del montón»: 8 a 12 puntos. Sabe que hay que ir periódicamente al dentista y lo hace, pero no puede dejar de sentirse nervioso ante cada visita.

Los «cobardes»: 13 a 20 puntos. Si está en esta categoría, siempre encuentra una excusa para cancelar su cita con el dentista, y sólo acude cuando no le queda más remedio (haciendo así más grave el problema). Aunque tiene mucha compañía (su grupo es más numeroso de lo que cree), debe tratar de controlar su temor si quiere mantener sus dientes sanos.

1. ¿Es usted «valiente», «del montón», «cobarde»? ¿Cuál es su puntuación?
2. ¿Está de acuerdo con la evaluación que se hace en el artículo? ¿Por qué?
3. ¿Cree que es necesario consultar con el dentista frecuentemente? ¿Cuántas veces al año?
4. ¿Es necesario lavarse los dientes después de cada comida? ¿Por qué?
5. ¿Es indispensable usar hilo dental? ¿Lo usa usted? ¿Por qué?
6. En su opinión, ¿con qué frecuencia debe uno cambiar el cepillo de dientes? ¿Por qué?

LECTURA

«Paletitas de guayaba»[1] (Fragmento) por Erlinda González-Berry

Erlinda González-Berry (Nuevo Mexico, 1942–) es profesora de español y estudios chicanos en la Universidad de Nuevo México. En el siguiente fragmento de su primera novela, la narradora le describe la enfermedad y la muerte de su abuelita a Sergio, su compañero.

[1]Paletitas... *Guava Popsicles*

Pues mi abuelita murió el año pasado. Ay Sergio, fue la cosa más horrible y deshumanizante que jamás podrías imaginar. Después de hacerle una operación, la conectaron a un montón de[2] máquinas. Estuvo así durante diez días con tubitos en la boca, en la nariz y por donde quiera.[3] La piel la tenía amarilla y llena de moretones.[4] Nunca abrió los ojos y nunca supimos si estaba consciente o no, y las malditas máquinas[5] forzándola a respirar. Mami y Papi se pusieron muy mal, pues ya te puedes imaginar viéndola así. Papi peor porque a él le había quedado la decisión de si hacerle la operación o no. Si no se la hubieran hecho, habría muerto a las pocas horas,[6] pero al hacérsela siguió viviendo en ese infierno mecánico[7] y claro, él se sentía culpable.[8]

*   *   *

La décima noche entré con mi hermana [Luz], la que hace tiempo se metió a una religión aleluya* o qué sé yo.[9] No me lo vas a creer pero cada aspecto de su vida está ligado[10] a su religión. Antes de entrar habíamos estado hablando y todas habíamos quedado de acuerdo[11] en que era absurdo que la tuvieran viva a pura fuerza de las máquinas. Que lo que merecía[12] era morir con dignidad en su casita. Los médicos, olvídate, «que es nuestra responsabilidad moral tenerla así mientras sigan funcionando tres órganos vitales» y quién sabe cuántas más pendejadas[13] nos decían. Pues esa noche eran como las once cuando entramos a darle una vuelta[14] como habíamos hecho durante diez días. Como era la primera vez que entraba con Luz, me quedé sorprendida cuando empezó a hablarle [a la abuelita]. Los demás de la familia no decían nada; nomás[15] se quedaban allí mirándola llorando y todo lo demás. Pero Luz de una vez se puso a hablarle como si nada.[16] Le decía que Dios la esperaba con los brazos abiertos, que ya era tiempo que le diera su alma,[17] que no se resistiera a su voluntad,[18] que el cielo era bellísimo, que había jardines y huertas[19] por todos lados, que el abuelito la esperaba en el cielo y no sé cuánto más. Y la abuelita seguía como siempre, inerte,[20] sin dar señas[21] de oír o de comprender nada. Pero, sabes, de pronto empezó a ocurrir la cosa más rara. A medida que mi hermana la hablaba, acariciándole[22] siempre la frente, empezaron a cambiar los números en la máquina que le registraba el pulso. Cuando entramos estaba a 140. Poco a poco empezó a bajar: 135–134–133–130. A medida que le bajaba el pulso a mí se me aceleraba y se me hacía difícil respirar. Pues, fíjate que jamás

---

[2]un... muchas   [3]por... *everywhere*   [4]*bruises*   [5]malditas... *damned machines*   [6]a... *within a few hours*   [7]infierno...
mechanized hell   [8]*guilty*   [9]qué... *something like that*   [10]relacionado   [11]habíamos... *had agreed*   [12]*deserved*
[13]*stupidities (col.)*   [14]darle... *check on her*   [15]solamente (*Mex.*)   [16]como... *as if nothing were wrong*   [17]le... *she give him
her soul*   [18]*will*   [19]*orchards*   [20]paralizada   [21]*signs*   [22]*caressing*

---

*La palabra **aleluya** normalmente se usa para referirse a cualquier religión cristiana no católica, especialmente las religiones protestantes.

había visto a nadie morir y se me hacía[23] que allí a mi ladito estaba la calaca,* tú sabes, personificada y todo eso. Cuando por fin marcó 94 la máquina, se detuvo, pero seguía el siseo[24] de la respiradora. Pronto entró la enfermera a decirnos que era tiempo de salir. Salimos al corredor, Luz la misma estampa de la serenidad,[25] yo totalmente histérica. Ella me abrazó e inmediatamente sentí una ola[26] de calma extenderse a través de mi cuerpo. Así estábamos abrazadas cuando salió la enfermera a decirnos que había muerto la abuelita.

---

[23]se... yo pensaba (*Mex.*)   [24]*hissing*   [25]la... *the very picture of calm*   [26]*wave*

Comprensión

Imagínese que va a contarle esta historia a un amigo (una amiga). Narre con sus propias palabras lo que ocurrió, utilizando los siguientes pasos como guía.

PRIMER PÁRRAFO: 1. la decisión que tuvo que tomar el padre   2. la operación y el estado de la abuela   3. los sentimientos de la familia

SEGUNDO PÁRRAFO: 1. descripción de la hermana Luz   2. las acciones de Luz   3. resultado de las acciones de Luz

Ahora... ¡usted!

1. ¿Qué opina usted de la eutanasia? Si una persona está viviendo gracias a las máquinas, ¿piensa que es mejor dejarla vivir o desconectar las máquinas? ¿Por qué? Explique.
2. ¿Ha sido usted hospitalizado/a alguna vez? ¿Ha tenido a un pariente o amigo/a en el hospital? En ambos casos, ¿fue por una operación? ¿Un accidente? ¿Una enfermedad? Explique.

Un paso más...

Piense en una persona que usted quiere mucho —amigo/a, novio/a, pariente— y cuéntele una experiencia que usted tuvo el año pasado. ¿Es un recuerdo triste? ¿Feliz? Empiece con las palabras de esta historia:

Pues, el año pasado... (*evento*). Ay, (*nombre*), fue...

---

*La calaca es una figura del folklore mexicano comparable al *Grim Reaper*; otro nombre para la muerte (*death*).

Los accidentes y las emergencias

Lea Gramática 11.4–11.5.

Actividad 15. Diálogo original: Usted es testigo.

Anoche, mientras usted caminaba por la calle enfrente de su casa, vio un choque entre dos coches. Como usted fue el único testigo del accidente, la policía le pide ahora una descripción de lo que pasó.

EL/LA POLICÍA: Cuénteme exactamente lo que usted vio, por favor.

USTED: Iba por la Avenida Central a eso de las seis...

Actividad 16. Aviso comercial: El Licenciado Joaquín Benítez

Lea el aviso en la página 367 y conteste las preguntas que lo siguen.

LICENCIADO JOAQUÍN BENÍTEZ

SU PRIMERA CONSULTA ES GRATIS

- Accidentes de auto y autobús
- Quemaduras
- Accidentes de trabajo
- Drogadicción y alcoholismo
- Accidentes aéreos
- Accidentes de motocicleta

1. ¿Cuánto cuesta la primera consulta?
2. ¿En qué casos de emergencia puede ayudarle el licenciado Benítez?
3. ¿Ha necesitado usted los servicios de un abogado alguna vez? ¿Para qué?
4. ¿Ha tenido alguno de los accidentes mencionados en el anuncio? Describa cómo pasó.

Actividad 17. Así son los niños...

Use las preguntas como guía para narrar lo que pasa en la tira cómica.

1. ¿Para qué se subió el niño a su sillita? ¿Qué quería hacer? 2. ¿Qué le pasó? 3. ¿Qué hizo después? 4. ¿Por qué se sentó al lado de la puerta? 5. ¿Qué hizo cuando llegó su mamá? ¿Por qué?

¿Recuerda un episodio semejante de su niñez? Cuénteselo a la clase.

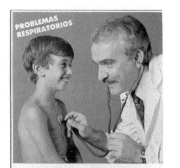

Actividad 18. Entrevista: Historial clínico

1. De niño/a, ¿te enfermabas con frecuencia? ¿Tuviste todas estas enfermedades: las paperas, la varicela, el sarampión, la gripe, un resfriado, una infección de los oídos?
2. ¿Tenías miedo de ir al médico cuando eras niño/a? Cuenta una experiencia chistosa o interesante que tuviste en el consultorio del médico o en el hospital.
3. ¿Cuántas veces has ido a la sala de emergencias? ¿Te atendieron rápidamente? De niño/a, ¿tuviste que ir a la sala de emergencias alguna vez? ¿Qué pasó? ¿Fue grave?
4. ¿Has sufrido un accidente automovilístico alguna vez? ¿Cómo ocurrió? ¿Quién tuvo la culpa?

EL MUNDO HISPANO... su gente

Nombre: María del Carmen Méndez Navarro
Edad: 19 años
País: España

¿Ha presenciado o sufrido alguna vez un accidente?

Nunca he sufrido un accidente grave aunque sí uno en el que todos nos pegamos un susto[1] tremendo. Estábamos en el sur de España de vacaciones, en un pueblecillo[2] llamado San Roque. Una noche cogimos el coche para ir a un restaurante. El que conducía era mi papá. Recuerdo que antes de salir, los mayores habían estado[3] tomando cerveza. Mi papá no quiso beber nada. Por el camino yo iba mirando por la ventana. Vi que un coche se acercaba a la carretera principal a la misma velocidad que nosotros. Pensé que llegado un momento pararía.[4] Pero no paró. Nos cogió por sorpresa y nos pegó un golpe en el costado.[5] El coche giró pero mi papá no dejó que este se chocase[6] con el borde de la autopista. Todo fue rapidísimo, ¡nos dio un gran susto! Llegó la policía y les hizo la prueba del alcohol a los dos conductores —a mi papá y al del otro coche. Cuando la policía se fue, inspeccionamos el coche y no encontramos ningún daño. Afortunadamente, a pesar del gran bollo,[7] lo único que pasó fue que una de las mujeres que nos acompañaba se rompió una uña. Nos reímos un poco del accidente y continuamos nuestro viaje.

[1]nos... *we got a scare*   [2]pueblo pequeño   [3]habían... *had been*   [4]llegado... *it would stop at the right moment*   [5]side (of the car)   [6]no... *didn't let it crash*   [7]a... *in spite of the big fuss*

Vocabulario

Las partes del cuerpo
Parts of the Body

la cadera	hip	el cerebro	brain
la ceja	eyebrow	la cintura	waist
		el codo	elbow
		el corazón	heart

el costado	side
la costilla	rib
el dedo	finger
el diente	tooth
las encías	gums
la frente	forehead
la garganta	throat
el hueso	bone
el labio	lip
la mejilla	cheek
la muñeca	wrist
el muslo	thigh
la nalga	buttock
el oído	(inner) ear
la pantorrilla	calf
el pecho	chest
la pestaña	eyelash
el pulmón	lung
el riñón	kidney
la rodilla	knee
la sangre	blood
el tobillo	ankle
la uña	fingernail

PALABRAS SEMEJANTES: la arteria, el esqueleto, el músculo, el nervio, el órgano interno, el sistema nervioso, la vena

REPASO: la boca, el brazo, la cabeza, la cara, el cuello, la espalda, el estómago, los hombros, la lengua, las manos, la nariz, los ojos, las orejas, el pelo, las piernas, los pies

Las enfermedades   Illnesses

el ataque del corazón	heart attack
el estornudo	sneeze
el infarto	heart attack; stroke
el mareo	dizziness, car sickness
las paperas	mumps
la picazón	itch, itching
el resfrío	cold
el sarampión	measles
el SIDA	AIDS
la tos	cough
la varicela	chicken pox
el VIH	HIV

PALABRAS SEMEJANTES: la alergia, el síntoma

Estados físicos y anímicos
Physical and Mental States

estar...	to be, to have . . .
congestionado/a	congested
hinchado/a	swollen
internado/a (en el hospital)	in the hospital
mareado/a	dizzy
resfriado/a	a cold
tener dolor de...	to have . . .
cabeza	a headache
estómago	a stomachache
tener...	to have, to be . . .
catarro	a cold
fiebre	a fever
gripe	the flu
la nariz tapada	a stuffy nose
náuseas	nauseated
tos	a cough

Las medicinas y los remedios

el agua con sal	salted water
el análisis (de sangre)	(blood) test
la consulta	consultation, office visit
la curita	bandage
las gotas (para la nariz)	(nose) drops
el jarabe (para la tos)	(cough) syrup
el tratamiento	treatment
el vendaje	bandage

PALABRA SEMEJANTE: la aspirina

Las profesiones médicas

el cirujano (la cirujana)	surgeon

PALABRAS SEMEJANTES: el psicólogo (la psicóloga), el/la psiquiatra, el/la veterinario

REPASO: el/la dentista, el doctor (la doctora), el enfermero (la enfermera), el farmacéutico (la farmacéutica), el/la médico

Los accidentes y las emergencias

atropellar	to run over (*with a vehicle*)
¡Auxilio!	Help!
la camilla	stretcher
la cicatriz (las cicatrices)	scar(s)
la Cruz Roja	Red Cross
el choque	crash (*automobile*)

la herida	wound
el herido (la herida)	wounded person
la muleta	crutch
la quemadura	burn
la sala de emergencia	emergency room
el/la sobreviviente	survivor
¡Socorro!	Help!
el/la testigo	witness

PALABRAS SEMEJANTES: la ambulancia, la clínica

REPASO: el enfermo (la enferma)

Los verbos

abrazar	to embrace
atender (ie)	to assist, take care of
besar	to kiss
cansarse	to get tired
dejar de (+ *infin.*)	to stop (*doing something*)
desmayarse	to faint
doler (ue)	to hurt, ache
enfermarse	to get sick
enojarse	to get angry
entristecerse	to become sad
estar de acuerdo	to agree
estornudar	to sneeze
evitar	to avoid
golpear(se)	to hit (oneself)
haber	
habrá	there will be
habría	there would be
hacer daño	to harm
hacer enojar	to make angry, anger
hacer gárgaras	to gargle
hacer una limpieza	to clean
mantenerse	to keep oneself
oler (ue)	to smell
huelo/huele	
percibir	to perceive
recetar	to prescribe
respirar	to breathe
sentirse (ie, i)	to feel
surtir (una receta)	to fill (a prescription)
tener la culpa	to be to blame, be guilty
volverse (ue) loco/a	to go crazy

PALABRAS SEMEJANTES: consultar con, curar, ocurrir, operar, sufrir

Los sustantivos

los cigarrillos	cigarettes
la cita	appointment; date
el estado de ánimo	state of mind
el hilo dental	dental floss
el historial clínico	medical history
el licenciado (la licenciada)	lawyer
el pensamiento	thought
el seguro médico	health insurance
el sonido	sound
el terremoto	earthquake
el vicio	bad habit

PALABRAS SEMEJANTES: la condición física, la evaluación, el hábito, el interés, el/la paciente, el pulso, la visita

Los adjetivos

cobarde	cowardly
dañino/a	harmful
doloroso/a	painful
enyesado/a	in a cast
feliz	happy
inconsciente	unconscious
mismo/a	self
tú mismo/a (usted mismo/a)	yourself
molesto/a	upset
sano/a	healthy
torcido/a	twisted, sprained

PALABRAS SEMEJANTES: beneficioso/a, médico/a, valiente

REPASO: grave, muerto/a

Palabras y expresiones útiles

a eso de (+ *time*)	around (*a specific time*)
cada día	each day
exactamente	exactly
¡Salud!	Bless you! (*after a person sneezes*)
sin duda	without a doubt

Gramática y ejercicios

11.1. Expressing Existence: *haber*

hay = *there is, are*
Hay cien centavos en un dólar. (*There are a hundred cents in a dollar.*)

The verb that signals existence in Spanish is **haber** (see **Gramática B.4**). It has only singular forms when used in this manner.

hay	*there is/are*
hubo, había	*there was/were*
va a haber	*there is/are going to be*
tiene que haber	*there has/have to be*
cuando haya	*whenever there is/are*

Hay 118 pacientes en el hospital.	*There are 118 patients in the hospital.*
Ayer **hubo** un accidente en la Calle Octava.	*Yesterday there was an accident on Eighth Street.*
¿**Había** mucha gente allí cuando llegaste?	*Were there many people there when you arrived?*
¿**Va a haber** mucha gente en el consultorio?	*Are there going to be many people at the doctor's office?*
Tiene que haber varios médicos, no uno solo.	*There have to be several doctors, not just one.*
Avíseme cuando **haya** una enfermera disponible.	*Let me know when there is a nurse available.*

Ejercicio 1

Complete lo siguiente con **hay, tiene que haber, había, haya** o **va a haber**.

1. Ayer me sentía mal. A las 11:30 hablé con la recepcionista de la doctora Estrada y le dije: —Señorita, me siento muy mal. ¡ _____ una buena medicina para mis dolores!
2. Ella me dijo: —Necesita ver a la doctora. _____ una hora libre esta tarde, de 2:00 a 3:00.
3. Yo le dije que por la tarde no podía ir. Luego le pregunté si _____ muchos pacientes esperando en este momento.
4. Ella me contestó: —No, solamente _____ dos ahora, pero seguramente _____ más a la hora del almuerzo. ¡ _____ una epidemia de gripe!
5. Yo tosía y me quejaba. Ella entonces me dijo que la doctora podía verme esa mañana, que los casos de gripe no toman mucho tiempo. Yo le dije: —Vivo muy cerca del consultorio. Por favor llámeme cuando no _____ nadie esperando.

11.2.   Expressing Changes in States: *Become, Get*

Ponerse and hacerse both refer to a change in state, but are used differently.

Al oír la mala noticia, se puso triste. (*On hearing the bad news, he became sad.*)

Después de tres años de estudios, se hizo abogada. (*After three years of study, she became a lawyer.*)

A. **Ponerse, hacerse,** and **volverse** describe changes in states when followed by adjectives and certain nouns.

Use **ponerse** with	most adjectives, such as **triste, furioso/a, nervioso/a, contento/a, serio/a, de mal (buen) humor, molesto/a,** and so on.
Use **hacerse** with	**rico/a, bueno/a, malo/a**; all professions (**abogado** and so on); religions and political affiliations (**católico/a** and so on).
Use **volverse** with	**loco/a.**

Me puse muy contenta cuando leí tu carta.	*I became very happy when I read your letter.*
Adela estudió mucho y **se hizo profesora** en tres años.	*Adela studied a lot and became a professor in three years.*
Alberto va a **volverse loco** con todo el trabajo que tiene.	*Alberto is going to go crazy with all the work that he has.*

B. Some adjectives have corresponding verb forms that express *become* + the adjective. In these cases, either the verb form or the expression **ponerse** + adjective can be used.

triste	entristecerse	enfermo/a	enfermarse
alegre	alegrarse	delgado/a	adelgazar
enojado/a	enojarse	gordo/a	engordar

Cuando Estela leyó la noticia de la muerte de su primo, **se entristeció.**	*When Estela read the news of her cousin's death, she became sad.*
Ernesto **se enojó** mucho cuando le contaron la historia del accidente.	*Ernesto got very angry when they told him the story of the accident.*
Roberto **engordó** mucho el verano pasado porque no hizo bastante ejercicio.	*Roberto became very fat last summer because he didn't exercise enough.*

Ejercicio 2

Indique la respuesta lógica.

MODELO: Ayer cuando salió el sol... →
        a. nos pusimos de buen humor.
        b. nos enfermamos.
        c. nos hicimos médicos.
        Ayer cuando salió el sol nos pusimos de buen humor.

1. Después de muchos años de
   estudio, Esteban...
   a. se puso muy nervioso.
   b. se hizo veterinario.
   c. se entristeció.
2. Cuando supieron los detalles del
   accidente de Amanda con el
   coche nuevo, sus padres...
   a. se pusieron molestos.
   b. se hicieron republicanos.
   c. se alegraron.
3. Cuando el héroe murió al final
   de la película, Graciela...
   a. se volvió loca.
   b. se puso triste.
   c. se hizo actriz.

4. Con tantos exámenes la semana
   pasada, los estudiantes...
   a. se volvieron locos.
   b. se pusieron contentos.
   c. se hicieron católicos.
5. Después de caminar algunos
   kilómetros bajo la lluvia, don
   Eduardo...
   a. se puso enfermo.
   b. se hizo rico.
   c. se puso alegre.

11.3. Making Requests: Indirect Object Pronouns with Commands and the Present Subjunctive

Object pronouns precede the verb in negative commands and subjunctive forms.

A. As you know (see **Gramática 10.2F**), object pronouns follow and are attached to affirmative commands but precede negative ones.

Muéstreme dónde le duele.	*Show me where it hurts (you).*
No **le** lleve la medicina al señor Ruiz hasta mañana.	*Don't take the medicine to Mr. Ruiz until tomorrow.*

B. Object pronouns also precede subjunctive verb forms.

El médico quiere que **le** ponga a la señora Silva una inyección de antibióticos.	*The doctor wants you to give Mrs. Silva an injection of antibiotics.*
Voy a comprar la medicina cuando mi esposo **me** dé el dinero.	*I'm going to buy the medicine when my husband gives me the money.*

Here are four additional verbs that can be used like **querer** to give "softened" commands. It is necessary to use an indirect object pronoun with these verbs, to point out to whom the command is given, even when the person or persons receiving the action are mentioned.

aconsejar *to advise (someone to do something)*
decir *to tell (someone to do something)*
recomendar (ie) *to recommend (that someone do something)*
pedir (i) *to ask (that someone do something)*

Los médicos siempre **les recomiendan** a los niños que no coman muchos dulces.	*Doctors always recommend to children that they not eat a lot of candy.*

Voy a **pedirles** a las enfermeras que estén aquí a las 4:00.	*I am going to ask the nurses to be here at 4:00.*
Mi papá siempre **me dice** que tenga mucho cuidado en la autopista.	*My dad always tells me to be very careful on the freeway.*
El psiquiatra **les aconseja** a muchos de sus pacientes que tomen unas vacaciones.	*The psychiatrist advises many of his patients to take a vacation.*

Ejercicio 3

Remember that only the position of the pronoun changes; verb forms are the same in both affirmative and negative **usted** commands.

Usted no está de acuerdo. Haga negativos estos mandatos afirmativos.

MODELO: Hágale las preguntas a la dentista. →
No le haga las preguntas.

1. Muéstrele su pierna a la enfermera.
2. Dígame si le duele mucho.
3. Lléveie estos papeles a la recepcionista.
4. Tráigale la comida al paciente.
5. Déle la receta al farmacéutico.

Ejercicio 4

Cambie estos mandatos negativos por mandatos afirmativos.

MODELO: No le muestre la herida a la enfermera. →
Muéstrele la herida a la enfermera.

1. No me llame el miércoles. 2. No nos traiga la medicina. 3. No le diga su nombre al médico. 4. No les lleve la receta a los pacientes. 5. No me dé la información.

Ejercicio 5

¿Qué les recomienda el doctor Sánchez a estas personas?

MODELO: Al paciente: Explíqueme sus síntomas. →
El doctor Sánchez le recomienda al paciente que le explique sus síntomas.

1. A la enfermera: Póngale la inyección a la paciente del cuarto número 408.
2. Al paciente: Llámeme mañana para pedir los resultados del análisis de sangre.
3. A la enfermera: Explíquele los síntomas de la gripe a la señora López.
4. A la recepcionista: Lléveles a los señores Gómez estos papeles del seguro médico.
5. Al paciente: Cuéntele a la enfermera cómo ocurrió el accidente.

Ejercicio 6

Consejos médicos: Haga oraciones según el modelo.

> MODELO: don Anselmo / aconsejar / don Eduardo / consultar con el médico →
> Don Anselmo **le** aconseja a don Eduardo que **consulte** con el médico.

1. Estela / decir / Ernesto / tener mucho cuidado
2. el médico / pedir / Pedro / tomar la medicina regularmente
3. Estela / pedir / Andrea y Paula / comer pocos dulces
4. Pedro / recomendar / Ernesto / no decir nada sobre el problema
5. don Anselmo / aconsejar / don Eduardo / descansar mucho en casa

11.4. Narration of Past Experiences: Present Perfect, Imperfect, Past (Preterite)

A. English and Spanish each have several verb forms to choose from that relate past experiences. For example, the verb *to go* has the following past forms in English: *went, used to go, was going,* and *have gone.* Here are some guidelines to help you choose the Spanish form that will best convey the information you want to express.

PRESENT PERFECT (See **Gramática 9.1.**)
This tense is used to ask and answer a *Have you ever . . . ?* question. It has no reference to the specific time when an event occurred.

> **¿Has escalado** una montaña alguna vez en tu vida? —Sí, **he escalado** muchas montañas.
>
> *Have you ever in your life climbed a mountain? —Yes, I've climbed many mountains.*

It also describes something you *have* or *have not yet* done.

> Nunca **he montado** a caballo, pero mañana voy a aprender.
>
> *I have never ridden a horse, but tomorrow I am going to learn.*

IMPERFECT (See **Gramática 8.2–8.3.**)
The imperfect tense describes things you *used* to do or *would always* do.

> De niña, siempre **jugaba** con mis muñecas en el patio.
>
> *As a little girl, I used to play with my dolls on the patio.*

It commonly describes states in the past.

> En el kínder, yo **era** una niña muy curiosa y nunca **tenía** miedo de nada.
>
> *In kindergarten, I was a very curious little girl and was never afraid of anything.*

It also describes what someone was doing or what was happening when something else interrupted the action.

TENSE
present perfect
imperfect
past (preterite)

EXAMPLE
(yo) he hablado
(yo) hablaba
(yo) hablé

MEANING
I have spoken
I used to speak, was speaking
I spoke (completed event)

Caminaba tranquilamente por la calle cuando oí los gritos.	*I was walking peacefully down the street when I heard the shouts.*

PAST (PRETERITE) (See **Gramática 5.4; 6.1–6.3.**)
The simple past tense is used to describe *completed events* that are isolated in the past.

Anoche **fui** al cine con mis amigos. **Vimos** una película muy aburrida. Después **comimos** pizza en un restaurante italiano.	*Last night I went to the movies with my friends. We saw a very boring movie. Afterward we ate pizza in an Italian restaurant.*

B. To tell a story or relate past events, the past (preterite) forms are most frequently used: **fui, comí, salí, bailé, me divertí, dormí,** and so on. Imperfect forms usually describe the background or set the stage for the story: **vivía, jugaba, llovía, hacía calor.**

> One night I was waiting (*imperfect*) at the bus stop on my way home from work. It was raining (*imperfect*) very hard, and I was (*imperfect*) very tired after a long, difficult day at work.

In most stories after the stage has been set with the imperfect, as in the preceding example, the story line is developed with the past tense.

> Suddenly, I saw (*past*) the familiar face of my friend Ralph speed by in a new car. I waved (*past*) to him, but he didn't stop (*past*). He sped (*past*) on by without even a glance toward me. The bus arrived (*past*) within a few minutes, and I boarded (*past*).

Often in a story, description and narration of the main events are intermixed, so the tenses are, too.

> I immediately noticed (*past*) that the bus was (*imperfect*) full and that I had to (*imperfect*) stand. Many other people were standing (*imperfect*), too. Buses were (*imperfect*) always so crowded during rush hour in San Francisco.

The past tense is often used to narrate the outcome of a story.

> Finally we arrived (*past*) at my stop. I quickly got off (*past*) and walked (*past*) home. The house was (*imperfect*) dark, but when I opened (*past*) the door about fifty people, including Ralph, shouted (*past*) "Happy Birthday!" It turned out (*past*) to be a very good day indeed!

Ejercicio 7

En cada uno de los dibujos hay dos actividades, y una actividad interrumpe la otra. Describa cada dibujo, siguiendo el modelo.

MODELO: Amanda y Graciela caminaban por el parque cuando don Eduardo tuvo un infarto (ataque del corazón).

1. Estela y Ernesto

2. Ramón y Amanda

4. Ernesto

3. Margarita y Pedro

5. Ernestito y sus amigos

6. Ernesto y Estela

Ejercicio 8

Aquí tiene usted lo que Adriana le contó a su hermano anoche. Escoja la forma correcta del verbo.

Ayer *trabajé/trabajaba*[1] hasta las ocho de la noche. *Salí/Salía*[2] como de costumbre de mi oficina y *caminé/caminaba*[3] hasta la parada del autobús. *Hubo/Había*[4] poca gente que *esperó/esperaba*[5] porque ya *fue/era*[6] muy tarde. *Pensé/Pensaba*[7] en el proyecto para el día siguiente, cuando *vi/veía*[8] a una señora muy vieja que *caminó/caminaba*[9] por la calle directamente enfrente de la parada donde yo *estuve/estaba*.[10] De repente, *llegó/llegaba*[11] un hombre, muy joven, y por supuesto, mucho más grande que la viejita, y le *robó/robaba*[12] la bolsa a la señora. Ella *empezó/empezaba*[13] a gritar. El ladrón *desapareció/desaparecía*[14] rápidamente, pero cuando *llegó/llegaba*[15] el policía, yo le *di/daba*[16] una descripción muy detallada del hombre y de su ropa. Por fin *llegó/llegaba*[17] el autobús y *llegué/llegaba*[18] a casa un poco antes de las diez.

11.5.   Narration of Past Experiences: Present Perfect and Pluperfect

A. The present perfect (See **Gramática 9.1**) refers to events that did occur or did not *yet* occur at some unspecified point in relation to the here and now. Both Spanish and English use the present tense of the auxiliary verb *to have* (**haber**) and a past participle to express this idea. Regular past participles, as you learned in **Gramática 9.1**, end in **-ado**, or **-ido**; see page 313 for a list of irregular past participles.

Nunca **he estado** en un hospital moderno.	*I have never been in a modern hospital.*
¿**Has hecho** una cita con el médico?	*Have you made an appointment with the doctor?*
El doctor Rosas y yo ya **hemos visto** al paciente.	*Doctor Rosas and I have already seen the patient.*

B. Another perfect tense that you may often hear is the pluperfect (past perfect) for actions preceding preterite events. This tense uses the imperfect tense of the auxiliary verb **haber.***

PLUPERFECT		
(yo)	había	
(tú)	habías	
(usted, él/ella)	había	**-ado**
		+
(nosotros/as)	habíamos	**-ido**
(vosotros/as)	habíais	
(ustedes, ellos/as)	habían	

Remember that all pronouns must be placed before the auxiliary verb **haber**.

Como el médico no **había llegado**, la enfermera le puso la inyección al paciente.	*Since the doctor hadn't arrived, the nurse gave the patient his shot.*
Cuando el médico llegó, la enfermera ya le **había puesto** la inyección al paciente.	*When the doctor arrived, the nurse had already given the patient his shot.*

---

*The other perfect tenses will appear in **Gramática 16.2**. Like their English counterparts, they are not often used in conversation but are used in written or formal Spanish.

Side margin

TENSE
present perfect
pluperfect

EXAMPLE
(El) ha vuelto.
(El) había vuelto.

MEANING
He has returned.
He had returned.

Ejercicio 9

Escoja las respuestas lógicas.

1. A los siete años yo ya...
   a. había terminado la escuela primaria.
   b. había asistido al kínder.
   c. había aprendido a caminar.
   d. había visitado el consultorio de un médico.

2. A los doce años tú ya _____, ¿verdad?
   a. habías manejado un camión
   b. habías tomado jarabe para la tos
   c. habías tenido la gripe varias veces
   d. habías estudiado en la universidad

3. Hoy, cuando llegamos a clase, mis compañeros y yo ya...
   a. habíamos escrito la composición.
   b. habíamos desayunado.
   c. habíamos tomado vitaminas.
   d. habíamos hablado con el presidente de Chile.

4. Cuando mi amigo llegó a la universidad hoy, todavía no...
   a. había hecho la tarea.
   b. había respirado.
   c. se había vestido.
   d. había leído la lección para hoy.

5. A los ocho años Marisa y Clarisa, mis hermanitas gemelas, ya...
   a. habían tenido la varicela.
   b. habían tenido varios infartos.
   c. habían estado una vez en el hospital.
   d. habían estado resfriadas varias veces.

De compras

▼▼▼▼▼▼▼▼▼▼▼▼▼▼▼▼

In **Capítulo 12** you will talk about manufactured goods of all kinds and use numbers in the thousands and millions to describe buying and selling.

Burgos, España

Actividades orales y lecturas

Los productos, los materiales y sus usos

Lea Gramática 12.1.

Las tijeras son de acero.

El vestido es de algodón.

La caja es de cartón.

El edificio es de cemento.

Las botas son de cuero.

El anillo tiene un diamante.

Las botas están hechas de goma.

La sartén es de hierro.

Las herramientas son de acero.

La chimenea es de ladrillo.

El suéter es de lana.

La mecedora es de madera.

El abrelatas está hecho de plástico.

Las joyas son de oro y plata.

El vaso es de vidrio.

Actividad 1. Los materiales y sus usos

¿De qué están hechos estos objetos?

MODELO: ¿De qué están hechos *los lentes*? →
Están hechos de vidrio, plástico y metal.

1. la mesa
2. las tijeras
3. el martillo
4. el anillo
5. los zapatos
6. las llantas

¿Para qué se usan los siguientes materiales?

> MODELO: ¿Para qué se usa *la plata*? → Se usa para hacer anillos y joyas.

7. el acero	9. la lana	11. la goma
8. el algodón	10. el vidrio	12. el cemento

Actividad 2. Interacción: Mis preferencias

Usted necesita comprar varios regalos. El dependiente o la dependienta (su compañero/a) le ha mostrado varios productos de diferentes colores y estilos. Diga cuál prefiere y por qué.

> MODELO: —¿Prefiere usted el suéter de lana o el de algodón?
>   —Prefiero el de lana porque es más caliente.

1. el anillo de oro o el de plata
2. las tijeras de acero o las de plástico
3. la calculadora pequeña o la grande
4. la mesa de madera o la de vidrio
5. el abrelatas eléctrico o el manual

Actividad 3. ¿Para qué se usa?

Escoja las cosas que usan estas personas. ¿Para qué las usan?

> MODELO: el fotógrafo →
>   El fotógrafo usa un rollo de película para sacar fotos.

1. una madre con su bebé	a. un martillo
2. el carpintero	b. una calculadora
3. el ama de casa	c. una mecedora
4. la contadora	d. una licuadora
5. la escritora	e. una computadora

¿Para qué se usan estas cosas?

> MODELO: una sartén → Una sartén se usa para freír huevos.

1. una tienda de campaña	a. para cortar tela
2. las herramientas	b. para abrir una lata
3. una pala	c. para reparar un carro
4. las tijeras	d. para quitar la nieve
5. un abrelatas	e. para dormir en el campo

Ahora piense en otros 2 ó 3 objetos y diga para qué se usan.

Los precios

—¿Cuánto valen estas playeras?
—Pido sólo N$27.00 pesos por cada una.
—¡Qué ganga!

—¿Cuánto cuesta esta chamarra de cuero?
—Cuesta N$195.00 pesos, señorita.
—¡Qué lástima! Sólo tengo N$180.00.

—Compré una playera y una chamarra muy lindas hoy.
—¿Cuánto pagaste por la chamarra?
—Pagué N$180.00 pesos ¡y ahora no tengo ni un centavo!

Actividad 4. ¿Cuánto cuestan?

¿Cuánto cuestan en los Estados Unidos los siguientes aparatos para la casa? Haga una lista empezando con el artículo más caro y terminando con el más barato. Luego decida cuáles considera usted más útiles y necesarios.

GRUPO A	GRUPO B
1. un televisor en colores	1. un radio-reloj despertador
2. un abrelatas eléctrico	2. una licuadora
3. una calculadora de bolsillo	3. una sartén eléctrica
4. un horno de microondas	4. un radio cassette portátil
5. un refrigerador	5. una videocasetera

Actividad 5. Interacción: ¿Cuánto cuesta?

Usted está de compras en El Corte Inglés, uno de los grandes almacenes de Madrid. Pregúntele a su compañero/a cuánto cuestan estos objetos. Vea los números de la página 385.

Estas hermosas telas fabricadas a mano por los indígenas se venden en el Mercado de San Francisco el Alto, Guatemala.

1000	mil	230,000	doscientos treinta mil
2000	dos mil	500,000	quinientos mil
10,000	diez mil	1,000,000	un millón (de)
26,000	veintiséis mil	3,700,000	tres millones, setecientos mil
100,000	cien mil	150,000,000	ciento cincuenta millones (de)

Actividad 6. Interacción: El precio de una casa

Pregúntele a su compañero/a cuánto cuestan estas casas y luego dígale qué casa prefiere y por qué.

SAN ANTONIO, TEXAS

4 dormitorios ∘ 3 baños ∘ sala de recreo ∘ garaje para 3 carros ∘

∘ $98,800.00

FILADELFIA, PENNSYLVANIA

3 dormitorios ∘ 2 baños ∘ chimenea enorme ∘ cocina renovada ∘

∘ $115,000.00

SAN JUAN, WASHINGTON

2 dormitorios ∘ 1 baño ∘ cocina y comedor combinados ∘ vista panorámica ∘

∘ $150,750.00

MIAMI, FLORIDA

3 dormitorios ∘ 3 baños ∘ terraza con spa ∘ aire acondicionado ∘ garaje para dos autos ∘

∘ $144,900.00

ANN ARBOR, MICHIGAN

4 dormitorios ∘ 3 baños ∘ piscina ∘ cocina amplia ∘ sala y sala de recreo ∘ corral y establo para caballos ∘

∘ $262,000.00

SANTA CRUZ, CALIFORNIA

5 dormitorios ∘ 5 baños ∘ cocina ultramoderna ∘ dos salas enormes con chimenea ∘ garaje para 4 carros ∘ piscina y canchas de tenis ∘

∘ $574,500.00

Actividad 7. Comparación de costos

POSTDATA: LOS COSTOS EN AMÉRICA EN DÓLARES

	BUENOS AIRES	CARACAS	LIMA	MIAMI	MÉXICO
ALIMENTACIÓN					
Filete de ternera (1kg)	6.50	5.00	7.95	19.00	6.33
Una barra de pan	0.90	0.25/0.50	1.90	1.10	0.50
Un litro de leche	0.45	0.90	0.82	0.90	0.60
Hamburguesa	3.00	2.50	2.91	0.69	2.00
TRANSPORTES					
Taxi c/1,000 m	1.47	De acuerdo con distancia	2.00	Primero 1,600 m 2.30/Sucesivos 1,600 m 1.40	0.80 al abordar 0.08 c/2 km
Metro (billete)	0.31	0.17/0.19/0.25		1.25	0.13
Autobús	0.30	0.13/0.23	0.29	1.25	0.13
ROPA					
Traje de confección	290.00	470.00	120.00	120.00	550.00
Zapato de buena calidad (hombre)	130.00	65.00	65.00	50.00	130.00
GASTOS SOCIALES					
Cerveza	3.00	0.25/3.50	0.87	0.42	0.65
Semana en hotel ☆☆☆	347.00	390.00	309.75	763.00	268.00
Semana en hotel ☆☆☆☆	1,583.00	660.00	913.15	1,673.00	1,260.00
Cigarillos	1.40	0.65/0.75	1.16/0.82	(10 cajas) 17.00	0.90
Diario	0.85	0.16/0.31	0.50	Dom. 0.271/1.10	Dom. 0.40/0.50
VIVIENDA					
Alquiler, piso de 100 m² al mes	800.00	235.00	350.00	525.00	533.00
Compra de piso de 100 m²	120,000.00	53,000.00	53,000.00	53,000.00	60,000.00
GASTOS AUTOMÓVIL					
Un litro de gasolina	0.72	0.10	1.95/2.62	0.32	0.36
Multa (aparcamiento)	74.00	4.70	6.98	17.00	40.50
Una hora de estacionamiento	2.00	0.25	0.68	2.00	1.00
ENTRADAS PARA:					
Teatro	18.00	3.15/16.00	10.00	15.00	11.66
Cine	4.50	1.50	2.00	4.50	1.66
Fútbol	5.00	3.15/4.50	7.00/3.50	17.00	1.66/10.00
OBJETOS DIVERSOS					
Libro (*Cien años de soledad*)	12.90	6.00	10.00	30.00	10.00
*C./C.D../D. (Michael Jackson)	C.D.: 17.00 C.: 16.50	D: 15.00	C.D.: 22.00 C.: 7.00	C: 8.00	C.D.: 18.00
Horno de micro ondas	750.00	235.00	399.00	90.00	300.00
Llamada telefónica (3 minutos)	0.09	0.05	0.12	0.25	0.03
SALARIOS					
Albañil	600.00	100.00	1.50 por c/m²	(hora) 8.50	186.00/346.00
Secretaria	600.00	100.00	400.00	(hora) 7.00	333.00
Funcionario titulado	3,500.00 /5,000.00	400.00	1,200.00	2,400.00	1,000.00

*C.: Cassette/C.D.: Compact Disc/D.: Disco

INTERACCIÓN

Hágale preguntas a su compañero/a acerca del costo de las cosas en varias ciudades hispanas y en Miami.

MODELO: ¿Cuánto cuesta *una cerveza* en *Caracas*?

¿Cuesta más *un litro de gasolina* en *Buenos Aires* o en *México*?

¿Cuánto se paga por *un boleto de metro* en *Lima*?

¿Cuánto gana *una secretaria* en *Buenos Aires*?

PREGUNTAS PERSONALES

1. ¿Gastas mucho en gasolina todos los meses? ¿Crees que la gasolina está muy cara ahora?

2. ¿Gastas mucho en ropa cada mes? ¿Piensas ir de compras esta semana? ¿Qué prenda de ropa piensas comprar?
3. ¿Gastas mucho en llamadas telefónicas cada mes? ¿A quién llamas? ¿Adónde?
4. ¿Gastas mucho en comida cada semana? ¿Comes fuera con frecuencia o prefieres preparar la comida en casa?
5. ¿Gastas mucho en diversiones—cine, teatro, conciertos?
6. ¿Ahorras un poco de dinero cada mes?

Comprando ropa

Actividad 8. Definiciones: La ropa

1. la bufanda
2. el pijama
3. los calcetines
4. el cinturón
5. los guantes

a. Se ponen en los pies.
b. Se usa para dormir.
c. Se usa para sujetar los pantalones.
d. Se ponen en las manos cuando hace frío.
e. Se pone en el cuello cuando hace frío.

Actividad 9. Interacción: Una venta

E1: ¿Cuánto cuesta *una playera de algodón?*
E2: Cuesta *11 pesos, noventa centavos.*

E1: ¿Cuánto costaban *los sacos?*
E2: Costaban *66 pesos.*

deTodo
San Francisco esquina Félix Cuevas
GRAN LOTE REBAJADO

PARA NIÑAS

PANTALONES de pana de algodón, corte vaquero; tallas para 10 a 16 años
de N$29.00 a **N$19.99**

SUÉTER cerrado, de acrilán, cuello «V» en colores de moda; tallas 4 a 16 años
de N$25.99 a **N$20.90**

PARA NIÑOS

CHAMARRA en pana de algodón, elástico en mangas y cintura, en gris, azul marino o beige; tallas 8 a 10 años
de N$109.99 a **N$79.90**

PLAYERA de algodón, manga larga o corta; tallas de 6 a 15 años, colores de moda
de N$15.00 a **N$11.90**

PARA DAMAS

PANTALÓN estilo «jean» en mezclilla de algodón, corte recto; tallas del 5 al 13
de N$49.90 a **N$29.99**

Elegante **VESTIDO** de manga corta y elástico en la cintura, 100% poliéster en los modelos y los colores de moda; tallas del 36 al 42
de N$45.90 a **N$34.99**

PARA CABALLEROS

SACO de hilo y algodón, en gris y negro
de N$66.00 a **N$46.00**

Comodísimos **ZAPATOS** de fina piel, importados de Italia, en todos los tamaños
de N$140.00 a **N$119.99**

deTodo *tiene* de todo
Para toda la familia

Actividad 10. Interacción: De compras

Usted acaba de ir de compras a varias tiendas de ropa en México, D.F. Su compañero/a le pregunta qué cosas compró usted, dónde las compró, cuánto le costaron y de qué material son.

MODELO: E1: ¿Qué compraste?
          E2: *Una guayabera azul.*
          E1: ¿Cuánto te costó?

E2: *Estaba rebajada a N$35.00.*
E1: *¡Qué barata! ¿De qué es?*
E2: *Es de algodón.*
E1: *¿Dónde la compraste?*
E2: *En el Bazar de San Ángel.*

PRENDAS

un suéter de lana (N$137.50)
una bufanda de seda (N$55.00)
un par de guantes de piel
  (N$148.00)
una cartera de cuero (N$165.00)
un pijama de seda (N$205.00)
una bata de algodón (N$75.90)
un sombrero color kaki
  (N$199.70)
un vestido de lino (N$365.00)
un anillo de plata (N$43.00)
un pantalón de poliéster
  (N$135.00)
¿ _____ ? (N$ _____)

TIENDAS

El Palacio de Hierro
El Correo Francés
Safari Europeo
Sanborn's
el Bazar de San Ángel
Milano—Ropa para Caballero
la Zapatería Tres Estrellas
Trajes Suárez
Mercado de Artesanías
El Puerto de Liverpool

¡Luce este verano la camiseta natura!

Por 800 pesetas (incluido I.V.A. y gastos de envío) puedes conseguir una camiseta de Natura, fabricada en algodón puro 100 × 100, talla única (grande) y serigrafiada en bicolor con el logo y el símbolo del águila y el arco iris, característicos de nuestra revista.

Deseo que me envíen la cantidad de _____ CAMISETAS exclusivas de la revista NATURA, al precio de 800 pesetas unidad, donde se incluyen todos los gastos de envío.

Nombre y apellidos _____

Dirección _____

Cód. Postal _____ Población _____

Provincia _____ Firma _____

FORMA DE PAGO

☐ Adjunto cheque a G+J NATURA
  Marqués de Villamagna, 4
  28001 MADRID

☐ Giro Postal N.° _____
  a G+J NATURA

Recorta o fotocopia este cupón y envíalo a
G+J. Marqués de Villamagna, 4. 28001 MADRID

EL MUNDO HISPANO... su gente

Nombre: Ana Lilia Gaitán
Edad: 31 años
País: Chile

SUDAMÉRICA

EL OCÉANO
PACÍFICO

Chile
Santiago

EL OCÉANO
ATLÁNTICO

¿Ha tenido alguna experiencia cómica o desagradable en una tienda?

Una vez acompañé a una de mis amigas y a su mamá a comprar una falda; esta tenía que ser muy elegante, pues la señora la usaría en el matrimonio de mi amiga. Fuimos a una tienda muy elegante en Providencia.* La señora se probó tantas faldas que al final ella se ponía una encima de la otra,[1] pero no compró ninguna, pues nada de lo que nos gustaba a mi amiga y a mí estaba dentro del presupuesto.[2]

Cuando salimos de la tienda la señora decía que se sentía incómoda,[3] que tenía mucho calor y de repente[4] se pone a reír y con cara asustada nos mira y nos dice: «¿Saben, chiquillas? ¡Tengo una falda de la tienda puesta!»

Qué distraída la señora, pensé yo.

[1]*una... one over the other*   [2]*budget*   [3]*uncomfortable*   [4]*de... suddenly*

---

*zona en la ciudad de Santiago de Chile

Actividad 11. Diálogo original

Usted está en Nueva York, de vacaciones. Va a Greenwich Village y entra a una tienda de ropa donde hay ropa muy original y diferente. Todo le gusta, y quiere comprar algo. Uno/a de ustedes debe hacer el papel de dependiente/a y el otro (la otra) el papel de turista. Pruébese varias cosas y comente cómo le quedan.

DEPENDIENTE/A: ¿En qué puedo servirle?

TURISTA: Quisiera probarme un(a) _____ .

DEPENDIENTE/A: ¿Qué talla usa?

TURISTA: ¿Talla? Pues, creo que _____ .

DEPENDIENTE/A: Mmm, ¿por qué no se prueba este/a? Creo que le va a quedar bien.

TURISTA: A ver... Mmm... creo que me queda _____ .
DEPENDIENTE/A: Entonces, pruébese este/a.
TURISTA: ...

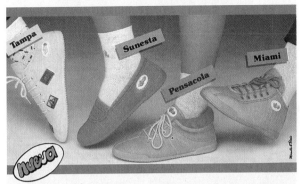

EL PLACER DE CAMINAR

LINEA PARA LA MUJER DE HOY

Disponible en todos los almacenes Croydon del país y distribuidores autorizados

CARIBE

Con la garantía de CROYDON S.A.

EL MUNDO HISPANO... imágenes

¿**Q**ué ropa les gusta llevar a los jóvenes hispanos? Hay varios estilos de moda. Los *jeans*, o pantalones vaqueros, se llevan para casi toda ocasión. Pero también están en onda[1] las chaquetas de cuero y las chaquetas al estilo *cowboy*, las camisetas teñidas[2] o con dibujos, las camisetas cortas o *tops*, las minifaldas, las mallas,[3] las botas de motocicleta y las gorras de béisbol. El estilo «preppy» también es popular. Y la ropa que usan los cantantes de música rock y rap, influye mucho en la manera de vestir de los adolescentes hispanos. La verdad, la ropa que está de moda hoy día es la misma para los jóvenes de casi todo el mundo.

[1]en... de moda (*col.*)   [2]*tie-dyed*   [3]*tights*

Las compras y el regateo

Lea Gramática 12.5–12.6.

Actividad 12. Mi cumpleaños

Para su cumpleaños usted recibió varios cheques: $100 de sus padres, $75 de sus abuelos paternos, $30 de su abuela materna, $50 de sus tíos. Desgraciadamente, no le dieron suficiente dinero para comprar todo lo que está en su lista. ¿Qué va a comprar?

Actividad 13. Situación: El cuadro de terciopelo

El año pasado su tía Julia, que vive en Guadalajara, le mandó a usted un cuadro de colores brillantes, pintado sobre terciopelo negro. A usted no le gustó y lo vendió en su última venta de garaje (de zaguán). Ella nunca ha venido a visitarlo/la, pero hoy acaba de llamar para decirle que llega el próximo sábado. ¿Qué le va a decir usted acerca del cuadro?

¿Le ha pasado a usted algo semejante? ¿Le hizo algún amigo o pariente un regalo que a usted no le gustó? ¿Qué hizo con él? ¿Tuvo problemas después?

LECTURA

El Rastro

Si a usted le gusta regatear, Madrid le ofrece una experiencia ideal: el Rastro. En la siguiente carta, Clara Martin le describe el Rastro a su amiga Norma que vive en Illinois. Clara estudia en un programa para estudiantes norteamericanos en la Universidad Complutense de Madrid. Obviamente, a Clara le fascinó el Rastro. A usted, ¿qué le parece? Lea y... ¡díganos!

Madrid, 24 de agosto

Querida Norma:

¡Qué calor hace en Madrid! Con razón dicen los españoles que en la capital de su país hay nueve meses de invierno y tres de infierno. Ya he visitado muchas ciudades, entre ellas Toledo y Segovia, que me encantaron.

Hoy tuve una experiencia muy interesante que quiero contarte. Fui de compras con un grupo de estudiantes al Rastro. Nos acompañó José Estrada, un amigo español. El Rastro me fascinó; es un mercado al aire libre que está en un barrio muy típico de la ciudad. Los sábados y los domingos por la mañana varias calles de esta zona se cierran al tránsito y se llenan de puestos y de gente. En el Rastro se puede comprar desde pájaros o cuadros hasta ropa, zapatos, radios, libros. Cuando caminas por las calles, escuchas las voces de los vendedores que ofrecen su mercancía, «¡Los precios más bajos!», «¡La mejor calidad!»

Cuando llegamos al Rastro, José nos dijo: —Para comprar aquí hay que regatear. Es como un juego, y hay que saber jugarlo. Miradme[1] a mí...

¹mirad = vosotros *command*

José fue entonces a un puesto de ropa para hombres y le preguntó al vendedor:

—Oiga, señor, ¿cuánto cuesta esta chaqueta?

—Veinte mil pesetas, joven.

—¿Veinte mil? Es demasiado cara.

—¡Pero es de muy buena calidad!

José tocó la chaqueta, la miró, la revisó con cuidado y luego le dijo al vendedor:

—Diez mil pesetas.

—Imposible —respondió el vendedor—. Se la dejo en dieciocho mil.

—Bueno, voy a pensarlo.

Dimos sólo unos pasos para irnos[2] y en seguida escuchamos la voz del vendedor: —No se vaya, joven, no se vaya. Pues... quince mil. ¿Qué le parece?

José no compró la chaqueta. Cuando nos fuimos de aquel puesto nos dijo sonriendo: —Probablemente vamos a encontrar una chaqueta igual por un precio todavía más bajo.

En esa misma calle, un poco más abajo, vimos otro puesto de ropa para hombres y en ese puesto José sí compró la chaqueta. ¿A que no adivinas[3] por cuánto? ¡Por ocho mil pesetas!

Todos pensamos regresar al Rastro el próximo domingo porque hoy no nos atrevimos a[4] regatear.

¡Escríbeme, chica! ¿Tienes alguna clase interesante este trimestre? ¿Vas a poder venir de vacaciones a Madrid en diciembre?

Besos y abrazos,

Clara

El Rastro, un mercado al aire libre en un barrio típico de Madrid. Para comprar en el Rastro hay que regatear. ¡Es un juego y hay que saber jugarlo!

[2]Dimos... *We started to walk away*   [3]¿A... *I bet you can't guess*   [4]no... *we didn't dare*

Comprensión

¿Quién diría cada oración, Clara (C), José (J), el vendedor (V) o ninguno de ellos (N)?

_____ «Cuesta demasiado».

_____ «Es una chaqueta de muy buena calidad».

_____ «Me gusta, pero es muy barata. Le ofrezco mil pesetas más».

_____ «¿Se la envuelvo?»

_____ «Voy a pensarlo un poco».

_____ «Se la dejo en quince mil pesetas».

_____ «Hoy no compré nada».

_____ «Sí, señor, me gusta. Envuélvamela, por favor».

_____ «En el Rastro hay que regatear».

_____ «En Madrid hace mucho calor».

Ahora... ¡usted!

1. ¿Ha ido de compras en otro país? ¿Qué compró? ¿Dónde? ¿Cuándo? ¿Pudo regatear o era una tienda de precios fijos?

2. ¿Dónde se puede regatear en los Estados Unidos? ¿Qué diferencia hay entre regatear en los Estados Unidos y regatear en el extranjero?

3. ¿Le gusta ir de compras solo/a o acompañado/a? ¿Prefiere ir de compras cuando hay una venta especial o cuando hay menos gente?

Actividad 14. Diálogo original: A regatear

Usted está en el Rastro de Madrid y busca un suéter de lana o una chaqueta de cuero. Regatee con el vendedor (la vendedora) para obtener el mejor precio. No olvide usar expresiones como las siguientes:

Buenas tardes, señor(a). Quisiera ver algunos/as _____ .

Aquí tengo algunos/as _____ muy lindos/as.

USTED	VENDEDOR(A)
No traigo tanto dinero.	Es de muy buena calidad.
No puedo gastar tanto.	Está hecho/a a mano.
¿Me lo/la puede dejar en $_____ ?	No puedo rebajar tanto el precio.
	Lléveselo/la por $_____ . ¿Se lo/la envuelvo?

LECTURA

«Un Stradivarius» por Vicente Riva Palacio

Vicente Riva Palacio (México, 1832–1896) es conocido por sus novelas históricas y sus cuentos. Su obra describe muchas tradiciones culturales de su país.

En este cuento, el dueño de una tienda recibe la extraña visita de un músico pobre. Este músico trae consigo un violín que deja en la tienda para que el dueño se lo cuide por un tiempo. Pero don Samuel no sospecha que el músico pobre tiene un plan. Descubramos el plan...

I

Don Samuel es un señor muy rico. Tiene mucho dinero. Tiene una tienda. La tienda de don Samuel está en México. Es una de las tiendas más ricas de México. En México hay otras tiendas como la tienda de don Samuel, pero no tan ricas.

En su tienda don Samuel tiene muchas cosas. Don Samuel tiene mucho dinero porque vende muchas cosas en su tienda a las personas ricas de México.

Don Samuel está todo el día en su tienda. Como es un señor que tiene mucho dinero, también tiene muchos amigos. Algunos de sus amigos van a su tienda todos los días. Otros amigos van muy poco a su tienda. Pero todos los días hay uno o dos amigos en la tienda de don Samuel. Algunas personas dicen que estos señores no son amigos de don Samuel, sino de su dinero. Pero nadie sabe la verdad.

Como don Samuel es un señor muy rico, todos los días muchas personas van a su tienda para tratar de venderle muchas cosas. Pero don Samuel les dice que él no tiene dinero.

II

Un día un señor va solo a la tienda de don Samuel. Cuando ve a este señor, don Samuel le dice:

—¿Qué desea usted?

—Sólo deseo ver algunas cosas para una iglesia.

—Tengo todo lo que usted desea. Yo vendo muchas cosas a todas las iglesias de México. ¿Desea usted ver otras cosas también?

—No; sólo deseo ver algo para una iglesia. Tengo un tío muy rico en Guadalajara que desea algo para una iglesia.

—¿No le gustan estas cosas que tengo aquí?

El señor que está en la tienda de don Samuel y que desea las cosas para la iglesia de Guadalajara es músico. Como es músico no es rico ni tiene dinero. Tiene un traje muy viejo. Este señor no parece estar muy contento.

El músico tiene en la mano un violín. El violín está en una caja muy vieja. A don Samuel no le gusta mucho el traje del músico, pero no le dice nada porque desea venderle algo. Cuando ve la caja del violín en la mano del músico le dice:

—¿Es usted músico?

—Sí, señor.

—A mí me gusta mucho la música. Siempre voy con mi familia a Chapultepec* porque allí siempre hay música. ¿Le gusta a usted la música de Chapultepec?

—Sí, señor, me gusta mucho.

—A mí y a mi esposa también nos gusta, pero a nuestros hijos no les gusta. ¿Tiene usted hijos?

—No, señor, no tengo hijos.

Después de decir esto sobre la música, don Samuel le enseña al músico algunas cosas para las iglesias. Al músico le gustan algunas de las cosas que le enseña don Samuel. Después de verlas muy bien y de decirle a don Samuel cuáles son las cosas que le gustan, pone algunas de ellas en una caja que tiene don Samuel en su tienda.

*parque grande de la Ciudad de México

El músico necesita la caja porque tiene que mandar las cosas a Guadalajara. Después de algunos minutos le dice el músico a don Samuel:

—Deseo estas cosas, pero antes quiero escribirle a mi tío que está en Guadalajara porque no tengo dinero aquí para pagar ahora.

—¿Va usted a escribirle a su tío ahora?

—Sí, señor, voy a escribirle ahora porque mi tío desea estas cosas para la iglesia de Guadalajara antes de cuatro o cinco días.

—Muy bien. ¿Desea usted todas las cosas en esta caja?

—Sí, señor, mi tío va a pagarle por ellas.

Después de decir esto el músico mira otra vez las cosas que tiene en la caja. Unos cuantos[1] minutos después le dice a don Samuel:

—¿Puedo dejar este violín aquí en su tienda por uno o dos días?

—Sí, señor, puede dejarlo aquí en mi tienda.

—¿Dónde lo puede poner?

—Aquí.

—Debe tener mucho cuidado con mi violín. Es un violín muy bueno y siempre tengo mucho cuidado con él porque es el único que tengo.

—Sí, voy a tener mucho cuidado con él. En mi tienda nadie toca las cosas que no son suyas.

Don Samuel pone el violín en un lugar donde se puede ver y le dice al músico:

—Allí está bien.

—Sí, allí en ese lugar parece estar muy bien.

El músico deja su violín en la tienda de don Samuel. Don Samuel mira el violín y piensa: «Este violín es muy viejo y no parece ser muy bueno. Pero no le puedo decir a un señor tan bueno como este que no deseo tenerlo aquí en la tienda por unos cuantos días. Después de todo, no me va a costar nada tener aquí esa caja tan vieja». Después de pensar en esto, toma el violín, lo inspecciona con cuidado y lo pone nuevamente en su lugar.

III

Dos días después, entre las muchas personas que van a la tienda de don Samuel, llega un señor un poco viejo. Es un señor muy rico y bien vestido que desea un reloj para su esposa. Don Samuel le enseña muchos relojes. Después de ver algunos, el señor rico toma uno de ellos y le dice a don Samuel:

—¿Cuánto desea usted por este reloj?

—Cincuenta pesos.

—¿Cincuenta pesos? No, cincuenta pesos es mucho dinero.

El señor rico mira otros relojes, pero ninguno le gusta. Cuando mira los otros relojes, también ve la caja vieja del violín del músico. Como ve una caja tan vieja entre tantas cosas tan buenas, le pregunta a don Samuel:

—¿También vende usted violines? ¿Tan bueno es que está en una caja tan vieja?

—Ese violín no es mío. Ese violín en esa caja tan antigua es de un músico.

—¿Puede usted enseñármelo? A mí me gustan mucho los violines.

[1]Unos... *A few*

Don Samuel toma la caja y la pone en las manos del señor rico. Este saca el violín de la caja. Después de mirarlo con mucho cuidado lo pone en la caja y dice:

—Ese violín es un Stradivarius, y si usted desea venderlo le pago ahora seiscientos pesos por él.

Don Samuel no dice nada. No puede decir nada. No dice nada pero piensa mucho. Piensa en el dinero que puede ganar si le vende el violín del músico a este señor por seiscientos pesos. Pero el violín no es de él todavía y no lo puede vender. Piensa en pagarle al músico unos cuantos pesos por él. El músico no es rico ni tiene dinero. El traje del músico es muy viejo y le puede pagar por el violín con un traje. Y si no desea un traje, le puede pagar hasta trescientos pesos. Si paga trescientos pesos por el violín y se lo vende al señor rico por seiscientos, gana trescientos pesos. Ganar trescientos pesos en un día no es nada malo. No todos sus amigos pueden ganar trescientos pesos en un día. Después de pensar en esto por algunos minutos dice:

—El violín no es mío, pero si usted desea yo puedo hablar con el músico y preguntarle si desea venderlo.

—¿Puede usted ver a ese señor? Deseo tener un Stradivarius y puedo pagar mucho dinero por éste.

—¿Y hasta cuánto puedo pagarle al músico por su violín?

—Puede pagarle hasta mil pesos por él. Y yo le pago cincuenta pesos más para usted. Dentro de dos días deseo saber si el músico vende o no vende su violín, porque deseo ir a Veracruz y no puedo estar aquí en México más de tres días.

Cuando don Samuel ve que el señor rico quiere pagar mil pesos por el violín, no sabe qué decir. Sólo piensa en los trescientos pesos o más que va a ganar. También piensa en el músico. Piensa que el músico no sabe que tiene un Stradivarius. Y ahora sólo desea ver al músico otra vez, para preguntarle si quiere vender el violín.

El señor rico se va de la tienda. Don Samuel, después de unos minutos, toma el violín con mucho cuidado y lo pone en la caja vieja. Después piensa otra vez en lo que va a ganar.

IV

Al día siguiente el músico regresa a la tienda de don Samuel. Le dice que todavía no sabe nada de su tío en Guadalajara, pero que espera saber algo dentro de uno o dos días más. También le dice que quiere su violín. Don Samuel toma el violín y lo pone en las manos del músico. Unos minutos después le dice:

—Si no sabe usted nada de su tío todavía, no hay cuidado;[2] puede dejar aquí esas cosas unos días más. También quiero decirle que si desea vender su violín yo tengo un amigo a quien le gusta mucho la música y desea tener un violín. ¿Dice usted que este violín es bueno?

—Sí, señor, es muy bueno y no lo vendo.

—Pero yo le pago muy bien. Le doy a usted trescientos pesos por su violín.

—¿Trescientos pesos por mi violín? Por seiscientos pesos no lo vendo.

—Le voy a dar los seiscientos pesos.

---

[2]no... no se preocupe

—No, señor, no puedo vender mi violín.

Don Samuel, cuando ve que el músico no desea vender el violín por seiscientos pesos, le dice que le da seiscientos cincuenta pesos. El músico después de pensar unos cuantos minutos, dice:

—¿Seiscientos cincuenta pesos por mi violín? Yo no tengo dinero ni soy rico. Este violín es todo lo que tengo y no lo puedo vender por seiscientos cincuenta pesos. Pero si usted me da ochocientos pesos... ochocientos pesos ya es algo.

Don Samuel, antes de decir que sí, piensa por algunos minutos: «Le pago ochocientos pesos a este músico y lo vendo por mil al otro señor. Me gano doscientos pesos. También gano los cincuenta pesos más que me va a dar el señor. Ya son doscientos cincuenta pesos que gano. No está mal ganar todo esto en sólo un día. Ninguno de mis amigos puede ganar tanto dinero como yo en un día». Después de pensar en esto, le dice al músico:

—Aquí están los ochocientos pesos.

Don Samuel saca de una caja ochocientos pesos y se los da al músico. Este toma el dinero y dice:

—Este dinero es todo lo que tengo. Para mí ochocientos pesos es mucho dinero. Pero ahora ya no tengo violín. Ya soy rico, pero ahora no soy músico.

El músico mira su violín por última vez y se va muy contento, sin pensar en pagar las cosas de su tío de Guadalajara con los ochocientos pesos. Don Samuel, como está tan contento por tener el violín, tampoco le dice nada al músico sobre esto.

Don Samuel espera todo el día al señor rico que va a pagar mil pesos por el violín, pero el señor no viene a la tienda. Espera otro día y tampoco llega. Espera dos días más y tampoco. Después de esperar seis días, don Samuel ya no está muy contento y piensa que el señor de los mil pesos no va a llegar nunca.

Pero cuando piensa que tiene un Stradivarius, está contento porque dice que ninguno de sus amigos tiene un violín tan bueno. Cuando está solo en la tienda, don Samuel toma el violín en sus manos, lo inspecciona con mucho cuidado y dice: «No todos pueden tener un Stradivarius como yo. Yo no soy músico, pero me gusta tener un violín tan bueno como este. Y si deseo, puedo venderlo y ganar mucho dinero».

Un día llega a la tienda de don Samuel un músico que es amigo de él. Este músico sabe mucho de violines.

—¿Qué piensa usted de este violín? —le dice don Samuel, y toma la caja para enseñarle el Stradivarius a su amigo.

—El músico toma el violín en sus manos, lo inspecciona con mucho cuidado y le dice a don Samuel:

—Don Samuel, este violín es muy malo; no vale más de cinco pesos.

—Pero amigo mío, ¿qué dice usted? ¿que este violín es muy malo? ¿que no es un Stradivarius?

—Don Samuel, si este violín es un Stradivarius yo soy Paganini.* Este violín no es un Stradivarius ni vale más de cinco pesos —le dice el músico por última vez.

*famoso violinista y compositor italiano

Desde ese día don Samuel ya no está tan contento como antes. Siempre piensa en los ochocientos pesos del violín. Ya no va a Chapultepec con su familia porque ya no le interesa la música. Cuando ve los violines de los músicos piensa en sus ochocientos pesos. Pero siempre tiene el violín en su tienda. A todos sus amigos se lo enseña y les dice:

—Esta lección de música vale para mí ochocientos pesos.

Comprensión

Narre en sus propias palabras el cuento, partiendo de los siguientes temas:

PARTE I: la descripción de don Samuel
PARTE II: el músico del Stradivarius
PARTE III: el señor viejo que busca un reloj
PARTE IV: la compra del Stradivarius

Ahora... ¡usted!

1. ¿Piensa usted que hay una moraleja en este cuento? Explique.   2. ¿Cree usted que se puede justificar lo que hace el músico pobre?   3. ¿Qué lección aprende el dueño de la tienda? ¿Opina usted que este señor merecía aprender esta lección? ¿Por qué (no)?

Un paso más...

¿Tiene usted un objeto de gran valor sentimental? ¿Qué es? ¿Vendería usted ese objeto? Imagínese que su compañero/a quiere comprarle ese objeto. Explíquele por qué no puede venderlo. O quizá usted decida venderlo por cierto precio...

Vocabulario

Los materiales

el acero	steel
el algodón	cotton
el cartón	cardboard
el cuero	leather
la goma	rubber
el hierro	iron
el hilo	linen
el ladrillo	brick
la lana	wool
el lino	linen
la mezclilla	denim
el oro	gold
la pana	corduroy
la piel	leather
la plata	silver
la seda	silk
el terciopelo	velvet

PALABRAS SEMEJANTES: el acrilán, el cemento, el poliéster

REPASO: la madera, el plástico, el vidrio

Las prendas de vestir y las joyas
Clothing and Jewelry

el anillo	ring
la bata	robe
el bolsillo	pocket
las botas	boots
la bufanda	scarf
los calcetines	socks
los calzoncillos	men's underwear
la camiseta	T-shirt, undershirt
el camisón	nightgown
la cartera	wallet
el cinturón	belt
el collar (de perlas)	(pearl) necklace
la combinación	slip
el cuello (en V)	(V-neck) collar
la chamarra	jacket (*Mex.*)
el guante	glove
la guayabera	embroidered shirt of light material worn in tropical climates
la manga	sleeve
las medias	nylons, stockings; socks (*Caribbean*)
las pantaletas	women's underpants
el pantalón	pants (*var. of* **pantalones**)
el paraguas	umbrella
la playera	T-shirt (*Mex.*)
la prenda de ropa	garment
la ropa interior	underwear
el sostén	bra
la talla	size
las zapatillas	slippers
los zapatos de tacón alto	high heels

REPASO: (el pantalón) vaquero, el pijama

Los verbos

dejar en	
se lo(s)/la(s) dejo en...	I'll let you have it (them) for . . .
envolver (ue)	to wrap
gastar	to spend (*money*)
llevarse	to take (away)
me lo llevo	I'll take (*buy*) it
mostrar (ue)	to show
probarse (ue)	to try on
quedarle apretado/suelto	to fit tight/loose
quedarle bien/mal	to look nice/bad on one
quedarle grande/pequeño	to be too big/small on one
Me queda...	It is . . . on me
rebajar	to reduce a price
regatear	to bargain
terminar	to finish
traer dinero	to be carrying money
valer	to be worth; to cost
¿Cuánto vale?	How much is it?
vender	to sell

Las personas

el ama de casa (*f.*)	housewife
el caballero	gentleman
el contador (la contadora)	accountant
la dama	lady
el escritor (la escritora)	writer
el/la fotógrafo	photographer
la pareja	couple
el vendedor (la vendedora)	salesman (saleswoman)

Los lugares

la carnicería	meat market
el corral	yard; stockyard, pen
el establo	stable
la frutería	fruit store
la heladería	ice cream parlor
la joyería	jewelry store

REPASO: la farmacia, la iglesia, el mercado, el museo, la panadería, la papelería, la zapatería

Los sustantivos

el abrelatas	can opener
el asador	barbecue (*grill*)
la barra de pan	loaf of bread
el bolívar	monetary unit of Venezuela
la caja	box
la calidad	quality
las compras	purchases
la ganga	bargain
las herramientas	tools
la licuadora	blender

el litro	liter
el martillo	hammer
la mecedora	rocking chair
la moda	fashion
la pala	shovel
el quetzal	monetary unit of Guatemala
el radiocassette (**portátil**)	(portable) radiocassette player
el radio despertador	alarm clock radio
el Rastro	the Rastro (*Madrid flea market*)
el regateo	bargaining
el rollo de película	roll of film
la sala de recreo	recreation room
el sol	monetary unit of Perú
la tela	cloth, material
el televisor (**en colores**)	(color) TV set
las tijeras	scissors
la venta de garaje (de zaguán)	garage sale
la videocasetera	videocassette player

PALABRAS SEMEJANTES: la calculadora, el cheque, el elástico, el estilo, el lote, el millón, la perla, la raqueta, el salario

REPASO: la carpa de campaña, la plancha

Los adjetivos

apretado/a	tight
azul marino	navy blue
cerrado/a	closed
cómodo/a	comfortable
de cuadros	checkered, plaid
de lunares	polka-dotted
de moda	fashionable
de rayas	striped
estrecho/a	tight
fino/a	of good quality
hecho/a a mano	handmade
rebajado/a	reduced (*price*)
recto/a	straight
suelto/a	loose

PALABRAS SEMEJANTES: brillante, combinado/a, diverso/a, enorme, importado/a, materno/a, panorámico/a, paterno/a, renovado/a, ultramoderno/a

Palabras y expresiones útiles

¿De qué es? (¿De qué está hecho/a?)	What is it (made) of?
desgraciadamente	unfortunately
no tener ni un centavo	to be broke
¡Qué lástima!	What a pity
tener de todo	to be well-stocked

OTOÑO

LA MODA COMIENZA EN LOS TEJIDOS

Ya están aquí. Todo un mundo de tejidos abiertos a la imaginación. Nobles, cálidos, de plena moda. Con los tonos que van a pegar fuerte esta temporada. Diseñados en exclusiva por los mejores creadores internacionales. Si quiere ver hasta dónde puede llegar la moda este Otoño, hay todo un departamento dedicado a usted. Exclusivamente.

El Corte Inglés

Gramática y ejercicios

12.1. Describing People and Things: Adjectives Used as Nouns

¿Cuál prefieres, la chaqueta roja o la amarilla? (*Which do you want, the red jacket or the yellow one?*)

A. In English and Spanish, adjectives can be nominalized (used as nouns). To nominalize an adjective in Spanish, delete the noun to which it refers and use a definite or indefinite article before the adjective.

> ¿Te gusta esta **blusa**? —Sí, pero prefiero **la roja**.
>
> ¿Quieres una **ensalada** grande o **una pequeña**? —**Una grande**, por favor.

> *Do you like this blouse? —Yes, but I prefer the red one.*
>
> *Do you want a large salad or a small one? —A large one, please.*

Note that **uno** rather than **un** is used in nominalizations before masculine singular adjectives.

> ¿Tienes un **coche** viejo o **uno nuevo**? —Tengo **uno** muy **viejo**.

> *Do you have an old car or a new one? —I have a very old one.*

Cuando compro ropa, nunca compro la de poliéster. (*When I buy clothes, I never buy polyester.*)

B. The nominalization of adjectives is also possible in sentences that contain adjectival phrases using **de.**

> Me gustan más los muebles de madera que **los de plástico**.
>
> Carmen se compró una blusa de seda, pero yo me compré **una de algodón**.

> *I like wood furniture more than plastic (furniture).*
>
> *Carmen bought herself a silk blouse, but I bought myself a cotton one.*

Lo difícil es hacer paella; lo bueno es comérsela. (*The hard part is making paella; the good part is eating it.*)

C. To express an abstract idea using a nominalized adjective, use **lo** before the masculine singular form of the adjective: **lo atractivo, lo bueno, lo difícil, lo divertido, lo increíble, lo moderno, lo malo,** etc.

> Hay muchas novelas buenas. **Lo difícil** es encontrar tiempo para leerlas.
>
> **Lo malo** es que él nunca comprendió lo que hizo.
>
> ¡Qué mercado más lleno de gente! **Lo bueno** es que pudimos regatear y comprar varias cosas a precios bajos.

> *There are many good novels. The hard part is finding time to read them.*
>
> *The bad part (thing) is that he never understood what he did.*
>
> *What a crowded market! The good thing is that we were able to bargain and buy some things at low prices.*

LO MAS IMPORTANTE
DEL CALDO RONDO
ES LO QUE NO TIENE.

RONDO
—caldo—

✔ SIN COLESTEROL

Nunca entiendo lo que dice ese niño. (*I never understand what that child is saying.*)

D. Lo que corresponds to *that which* in English.

Carlos no sabe **lo que** quiere.

Carlos doesn't know what (that which) he wants.

Lo bueno es que Amanda nunca supo **lo que** pasó.

The good thing is that Amanda never found out what (that which) happened.

Ejercicio 1

Los estudiantes de la clase de español van a una fiesta, pero nadie puede decidir lo que va a llevar. Dígales lo que prefiere usted.

MODELO: Carmen / las botas largas o las cortas →
Carmen, yo prefiero las largas.

1. Nora / el vestido largo o el corto
2. Alberto / el abrigo de cuero o el de lana
3. Mónica / el suéter ligero o el grueso
4. Carmen / la falda azul o la blanca
5. Esteban / la camisa de seda o la de algodón

Ejercicio 2

Pregúnteles a los amigos y vecinos de Estela lo que van a comprar.

MODELO: Pedro Ruiz: un carro rojo / un carro azul →
Sr. Ruiz, ¿va a comprar uno rojo o uno azul?

1. Margarita Ruiz: una licuadora verde / una licuadora amarilla
2. Lola Batini: un abrelatas eléctrico / un abrelatas manual
3. Gustavo: una calculadora pequeña / una calculadora grande
4. Guillermo: una raqueta grande / una raqueta mediana
5. Amanda: una grabadora grande / una grabadora portátil

12.2. Demonstrative Pronouns

When a demonstrative adjective (**este**, **ese**, **aquel**) functions as a noun, it is called a *demonstrative pronoun.** As you saw in **Gramática 4.3**, there are three different demonstrative adjectives/pronouns to indicate distance from the speaker. Often you will hear these used in conjunction with adverbs of place that further clarify distance from the speaker:

este/a, estos/as...	ese/a, esos/as...	aquel/aquella,
aquí (*nearest*)	allí	aquellos/as... allá
		(*farthest*)

¿Quieres este reloj o **ese**?
—Prefiero **este**.
Estos vestidos son muy caros.
—Sí, pero **aquellos** no.

Do you want this watch or that one? —I prefer this one.
These dresses are very expensive. —Yes, but those aren't.

Ejercicio 3

Estas personas están tratando de decidir lo que quieren comprar. Use un adjetivo o un pronombre demostrativo en cada caso.

MODELO: Ayer me gustó esta blusa, pero ahora prefiero esa que está allí.

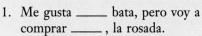

1. Me gusta _____ bata, pero voy a comprar _____ , la rosada.
2. No me gustan _____ guantes. Quiero comprar _____ negros.
3. Creo que _____ tijeras funcionan bien, pero por favor muéstreme _____ , las que cuestan más.
4. No me dé _____ martillo; es demasiado pequeño. Déme _____ .
5. _____ pijama es caro. Prefiero comprar _____ porque tiene el precio rebajado.

---

*You will often see an accent on these pronouns because, until recently, they were always written with an accent mark to distinguish them from demonstrative adjectives. Obviously, all books published before the rule was changed have accents on demonstrative pronouns. Up-to-date usage suggests that the accent mark can be omitted when the context makes the meaning clear.

12.3.   Indicating to Whom Something Belongs: Possessive Pronouns

Es mío/a. = *It's mine.*
Es tuyo/a. = *It's yours. (inf. sing.)*
Es nuestro/a. = *It's ours.*
Es vuestro/a. = *It's yours. (inf. pl., Spain)*
Es suyo/a. = *It's his, hers, yours (pol.), theirs.*

A. When a possessive adjective (**mi, tu, nuestro/a, vuestro/a, su**) functions as a noun, it is called a *possessive pronoun* (**mío/a, tuyo/a, nuestro/a, vuestro/a, suyo/a**).

¿De quién son estos guantes? —Son **míos**.

Whose are these gloves? —They're mine.

¿Son de Alberto las herramientas? —Sí, creo que son **suyas**.

Do these tools belong to Al? —Yes, I think they're his.

B. Note that possessive pronouns change their form to show gender and number.* Except after the verb **ser** (as in the above examples), they are accompanied by a definite article (**el, la, los, las**).

	SINGULAR		PLURAL	
(yo)	el mío	la mía	los míos	las mías
(tú)	el tuyo	la tuya	los tuyos	las tuyas
(usted, él/ella)	el suyo	la suya	los suyos	las suyas
(nosotros/as)	el nuestro	la nuestra	los nuestros	las nuestras
(vosotros/as)	el vuestro	la vuestra	los vuestros	las vuestras
(ustedes, ellos/ellas)	el suyo	la suya	los suyos	las suyas

Tengo tu lápiz pero no encuentro el mío. (*I have your pencil, but I can't find mine.*)

¿Dónde están los coches? —**El mío** está aquí, pero no veo **el tuyo**.

Where are the cars? —Mine is here, but I don't see yours.

¿Dónde están las raquetas? —**La mía** está en casa. ¿Dónde está **la tuya**?

Where are the rackets? —Mine is at home. Where is yours?

¿Es nuestro avión el grande? —No, **el nuestro** está al otro lado del edificio.

Is our plane the big one? —No, ours is on the other side of the building.

C. In Spanish one possessive pronoun (**el suyo**) corresponds to the English possessive pronouns *yours* (*sing.* or *pl.*), *his, hers*, and *theirs*. Therefore, out of context, the sentence **El suyo no ha llegado** could correspond to all of the following English meanings: *His/hers/theirs/yours* (*sing.* or *pl.*) *hasn't arrived*. Normally in conversation, context will tell you to what and to whom **suyo/a/os/as** refers.

---

*Recognition: The possessive pronoun corresponding to **vos** is identical to the one used for **tú**.

¿Dónde está la bicicleta de Esteban? —La mía está aquí, pero no he visto **la suya.**

Where is Steve's bicycle? —Mine is here, but I haven't seen his.

D. As an alternative to **suyo,** you may use the article followed directly by **de** plus the name of the person.

¿Dónde está la motocicleta de Alberto? —**La de Alberto** está detrás de su apartamento.

Where is Al's motorcycle? —Al's is in back of his apartment.

Ejercicio 4

Ernesto Ramírez estaba limpiando el garaje y encontró varias cosas. Ahora quiere saber de quién son. Estela contesta sus preguntas. Dé las respuestas de Estela, según el modelo.

MODELO: ¿De quién son estas herramientas? ¿Son de Jaime y Rodrigo? → Sí, son suyas. (No, no son suyas. Son de _____ .)

1. ¿De quién es este abrigo? ¿Es tuyo?
2. ¿De quién son estas tijeras? ¿Son de Paula y Andrea?
3. ¿De quién es este aceite? ¿Es mío?
4. ¿De quién son estas calculadoras? ¿Son de Ernestito?
5. ¿De quién es este televisor? ¿Es de tus padres?
6. ¿De quién es esta alfombra? ¿Es nuestra?
7. ¿De quién son estas cajas? ¿Son de Margarita y Pedro?
8. ¿De quién es la tienda de campaña? ¿Es de Gustavo?
9. ¿De quién es esta sartén? ¿Es tuya?
10. ¿De quién son estos ladrillos? ¿Son míos?

12.4. *Por* and *para*: Price, Beneficiary, Purpose (Part 2)

If a number is involved when you are choosing between **por** and **para** to express *for*, **por** is usually correct.

A. You already know that **por** is used as an equivalent for *through, by,* and *along* (**Caminamos por el río.**) and with time (**Esperamos por diez minutos.**) *See* **Gramática 9.2. Por** is also used with quantities and prices and corresponds to English (*in exchange*) *for:*

Gustavo, ¿cuánto pagaste **por** el suéter? —Lo compré **por** sesenta nuevos pesos.

Gustavo, how much did you pay for the sweater? —I bought it for sixty new pesos.

para = *in order to, for* (recipient)

B. In addition to indicating destination (**Mañana salgo para Madrid.**) and deadlines (**La tarea es para el lunes.**), **para** can be followed by an infinitive to indicate function or purpose. In such cases **para** corresponds to English (*in order*) *to.*

¿**Para qué** usan estos trapos? —**Para** limpiar las ventanas.

What do you use these rags for? —To clean the windows.

<table>
<tr><td>

Para coser uno su propia ropa
necesita mucha paciencia.

</td><td>

*In order to make your own clothes
you need a lot of patience.*

</td></tr>
</table>

Para is also used to indicate the beneficiary or recipient of something.

<table>
<tr><td>

¿**Para** quién es este regalo? —Es
para mi esposa.

</td><td>

*For whom is this gift? —It's for my
wife.*

</td></tr>
</table>

Ejercicio 5

Indique la respuesta más lógica.

MODELO: —¿Para qué haces ejercicio?
                     —Para mantenerme en buena condición física.

1. ¿Para qué vas a la biblioteca?
2. ¿Para qué estás limpiando tu cuarto ahora?
3. ¿Para qué vas a usar la aspiradora?
4. ¿Para qué trajiste las herramientas?
5. ¿Para qué compraste el mantel rojo?

a. limpiar la alfombra de la sala
b. reparar el coche
c. buscar un libro que necesito para una clase
d. usarlo en la fiesta esta noche
e. no tener que limpiarlo después

Ejercicio 6

Complete los diálogos entre Pilar y Clara con **por** o **para**.

—Mira, ¡qué blusa más bonita! Y la compré _____^{1} solamente 1.300 pesetas.
—¿ _____^{2} quién es?
—Es _____^{3} mi hermana, pero me gustaría comprar una _____^{4} mí también.

—En El Corte Inglés vi unos pantalones Levi _____^{5} 3.000 pesetas.
—Eso es un poco caro. Los míos los compré _____^{6} 2.500.

—Acabo de comprar una bufanda de lana _____^{7} 2.800 pesetas.
—¿ _____^{8} quién es?
—Es _____^{9} mi abuela.
—Yo vi unas bufandas de seda muy lindas en Galerías Preciados _____^{10} solamente 3.600 pesetas.
—¿Bufandas de seda? ¿A ese precio? ¡Es una ganga! Tal vez compre una _____^{11} mi mamá también.

Indirect object pronouns are used with verbs of giving and exchanging.
Bernardo le dio un anillo a Inés. (*Bernard gave a ring to Inés.*)

12.5.   Exchanging Items: Indirect Object Pronouns

Certain verbs describe the exchange of items between persons: **dar** (*to give
[something to someone]*), **traer** (*to bring [something to someone]*), **llevar** (*to carry,
take [something to someone]*), **prestar** (*to lend [something to someone]*), **devolver** (*to*

give [something]) back [to someone]), **regalar** (to give as a gift [to someone]), and so forth.

Amanda me va a **traer** el disco que le **presté**.	*Amanda is going to bring me the record that I lent her.*
Gustavo me **devolvió** el dinero que me debía.	*Gustavo returned (to me) the money that he owed me.*

Normally these verbs are accompanied by indirect object pronouns (**me, te, le, nos, os, les**) even when the person involved is specifically mentioned.

Le di el dinero **a mi hermano Guillermo**.	*I gave the money to my brother Guillermo.*
Daniel, ¿**le** llevaste **a tu novia** las flores que le prometiste?	*Daniel, did you take your girlfriend the flowers you promised her?*
Amanda, ¿qué **le** vas a regalar **a tu novio** para Navidad?	*Amanda, what are you going to give (to) your boyfriend for Christmas?*

See **Gramática D.5**, **4.1**, **6.4**, and **9.6** for more information on indirect object pronouns.

Ejercicio 7

Llene cada espacio en blanco con el pronombre apropiado y luego indique la(s) respuesta(s) lógica(s).

MODELO: Este año mis padres <u>me</u> (a mí)...
ⓐ prestaron dinero.
ⓑ regalaron ropa nueva.
ⓒ trajeron comida cuando estaba enfermo/a.
d. dieron una F en la clase de matemáticas.

1. La semana pasada la profesora _____ (a nosotros)...
   a. hizo muchas preguntas.
   b. dio buenas notas.
   c. explicó el subjuntivo muy bien.
   d. regaló carros nuevos.
2. La semana pasada yo _____ (a mi mejor amigo/a)...
   a. conté mis secretos.
   b. ofrecí un café.
   c. hice un regalo barato y feo.
   d. compré una casa en las Bahamas.
3. En la última clase de español yo _____ (a mis compañeros)...
   a. dije: —¡Hola!
   b. regalé camisetas viejas.
   c. contesté las preguntas de las entrevistas.
   d. presté mis herramientas para hacer la tarea.

4. Ayer, cuando fui de compras, la dependienta _____ (a mí)...
   a. atendió muy bien.
   b. sirvió la cena rápidamente.
   c. llevó ropa de mi talla al probador.
   d. preguntó: —¿En qué puedo servirle?
5. La última vez que yo fui al cine contigo _____ (a ti)...
   a. compré palomitas.
   b. presté mi diccionario.
   c. conté toda la historia de la película antes.
   d. pagué $1000.00 por tu suéter favorito.

12.6.   Referring to People and Things Already Mentioned: Using Indirect and Direct Object Pronouns Together

When the context is clear, you will be able to understand speech with two object pronouns, but you may not be able to produce such sentences for a while.

indirect object pronouns (**me, te, le, nos, os, les**) = person for whom you are doing something

direct object pronouns (**lo, la, los, las**) = the thing involved

A. Sometimes there is more than one object pronoun in a sentence. This is common if you want to *do* **something** *for* **someone**, *take* **something** *to* **someone**, *fix* **something** *for* **someone**, *buy* **something** *for* **someone**, and so forth. The indirect object (**me, te, le, nos, os, les**) is usually the person *for whom* you are doing something, and the direct object (**lo, la, los, las**) is the thing involved.

¿**Me** compraste **las pantimedias** ayer? —Sí, **te las** compré por la tarde.	*Did you buy me the pantyhose yesterday? —Yes, I bought them for you in the afternoon.*
¿Quiere usted **el postre** ahora? —Sí, tráiga**melo**, por favor.	*Do you want the dessert now? —Yes, bring it to me, please.*

When two object pronouns are used together, the indirect object pronoun always precedes the direct object pronoun.

B. Note the following possible combinations with **me, te,** and **nos.**

me lo(s) ⎫
me la(s) ⎬ *it (them) to me*

te lo(s) ⎫
te la(s) ⎬ *it (them) to you*

nos lo(s) ⎫
nos la(s) ⎬ *it (them) to us*

os lo(s) ⎫
os la(s) ⎬ *it (them) to you (fam. pl.)*

Pedro, si **te** falta **dinero**, puedo prestár**telo**.	*Pedro, if you need money, I can lend it to you.*
¿**Me** lavaste las camisetas el sábado? —Sí, **te las** lavé; aquí están.	*Did you wash my T-shirts Saturday? —Yes, I washed them for you; here they are.*
¿Señores, **les** preparo **la cena** ahora? —No, por favor, prepárе**nosla** más tarde.	*Gentlemen, should I prepare dinner for you now? —No, please prepare it for us later.*

Le and **les** become **se** when they precede **lo, la, los,** or **las.**

C. The indirect object pronouns **le** and **les** change to **se** when used together with the direct object pronouns **lo, la, los,** and **las.**

se lo   *it (m.) to you, him, her, them*
se la   *it (f.) to you, him, her, them*

se los   *them (m.) to you, him, her, them*
se las   *them (f.) to you, him, her, them*

All these combinations may look confusing in abstract sentences, but in the context of real conversations you will generally know to whom and to what the pronouns refer.

Guillermo, ¿**le** llevaste a **papá** sus zapatillas? —Sí, ya **se las** llevé.

Guillermo, did you take Dad his slippers? —Yes, I already took them to him.

Mamá, ¿**le** compraste una camisa nueva a **papá**? —Sí, **se la** compré hoy.

Mom, did you buy Dad a new shirt? —Yes, I bought it for him today.

Ernestito, ¿**les** diste los discos a tus **hermanas**? —Sí, **se los** di esta mañana.

Ernestito, did you give the records to your sisters? —Yes, I gave them to them this morning.

Señor Ramírez, ¿**le** entregó usted las llaves al **gerente**? —Sí, **se las** entregué ayer.

Mr. Ramírez, did you hand in the keys to the manager? —Yes, I handed them in to him yesterday.

D. Remember that object pronouns can be attached to infinitives and are always attached to affirmative commands and present participles. When the verb form and the object pronoun are written together as one word, you must place an accent mark on the stressed syllable.

Señorita López, el informe para la presidenta Ruiz, ¿va usted a **entregárselo** ahora? —No, ya **se lo entregué** esta mañana.

Miss López, the report for President Ruiz, are you going to hand it in to her now? —No, I already turned it in to her this morning.

Adriana, necesito las listas de los clientes. ¿Vas a **preparármelas** esta tarde? —No, estoy **preparándotelas** ahora mismo.

Adriana, I need the lists of clients. Are you going to get them ready for me this afternoon? —No, I'm getting them ready for you right now.

Ejercicio 8

Ernestito le hace muchas preguntas hoy a Gustavo. Conteste por Gustavo según el modelo.

MODELO: ERNESTITO: ¿Ya le diste la revista a tu madre?
GUSTAVO: Sí, se la di ayer.

1. ¿Ya le entregaste la tarea de biología al profesor?
2. ¿Ya le vendiste el cassette de José José a Ramón?
3. ¿Ya le diste la carta a Amanda?
4. ¿Ya le prestaste la calculadora a Roberto?
5. ¿Ya le llevaste las muñecas a tu hermana?

Ahora Gustavo le hace a Ernestito algunas preguntas. Haga el papel de Ernestito y conteste según el modelo.

MODELO: GUSTAVO: ¿Cuándo me vas a mostrar tu nuevo radio cassette?
ERNESTITO: Voy a mostrártelo mañana.

6. ¿Cuándo vas a prestarme las herramientas para reparar mi bicicleta?
7. ¿Cuándo vas a devolverme el suéter que te presté la semana pasada?
8. ¿Cuándo vas a traerme el cassette de Roberto Carlos que me prometiste?
9. ¿Cuándo vas a darme la carta que me escribió Amanda?
10. ¿Cuándo vas a mostrarme tus libros nuevos?

Ejercicio 9

La madre de Gustavo le hace algunas preguntas sobre lo que él va a hacer. Conteste por él, según el modelo.

MODELO: MADRE: ¿Les vas a mostrar tu nuevo radio portátil a tus amigos?
GUSTAVO: Sí, voy a mostrárselo mañana.

1. ¿Le vas a pedir dinero a tu padre?
2. ¿Les vas a prestar las tijeras a Ernesto y a Estela?
3. ¿Le vas a llevar las fotos a tu abuelita?
4. ¿Les vas a devolver las herramientas a los Ruiz?
5. ¿Le vas a regalar un anillo a Graciela?

Ejercicio 10

Ernesto tiene mucha prisa y por eso le pide a Estela que haga algunas cosas. Conteste las preguntas, haciendo el papel de Estela.

MODELO: ERNESTO: Sírveme el desayuno, por favor.
ESTELA: Te lo estoy sirviendo ahora mismo.

1. ¿Puedes darme una servilleta, por favor?
2. No voy a tener tiempo de salir a almorzar. ¿Puedes prepararme una torta de jamón?
3. Estela, quiero ponerme una camisa limpia. ¿Puedes planchármela?
4. Ay, tengo prisa y no encuentro mi cinturón. ¿Puedes buscármelo?
5. Hoy trabajé mucho y estoy muy cansado. ¿Puedes buscarme las pantuflas (zapatillas)?

Ejercicio 11

Pedro Ruiz le hace a Amanda varias preguntas sobre lo que van a hacer sus amigos, vecinos y familiares. Haga el papel de Amanda y conteste según el modelo.

MODELO: PEDRO: ¿Te va a reparar Ramón tu radiocassette?
AMANDA: Ya me lo reparó la semana pasada.

1. ¿Te va a regalar tu abuela una blusa nueva para tu cumpleaños?
2. ¿Te va a comprar Graciela un regalo para tu cumpleaños?
3. ¿Te va a prestar Gustavo su bicicleta para este fin de semana?
4. ¿Te va a traer Roberto los libros de la escuela?
5. ¿Te va a dar tu madre el dinero para el cine?

13

Los consejos y el comportamiento social

▼▼▼▼▼▼▼▼▼▼▼▼▼▼▼▼▼

METAS

In **Capítulo 13** you will persuade others by giving commands, offering advice, and making suggestions. You will also talk about child rearing and social behavior.

Caracas, Venezuela

ACTIVIDADES ORALES Y LECTURAS

Las instrucciones y los mandatos

Lectura: Consejos para dar una super-fiesta

Las órdenes, los consejos y las sugerencias

El mundo hispano... su gente

Nota cultural: Los dichos populares

La crianza y el comportamiento social

El mundo hispano... imágenes

Lectura: «Lazarillo y el ciego», Anónimo

GRAMÁTICA Y EJERCICIOS

13.1 Direct Commands: Polite and Informal

13.2 Pronoun Placement (Summary)

13.3 The Subjunctive Mood

13.4 Let/Have Someone Else Do It: ¡**Que** + Subjunctive!

13.5 Making Suggestions: *Let's* (Subjunctive)

Las instrucciones y los mandatos

Lea Gramática 13.1–13.2.

Los mandatos de los vecinos...

Arregla tu cuarto, haz la tarea y luego acuéstate.

Cómete toda la comida y no hables mientras comes.

¿?

Sí, tráigame los documentos, por favor.

Revíselo y llámeme a casa.

Sacuda y pase la aspiradora.

¿Y las ventanas, señora?

No las lave hoy. Mejor la semana próxima.

Actividad 1. Mandatos para Ernestito

Si piensa un poco en su niñez, va a recordar que los niños pasan mucho tiempo escuchando órdenes. Ernestito tiene ocho años. ¿Quién le da los siguientes mandatos: la hermanita, la madre o la maestra?

	LA HERMANITA	LA MADRE	LA MAESTRA
1. Haz la tarea antes de acostarte.	——	——	——
2. Lee la Lección dos con mucho cuidado.	——	——	——
3. Sal de mi cuarto.	——	——	——
4. No toques mi muñeca.	——	——	——
5. No grites, estoy hablando por teléfono.	——	——	——
6. No escribas en tu pupitre.	——	——	——
7. Juega conmigo, por favor.	——	——	——
8. No me jales el pelo.	——	——	——
9. Escribe las respuestas en la pizarra.	——	——	——
10. Báñate y lávate los dientes.	——	——	——
11. No comas dulces ahora, que ya vamos a comer.	——	——	——
12. Quédate en tu pupitre.	——	——	——

Actividad 2. Los mandatos

¿Qué mandatos se le puede dar a... ?

1. un asistente de vuelo 2. una dependienta en una tienda de ropa 3. un mesero en un restaurante 4. un mecánico 5. una estudiante en una clase universitaria 6. su profesor

Algunas posibilidades: tráigame... , entregue... , estudie... , muéstreme... , enséñeme... , llévele... , lea... , dígame... , explique... , revise...

Actividad 3. Mandatos para los muchachos Ruiz

Interprete los mandatos que sus padres y maestros les dan a Amanda y a Guillermo.

1.

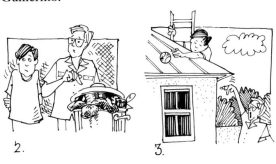

2.

3.

4.

Consejos para dar una super-fiesta

¿Quieres dar una fiesta inolvidable? La Sra. Liety Raventos de Pubillones, del International Etiquette School en Coral Gables, Florida (EE.UU.), nos explica las reglas a seguir:

- Tus padres deben recibir a los invitados a su llegada y retirarse a sus habitaciones o a la sala de estar, permaneciendo disponibles[1] por si las cosas no van bien y necesitas de ellos.

- Si es una reunión numerosa, invita a diferentes tipos de personas. Pero si es pequeña, entonces debes equilibrarla. Es decir, no invites a personas que no se lleven entre sí[2] o que no tengan puntos en común.

- Haz las invitaciones por teléfono o por escrito. Aunque la primera alternativa es más económica, en la segunda no corres el riesgo[3] de que los invitados olviden los detalles de la fiesta.

- Especifica si la fiesta es informal o formal para que se vistan para la ocasión.

- El día de la fiesta, ten en mente estos detalles:
  1. Estar listo antes de tiempo.
  2. Saludar a todos los invitados.

[1]*available* [2]*se... get along together* [3]*risk*

3. Hacer que se sientan como en su casa.
4. Si surgen[4] problemas (abuso del alcohol, invitados inesperados, discusiones, etc.), pídele a tus padres que te ayuden a deshacerte de[5] esos invitados indeseados.

[4]*arise* [5]*deshacerte... get rid of*

Comprensión

Diga si los siguientes consejos se dan en el artículo. Si son falsos, haga las correcciones necesarias.

1. Tus padres no deben estar en la casa durante la fiesta.
2. Si la fiesta es pequeña, invita a personas que tengan intereses y puntos en común.
3. Si hay problemas, llama a la policía.
4. Invita a todas las personas por teléfono o mándales una nota.
5. Dúchate y vístete después de que lleguen todos los invitados.

Ahora... ¡usted!

1. En su opinión, ¿es buena idea que los padres del chico (de la chica) que da la fiesta estén en otra habitación durante la fiesta? ¿Por qué (no)?
2. ¿Le parece buena la idea de que los padres ayuden al chico (a la chica) a deshacerse de los invitados que causen problemas? ¿Por qué (no)?
3. Entre estas sugerencias, ¿cuáles son útiles para cualquier fiesta, no sólo para una de chicos jóvenes? ¿Por qué?

Un paso más...

Con su compañero/a, prepare una lista de consejos para una fiesta ideal. Dé por lo menos cinco consejos para que la fiesta tenga éxito. ¡A divertirse!

Actividad 4. Consejos para los amigos

Trabaje con su compañero/a. Piensen en dos o tres buenos consejos para estas personas. Luego coméntenlos con la clase.

1. Un compañero: él siempre llega tarde a clase.
2. Una compañera: ella quiere sacar buenas notas en la clase de español.
3. Su hermana menor: ella tiene muchos problemas con sus padres; usted no fue un «ángel» pero nunca tuvo problemas con ellos.
4. Un amigo: él tiene una ex novia que a él ya no le gusta, pero ella es muy insistente.
5. Una amiga: ella va a salir con un chico a quien no conoce.

Las órdenes, los consejos y las sugerencias

Lea Gramática 13.3.

Los consejos de los Ruiz ...

Actividad 5. Consejos para una vida feliz

¿Qué importancia tienen estos consejos para tener una vida feliz? Explique sus opiniones.

Para vivir feliz, es indispensable que uno...
es importante que uno...
no es necesario que uno...

1. tenga paciencia.
2. cuide su salud.
3. visite a la familia y a los amigos con frecuencia.
4. trabaje por el gusto de trabajar y no solamente para ganar dinero.
5. duerma ocho horas diariamente.

6. se case con una persona físicamente atractiva.
7. conserve su sentido del humor.
8. no use drogas.
9. disfrute cada día.
10. viaje a otros países.

Ahora invente usted dos o tres consejos que usted considere importantes para tener una vida feliz.

Es importante que uno...
Es indispensable que uno...

¿BUSCAS UN AMOR?
Semana a semana aparecen cientos de nombres de personas que buscan su alma gemela. Escríbeles y encuentra el amor de tu vida en tu revista

rutas de PASIÓN

sólo cuesta $10.00

EL SECRETO DE LA FELICIDAD

¡ Todos lo buscan !

¡ CASSETTE GRATIS !

Grabado por el reconocido conferencista argentino, Dr. Juan S. Boonstra.
Pídalo sin compromiso a **"REFLEXION"**
Apartado Postal No. 14-351 07000 MEXICO, D.F.

Nombre _____
Dirección _____
Ciudad _____ Estado _____

EL MUNDO HISPANO... su gente

Nombre: Cecilia Ortega
Edad: 24 años
País: España

¿Qué consejos le daría a alguien para que tenga una vida feliz?

Para vivir feliz, es indispensable quererse a uno mismo.[1] Esto puede parecer sólo una frase estúpida, pero llevarla a cabo[2] es más difícil de lo que parece. No siempre

[1]quererse... *to love oneself* [2]llevarla... *to put it into practice*

es fácil aceptarse a uno mismo. Mucha gente no está contenta con su trabajo, sus estudios, su familia o con su propio comportamiento. Estas personas no se dan cuenta de que, en realidad, ellos son su mayor problema; no se gustan a sí mismos[3] y este descontento les hace ser pesimistas y alterar todo su entorno,[4] por lo que las cosas no les van bien. «Conócete a ti mismo». Es importante, pero nunca es fácil.

[3]*no... they don't like themselves*   [4]*environment*

Actividad 6. ¿Qué les aconseja?

¿Qué les aconseja usted a estos compañeros de la clase de la profesora Martínez?

MODELO: Le aconsejo (Le recomiendo) que llegue a tiempo a clase.

Actividad 7. Influyendo en las acciones de otros

En algunos casos usted cree que sabe lo que otras personas deben hacer, pero considera que no es correcto decírselo directamente. Use las siguientes frases para sugerirles algo importante a estas personas: **le aconsejo que**, **espero que**, **es necesario que**, **es preferible que**, **es mejor que**.

MODELO: Sr. Gobernador, *es recomendable que* usted nos *dé* más dinero para los servicios sociales.

LAS PERSONAS
1. Sr. Presidente,...
2. Sra. _____ (su jefa),...
3. Sra. Senadora,...
4. Sr. Profesor,...
5. ¿ _____ ?

ALGUNAS IDEAS
dar(nos) más/menos tarea
resolver el problema del presupuesto
(no) ayudar a los desamparados
(no) subir los impuestos
aumentar(me) el sueldo
(no) aprobar el proyecto nuevo

Ahora, deles consejos a algunos de sus compañeros de clase.

MODELO: Mike, *te ruego que no hables* en voz alta.

ALGUNAS IDEAS
(no) venir a la fiesta
(no) invitar a _____ a la fiesta
(no) prestar(le) dinero a _____
(no) llegar tarde / a tiempo
(no) manejar rápido
(no) hacer la tarea ahora

Actividad 8. Entrevistas: Las metas

AL FINAL DE ESTE SEMESTRE (TRIMESTRE)
1. Después de terminar este curso, ¿vas a seguir estudiando español?
2. ¿Tienes amigos con quienes puedas practicarlo? ¿Puedes usar el español en tu trabajo?
3. ¿Te gustaría visitar algún país hispano? ¿Cuál?

DESPUÉS DE LA GRADUACIÓN
4. ¿Qué quieres hacer después de graduarte en la universidad? ¿Qué quieren tus padres que hagas?
5. Si vives ahora con tus padres, ¿quieres seguir viviendo con ellos por un tiempo? ¿Por qué (no)? ¿Quieren tus padres que sigas viviendo con ellos?
6. ¿Qué es más importante, seguir los deseos de uno mismo o los de los padres?
7. Si no estás casado/a, ¿quieres casarte? ¿Quieren tus padres que te cases? ¿Por qué (no)?

Actividad 9. Diálogo original

Gustavo quiere pasar una semana acampando en las montañas con un grupo de amigos. La idea le parece buena a su padre, sólo hay un problema. Gustavo quiere usar el coche de la familia porque es grande y caben muchas cosas. Trabaje con su compañero/a y hagan el papel de Gustavo y su padre.

GUSTAVO: Pero papá, soy muy buen chofer; nunca he tenido un accidente.
SR. RIVERO: Ya lo sé, hijo, pero... y no quiero que...
GUSTAVO: Papá, te ruego que...

Los dichos populares

Los dichos[1] populares son una parte esencial de todo idioma. Estas frases expresan la actitud del ser humano hacia la vida; reflejan su cultura y también su clase social. El origen de muchas de estas expresiones se encuentra en la literatura y en el folklore. Los dichos dan un toque[2] de humor y color al lenguaje coloquial, pero es necesario conocer el contexto en que se usan para comprenderlos.

Cuando decimos que una persona «pasó a mejor vida» o que «estiró la pata[3]», queremos decir que esa persona murió. Si se dice que un hombre y una mujer están «casados detrás de la iglesia», significa que viven juntos sin casarse. Una persona que tiene un dilema difícil de resolver está «entre la espada[4] y la pared». Si alguien ofrece su opinión abiertamente, con honestidad, esa persona llama «al pan, pan y al vino, vino»; en otras palabras, expresa la verdad. Cuando alguien habla mucho y no hace nada, podemos comentar: «Perro que ladra[5] no muerde[6]». Si hay un problema y usted no lo sabe, no va a sufrir porque... «ojos que no ven, corazón que no siente». Es decir, el problema, para usted, ¡no existe!

Muchos de estos dichos son refranes[7] que expresan una sabiduría[8] popular. Los siguientes dichos, por ejemplo, ofrecen algún tipo de consejo.

«En martes ni te cases ni te embarques[9]». El martes trece es un día de mala suerte, como el viernes trece en los Estados Unidos.

«Más vale pájaro en mano que cien volando». No corra riesgos.[10] Lo más seguro es lo que tiene ahora; no importa que sea[11] poco.

«Más sabe el diablo[12] por viejo que por diablo». Escuche los consejos de las personas mayores. Estas tienen mucha experiencia del mundo porque han vivido más tiempo.

[1]*sayings* [2]*touch* [3]*estiró... he/she kicked the bucket* [4]*sword* [5]*barks* [6]*no... doesn't bite* [7]*proverbs*
[8]*wisdom* [9]*te... embark (on a journey)* [10]*risks* [11]*it may be* [12]*devil*

Comprensión

Busque el equivalente en inglés de cada dicho.

1. Cada loco con su tema.
2. Al que le venga el saco, que se lo ponga.
3. Dime con quién andas y te diré quién eres.
4. Agua que no vas a beber, déjala correr.
5. Aunque la mona (*monkey*) se vista de seda, mona se queda.
6. Entre la espada y la pared.
7. La mentira tiene las piernas cortas.
8. Perro que ladra no muerde.
9. Al pan, pan y al vino, vino.

a. *If the shoe fits, wear it.*
b. *Birds of a feather flock together.*
c. *Live and let live.*
d. *To each his own.*
e. *His bark is worse than his bite.*
f. *Oh, what a tangled web we weave...*
g. *Call a spade a spade.*
h. *You can't make a silk purse out of a sow's ear.*
i. *Between a rock and a hard place.*

Ahora... ¡usted!

¿Recuerda algún dicho que usted aprendió cuando era niño/a? ¿Hay una expresión en particular que su familia usa mucho? Imagínese que va a enseñarle esta expresión a un(a) estudiante hispano/a. Explíquele lo que significa y cómo expresa su cultura. Luego trate de darle un equivalente en español.

La crianza y el comportamiento social

Lea Gramática 13.4–13.5.

Actividad 10. Cómo criar a los niños

Aquí tiene usted algunas ideas y sugerencias que da Ernesto para la crianza de Ernestito. ¿Está usted de acuerdo con estas sugerencias? Explique.

1. Démosle toda la comida que quiera.
2. Comprémosle muchos libros.
3. Limitémosle las horas que puede ver la televisión cada día.
4. Expliquémosle con paciencia por qué no se le permite hacer algo.
5. Castiguémoslo cuando llora.
6. No dejemos que lo cuide la niñera nunca.
7. Démosle una buena educación en una escuela privada.
8. No le permitamos que hable con desconocidos.

Actividad 11. La crianza de los niños

¿Qué les recomienda a los padres de estos niños y jóvenes?

MODELOS: Le aconsejo al padre que ayude a su hijo a limpiar el cuarto.

Le recomiendo al padre que no deje jugar a su hijo si no guarda los juguetes.

viernes por la noche

martes por la noche

1.

2.

3.

lunes por la tarde

... pero Papá, no tengo tarea hoy.

Graciela, 16 años

Felipe, 24 años

4.

5.

6.

Actividad 12. El comportamiento social de sus hijos

Usted es la madre o el padre de un niño (una niña) de 4 años. ¿Qué hace o dice usted en las siguientes situaciones?

1. Su hijo/a no quiere jugar con el hijo (la hija) de un amigo que ha llegado de visita.
2. Su hijo/a le pregunta si de veras existe Santa Claus. Sólo faltan seis semanas para la Navidad.
3. Usted entra en el comedor y ve que se ha roto un plato de porcelana muy bonito. Usted sospecha que lo rompió su hijo/a porque hace cinco minutos él/ella estaba jugando allí. Cuando se lo pregunta, su hijo/a no lo admite y dice: «No fui yo».

Ahora su hijo/a tiene 13 años. ¿Qué hace o dice usted en estas situaciones?

4. Su hijo/a está enamorado/a y a cada rato quiere llamar a su novia/o por teléfono —hasta 3 ó 4 veces al día.
5. Su hijo/a quiere llevar una prenda de ropa que está muy de moda pero que a usted no le gusta.
6. Su hijo/a no se lleva bien con uno de sus maestros. Ha habido varios problemas y ya no hace la tarea para esa clase. Dice que el maestro es un tipo imposible.

EL MUNDO HISPANO... imágenes

Es importante que los niños aprendan pronto a leer, a disfrutar de la lectura. Las historietas,[1] las leyendas, los cuentos de hadas[2] tienen lecciones importantes para los niños. Estos textos les enseñan a discernir entre el bien y el mal, entre los «buenos» y los «malos». Esas lecturas les presentan lo que es el mundo.

Al escoger los textos de lectura para los niños, debemos cuidarnos de no reforzar los estereotipos y de no presentar relaciones demasiado violentas. Hay que buscar historias que no enfaticen los sentimientos negativos, como la vanidad y la envidia. Y es importante que ayudemos a los niños a cuestionar lo que leen, a pensar.

[1]*children's stories* [2]*cuentos... fairy tales*

Actividad 13. Diálogos originales

Esteban quiere salir con una muchacha que se sienta a su lado en la clase de química. La llama por teléfono.

ESTEBAN: Bueno, ¿está Lucía?
LUCÍA: Sí, soy yo. ¿Quién habla?
ESTEBAN: ...

Usted es una persona soltera. Trabaja en una oficina con varias personas muy simpáticas a las que no conoce muy bien. A usted le gustaría salir con una de ellas pero no sabe si es casada, soltera o divorciada, pues a causa del tipo de trabajo que ustedes hacen, nadie acostumbra llevar anillos. Usted decide charlar con esa persona para saber si puede invitarla a salir.

USTED: Hola, es una tarde linda para...
ÉL/ELLA: Sí, tiene razón...

Actividad 14. Entrevistas: Las citas

1. ¿Sales mucho con tus amigos?
2. ¿Qué le dices a una persona a quien quieres invitar a salir contigo aunque no la conoces bien?
3. ¿Adónde vas la primera vez que sales con una persona?
4. ¿Es recomendable salir con una persona a quien no se conoce? ¿Te gusta salir en grupo o prefieres salir solo/a?

«Lazarillo y el ciego», de la novela Lazarillo de Tormes, Anónimo, (España, 1554)

Lazarillo es un niño muy pobre que va de amo en amo (*from master to master*) para sobrevivir. Algunos amos lo tratan bien y otros no. Su historia es casi siempre humorística, pero también hace una fuerte crítica social. El Lazarillo es considerado un «pícaro» (*rogue*), un personaje que aparece mucho en la literatura española. En el siguiente pasaje de su vida, Lazarillo cuenta un suceso (*event*) que le ocurrió con el ciego (*blind man*), uno de sus amos.

Un campesino le dio al ciego un racimo[1] de uvas y el ciego decidió compartirlas conmigo. Nos sentamos entonces a disfrutar del banquete.[2] ¡Teníamos tanta hambre! Pero antes de empezar a comer, mi amo me dijo:

—Quiero que los dos nos comamos este racimo y que tú comas tantas uvas como yo. Tú tomarás[3] una y yo otra. Pero debes prometerme que no vas a tomar más de una uva cada vez. Yo voy a hacer lo mismo, hasta que acabemos el racimo y de esa manera no habrá engaño.[4]

---

[1]*bunch* [2]*feast* [3]*will take* [4]*no... there won't be any tricks*

Hecho así el acuerdo, comenzamos a comer. Pero inmediatamente el ciego empezó a tomar uvas de dos en dos.[5] Como vi que él rompía nuestro trato,[6] decidí hacer lo mismo que él. Pero no me contenté con tomar sólo dos uvas. ¡Empecé a tomarlas de tres en tres y a veces hasta más!

Cuando terminamos el racimo, el ciego levantó su bastón[7] y, moviendo la cabeza, dijo:

—Lázaro, ¡me has engañado![8]

—¿Yo? ¡No, señor! —le respondí.

—Estoy seguro que tomaste tres uvas cada vez. ¡Y a veces más!

—No es verdad. ¿Por qué sospecha eso? —le pregunté.

Y el ciego astuto[9] respondió:

—¿Sabes cómo lo sé? Porque cuando yo tomaba dos, tú no decías nada.

[5]de... *by twos*   [6]*agreement*   [7]*cane*   [8]*¡me... you deceived me!*   [9]*astute, clever*

Comprensión

Narre con sus propias palabras el pasaje, tomando en cuenta los siguientes pasos.

1. el racimo de uvas   2. el trato (o acuerdo)   3. el banquete   4. el engaño

Ahora... ¡usted!

1. ¿Piensa usted que esta breve historia tiene un mensaje? ¿Cuál es?
2. ¿Conoce alguna novela o cuento similar de su país? ¿Cuál es? ¿Qué tiene en común con la historia de Lazarillo?

Un paso más...

Usted va a contribuir a una nueva versión de la novela *Lazarillo de Tormes.* En esta versión, el pícaro Lazarillo vive en el mundo de hoy. Describa una de sus experiencias. Recuerde que el niño es huérfano y no tiene hogar. ¿Contiene un mensaje o una crítica social la historia que usted va a contar?

Vocabulario

Los verbos

aconsejar	to give advice, to advise	aumentar	to increase
acostumbrar	to be in the habit of	borrar	to erase
aprobar (ue)	to approve	caber	to fit
		callarse	to be quiet
		castigar	to punish

criar(se)	to bring up (be brought up)
dejar (+ *infin.*)	to allow someone to (*do something*)
dejar que (+ *subjunctive*)	to allow someone to (*do something*)
disminuir (la velocidad)	to reduce (speed)
enseñar	to show; to teach
faltar	to be missing, lacking
ha habido (haber)	there has/have been
jalar	to pull (*Mex.*)
llamar por teléfono	to phone
prestar	to lend
rogar (ue)	to beg
seguir (i) + -ndo	to go on doing (*something*)
sospechar	to suspect
sugerir (ie, i)	to suggest
tener razón	to be right

PALABRAS SEMEJANTES: admitir, conservar, limitar, prohibir

Los mandatos

bajarse	
bájate	come down, get down
hacer	
haz	do, make
poner	
pon atención	pay attention
salir	
sal	leave, go out

Frases impersonales

Es...	It is . . .
mejor que (+ *subjunctive*)	better that

PALABRAS SEMEJANTES: importante que, indispensable que, preferible que, recomendable que

Las personas

los desamparados	homeless people
el desconocido (la desconocida)	stranger
la niñera	babysitter

Los sustantivos

el comportamiento	behavior
los consejos	advice
el coche deportivo	sports car
la crianza	upbringing
los dulces	candy
la escritura	writing
la meta	goal
las órdenes	orders, commands
el presupuesto	budget

PALABRAS SEMEJANTES: el convertible, la droga, la importancia, la paciencia, el proyecto, el sentido del humor

Los adjetivos

universitario/a	of or pertaining to the university

PALABRAS SEMEJANTES: insistente, privado/a

Adverbios y frases adverbiales

directamente	directly
en voz alta/baja	in a loud/low voice

Palabras y expresiones útiles

a cada rato	every few minutes
a causa de	because of
Bueno.	Hello. (*answering phone, Mex.*)
de visita	visiting
uno mismo (una misma)	oneself
(Ya) Lo sé.	I (already) know it.

Gramática y ejercicios

13.1. Direct Commands: Polite and Informal

A review of polite (**usted**) commands

A. Polite commands are used to give a direct order to someone you address with **usted**. The forms of the polite commands were introduced in **Gramática 10.2.** They are also the same as the **usted** form of the present subjunctive (see **Gramática 10.3**).

INFINITIVE	PRESENT (yo/usted)	COMMAND (usted)	COMMAND (ustedes)
hablar	hablo/habla	hable	hablen
vender	vendo/vende	venda	vendan
escribir	escribo/escribe	escriba	escriban

B. Singular informal commands are given to people you address with **tú** rather than **usted**—for example, your classmates or close friends.

Esteban, **trae** algunas bebidas para la fiesta.
Nora, no **mandes** los libros ahora, por favor.

Steve, bring some drinks for the party.
Nora, don't send the books now, please.

affirmative **tú** commands = he/she form of present indicative

C. If the singular informal command is affirmative, it is identical to the *he/she* form of the present indicative.

Nora, **busca** las palabras en el diccionario y después **escribe** las definiciones.
Alberto, **come** temprano porque después vamos a la discoteca.

Nora, look up the words in the dictionary and afterward write down the definitions.
Al, eat early because afterward we're going to the discotheque.

¡Suscríbete a mía!

MIA está en los quioscos todos los lunes y es posible que en más de una ocasión te hayas quedado sin ella, al haberse agotado. Por ello, te ofrecemos la oportunidad de suscribirte a la revista más práctica y llena de consejos útiles para cada día de tu vida. Escríbenos.

429

D. If the informal command is negative, add **-s** to the **usted** command form.

No hables con ella; habla con
Esteban.

Don't talk to her; talk to Steve.

No comas tanto, Luis, y come
más despacio.

*Don't eat so much, Luis, and eat
more slowly.*

E. Here is a summary of the singular informal command forms.

-ar verbs		-er/-ir verbs	
(-a)	(-es)	(-e)	(-as)
habla	no hables	come	no comas
canta	no cantes	escribe	no escribas
estudia	no estudies	pide	no pidas

F. Some verbs have an irregular short affirmative informal command form. Such verbs still take the regular long forms in the negative.

INFINITIVE	tú	tú	
hacer	haz	no hagas	*do/don't do*
poner	pon	no pongas	*put/don't put*
salir	sal	no salgas	*leave/don't leave*
venir	ven	no vengas	*come/don't come*
tener	ten	no tengas	*have/don't have*
decir	di	no digas	*say/don't say*
ser	sé	no seas	*be/don't be*
ir	ve	no vayas	*go/don't go*

Ven ahora; no **vengas** mañana.

Ponlo en tu cuarto; no lo
pongas en la cocina.

Come now; don't come tomorrow.

*Put it in your room; don't put it in
the kitchen.*

G. Affirmative **vosotros/as** commands are derived from the infinitive by changing the final **-r** to **-d**. Negative **vosotros/as** commands use the subjunctive.

INFINITIVE	vosotros/as	vosotros/as	
hablar	hablad	no habléis	*speak/don't speak*
comer	comed	no comáis	*eat/don't eat*
escribir	escribid	no escribáis	*write/don't write*
decir	decid	no digáis	*say/don't say*
ir	id	no vayáis	*go/don't go*
venir	venid	no vengáis	*come/don't come*

H. Here is a summary of the polite and informal command forms.*

usted(es)	tú (−)	tú (+)	vosotros/as (−)	vosotros/as (+)
(no) hable(n)	no hables	habla	no habléis	hablad
(no) coma(n)	no comas	come	no comáis	comed
(no) escriba(n)	no escribas	escribe	no escribáis	escribid
(no) diga(n)	no digas	di	no digáis	decid
(no) ponga(n)	no pongas	pon	no pongáis	poned

Ejercicio 1

Estos son algunos de los mandatos que Estela le dio a Ernestito durante el día. Complételos con **acuéstate, levántate, apaga, haz, dile, ven, ve, ten, habla, sal, bájate** o **lee.**

1. _____ rápido porque es muy tarde.
2. _____ conmigo a tu cuarto ahora.
3. _____ cuidado al cruzar la calle.
4. _____ de la casa por un ratito.
5. _____ de ese árbol ahora mismo.
6. _____ con tu papá si quieres una bicicleta nueva.
7. _____ en tu cama y _____ la luz.
8. _____ adiós a tu abuelita.
9. _____ a la sala y _____ uno de tus libros.
10. _____ tu tarea ahora y luego puedes ver la televisión.

---

*Affirmative **vos** commands drop the **-r** of the infinitive and add an accent to the last vowel: **hablá vos, comé vos, escribí vos, decí vos, vení vos.** Negative **vos** commands are the same as the **tú** subjunctive forms, but these too add an accent to the last vowel: **no hablés vos, no comás vos, no escribás vos, no digás vos, no vengás vos.**

Ejercicio 2

Nora y Esteban están de compras en un mercado en Nuevo Laredo. Ponga los infinitivos en el mandato (**tú/usted**) apropiado para el contexto.

MODELO: Ay, Esteban, no <u>compres</u> dulces, <u>come</u> fruta. (comprar/comer)

1. _____ nos dos especialidades de la casa, por favor. (traer) No nos _____ la cuenta ahora. (dar)

2. _____ me este, por favor. (mostrar) ¿Cuánto cuesta? ¡No me _____ ! (decir)

3. Momentito, _____ me aquí, Nora, quiero ver aquellas chaquetas de cuero. (esperar) No _____ a otra tienda. (ir)

4. _____ me el precio, por favor. (rebajar) No me lo _____ . (subir)

5. _____ mi nueva chaqueta, Nora. (mirar) ¡Qué ganga! No me _____ que gasté demasiado dinero. (decir)

13.2.   Pronoun Placement (Summary)

A single set of rules governs the placement of reflexive (**me, te, nos, os, se**), indirect (**me, te, le, nos, os, les**), and direct (**me, te, nos, os, lo, la, los, las**) object pronouns.*

A. Object pronouns directly precede a conjugated verb (a verb with endings in any tense).

---

*Recognition: **te** is the reflexive as well as direct and indirect object pronoun that corresponds to the subject pronoun **vos**.

¿Cuándo **te diviertes** más?	*When do you have the most fun?*
—Cuando mi novio **me lleva** a bailar.	*—When my boyfriend takes me dancing.*
¿Qué **te dijo** Carmen? —**Me dijo** que tenía prisa.	*What did Carmen tell you? —She told me that she was in a hurry.*
¿Has visto a Alberto hoy? —No, no **lo he visto** todavía.	*Have you seen Al today? —No, I haven't seen him yet.*

B. When a conjugated verb is followed by an infinitive or a present participle, object pronouns can either precede the conjugated verb or follow and be attached to the infinitive or the present participle.

¿Qué **ibas a decirme**? —**Quería decirte** que te quiero.	*What were you going to tell me? —I wanted to tell you that I love you.*
¿Ya llamaste a Amanda? —No, pero estoy **llamándola** ahora.	*Did you call Amanda? —No, but I'm calling her now.*
¿Ya terminaste la tarea? —No, pero **la estoy terminando** ahora.	*Did you finish the homework? —No, but I'm finishing it now.*

C. These same pronouns follow and are attached to affirmative commands but precede negative ones.

Tráeme el café.	*Bring me the coffee.*
¡No **lo hagas**!	*Don't do it!*

D. Double pronoun sequences such as **me lo** (*it to me*) and **se los** (*them to her/ him/you/them*) also follow the rules described above.

¿Te preparo la cena ahora? —Sí, **prepáramela** por favor.	*Shall I prepare dinner for you now? —Yes, prepare it for me, please.*
¿Tienes el libro? —No, Carmen no **me lo ha dado** todavía.	*Do you have the book? —No, Carmen hasn't given it to me yet.*
¿Cuándo vas a llevarle los documentos al Sr. Ruiz? —Ya **se los llevé** ayer.	*When are you going to take the documents to Mr. Ruiz? —I already took them to him yesterday.*

E. Note that it is necessary to add an accent on the verb in the following combinations: (1) present participles with one or two pronouns (**bañándome**); (2) affirmative commands with one or two pronouns (**lléveselo**); and (3) infinitives with two pronouns (**vendérmelo**). This is done to preserve the original stress on the verb form.

Ejercicio 3

Los Ruiz están de vacaciones en Acapulco. Acaban de regresar de la playa, y Amanda le pide muchas cosas a su madre. Dé la forma correcta de los mandatos de Amanda.

MODELO: traer / refresco → Mamá, tráeme un refresco, por favor.

Remember the indirect object pronoun can signal *to* or *for* someone.

1. hacer / un sandwich
2. lavar / el traje de baño
3. poner / música
4. comprar / una playera
5. dar / la loción

Ejercicio 4

Gustavo le hace preguntas a Amanda, y ella contesta siempre que no. ¿Qué dice Amanda?

MODELO: ¿Te traigo los libros? → No, no me los traigas.

1. ¿Te arreglo el radio cassette?
2. ¿Te tiro la pelota?
3. ¿Te presto el dinero?
4. ¿Te cuido el perro?
5. ¿Te enciendo el televisor?
6. ¿Te traigo un refresco?

Ejercicio 5

Adriana le hace preguntas a su jefe. Él siempre contesta que sí. Dé las contestaciones del jefe usando mandatos formales y dos pronombres.

MODELO: ¿Le doy los cuadernos a la señora Ruiz? → Sí, déselos.

1. ¿Le pido los documentos a la señora Vargas ahora?
2. ¿Le leo el mensaje del señor Ruiz?
3. ¿Le presto el dinero a la recepcionista?
4. ¿Le escribo las cartas a máquina?
5. ¿Le cuento las noticias al señor Ramírez?

Ejercicio 6

Es Nochebuena en casa de los Saucedo. Los regalos están en la sala pero sin etiquetas. Todos quieren saber quién les hizo esos regalos. Las gemelas Marisa y Clarisa contestan.

MODELO: DORA: ¿Quién me regaló *esta magnífica licuadora*? (papá)
            LAS GEMELAS: *Te la* regaló *papá*.

1. Doña María: ¿Quién me dio esta bata tan fina? (nosotras)
2. Dora y Javier: ¿Quién nos dio estas herramientas tan útiles? (Raúl)
3. Raúl: ¿Quién me regaló este magnífico reloj? (papá y mamá)
4. Javier: ¿Quién me ha comprado estas lindísimas corbatas? (mamá)
5. Dora: ¿Y quién me regaló esta sartén tan moderna? (la abuela)
6. Marisa: Oye Clarisa, ¿quién nos trajo estas muñecas tan hermosas? (Raúl)

13.3.   The Subjunctive Mood

A. Spanish has two present tenses: the present indicative and the present subjunctive. The present indicative is used to ask questions and make statements. In Spanish the present subjunctive is used after the verb **querer** in softened commands and after **cuando** in statements about the future. (See **Gramática 10.3.**)

Cuando llegues al aeropuerto, llámame.	*When you get to the airport, call me.*
¿Qué **quiere** Ramón? —Quiere que yo **vaya** con él al Baile de los Enamorados.	*What does Ramón want? —He wants me to go with him to the Valentine Ball.*

Like Spanish, English has a present subjunctive, but because most of its forms are identical to the infinitive, many speakers never notice them. Only in the singular *he/she* form is there a difference between the present indicative and the present subjunctive. Note the indicative *goes* and the subjunctive *go* in these examples.

Did you know that John *goes* to football practice after classes?
Is it necessary that John *go* to football practice after classes?

B. As you learned in **Gramática 10.3** and **11.3**, it is possible to give softened commands in Spanish with verbs like **querer** (*to want*) and **aconsejar** (*to advise*) plus a present subjunctive verb form.

> The present subjunctive is used to give softened commands.
>
> **Quiero que me digas la verdad.** (*I want you to tell me the truth.*)

Gustavo, **te aconsejo que no comas** tantos dulces.	*Gustavo, I advise you not to eat so many sweets.*

Such sentences consist of two parts, or clauses. The first clause contains a verb or a verb phrase indicating a desire, a recommendation, or a suggestion. The second begins with the connector **que** (*that*) and contains a verb in the subjunctive.

Other, similar sentences may contain a personal verb phrase like **espero que** (*I hope that*) or an impersonal one like **es necesario que** (*it is necessary that*).

Espero que no nos llame nadie esta noche.	*I hope nobody calls us tonight.*
Es necesario que llegues a tiempo para el banquete.	*It is necessary that you arrive on time for the banquet.*

Here is a list of typical phrases, both personal and impersonal, that are used with the present subjunctive to give softened commands.

PERSONAL

aconsejar que	*to advise (that)*	pedir (i) que	*to ask, request (that)*
decir que	*to tell, order (that)*	permitir que	*to permit (that)*
dejar que	*to allow (that)*	preferir (ie) que	*to prefer (that)*
desear que	*to desire (that)*	prohibir que	*to prohibit (that)*
esperar que	*to hope (that)*	querer (ie) que	*to want (that)*
exigir que	*to demand (that)*	rogar (ue) que	*to beg, plead (that)*
mandar que	*to command (that)*		

IMPERSONAL	
es importante que	it is important that
es imposible que	it is impossible that
es mejor que	it is better that
es necesario que	it is necessary that
es preferible que	it is preferable that

You may wish to review the forms of the present subjunctive in **Gramática 10.3** and **10.4** before doing the exercises that follow.

Ejercicio 7

La profesora Martínez requiere la participación de todos sus alumnos. Siguiendo el modelo, diga lo que quiere la profesora.

MODELO: Le pide a Luis que borre la pizarra. (pedir/borrar)

1. Le _____ a Alberto que _____ a clase a tiempo. (rogar/llegar)
2. _____ que todos _____ buenas notas en el examen. (esperar/sacar)
3. _____ que Esteban y Nora _____ las preguntas. (desear/contestar)
4. _____ que Lan _____ en voz alta. (preferir/leer)
5. _____ que nosotros le _____ la tarea a tiempo. (querer/entregar)

Ejercicio 8

Margarita Ruiz les hace sugerencias a varias personas.

MODELO: a Pedro: prefiero que / lavar el coche →
Pedro, prefiero que tú laves el coche.

1. a Ramón: es mejor que / hacer la tarea
2. a Graciela: quiero que / hablar con Amanda
3. a Amanda: es necesario que / llamar a Graciela
4. a Andrea: es muy importante que / quedarse en el patio
5. a Paula: sugiero que / jugar con tu hermanita

Ejercicio 9

En las siguientes situaciones unas personas quieren que otras hagan algo. Primero, llene cada espacio en blanco con la forma correcta del verbo indicado. Luego, indique las opciones lógicas.

MODELO: Todos los días mi mamá me pide que...
a.) saque la basura. (sacar)

b. beba licor en la autopista. (beber)

ⓒ haga mi tarea. (hacer)

d. regrese muy tarde de las fiestas. (regresar)

1. Les sugiero a mis compañeros de clase que...
   a. _____ conmigo a la biblioteca. (ir)
   b. _____ a clase mucho. (faltar)
   c. _____ español en clase. (hablar)
   d. me _____ las respuestas durante el examen. (dar)
2. El médico nos aconseja que...
   a. _____ muchos cigarrillos. (fumar)
   b. _____ ocho horas. (dormir)
   c. _____ al psiquiatra todos los días. (consultar)
   d. _____ más legumbres. (comer)
3. Ernesto y Estela les dicen a sus hijos que...
   a. _____ en la calle. (jugar)
   b. _____ sus recámaras. (limpiar)
   c. _____ chicle todo el día. (masticar)
   d. _____ televisión toda la tarde. (ver)
4. Es importante que...
   a. yo le _____ un regalo bonito a mi novio/a. (hacer)
   b. mi hermano me _____ hoy. (llamar)
   c. mis padres me _____ con los gastos de la matrícula. (ayudar)
   d. yo _____ muy buenas notas en la clase. (sacar)
5. Quiero que tú...
   a. _____ conmigo en la cafetería. (almorzar)
   b. _____ a mi casa a estudiar esta noche. (venir)
   c. _____ todos los muebles. (sacudir)
   d. me _____ un horno de microondas. (regalar)

13.4. Let /Have Someone Else Do It: ¡*Que* + Subjunctive!

A. To form the indirect command *let/have someone else do it*, omit the initial verb of the softened command and start the sentence with **que**.

¡Bróculi! ¡Que lo coma Jorge! (*Broccoli! Let George eat it!*)

Quiero que manejen con cuidado.	*I want them to drive carefully.*
¡Que manejen con cuidado!	*Have them drive carefully!*
Sugiero que lo termine Carmen.	*I suggest that Carmen finish it.*
¡Que lo termine Carmen!	*Have/Let Carmen finish it!*

You can use this form to express good wishes. As before, the initial verb is omitted. For example, to a sick person you can say:

Deseo que te mejores pronto.	*I hope you get well soon.*
¡Que te mejores pronto!	*Get well soon.*

Here are other common good wishes.

¡Que tenga un buen viaje!	*Have a good (safe) trip!*
¡Que les vaya bien!	*I hope everything goes well for you!*
¡Que pasen buenas noches!	*Have a nice evening!*
¡Que tengas un buen día!	*Have a nice day!*
¡Que duermas bien!	*Sleep well!*
¡Que vuelvan pronto!	*Come back soon!*

Ojalá que todo vaya bien.
(*I hope everything goes well.*)

B. The word **ojalá** derives from an old Arabic expression that meant *May Allah grant that.* Today it means *I hope that* and is used with the present subjunctive.

Ojalá que no llueva.	*I hope it doesn't rain.*
Ojalá que me quiera.	*I hope that she loves me.*

Ejercicio 10

Estela está muy cansada y no quiere hacer las siguientes cosas. Por eso sugiere que las hagan otras personas. ¿Qué dice Estela?

MODELO: preparar las hamburguesas / Leticia →
¿Las hamburguesas? ¡Que las prepare Leticia!

1. bañar el perro / Ernestito
2. barrer el patio / Ernestito
3. pagar las cuentas / Ernesto
4. cuidar a las niñas / Ernesto
5. sacudir los muebles / Berta
6. arreglar el coche / Ernesto
7. enviar el paquete / Margarita
8. jugar con el gato / los niños
9. esconder el regalo / Ernestito
10. poner flores allí / Berta

Ejercicio 11

Lea las siguientes situaciones y escriba la respuesta apropiada.

MODELO: E1: Nos vemos el mes próximo, adiós.
E2: Que tengas buen viaje.

1. Me voy a acostar. Hasta mañana.
2. Se me está haciendo tarde. Ya me voy al trabajo.
3. ¡Ay! Tengo un examen hoy.
4. Mi esposo está en el hospital y está muy grave (muy enfermo).
5. Mañana mis amigos y yo salimos para San Sebastián.

Ejercicio 12

Es su cumpleaños. Use **ojalá que (no)** para expresar lo que espera que ocurra.

MODELO: llover hoy → Ojalá que no llueva hoy.

1. recibir muchos regalos 2. hacer buen tiempo 3. tener que trabajar
4. estar enfermo 5. venir a visitarme mis amigos

13.5.   Making Suggestions: *Let's* (Subjunctive)

Vamos a comprar palomitas.
(*Let's buy popcorn.*)
Compremos palomitas. (*Let's buy popcorn.*)

A. As you learned in **Gramática 4.5**, an invitation to do something can be expressed in Spanish with **vamos a** + *infinitive*. It can also be expressed with the *we* form of the present subjunctive.

Vamos a trabajar ahora.	} *Let's work now.*	Vamos a leer.	} *Let's read.*
Trabajemos ahora.		**Leamos.**	

B. Pronouns are attached to affirmative and precede negative *let's* commands.

Parece riquísimo. **Pidámoslo.**   *It looks delicious. Let's order it.*
Tomás siempre se emborracha.   *Tomás always gets drunk. Let's not*
No lo invitemos a la fiesta.   *invite him to the party.*

When the pronoun **nos** is added to a *let's* command, the final **-s** is omitted: **levantemos** + **nos** → **levantémonos** (*let's get up*).

Estoy agotado. **Acostémonos**   *I'm exhausted. Let's go to bed early*
temprano esta noche.   *tonight.*

Ejercicio 13

Aquí tiene usted algunas situaciones. ¿Qué sugiere usted?

MODELO: Hace calor y usted y sus amigos tienen sed. (tomar refrescos) →
Tomemos unos refrescos.

1. Vienen a visitarlo/la unos amigos de otra ciudad. Ellos quieren conocer su ciudad. (salir a dar un paseo en carro)
2. Usted y su hermano están limpiando la casa; los dos están muy cansados. (descansar un rato)
3. Usted y su madre están de compras en una tienda muy elegante que hay en el centro de su ciudad. (comprarle a papá esta camisa)
4. Usted y sus amigos están hablando de sus planes para el fin de semana. (asistir a un concierto)
5. Usted y un amigo están leyendo el periódico. Ven que hay una película de estreno que quieren ver. (ver una película esta noche)

Ejercicio 14

Estas son unas sugerencias de sus amigos. Usted no está de acuerdo.

MODELO: Vamos a comer ahora. →
No, no comamos ahora. Vamos a comer más tarde.

1. Vamos a descansar primero.
2. Vamos a caminar por el parque a la 1:00.
3. Vamos a buscar otro hotel ahora.
4. Vamos a ducharnos antes de salir.
5. Vamos a llamar a Pablo ahora.

CAPÍTULO 14

El futuro

▼▼▼▼▼▼▼▼▼▼▼▼▼▼▼▼

METAS

In **Capítulo 14** you will express your opinions and talk about future plans, goals, possibilities, and consequences. You will have an opportunity to share your views on family life, as well as on your own life values.

Madrid, España

ACTIVIDADES ORALES Y LECTURAS

La familia, las amistades y el matrimonio

Lectura: Escuche a sus hijos

El mundo hispano... imágenes

El futuro y las metas personales

El mundo hispano... su gente

Las posibilidades y las consecuencias

Lectura: Sofía a los cuarenta

GRAMÁTICA Y EJERCICIOS

14.1 Reciprocal Pronouns: *Each Other*

14.2 Describing: **ser** and **estar**

14.3 The Future

14.4 The Subjunctive in Time Clauses

14.5 Hypothetical Reactions: The Conditional

Actividades orales y lecturas

La familia, las amistades y el matrimonio

Lea Gramática 14.1–14.2.

La boda

las comadres y los compadres

se abrazan
se besan
se dan la mano

los parientes
las madrinas
los padrinos

el hermano
la hermana
los cuñados

los padres
los suegros

la novia el novio los abuelos
el cura

El bautizo

la madrina
(la comadre)

el padrino
(el compadre)

los bisabuelos

los ahijados

Actividad 1. Definiciones

1. el noviazgo
2. el compadre
3. la amistad
4. el bautizo
5. la hermanastra
6. el ahijado

a. El hijo de un amigo de la familia, a quien usted lleva a bautizar; usted es responsable del bienestar del niño en caso de que los padres de él se mueran.

b. El padrino de su hijo.

c. La relación entre dos personas que están comprometidas para casarse.

d. La hija de su madrastra o padrastro.

e. La relación entre amigos.

f. Una ceremonia religiosa en la cual se le da un nombre al niño recién nacido (a la niña recién nacida).

Actividad 2. Los comentarios de Esteban

Raúl y Esteban hablan durante una fiesta en casa de la abuela de Raúl. Según los dibujos, haga usted los comentarios de Esteban, usando **Sí, pero esta noche está(n)...** o **Sí, y esta noche está(n)...**

MODELO: ESTEBAN: Sí, pero esta noche está muy activo.

1.

2.

3.

4.

5.

6.

Actividad 3. Discusión: El buen carácter

1. ¿Qué características va a tener la persona con quien usted se case? (Si está casado/a ya, ¿qué características valora más en su esposo/a?)
2. ¿Qué características tiene un buen padre? ¿Una buena madre?
3. ¿Qué características quiere usted que tenga un amigo? ¿Quiénes son más importantes en su vida, sus amigos íntimos o los miembros de su familia? ¿Por qué?
4. ¿Cree que una persona egoísta puede ser un buen amigo? ¿Por qué?
5. ¿Cuál de estas cualidades es más importante en un buen amigo, la lealtad o la inteligencia?
6. ¿Tiene amigos de la escuela secundaria que no asistan a la universidad? ¿Cree que es importante conservarlos, o piensa que usted y ellos ya no tienen nada en común? Explique.
7. ¿Qué espera de un amigo? ¿Comprensión? ¿Lealtad? ¿Ayuda incondicional? ¿Les ofrece usted todo esto a sus amigos?

Actividad 4. Acciones y reacciones

Generalmente cuando una persona hace algo, otra persona reacciona. Algunas veces la reacción es recíproca. Para cada situación, escojan las reacciones recíprocas lógicas.

1. El esposo regresa de un viaje de negocios. La esposa está muy contenta y...
   a. se enojan.
   b. se abrazan y se besan.
   c. se saludan.
   d. se insultan.
2. Dos jóvenes chilenos están muy enamorados. Son novios y quieren casarse, pero son muy pobres. Él trabaja en Santiago todo el año; ella se queda en su pueblo, en el extremo norte del país.
   a. Se llaman por teléfono todos los días.
   b. Se escriben largas cartas de amor.
   c. Se ven cada tercer día.
   d. Se echan de menos.
3. Clarisa y Marisa son hermanas gemelas. Se parecen mucho —son casi idénticas— y se quieren mucho pero, como son jóvenes, algunas veces se enojan y...
   a. se pelean.
   b. se ayudan.
   c. se gritan.
   d. se besan.
4. Después de estar enojados, cuando los esposos se reconcilian...
   a. se divorcian.
   b. se golpean.
   c. se abrazan y se besan.
   d. se piden perdón.
5. En un matrimonio a veces surgen problemas serios entre los esposos porque...
   a. no se comunican.
   b. no se saludan.
   c. no se comprenden.
   d. no se respetan.

Actividad 5. Una encuesta

Los españoles y la natalidad	
1. *Edad a la que se casó:* Hombre, 27 años. Mujer, 24 años.	**6.** *La inseminación artificial es una buena solución para los matrimonios que no puedan tener hijos* Sí: 66 % No: 27 %
2. *Matrimonios con hijos:* 89 %	
3. *Número medio de hijos:* 2,6	
4. *Edad «límite» para que la mujer tenga hijos:* 36 años	**7.** *Siguen las indicaciones de la Iglesia sobre la natalidad:* Siempre o a veces: 31 % Nunca: 62 %
5. *Momento para tener el primer hijo:* Tenerlo enseguida: 33 % Que pase algún tiempo: 62 %	

1. Entre los hombres, ¿cuál es la edad promedio para casarse? ¿Y entre las mujeres?
2. ¿Cuántos matrimonios españoles tienen hijos? ¿Cuál es el número medio de hijos que tienen los españoles?
3. ¿Qué piensan los españoles con respecto a la edad límite para que la mujer tenga hijos?
4. ¿Cree la mayoría de los españoles que es mejor tener el primer hijo inmediatamente después de casarse, o que es mejor esperar un poco?
5. Según la encuesta, ¿acepta o rechaza la inseminación artificial la mayoría de los españoles?
6. ¿Qué porcentaje de españoles sigue las indicaciones de la Iglesia sobre la natalidad? ¿Es un porcentaje alto para un país católico?

Actividad 6. Lectura/Discusión: Familia numerosa

SI O NO
Familia numerosa

Hace años, tener familia numerosa era un síntoma de prosperidad. Ahora, que los tiempos han cambiado, la gente se piensa un poco más eso de[1] tener hijos y más hijos, para lograr un premio de natalidad. ¿Es, pues, un beneficio o una desventaja la familia numerosa?

★★★★★ Félix Tabernero, médico: Estoy a favor de la familia numerosa, y de hecho yo tengo seis hijos. Sabiéndose administrar, uno no encuentra excesivos problemas para vivir desahogadamente.[2] Pero soy

consciente de que al tener tantos hijos hay que estar dispuesto a renunciar[3] a muchas cosas, como salidas con los amigos, vicios mayores...

★★★★★ Ana Mérida, estudiante: No soy partidaria de[4] familias numerosas, tal y como funciona la sociedad española de hoy día. Ya es difícil sacar adelante[5] a un par de hijos, como para tener seis o siete.

[1]eso... *the idea of*   [2]confortablemente   [3]*to give up*   [4]*in favor*   [5]sacar... *to raise*

COMPRENSIÓN

1. En el pasado, ¿de qué era símbolo el tener muchos hijos?
2. Según Félix Tabernero, ¿a qué deben estar dispuestos los padres que quieren tener muchos hijos?
3. ¿Está a favor o en contra de una familia numerosa Ana Mérida?

ENTREVISTA

4. ¿Con quién estás de acuerdo, con Félix o con Ana? ¿Por qué?
5. ¿Crees que es mejor para un niño criarse en una familia numerosa o en una de dos hijos? ¿Por qué?
6. ¿Qué opinas de la situación de un hijo único? ¿Qué ventajas o desventajas tiene?
7. ¿Qué oportunidades que tú no tuviste quieres darles a tus hijos?

Escuche a sus hijos

☆ *ESCUCHE A SUS HIJOS* ☆

¿**E**scucha usted a sus hijos? ¿Lo/La escuchan sus padres a usted? Lea las sugerencias que hacen estos jóvenes para lograr mejor comunicación entre padres e hijos.

En este artículo algunos jóvenes les ofrecen sugerencias a los padres.

⇨ «Cuando su hijo tenga un problema en la escuela, resuélvalo cuanto antes», dice Fernando de 14 años. «No lo deje para luego, pensando que se va a resolver solo o que es simplemente una etapa. Una vez saqué una nota mala en mi clase de historia y no se lo dije a mis padres porque me moría de miedo. Yo, de verdad quería discutirlo con ellos pero no sabía cómo ellos iban a reaccionar».

⇨ «Si es una madre soltera, anime a su hijo a encontrar otro adulto modelo como un tío, un muchacho mayor o algún amigo de la familia», sugiere Rubén de 16 años. «Muchos adolescentes se sienten más a gusto con los padres de sus amigos que con los suyos. Cuando su hijo esté en casa de un amigo, no lo llame para darle órdenes».

⇨ «Si usted es de otro país, haga un esfuerzo por entender que nosotros hemos crecido en una cultura diferente con reglas diferentes», dice Angélica, de 15 años. «En el país de mi padre, las niñas pasan mucho tiempo en casa. Quiero que él comprenda que yo me crié en los Estados Unidos y que esta también es mi cultura. Trato de llegar a la hora que él me dice, pero necesito un poquito más de libertad».

⇨ «Es difícil hablar de cosas serias», agrega Rubén. «Si su hijo no quiere hablar con usted, no lo obligue. Trate de encontrar un momento durante la semana – una tarde o una noche – para hacer cosas divertidas juntos, ir de compras, ver una película, salir a comer».

⇨ «Si nos enseña la disciplina y los buenos valores, no tendrá que gritarnos», dice Julieta de 13 años. «Mi mamá y yo nos sentamos a conversar y discutimos mis problemas. Cuando hago algo incorrecto, ella me lo explica pero siempre termina diciéndome que me quiere mucho. No trate de controlar todos nuestros actos ni de estar siempre con nosotros; el exceso de control pone distancia entre los padres y los hijos».

⇨ «Por los general, los adolescentes lo critican todo», comenta Eduardo de 17 años.» ¡Están descubriendo el mundo a su manera! No les diga siempre «no», así habrá menos conflicto. Si usted los trata con amor y respeto, ellos reaccionarán positivamente.»

Comprensión

¿Quién diría esto, Fernando (F), Rubén (R), Angélica (A), Julieta (J) o Eduardo (E)?

_____ 1. Demuéstreles respeto y amor y habrá menos conflicto.

_____ 2. Comprenda que su hijo vive en un mundo distinto a aquel en el que usted creció.

_____ 3. Resuelva inmediatamente cualquier problema relacionado con la escuela.

_____ 4. Si usted creció en otro país, dele más libertad a su hijo aquí en los Estados Unidos.

_____ 5. Converse con su hijo y explíquele cuando ha hecho algo incorrecto.

_____ 6. Haga cosas con su hijo, pero no lo presione a hablar si él no quiere hacerlo.

_____ 7. No esté siempre al lado de su hijo; esto puede crear más distancia.

_____ 8. Deje que su hijo forme amistad con otros adultos, un familiar o un joven mayor.

Ahora usted...

1. ¿Tiene hijos? ¿Piensa tener hijos? ¿Por qué?
2. En su opinión, ¿es fácil o difícil para los adolescentes mantener buenas relaciones con sus padres?
3. ¿Cómo eran las relaciones entre usted y sus padres cuando era más joven? ¿A qué atribuye usted el éxito o el fracaso de esas relaciones?

Un paso más...

Basándose en su propia niñez o adolescencia, haga una lista de cinco sugerencias para mejorar la comunicación entre un muchacho (una muchacha) y sus padres.

EL MUNDO HISPANO... imágenes

¡**F**elicidades! Los novios reciben los mejores deseos por su felicidad por parte de parientes y amigos en esta boda en Madrid. La recepción, después de la ceremonia religiosa, generalmente tiene lugar en un salón donde se sirve un buen almuerzo o una cena elegante antes de empezar el baile.

Las familias hispanas se reúnen los domingos y los días de fiesta, aun en estos tiempos en que la influencia del cine y la televisión ha conseguido cambiar muchas costumbres típicas. Los familiares se divierten juntos, comparten experiencias, cuentos, anécdotas. En las reuniones como la de esta familia mexicana, se escucha en todo momento el bullicio[1] de las conversaciones y la música.

[1]*bustle*

 # El futuro y las metas personales

Lea Gramática 14.3–14.4.

Estos son los planes de
Amanda Ruiz, Estela Ramírez y Pedro Ruiz.

1. Tan pronto como me gradúe, viajaré a Europa.
2. Cuando me case, iré a Río de Janeiro de luna de miel.
3. Después de que nazca nuestro primer hijo, nos sentiremos orgullosos.

1. Cuando logre mis metas, seré feliz.
2. Si me cuido bien, viviré mucho tiempo y gozaré de la vida.
3. Después de que me jubile, realizaré mi sueño de vivir en las montañas.

1. En cuanto mi hija menor termine la preparatoria, trabajaré otra vez para una empresa importante.
2. Cuando gane más de N $ 350,000 al año, me mudaré a un vecindario elegante.
3. Trabajaré hasta que tenga sesenta y cinco años.

Actividad 7. ¿Cómo será el mundo dentro de cincuenta años?

Indique si usted está de acuerdo o no con estas afirmaciones. Explique sus respuestas.

	ESTOY DE ACUERDO.	NO ESTOY DE ACUERDO.
1. Ya no habrá guerras en el mundo. Gozaremos de paz.	____	____
2. Desarrollarán una vacuna contra el SIDA.	____	____
3. Las computadoras sabrán hablar y pensar como los seres humanos.	____	____
4. Ya no se usarán coches particulares; todo el mundo utilizará el transporte público.	____	____
5. Ya no habrá bosques en el mundo.	____	____
6. Ya no habrá contaminación ambiental.	____	____
7. Habrá un sistema de gobierno totalmente diferente en los Estados Unidos.	____	____
8. Tendremos más tiempo libre.	____	____
9. Todavía se escucharán las canciones de Gloria Estefan.	____	____
10. Todo ciudadano recibirá tratamiento médico, mediante un plan nacional de seguro médico.	____	____

Actividad 8. El futuro de Adriana Bolini

Adriana consultó a una adivina. Narre la vida de Adriana según la adivina.

Actividad 9. Discusión: Las carreras y la felicidad

1. ¿Qué carrera quiere seguir usted? ¿Por qué va a escoger esa carrera?
2. ¿Qué cree usted que conseguirá en su carrera? ¿Dinero? ¿Satisfacción personal? ¿Aventuras? ¿Son importantes para usted? ¿Por qué?
3. ¿Cree usted que trabajará toda la vida en la misma profesión?
4. ¿Tendrá su propio negocio?
5. ¿Cuáles serán sus metas en la vida? ¿Las podrá alcanzar sin dinero?
6. ¿En qué consiste la felicidad?
7. ¿Hay aspectos de la felicidad que puedan comprarse? ¿Hay una clase de felicidad que no pueda comprarse?
8. ¿Qué hará usted para lograr la felicidad?

EL MUNDO HISPANO... su gente

Nombre: Paula Ledezma
Edad: 38 años
País: Colombia

¿Cómo piensa que va a ser el mundo de aquí a cincuenta años?

Yo pienso que dentro de 50 años lograremos explicar una serie de fenómenos que en esta época no tienen explicación, como la vida en otros planetas. Lo más positivo que va a ocurrir es que tendremos avances contra las enfermedades más crueles de este siglo: el cáncer y el SIDA. Pero, pienso que la población va a crecer demasiado, con relación a los recursos[1] existentes. Esto generará mayores problemas sociales y aumentará los que ya existen, como el desempleo.[2]

Las nuevas modas me van a parecer extravagantes, pues si vivo otros cincuenta años, ¡para esa época seré una anciana!

[1]*resources* [2]*unemployment*

Las posibilidades y las consecuencias

Lea Gramática 14.5.

¿Qué haría Luis Ventura si ganara $10,000 en la lotería?

Tomaría vacaciones más a menudo.

Saldría a cenar con más frecuencia.

Le daría una parte del dinero a su abuela.

Haría un viaje a Europa.

Compraría muchos regalos para su familia.

Actividad 10. Las decisiones

¿Qué haría usted en las siguientes situaciones?

1. Si no fuera estudiante...
   a. trabajaría en el mismo lugar donde trabajo ahora.
   b. estaría mucho más contento/a.
   c. buscaría otro empleo.
   d. ¿ _____ ?
2. Si chocara el carro de un amigo...
   a. le diría: —No fue mi culpa.
   b. trataría de arreglar el carro sin decirle nada a mi amigo.
   c. le explicaría exactamente cómo pasó y le pediría perdón.
   d. ¿ _____ ?
3. Si pudiera hablar con cualquier persona del mundo...
   a. hablaría con el presidente de _____.
   b. hablaría con _____ , la famosa estrella de cine.
   c. hablaría con _____ , el/la mejor atleta del mundo.
   d. ¿ _____ ?

4. Si tuviera sólo un año de vida...
   a. viajaría por todo el mundo.
   b. lo pasaría con mis seres queridos.
   c. no cambiaría nada.
   d. ¿ _____ ?
5. Si fuera el/la presidente de este país...
   a. aumentaría los impuestos.
   b. reduciría los impuestos.
   c. proporcionaría más fondos para los programas de _____ .
   d. ¿ _____ ?

Y TÚ ¿QUÉ DICES?

Yo no, yo...	¡Yo también!	¡Qué buena idea!	(No) Estoy de acuerdo.
¿De veras?	¿Por qué?	Sería interesante.	

Actividad 11. Encuesta sobre las posibilidades del futuro

Haga esta encuesta como proyecto de la clase. Responda usando las siguientes letras: D = definitivamente; TV = tal vez; N = nunca.

1. Si no pudieras conseguir trabajo en el estado donde vives,...
   _____ ¿irías a otro estado?
   _____ ¿llevarías a tu familia?
   _____ ¿emigrarías a otro país?
2. Si fuera necesario para controlar la contaminación del medio ambiente,...
   _____ ¿usarías el transporte público?
   _____ ¿caminarías en vez de viajar en coche?
   _____ ¿montarías en bicicleta?
3. Si hubiera en la Tierra menos producción de alimentos y más contaminación ambiental cada día,...
   _____ ¿preferirías no tener hijos?
   _____ ¿vivirías en una colonia espacial?
4. Si fuera necesario,...
   _____ ¿compartirías tu vivienda con otra familia?
   _____ ¿compartirías tu vivienda con tus padres?
5. Si hubiera escasez de agua,...
   _____ ¿te bañarías solamente una vez por semana?
   _____ ¿regarías el jardín de tu casa?
   _____ ¿lavarías el auto?
   _____ ¿ _____ ?

Actividad 12. ¡Cómo cambiaría la vida de los Torres!

¿Qué harían los Torres si ganaran el premio gordo de la lotería?

Sofía a los cuarenta

En este cuento se narran los pensamientos de Sofía, una mujer hispana que tuvo que hacer un cambio grande en su vida a la edad de cuarenta. ¿Conoce usted a alguien que esté en la misma situación que Sofía?

Sofía escuchó el despertador y lo apagó. Cuando su esposo Pablo dormía con ella, él se encargaba de apretar[1] el botoncito del aparato y luego la despertaba suavemente. Pensar en él en este momento, tan temprano, era como recibir el primer golpe[2] del día. Ella había estado pensando[3] en él cada mañana durante los últimos tres meses, desde el divorcio.

Su vida había cambiado poco: seguía trabajando en el salón de belleza, seguía viviendo en el mismo apartamento y tenía las mismas amigas. Pero ahora todo lo hacía mecánicamente. Su rutina: ocho horas de peinados,[4] permanentes, champús, tintes,[5] y su camino a casa, sola.

Se levantó lentamente y se duchó; luego escogió un atuendo.[6] Antes disfrutaba mucho de sus vestidos. Ahora, sin ánimo, se ponía lo primero que encontraba en

---

[1]se... *always pushed*   [2]*jolt, blow*   [3]había... *had been thinking*   [4]*hairdos*   [5]*hair dyes*   [6]*outfit*

el armario. Sofía se miró en el espejo; recordó lo mucho que le gustaba a Pablo observarla desde la cama, mientras ella se vestía. A veces él se reía cuando ella no podía decidir entre dos o más vestidos.

Sofía recordó, como cada mañana, aquel día cuando Pablo le habló por primera vez del divorcio. Su querido esposo, su compañero de quince años, estaba enamorado de otra mujer. Sofía se negó a creerlo. Un divorcio, de buenas a primeras,[7] ¿cómo era posible?

Se peinó y se maquilló. El espejo le mostraba la imagen de una mujer todavía joven y hermosa. Una mujer de cuarenta años. La posibilidad de empezar de nuevo la asustaba.[8] Y sin embargo, ¿cómo iba a seguir así, viendo a Pablo en cada objeto, en cada detalle? Tal vez si hubieran tenido hijos ella habría podido apoyarse[9] en ellos. Pero no, no pudieron tenerlos.

Decidió detenerse unos minutos para beber con calma su café. Miró a través de la ventana y se dejó llevar, como hipnotizada, por aquellas multitudes y aquel tráfico. Mientras bebía sorbo a sorbo[10] su café, se preguntó si sería ella capaz de empezar otra vez a los cuarenta.

«Qué estúpidas somos nosotras las mujeres», pensó. «Nos enseñan a ser dependientes. Aplauden desde que somos niñas nuestro sentimentalismo; mientras más sentimentales, más femeninas; mientras más tontas y calladas,[11] más atractivas... ¡Y lo aceptamos todo, sonriendo!» Quizá aquel amor que ella sentía por Pablo, aquella devoción, eran sólo necesidad. Sí... necesidad de estar enamorada, de cumplir con las costumbres y la sociedad; necesidad de estar casada...

Sofía llamó al trabajo. Hoy no iría. Hoy necesitaba estar sola, pensar en su futuro. Estos últimos meses habían sido los peores de su vida. Pero no podía seguir sufriendo así. Quién sabe, tal vez buscaría otro empleo más estimulante, o viajaría. Al abrir la puerta y salir a la calle, Sofía pensó, más segura de sí misma: «Lo importante ahora es cambiar. No me gusta para nada[12] este papel de esposa abandonada».

[7]de... *all of a sudden*   [8]*scared*   [9]ella... *she would have been able to lean*   [10]sorbo... *sip by sip*   [11]*quiet*   [12]para... *at all*

Comprensión

Busque el orden correcto.

Sofía...

_____ se peinó y se puso el maquillaje.

_____ se levantó y se duchó.

_____ escogió un atuendo y se vistió.

_____ se preguntó si sería capaz de empezar una nueva vida.

_____ se miró en el espejo.

_____ recordó el día cuando Pablo le habló del divorcio.

_____ observó el tráfico a través de la ventana.

_____ se tomó un café.

_____ pensó: «Lo importante es cambiar».

_____ apagó el despertador.

Ahora... ¡usted!

1. ¿Cree usted que Sofía tomó la mejor decisión al final? ¿Por qué?
2. ¿Cree usted que, para una mujer de la edad de Sofía, es difícil empezar de nuevo después de muchos años de matrimonio? Explique.

Un paso más...

Imagínese la vida de Sofía de aquí a dos años. ¿Qué estará haciendo ella? ¿Qué trabajo tendrá? Escriba otro final para esta historia. Puede usar este modelo: *Hoy, dos años después del divorcio, Sofía...*

Vocabulario

La familia, las amistades y el matrimonio
Family, Friends, and Marriage

el ahijado (la ahijada)	godson (goddaughter)
el bautizo	christening ceremony, baptism
el bisabuelo (la bisabuela)	great-grandfather (great-grandmother)
la boda	wedding
la comadre	godmother; mother of one's godchild
el compadre	godfather; father of one's godchild
estar comprometido/a	to be engaged
el hermanastro (la hermanastra)	stepbrother (stepsister)
el hijo único (la hija única)	only child
la luna de miel	honeymoon
la madrastra	stepmother
la madrina	godmother
el noviazgo	courtship
el novio (la novia)	groom (bride)
el padrastro	stepfather
el padrino	godfather

Acciones recíprocas (Verbos)

abrazarse	to embrace each other
ayudarse	to help each other
besarse	to kiss each other
comprenderse	to understand each other
darse la mano	to shake each other's hand
echarse de menos	to miss each other
gritarse	to yell at each other
parecerse	to look alike (like each other)
pedir(se) (i, i) perdón	to apologize (to each other)
pelearse	to fight with each other
quererse (ie)	to love each other

PALABRAS SEMEJANTES: comunicarse, divorciarse, insultarse, reconciliarse, respetarse

Otros verbos

alcanzar	to reach
compartir	to share
conseguir (i, i)	to obtain, get
esperar... de...	to expect (*something*) from (*somebody*)
estar a favor de/en contra de	to be for/against
estar dispuesto/a a	to be willing to
gozar de	to enjoy
jubilarse	to retire
mudarse	to move (to another home)
opinar	to think, believe
proporcionar	to furnish, provide
rechazar	to reject
surgir	to arise
valorar	to value

PALABRAS SEMEJANTES: consistir en, consultar, narrar, reaccionar

Los sustantivos

la adivina	fortune-teller
el/la atleta	athlete
la ayuda	help
el carácter	personality, character
el ciudadano	citizen
(la ciudadana)	
la colonia espacial	space colony
la contaminación	environmental pollution
ambiental	
el cura	priest (*Catholic*)
la desventaja	disadvantage
la edad límite	maximum age
la empresa	company, firm
la encuesta	survey
la escasez	scarcity, shortage
la estrella de cine	movie star
los estudios	studies, schooling
la felicidad	happiness
los fondos	funds
la guerra	war
la lealtad	loyalty
el miembro	member
el negocio	business
el número medio	median
la paz	peace
el premio (gordo)	(grand) prize
el ser humano	human being
el ser querido	loved one
el título de propiedad	deed
la ventaja	advantage
la vivienda	housing
la voz	voice

PALABRAS SEMEJANTES: la afirmación, el comentario, la cualidad, el gobierno, la indicación, la inteligencia, la oportunidad, el porcentaje, la posibilidad, la relación

Los adjetivos

ambiental	environmental
orgulloso/a	proud
recién nacido/a	newborn
sabroso/a	delicious, tasty

PALABRAS SEMEJANTES: católico/a, egoísta, idéntico/a, íntimo/a

Palabras y expresiones útiles

algunas veces	sometimes
después de que	after
en caso de que	in case
en cuanto	as soon as
en seguida	immediately
hasta que	until
mediante	by means of, through
¡Qué gusto!	What a pleasure!
tal vez	maybe
tan pronto como	as soon as
toda la vida	one's whole life

PALABRAS SEMEJANTES: con respecto a, definitivamente, en común, totalmente

JUAN BALLESTA

UN DÍA TODO ESTO SERÁ TUYO

Gramática y ejercicios

14.1. Reciprocal Pronouns: *Each Other*

Reciprocal actions are expressed in Spanish with the reflexive pronouns.

Los novios **se abrazaron** y luego **se besaron**.	*The bride and groom embraced (each other) and then kissed (each other).*
Nos vemos mañana en el bautizo de tu sobrino.	*We'll see each other tomorrow at the christening of your nephew.*

reciprocal
(*each
other*) =
$\left. \begin{array}{l} \textbf{nos} \\ \textbf{os} \\ \textbf{se} \end{array} \right\}$ + verb

(same form as reflexive; see
Gramática 3.4)

Context usually indicates whether the pronoun is reflexive (*self*) or reciprocal (*each other*).

Tenemos que **vestirnos** antes de ir a la boda.	*We have to get dressed before going to the wedding.*
Don Eduardo y don Anselmo **se reconocieron** en seguida y **se dieron** la mano.	*Don Eduardo and don Anselmo recognized each other at once and shook each other's hand.*

Ejercicio 1

Exprese las acciones recíprocas según el modelo.

> MODELO: Yo quiero a mi esposo y mi esposo me quiere mucho también. →
> Mi esposo y yo nos queremos mucho.

1. El señor Ruiz llamó a su suegra por teléfono y su suegra lo llamó a él también.
2. Mi ahijada me escribe a mí y yo le escribo a ella a menudo.
3. Amanda habla con su novio y él habla con Amanda todos los días.
4. Mi madre respeta mucho a mi padre y mi padre respeta mucho a mi madre.
5. El abuelo de Gustavo me conoce y yo lo conozco a él muy bien.

14.2. Describing: *ser* and *estar*

A. To identify someone or something, use the verb **ser** followed by a noun.

¿Quién **es** ese **muchacho?** —Es Gustavo, el primo de Ernestito.	*Who is that guy? —That's Gustavo, Ernestito's cousin.*
¿Y este **vestido?** —**Es** el **vestido** de novia que llevó mi abuelita.	*And this dress? —It's the wedding dress that my grandmother wore.*

B. To form the progressive tenses, use **estar** with a present participle.

456

¿Qué **estaban haciendo** el padrino y la madrina? —**Estaban saludando** a los invitados que llegaban.	*What were the godfather and godmother doing? —They were greeting the guests who were arriving.*

C. Use the verb **estar** to give the location of people or things.

¿Dónde **está** el novio? —No sé; no lo he visto.	*Where is the groom? —I don't know. I haven't seen him.*

Use the verb **ser** to tell the location of an event.

¿Dónde va a **ser** la ceremonia? —En la capilla.	*Where is the ceremony going to be (held)? —In the chapel.*
¿Dónde **es** la conferencia? —En el salón 450.	*Where is the lecture? —In room 450.*

D. Although **ser** and **estar** are both used with adjectives to describe nouns, they are used in different situations. An adjective with **ser** tells what someone or something is like.

La novia **es** muy hermosa. **Es** alta, de pelo negro y **es** joven.	*The bride is very beautiful. She is tall, has black hair, and is young.*

An adjective with **estar** describes the condition of someone or something at a particular moment.

¿Cómo **está** la novia? —Ahora mismo **está** un poco nerviosa y cansada.	*How is the bride? —Right now she's a bit nervous and tired.*

In the following example, note that **ser** and **estar** can convey different meanings even when used with the same adjective. **Ser** emphasizes identification or normal characteristics, **estar** the state of someone or something at a certain point in time.

¿**Son** azules los ojos de la novia? —Sí, pero hoy parece que **están** aun más azules por el sol.	*Are the bride's eyes blue? —Yes, but they look even bluer today because of the sun.*

By using **estar** with an adjective usually associated with **ser**, we can emphasize how something is or looks *right now*, rather than how it is normally. Thus, the choice between **ser** + adjective or **estar** + adjective emphasizes the difference between the norm and variation from the norm.

Te juro que **generalmente** el mar aquí **es** tranquilo y limpio y las olas **son** pequeñas. Pero **hoy está** todo muy feo. Las olas **están** muy grandes y el mar **está** muy sucio por la tormenta de anoche.	*I swear to you that the ocean here is usually calm and clear, and the waves small. But today everything is very ugly. The waves are very large and the ocean is dirty due to last night's storm.*

Here are some other phrases that emphasize the difference in meanings between **ser** and **estar** with adjectives.

es bonito/está bonito	*is pretty/looks pretty*
es generoso/está generoso	*is generous/is being generous*
es nervioso/está nervioso	*is a nervous person/is nervous now*

In few cases, the meaning of the adjective is quite different depending on whether it is used with **ser** or **estar**.

es listo/está listo	*is clever/is ready*
es aburrido/está aburrido	*is boring/is bored*
es verde/está verde	*is green/looks green; is unripe*

ser	**estar**
Identification Es hombre.	*Present Progressive* Está comiendo.
Location of Event El baile es aquí.	*Location of People, Things* El muchacho está aquí.
Description of Norm Es bonita.	*Description of State* Está enferma.

Ejercicio 2

Graciela y Amanda están hablando de los amigos y vecinos que están presentes en la boda de Daniel y Leticia. Escoja las formas correctas de **ser** o **estar**.

—Mira, Amanda, la señora Ramírez _____[1] muy bonita hoy.

—Ay, Graciela, Estela Ramírez _____[2] una mujer muy elegante.

—¿Dónde _____[3] don Eduardo y don Anselmo?

—Allí en el rincón. _____[4] hablando con doña Rosita.

—¡Qué bien se ve doña Rosita hoy! Su pelo _____[5] muy bonito.

—Y mira a Gustavo, hablando con la rubia. ¡Qué guapo _____[6] hoy!

—¿Guapo? Tal vez, pero no _____[7] muy simpático.

—Y tú _____[8] un poco celosa.

—¿Yo? Te equivocas. Yo no _____[9] una persona muy insegura.

—Ya _____[10] las dos y media. La recepción _____[11] en el otro salón, ¿verdad?

—Creo que sí.

Ejercicio 3

Don Anselmo está de mal humor hoy y no está de acuerdo con nada de lo que le dice don Eduardo.

MODELO: DON EDUARDO: Doña Rosita es una persona muy activa. →
DON ANSELMO: Pues, no está muy activa hoy.

1. Leticia es muy amable con todos.
2. El clima de aquí es algo frío.
3. Normalmente este programa es muy cómico.
4. En la Tienda Miraflores la ropa es muy cara.
5. Daniel es muy eficiente en su trabajo.

Ejercicio 4

¿Ser o **estar?** Lea el contexto con mucho cuidado.

1. —¿Te gusta la clase de biología?
   —No, _____ una clase muy aburrida.
2. —¿Tienes hambre? ¿Quieres comer un poco de fruta?
   —Gracias, pero toda la fruta _____ verde. No voy a comerla porque no quiero enfermarme.
3. Voy a llegar tarde a mi clase de las 9:00. ¡Ya son las 8:49 y yo todavía no _____ listo/a!
4. Juan _____ muy aburrido porque esta película _____ aburridísima. ¡Prefiere estudiar!
5. ¡Ay! Estas manzanas no están buenas. _____ manzanas rojas pero todavía _____ verdes.
6. Los estudiantes _____ muy listos pero hoy todavía no _____ listos para el examen final; necesitan estudiar más.

14.3. The Future

A. The future tense is formed by adding these endings to the infinitive: **-é, -ás, -á, -emos, -éis, -án.**[*]

FUTURE	
jugar**é**	*I will play*
terminar**ás**	*you (inf. sing.) will finish*
escribir**á**	*you (pol. sing.), he/she will write*
lavar**emos**	*we will wash*
comer**éis**	*you (inf. pl., Spain) will eat*
dormir**án**	*you (pl.), they will sleep*

future = infinitive + { -é, -ás, -á, -emos, -éis, -án }

Me **jubilaré** en dos años.
Los políticos nunca **cumplirán** con lo que prometen.

I will retire in two years.
The politicians will never carry out what they promise.

[*]Recognition: **vos hablarás**

B. A few verbs form the future on irregular stems.

caber →	cabré	poner →	pondré	decir →	diré
haber →	habré	salir →	saldré	hacer →	haré
poder →	podré	tener →	tendré		
querer →	querré	venir →	vendré		
saber →	sabré				

Mi hermana dice que **podrá** casarse cuando encuentre al hombre perfecto.	*My sister says that she will be able to get married when she finds the perfect man.*

C. For statements about future events, the **ir** + **a** + infinitive construction is more frequently used in conversation than are the future verb forms.

Mañana **vamos a escuchar** el noticiero de las 6:00.	*Tomorrow we are going to listen to the 6:00 news.*

D. However, when there is doubt or speculation, especially in questions, the future tense is common. This is called the "future of probability."

¿A qué hora **llegarán**?	*What time do you think they'll arrive? (I wonder what time they'll get here.)*

The future of probability may also refer to present conditions.

¿Qué **estarán haciendo** ahora?	*What do you think they are doing now? (I wonder what they're doing now.)*
¿Qué hora **será**? ¿**Serán** ya las 7:00?	*What time do you think it is? (I wonder what time it is.) Do you think it's already 7:00?*

Ejercicio 5

¿Qué pasará durante los próximos quince años?

		SÍ	NO
MODELO:	La profesora Martínez se jubilará y viajará a Sudamérica. (jubilarse/viajar)	✓	___
1.	(Yo) ___ y ___ dos hijos. (casarse/ tener)	___	___
2.	Mi mejor amigo/a y yo ___ e ___ a Europa. (graduarse/ir)	___	___
3.	Mis padres ___ y ___ en una isla tropical. (mudarse/vivir)	___	___
4.	Mis compañeros de clase y yo ___ nuestras metas y ___ en la universidad en el año 2010. (lograr/reunirse)	___	___

5. El presidente ＿＿＿ a cenar en mi casa y ＿＿＿ ＿＿＿ me ＿＿＿ que le gustan mis ideas. (venir/ decir)

14.4.   The Subjunctive in Time Clauses

A. As you know, Spanish requires subjunctive verb forms in time clauses whenever the time expressed is in the future (see **Gramática 10.3**). Present indicative forms are used to express habitual activities. (The word **siempre** often indicates a habitual activity, and therefore the indicative is used.)

Voy a ver las noticias cuando **termine** mi trabajo.	*I am going to watch the news when I finish my work.*
Yo siempre veo las noticias cuando **termino** mi trabajo.	*I always watch the news when I finish my work.*

> The subjunctive is used in clauses that begin with **cuando, hasta que, después de que, tan pronto como,** and **en cuanto** when they refer to the future. **Antes de que** is always followed by the subjunctive.

B. Although **cuando** is the most common word that introduces time clauses, similar conjunctions are **hasta que** (*until*), **después de que** (*after*), **tan pronto como** (*as soon as*), and **en cuanto** (*as soon as*).

La madre estará nerviosa **hasta que** su hijo **llegue** de la escuela.	*The mother will be nervous until her son arrives home from school.*
La madre siempre está nerviosa **hasta que** su hijo **llega** de la escuela.	*The mother is always nervous until her son arrives home from school.*

C. The conjunction **antes de que** (*before*) is always followed by subjunctive verb forms, even when the activity described is habitual.

Voy a comprar un carro **antes de que suban** los precios.	*I'm going to buy a car before the prices go up.*
Cada mañana doy un paseo **antes de que** los niños se despierten.	*Every morning I take a walk before the children wake up.*

Ejercicio 6

¿Indicativo o subjuntivo? Siga el modelo.

MODELO: Algunos periodistas dicen que el presidente va a jubilarse cuando (cumple/cumpla) 65 años.

1. Toda mi familia va a dar una gran fiesta después de que me (gradúa/ gradúe).
2. Estaremos muy contentos cuando no (hay/haya) más contaminación ambiental.
3. Raúl, ¿siempre hablas con tus abuelos cuando (tienes/tengas) tiempo libre?

4. Mis padrinos siempre preguntan por mí en cuanto (ven/vean) a mis padres.
5. Estaré dispuesto a ayudarte con la tarea esta tarde tan pronto como (llegas/llegues) a mi casa.
6. Voy a arreglar la casa antes de que (vienen/vengan) mis suegros.
7. Los empleados trabajarán hasta que (alcanzan/alcancen) las metas del jefe.
8. Mis primos siempre se pelean hasta que (vuelven/vuelvan) mis tíos del trabajo.
9. El cura nos tiene que dar la bendición antes de que (salimos/salgamos) de la iglesia.
10. Después de que me (saludan/saluden), mis tías siempre me invitan a comer.

14.5.   Hypothetical Reactions: The Conditional

A. The conditional is formed by adding these endings to the infinitive: **-ía, -ías, -ía, -íamos, -íais, -ían.***

conditional = infinitive +
-ía
-ías
-ía
-íamos
-íais
-ían

CONDITIONAL	
jugar**ía**	*I would play*
comer**ías**	*you (inf. sing.) would eat*
dormir**ía**	*you (pol. sing.), he/she would sleep*
tomar**íamos**	*we would drink*
jugar**íais**	*you (inf. pl., Spain) would play*
escribir**ían**	*you (pl.), they would write*

Yo **hablaría** con su familia primero.

I would speak with her family first.

A Leticia Reyes le **gustaría** ir de luna de miel a Acapulco.

Leticia Reyes would like to go to Acapulco on her honeymoon.

B. The verbs that have irregular stems in the future use the same stems in the conditional.

caber	→ cabría	poner	→ pondría	decir	→ diría
haber	→ habría	salir	→ saldría	hacer	→ haría
poder	→ podría	tener	→ tendría		
querer	→ querría	venir	→ vendría		
saber	→ sabría				

---

*Recognition: **vos hablarías**

¡Yo no **sabría** qué decirle!
—Pues yo le **diría** la verdad.

I wouldn't know what to tell him!
—Well, I would tell him the
truth.

Ejercicio 7

Aquí aparecen algunas actividades que a los estudiantes de la Universidad de San Antonio les gustaría hacer en España. Escoja el verbo más lógico y dé la forma del condicional: **correr, usar, caminar, comer, tomar, tratar, visitar, comprar, practicar, pasar, acostarse.**

1. Esteban y Carmen _____ los sitios turísticos.
2. Alberto _____ de conocer a nuevos amigos.
3. Nora _____ zapatos españoles.
4. Luis y Mónica _____ tapas y _____ cerveza por la tarde.
5. Todos _____ el español.
6. Esteban _____ por el parque del Retiro.
7. Carmen _____ mucho tiempo en el Museo del Prado.
8. Todos _____ el metro para ir de un lugar a otro.
9. Mónica y Nora _____ a la 1:00 cada noche.
10. Luis _____ todos los días para mantenerse en buen estado físico.

España: En tiempos pasados los jóvenes asistían a las funciones de la iglesia o salían con la familia. Hoy día van con frecuencia al cine o a clubes y no siempre van acompañados de un miembro de la familia.

15 Historia, cultura y sociedad

▼▼▼▼▼▼▼▼▼▼▼▼▼▼

In **Capítulo 15** you will discuss current issues affecting modern society. You will also learn about geography and history, including famous people in Hispanic culture.

Madres de los desaparecidos en la Plaza de Mayo, Buenos Aires, Argentina

Las opiniones y las reacciones

Lea Gramática 15.1–15.2.

Es imposible que todos los italianos coman espaguetis todos los días.

No es posible que todos los ingleses sean fríos.

Es dudoso que todos los norteamericanos lleguen siempre a tiempo.

¡Qué bueno que la juventud de hoy sea más consciente de los problemas de la contaminación ambiental!

Me alegro de que los fabricantes de automóviles quieran sacar al mercado un coche que funcione con gas natural.

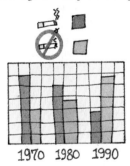

Estoy contento/a de que cada día haya menos fumadores.

Actividad 1. Reacciones al progreso científico

Usted y su amigo están en el coche escuchando un programa de noticias breves. Reaccione a las siguientes noticias usando una de las expresiones que aparecen a continuación. Después diga si cree que estos avances científicos son posibles o no.

EXPRESIONES ÚTILES

¡Ya era hora!	¡Qué maravilla!	¡Qué desastre!
¡Así es la vida!	¡No lo puedo creer!	¡Qué va!
¿Qué me importa a mí?	¡Qué bueno!	¡Ni modo!
¡No me digas!	¿A mí qué?	¡Súper!

465

1. Un grupo de científicos argentinos anunció haber encontrado una droga que mejora la memoria. Ellos declaran que esto cambiará el mundo académico.

2. Dos científicos españoles declararon que dentro de poco saldrá al mercado una píldora para rejuvenecer.

3. En la selva amazónica se ha descubierto una planta maravillosa. Un grupo de científicos chilenos ha logrado extraer de esta planta una potente sustancia antibiótica que mata todo tipo de microbio, incluso el de la tuberculosis.

4. Varios científicos franceses declararon haber recibido un mensaje de seres extraterrestres a través de un satélite espacial. Los franceses no han dado más detalles.

5. En México ha salido al mercado el primer automóvil que no requiere combustible. Su única fuente de energía es una célula solar. El automóvil se llama Ecosol 2000.

6. Investigadores estadounidenses han perfeccionado una computadora que tiene toda la capacidad del cerebro humano. Los especialistas afirman que una computadora tan potente podría reemplazar por completo el cerebro humano dentro de veinte años.

Actividad 2. Preferencias

En la vida diaria hay algunas cosas que nos gustan y otras que nos disgustan. Lea las siguientes situaciones y comente con su compañero/a acerca de los aspectos que le gustan y los que le disgustan. Puede usar expresiones positivas como **me gusta que...**, **me encanta que...** o formas negativas como **no me gusta que...**, **me molesta que...**, **me preocupa que...**

MODELO: Cuando visito a mis padres,... →
Cuando visito a mis padres, me gusta que *mi mamá me prepare una cena especial*, pero me molesta que *mi papá vea la televisión mientras comemos.*

1. Cuando viajo por avión,...
2. Cuando voy de compras,...
3. Cuando salgo con mi novio/a,...
4. Cuando ceno en un restaurante,...

5. Cuando veo la televisión,...
6. Cuando asisto a un concierto,...
7. Cuando estoy en clase,...
8. Cuando voy a una fiesta,...

En Nicaragua, el Frente Sandinista de Liberación Nacional, un movimiento popular, derrocó al dictador Anastasio Somoza en 1979.

Actividad 3. Lectura/Discusión: Los estereotipos en el trabajo

Hombre y mujer cuando de trabajo se trata

De derecho[1] la igualdad entre el hombre y la mujer se encuentra reconocida, pero no así de hecho[2]. En el día a día, aunque vivamos en 1994, hasta en los comentarios más nimios[3], en el trabajo por ejemplo, se continúa apreciando un cierto tufillo[4] machista. Si no, observemos las distintas actitudes tomadas en situaciones iguales según el sujeto de la acción sea varón o hembra[5].

Así le califican a él en la oficina

- **Tiene colocadas[6] encima de su mesa las fotos de su esposa e hijos.**
  Es un hombre responsable que se preocupa por su familia.
- **Su escritorio está lleno de papeles.**
  Se nota que es una persona ocupada, siempre trabajando.
- **Está hablando con sus compañeros de trabajo.**
  Seguro que está discutiendo nuevos proyectos.
- **No se encuentra en su despacho.[7]**
  Debe de estar en una reunión.
- **No está en la oficina.**
  Habrá ido a visitar a unos clientes.
- **Salió a almorzar con el jefe.**
  Su prestigio aumenta.
- **El jefe criticó su actuación.[8]**
  Rápidamente mejorará.
- **Hizo un mal negocio.**
  ¿Estaba muy disgustado[9]?
- **Le gritó a un empleado que no cumplió sus órdenes.**
  Tiene carácter, sabe imponerse.
- **Se va a casar.**
  Eso le estabilizará.
- **Va a tener un hijo.**
  Necesitará un aumento de sueldo.
- **Va a hacer un viaje de negocios.**
  Es conveniente para su carrera.
- **Se va. Tiene un trabajo mejor.**
  Hace bien en aprovechar[10] la oportunidad.
- **Faltó al trabajo por enfermedad.**
  Debe de encontrarse muy mal.

De esta manera a ella

- **Tiene colocadas encima de la mesa las fotos de su esposo e hijos.**
  ¡Um! Su familia tiene prioridad sobre su carrera.
- **Su escritorio está lleno de papeles.**
  Es una desordenada.
- **Está hablando con sus compañeros de trabajo.**
  Seguro que está cotilleando![11]
- **No se encuentra en su despacho.**
  Estará en el tocador![12]
- **No está en la oficina.**
  Debe de haberse ido de tiendas![13]
- **Salió a almorzar con el jefe.**
  Debe de tener un «affaire».
- **El jefe criticó su actuación.**
  Estará furiosa.
- **Hizo un mal negocio.**
  ¿Se echó a llorar?
- **Le gritó a un empleado que no cumplió sus órdenes.**
  Está histérica. .
- **Se va a casar.**
  Pronto quedará embarazada y dejará el trabajo.
- **Va a tener un hijo.**
  Le costará a la empresa la maternidad.
- **Va a hacer un viaje de negocios.**
  ¿Qué opina su marido?
- **Se va. Tiene un trabajo mejor.**
  No se puede confiar[14] en las mujeres.
- **Faltó al trabajo por enfermedad.**
  Tendrá un catarrito![15]

[1]De... *In theory* [2]de... *in fact* [3]insignificantes [4]*air, attitude*
[5]varón... hombre o mujer [6]puestas [7]oficina [8]*performance*
[9]*upset* [10]en... *by taking advantage of* [11]*gossiping* [12]*powder
room* [13]de... de compras [14]*trust* [15]un... *the sniffles*

Hay mujeres en todas las profesiones. Esta ingeniera supervisa a los trabajadores en una zona de construcción en Bogotá.

1. Según este artículo, ¿cuál es el estereotipo de un hombre que tiene fotos de su familia sobre su escritorio? ¿Y cuando se trata de una mujer? ¿Cree usted que la familia debe tener prioridad sobre la carrera?
2. Si usted ve a un empleado ante un escritorio lleno de papeles, ¿cómo lo caracteriza, como persona ocupada o desordenada?
3. ¿Cree que es verdad o que es una idea preconcebida que las mujeres chismean (cotillean) más que los hombres? ¿En qué se basa su opinión?
4. Según este artículo, ¿cuál es el estereotipo de la mujer que no está en su oficina durante las horas de trabajo? ¿Y del hombre?
5. Si una jefa les gritara a sus empleados, ¿la consideraría usted una mujer histérica? ¿Y si fuera un hombre?
6. ¿Cuáles son algunos estereotipos negativos del hombre en el mundo del trabajo?

Actividad 4. Discusión: Los estereotipos

Aquí tiene usted algunas ideas preconcebidas muy comunes. ¿Son totalmente falsas o hay algo de verdad en ellas? Dé su opinión sobre cada una.

MODELO: Los puertorriqueños van diariamente a la playa.
No creo que vayan *todos* los días.
No es bueno aceptar esta idea, porque da la impresión de que los puertorriqueños no trabajan.

1. «Mujer al volante, peligro constante».
2. Los hombres no expresan sus emociones.
3. Los inmigrantes se avergüenzan de la lengua y de la cultura de sus antepasados.
4. Las mujeres son demasiado sensibles.
5. Los norteamericanos son esclavos del deber («trabajólicos»).
6. Ningún latinoamericano es puntual.

PALABRAS ÚTILES

Creo que sí/no.
Pienso que...
No creo que...
Dudo que...
Es dudoso que...
No es probable que...

BREVE GLOSARIO RACISTA

Las palabras son la traducción sonora de las ideas. Cualquier lengua incluye muchas expresiones que ilustran el asombroso grado de racismo y xenofobia subyacentes. El español no es una excepción. Veámoslo:

Es un judío: tacaño, usurero.
¿Qué pasa, es que soy negro?: forma de protesta cuando a uno no le dan lo que a los demás.
Hacer el indio: hacer el tonto.
Gitano/a: persona harapienta, de mala pinta, vago.
Hacerse el sueco: desentenderse.
Despedirse a la francesa (inglesa): irse sin decir adiós.
Beber como un cosaco: emborracharse.
Tener la cabeza cuadrada, como los alemanes: persona testaruda.
Danza de negros: Algo salvaje e incivilizado.
Hay moros en la costa: Alguien está escuchando.
No tiene la culpa el indio, sino él que lo hace compadre: No es buena idea tratar a un inferior como igual.
Caballo al caballero, para el mulato mula y para el indio burra: cada uno recibe lo que se merece.
Cobrarse a lo chino: recuperar uno lo que le deben, deduciéndolo de una cantidad que tiene que entregar.

EL MUNDO HISPANO... su gente

Nombre: Gregorio Merino Díaz
Edad: 32 años
País: Chile

¿Qué opina de los estereotipos que existen de los latinos y de los norteamericanos?

Por una parte, está el estereotipo del norteamericano trabajador, eficiente, que busca siempre el bienestar[1] propio y de su familia, y por otro el del explotador de países del tercer mundo, el del invasor.[2] En cuanto a los latinos, creo que entre los norteamericanos predomina todavía el del «Latin lover», pero también el del latino flojo, sin educación, que ingresa[3] ilegalmente en los Estados Unidos y es mano de obra[4] barata.

Lamentablemente, creo que para el común de la gente[5] de los Estados Unidos, los países de Latinoamérica son un grupo de estados que nunca podrán salir del subdesarrollo.[6] Pero existen diferencias, pues algunos países como el mío están logrando grandes avances. Por último, creo que para una persona común de los Estados Unidos, muchas veces da lo mismo si le hablan de Bolivia, Chile, El Salvador o cualquier otro lugar: los mete todos en un mismo saco.

[1]*well-being* [2]*invader* [3]*entra* [4]*mano... labor* [5]*el... the average person* [6]*underdevelopment*

La geografía y la historia

Lea Gramática 15.3.

Conozco una tienda que vende suéteres de lana muy lindos.

Busco una tienda que venda suéteres de lana.

Vivo en una casa que está al lado de un lago.

Quiero una casa que esté al lado del mar.

Vivo en un país que tiene una estación fría.

Quiero vivir en un país que tenga un clima tropical.

Conocí a una señorita de Argentina.

No conozco a nadie que sea de Argentina.

Mi país tiene buenas relaciones con el vecino del sur.

¿Puedes nombrar un país que no mantenga relaciones pacíficas con los países vecinos?

Actividad 5. Discusión: El mundo actual

Nombre algún país...

1. que esté muy industrializado.
2. que tenga una agricultura muy moderna.
3. que produzca muchos diamantes.
4. que tenga un clima tropical.
5. que dependa mucho del turismo.
6. que tenga una población de más de 250 millones de habitantes.
7. que no mantenga buenas relaciones con un país vecino.
8. que importe más de lo que exporta.

Actividad 6. Personas famosas en el mundo hispano

1. Pablo Neruda
2. Simón Bolívar
3. Frida Kahlo
4. Plácido Domingo
5. Juan Carlos de Borbón
6. Hernán Cortés
7. José Martí
8. Miguel de Cervantes

a. autor de la novela *Don Quixote*
b. activista social guatemalteca que recibió el Premio Nóbel de la Paz en 1992
c. el poeta chileno que ganó el Premio Nóbel, autor de «Oda al tomate» que aparece en el Capítulo 7 de este texto
d. escritora chilena, sobrina del ex presidente Salvador Allende

9. Gabriel García Márquez
10. Rigoberta Menchú
11. Isabel Allende
12. Carlos Fuentes

e. libertador de Bolivia, Colombia y Ecuador
f. novelista, ensayista y diplomático mexicano, que vivió muchos años en los Estados Unidos; autor de *Gringo viejo* y de *El espejo enterrado*
g. novelista colombiano, ganador del Premio Nóbel, autor de *Cien años de soledad*
h. conquistador de los aztecas
i. pintora mexicana del período surrealista
j. patriota cubano que luchó por la independencia de su país
k. actual rey de España
l. cantante de ópera, nacido en México de padres españoles

Ahora, toda la Historia en 100 Cuadernos.

Actividad 7. Las capitales de los países hispanos

Busque la capital que corresponde a los siguientes países.

PAÍS	CAPITAL
1. Chile	a. Caracas
2. Cuba	b. Santiago
3. España	c. Santo Domingo
4. México	d. La Paz/Sucre
5. República Dominicana	e. San Juan
6. Puerto Rico	f. México, D.F.
7. Bolivia	g. Madrid
8. Venezuela	h. Lima
9. Argentina	i. La Habana
10. Perú	j. Buenos Aires

Diga a cuál de las capitales mencionadas se describe en cada una de estas oraciones.

1. Esta capital está ubicada a corta distancia del mar Caribe, y el país produce mucho petróleo.
2. Es la capital del país más largo de Sudamérica.
3. Capital de la isla más grande del Caribe; está muy cerca del estado de la Florida.
4. Es una ciudad muy cosmopolita y de ambiente europeo. Aquí se establecieron muchos emigrantes italianos.
5. Está muy cerca de la costa del Pacífico. En esta ciudad, una llovizna o neblina oceánica, llamada «garúa», persiste en algunos meses del año.
6. La moneda oficial de esta isla (estado libre asociado de los Estados Unidos) es el dólar. Su capital atrae mucho turismo por su clima tropical y sus magníficas playas.
7. Está situada a una altura de 3400 metros (11,000 pies) sobre el nivel del mar.
8. En esta capital europea está el famoso Museo del Prado.
9. Esta capital, de clima tropical, es la ciudad hispana más antigua del hemisferio occidental. Se dice que aquí descansan los restos de Cristóbal Colón.
10. Esta ciudad es la antigua capital de los aztecas; fue construida sobre un lago.

Actividad 8. Las próximas vacaciones

Bernardo e Inés están con el agente de viajes. Cada uno tiene ideas diferentes de dónde quiere pasar sus vacaciones.

- Primero, mire los dibujos y diga lo que está pensando cada uno.
- Luego, hable de sus ideas y planes para las próximas vacaciones. ¿Adónde preferiría ir? ¿Por qué?
- Finalmente, describa el lugar ideal para las vacaciones.

MODELO:

el agente de viajes

el Caribe

INÉS: Quiero ir a un país donde haya montañas muy altas.
BERNARDO: Prefiero viajar a un país que tenga clima tropical y playas bonitas.

Actividad 9. Un país ideal

En grupos inventen un nuevo país ideal en Sudamérica. Descríbanlo en detalle.

- ¿Cómo se llama su país? ¿Dónde está situado?
- ¿Cómo es el clima y la geografía?
- ¿Tiene costas y cordilleras?
- ¿Tiene desiertos, selvas?
- ¿Tiene grandes recursos naturales? ¿Cuáles?
- ¿Existen leyes para preservar la naturaleza y el medio ambiente?
- ¿Cómo es su gobierno? ¿Es democrático o totalitario?
- ¿Tiene una constitución en la cual se basan todas las instituciones?
- ¿Cómo son sus relaciones con los países vecinos?
- ¿Cómo es su historia?
- ¿Fue colonizado por los españoles o por otros exploradores?
- ¿Tiene una cultura que incorpora lo indígena, lo europeo y lo africano?
- ¿Qué lengua hablan los habitantes?
- ¿Tiene ruinas indígenas?
- ¿Cuáles son los días festivos más importantes? ¿Cuándo y por qué se celebran?
- ¿Tiene un sistema educativo que les permite a todos los ciudadanos el acceso a la educación?
- ¿En qué se basa la economía?
- ¿Tiene grandes deudas externas o depende de su propia economía?

Ahora que ustedes han creado este país ideal, deben ponerlo en el mapa y darlo a conocer al mundo. Respondan a las preguntas que los compañeros de clase les van a hacer sobre su creación. Estén preparados para elaborar y justificar sus respuestas.

EL MUNDO HISPANO... imágenes

Pablo Picasso (1881–1973) ha pasado a la historia como uno de los grandes genios del siglo XX. Su pintura es sinónimo de revolución y cambio. Desde su llegada a París en 1904, el pintor andaluz[1] comienza a explorar diferentes estilos. Surgen entonces sus «épocas cromáticas»: la azul y la rosa, que muestran la influencia de Isidro Nonell* y Toulouse-Lautrec.[†] Luego pasa al cubismo, un tipo de pintura geometrizada e innovadora que él inventó y que desarrolló entre 1907 y 1914.

Hasta el último momento de su vida, Picasso estuvo experimentando y cambiando de estilo. Artista genial e incansable, Picasso también se comprometió[2] políticamente. Apoyó la República[‡] y en 1937 pintó el cuadro *Guernica,* una fuerte denuncia de la guerra y masacre que sufrió su país bajo el fascismo.

*Isidro Nonell (1863–1911), pintor español impresionista
[†]Henri Toulouse-Lautrec (1864–1901), pintor francés
[‡]partido que luchaba contra el general fascista Francisco Franco durante la Guerra Civil española (1936–1939)

[1]de Andalucía, al sur de España   [2]*was involved*

Breve historia de México

El lugar donde hoy se encuentra México, D. F. y sus cercanías fue habitado por varias culturas antes de la llegada de los mexicas, una tribu procedente del norte. Se les llamó *aztecas* porque decían provenir de un lugar llamado *Aztlán.* Se establecieron en esa zona en 1325 y fundaron la ciudad de Tenochtitlán. Su influencia se extendió por todo el valle; subyugaron[1] a las tribus de los alrededores y las

[1]*they subjugated, subdued*

forzaron a rendirles tributo. Para principios del siglo XVI, Tenochtitlán era una hermosa ciudad capital de amplias calzadas[2] y canales. Tanto la ciudad como su mercado fueron descritos con admiración por los españoles en sus cartas y relatos.

Hernán Cortés fundó Veracruz en 1519. Él y sus compañeros, llevados por la ambición de encontrar riquezas, decidieron conquistar a los mexicas. Como estos habían sometido[3] a los pueblos que los rodeaban y los tenían abrumados[4] con guerras constantes y fuertes tributos, Cortés halló aliados[5] entre ellos fácilmente. Tenochtitlán cayó en manos de Cortés el 13 de agosto de 1521. Se inició entonces el período colonial en el que la América española fue dividida en virreinatos.[6] México se llamó el virreinato de Nueva España. Durante el período colonial los españoles tuvieron dos objetivos: conseguir oro y evangelizar a la población indígena. A fines del siglo XVIII, el virreinato de Nueva España era uno de los más grandes y prósperos. Se creó el sistema de encomiendas[7] y se explotaba a todos los indígenas, tanto a los mexicas como a las tribus que anteriormente se habían aliado a los españoles.

Muy pronto, disgustados por la costumbre española de dar los cargos[8] más elevados del gobierno sólo a los españoles peninsulares, los criollos[9] comenzaron a manifestar deseos de independencia. A Nueva España llegaron, ya desde mediados del XVIII, las ideas del Siglo de las Luces[10] y de la Revolución francesa. Los criollos, alentados[11] también por las noticias de la independencia de los Estados Unidos y aprovechando la invasión de España por Napoleón I, iniciaron la guerra de Independencia el 16 de septiembre de 1810. Aunque este intento fracasó y el primer héroe, el Padre Hidalgo, fue fusilado[12] diez meses después, la independencia se consumó en 1821, con el Plan de Iguala.[13] Este pacto concedió el catolicismo, la igualdad entre españoles y mexicanos y la independencia política como garantías básicas (por esto se le llamó también Pacto Trigarante[14]).

Por desgracia, el triunfo se consiguió gracias a la alianza de un ex oficial realista.[15] Este se proclamó emperador un año más tarde y suprimió el Congreso. Fue destituido[16] en 1823 y México se convirtió en república federal.

Plano de la ciudad de México-Tenochtitlán

Detalle del mural de Diego Rivera en el Palacio de Cortés, Ciudad de México: «Tenochtitlán cayó en manos de Hernán Cortés el 13 de agosto de 1521. Se inició entonces el período colonial...»

---

[2]highways, roads [3]subdued [4]overwhelmed [5]allies [6]viceroyalties [7]land grants that included the forced labor of the Indians who lived on the land [8]posts, positions [9]Spaniards of colonial times, born in America of Spanish (peninsular) parents [10]Siglo... Age of Enlightenment [11]encouraged [12]executed by firing squad [13]Plan... treaty ending the Mexican War of Independence [14]de tres garantías [15]ex... former royal officer [16]deposed

En 1846 los norteamericanos invadieron el territorio mexicano y llegaron hasta la Ciudad de México. Con el Tratado de Guadalupe Hidalgo, México logró la paz con los norteamericanos pero perdió vastas zonas del norte del país.

No terminaron allí los problemas de la joven nación. En treinta y tres años, de 1824 a 1857 —cuando el país se dividió de nuevo— ¡hubo treinta y cinco gobernantes! En 1857 México se dividió en dos partidos, los liberales y los conservadores. El partido liberal, encabezado[17] por Benito Juárez (un indio zapoteca) triunfó en la resultante guerra de Reforma que duró de 1858 a 1861. Para reconstruir el país, Juárez suspendió los pagos de la deuda externa.[18] Esto provocó la intervención armada de Francia, Inglaterra y España. Inglaterra y España se retiraron muy pronto pero los franceses, apoyados por algunos sectores conservadores, atacaron Puebla. Aunque al principio los mexicanos se defendieron valientemente y los rechazaron el 5 de mayo de 1862 en la batalla de Puebla, los franceses, bajo Napoleón III, lograron tomar la capital en 1863 e imponer un año después al emperador Maximiliano de Habsburgo. Juárez, sin embargo, no se dio por vencido[19] y tres años después, en 1867, ordenó fusilar a Maximiliano.

México y los Estados Unidos antes de 1848.

Benito Juárez (1806–1872), un indio zapoteca, encabezó el partido liberal que triunfó en la guerra de Reforma. Juárez fue elegido presidente de México en 1867 y fue reelegido en 1871.

Maximiliano de Habsburgo (1832–1867). Los franceses tomaron la capital mexicana y en 1864 impusieron a Maximiliano, un noble austríaco, como emperador de México.

Cuadro de Edouard Manet que muestra el fusilamiento del emperador austríaco: «Juárez no se dio por vencido y en 1867 ordenó fusilar a Maximiliano.»

[17]*headed by, led by*   [18]deuda... *foreign debt*   [19]no... *did not give up*

En 1876, tomó el poder Porfirio Díaz y lo conservó —salvo un período de cuatro años entre 1880 y 1884— hasta 1911. Desde el punto de vista de los extranjeros, Díaz fue un gran presidente pues fomentó la industria y creó una red centralizada de ferrocarriles. Logró, además, mantener la estabilidad política. Atrajo así a los inversionistas extranjeros, a quienes les dio grandes ventajas. Como el pueblo —obreros, campesinos e indios— no participaba de esa prosperidad, se llegó a llamar al país «madre de los extranjeros y madrastra de los mexicanos». Cuando Díaz trató de reelegirse una vez más, valiéndose[20] de medios ilegales, estalló[21] la Revolución mexicana. Francisco I Madero, el candidato a quien Díaz apresó para evitar su participación en las elecciones, fue elegido presidente en 1911. La Revolución fue un período trágico y destructivo del que México no logró salir sino hasta 1921. En 1917, sin embargo, el presidente Venustiano Carranza promulgó[22] una nueva constitución. Entre otras cosas, reconocía el derecho de los obreros a organizarse y reducía la influencia de la Iglesia católica. Esta constitución permaneció intacta hasta 1990 en que el presidente Salinas de Gortari la enmendó.[23]

Aunque la Revolución había terminado, la violencia continuó. Entre 1917 y 1928 fueron asesinados varios presidentes y México pasó aún por otro conflicto armado llamado la guerra de los Cristeros. Afortunadamente desde 1928, año en que México comenzó el lento proceso de reconstrucción, no se ha asesinado a otro presidente ni ha habido otro conflicto armado de alcance nacional.[24] Los presidentes mexicanos se han ido sucediendo pacíficamente cada sexenio,[25] sin intentar ser reelegidos. Entre ellos, sobresale el general Lázaro Cárdenas quien gobernó de manera constructiva de 1934 a 1940. Logró sacar adelante al país. Llevó a cabo[26] varios cambios y adelantos de los cuales el más importante para México fue la nacionalización de la industria petrolera en 1938.

Aunque en la actualidad México está bastante industrializado, aún se considera un país del Tercer Mundo. Su fuente de ingresos más importante es el turismo, gracias a sus playas hermosas y sus ciudades coloniales. En los últimos años ha confrontado serios problemas económicos. Con el fin de estabilizar la economía, en 1976 comenzó una devaluación gradual del peso mexicano. En ese año el tipo de cambio era de $12.50 (pesos) por dólar. Desde entonces ha descendido hasta llegar a $3,300 por dólar. A fines de 1991 se decidió crear el «Nuevo Peso». O sea que ahora el tipo de cambio no es de $3,300 sino de N$3.30 (nuevos pesos) por dólar. Aún no se sabe si esta medida surtirá efecto.[27] Por el momento, la opinión del país parece estar dividida: Unos tienen fe en ella pues esperan grandes ventajas del Tratado de Libre Comercio (TLC) con los vecinos del norte, los Estados Unidos y Canadá, otros temen lo peor.[28]

[20]*availing himself*   [21]*broke out*   [22]*enacted*   [23]*la... amended it*   [24]*alcance... national scope*   [25]*six-year term of office*
[26]*Llevó... he carried out*   [27]*surtirá... will have the desired effect*   [28]*lo... the worst*

Comprensión

Relacione las palabras y frases de la izquierda con las de la derecha.

1. mexicas
2. Tenochtitlán
3. Hernán Cortés
4. criollos
5. Tratado de Guadalupe Hidalgo
6. el 16 septiembre
7. el 5 de mayo
8. Porfirio Díaz
9. 1938
10. TLC

a. fecha en que los mexicanos derrotaron al ejército de Napoleón III
b. año de la nacionalización de la industria petrolera por el presidente Lázaro Cárdenas
c. tratado comercial entre los Estados Unidos, Canadá y México
d. guerra de los Cristeros
e. capital de los aztecas
f. otro nombre de los aztecas
g. conquistador de México
h. Día de la Independencia de México
i. españoles nacidos en América, que declararon la independencia
j. presidente de México por casi treinta y un años que creó una red centralizada de ferrocarriles
k. pacto con que terminó la guerra entre México y los Estados Unidos

Ahora... ¡usted!

1. ¿Puede encontrar algunas correspondencias entre la historia de México y la de su país? Explique.
2. Esta es una historia muy breve. Busque en una enciclopedia los nombres de lugares o personas importantes de México que le llamen la atención. Comparta con sus compañeros lo que haya aprendido.

Un paso más...

Trabajen en grupos pequeños. Usen la historia de México como base para inventar la historia del país imaginario de Doraselva. Digan qué tribus indígenas poblaban antes la zona, quiénes las conquistaron, qué pasó durante el período colonial, cuándo declararon su independencia y quién fue el héroe. Digan también si tuvieron emperadores y si tuvieron otras guerras o problemas. Terminen con una descripción del país de hoy en día. Hablen de su sistema de gobierno, de sus problemas sociales y económicos, etcétera.

Los valores de la sociedad moderna

Lea Gramática 15.4–15.5.

Ayer les pedí que se prepararan para discutir estos temas en clase. ¿Quién quiere empezar?

—Tenemos que ofrecer programas de educación sexual para que los jóvenes sepan las consecuencias de tener relaciones sin protegerse.
—Nora, estoy de acuerdo, con tal que los padres puedan participar en esos programas.

—Si se permitiera la eutanasia, las víctimas de enfermedades incurables no sufrirían.
—Tal vez, Mónica. Pero si se permitiera, pronto se convertiría en licencia para matar también a gente sana.

Actividad 10. Condiciones y consecuencias

Seleccione una condición necesaria.

MODELO: El problema de los desamparados será más grave cada día a menos que...
  a. se creen más trabajos para gente desempleada.
  b. se construyan más viviendas para todos.
  c. ¿ —— ?
  El problema de los desamparados será más grave cada día a menos que *se construyan más viviendas para todos.*

1. Debemos iniciar una campaña de educación sexual para que...
  a. no haya tantos abortos.
  b. no aumente el contagio del SIDA y otras enfermedades venéreas.
  c. ¿ —— ?

2. Estoy de acuerdo con una reducción en los gastos federales con tal de que (no)...
   a. reduzcan los fondos para la educación.
   b. reduzcan los fondos para la defensa del país.
   c. ¿ _____ ?

3. El analfabetismo en los Estados Unidos aumentará a menos que...
   a. los padres les lean más a sus hijos.
   b. iniciemos una campaña nacional de alfabetización.
   c. ¿ _____ ?

4. Vamos a destruir gran parte del medio ambiente a menos que...
   a. dejemos de usar el carro como medio principal de transporte público.
   b. controlemos la población mundial.
   c. ¿ _____ ?

5. ¿Podemos eliminar las industrias que dañan el medio ambiente sin que...
   a. la economía sufra?
   b. aumente la tasa del desempleo?
   c. ¿ _____ ?

6. El precio de los seguros médicos debe controlarse de manera que...
   a. todo ciudadano tenga seguro médico.
   b. todo ciudadano tenga acceso a tratamiento médico básico.
   c. ¿ _____ ?

Actividad 11. Los problemas de nuestra sociedad

¿Qué opina usted? ¿Cómo podríamos resolver estos problemas de la sociedad?

MODELO: Los jóvenes no usarían tantas drogas si... → Los jóvenes no usarían tantas drogas si no fuera tan fácil conseguirlas.

¡DEBIERA DARTE VERGÜENZA!
¡YO A TU EDAD YA ESTABA
EXPLOTANDO A ALGUIEN!

1. Habría menos crímenes violentos si...
2. No quedarían tantas jóvenes embarazadas si...
3. Se publicarían menos revistas y libros pornográficos si...
4. Los niños aprenderían a leer bien si...
5. Habría menos suicidios entre los jóvenes si...
6. No habría tantos divorcios si...
7. Menos personas dependerían de las agencias de bienestar social si...
8. No ocurrirían tantos casos de violación sexual si...

Actividad 12. Discusión: Los principios

¿Está usted de acuerdo con las siguientes declaraciones? Explique brevemente sus razones.

1. El aborto es un acto de homicidio y debe ser prohibido.
2. La eutanasia es una solución aceptable para el problema de la sobrepoblación.
3. La educación sexual es obligación de los padres y no de las escuelas públicas.
4. Hay que prohibir la violencia y el sexo en los programas de televisión y en las películas.
5. Se debe prohibir que los ciudadanos porten armas de fuego.
6. El sueldo mínimo debería ser de $15.00 por hora.

Actividad 13. Lectura/Discusión: La detección de drogas

DETECTOR RÁPIDO DE DROGA

▲ ▲ ▲ ▲ ▲ ▲ ▲ ▲ ▲ ▲ ▲ ▲ ▲ ▲ ▲ ▲ ▲

El doctor Víctor Rosas ha desarrollado en la Facultad de Medicina de la Complutense unos sistemas *relámpago* para extraer psicofármacos[1] de la sangre, orina,[2] suero,[3] plasma… El químico ha logrado detectar por sistemas colorimétricos[4] en breves minutos y mediante[5] un proceso muy simple, los diferentes tipos de drogas y psicofármacos (barbitúrico, heroína, morfina, cocaína, metadona…).

Sus métodos podrían aplicarse en hospitales, sobre todo en urgencias[6] e intoxicación;[7] control de *doping* en deportistas y carreras de caballos, o también en laboratorios químico-biológicos de la Policía y de la Guardia Civil, y en institutos de toxicología.

Según se ha podido comprobar ya, estos sistemas superan[8] en rapidez, eficacia y economía a los que hoy se utilizan en nuestro país, que, por otra parte, son de importación. Hasta ahora sólo empresas extranjeras y multinacionales se han interesado por ello, y el doctor Rosas teme que tengamos que comprar en el futuro a empresas foráneas[9] lo que se ha descubierto en España. ▲

[1]drogas [2]*urine* [3]*serum* [4]*color-measurement* [5]*by means of* [6]emergencias [7]*overdoses* [8]*exceed* [9]extranjeras

COMPRENSIÓN

1. ¿En qué sustancias ha podido detectar la presencia de drogas el doctor Rosas con su nuevo método?
2. ¿Qué drogas se pueden detectar mediante este proceso?
3. ¿En qué lugares se podría usar este nuevo método?
4. ¿Qué ventajas tiene el sistema relámpago del doctor Rosas?

DISCUSIÓN

5. ¿Cree usted que el problema de la drogadicción ha llegado a un punto crítico en el mundo? ¿A qué se puede atribuir este problema?
6. ¿Está a favor de que se permita hacerles análisis para la detección de drogas a varios sectores de la población? ¿A los militares? ¿A maestros y

profesores? ¿A doctores y enfermeras? ¿A los atletas? ¿A los pilotos? ¿A los trabajadores de las plantas nucleares?

7. Si fuera requerido en su trabajo, ¿permitiría que le hicieran un análisis de orina o de sangre para comprobar que no toma drogas? ¿Por qué (no)?

«Prejuicio»
Luis Muñoz Marín

Luis Muñoz Marín (Puerto Rico, 1898–1980) tuvo una vida política muy activa; fue gobernador de Puerto Rico varias veces. Entre sus textos literarios se encuentra este cuento, que narra la historia de un editor[1] de libros. Este editor, Joaquín Rotero, llega a un pequeño pueblo y empieza a publicar muchas obras[2] famosas. Don Joaquín tiene un plan secreto y hay una gran ironía en el resultado de su plan...

En una edad no muy lejana,[3] vivía un hombre cuya fortuna era moderada. Tan moderada era, que apenas tenía suficiente para vivir solo en su pequeña casita y comer frugalmente.

No era amigo de nadie, y sin embargo, era por lo menos en apariencia un hombre bueno y honrado. Nadie jamás había podido decir nada malo de él. Su negocio era en pequeña escala y, por lo tanto, honesto. Se ocupaba en satisfacer el apetito literario de los leídos[4] del pueblo. El apetito literario de estos era bastante limitado; y sin embargo, para que la gente dijera «Fulano o Sutano[5] tiene una gran pasión por los libros», todos los Fulanos, Sutanos y Perenjenos compraban los volúmenes que Joaquín Rotero, nuestro protagonista, vendía.

Había llegado a este incomparable parnaso* hacía cerca de veinte años.[6] Su llegada había sido un acontecimiento; primero, porque era el primer forastero[7] que invadía la santa morada[8] de aquellas musas pálidas en más de diez años; y segundo, porque venía en una mula que nunca había sido vista en aquella región. Hasta entonces la mula del correo y las dos del alcalde eran las únicas que podían subir por las escabrosas[9] montañas, entre las cuales alguien había tenido la pintoresca, pero no muy práctica idea, de fundar el pueblo, al que habían dado el nombre de Babel.

¡Un acontecimiento!

Don Joaquín alquiló una pequeña casa. Allí vivía solo con su pequeño equipaje que consistía de cuatro cajas que había traído en su famosa mula.

---

[1]*publisher* [2]*works* [3]edad... tiempo no muy distante [4]*well-read people* [5]Fulano... *so and so* [6]hacia... *about twenty years ago* [7]*outsider* [8]*dwelling* [9]*rough*

---

*Refers, sarcastically, to Mount Parnassus, a mountain in Greece sacred to Apollo and the muses.

Dos meses después de haber llegado, salió vendiendo una obra de Víctor Hugo,* titulada *El 110*. El volumen contenía más o menos cincuenta páginas y se vendía a dos pesos.

Hizo un gran negocio; vendió noventa y tres ejemplares,[10] de los cuales le pagaron la mitad. Así fue que noventa y tres personas leyeron la obra maestra[11] de Víctor Hugo, de la cual, *desde luego, habían oído hablar.*

Y se fundó una sociedad literaria, cuyo propósito era leer y discutir *El 110*, y cuya constitución contenía una cláusula que obligaba al diez por ciento de los socios[12] a prestarles sus futuros libros al otro noventa por ciento.

Cuando don Joaquín fue informado de esta cláusula —que había pasado por una mayoría del noventa contra el diez por ciento de los socios— el pobre señor pasó la zarza y el guayacán.[13]

Pensó en marcharse, pero habiéndose quedado dormido en una silla, soñó que el espíritu de Víctor Hugo lo estaba buscando, y decidió permanecer en su escondite.[14]

Un mes más tarde, salió vendiendo otro libro. Este era de Alejandro Dumas[†] y se titulaba *El Duque de Jesucristo*. El día en que lo puso en venta fue el mismo, si el lector lo recuerda, en que la tumba de Dumas en París apareció misteriosamente agrietada.[15]

Más tarde publicó otro de Víctor Hugo y otro de Dumas y uno de Molière[‡] y otro de Artagnan y otro de Romeo. En fin, don Joaquín había pasado los últimos veinte años alimentando[16] literariamente a la décima parte de la sociedad, y nadie sabía de dónde venían los libros.

De vez en cuando salía con su mula y regresaba con dos o tres cajas, las que depositaba en el misterioso interior de su casa.

Y vendía libros y más libros.

Y el diez por ciento de los socios del club literario leían y releían aquellos libros, y después los prestaban, y el otro noventa por ciento los leían y releían y daban conferencias sobre ellos. Todos proclamaban el buen gusto literario de don Joaquín, quien —decían— sólo vendía las mejores obras de los mejores autores. Obras maestras todas.

Don Joaquín empezó a hacer un poco de dinero. Aquel pueblo no era un pueblo; era una librería.

Un día se puso en venta un libro cuyo autor era don Joaquín. Contenía cuatrocientas páginas y estaba mejor encuadernado[17] que los otros.

El presidente de la sociedad literaria frunció el ceño[18] y le dijo al autor que su libro, aunque no lo había leído, debía de ser terrible. ¿Cómo se atrevía a poner en venta un libro tan humilde de origen, cuando por veinte años había acostumbrado al público a leer las obras maestras de los mejores autores? ¿Creía él que la sociedad literaria de Babel iba a malgastar[19] su tiempo —y su dinero— leyendo sus modestos trabajos?

---

[10]*copies* [11]*obra... masterpiece* [12]*members* [13]pasó... *had a fit* [14]*hiding place* [15]*cracked* [16]*nourishing* [17]*bound* [18]frunció... *frowned* [19]*waste*

---

*Víctor Hugo (1802–1885), poeta, novelista y dramaturgo francés
[†]Alejandro Dumas (1824–1895), novelista y dramaturgo francés
[‡]Molière (Jean-Baptiste Poquelin) (1622–1673), dramaturgo francés

¡Esto era un insulto a los socios del club y del pueblo en general! Convocaría a una sesión para tratar el asunto.

La convocó.

Se acordó[20] unánimemente no comprar más libros al atrevido don Joaquín, y aumentar la cuota de cada socio para mandar a buscar libros a la ciudad más cercana, que ciertamente estaba bastante remota. Se acordó también, tal era la furia del club literario, quemar públicamente todos los libros vendidos por el delincuente y mandar a buscar ejemplares idénticos a la ciudad para la biblioteca del club.

Al pobre don Joaquín los muchachos del pueblo le tiraban piedras, los hombres lo amenazaban y las mujeres se reían en su cara y decían: «¡Ese pretencioso!»

Dos días después, desapareció el pobre hombre, y hay quien le vio salir en su mula; hay quien le vio arrojarse[21] al río; y hay quien vio al diablo surgir de la tierra y llevárselo en los brazos.

La desaparición de don Joaquín no causó tanta sensación como su aparición, pues como la mayoría creía que se lo había llevado el diablo, su partida[22] perdió su originalidad y por lo tanto su derecho al título de «acontecimiento».

El hecho es que mucho tiempo después, el presidente del club literario recibió dos cartas. Una era del librero de la ciudad y decía: «No tenemos ni *El 110* ni *El Duque de Jesucristo*, ni las obras de Artagnan ni las de Romeo; y sin embargo, nos preciamos de tener todo libro bueno que se publica».

La otra carta era de don Joaquín; decía:

«Mi querido presidente:

«Debo informarle, ya que usted es tan conocedor de lo bueno, que *El Duque de Jesucristo*, *El 110* y las otras obras de Artagnan, Molière y Romeo sólo son creaciones mías, y, de paso, bastante malas; todas fueron escritas por mí y les daba los nombres de conocidos autores o por lo menos de héroes de novela, porque sabía que esos nombres habrían llegado a los oídos de sus compueblanos[23] y sabrían que eran de personajes famosos —reales o novelescos.

«Además, debo decirle que el libro al que di mi nombre, y cuyo título usted ni siquiera leyó, no es otro sino *Los tres mosqueteros* de Alejandro Dumas.

«Suyo con mi más sincera lástima,

Joaquín Rotero».

El presidente del club fue enterrado[24] en el panteón de sus padres.

---

[20]Se... Se decidió   [21]*throw himself*   [22]salida   [23]habitantes del pueblo   [24]*buried*

Comprensión

¿Quién diría lo siguiente, Joaquín Rotero (JR) o el presidente del club (P)?

1. _____ Tuve un sueño muy extraño con Víctor Hugo.
2. _____ Hace veinte años que vendo libros en este pueblo.
3. _____ Gracias a mí mucha gente empezó a leer.
4. _____ ¡¿Cómo se atreve a venderme ese libro?!
5. _____ Organizaré un mitin para discutir este asunto.

6. _____ Yo escribí todas esas obras.
7. _____ Tiene usted muy buen gusto literario.
8. _____ Les voy a prestar mis libros a otros socios.

Ahora... ¡usted!

1. ¿Es significativo el nombre del pueblo, Babel? ¿De dónde viene este nombre?
2. ¿Cuál piensa usted que es el mensaje de este cuento? ¿A qué se refiere el título? ¿En qué consiste la ironía del plan de don Joaquín?

Un paso más...

Usted es periodista y va a escribir un artículo sobre la llegada a Babel y la desaparición del editor don Joaquín Rotero. En dos o tres párrafos breves, reporte los hechos según el cuento.

Vocabulario

Las opiniones y las reacciones

alegrarse de que	to be happy that
(no) creer que	to (not) believe that
(no) dudar que	to (not) doubt that
es dudoso que	it is doubtful that
pensar (ie) que	to think that
estar contento/a de que	to be happy that
Me encanta que	I love it when
(No) Me gusta que	I (don't) like it when
Me molesta que	It bothers me when
Me preocupa que	It worries me that
Qué bueno que	How great that

PALABRAS SEMEJANTES: es importante que, (no) es (im)posible que, (no) es probable que

Otras expresiones subjetivas

¿A mí qué?	What is it to me?
Así es la vida.	That's life.
¡Magnífico!	(That's) Great!
¡Maravilloso!	(That's) Marvelous!

Ni modo.	Tough!
¡No lo puedo creer!	I can't believe it!
¡Qué desastre!	What a mess!
¡Qué maravilla!	How marvelous!
¿Qué me importa a mí?	I don't care!
¡Qué va!	No way!
¡Súper!	Great!
¡Ya era hora!	It was about time!

REPASO: ¡No me digas!

Las condiciones

a menos que	unless
con tal (de) que	as long as
de manera/modo que	so that
para que	in order that
sin que	without

Los verbos

atraer	to attract
avergonzarse (ue)	to be ashamed of
comprobar (ue)	to check, verify
construir	to build

chismear (cotillear)	to gossip
destruir	to destroy
disgustar(se)	to (be) upset
elaborar	to manufacture, produce
hacer análisis	to do (medical) tests
luchar por	to fight for
matar	to kill
portar armas	to bear arms
quedar embarazada	to become pregnant
reemplazar	to replace
rejuvenecer	to recover one's youth
requerir (ie)	to require
sacar al mercado	to put (*a new product*) on the market
salir al mercado	to appear on the market
ser consciente de	to be aware of
tratarse de	to be about (*something*)

PALABRAS SEMEJANTES: afirmar, anunciar, basarse en, depender (de), establecer(se), exportar, extraer, funcionar, importar, justificar, perfeccionar, protegerse, publicar, seleccionar, tener relaciones...

Las personas

el antepasado	ancestor
el/la conquistador(a)	conquerer
el/la emigrante	person who emigrates
el/la esclavo/a	slave
el/la ganador(a)	winner
el/la indígena	Indian
el/la libertador(a)	liberator
la reina	queen
el rey	king
el ser extraterrestre	extraterrestrial

PALABRAS SEMEJANTES: el/la autor(a), el/la habitante, el/la inmigrante, el/la novelista, el/la poeta

REPASO: el/la atleta, el/la ciudadano/a, el/la diplomático/a

Los sustantivos

la altura	height
el analfabetismo	illiteracy
el arma de fuego	firearm
el bienestar social	(social) welfare
la campaña de alfabetización	literacy campaign
la cordillera	mountain range

el cuidado médico	medical care
la deuda (externa)	(foreign) debt
el día festivo	holiday
la educación sexual	sex education
la enfermedad venérea	sexually transmitted disease
la fuente de energía	energy source
el gasto	expense
la ley	law
la moneda	currency; coin
la naturaleza	nature
el nivel del mar	sea level
el occidente	west
la pena de muerte	death penalty
la píldora	pill
la (sobre)población	(over)population
el recurso natural	natural resource
la tasa del desempleo	unemployment rate
la violación sexual	rape

PALABRAS SEMEJANTES: el aborto, el antibiótico, el contagio, el crimen, la defensa, el divorcio, el estereotipo, la eutanasia, el homicidio, el mensaje, el método, el microbio, la orina, la ruina, el suicidio, el tema

Los adjetivos

actual	present-day, current
breve	brief
controvertible	controversial
desempleado/a	unemployed
desordenado/a	disorderly, disarranged
mundial	of or pertaining to the world
sensible	sensitive
situado/a	located
ubicado/a	located

PALABRAS SEMEJANTES: africano/a, amazónico/a, cosmopolita, crítico/a, demócrata, externo/a, maya, militar, occidental, potente, puntual

Palabras y expresiones útiles

a continuación	next, following
a través de	through, by means of
incluso	including
por completo	totally
el Premio Nóbel	Nobel Prize
todo tipo de	all kinds of

Gramática y ejercicios

15.1. Expressing Opinions: Indicative and Subjunctive

A. The most common way to convey opinions is by asserting an idea directly. Assertion is expressed by indicative verb forms.

<blockquote>

Los japoneses **son** muy trabajadores.   *The Japanese are very hardworking.*

</blockquote>

Another way to convey opinions is to report others' assertions by using verb phrases such as **decir que** (*to say that*) and a second clause. Indicative verb forms are also used in such sentences.

<blockquote>

Carmen **dice que** los latino-americanos **son** optimistas.   *Carmen says that Latin Americans are optimists.*

</blockquote>

In addition, it is possible to introduce assertions with verb phrases such as **creer que** (*to believe that*), **pensar que** (*to think that*), and **es verdad (cierto, seguro, indudable) que** (*it is true, certain, sure, undoubtable that*). The verb in the second clause of such sentences of positive opinion is indicative.

<blockquote>

Pienso que el nuevo programa del presidente no **es** adecuado para las necesidades del pueblo.   *I think the president's new program is inadequate for the neeeds of the people.*

</blockquote>

Here are some useful short forms of verb phrases of opinion.

Creo que sí.	*I think/believe so.*	¡Ya lo creo!	*I should think so!*
Creo que no.	*I don't think/believe so.*	¡Es cierto!	*That's true!*
No lo creo.	*I don't believe it.*		

B. To deny a statement or to cast doubt on it, use a verb phrase like **no creer que** (*not to believe that*) or **dudar que** (*to doubt that*). In such negative statements, use a subjunctive verb form in the second clause. (See **Gramática 10.3, 10.4,** and **13.3.**)

<blockquote>

No creo que los valores humanos **dependan de** una creencia en Dios.   *I do not believe that human values are based on a belief in God.*

</blockquote>

Here are some verb phrases that can be used to introduce the subjunctive in the second clause; they all express doubt or disbelief.

dudar que	*to doubt that*
no creer que	*not to believe that*
es dudoso que	*it's doubtful that*
es (im)probable que	*it's (im)probable that*
es (im)posible que	*it's (im)possible that*
no es seguro que	*it's not certain that*

To assert, use indicative. To deny or cast doubt, use subjunctive.

487

Ejercicio 1

Aquí tiene usted algunas opiniones y afirmaciones de varias personas. Seleccione el presente del indicativo o el presente del subjuntivo.

> MODELO: ESTELA: La inflación sigue igual; es dudoso que <u>bajen</u> los precios de los alimentos. (bajan/bajen)

1. PEDRO: Los jóvenes no manejan muy bien; no creo que Amanda _____ manejar a los 16 años. (debe/deba)
2. ESTELA: Es verdad que Margarita _____ vacaciones por un mes. (toma/tome)
3. PEDRO: Dudo que Daniel y Leticia _____ pronto. (se casan/se casen)
4. AMANDA: Es dudoso que Graciela _____ con Tomás. (sale/salga)
5. GRACIELA: No creo que Ramón _____ enamorado de Amanda. (está/esté)
6. RAMÓN: Es seguro que Roberto no _____ al Baile de los Enamorados. (va/vaya)
7. MARGARITA: Es posible que mis suegros _____ esta noche. (llegan/lleguen)
8. DON ANSELMO: Es cierto que don Eduardo _____ muy activo. (es/sea)
9. DOÑA LOLA: Es dudoso que doña Rosita _____ asistir a la boda de Daniel y Leticia. (puede/pueda)
10. LETICIA: Creo que Daniel _____ el hombre más guapo del mundo. (es/sea)

15.2.   Expressing Reactions: Indicative and Subjunctive

Here are some expressions commonly used by Spanish speakers.

¡Qué bueno!	*How nice!*
(Eso) Es interesante.	*That's interesting.*
Me alegro.	*I'm glad.*
Estoy muy contento/a.	*I'm very happy.*
Lo siento mucho.	*I'm very sorry.*
(Eso) Me sorprende.	*That surprises me.*
¡Qué lástima!	*What a pity!*
¡Qué triste!	*How sad!*

These expressions can stand alone or be combined into longer sentences explaining what the speaker is reacting to. The conjunctions y, **pero**, and **porque**, followed by the indicative, can be used to link the two parts of the sentence.

Expressions of reaction: Use indicative after porque, y, pero. Use subjunctive after que.

Estoy muy contenta **porque** mi hija va a estudiar medicina.	*I am very happy because my daughter is going to study medicine.*
Lo siento mucho **pero** usted tiene que volver mañana.	*I'm very sorry, but you'll have to come back tomorrow.*

Another possibility is to join the two parts of the sentence directly with **que**; the verb in the second clause is then in the subjunctive.

Siento que no **puedas estar** con nosotros para la Navidad.

I am very sorry that you can't be with us for Christmas.

Es una lástima que el niño **tenga que quedarse** en casa todo el día.

It's a pity that the child has to stay at home all day.

Ejercicio 2

Amanda y Graciela están hablando de sus amigos y experiencias en el colegio. Seleccione el presente del indicativo o el presente del subjuntivo.

MODELO: Es interesante que los profesores no <u>quieran</u> ir a la huelga. (quieren/quieran)

1. ¡Qué triste que Roberto no _____ ir al Baile de los Enamorados! (puede/pueda)
2. Me sorprende que los padres de Juan Carlos _____ . (se divorcian/se divorcien)
3. Me alegro de que no _____ clases el viernes. (tenemos/tengamos)
4. Siento que no _____ al partido de fútbol el sábado. (vamos/vayamos)
5. Es verdad que nadie _____ bailar con Laura. (quiere/quiera)
6. ¡Qué lástima que tú no _____ invitar a Elena a la fiesta! (piensas/pienses)
7. Es cierto que el profesor López _____ con la profesora Andújar. (se casa/se case)
8. ¡Qué bueno que Ramón _____ asistir a la universidad! (puede/pueda)
9. ¡Estoy muy contenta de que mis notas _____ tan buenas este semestre! (son/sean)
10. Sé que Francisco y Angélica _____ novios. (son/sean)

15.3. Adding Details: Adjective and Adverbial Clauses

A. Adjective clauses modify nouns, just as adjectives do. In English, adjective clauses usually begin with *that*, *which*, or *who*.

I need the name of a country that exports rice.

The Spanish Civil War, which was fought in the 1930s, resulted in the loss of political freedom for the Spaniards.

This is the senator who proposed to negotiate a peaceful solution.

In Spanish, adjective clauses normally begin with the conjunction **que**, whether they refer to things or to people.

Sr. Presidente, este es el tratado **que** le mencioné.

Mr. President, this is the treaty I mentioned to you.

Benito Juárez fue el presidente mexicano **que** se opuso a la ocupación francesa.

Benito Juárez was the Mexican president who opposed the French occupation.

Preposition + **que** becomes preposition + **quien** when referring to a person.

B. When an adjective clause is preceded by a preposition (**a**, **de**, **con**, **para**) and modifies a person, **quien**, not **que**, follows the preposition.

Aquí tienen ustedes un cuento escrito por el famoso escritor de **quien** les hablé en la clase pasada.	*Here you have a short story written by the famous writer about whom I spoke to you in the last class.*

If the person or thing is unknown or nonexistent, the verb is in the subjunctive.

C. If the person, place, or thing the adjective clause modifies is unknown to the speaker, the verb in the adjective clause must be subjunctive.

Bernardo conoce **un lugar** que **tiene** un clima tropical.	*Bernardo knows of a place with a tropical climate.*
Bernardo busca **un lugar** que **tenga** un clima tropical.	*Bernardo is looking for a place that has a tropical climate.*

The subjunctive is also used in adjective clauses if the person, place, or thing modified is nonexistent.

Hay varias regiones que **producen** grandes cantidades de café.	*There are several regions that produce large quantities of coffee.*
No hay ninguna región que **produzca** tanto café como esta.	*There is no region that produces as much coffee as this one (does).*

D. Here are some common adverbial and nominal expressions containing subjunctive verb forms, used when the speaker is in doubt about the wishes of the person being addressed.

Como usted quiera/tú quieras.	*However you want.*
Cuando usted diga/tú digas.	*Whenever you say.*
Donde usted quiera/tú quieras.	*Wherever you want.*
Lo que usted diga/tú digas.	*Whatever you say.*
¿Cómo lo vamos a hacer? —**Como tú quieras.**	*How are we going to do it? —However you want.*
¿Cuándo nos vamos? —**Cuando usted quiera.**	*When are we leaving? —Whenever you want.*
¿Adónde vamos mañana? —**Adonde tú digas.**	*Where are we going tomorrow? —Wherever you say.*
¿Qué vamos a hacer ahora? —**Lo que usted diga.**	*What are we going to do now? —Whatever you say.*

These expressions contain indicative verb forms if what is expressed in the second clause is already known.

Lo que tú **dices** es verdad.	*What you are saying is true.*

Ejercicio 3

Leticia y su futuro esposo, Daniel, están planeando su luna de miel. Escoja la forma correcta del verbo: el presente del indicativo o el presente del subjuntivo.

LETICIA: Prefiero ir a un lugar que no <u>sea</u>[1] muy turístico. (es/sea)

DANIEL: Pero, Leticia, en agosto no hay ningún lugar que no <u>esté</u>[2] lleno de gente. (está/esté)

LETICIA: Tienes razón, Daniel. También busco un lugar que _____[3] mucho para hacer, tanto de día como de noche. (ofrece/ofrezca)

DANIEL: Conozco varias ciudades de Europa que _____[4] muchas diversiones. (tienen/tengan)

LETICIA: ¡Europa, sí! Quiero ir a un lugar donde se _____[5] mucha ropa elegante. (vende/venda)

DANIEL: Leticia, tú sabes que en París se _____[6] más ropa fina que en cualquier otra ciudad del mundo. (fabrica/fabrique)

LETICIA: ¡Perfecto! París es una ciudad donde _____[7] mucha actividad cultural, además de tiendas elegantes. (hay/haya)

DANIEL: Pues Leticia, ¿por qué no hacemos una gira por Europa?

Ejercicio 4

Margarita y Pedro están de vacaciones. Están bronceándose en una playa tropical, y hablan de sus deseos y preferencias. Escoja la forma correcta del verbo: el presente del indicativo o el presente del subjuntivo.

MARGARITA: ¡Ay, no hay ninguna playa que <u>sea</u>[1] tan bonita como esta! (es/sea)

PEDRO: Me gusta esta playa, pero conozco una en el Caribe que <u>es</u>[2] tan bonita como esta y donde _____[3] menos gente. (es/sea) (hay/haya)

MARGARITA: ¿De veras? Sabes, Pedro, en las próximas vacaciones, quiero viajar a un lugar que _____[4] mucho arte indígena. (tiene/tenga)

PEDRO: Pues, yo prefiero un lugar que _____[5] más diversiones nocturnas. (ofrece/ofrezca)

MARGARITA: Tampoco quiero ir a un país donde los precios _____[6] tan rápidamente como acá. Es imposible saber cuánto gastamos. ¡Qué inflación! (suben/suban)

PEDRO: Pero, Margarita, sabes que en todos los países los precios _____[7] de manera terrible. (aumentan/aumenten)

15.4. The Subjunctive in Purpose Clauses

Spanish requires subjunctive verb forms in purpose clauses introduced by conjunctions such as **para que** (*so that, provided that*), **sin que** (*without*), **con tal (de) que** (*provided that*), and **de modo (manera) que** (*so that*).

¡La legislatura va a aprobar la nueva ley **sin que** los ciudadanos lo **sepan**!

Es necesario reparar ese edificio **para que** no **se caiga** durante un terremoto.

The legislature is going to pass the new law without the citizens knowing it!

That building needs to be repaired so that it won't fall down in an earthquake.

Ejercicio 5

Los estudiantes de la profesora Martínez expresan sus opiniones. Escoja entre el presente del indicativo y el presente del subjuntivo.

1. Es necesario construir más apartamentos para que _____ suficientes viviendas para todos. (hay/haya)
2. Necesitamos encontrar una vacuna contra el SIDA, de manera que nuestros hijos no _____ este virus. (contraen/contraigan)
3. No podemos seguir usando tanta gasolina porque _____ la contaminación ambiental en nuestra ciudad. (aumenta/aumente)
4. Podemos considerar la eutanasia para casos terminales con tal que _____ seguros de que es lo mejor para el enfermo. (estamos/estemos)
5. Va a haber más crímenes violentos si no se _____ portar armas de fuego. (prohíbe/prohíba)
6. Voy a escribirle una carta al gobernador para que _____ a resolver el problema de las drogas en nuestro estado. (ayuda/ayude)
7. Seguirá el problema de la escasez de atención médica a menos que el gobierno _____ un plan nacional de seguro médico. (adopta/adopte)
8. Debemos controlar lo que los niños ven en la televisión porque _____ en su manera de pensar. (influye/influya)
9. ¿Crees que sea posible seguir destruyendo la capa de ozono sin que _____ problemas graves? (surgen/surjan)
10. No, no es posible... por lo menos no sin que _____ el número de personas que contraerá cáncer de la piel. (crece/crezca)

Ejercicio 6

Alberto y Carmen participan en una discusión en la clase de español. Están discutiendo sobre la pena de muerte. Escoja la forma correcta entre el presente del indicativo y el presente del subjuntivo.

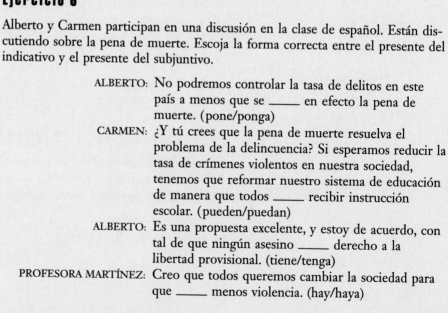

ALBERTO: No podremos controlar la tasa de delitos en este país a menos que se _____ en efecto la pena de muerte. (pone/ponga)

CARMEN: ¿Y tú crees que la pena de muerte resuelva el problema de la delincuencia? Si esperamos reducir la tasa de crímenes violentos en nuestra sociedad, tenemos que reformar nuestro sistema de educación de manera que todos _____ recibir instrucción escolar. (pueden/puedan)

ALBERTO: Es una propuesta excelente, y estoy de acuerdo, con tal de que ningún asesino _____ derecho a la libertad provisional. (tiene/tenga)

PROFESORA MARTÍNEZ: Creo que todos queremos cambiar la sociedad para que _____ menos violencia. (hay/haya)

15.5. Hypothesizing: *If* Clauses and the Past Subjunctive

A. Statements of possibility introduced with the conjunction **si** (*if*) take indicative verb forms in both the *if* clauses and the conclusion.

Si Carmen **se gradúa** este año, **puede trabajar** para la empresa de su padre.	*If Carmen graduates this year, she can work for her father's company.*
Voy a trabajar para mi tío **si termino** el curso de contabilidad.	*I'm going to work for my uncle if I finish the accounting course.*

In "contrary-to-fact" sentences, the verb in the **si** (*if*) clause is in the past subjunctive.

B. To imply that a situation is contrary to fact, however, another form, the past subjunctive, must be used in the *if* clause and a conditional verb form in the conclusion. (See **Gramática 14.5.**)

Si tuviera más dinero, **me jubilaría.**	*If I had more money, I would retire.*

Past subjunctive forms of both regular and irregular verbs are based on the stem of the past (preterite) plus these endings: **-ara, -aras, -ara, -áramos, -arais, -aran** for **-ar** verbs and **-iera, -ieras, -iera, -iéramos, -ierais, -ieran** for **-er** and **-ir** verbs.*

PAST SUBJUNCTIVE

hablar	*comer*	*tener*
hablara	comiera	tuviera
hablaras	comieras	tuvieras
hablara	comiera	tuviera
habláramos	comiéramos	tuviéramos
hablarais	comierais	tuvierais
hablaran	comieran	tuvieran

Si su madre **trabajara**, Andrea y Paula **tendrían que estar** todo el día en la guardería.	*If their mother worked, Andrea and Paula would have to be at the child care center all day.*

Verbs like **decir** (**dij-**) and **traer** (**traj-**) differ somewhat from the pattern; they take endings without the initial **-i: dijera, trajera.**

Te sorprenderías si yo **te dijera** la verdad.	*You'd be surprised if I told you the truth.*

---

*Recognition: **vos hablaras, comieras, tuvieras**

C. You can also use the expression **ojalá que** (*I wish that*) followed by the past subjunctive to express a desire that is contrary to fact.

Ojalá que **tuviéramos** más tiempo.   *I wish we had more time.*

Ejercicio 7

Leticia está hablando de sí misma, de sus amigos y de sus vecinos. Complete las oraciones con la forma correcta del imperfecto del subjuntivo.

1. Si (yo) _____ este año, podría buscar un trabajo de jornada completa. (graduarse)
2. Si mi padre _____ en diciembre, podríamos pasar las vacaciones en España con nuestros primos. (jubilarse)
3. Si _____, no tendríamos que manejar distancias tan largas. (mudarse)
4. Si don Anselmo y don Eduardo solamente _____ la mano, podrían ser amigos de nuevo. (darse)
5. Daniel, si tú me _____ tanto como dices, no me tratarías así. (amar)
6. Si Estela _____ empleada doméstica, no tendría que pasar tanto tiempo limpiando la casa. (tener)
7. Si Pedro y Margarita _____, sus hijos tendrían que vivir con los abuelos. (divorciarse)
8. Si Amanda y Graciela no _____ a tantas fiestas, sacarían mejores notas en el colegio. (ir)
9. Si Pedro no _____ escritor, no podría quedarse en casa todo el día. (ser)
10. Si Margarita no _____ tanto dinero en la compañía Mariola, Pedro no podría dedicarse a escribir. (ganar)
11. Señor Ramírez, si usted _____ la ventana, la brisa entraría en la sala. (abrir)
12. Si Daniel me _____ flores y me _____ una carta de amor de vez en cuando, yo estaría muy contenta. (regalar/escribir)

Ejercicio 8

Escriba la forma correcta del verbo entre paréntesis. Luego diga si usted está de acuerdo o no con las siguientes afirmaciones.

1. Si se _____ (dedicar) más fondos a las investigaciones del SIDA, _____ (haber) mayores probabilidades de descubrir una vacuna.
2. Si los niños no _____ (ver) tanta televisión, _____ (leer) mejor.
3. Si no se _____ (permitir) portar armas de fuego, _____ (haber) menos homicidios.
4. Si se _____ (legalizar) el consumo de drogas como la cocaína y la heroína, _____ (bajar) el número de delitos relacionados con las drogas.
5. Si las parejas se _____ (conocer) mejor antes de casarse, el divorcio no _____ (ser) tan frecuente.
6. Si la población en general _____ (recibir) más asistencia médica, _____ (estar) más sana.
7. Si se _____ (prohibir) el aborto, muchas mujeres violadas _____ (sufrir) más.

CAPÍTULO 16

La política

▼ ▼ ▼ ▼ ▼ ▼ ▼ ▼ ▼ ▼ ▼ ▼ ▼ ▼ ▼

METAS

In **Capítulo 16** you will discuss contemporary issues such as political and economic concerns and urban problems. You will also learn about immigration and the immigrant experience.

San Salvador, El Salvador. Celebración del pacto de paz que puso fin a la guerra civil. El pacto fue firmado el 16 de enero de 1992, después de doce años de guerra.

Actividades orales y lecturas

Los sistemas políticos y económicos

Lea Gramática 16.1–16.2.

"SANGRIENTO GOLPE DE ESTADO EN DORASELVA"

Si el Partido Nacional no hubiera cometido fraude en las últimas elecciones, no habría habido un golpe de estado hoy.

Francisco Franco 1939–1975

Durante el gobierno de Franco, las autoridades habían restringido la libertad de prensa y de palabra.

Me imagino que los terroristas se habrán apoderado del Palacio de Gobierno.

DESARROLLO ECONÓMICO

1994

Si el gobierno no hubiera tenido tantos problemas económicos, el ejército no habría intervenido.

Actividad 1. Definiciones: La política

Busque la definición de los siguientes conceptos. Luego comente la importancia de cada uno en el mundo de hoy.

1. el capitalismo
2. la libertad de prensa
3. el socialismo
4. la democracia
5. la libertad de palabra
6. el marxismo
7. el comunismo
8. el totalitarismo
9. los medios de comunicación
10. los sindicatos
11. las huelgas
12. la dictadura

Una voz para 320 millones de Europeos

PARLAMENTO EUROPEO

a. El pueblo elige a los representantes del gobierno.
b. En este sistema económico, los medios de producción pertenecen a los que han invertido capital.
c. Es una corriente ideológica basada en las teorías de Carlos Marx.
d. Son organizaciones a las que pertenecen los trabajadores y que tienen como objeto protegerlos contra los abusos de los jefes.
e. Los trabajadores se niegan a trabajar y de esta forma luchan para mejorar las condiciones en el trabajo.
f. Todo el poder del gobierno está concentrado en una sola persona.
g. La radio, la televisión, el cine, las revistas y el periódico son ejemplos.
h. El individuo puede decir lo que piensa sin temor a la represión.
i. Los periodistas pueden criticar cualquier situación del país sin temor de persecución por el gobierno.
j. Todo el gobierno está en las manos de unos cuantos políticos; hay censura, represión y persecución de los miembros de la oposición política.
k. En este sistema de gobierno basado en el marxismo, todos los bienes son repartidos con igualdad y se supone que no hay división de clases.
l. En este sistema de gobierno, la medicina y la atención médica, por ejemplo, son gratuitos para el pueblo.

Actividad 2. Los asuntos políticos

Considere estas afirmaciones relacionadas con la política. ¿Cree usted que la mayoría de los ciudadanos norteamericanos las apoyan o las rechazan? Explique su respuesta.

1. El presupuesto del bienestar social es suficiente para resolver los problemas de la educación y de las familias necesitadas en este país.
2. A los grupos indígenas de nuestro país nunca se les ha dado la oportunidad de participar en el proceso electoral.
3. El aborto es un derecho de toda mujer.
4. La energía nuclear sigue siendo una fuente segura y económica de energía para nuestro país.
5. Los sindicatos han fomentado el progreso de los trabajadores y de los campesinos.
6. El papel más importante de la mujer siempre ha sido y sigue siendo el de madre y esposa.
7. El respeto excesivo hacia los derechos de los criminales ha dado como resultado que estos tengan más derechos que sus víctimas.
8. El gobierno de México no ha podido resolver sus problemas económicos; por eso en los Estados Unidos ha aumentado el número de inmigrantes indocumentados.
9. Los grupos minoritarios —los asiáticos, los hispanos, los irlandeses, los italianos, los judíos, los negros, etcétera— han enriquecido la cultura de los Estados Unidos.
10. Uno de los errores más graves de la política de los Estados Unidos hacia Latinoamérica ha sido no respetar la autonomía de los países que no siguen la política estadounidense.

Actividad 3. Vamos a especular.

Piense usted en los grandes acontecimientos políticos del pasado. Imagine lo que habría pasado si no hubieran tenido lugar. Por ejemplo, ¿qué habría pasado si Hitler no hubiera llegado al poder en Alemania? Posiblemente no habríamos tenido la Segunda Guerra Mundial.

¿Qué habría pasado si...

1. Hernán Cortés no hubiera conquistado México en 1521?
2. México no hubiera perdido la mitad de su territorio en 1848 en la guerra contra los Estados Unidos?
3. Abraham Lincoln no hubiera liberado a los esclavos?
4. Saddam Hussein no hubiera invadido Kuwait en 1990?
5. Francisco Franco no hubiera ganado la Guerra Civil española en 1939?
6. Harry Truman no hubiera dado la orden de lanzar las bombas atómicas sobre Hiroshima y Nagasaki?
7. la Revolución cubana no hubiera ocurrido en 1959?
8. el partido comunista de la Unión Soviética no hubiera elegido a Mijail Gorbachov como secretario general del partido?

Actividad 4. ¿Por quién votará usted?

Doraselva es una república imaginaria de Latinoamérica. Es pequeña y está en vías de desarrollo. Sus recursos más importantes son el café y el azúcar. Tiene costa al mar y un puerto. En el centro del país hay una región de selva tropical con pocos habitantes. Hay también una zona montañosa llamada La Cordillera. Su capital es una ciudad hermosa que se llama Dora.

Haciendo el papel de uno de los siguientes ciudadanos de Doraselva —un campesino, un obrero, un negociante o un hacendado— preséntese a sí mismo (¿quién es usted?) y luego diga por cuál de los candidatos para presidente votará en las próximas elecciones. Explique por qué.

CANDIDATO A: **El general Gerardo Montalbo.** Apoyó el régimen militar que gobernó últimamente. Es de ideología anticomunista y antimarxista. Está a favor de mantener buenas relaciones con los Estados Unidos. Se opone a la reforma agraria porque dice que eso bajaría la producción agrícola y que todo el país sufriría. Está a favor del «mercado libre» y se opone fuertemente a la formación de sindicatos de trabajadores.

CANDIDATO B: **El licenciado Germán Gutiérrez.** Se opuso al régimen militar. Está a favor de una reforma agraria moderada. «Tenemos que repartir las tierras de una manera justa tanto para los campesinos como para los hacendados», dice el candidato. Apoya el desarrollo de la industria nacional y espera crear un clima favorable para los negocios; quiere aumentar las exportaciones al extranjero. Promete aumentar la ayuda económica que prestan otros países, especialmente los Estados Unidos y el Banco Internacional de Desarrollo. Pide la pena de muerte para los guerrilleros capturados por el régimen militar.

CANDIDATO C: **El líder sindicalista Jorge Elías Blanco.** Fue guerrillero y luchó contra el régimen militar. Se identifica como socialista pero dice que no se dejará controlar por el bloque comunista chino. «Queremos ser libres; no queremos depender de ninguna potencia mundial.» Favorece la nacionalización de los bancos y de los negocios de exportación. Promete establecer una campaña nacional de alfabetización. Dice que luchará para proveer atención médica gratuita. Se opone a los préstamos de bancos extranjeros porque, según dice, «no queremos endeudarnos con los imperios capitalistas».

EL MUNDO HISPANO... su gente

Nombre: Paula Ledezma
Edad: 38 años
País: Colombia

¿Le interesa la política? ¿Es cierto que los jóvenes hispanos están muy politizados?

Realmente no me interesa la política, pero no la puedo ignorar, puesto que[1] es algo que trasciende nuestras vidas.

Yo pienso que los jóvenes a nivel mundial se han politizado mucho. En Colombia sí se ha incrementado[2] la participación de los jóvenes en la política, pues antes la mayoría de edad se alcanzaba a los 21 años y ahora es a los 18; además, ha aumentado la educación al respecto en los colegios. Los jóvenes también se han ubicado[3] en la clase dirigente[4] de nuestro país, pues en la actualidad la gente se hace profesional muy joven.

[1]puesto... *since* [2]aumentado [3]situado [4]*leading*

Actividad 5. Las crisis

Usted y sus compañeros de clase forman parte del gabinete del presidente de la República de Doraselva. El presidente está tratando de resolver las siguientes crisis y les pide a ustedes su opinión como miembros de su gabinete. ¿Qué le recomendarán?

1. Hay una huelga de los conductores de autobuses municipales en la capital. Piden un aumento de sueldo, pero en estos momentos hay pocos fondos. La gran mayoría de la población de Doraselva es pobre y depende del transporte urbano para ir a su trabajo.
2. En las montañas al norte de la capital, los guerrilleros marxistas se han apoderado de un pueblo. Exigen la legalización del partido socialista de Doraselva.
3. Se ha descubierto que un general del ejército obliga a los indígenas de su distrito a trabajar en sus tierras sin pagarles.
4. Ha habido rumores de que un grupo de militares está planeando derrocar al gobierno. Hasta ahora el presidente ha tenido muy buenas relaciones con el ejército.
5. El ministro de Relaciones Exteriores ha sido acusado de colaborar con la CIA.
6. El presidente decretó el mes pasado que se aumentará el sueldo mínimo de los obreros en un veinte por ciento. Por esta razón, tres de las cuatro industrias principales han anunciado que dejarán Doraselva para instalarse en China.

Actividad 6. ¡Usted es el presidente (la presidenta)!

Supongamos que usted ha sido elegido/a presidente/a de Doraselva. Antes de su elección, Doraselva había tenido un dictador déspota por cuarenta años y el país estaba en pésimas condiciones. Narre todo lo ocurrido durante este gobierno tiránico. ¿Qué había hecho el dictador Reinaldo Ramos?

MODELO: la universidad →
  El dictador había prohibido todas las clases de filosofía y ciencias políticas en la universidad por considerarlas «subversivas».

1. las relaciones exteriores
2. las empresas privadas
3. las compañías extranjeras
4. la agricultura
5. los sindicatos de trabajadores
6. los movimientos de liberación de la mujer
7. el mundo del arte y de la literatura
8. los servicios de salud pública
9. la libertad de palabra
10. las becas del gobierno para estudiantes universitarios

Asunción, Paraguay. Los
estudiantes celebran las
elecciones presidenciales
de 1993.

N O T A

CULTURAL

España: Del Guernica al siglo XXI

Pablo Picasso pidió en su testamento[1] que su obra *Guernica* no fuera
exhibida en España hasta que su país tuviera un gobierno democrático y
hasta que sus compatriotas disfrutaran de la libertad que él nunca tuvo
en su patria. En 1981 esta obra fue trasladada al Museo del Prado y el
pueblo español pudo admirarla por primera vez desde que Picasso la
creó en 1937. Actualmente, *Guernica* puede admirarse en el Centro de
Arte Reina Sofía. La impresionante y controvertible pintura es un símbolo conmovedor de la guerra y de la represión política. *Guernica* es
también un testimonio de la lucha del hombre por la paz.

El 28 de abril de 1937 las fuerzas fascistas alemanas bombardearon
el pueblo de Guernica, situado al norte de España. Lo hicieron para
experimentar; querían saber si el bombardeo aéreo podía destruir una
ciudad completa. La destrucción de este pueblo ocasionada por la
explosión de las bombas fue un episodio triste y trágico de la historia de

[1]*will*

El *Guernica* de Picasso denuncia en silencio un acto salvaje contra la indefensa población civil del pueblo más antiguo de los vascos. Las figuras fragmentadas y los tonos grises y negros que empleó el pintor captan la agonía y el terror de una familia rural, símbolo de toda nación que ha sufrido las injusticias de la guerra.

España. Fue también el comienzo de una de las más largas dictaduras de nuestro siglo.

El general Francisco Franco, después de dirigir un golpe militar contra el gobierno español republicano, triunfó en 1939 con la ayuda del dictador italiano Mussolini y con el apoyo de Hitler. Tuvo poder absoluto para regir el destino de España hasta 1975, año de su muerte. A comienzos del gobierno de Franco, la mayoría de los intelectuales españoles fueron asesinados o se exilaron en los Estados Unidos y la América Latina. Esta dictadura despótica y represiva duró casi cuarenta años. Como consecuencia, España se vio apartada de las corrientes artísticas del momento.

Al finalizar la dictadura se estableció una monarquía constitucional, al frente de la cual están el Rey Juan Carlos de Borbón y su esposa doña Sofía de Grecia. De 1975 a 1977 España pasó por un difícil período de transición durante el cual trató de actualizarse.[2] Surgieron nuevas revistas, se fundaron nuevas casas editoriales,[3] se representaron obras de teatro anteriormente prohibidas y entraron al país novelas y textos que habían estado en la «lista negra» del gobierno franquista.[4] Pero lo más importante fue la elaboración de una constitución que sirviera de marco[5] a la actividad política del país.

En 1977 los españoles votaron por primera vez en cuatro décadas para elegir un gobierno democrático. Triunfó Adolfo Suárez y ese

[2]modernizarse   [3]casas... *publishing houses*   [4]de Franco   [5]*framework*

mismo año tomó el poder, apoyado por el partido Unión de Centro Democrático. En 1981 España eligió un gobierno socialista presidido por Felipe González.

Desde la muerte de Franco, España ha pasado por un proceso de revitalización cultural y económica. En 1986 el país comenzó su ingreso en la Comunidad Económica Europea (CEE), que culminó plenamente en 1992. Este año fue significativo para España por muchas razones. Se conmemoró con una gran celebración el descubrimiento de América por Cristóbal Colón. En 1992 España también fue la sede[6] de la Exposición Internacional de Sevilla y de los Juegos Olímpicos de Barcelona, dos acontecimientos que llevaron a millones de visitantes al país. Para acomodar a tantas personas, los españoles construyeron nuevas cadenas hoteleras, modernizando sus sistemas de transporte y sus redes de comunicación.[7] Además, se realizaron en el país numerosos proyectos culturales; entre ellos la restauración de la arquitectura musulmana,[8] conferencias sobre la cultura árabe, seminarios y nuevas ediciones de libros sobre la «Era de los Descubrimientos».

España está renovándose. Se prepara para llegar al siglo XXI proyectando su imagen y reforzando su presencia en el mundo.

[6]lugar   [7]redes... *communication networks*   [8]*Muslim*

Comprensión

Todas las siguientes oraciones son falsas. Haga las correcciones necesarias, según la lectura.

1. El cuadro *Guernica* se exhibió en España por primera vez en 1937.
2. El pueblo de Guernica fue bombardeado por los republicanos españoles.
3. Franco fue el presidente de España por veinte años.
4. Durante el gobierno de Franco, el país tuvo una vida cultural muy rica.
5. Inmediatamente después de morir Franco, en España gobernó otro general.
6. Entre 1975 y 1977 hubo mucha represión en España.
7. Felipe González pertenece al partido demócrata y fue elegido en 1977.
8. En 1992 se elaboró una nueva constitución española.

Ahora... ¡usted!

1. ¿Conoce usted otros cuadros de Picasso? ¿Dónde los ha visto? ¿Le gusta el estilo de este pintor? ¿Qué tipo de arte le gusta?
2. Explique por qué fue significativo el año 1992 para España.

Un paso más...

Mire la foto de *Guernica* y haga una breve descripción del cuadro. Por ejemplo, ¿qué animales ve? ¿Cuántas personas hay y qué están haciendo? ¿Qué les está pasando?

Los problemas de la sociedad urbana

Lea Gramática 16.3.

Es muy importante que todos los niños de este país reciban instrucción primaria y secundaria.

La economía de los Estados Unidos no será fuerte hasta que el gobierno reduzca la deuda externa.

No habrá más contaminación ambiental cuando todos dejemos de usar automóviles.

Qué lástima que haya tanto desempleo en las grandes ciudades. Espero que el presidente pueda efectuar un cambio en la economía.

No conozco ninguna ciudad grande que no tenga una tasa alta de desamparados.

Espero que dejen de construir reactores nucleares antes de que ocurra un accidente grave.

En el centro de muchas ciudades grandes se ha limitado el uso del automóvil para que disminuya el nivel de contaminación.

Actividad 7. Discusión: Las drogas

1. ¿Cómo podemos definir la palabra «droga»? ¿Qué tipos de drogas hay? ¿Para qué se usan las drogas?
2. ¿Por qué se prohíbe o se restringe el uso de ciertas drogas? ¿Debe legalizarse todo tipo de drogas?
3. ¿Qué es un drogadicto? ¿Cómo se llega a ser drogadicto? ¿Cómo se puede curar esta condición?
4. ¿Cuáles son las drogas comúnmente usadas como diversión? Describa los peligros.

Actividad 8. Lectura/Entrevista

La deuda del Tercer Mundo la paga la naturaleza

▲ ▲ ▲ ▲ ▲ ▲ ▲ ▲ ▲

Un reciente informe[1] del Partido Ecológico de Costa Rica, dirigido a la Comisión Mundial sobre el Medio Ambiente, denuncia que los problemas ambientales de los países latinoamericanos son similares a los del resto del Tercer Mundo: destrucción de los sistemas agrícolas por el crecimiento urbanístico descontrolado, contaminación, erosión y desaparición acelerada de los bosques tropicales. El informe relaciona estos fenómenos con la deuda contraída por[2] los países menos desarrollados con el Fondo Monetario Internacional (FMI). La presión que ejerce[3] el FMI para que estos países salden[4] su deuda les obliga a tomar las medidas en perjuicio del[5] ecosistema social, económico y político. La deuda se intenta saldar con la sobrexplotación de las masas forestales, la construcción de fábricas de plaguicidas,[6] los oleoductos[7] interoceánicos y los proyectos turísticos. El informe es muy crítico con el FMI y otras agencias financieras, a los que acusa de «convertirse en el principal depredador[8] ambiental de estos países, que son el basurero[9] del desarrollo». ▲

[1]*report* [2]deuda... *debt contracted by* [3]*exerts* [4]*pay off, settle* [5]en...*that threaten* [6]*pesticidas* [7]*oil pipelines* [8]*predator* [9]*dumping grounds*

COMPRENSIÓN
1. ¿Cuáles son algunos de los problemas ambientales del Tercer Mundo?
2. Según el informe del Partido Ecológico de Costa Rica, ¿con qué están relacionados estos problemas ambientales en América Latina?
3. ¿Qué medidas toman estos países latinoamericanos para saldar su deuda nacional con el FMI?

ENTREVISTA
4. ¿Crees que los problemas que menciona este artículo son exclusivos del Tercer Mundo, o crees que existen también en el mundo desarrollado?
5. ¿Puedes nombrar algunos problemas de este tipo que han surgido en la zona donde tú vives?
6. En tu opinión, ¿es posible que un país prospere económicamente sin explotar demasiado sus recursos naturales?

7. De los problemas ambientales que enfrentamos actualmente, ¿cuál es el más grave, en tu opinión?

Actividad 9. Lectura/Discusión

Lea esta nota que habla del problema de la superpoblación en las grandes ciudades. Luego discuta este tema con sus compañeros de clase.

URBE SUPERPOBLADA

CIUDAD DE MÉXICO. La capital mexicana será a fines de siglo la segunda ciudad más poblada del mundo, después de Sao Paulo, en Brasil, advierte un estudio sobre pronóstico demográfico realizado por el Movimiento Popular de Medio Ambiente.

Hacia el año 2000, nueve de las 37 ciudades del planeta con más de cinco millones de habitantes estarán en América Latina y al término de la presente centuria—indicó la institución paraestatal—sólo uno de cada cinco habitantes vivirá a escala mundial en un medio biológicamente aceptable. Sostuvo, asimismo, que las políticas aplicadas en zonas urbanas disminuyeron la calidad de la vida de asentamientos humanos, particularmente de los grupos sociales y económicos menos favorecidos.

1. ¿Cree usted que la superpoblación sea ya un problema grave para el mundo? En su opinión, ¿es el control de la natalidad la solución?
2. ¿Qué efecto tiene la superpoblación sobre el uso de los recursos naturales del mundo?
3. ¿Cree usted que la educación sexual en las escuelas sea una manera eficaz de ayudar a prevenir los embarazos no deseados en las jóvenes menores de edad?
4. ¿Se les debe proporcionar anticonceptivos a los jóvenes menores de edad sin la autorización de los padres? ¿Por qué? ¿Se les debe proporcionar anticonceptivos gratuitos a las personas mayores de edad que no puedan comprarlos?
5. ¿Considera usted que el aborto es una manera apropiada de resolver el problema de la superpoblación?

Actividad 10. Problemas actuales

A continuación aparece una lista de cuestiones sociales que actualmente enfrenta nuestra sociedad. Trabaje con su compañero/a para expresar sus opiniones sobre cada una. Cuando sea indicado, también hablen de las consecuencias.

PROBLEMAS
- los desperdicios nucleares
- otras fuentes de energía
- la escasez de agua
- el control de la natalidad
- la contaminación de los ríos y los océanos
- las guarderías infantiles
- las armas en las escuelas

- el consumo de drogas
- el maltrato de los niños
- el desempleo
- la investigación sobre el SIDA
- la venta ilegal de armas nucleares

- el delito en las grandes ciudades
- la destrucción de la capa de ozono
- las fábricas que se trasladan a otro país en busca de mano de obra barata

OPINIONES Y REACCIONES	SOLUCIONES	CONSECUENCIAS
Recomendamos que	buscar	antes de que
Esperamos que	combatir	hasta que
Es importante que	controlar	tan pronto como
Es necesario que	encontrar	en cuanto
Es mejor que	establecer	para que
Es dudoso que	ponerle fin a	con tal que
Qué bueno que	proveer	de manera que
Es una lástima que	resolver	a menos que
Es (im)posible que	usar	

MODELOS: Es importante que todos usemos menos agua.

Recomendamos que se controle la natalidad en todos los países del mundo.

Es dudoso que se resuelva el problema del consumo de drogas hasta que haya menos pobreza.

EL MUNDO HISPANO... imágenes

Sor Juana Inés de la Cruz (1651–1695), poeta y ensayista[1] mexicana. En sus tiempos, la mujer que quería estudiar no tenía más alternativa que hacerse monja.[2] Se dice que esta fue una razón importante por la cual Sor Juana entró en el convento.

Durante gran parte de su vida, Sor Juana logró estudiar y escribir. En algunos de sus ensayos, criticaba la actitud represiva de los hombres y el tratamiento injusto que recibían las mujeres. Hoy los textos poéticos de Sor Juana se consideran entre los mejores de la poesía en español.

[1]essayist [2]nun

La inmigración y los grupos minoritarios

Lea Gramática 16.4–16.5.

Los africanos fueron traídos por los ingleses, los españoles y los portugueses. Vivieron como esclavos (por) 350 años.

Mis antepasados fueron perseguidos por el gobierno. Emigraron a Argentina para empezar una vida nueva.

La reforma agraria fue propuesta por el nuevo presidente. Las nuevas leyes entrarán en vigor el 21 de diciembre de este año.

La dictadura fue derrocada por las Fuerzas Populares Democráticas. Todo fue muy rápido. Los rebeldes lucharon (por) sólo 16 horas.

Una clase bilingüe en Austin, Texas: El propósito principal de los programas bilingües es la enseñanza del inglés, pero a la vez los niños de ascendencia hispana tienen la oportunidad de mantener vivas su lengua y su cultura.

Actividad 11. Entrevista: ¿El inglés o la lengua materna?

En varios estados de los Estados Unidos se han promulgado leyes declarando el inglés como lengua oficial. Hágale preguntas a su compañero/a acerca de los siguientes aspectos de la inmigración y el uso del inglés.

1. ¿Habla más de una lengua tu familia? ¿Y tus abuelos? ¿Cuál? ¿Qué beneficios hay en poder hablar más de una lengua?
2. ¿Conoces inmigrantes en los Estados Unidos? ¿De dónde son? ¿Hablan inglés? ¿Cómo lo aprendieron? Y los hijos de estos inmigrantes, ¿qué lengua prefieren usar?
3. Si tuvieras que emigrar a otro país en el cual no se hablara el inglés, ¿aprenderías el nuevo idioma? ¿Hablarías solamente ese idioma o hablarías inglés con tu familia y con tus amigos íntimos?
4. En tu opinión, ¿se debe enseñar a los niños pequeños en su lengua materna o en la lengua de la mayoría?
5. Si se ofreciera la educación bilingüe en una escuela cercana, ¿inscribirías allí a tus hijos, o preferirías mandarlos a una escuela donde la enseñanza fuera solamente en inglés?
6. ¿Crees que cada país debe tener un solo idioma oficial? ¿Por qué (no)?

Actividad 12. Discusión: La inmigración a los Estados Unidos

Usted es campesino (campesina) en la república de Doraselva; tiene muy pocas posibilidades de conseguir su propia tierra porque el nuevo presidente se opone a la reforma agraria. Ya que hay poco trabajo, usted decide irse al «Norte», a los Estados Unidos, en busca de trabajo. Irá sin su familia, pero promete mandarles dinero tan pronto como consiga trabajo. Usted entra sin documentos en los Estados Unidos pero pronto encuentra trabajo en las fincas donde se cultivan legumbres y otros productos agrícolas. ¿Cómo ha cambiado su vida?

1. CAMBIOS EN LA VIVIENDA: ¿Dónde y cómo vive usted ahora?
2. CAMBIOS EN LA COMIDA: ¿Qué come usted ahora? ¿Quién prepara lo que come?
3. CAMBIOS EN LA LENGUA: ¿Habla usted inglés? Si no lo habla, ¿cómo y dónde lo puede aprender?

Un conjunto de mariachis celebra el Día de la Independencia mexicana en Chicago. La música de los mariachis es muy popular en México y toda la América Latina —y ahora también en los Estados Unidos. Tocan violines, guitarras y trompetas.

4. CAMBIO EN LAS ACTIVIDADES RECREATIVAS: ¿Qué hace usted ahora para divertirse?
5. CAMBIO DE AMIGOS: ¿Con quiénes se asocia usted? ¿Por qué?
6. DIFICULTADES: ¿Qué tipo de problemas ha tenido? ¿Cómo los ha resuelto?
7. PLANES: ¿Piensa quedarse en el norte? ¿Va a traer a su familia a vivir con usted en los Estados Unidos? ¿Es fácil hacer esto?

Actividad 13. La fuga

Imagine que usted es un(a) inmigrante de Doraselva. Usted se escapó de la dictadura de Ramos y llegó como refugiado a los Estados Unidos. Tuvo muchas dificultades para llegar a este país. Hizo un viaje muy largo y corrió muchos riesgos. Ahora lo/la está entrevistando un periodista norteamericano. ¡Cuente su historia! Con su compañero/a de clase, hagan los dos papeles.

POSIBLES PREGUNTAS DEL PERIODISTA
1. ¿Por qué decidió dejar su país?
2. ¿Cómo era la situación en su país?
3. ¿Sabe si fue saqueada su casa después de que usted escapó?

4. ¿Cómo viajó? ¿Por avión, en carro, en tren? ¿A pie?
5. ¿Fue detenido/a al tratar de salir del país?
6. ¿Llevaba documentos falsos? ¿Fueron inspeccionados sus documentos?
7. ¿Fue usted interrogado/a por las autoridades de su país? ¿Por las autoridades de los Estados Unidos? ¿Qué preguntas le hicieron?
8. ¿Todavía tiene parientes que vivan en Doraselva? ¿Se comunica con ellos?
9. ¿Cuánto tiempo lleva en los Estados Unidos? ¿Qué impresión tiene de este país?

El color de un recuerdo

Varios grupos de hispanos han abandonado su país en este siglo por razones políticas; entre otros, los españoles después de la Guerra Civil (1936–1939), los chilenos después del golpe militar de 1973 y los cubanos después de la Revolución de 1959.

En el caso de Cuba, muchos inmigrantes se establecieron en Miami, transformando gradualmente la vida cultural y política de esa ciudad. Este cuento es narrado por uno de esos exilados cubanos que llegaron a los Estados Unidos a comienzos de los años sesenta, cuando eran niños. Hoy, treinta años después de su llegada, el narrador intenta recordar su primer amor...

Silvia y yo negábamos estar enamorados. «Somos amigos y vecinos», les decíamos a los chismosos.[1] Los padres de Silvia eran campesinos y se habían mudado a la ciudad, Guantánamo, porque su papá ahora tenía un puesto[2] en el gobierno.

Recuerdo que una tarde de verano la mamá de Silvia me presentó a su hija de la siguiente manera: «Alberto, esta es Silvia, tiene trece años como tú. Háganse amigos».

Aquel mandato nos dejó sorprendidos. ¡Era como una orden! Silvia y yo nos miramos, nerviosos. Ella sonrió y se ajustó los espejuelos.[3] Yo le pregunté si iba a asistir a la secundaria Martí. Silvia dijo que sí, y me invitó a caminar con ella a la escuela cuando empezaran las clases.

Y nos hicimos amigos.

Nos gustaba retozar[4] en el patio de mi casa, hacer la tarea juntos y hablar de nuestros libros favoritos. Los dos soñábamos con ser escritores. Nos queríamos sin saber cómo querernos: un beso tímido de vez en cuando; una caricia torpe.[5] Hablar

---

[1] *busybodies* [2] empleo [3] lentes *(Cuba)* [4] jugar [5] una... *a clumsy caress*

de «ser novios» nos daba risa. Nosotros éramos amigos y colaboradores, pero nada más. Íbamos a escribir una novela juntos. El plan: yo pondría el argumento[6] y los personajes, ella las palabras. Porque Silvia conocía muchas palabras, algunas asombrosas.[7]

*   *   *

Una noche, bajo un cielo de estrellas, le conté a Silvia que mi familia se iba del país. Yo estaba eufórico, claro, porque viajaría a ciudades fantásticas, aprendería el inglés, miles de palabras, todas nuevas, misteriosas, todas mías...

—A mi papá no le gusta este gobierno —le dije—. Él piensa que se va a convertir en dictadura.

—Pues mis padres están a favor de la Revolución.

—Porque son unos pobres campesinos, por eso...

—No seas tonto, Alberto. Nosotros nunca pasamos hambre, pero hay gente que sí pasaba hambre, que andaba a veces sin zapatos y trabajaba de sol a sol para recibir sólo unos quilos.[8] Otros tenían grandes mansiones y hacían sus viajes a Miami todos los años...

—Nosotros no somos ricos, Silvia.

—Pero tampoco son pobres.

—Mi padre es viajante[9] y nunca explotó a nadie.

—A ustedes les parece muy justo todo lo que pasaba en este país antes, pero...

—¡Pero ahora sólo hay represión y censura y escasez[10]!

Después por cualquier razón peleábamos. Silvia trataba de explicarme los beneficios que había traído la Revolución. Yo sólo quería hacerle ver que su futuro estaba a mi lado, en el Norte.[11]

—Tú podrías irte también, Silvia; conmigo...

—No, Alberto. Imposible. Yo no me voy de mi patria.

*   *   *

La idea del viaje empezó a entristecerme. La verdad, me aterraba pensar que un día Silvia y yo estaríamos lejos el uno del otro; yo en los Estados Unidos, ella atrás, fiel[12] a su patria, con todas las palabras y sin ninguna.

Una mañana, como de costumbre, Silvia y yo caminábamos juntos al colegio. Estábamos atravesando[13] el parque, cerca ya de la escuela, cuando me hizo una simple pregunta.

—Alberto, ¿vas a quedarte a jugar a la pelota[14] hoy después de las clases?

—No sé —le respondí, malhumorado.

—¿Quieres que te espere?

—No sé, chica...

—Alberto, ¿estás bravo[15]? ¿Qué te pasa?

—No me pasa nada. ¡Déjame en paz! ¡Vete!

—Está bien —dijo ella, y siguió su camino.

Yo me quedé paralizado, tratando de entender por qué había sido tan grosero[16] con ella. Obviamente sí me pasaba algo: ¡ya estaba extrañando a Silvia! Además,

---

[6]plot [7]amazing [8]centavos (Cuba) [9]salesman [10]scarcity [11]el... los Estados Unidos [12]loyal [13]crossing
[14]a... baseball [15]enojado (Cuba) [16]rude

resentía sus ideas revolucionarias, su deseo de quedarse en Cuba y no escapar conmigo.

Me di cuenta en ese instante de que había tratado a Silvia muy mal, injustamente, y quise pedirle perdón.

—¡Silvia! —le grité—. ¡Espérame!

Ella siguió caminando sin hacerme caso. Yo me le acerqué y traté de detenerla. Le apreté[17] un brazo para que se detuviera[18] y casi por instinto Silvia me clavó sus largas uñas en la mano. Yo no podía comprender aquella reacción tan violenta de mi amiga. ¡Cuánto la detesté en ese momento! Eché a correr, la pasé y al llegar a la escuela, me paré en el mismo centro del patio para esperarla. Al verla llegar, le grité delante de todos nuestros compañeros:

—¡Eres una bestia! ¡Una bestia sucia!

Silvia permaneció en silencio unos segundos; luego se fue a la oficina de la directora. Yo me sentía avergonzado.[19] Mis amigos me miraban con cara de desprecio,[20] las amigas de ella con cara de odio.[21]

La directora me mandó llamar. Me la imaginaba enfurecida. Cuando entré en su oficina, me pidió que me sentara y luego me dijo:

—Está muy mal lo que has hecho, Alberto. Ese tipo de ofensa no se la merece Silvia.

—¡Mire! ¡Mire usted lo que ella me hizo! —le mostré las marcas de las uñas de Silvia.

—Anda, Alberto. Pídele perdón. Anda.

Abrí la puerta de un cuartico[22] y allí encontré a mi amiga.

—Perdóname —le pedí casi sin voz.

—Perdóname tú a mí —dijo ella. Y me abrazó.

* * *

Un mes después mi familia y yo partimos para los Estados Unidos con el propósito de comenzar una nueva vida. Hoy, treinta años más tarde, me miro el brazo para buscar las huellas[23] de las uñas de Silvia: un puntico, una rayita. Sí, todavía se ve la cicatriz.[24] Hoy quisiera decirle a Silvia lo mucho que deseaba escribir aquella novela y muchas más. Quisiera verla, abrazarla, saber cómo está, pero hay tanta distancia entre nosotros.

Todavía hoy corro desesperado al diccionario cuando pienso en Silvia, aterrado al descubrir que el idioma español se me está saliendo, que se me vierte[25] entre los dedos, gota a gota; que un día ya no podré, sin Silvia, describir el color de un recuerdo.

[17]*I held* [18]*para... so that she would stop* [19]*ashamed* [20]*disdain* [21]*hatred* [22]*cuartito (Cuba)* [23]*marcas* [24]*scar*
[25]*se... it slips away*

Comprensión

Narre el cuento con sus propias palabras, tomando en cuenta los siguientes temas.

1. EL ENCUENTRO: ¿Cómo se conocieron Silvia y Alberto? ¿De qué hablaron al conocerse?
2. SUS ACTIVIDADES: ¿Qué hacen juntos? ¿Qué sueño comparten?

3. EL VIAJE: ¿Quién de los dos se va? ¿Adónde? ¿Por qué?
4. LA REVOLUCIÓN: ¿Qué opinan los dos personajes y sus familias?
5. LA PELEA: ¿Cómo empezó? ¿Por qué? ¿Quién insultó a quién?
6. EL FINAL: ¿Qué pasó después de la pelea? ¿Qué hizo Silvia? ¿Y Alberto?

Ahora... ¡usted!

1. ¿Ha tenido usted que separarse de un ser querido? ¿Ha podido mantener contacto con esta persona? ¿Hay momentos en los que le gustaría estar con un amigo o una amiga ausente?
2. ¿Emigraron sus antepasados a los Estados Unidos? ¿De dónde? ¿Por qué? ¿Conoce a alguien que haya emigrado a los Estados Unidos recientemente? Describa a esa persona.

Un paso más...

Piense en un amigo (una amiga) que usted no ha visto en mucho tiempo. ¿Recuerda la última actividad que compartieron ustedes? Describa ese recuerdo.

Vocabulario

Los sistemas políticos y económicos

el capital	capital (*money*)
la dictadura	dictatorship
el gabinete	(president's) cabinet
el imperio	empire
el mercado libre	free market
el poder	power
la reforma agraria	land reform
el sindicato	(worker's) union
el Tercer Mundo	Third World

PALABRAS SEMEJANTES: la autonomía, el déspota, el fraude, el régimen, el totalitarismo

La política

el desarrollo	development
la huelga	(worker's) strike
la libertad de palabra	freedom of speech
la libertad de prensa	freedom of the press
la política	politics; policy

el/la político/a	politician
el pueblo	the people

PALABRAS SEMEJANTES: las autoridades, el/la líder, el partido comunista, la persecución

Las fuerzas armadas

el ejército	army
el golpe de estado	*coup d'état*, overthrow of the government
el/la guerrillero/a	guerrilla

PALABRAS SEMEJANTES: el general, la liberación, el/la terrorista

Los verbos relacionados con la política y las fuerzas armadas

conquistar	to conquer
derrocar	to overthrow

elegir (i)	to elect
llegar al poder	to attain power
oponerse	to oppose
perseguir (i,i)	to persecute
ponerle fin a	to put an end to
saquear	to sack, plunder

PALABRAS SEMEJANTES: capturar, combatir, intervenir, invadir, liberar, votar por/a

Otros verbos

cometer	to commit (*an error, a crime*)
correr riesgo	to run a risk
curarse de	to cure oneself, be cured (of)
dar como resultado	to result in
dejarse (+ *infin.*) por	to allow oneself to be . . .
detener	to stop
efectuar	to effect, bring about, carry out
enfrentar	to confront; to meet, encounter
enriquecer	to enrich
exigir	to demand
explotar	to exploit
inscribir	to enroll
instalarse	to settle; to establish oneself
invertir (ie,i)	to invest
llegar a ser	to become
llevar (tiempo)	to spend (time); to have been doing something (*for length of time*)
mandar	to send
negarse (ie) a (+ *infin.*)	to refuse (*to do something*)
prevenir	to prevent
promulgar	to proclaim; to put into effect
proponer	to propose
proveer	to provide
repartir	to distribute
tener lugar	to take place

PALABRAS SEMEJANTES: cultivar, definir, emigrar, obligar, respetar

Los sustantivos

el acontecimento	event, occurrence
el anticonceptivo	contraceptive
el aumento	raise, increase
la beca	scholarship
los bienes	goods

el campesino/la campesina	peasant
el conductor	bus driver
el control de la natalidad	birth control
el delito	crime, offense
el embarazo	pregnancy
la enseñanza	teaching
la finca	farm
la guardería infantil	child care center
el hacendado	property owner
el individuo	person, individual
el jefe/la jefa	boss, chief
la lengua materna	mother tongue
el maltrato	mistreatment, abuse
la mano de obra	labor
los medios de comunicación	means of communication; mass media
los medios de producción	means of production
la mitad	half
el/la negociante	businessman, businesswoman
el nivel	level
el/la periodista	journalist
el préstamo	loan
el puerto	(sea)port
la receta médica	(medical) prescription
el refugiado/la refugiada	refugee
la salud pública	public health
la superpoblación	overpopulation
la venta	sale

PALABRAS SEMEJANTES: el bloque, la bomba, la dificultad, el distrito, el drogadicto/la drogadicta, la energía, la exportación, la manera, el reactor, el respeto, la teoría

Los adjetivos

agrícola	agricultural
desarrollado/a	developed
eficaz	effective
estadounidense	of, from, or pertaining to the United States
gratuito/a	free (of charge)
indocumentado/a	illegal, without papers
irlandés/irlandesa	Irish
judío/a	Jewish
menor de edad	(legally) underage
minoritario/a	minority
necesitado/a	needy
pésimo/a	terrible

sangriento/a	bloody
sindicalista	of or related to a trade union

PALABRAS SEMEJANTES: asiático/a, capitalista, justo/a, montañoso/a, rebelde, tiránico/a

Los adverbios

fuertemente	strongly
últimamente	lately

PALABRA SEMEJANTE: comúnmente

Palabras y expresiones útiles

antes de que	before
por eso	for that reason
¡Qué lástima que... !	What a pity that . . .
unos cuantos/unas cuantas	a few
ya que	since

REPASO: a menos que, con tal de que, de manera/modo que, hasta que, para que, tan pronto como

Gramática y ejercicios

16.1. Hypothesizing About the Past: *si hubiera... habría...*

In both English and Spanish, hypothetical sentences in the past consist of two clauses: an *if* clause and a *then* clause: *If I had done something (but I didn't), then I would have* . . . . In English the *if* clause verb is in the past perfect (*had done*) and the *then* clause verb is in the conditional perfect (*would have*).

If the president had resigned, the country would have fallen into a crisis.

In Spanish, the verb in the *if* clause is a past subjunctive form of **haber**—**hubiera**—plus a past participle. The verb in the conclusion, or *then* clause, is a conditional form of **haber**—**habría**—plus a past participle.

Si **hubiera ganado** las elecciones, el candidato **habría hecho** varios cambios para mejorar la situación económica.	*If he had won the election, the candidate would have made various changes to improve the economic situation.*
Si el congreso **hubiera limitado** el presupuesto, el presidente no **habría gastado** tanto en armas.	*If Congress had limited the budget, the president would not have spent so much on arms.*

These forms are not frequently heard in ordinary conversation, but they are common in writing and more formal speech.

Ejercicio 1

Aquí tiene usted algunas de las opiniones de los ciudadanos de la República de Doraselva. Seleccione la forma correcta del verbo **haber**.

MODELO: UN AMA DE CASA: → Si hubiera ganado el candidato militar, habría cerrado las universidades por todo el país.

1. UN SOLDADO: Si el presidente _____ gastado más en armas para luchar contra los guerrilleros, nosotros ya _____ resuelto los problemas dentro de nuestro territorio.
2. UNA MUJER DE NEGOCIOS: Si el gobierno _____ fomentado más tranquilidad, la economía se _____ estabilizado.
3. EL PRESIDENTE: Si el partido socialista _____ tenido éxito en las elecciones, los países capitalistas no nos _____ ofrecido ayuda económica.
4. UN VENDEDOR CALLEJERO: Si el gobierno _____ dicho la verdad, los obreros no _____ declarado la huelga.

517

5. UNA ESTUDIANTE: Si los militares no _____ matado a tanta gente, el país los _____ apoyado en las últimas elecciones.

6. UNA SEÑORA RICA: Si los precios no _____ subido tanto, mi esposo y yo _____ podido viajar a Europa este verano.

7. UNA MAESTRA: Si el gobierno no _____ sido tan corrupto, mi esposo y yo no _____ votado por la oposición.

8. UN POLICÍA: Si los huelguistas no _____ tirado piedras, la policía no _____ reaccionado con tanta fuerza.

16.2.   The Perfect Tenses: Summary

A. The perfect tenses in both Spanish and English are formed with the auxiliary verb **haber** (*to have*) and a past participle. (See **Gramática 9.1** for the forms of **haber** with past participles.) You have already studied one of these tenses, the present perfect.

> Nunca **he viajado** a Brasil.   *I have never traveled to Brazil.*

B. The past perfect indicative (pluperfect) describes an action that preceded another action in the past. It consists of an imperfect form of **haber**—**había**— plus a past participle. (See **Gramática 11.5**.)

> El primer ministro no **había llevado** a cabo su plan antes de convocar elecciones en la primavera.   *The prime minister had not carried out his plan before calling an election in the spring.*

C. In **Gramática 16.1** you were introduced to two other perfect tenses: the conditional perfect (**habría llegado**) and the past perfect subjunctive (**hubiera llegado**).

> Si **hubiéramos ganado** las elecciones, no **se habrían aumentado** los impuestos.   *If we had won the election, there wouldn't have been an increase in taxes.*

D. The present perfect subjunctive is often used to indicate a completed action in sentences of subjective reaction or doubt. It consists of the form **haya** plus a past participle.

> ¡Qué bueno que el partido conservador no **haya ganado** las elecciones!   *I am glad that the conservative party has not won (did not win) the elections!*

Ejercicio 2

Complete las oraciones con una forma del verbo auxiliar **haber** —ha(n) or **haya(n)**— seguida del participio pasado del verbo entre paréntesis.

MODELOS: Los senadores se <u>han</u> <u>opuesto</u> al programa del presidente. (oponer)

No creo que los indígenas de muchos países <u>hayan</u> <u>podido</u> participar en el sistema político. (poder)

1. Algunos de los países latinoamericanos más grandes se _____ _____ mucho económicamente en los últimos cinco años. (desarrollar)
2. Las huelgas de los choferes de autobús _____ _____ el transporte. (restringir)
3. Los grupos sociales más bajos _____ _____ muchos problemas para conseguir servicios adecuados. (tener)
4. El aumento del salario no _____ _____ el problema fundamental del trabajador. (resolver)
5. Me niego a creer que el presidente _____ _____ a los miembros del partido de oposición. (perseguir)
6. Las grandes compañías capitalistas se _____ _____ a costa del campesino. (enriquecer)
7. Mucha gente rechaza la idea de que los funcionarios del presente gobierno _____ _____ dinero de los narcotraficantes. (aceptar)
8. Yo, personalmente, creo que el gobierno de los Estados Unidos _____ _____ muchas veces en nuestros asuntos internos. (intervenir)

Ejercicio 3

Complete las oraciones con el imperfecto del verbo **haber** y el participio pasado del verbo que aparece entre paréntesis.

MODELO: Ya <u>habían</u> <u>asesinado</u> al presidente cuando llegó el ejército. (asesinar)

1. Antes de mudarnos a la capital, mi familia y yo _____ _____ en un pueblo pequeño. (vivir)
2. Gracias a las investigaciones, se supo que los militares _____ _____ a más de 45,000 personas por razones políticas. (matar)
3. Antes de obtener el aumento de sueldo, los trabajadores se _____ _____ a trabajar. (negar)
4. Antes de las elecciones, el candidato _____ _____ todo. (prometer)
5. Antes de la guerra, _____ _____ los precios de la gasolina. (bajar)

16.3. The Subjunctive: Summary

Remember that the subjunctive is used in dependent clauses when the verb in the main clause implies certain conditions. Below is a summary of the most common occurrences of the subjunctive in Spanish.

FOLLOWING **querer/cuando** (10.3)

La economía **empezará** a mejorar cuando **baje** la tasa del desempleo.

The economy will improve when the unemployment rate goes down.

No quiero que **haya** un déposito de desperdicios nucleares cerca de mi casa.

I don't want to have a nuclear waste dump close to my house.

WITH "SOFTENED" COMMANDS (13.3)

Te aconsejo que no **tengas** armas en tu casa. ¡Es peligroso!

I advise you not to have firearms in your house. It's dangerous!

Es importante que **disminuya** el nivel de la contaminación.

It's important that the level of pollution be reduced.

WITH *let/have* COMMANDS (13.4)

Tenemos que resolver el problema de la venta ilegal de armas nucleares. —No, ¡que lo **resuelva** el gobierno!

We have to solve the problem of the illegal sale of nuclear weapons. —No, let the government solve it!

WITH *let's* (13.5)

Pongamos guarderías infantiles en las iglesias. (*The main clause is understood.*)

Let's put child-care centers in churches.

IN TIME CLAUSES (14.4)

Tendremos problemas de superpoblación hasta que **logremos** controlar la tasa de la natalidad.

We will have overpopulation problems until we manage to control the birthrate.

EXPRESSING OPINION (15.1)

Dudo que se **pueda** erradicar el crimen en las ciudades grandes.

I doubt that we can eradicate crime in large cities.

EXPRESSING REACTIONS (15.2)

Ojalá que **podamos** descubrir una vacuna contra el SIDA.

I hope we can discover a vaccine against AIDS.

Me molesta que la gente no se **haga** responsable de sus actos.

It bothers me that people don't take responsibility for their actions.

IN *if* CLAUSES (15.5, 16.1)

Si **cuidáramos** más el agua, no habría escasez.

If we were more careful with water, there wouldn't be a shortage.

Si **hubieran** instalado detectores de metales en las escuelas de Los Ángeles, no habrían muerto tantos estudiantes el año pasado.

If they had installed metal detectors in the Los Angeles schools, so many students wouldn't have died last year.

IN ADJECTIVE CLAUSES (15.3)

En las guarderías infantiles necesitamos personal que **sepa** educar a los niños.

In child-care centers, we need personnel who know how to educate children.

WITH PURPOSE CLAUSES (15.4)

Hablemos con nuestros hijos sobre las drogas y el sexo para que **estén** bien informados. La ignorancia es su peor enemigo.	*Let's speak with our children about drugs and sex so that they will be well informed. Ignorance is their worst enemy.*

Ejercicio 4

Todas requieren el subjuntivo. Complete las oraciones con la forma correcta del verbo según el contexto.

MODELO: Es necesario que <u>ayudemos</u> a los desamparados en nuestras ciudades. (ayudar)

1. La destrucción de la capa de ozono va a continuar a menos que se _____ medidas para impedirlo. (tomar)
2. La mujer moderna exige que el hombre la _____ en el lugar de trabajo. (respetar)
3. No habrá hambre en el mundo cuando los Estados Unidos y Europa _____ a los países del Tercer Mundo. (ayudar)
4. El sistema de educación no puede mejorar sin que se _____ los impuestos. (aumentar)
5. Queremos criar a nuestros hijos donde no _____ contaminación ni delitos. (haber)
6. No hay ninguna parte del planeta que no se _____ afectada por las acciones de los seres humanos. (ver)
7. Me alegro de que ya _____ más guarderías buenas. (existir)
8. Si los adultos les _____ mayor atención a los jóvenes, habría menos pandillas. (prestar)
9. Si _____ _____ lo que sabemos ahora del presidente, no habríamos votado por él. (saber)
10. No es posible que una sociedad moderna no _____ de remediar los problemas que la rodean. (tratar)
11. Cada día habrá más casos de SIDA a menos que cada individuo se _____ responsable de sus actos. (hacer)
12. Si _____ controlar el narcotráfico, habría menos delitos. (poder)

16.4. The Passive Voice

Passive: **ser** + past participle

A. The passive voice in Spanish, as in English, is constructed with the verb **ser** followed by a past participle. Any tense of **ser** may be used, but the past tense is most common. (See also **Gramática 7.5.**)

Los huelguistas **fueron atacados** por el ejército.	*The striking workers were attacked by the army.*

The agent performing the action is expressed in a phrase beginning with **por.**

La asamblea fue disuelta **por** el presidente.	*The assembly was dissolved by the president.*

The past participle in passive sentences agrees with the subject: **La novela fue escrita por un escritor famoso.**

The passive voice is not common in ordinary conversation, but it is frequently used in writing, for example in newspapers and in formal speech, especially in news broadcasts.

B. Note that the past participle in these constructions must agree in number and gender with the subject of the sentence.

Las presas serán **construidas** por la compañía Electrolux.

No es verdad que si los rebeldes derrocaran al gobierno **la República** de Doraselva sería **invadida** por los chinos.

The dams will be constructed by the Electrolux Company.

It is not true that if the rebels overthrew the government the Republic of Doraselva would be invaded by the Chinese.

Ejercicio 5

Cambie las oraciones de la voz pasiva a una declaración directa.

MODELO: Las paredes fueron destruidas por los trabajadores. →
Los trabajadores destruyeron las paredes.

1. Las islas serán invadidas por las tropas.
2. La pregunta fue contestada por el primer ministro.
3. Los discursos fueron escritos por el secretario del presidente.
4. La residencia del gobernador es protegida por los guardias veinticuatro horas al día.
5. Tres de los ladrones fueron sentenciados a cinco años de cárcel por el juez.
6. El nuevo presidente será elegido por el pueblo la semana próxima.

16.5.   *Por/para*: Summary

You'll recall that **por** and **para** have a variety of meanings and correspond to English prepositions such as *for, by, through,* and *in order to.* Here are some additional meanings of **por** and **para**.

A. Por is used with **aquí** and **allí** to mean *around* or in a general area.

¿Hay una gasolinera **por aquí**?
—Sí, hay una cerca, pero tenemos que bajar **por allí**.

Is there a gas station somewhere around here? —Yes, there's one nearby, but we have to go down that way, over there.

Para is often used with **acá** and **allá** instead of **aquí** and **allí**, to indicate destination.

¿Quién es el muchacho que viene **para acá**? —Es Alberto.

Who's the guy coming this way? —That's Al.

B. Por used with **trabajar** (and similar verbs) means *in place of.* **Para** used with **trabajar** refers to an employer or means *for someone's benefit.*

Puedo **trabajar por** ti el viernes, pero no el sábado.
Daniel **trabaja** ahora **para** la compañía Mexicana de Aviación.

I can work for you Friday, but not Saturday.
Daniel is working for Mexicana Airlines now.

Here is a summary of the most common meanings of **por** and **para**.

PARA (*for, in order to*)

Recipient: Hay un mensaje importante para el embajador de México.
There's an important message for the Mexican ambassador.

In order to: Para reducir la deuda externa tendremos que cerrar varias bases militares.
In order to reduce our foreign debt, we will have to close several military bases.

Destination: El presidente de El Salvador salió hoy para Washington, D.C.
The president of El Salvador left today for Washington, D.C.

Employer: Me gustaría trabajar para las Naciones Unidas.
I would like to work for the United Nations.

Deadline: El senador Cisneros necesita la información para el viernes.
Senator Cisneros needs the information by Friday.

POR (*for, by, through*)

Time: Los senadores discutieron el proyecto de ley por diez horas ayer.
The senators discussed the proposed law for ten hours yesterday.

General time/area: por la mañana, por la tarde, por la noche; por la playa, por el parque, por aquí
in the morning, in the afternoon, at night; by (on) the beach, around (through) the park, around here

In exchange for/ paying: El gobierno pagó mil millones de dólares por veinte aviones de guerra.
The government spent a billion dollars for twenty fighter planes.

Transportation: El dictador siempre ha viajado por avión, nunca ha viajado por tren.
The dictator has always traveled by plane, never by train.

Substitute for: Mientras el presidente estuvo en el hospital, el vice-presidente tomó varias decisiones por él.
While the president was in the hospital, the vice president made several decisions for him.

Ejercicio 6

Los estudiantes de la profesora Martínez están hablando de los inmigrantes y de los obreros indocumentados. Complete sus ideas con **por** o **para** según el contexto.

1. Debería haber programas escolares especiales _____ los hijos de los inmigrantes.
2. A veces trabajan _____ empresas que no les pagan porque son indocumentados.

3. Cuando los padres se enferman, los hijos trabajan _____ ellos.
4. Los inmigrantes trabajan hasta dieciocho horas al día _____ ganar lo suficiente _____ mantener a sus familias.
5. Llevan botellas de agua _____ poder resistir el calor cuando trabajan en el campo.
6. Salen _____ su trabajo muy temprano _____ la mañana, cuando todavía está oscuro.
7. En sus días libres pasean _____ el centro de la ciudad.
8. Se sacrifican _____ ofrecerles una vida mejor a sus hijos.
9. A veces pagan demasiado _____ la ropa y la comida porque no saben dónde comprar.
10. ¿ _____ quién hay más ventajas en este sistema, _____ los inmigrantes o para las empresas que los emplean?

VERBS

A. Regular Verbs: Simple Tenses

INFINITIVE PRESENT PARTICIPLE PAST PARTICIPLE	INDICATIVE						SUBJUNCTIVE		IMPERATIVE
	PRESENT	IMPERFECT	PRETERITE	FUTURE	CONDITIONAL		PRESENT	IMPERFECT	
hablar	hablo	hablaba	hablé	hablaré	hablaría		hable	hablara	
hablando	hablas	hablabas	hablaste	hablarás	hablarías		hables	hablaras	habla tú,
hablado	habla	hablaba	habló	hablará	hablaría		hable	hablara	no hables
	hablamos	hablábamos	hablamos	hablaremos	hablaríamos		hablemos	habláramos	hable Ud.
	habláis	hablabais	hablasteis	hablaréis	hablaríais		habléis	hablarais	hablemos
	hablan	hablaban	hablaron	hablarán	hablarían		hablen	hablaran	hablen
comer	como	comía	comí	comeré	comería		coma	comiera	
comiendo	comes	comías	comiste	comerás	comerías		comas	comieras	come tú,
comido	come	comía	comió	comerá	comería		coma	comiera	no comas
	comemos	comíamos	comimos	comeremos	comeríamos		comamos	comiéramos	coma Ud.
	coméis	comíais	comisteis	comeréis	comeríais		comáis	comierais	comamos
	comen	comían	comieron	comerán	comerían		coman	comieran	coman
vivir	vivo	vivía	viví	viviré	viviría		viva	viviera	
viviendo	vives	vivías	viviste	vivirás	vivirías		vivas	vivieras	vive tú,
vivido	vive	vivía	vivió	vivirá	viviría		viva	viviera	no vivas
	vivimos	vivíamos	vivimos	viviremos	viviríamos		vivamos	viviéramos	viva Ud.
	vivís	vivíais	vivisteis	viviréis	viviríais		viváis	vivierais	vivamos
	viven	vivían	vivieron	vivirán	vivirían		vivan	vivieran	vivan

B. Regular Verbs: Perfect Tenses

INDICATIVE										SUBJUNCTIVE			
PRESENT PERFECT		PAST PERFECT		PRETERITE PERFECT		FUTURE PERFECT		CONDITIONAL PERFECT		PRESENT PERFECT		PAST PERFECT	
he		había		hube		habré		habría		haya		hubiera	
has	hablado	habías	hablado	hubiste	hablado	habrás	hablado	habrías	hablado	hayas	hablado	hubieras	hablado
ha	comido	había	comido	hubo	comido	habrá	comido	habría	comido	haya	comido	hubiera	comido
hemos	vivido	habíamos	vivido	hubimos	vivido	habremos	vivido	habríamos	vivido	hayamos	vivido	hubiéramos	vivido
habéis		habíais		hubisteis		habréis		habríais		hayáis		hubierais	
han		habían		hubieron		habrán		habrían		hayan		hubieran	

C. Irregular Verbs

INFINITIVE PRESENT PARTICIPLE PAST PARTICIPLE	INDICATIVE					SUBJUNCTIVE		IMPERATIVE
	PRESENT	IMPERFECT	PRETERITE	FUTURE	CONDITIONAL	PRESENT	IMPERFECT	
andar andando andado	ando andas anda andamos andáis andan	andaba andabas andaba andábamos andabais andaban	anduve anduviste anduvo anduvimos anduvisteis anduvieron	andaré andarás andará andaremos andaréis andarán	andaría andarías andaría andaríamos andaríais andarían	ande andes ande andemos andéis anden	anduviera anduvieras anduviera anduviéramos anduvierais anduvieran	anda tú, no andes ande Ud. andemos anden
caer cayendo caído	caigo caes cae caemos caéis caen	caía caías caía caíamos caíais caían	caí caíste cayó caímos caísteis cayeron	caeré caerás caerá caeremos caeréis caerán	caería caerías caería caeríamos caeríais caerían	caiga caigas caiga caigamos caigáis caigan	cayera cayeras cayera cayéramos cayerais cayeran	cae tú, no caigas caiga Ud. caigamos caigan
dar dando dado	doy das da damos dais dan	daba dabas daba dábamos dabais daban	di diste dio dimos disteis dieron	daré darás dará daremos daréis darán	daría darías daría daríamos daríais darían	dé des dé demos deis den	diera dieras diera diéramos dierais dieran	da tú, no des dé Ud. demos den
decir diciendo dicho	digo dices dice decimos decís dicen	decía decías decía decíamos decíais decían	dije dijiste dijo dijimos dijisteis dijeron	diré dirás dirá diremos diréis dirán	diría dirías diría diríamos diríais dirían	diga digas diga digamos digáis digan	dijera dijeras dijera dijéramos dijerais dijeran	di tú, no digas diga Ud. digamos digan
estar estando estado	estoy estás está estamos estáis están	estaba estabas estaba estábamos estabais estaban	estuve estuviste estuvo estuvimos estuvisteis estuvieron	estaré estarás estará estaremos estaréis estarán	estaría estarías estaría estaríamos estaríais estarían	esté estés esté estemos estéis estén	estuviera estuvieras estuviera estuviéramos estuvierais estuvieran	está tú, no estés esté Ud. estemos estén
haber habiendo habido	he has ha hemos habéis han	había habías había habíamos habíais habían	hube hubiste hubo hubimos hubisteis hubieron	habré habrás habrá habremos habréis habrán	habría habrías habría habríamos habríais habrían	haya hayas haya hayamos hayáis hayan	hubiera hubieras hubiera hubiéramos hubierais hubieran	
hacer haciendo hecho	hago haces hace hacemos hacéis hacen	hacía hacías hacía hacíamos hacíais hacían	hice hiciste hizo hicimos hicisteis hicieron	haré harás hará haremos haréis harán	haría harías haría haríamos haríais harían	haga hagas haga hagamos hagáis hagan	hiciera hicieras hiciera hiciéramos hicierais hicieran	haz tú, no hagas haga Ud. hagamos hagan

ir / yendo / ido

Present	Imperfect	Preterite	Future	Conditional	Present Subjunctive	Imperfect Subjunctive	Commands
voy	iba	fui	iré	iría	vaya	fuera	
vas	ibas	fuiste	irás	irías	vayas	fueras	ve tú, no vayas
va	iba	fue	irá	iría	vaya	fuera	vaya Ud.
vamos	íbamos	fuimos	iremos	iríamos	vayamos	fuéramos	vayamos
vais	ibais	fuisteis	iréis	iríais	vayáis	fuerais	vayan
van	iban	fueron	irán	irían	vayan	fueran	

oír / oyendo / oído

Present	Imperfect	Preterite	Future	Conditional	Present Subjunctive	Imperfect Subjunctive	Commands
oigo	oía	oí	oiré	oiría	oiga	oyera	
oyes	oías	oíste	oirás	oirías	oigas	oyeras	oye tú, no oigas
oye	oía	oyó	oirá	oiría	oiga	oyera	oiga Ud.
oímos	oíamos	oímos	oiremos	oiríamos	oigamos	oyéramos	oigamos
oís	oíais	oísteis	oiréis	oiríais	oigáis	oyerais	oigan
oyen	oían	oyeron	oirán	oirían	oigan	oyeran	

poder / pudiendo / podido

Present	Imperfect	Preterite	Future	Conditional	Present Subjunctive	Imperfect Subjunctive	Commands
puedo	podía	pude	podré	podría	pueda	pudiera	
puedes	podías	pudiste	podrás	podrías	puedas	pudieras	
puede	podía	pudo	podrá	podría	pueda	pudiera	
podemos	podíamos	pudimos	podremos	podríamos	podamos	pudiéramos	
podéis	podíais	pudisteis	podréis	podríais	podáis	pudierais	
pueden	podían	pudieron	podrán	podrían	puedan	pudieran	

poner / poniendo / puesto

Present	Imperfect	Preterite	Future	Conditional	Present Subjunctive	Imperfect Subjunctive	Commands
pongo	ponía	puse	pondré	pondría	ponga	pusiera	
pones	ponías	pusiste	pondrás	pondrías	pongas	pusieras	pon tú, no pongas
pone	ponía	puso	pondrá	pondría	ponga	pusiera	ponga Ud.
ponemos	poníamos	pusimos	pondremos	pondríamos	pongamos	pusiéramos	pongamos
ponéis	poníais	pusisteis	pondréis	pondríais	pongáis	pusierais	pongan
ponen	ponían	pusieron	pondrán	pondrían	pongan	pusieran	

querer / queriendo / querido

Present	Imperfect	Preterite	Future	Conditional	Present Subjunctive	Imperfect Subjunctive	Commands
quiero	quería	quise	querré	querría	quiera	quisiera	
quieres	querías	quisiste	querrás	querrías	quieras	quisieras	quiere tú, no quieras
quiere	quería	quiso	querrá	querría	quiera	quisiera	quiera Ud.
queremos	queríamos	quisimos	querremos	querríamos	queramos	quisiéramos	queramos
queréis	queríais	quisisteis	querréis	querríais	queráis	quisierais	quieran
quieren	querían	quisieron	querrán	querrían	quieran	quisieran	

saber / sabiendo / sabido

Present	Imperfect	Preterite	Future	Conditional	Present Subjunctive	Imperfect Subjunctive	Commands
sé	sabía	supe	sabré	sabría	sepa	supiera	
sabes	sabías	supiste	sabrás	sabrías	sepas	supieras	sabe tú, no sepas
sabe	sabía	supo	sabrá	sabría	sepa	supiera	sepa Ud.
sabemos	sabíamos	supimos	sabremos	sabríamos	sepamos	supiéramos	sepamos
sabéis	sabíais	supisteis	sabréis	sabríais	sepáis	supierais	sepan
saben	sabían	supieron	sabrán	sabrían	sepan	supieran	

salir / saliendo / salido

Present	Imperfect	Preterite	Future	Conditional	Present Subjunctive	Imperfect Subjunctive	Commands
salgo	salía	salí	saldré	saldría	salga	saliera	
sales	salías	saliste	saldrás	saldrías	salgas	salieras	sal tú, no salgas
sale	salía	salió	saldrá	saldría	salga	saliera	salga Ud.
salimos	salíamos	salimos	saldremos	saldríamos	salgamos	saliéramos	salgamos
salís	salíais	salisteis	saldréis	saldríais	salgáis	salierais	salgan
salen	salían	salieron	saldrán	saldrían	salgan	salieran	

C. Irregular Verbs (continued)

INFINITIVE PRESENT PARTICIPLE PAST PARTICIPLE	INDICATIVE					SUBJUNCTIVE		IMPERATIVE
	PRESENT	IMPERFECT	PRETERITE	FUTURE	CONDITIONAL	PRESENT	IMPERFECT	
ser siendo sido	soy eres es somos sois son	era eras era éramos erais eran	fui fuiste fue fuimos fuisteis fueron	seré serás será seremos seréis serán	sería serías sería seríamos seríais serían	sea seas sea seamos seáis sean	fuera fueras fuera fuéramos fuerais fueran	sé tú, no seas sea Ud. seamos sean
tener teniendo tenido	tengo tienes tiene tenemos tenéis tienen	tenía tenías tenía teníamos teníais tenían	tuve tuviste tuvo tuvimos tuvisteis tuvieron	tendré tendrás tendrá tendremos tendréis tendrán	tendría tendrías tendría tendríamos tendríais tendrían	tenga tengas tenga tengamos tengáis tengan	tuviera tuvieras tuviera tuviéramos tuvierais tuvieran	ten tú, no tengas tenga Ud. tengamos tengan
traer trayendo traído	traigo traes trae traemos traéis traen	traía traías traía traíamos traíais traían	traje trajiste trajo trajimos trajisteis trajeron	traeré traerás traerá traeremos traeréis traerán	traería traerías traería traeríamos traeríais traerían	traiga traigas traiga traigamos traigáis traigan	trajera trajeras trajera trajéramos trajerais trajeran	trae tú, no traigas traiga Ud. traigamos traigan
venir viniendo venido	vengo vienes viene venimos venís vienen	venía venías venía veníamos veníais venían	vine viniste vino vinimos vinisteis vinieron	vendré vendrás vendrá vendremos vendréis vendrán	vendría vendrías vendría vendríamos vendríais vendrían	venga vengas venga vengamos vengáis vengan	viniera vinieras viniera viniéramos vinierais vinieran	ven tú, no vengas venga Ud. vengamos vengan
ver viendo visto	veo ves ve vemos veis ven	veía veías veía veíamos veíais veían	vi viste vio vimos visteis vieron	veré verás verá veremos veréis verán	vería verías vería veríamos veríais verían	vea veas vea veamos veáis vean	viera vieras viera viéramos vierais vieran	ve tú, no veas vea Ud. veamos vean

D. Stem-changing and Spelling Change Verbs

INFINITIVE PRESENT PARTICIPLE PAST PARTICIPLE	INDICATIVE					SUBJUNCTIVE		IMPERATIVE
	PRESENT	IMPERFECT	PRETERITE	FUTURE	CONDITIONAL	PRESENT	IMPERFECT	
pensar (ie) pensando pensado	pienso piensas piensa pensamos pensáis piensan	pensaba pensabas pensaba pensábamos pensabais pensaban	pensé pensaste pensó pensamos pensasteis pensaron	pensaré pensarás pensará pensaremos pensaréis pensarán	pensaría pensarías pensaría pensaríamos pensaríais pensarían	piense pienses piense pensemos penséis piensen	pensara pensaras pensara pensáramos pensarais pensaran	piensa tú, no pienses piense Ud. pensemos piensen
volver (ue) volviendo vuelto	vuelvo vuelves vuelve volvemos volvéis vuelven	volvía volvías volvía volvíamos volvíais volvían	volví volviste volvió volvimos volvisteis volvieron	volveré volverás volverá volveremos volveréis volverán	volvería volverías volvería volveríamos volveríais volverían	vuelva vuelvas vuelva volvamos volváis vuelvan	volviera volvieras volviera volviéramos volvierais volvieran	vuelve tú, no vuelvas vuelva Ud. volvamos vuelvan

Infinitive, Present Participle, Past Participle	Present	Imperfect	Preterite	Future	Conditional	Present Subjunctive	Imperfect Subjunctive	Commands
dormir (ue, u) durmiendo dormido	duermo duermes duerme dormimos dormís duermen	dormía dormías dormía dormíamos dormíais dormían	dormí dormiste durmió dormimos dormisteis durmieron	dormiré dormirás dormirá dormiremos dormiréis dormirán	dormiría dormirías dormiría dormiríamos dormiríais dormirían	duerma duermas duerma durmamos durmáis duerman	durmiera durmieras durmiera durmiéramos durmierais durmieran	duerme tú, no duermas duerma Ud. durmamos duerman
sentir (ie, i) sintiendo sentido	siento sientes siente sentimos sentís sienten	sentía sentías sentía sentíamos sentíais sentían	sentí sentiste sintió sentimos sentisteis sintieron	sentiré sentirás sentirá sentiremos sentiréis sentirán	sentiría sentirías sentiría sentiríamos sentiríais sentirían	sienta sientas sienta sintamos sintáis sientan	sintiera sintieras sintiera sintiéramos sintierais sintieran	siente tú, no sientas sienta Ud. sintamos sientan
pedir (i, i) pidiendo pedido	pido pides pide pedimos pedís piden	pedía pedías pedía pedíamos pedíais pedían	pedí pediste pidió pedimos pedisteis pidieron	pediré pedirás pedirá pediremos pediréis pedirán	pediría pedirías pediría pediríamos pediríais pedirían	pida pidas pida pidamos pidáis pidan	pidiera pidieras pidiera pidiéramos pidierais pidieran	pide tú, no pidas pida Ud. pidamos pidan
reír (i, i) riendo reído	río ríes ríe reímos reís ríen	reía reías reía reíamos reíais reían	reí reíste rió reímos reísteis rieron	reiré reirás reirá reiremos reiréis reirán	reiría reirías reiría reiríamos reiríais reirían	ría rías ría riamos riáis rían	riera rieras riera riéramos rierais rieran	ríe tú, no rías ría Ud. riamos rían
seguir (i, i) (ga) siguiendo seguido	sigo sigues sigue seguimos seguís siguen	seguía seguías seguía seguíamos seguíais seguían	seguí seguiste siguió seguimos seguisteis siguieron	seguiré seguirás seguirá seguiremos seguiréis seguirán	seguiría seguirías seguiría seguiríamos seguiríais seguirían	siga sigas siga sigamos sigáis sigan	siguiera siguieras siguiera siguiéramos siguierais siguieran	sigue tú, no sigas siga Ud. sigamos sigan
construir (y) construyendo construido	construyo construyes construye construimos construís construyen	construía construías construía construíamos construíais construían	construí construiste construyó construimos construisteis construyeron	construiré construirás construirá construiremos construiréis construirán	construiría construirías construiría construiríamos construiríais construirían	construya construyas construya construyamos construyáis construyan	construyera construyeras construyera construyéramos construyerais construyeran	construye tú, no construyas construya Ud. construyamos construyan
producir (zc) produciendo producido	produzco produces produce producimos producís producen	producía producías producía producíamos producíais producían	produje produjiste produjo produjimos produjisteis produjeron	produciré producirás producirá produciremos produciréis producirán	produciría producirías produciría produciríamos produciríais producirían	produzca produzcas produzca produzcamos produzcáis produzcan	produjera produjeras produjera produjéramos produjerais produjeran	produce tú, no produzcas produzca Ud. produzcamos produzcan

APPENDIX 2

GRAMMAR SUMMARY TABLES

I. Personal Pronouns

SUBJECT	OBJECT OF PREPOSITION	REFLEXIVE	INDIRECT OBJECT	DIRECT OBJECT
yo	mí	me	me	me
tú	ti	te	te	te
usted	usted	se	le	lo/la
él	él	se	le	lo
ella	ella	se	le	la
nosotros/as	nosotros/as	nos	nos	nos
vosotros/as	vosotros/as	os	os	os
ustedes	ustedes	se	les	los/las
ellos	ellos	se	les	los
ellas	ellas	se	les	las

II. Possessive Adjectives and Pronouns

ADJECTIVES		PRONOUNS	
my	mi, mis	*mine*	mío/a, míos/as
your (inf. sing.)	tu, tus	*yours*	tuyo/a, tuyos/as
your (pol. sing.)	su, sus	*yours*	suyo/a, suyos/as
his	su, sus	*his*	suyo/a, suyos/as
her	su, sus	*hers*	suyo/a, suyos/as
our	nuestro/a, nuestros/as	*ours*	nuestro/a, nuestros/as
your (inf. pl.)	vuestro/a, vuestros/as	*yours*	vuestro/a, vuestros/as
your (pol. pl.)	su, sus	*yours*	suyo/a, suyos/as
their	su, sus	*theirs*	suyo/a, suyos/as

III. Demonstrative Adjectives and Pronouns

MASCULINE AND FEMININE	ADJECTIVES AND PRONOUNS	NEUTER PRONOUNS
this, these	este/esta, estos/estas	esto
that, those (not close to speaker)	ese/esa, esos/esas	eso
that, those (farther from speaker)	aquel/aquella, aquellos/aquellas	aquello

IV. *Por / para*

POR		PARA	
through, by	por aquí	*destination*	para Madrid
length of time	por tres minutos	*time*	tres minutos para las tres
during	por la noche	*deadline*	para el viernes
in place of	Trabajo por Juan.	*recipient*	Trabajo para mi familia. un regalo para ella
quantity	por dor pesos		
means	por tren		

V. Past (Preterite) and Imperfect

PAST		IMPERFECT	
completed event	comí	*event in progress*	comía
completed state	estuve	*ongoing state*	estaba
completed series	bailé, canté	*"used to"*	bailaba, cantaba

VI. Indicative and Subjunctive

NOUN CLAUSES			
Indicative		*Subjunctive*	
assertion	es verdad que	*possibility*	es posible que
belief	creer que	*doubt*	dudar que
knowledge	saber que	*subjective reaction*	estar contento/a de que
		volition	querer que

ADJECTIVE CLAUSES	
Indicative	*Subjunctive*
known antecedent	*unknown antecedent*
Tengo un amigo que sabe...	Busco un amigo que sepa...
existent antecedent	*nonexistent antecedent*
Hay una persona que sabe...	No hay nadie que sepa...

ADVERBIAL CLAUSES: TIME	
Indicative	*Subjunctive*
cuando hasta que tan pronto como } + *habitual action* en cuanto después de que	cuando hasta que tan pronto como } + *future action* en cuanto después de que
Siempre cuando trabaja...	Mañana cuando trabaje...

Appendix 3

ANSWER KEY

PASO B

Ej. 1: 1. b 2. b 3. a 4. a 5. b **Ej. 2:** 1. d 2. a 3. e 4. b 5. c **Ej. 3:** 1. No, no es una pizarra. Es una pared. 2. No, no es una oficina. Es un salón de clase. 3. No, no es una silla. Es un escritorio. 4. No, no es un borrador. Es un cuaderno. 5. No, no es una ventana. Es una silla. **Ej. 4:** 1. La 2. El 3. La 4. El 5. El 6. La 7. La 8. El 9. La 10. El **Ej. 5:** 1. Sí, hay libros en la mesa. 2. Sí, hay un reloj en la pared. 3. Sí, hay una profesora. 4. No, no hay un automóvil. 5. No, no hay un profesor. 6. Sí, hay papeles en los pupitres. 7. Sí, hay un bolígrafo en el pupitre de Alberto. 8. Sí, hay muchos cuadernos. 9. No, no hay una bicicleta. 10. Sí hay una ventana. **Ej. 6:** 1. pares de zapatos. 2. perros nuevos. 3. chaquetas rojas. 4. lápices amarillos. 5. amigas mexicanas. **Ej. 7:** 1. cuadernos pequeños. 2. gatos negros. 3. fotografías bonitas. 4. relojes bonitos. 5. libros difíciles. 6. amigos divertidos. **Ej. 8:** 1. alto 2. simpático 3. idealista 4. excepcional 5. guapo **Ej. 9:** 1. Nora: a, d, i 2. Alberto: b, e, i 3. Esteban y Carmen: g, h 4. la profesora Martínez: a, k

PASO C

Ej. 1: 1. tiene 2. tenemos 3. tienes 4. tengo 5. tienen **Ej. 2:** 1. El carro es de la profesora Martínez. 2. La camisa es de Luis. 3. El perro es de Nora. 4. Los lentes son de Mónica. 5. El saco es de Alberto. 6. La bicicleta es de Carmen. **Ej. 3:** 1. su 2. sus 3. tu 4. mis 5. nuestros 6. sus; nuestras 7. su 8. su 9. tus 10. mi **Ej. 4:** 1. tu; mi 2. tus; mis 3. Su 4. sus; nuestros **Ej. 5:** 1. Adriana Bolini tiene 28 años. 2. Carla Espinosa tiene 22 años. 3. Bernardo Torres tiene 50 años. 4. Inés Torres tiene 37 años. 5. Doña María González de Saucedo tiene 79 años. 6. Yo tengo (¿ ?) años. **Ej. 6:** 1. Don Eduardo tiene 80 años. 2. Estela tiene 35 años. 3. Ernestito tiene 8 años. 4. Gustavo tiene 16 años. 5. Doña Lola tiene 42 años. **Ej. 7:** 1. Es española. 2. Son japoneses. 3. Es alemán. 4. Son francesas. 5. Son italianas. 6. Es china. 7. Es inglés. **Ej. 8:** 1. hablan 2. habla 3. hablan 4. hablas 5. hablo; hablo **Ej. 9:** 1. Falso. El hombre que tiene un Toyota habla francés, español e inglés pero es de México, D.F. 2. Cierto. 3. Falso. Raúl habla inglés, español y francés. 4. Cierto. 5. Cierto.

PASO D

Ej. 1: 1. mil ochocientos setenta y seis. 2. mil quinientos ochenta y ocho. 3. mil setecientos setenta y cinco. 4. mil novecientos noventa y uno. 5. dos mil. 6. mil novecientos cuarenta y cinco. 7. mil once. 8. mil novecientos veinte y nueve (veintinueve) 9. mil seiscientos quince. 10. dos mil veinte y cinco (veinticinco). **Ej. 2:** 1. a 2. b 3. a 4. a 5. a 6. a 7. a 8. a 9. b 10. b **Ej. 3** 1. leen 2. Lees 3. lee 4. Leo 5. lee **Ej. 4:** 1. vive 2. vivimos 3. viven 4. Viven 5. Vivo **Ej. 5:** 1. Son las cuatro y veinte. 2. Son las seis y cuarto. 3. Son las ocho y trece. 4. Es la una y diez. 5. Son las siete y siete. 6. Son las cinco y media. 7. Son las tres. 8. Son las dos menos once. 9. Son las doce y media. 10. Son las cinco y cuarto. **Ej. 6:** 1. te; me 2. te; me 3. les; nos **Ej. 7:** 1. le; comer 2. le; cocinar 3. les; hablar por teléfono 4. le; leer 5. le; correr 6. me; ¿ ?

CAPÍTULO 1

Ej. 1: 1. vas; voy 2. van; va; va 3. va; va; vamos 4. vas; Voy 5. vas; Voy **Ej. 2:** 1. Ernesto 2. Estela 3. No, Gustavo es el cuarto. 4. No, Amanda es la quinta. 5. Sí 6. Ramón 7. No, es la séptima. 8. Ernesto 9. doña Lola 10. No, don Anselmo es el cuarto hombre **Ej. 3:** 1. quiero; prefiere 2. quiere; prefiere 3. quiere; prefiero 4. quiere; prefieren 5. quiere; prefiero 6. quiere; prefiere 7. quiere; prefiere 8. quiere; prefiere 9. quieren; prefiero 10. quieren; prefiere **Ej. 4:** 1. Quiere jugar al béisbol. 2. Prefiere ver un partido de fútbol en la televisión. 3. Quieren ir de compras. 4. Preferimos leer. 5. Prefieren levantar pesas. 6. Quiere viajar. **Ej. 5:** 1. Va a estudiar; prefiere charlar con amigos. 2. Va a levantar pesas; prefiere hablar por teléfono. 3. Va a escribir una composición; quiere tomar el sol en la playa. 4. Va a montar a caballo; prefiere andar en motocicleta. 5. Va a hacer la tarea; prefiere ¿ ? 6. Voy a escuchar las "Actividades de comprensión"; prefiero ¿ ? **Ej. 6:** 1. Hace sol. 2. Llueve. 3. Hace frío. 4. Hace mal tiempo. 5. Hace calor. 6. Nieva. **Ej. 7:** 1. posible 2. posible 3. imposible 4. imposible 5. imposible

CAPÍTULO 2

Ej. 1: 1. estoy 2. están 3. estás 4. estamos 5. está 6. estamos 7. estás 8. está 9. están 10. estamos **Ej. 2:** 1. b 2. d 3. f 4. c 5. a 6. e **Ej. 3:** 1. escribimos 2. lleva 3. limpiamos 4. desayunan 5. lee 6. comen 7. monta (anda) 8. Hablo 9. asisten 10. escuchamos **Ej. 4:** 1. Papá, ¿tomas mucho café en el trabajo? 2. Gustavo, ¿juegan tus amigos y tú al béisbol? 3. Gustavo y Ernestito, ¿tienen ustedes una computadora? 4. Señorita Reyes, ¿hace usted ejercicio en un gimnasio? 5. Señor Galván, ¿trabaja usted por la noche? 6. Don Eduardo, ¿prepara usted café por la mañana? 7. Mamá, ¿cocinas por la mañana o por la tarde? 8. Ernestito, ¿ves la televisión por la noche? 9. Doña Rosita, ¿asiste usted a misa los domingos? 10. Señorita Reyes, ¿lava usted su ropa en casa o en una lavandería? **Ej. 5:** 1. sale; Salgo 2. juegas; juego 3. hace; hago 4. juegan; jugamos **Ej. 6:** 1. Los Torres son de Colombia pero ahora están en Italia. 2. Marta es de México pero ahora está en Puerto Rico. 3. Rogelio y Carla son de Puerto Rico pero ahora están en Nueva York. 4. Pilar es de España pero ahora está en Guatemala. 5. Ricardo es de Venezuela pero ahora está en España. **Ej. 7:** 1. Está leyendo. 2. Están pescando. 3. Está corriendo. 4. Está cocinando (preparando) la cena. 5. Están viendo (mirando) la televisión. 6. Está fumando. **Ej. 8:** 1. durmiendo 2. jugando 3. leyendo 4. lavando 5. tocando

CAPÍTULO 3

Ej. 1: 1. vamos a la 2. van al 3. Vamos al 4. va a la 5. Voy a la 6. voy a la 7. van al

534 / Appendix 3   Answers to Grammar Exercises

8. va a la 9. Vamos a la 10. Vas al **Ej. 2:** 1. Duermen; dormimos 2. Almuerzan; almorzamos 3. Vuelven; volvemos 4. Juegan; jugamos 5. Juegan; jugamos 6. Pierden; juegan; perdemos; jugamos 7. Prefieren; preferimos 8. Empiezan; empezamos **Ej. 3:** 1. Traigo 2. pongo 3. digo 4. oigo 5. salgo 6. vengo 7. tengo 8. Hago **Ej. 4:** 1. (D) Este chico se ducha por la mañana, pero las niñas prefieren bañarse por la noche. 2. (B) El sale para el trabajo a las 8:00, pero su hijo sale para la escuela a las 8:30. 3. (F) A él no le gusta bañarse pero le gusta bañar al perro. 4. (E) Él se afeita la cara, pero su esposa se afeita las piernas. 5. (C) Ella lee novelas después de trabajar, pero él prefiere ver la televisión. 6. (G) Se acuesta a las 11:30 y se levanta a las 6:00. 7. (A) Él se quita la camisa, pero ella se pone los zapatos. **Ej. 5:** 1. No, me baño a las 6:30. 2. No, me lavo el pelo con champú. 3. No, me afeito en el baño. 4. No, me ducho por la mañana. 5. No, me quito la ropa en mi recámara (dormitorio). 6. No, me peino en el baño. 7. No, me maquillo en casa. 8. No, me levanto tarde los domingos. **Ej. 6:** 1. c 2. a 3. d 4. b 5. e **Ej. 7:** 1. ¿Están tristes Paula y Andrea? 2. ¿Está enojado (irritado) Ernesto? 3. ¿Está ocupado Gustavo? 4. ¿Están enamorados (contentos) Ramón y Amanda? 5. ¿Están interesados en viajar Daniel y Leticia? **Ej. 8:** 1. tiene hambre 2. tienes frío 3. tenemos calor 4. tengo sueño 5. tengo prisa 6. tienen sed 7. tengo miedo 8. tengo sed **Ej. 9:** 1. f 2. d 3. g 4. a 5. b

CAPÍTULO 4

Ej. 1: 1. Les 2. les 3. le 4. nos 5. le 6. les 7. Le 8. me; te **Ej. 2:** Frame 1: me Frame 2: le Frame 3: me le Frame 4: te Frame 5: le; nos Frame 6: nos; les **Ej. 3:** 1. sé 2. sabe 3. saben 4. sabes 5. sabemos **Ej. 4:** 1. Puedes 2. Pueden 3. puede 4. pueden 5. Podemos **Ej. 5:** 1. Esta 2. Estos 3. Estos 4. Estas 5. Este **Ej. 6:** 1. Esas 2. Ese 3. Esa 4. Esos 5. Esos **Ej. 7:** 1. esa 2. este 3. esos 4. este 5. estas **Ej. 8:** 1. estos 2. aquellos 3. esos 4. esos 5. aquellas 6. estas **Ej. 9:** 1. quisiera 2. quisiéramos 3. quisieran 4. quisieras 5. quisiera **Ej. 10:** 1. le 2. les 3. le 4. me 5. nos **Ej. 11:** 1. piensa 2. piensas 3. pensamos 4. piensan 5. pienso **Ej. 12:** 1. c; ¡Vamos a preparar chocolate caliente! 2. d; ¡Vamos a ir de

compras! 3. a; ¡Vamos a hacer la compra! 4. e; ¡Vamos a sentarnos debajo de ese árbol! 5. b; ¡Vamos a estudiar esta noche! **Ej. 13:** 1. c 2. e 3. d 4. a 5. b **Ej. 14:** 1. e 2. a 3. c 4. b 5. d **Ej. 15:** 1. Antes de preparar la comida, Estela hace la compra (Después de hacer las compras, Estela prepara la comida.) 2. Después de limpiar la casa, invitan a unos amigos. (Antes de invitar a unos amigos, limpian la casa.) 3. Antes/Después de dormir una siesta, ayuda a su papá. (Antes/Después de ayudar a su papá, duerme una siesta.) 4. Después de correr, te bañas. (Antes de bañarte, corres.) 5. Antes de salir a bailar, nos ponemos la ropa. (Después de ponernos la ropa, salimos a bailar.)

CAPÍTULO 5

Ej. 1: 1. El sillón pesa más que la mesa. (La mesa pesa menos que el sillón.) 2. En mi casa viven más personas que en la casa de los vecinos. (En la casa de los vecinos viven menos personas que en mi casa.) 3. La casa de los López es más grande que la casa de los vecinos. 4. En el patio de mis abuelos hay menos árboles que en nuestro patio. (En nuestro patio hay más árboles que en el patio de mis abuelos.) 5. En la casa de los Ramírez hay menos dormitorios que en la casa de los Ruiz. (En la casa de los Ruiz hay más dormitorios que en la casa de los Ramírez.) **Ej. 2:** 1. Vivir en el desierto es peor que vivir en el centro de la ciudad. 2. Vivir en una casa es mejor que vivir en un apartamento. 3. Un refrigerador es el más útil de todos. 4. Armando es mayor que Irma. 5. Mi sobrino es el menor. 6. El Rolls Royce es el más caro de todos. **Ej. 3:** 1. La piscina de los Lugo es tan bonita como la piscina de los Montes. 2. El edificio de la Avenida Oriente no es tan alto como el edificio nuevo de la Avenida del Libertador. 3. La lavandería vieja de la Avenida Almendros no es tan limpia como la lavandería nueva de la Calle Ebro. 4. Los condominios «San Juan» no son tan modernos como los condominios «Princesa». 5. La torre San Martín no es tan alta como el edificio de la Avenida Oriente. **Ej. 4:** 1. La sala de su casa no tiene tantas lámparas como la sala de nuestra casa. 2. La casa de los Ruiz no tiene tantos cuartos como la casa de los Ramírez. 3. La casa de los Ruiz tiene tantos baños como la casa de los Ramírez. 4. El edificio de la Calle Bolívar tiene tantos pisos como el edificio de la

Calle Colón. 5. El patio de don Anselmo no tiene tantas flores y plantas como el patio de doña Lola. **Ej. 5:** 1. tiene que 2. tienen que 3. tengo que 4. tenemos que 5. tienes que **Ej. 6:** 1. debe 2. debo 3. debes 4. deben 5. debemos **Ej. 7:** 1. tengo que 2. debe 3. debemos 4. necesitan 5. Tienes que **Ej. 8:** 1. Sí, (No, no) compré un disco. 2. Sí, (No, no) comí en un restaurante. 3. Sí, (No, no) hablé por teléfono. 4. Sí, (No, no) escribí una carta. 5. Sí, (no, no) estudié por cuatro horas. 6. Sí, (No, no) abrí la ventana. 7. Sí, (No, no) visité a un amigo. 8. Sí, (No, no) corrí por la mañana. 9. Sí, (No, no) tomé un refresco. 10. Sí, (No, no) lavé los platos. **Ej. 9:** 1. Mi madre no charló con el Presidente la semana pasada. 2. El Presidente de México no comió tacos en la calle ayer. 3. La profesora de español no salió con Jon Secada anoche. 4. No jugué al tenis con Gabriela Sabatini ayer a medianoche. 5. Fidel Castro no visitó los Estados Unidos el mes pasado **Ej. 10:** 1. ¿Conoce 2. ¿Conoce 3. ¿Sabe 4. ¿Sabe 5. ¿Conoce 6. ¿Conoce 7. ¿Sabe 8. ¿Sabe 9. ¿Sabe 10. ¿Conoce **Ej. 11:** 1. los 2. la 3. lo 4. los 5. lo 6. lo 7. la 8. los 9. lo 10. la

CAPÍTULO 6

Ej. 1: 1. Se levantó a las seis. Se bañó. Se preparó un desayuno pequeño. Comió cereal con leche y fruta. Leyó el periódico. Tomó el autobús al trabajo. Llegó al trabajo a las 8:00. Almorzó con una colega de su trabajo. Comió una hamburguesa. **Ej. 2:** llegaste; Llegué; llegamos; llegó; Leíste; leí; leyeron; leyó; leímos **Ej. 3:** 1. d 2. c 3. e 4. g 5. b 6. f 7. a **Ej. 4:** 1. dio 2. vinieron 3. traje 4. dijeron 5. vio 6. puso 7. hizo 8. fueron **Ej. 5:** 1. fueron; tradujo; Decidieron; caminaron; fueron 2. fue; Llegaron; descansó; meterse; Bucearon; vieron; hicieron; cocinaron; tocó; cantaron; bailaron 3. fue; Llegaron; entró; vio; estudió; saludó; salieron; Bailó; tomó; Regresó **Ej. 6:** Generalmente Pilar asiste a clase, pero ayer durmió toda la tarde y mañana va a visitar a una amiga. Generalmente Bernardo e Inés almuerzan con sus hijas, pero ayer estuvieron en Cali todo el día y mañana van a ir de compras. Generalmente Adriana juega al tenis por la tarde, pero ayer tradujo un documento del italiano al español y mañana va a aprender un nuevo programa de informática. Generalmente doña María se queda en casa, pero ayer tomó café con sus amigas y mañana va a cocinar toda la tarde. Generalmente Carla y Rogelio estudian en la biblioteca, pero ayer fueron a la playa y mañana van a lavar el carro. **Ej. 7:** 1. dormiste 2. Dormí 3. duermes 4. duermo 5. sientes 6. siento 7. sentiste 8. sentí 9. divertiste 10. divertí 11. divirtió 12. divirtió 13. mentiste 14. mentí 15. mintió **Ej. 8:** 1. me 2. dijiste 3. Te 4. dije 5. me 6. dijo 7. me 8. dijo 9. le 10. dijiste 11. le 12. dijiste 13. le 14. dije 15. le 16. dije **Ej. 9:** 1. fui 2. cené 3. escribí 4. compré 5. leí 6. fuimos 7. vimos 8. ganamos 9. dimos 10. sacamos **Ej. 10:** 1. Pero, Estela, limpié el baño hace dos días. 2. Pero, Estela, barrí el patio hace tres horas. 3. Pero, Estela, pasé la aspiradora hace una hora. 4. Pero, Estela, bañé, al perro hace tres días. 5. Pero, Estela, te llevé a un restaurante elegante hace una semana. **Ej. 11:** (Answers are for 1994; they will vary depending on year the book is used.) 1. Alejandro Bell inventó el teléfono hace ciento dieciocho años. 2. Gustave Eiffel construyó la Torre Eiffel hace ciento cinco años. 3. Pancho Villa murió hace setenta y un años. 4. Colón llegó a América hace quinientos dos años. 5. Francisco Franco murió hace diecinueve años. 6. Alemania se unificó hace cuatro años.

CAPÍTULO 7

Ej. 1: 1. Lo preparé ayer. 2. La puse en el congelador. 3. Las compré en el supermercado. 4. Lo traje hace diez minutos. 5. La puse en la mesa. 6. Las preparé hace dos minutos. 7. Los puse en el gabinete. 8. Lo compré en la panadería. 9. Las hice cuando me levanté. 10. Los traje esta mañana. **Ej. 2:** 1. las 2. la 3. los 4. lo 5. la **Ej. 3:** 1. A mí (no) me gustan. A mi compañero/a (no) le gustan. A nosotros/as (no) nos gustan. 2. (No) Me gusta. (No) Le gusta. (No) Nos gusta. 3. (No) Me gusta. (No) Le gusta. (No) Nos gusta. 4. (No) Me gustan. (No) Le gustan. (No) Nos gustan. 5. (No) Me gustan. (No) Le gustan. (No) Nos gustan. 6. (No) Me gustan. (No) Le gustan. (No) Nos gustan. **Ej. 4:** 1. Te 2. me 3. ti 4. mí 5. le 6. él 7. mí 8. ti 9. te 10. mí 11. me **Ej. 5:** 1. ¿Para ella? ¡No lo creo! ¡No le gusta la comida fría! 2. ¿Para mí? ¡No lo creo! ¡No me gusta nada el hígado! 3. ¿Para ellas? ¡No lo creo! ¡Son muy pe-

queñas! 4. ¿Para nosotros? ¡Imposible! ¡No nos gustan! 5. ¿Para él? ¡No lo creo! ¡Tu papá es muy delgado! 6. ¿Para ti? ¡No lo creo! ¡No te gusta! 7. ¿Para ella? ¡Imposible! ¡No le gustan las cebollas! 8. ¿Para él? ¡No lo creo! ¡A él no le gusta! **Ej. 6:** 1. conmigo; contigo 2. ti; mí 3. él; él; él; mí; ti; mí **Ej. 7:** 1. nadie 2. nada 3. nunca 4. nadie 5. ninguna 6. nada 7. Nunca 8. ninguno **Ej. 8:** No key required. **Ej. 9:** 1. se cortan 2. se necesita 3. se lava; se pone 4. se sirven 5. se agregan 6. se necesitan 7. se habla 8. se baten **Ej. 10:** 1. pedir 2. pedir 3. sirven 4. pedir 5. pides 6. sirven 7. pido 8. pedir 9. pidieron 10. Pedimos 11. sirvió 12. pedí 13. pidió 14. pediste 15. pedí 16. pidió 17. pidieron 18. pedimos 19. sirvió 20. sirvió

CAPÍTULO 8

Ej. 1: 1. Recibió zapatos. 2. un avión. 3. pantalones. 4. un perro. 5. un sombrero. **Ej. 2:** cafecito; ratito; poquito; enfermito; solito; pobrecito; carrito; avioncito; regalitos **Ej. 3:** 1. Montaba 2. Jugábamos 3. leía 4. se bañaban 5. comía 6. limpiaba 7. pasaba 8. escuchaba 9. veía 10. cuidaba **Ej. 4:** a, 2, jugaban; b, 4, iban; c, 5, saltaba; d, 3, se peleaba; e, 1, lloraba; f, 6, ¿? **Ej. 5:** 1. tenía 2. sabía 3. conocíamos 4. era 5. estaba **Ej. 6: A.** 1. tenía 2. era 3. conocía 4. Queríamos; teníamos 5. estabas 6. tenía **B.** 1. supe 2. tenía 3. conocí 4. quise 5. pude **Ej. 7:** 1. Iba a venir, pero mi carro no arrancó. 2. Iba a traerlas, pero la tienda se cerró a las 8:00. 3. Iba a comprarte un regalo, pero no recibí mi cheque a tiempo. 4. Iba a cenar con ustedes, pero tuve que trabajar tarde. 5. Iba a ir, pero mi novio tuvo que trabajar esa noche. 6. Iba a decirte, pero no pude llamarte. **Ej. 8:** 1. ¡Se perdió! 2. ¡Se rompieron! 3. ¡Se cayó! 4. ¡Se descompuso! **Ej. 9:** 1. A Lan se le descompuso el carro. 2. A Carmen se le cayó el espejo. 3. A la profesora Martínez se le olvidó el libro de español en el salón de clase. 4. A Ernesto y a Estela se les quedó la llave dentro de la casa. 5. A Luis y a Alberto se les perdió el libro de matemáticas.

CAPÍTULO 9

Ej. 1: 1. hemos visto 2. ha escrito 3. he viajado 4. han comprado 5. has comido 6. ha hablado 7. has ido 8. han limpiado 9. has oído 10. han pasado **Ej. 2:** (An-

swers will vary.) 1. ¿Cuántas veces has viajado a México? He viajado a México muchas veces. 2. ¿Cuántas veces has esquiado en un lago? Nunca he esquiado en un lago. 3. ¿Cuántas veces has subido a una pirámide? He subido a una pirámide una vez en México. 4. ¿Cuántas veces has acampado en las montañas? He acampado en las montañas muchas veces. 5. ¿Cuántas veces has alquilado un coche? He alquilado un coche tres o cuatro veces. 6. ¿Cuántas veces has cocinado para diez personas? He cocinado para diez personas muchas veces. 7. ¿Cuántas veces has leído tres novelas en un día? Nunca he leído tres en un día. 8. ¿Cuántas veces has corrido 5 kilómetros sin parar? He corrido 5 kilómetros sin parar una o dos veces. 9. ¿Cuántas veces les has dicho una mentira a tus padres? ¡Nunca les he dicho una mentira! 10. ¿Cuántas veces has roto un vaso en un restaurante? He roto un vaso en un restaurante dos veces. **Ej. 3:** por; por; para; por; por; por; por; para **Ej. 4:** 1. rápidamente 2. cómodamente 3. puntualmente 4. constantemente 5. inmediatamente **Ej. 5:** 1. ¡Qué país tan (más) interesante! 2. ¡Qué vuelo tan (más) largo! 3. ¡Qué montañas tan (más) altas! 4. ¡Qué selva tan (más) verde! 5. ¡Qué arena tan (más) blanca! **Ej. 6:** 1. ¡Qué impresionantes son las ruinas de Machu Picchu! 2. ¡Qué grande es el lago Titicaca! 3. ¡Qué cosmopolita es la ciudad de Buenos Aires! 4. ¡Qué húmeda es la selva de Ecuador! 5. ¡Qué seco es el desierto de Atacama en Chile! 6. ¡Qué alta es la torre de la Giralda en Sevilla! 7. ¡Qué hermoso es el edificio del Alcázar de Segovia! 8. ¡Qué inmenso es el Parque del Retiro en Madrid! 9. ¡Qué interesante es el Museo del Prado! 10. ¡Qué antiguo es el acueducto de Segovia! **Ej. 7:** 1. Hace ¿? años/meses que estudio en esta universidad. 2. Hace ¿? que sé manejar un auto. 3. Hace ¿?que vivo en mi vecindario. 4. Hace ¿ ? que conozco a mi mejor amigo/a. 5. Hace ¿ ? que hablo español. **Ej. 8:** 1. parece; importa 2. fascinan; interesan 3. encanta; gusta 4. molesta; gusta 5. importan; interesan

CAPÍTULO 10

Ej. 1: tú; tú; vienes; tú; piensas; ¿Quieres?; ¿Tienes; dices; pasas **Ej. 2:** piensan; quieren, ustedes; les parece; A ustedes les gustan; les gustaría; ustedes saben; Ustedes dos invitan a sus amigos;

les parece **Ej. 3:** 1. Sí, hágalas lo más pronto posible. 2. Sí, cómprelos inmediatamente. 3. Sí, tráigalo mañana. 4. Sí, recójalos el jueves, por favor. 5. Sí, venga/llegue dos horas antes. 6. Sí, consígalo lo más pronto posible. **Ej. 4:** 1. Prepárenlo. 2. Consíganlos. 3. Límpienlas. 4. Háganlas. 5. Duerman. 6. Salgan. **Ej. 5:** 1. Quiere que recojamos nuestros boletos pronto. 2. Quiere que escribamos una lista de lo que vamos a necesitar. 3. No quiere que llevemos muchas cosas en las maletas. 4. Quiere que compremos cheques de viajero. 5. Quiere que comamos en restaurantes buenos y que no comamos en la calle. 6. Quiere que lleguemos al aeropuerto temprano. 7. Quiere que bebamos refrescos o agua mineral y que no bebamos el agua. **Ej. 6:** 1. llegue 2. viajamos 3. suben 4. lea 5. terminen **Ej. 7:** 1. Quiere que haga las maletas... 2. Quiere que duerma ocho horas... 3. Quiere que traiga ropa... 4. Quiere que vaya... 5. Quiere que ponga el dinero... 6. Quiere que le dé el pasaporte. 7. Quiere que vuelva con... 8. No quiere que pida comida... 9. Quiere que me divierta mucho. 10. Quiere que le diga «Adiós» a mi familia. **Ej. 8:** 1. llame; c. llegue 2. sirva; d. vayamos 3. oigas; b. vengas 4. traigamos; e. volvamos 5. saques; a. estés **Ej. 9:** 1. durmiendo 2. asistiendo 3. viendo 4. estudiando 5. leyendo 6. estaba ¿? 7. estaba ¿? 8. estaban ¿? 9. estaban ¿? 10. estaba ¿? **Ej. 10:** 1. Manejaba 2. Veía 3. Caminaba 4. hablaba 5. Hacía 6. Me bañaba **Ej. 11:** 1. era 2. íbamos 3. alquilábamos 4. buceábamos 5. nos bañábamos 6. salíamos 7. caminábamos 8. tenía 9. fuimos 10. estaban durmiendo 11. jugaba 12. hablaba 13. conocía 14. miré 15. jugaba 16. vi 17. nos levantamos 18. corrimos 19. encontramos 20. buscamos 21. pudimos 22. Estaba 23. regresamos 24. teníamos 25. estaba 26. fuiste 27. grité 28. contestó 29. estaba 30. enojé

CAPÍTULO 11

Ej. 1: 1. Tiene que haber 2. Va a haber 3. había 4. hay; va a haber; hay 5. haya **Ej. 2:** 1. b 2. a 3. b 4. a 5. a **Ej. 3:** 1. No le muestre su pierna. 2. No me diga si le duele. 3. No le lleve estos papeles. 4. No le traiga la comida. 5. No le dé la receta. **Ej. 4:** 1. Lláme me... 2. Tráiganos... 3. Dígale... 4. Lléveles... 5. Déme... **Ej. 5:** 1. Le recomienda a la

enfermera que le ponga la inyección a la paciente. 2. Le recomienda al paciente que le llame mañana. 3. Le recomienda a la enfermera que le explique los síntomas a la señora López. 4. Le recomienda a la recepcionista que les lleve estos papeles a los señores Gómez. 5. Le recomienda al paciente que le cuente a la enfermera cómo ocurrió el accidente. **Ej. 6:** 1. Estela le dice a Ernesto que tenga mucho cuidado. 2. El médico le pide a Pedro que tome la medicina regularmente. 3. Estela les pide a Andrea y a Paula que coman pocos dulces. 4. Pedro le recomienda a Ernesto que no diga nada sobre el problema. 5. Don Anselmo le aconseja a don Eduardo que descanse mucho en casa. **Ej. 7:** 1. Estela barría (estaba barriendo) cuando Ernesto se cayó de la escalera. 2. Amanda se cayó cuando patinaba (estaba patinando). 3. Margarita se maquillaba (estaba maquillándose) cuando Pedro se resbaló y se cayó en la bañera. 4. Ernesto manejaba (estaba manejando) su coche cuando un perro atravesó la calle. ¿Lo atropelló Ernesto? 5. Los chicos jugaban (estaban jugando) cuando la pelota rompió el vidrio (la ventana). 6. Ernesto y Estela veían (estaban viendo) la televisión cuando ocurrió un terremoto. **Ej. 8:** 1. trabajé 2. Salí 3. caminé 4. Había 5. esperaba 6. era 7. Pensaba 8. vi 9. caminaba 10. estaba 11. llegó 12. robó 13. empezó 14. desapareció 15. llegó 16. di 17. llegó 18. llegué **Ej. 9:** 1. b, c, d 2. b, c 3. a, b, c 4. a, d 5. a, c, d

CAPÍTULO 12

Ej. 1: 1. Nora, yo prefiero el largo (corto). 2. Alberto, yo prefiero el de cuero (lana). 3. Mónica, yo prefiero el ligero (grueso). 4. Carmen, yo prefiero la azul (blanca). 5. Esteban, yo prefiero la de seda (algodón). **Ej. 2:** 1. Margarita, ¿va a comprar una verde o una amarilla? 2. Doña Lola, ¿va a comprar uno eléctrico o uno manual? 3. Gustavo, ¿vas a comprar una pequeña o una grande? 4. Guillermo, ¿vas a comprar una grande o una mediana? 5. Amanda, ¿vas a comprar una grande o una portátil? **Ej. 3:** 1. esta; esa 2. estos; esos 3. estas; esas 4. ese; este 5. Ese; este **Ej. 4:** 1. Sí, es mío. (No, no es mío. Es de...) 2. Sí, son suyas. (No, no son suyas. Son de...) 3. Sí, es tuyo. (No, no es tuyo. Es de...) 4. Sí, son suyas. (No, no son suyas. Son de...) 5. Sí, es suyo.

(No, no es suyo. Es de...) 6. Sí, es nuestra. (No, no es nuestra. Es de...) 7. Sí, son suyas. (No, no son suyas. Son de...) 8. Sí, es suya. (No, no es suya. Es de...) 9. Sí, es mía. (No, no es mía. Es de...) 10. Sí, son tuyos. (No, no son tuyos. Son de...) **Ej. 5:** 1. c. 2. e 3. a 4. b 5. d **Ej. 6:** 1. por 2. Para 3. para 4. para 5. por 6. por 7. por 8. Para 9. para 10. por 11. para **Ej. 7:** 1. nos; a, b, c 2. le; a, b 3. les; a, c 4. me; a, c, d 5. te; a, c **Ej. 8:** 1. Sí, se la entregué ayer. 2. Sí, se lo vendí la semana pasada. 3. Sí, se la di anoche. 4. Sí, se la presté el lunes pasado. 5. Sí, se las llevé el fin de semana pasado. 6. Voy a prestártelas esta tarde. 7. Voy a devolvértelo mañana. 8. Voy a traértelo el sábado que viene. 9. Voy a dártela cuando salga de la escuela. 10. Voy a mostrártelos este fin de semana. **Ej. 9:** 1. Sí, voy a pedírselo esta noche. 2. Sí, voy a prestárselas mañana. 3. Sí, voy a llevárselas el domingo que viene. 4. Sí, voy a devolvérselas esta tarde. 5. Sí, voy a regalárselo el viernes en la fiesta. **Ej. 10:** 1. Te la estoy dando ahora mismo. 2. Te la estoy preparando ahora mismo. 3. Te la estoy planchando ahora mismo. 4. Te lo estoy buscando ahora mismo. 5. Te las estoy buscando ahora mismo. **Ej. 11:** 1. Ya me la regaló ayer. 2. Ya me lo compró la semana pasada. 3. Ya me la prestó anoche. 4. Ya me los trajo el viernes pasado. 5. Ya me lo dio esta tarde.

CAPÍTULO 13

Ej. 1: 1. Levántate (Acuéstate) 2. Ven 3. Ten 4. Sal 5. Bájate 6. Habla 7. Acuéstate; apaga 8. Dile 9. Ve; lee 10. Haz **Ej. 2:** 1. Tráiga(nos); dé 2. Muéstre(me); diga 3. espera; vayas 4. Rebáje(me); suba 5. Mira; digas **Ej. 3:** 1. Mamá, hazme un sandwich, por favor. 2. Lávame el traje de baño. 3. Ponme música. 4. Cómprame una playera. 5. Dame la loción. **Ej. 4:** 1. No, no me lo arregles. 2. No, no me la tires. 3. No, no me lo prestes. 4. No, no me lo cuides. 5. No, no me lo enciendas. 6. No, no me lo traigas. **Ej. 5:** 1. Sí, pídaselos. 2. Sí, léamelo. 3. Sí, préstaselo. 4. Sí, escríbamela. 5. Sí, cuénteselas. **Ej. 6:** 1. Te la regalamos nosotras. 2. Se las dio Raúl. 3. Te lo regalaron papá y mamá. 4. Te las ha comprado mamá. 5. Te la regaló la abuela. 6. Nos las trajo Raúl. **Ej. 7:** 1. ruega; llegue 2. Espera; saquen 3.

Desea; contesten 4. Prefiere; lea 5. Quiere; entreguemos   **Ej. 8:** 1. Ramón, es mejor que hagas la tarea. 2. Graciela, quiero que hables con Amanda. 3. Amanda, es necesario que llames a Graciela. 4. Andrea, es muy importante que te quedes en el patio. 5. Paula, sugiero que juegues con tu hermanita. **Ej. 9:** 1. a. vayan b. falten c. hablen d. den 2. a. fumemos b. durmamos c. consultemos d. comamos 3. a. jueguen b. limpien c. mastiquen d. vean 4. a. haga b. llame c. ayuden d. saque 5. a. almuerces b. vengas c. sacudas d. me regales   **Ej. 10:** 1. ¡Que lo bañe Ernestito! 2. ¡Que lo barra Ernestito! 3. ¡Que las pague Ernesto! 4. ¡Que las cuide Ernesto! 5. ¡Que los sacuda Berta! 6. ¡Que lo arregle Ernesto! 7. ¡Que lo envíe Margarita! 8. ¡Que jueguen con el gato los niños! 9. ¡Que lo esconda Ernestito! 10. ¡Que las ponga allí Berta! **Ej. 11:** 1. ¡Que duermas bien! 2. ¡Que lo pases bien! 3. ¡Que tengas buena suerte! 4. ¡Que se mejore! 5. ¡Que tengan buen viaje! **Ej. 12:** 1. Ojalá que reciba muchos regalos. 2. Ojalá que haga buen tiempo. 3. Ojalá que no tenga que trabajar. 4. Ojalá que no esté enfermo/a. 5. Ojalá que vengan a visitarme mis amigos. **Ej. 13:** 1. Salgamos 2. Descansemos 3. Comprémosle 4. Asistamos 5. Veamos **Ej. 14:** 1. No, no descansemos ahora. Vamos a descansar después. 2. No, no caminemos... Vamos a caminar a las 4:00. 3. No, no busquemos otro ahora. Vamos a buscar uno más tarde. 4. No, no nos duchemos antes. Vamos a ducharnos después. 5. No, no lo llamemos ahora. Vamos a llamarlo más tarde.

CAPÍTULO 14

Ej. 1: 1. El señor Ruiz y su suegra se llamaron. 2. Mi ahijada y yo nos escribimos a menudo. 3. Amanda y su novio se hablan todos los días. 4. Mi madre y mi padre se respetan mucho. 5. El abuelo de Gustavo y yo nos conocemos muy bien. **Ej. 2:** 1. está 2. es 3. están 4. Están 5. está 6. está 7. es 8. estás 9. soy 10. son 11. está (es)   **Ej. 3:** 1. Pues, no está muy amable hoy. 2. Pues, no está muy frío hoy. 3. Pues, no está cómico hoy. 4. Pues, no está muy cara hoy. 5. Pues, no está muy eficiente hoy. **Ej. 4:** 1. es 2. está 3. estoy 4. está; es 5. Son; están 6. son; están   **Ej. 5:** 1. me casaré; tendré 2. nos graduaremos; iremos 3. se mudarán; vivirán 4. lograremos; nos reuniremos 5. vendrá; dirá   **Ej. 6:** 1. gradúe 2. haya 3. tienes 4. ven 5. llegues 6. vengan 7. alcancen 8. vuelven 9. salgamos 10. saludan   **Ej. 7:** 1. visitaría 2. trataría 3. compraría 4. comerían; tomarían 5. practicarían 6. caminaría 7. pasaría 8. usarían 9. se acostarían 10. correría

CAPÍTULO 15

Ej. 1: 1. deba 2. toma 3. se casen 4. salga 5. esté 6. va 7. lleguen 8. es 9. pueda 10. es   **Ej. 2:** 1. pueda 2. se divorcien 3. tengamos 4. vayamos 5. quiere 6. pienses 7. se casa 8. pueda 9. sean 10. son   **Ej. 3:** 1. sea 2. esté 3. ofrezca 4. tienen 5. venda 6. fabrica 7. hay   **Ej. 4:** 1. sea 2. es 3. hay 4. tenga 5. ofrezca 6. suban 7. aumentan   **Ej. 5:** 1. haya 2. contraigan 3. aumenta 4. estemos 5. prohíbe 6. ayude 7. adopte 8.

influye 9. surjan 10. crezca   **Ej. 6:** ponga; puedan; tenga; haya   **Ej. 7:** 1. me graduara 2. se jubilara 3. nos mudáramos 4. se dieran 5. amaras 6. tuviera 7. se divorciaran 8. fueran 9. fuera 10. ganara 11. abriera 12. regalara; escribiera   **Ej. 8:** 1. dedicaran; habría 2. vieran; leerían 3. permitiera; habría 4. legalizara; bajaría 5. conocieran; sería 6. recibiera; estaría 7. prohibiera; sufrirían

CAPÍTULO 16

Ej. 1: 1. hubiera; habríamos 2. hubiera; habría 3. hubiera; habrían 4. hubiera; habrían 5. hubieran; habría 6. hubieran; habríamos 7. hubiera; habríamos 8. hubieran; habría   **Ej. 2:** 1. han desarrollado 2. han restringido 3. han tenido 4. ha resuelto 5. haya perseguido 6. han enriquecido 7. hayan aceptado 8. ha intervenido   **Ej. 3:** 1. habíamos vivido 2. habían matado 3. había negado 4. había prometido 5. habían bajado   **Ej. 4:** 1. tomen 2. respete 3. ayuden 4. aumenten 5. haya 6. vea 7. existan 8. prestaran 9. hubiéramos sabido 10. trate 11. haga 12. pudiera   **Ej. 5:** 1. Las tropas invadirán (van a invadir) las islas. 2. El primer ministro contestó la pregunta. 3. El secretario del presidente escribió los discursos. 4. Los guardias protegen la residencia del gobernador veinticuatro horas al día. 5. El juez sentenció a tres de los ladrones a cinco años de cárcel. 6. El pueblo elegirá (va a elegir) al nuevo presidente la semana próxima.   **Ej. 6:** 1. para 2. para 3. por 4. para; para 5. para 6. para; por 7. por 8. para 9. por 10. Para; para

Vocabulary

This Spanish-English vocabulary contains all of the words that appear in the text, with the following exceptions: (1) most identical cognates that do not appear in the chapter vocabulary lists; (2) verb forms, with the exception of certain forms of **haber** and expressions found in the chapter vocabulary lists; (3) diminutives in **-ito/a**; (4) absolute superlatives in **-ísimo/a**; and (5) some adverbs in **-mente**. Active vocabulary (with the exception of obvious cognates) is indicated by the number of the chapter in which a word or given meaning is first listed (A = **Paso A**); vocabulary that is glossed in the text is not considered to be active vocabulary and is not numbered. Only meanings that are used in this text are given.

The gender of nouns is indicated, except for masculine nouns ending in **-o** and feminine nouns ending in **-a**. Stem changes and spelling changes are indicated for verbs: **dormir (ue, u); llegar (gu)**.

Words beginning with **ch** and **ll** are found under separate headings following the letters **c** and **l**, respectively. The letters **ch**, **ll**, and **ñ** within words follow **c**, **l**, and **n**, respectively. For example, **coche** follows **coctel**, **callado/a** follows **calzoncillos**, and **caña** follows **canto**.

The following abbreviations are used:

abbrev.	abbreviation	*m.*	masculine
adj.	adjective	*Mex.*	Mexico
adv.	adverb	*n.*	noun
Arg.	Argentina	*obj. of prep.*	object of preposition
coll.	colloquial	*pl.*	plural
conj.	conjunction	*pol.*	polite
d.o.	direct object	*poss.*	possessive
f.	feminine	*p.p.*	past participle
fig.	figurative	*prep.*	preposition
Guat.	Guatemala	*pron.*	pronoun
inf.	informal	*refl. pron.*	reflexive pronoun
infin.	infinitive	*sing.*	singular
inv.	invariable	*Sp.*	Spain
i.o.	indirect object	*sub. pron.*	subject pronoun
irreg.	irregular		

A

a to; at; **a la(s)** at (*time*); **al** *contraction of* **a** + **el** to the
abadejo cod(fish)
abajo below, underneath
abandonar to abandon
abecedario alphabet
abierto/a *p.p.* open (B); opened
abogado/a lawyer (4)
aborto abortion
abrazar (c) to embrace (11); **abrazarse** to embrace each other (14)
abrazo hug
abrelatas *m. sing. and pl.* can opener (12)
abrigo coat (A)
abril *m.* April (D)
abrir to open (1)
abrocharse (el cinturón de seguridad) to fasten (the seatbelt) (9)
abrumado/a overwhelmed, oppressed
abuelo/a grandfather/mother (C); **abuelos** grandparents
aburrido/a boring; bored (3); **¡qué aburrido!** how boring! (D)
aburrirse to be bored
acá here; **para acá** over here
acabar to finish; **acabar de** (+ *infin.*) to have just (*done something*) (10)
acacia acacia tree
acampar to go camping (D)
acariciar to caress
accidente *m.* accident
acción *f.* action; **Día** (*m.*) **de Acción de Gracias** Thanksgiving Day (3)
aceite *m.* oil (7)
aceituna olive (7)
acelerar to accelerate
aceptable acceptable
aceptar to accept; **aceptarse** to accept oneself
acerca de about (D)
acercarse (qu) (a) to approach, come near
acero steel (12)
acogedor(a) cozy
acomodar to accommodate
acompañar to accompany
acondicionado: aire (*m.*) **acondicionado** air conditioning
acondicionador *m.* conditioner (3)
aconsejar to give advice, advise (13)
acontecimiento event, occurrence (16)
acordarse (ue) to remember
acostado/a lying down
acostarse (ue) to go to bed (3)
acostumbrar to be in the habit of (13);

acostumbrarse a to get used to, accustomed to
acrilán *m.* acrylic
actitud *f.* attitude
actividad *f.* activity
actriz *f.* (*pl.* **actrices**) actress
actuación *f.* acting, performance
actual present-day, current
actualidad *f.*: **en la actualidad** currently, nowadays
actualizarse (c) to bring oneself up to date
actualmente at present, nowadays (8)
actuar to act
Acuario Aquarius
acudir to attend; to show up
acueducto aqueduct
acuerdo agreement; **de acuerdo** I agree, OK (2); **estar de acuerdo** to agree (11); **quedar de acuerdo** to agree
acumulado/a accumulated
acumulador *m.* battery (9)
acusado/a accused (*person*) (4)
acusar to accuse
adecuado/a adequate
adelante: hacia adelante forward; **sacar adelante** to carry forward; to rear, nurture
adelanto advance, progress
además moreover; **además de** besides; in addition to
aderezo (salad) dressing (7)
adictivo/a addicting
adiós good-bye
adivinar to guess
adivina fortune-teller (14)
adjetivo adjective
adjunto/a enclosed (*in a letter*)
administrar to administrate
admirar to admire
¿adónde? where (to)?; **adonde tú digas** wherever you say
adopción *f.* adoption
adoptar to adopt
adquirido/a acquired
aduana *sing.* customs; **derecho** (*sing.*) **de aduana** customs duties, taxes (10)
aduanero/a customs agent
advertir (ie, i) to warn, advise
aéreo/a pertaining to air (travel) (9)
aerolínea airline
aeropuerto airport
afectar to affect
afeitarse to shave (3)
afirmación *f.* statement
afirmar to affirm
afortunadamente fortunately

africano/a: idiomas (*m.*) **africanos** African languages (C)
afuera *adv.* outside; **afueras** *f. pl.* outskirts, suburbs
agencia agency; **agencia de viajes** travel agency (10)
agente *m.*, *f.* agent; **agente de viajes** travel agent (10)
ágil agile
agonía agony
agosto August
agotado/a exhausted; sold out
agradable pleasant, nice (5)
agrario/a agrarian; **reforma agraria** land reform (16)
agregar (gu) to add (7)
agrícola agricultural (16)
agrietado/a split, cracked
agua *f.* (*but* **el agua**) water (1); **agua con sal** salted water (11); **agua corriente** running water (7); **agua mineral** mineral water
aguacate *m.* avocado (7)
aguantar to put up with, endure
aguardar to wait for
aguja needle
agujero hole (9)
ahí there
ahijado/a godson/goddaughter (14); **ahijados** godchildren
ahora now (1); **ahora mismo** right now (2)
ahorrar to save (8)
aire *m.* air; **aire acondicionado** air conditioning; **al aire libre** outdoors (6)
ajá aha
ajedrez *m.* chess
ajillo: al ajillo in garlic sauce
ajo garlic (7)
ajustarse to adjust
al *contraction of* **a** + **el** to the; **al** + *infin.* upon (*doing something*)
alai: jai alai *m.* Basque ball game
alameda public walk lined with trees
albañil *m.* bricklayer, mason (12)
albaricoque *m.* apricot (7)
alberca swimming pool (*Mex.*) (6)
alcalde, alcaldesa mayor
alcance *m.* scope; significance; **a su alcance** within reach; reasonable
alcanzar (c) to reach (14)
alcázar *m.* castle, fortress
alcoba bedroom
alegrarse to be glad; **alegrarse de que** to be happy that (15)
alegre happy (3)
alegría happiness

alejarse to move away, leave; to become alienated
alemán *m.* German (language) (C)
alemán, alemana German (C)
Alemania Germany (C)
alentado/a encouraged
alergia allergy
alérgico/a allergic
alfabetización: campaña de alfabetización literacy campaign (15)
alfombra rug; carpet (5)
algo something (6); **algo de comer** something to eat; **algo que hacer** something to do
algodón *m.* cotton (12)
alguien someone (5)
algún, alguno/a some (1); any; **algún día** someday; **alguna vez** once; ever; **algunas veces** sometimes (14); **algunos/as** some (2)
aliado/a ally
alianza alliance
alimentar to feed; to nourish
alimento nourishment, food (7)
aliviar to alleviate
alma *f. (but* **el alma**) soul
almacén *m.* department store (3)
almeja clam (7)
almendra almond (7)
almíbar *m.* syrup (7)
almohada pillow (5)
almorzar (ue) (c) to have lunch (1)
almuerzo lunch (1)
alojamiento lodging (10)
alpaca alpaca wool
alquilar to rent (5)
alquiler *m.* rent (5)
alrededor de *prep.* around (2); **alrededores** *m.* outskirts
alterar to alter
alto/a tall (A); high; **en voz alta** in a loud voice (13)
altura height (15)
alumno/a student
allá (over) there; **más allá de** beyond
allí there (3); **por allí** over there, around there
ama *f. (but* **el ama**) mistress (*of house*); **ama de casa** housewife (12)
amable kind; friendly
amado/a *n. m., f.; adj.* beloved
amante *m., f.* lover
amar to love
amarillo/a yellow (A)
Amazonia Amazon basin
amazónico/a Amazon
ambición *f.* ambition

ambiental environmental (14); **contaminación** (*f.*) **ambiental** environmental pollution (14)
ambiente *m.* environment; atmosphere (7); **medio ambiente** environment
ambos/as both
amenazar (c) to threaten
americano/a American
amigo/a friend (A); **mejor amigo/a** best friend (6)
amistad *f.* friendship
amistoso/a friendly
amo master; boss
amor *m.* love (6)
amparo shelter
amplio/a ample; roomy (5)
amueblado/a furnished (5)
analfabetismo illiteracy (15)
análisis *m.* analysis; **análisis de sangre** blood test (11); **hacer análisis** to do (medical) tests (15)
analizar (c) to analyze
ananá *m.* pineapple (7)
anaranjado/a orange (*color*) (A)
anciano/a elderly person
ancho/a wide
andaluz(a) Andalusian (*from southern Spain*)
andar (*irreg.*) to walk; **¡anda!** come on!; **andar en bicicleta/motocicleta** to go for a bicycle/motorcycle ride; **andar en velero** to go sailing (1)
andén *m.* train station platform
anécdota anecdote, story
ángel *m.* angel
angosto/a narrow (9)
angustiado/a anguished
anillo ring (12)
animado: dibujos animados cartoons
animal *m.* animal; **animal doméstico** pet
anímico/a: estado anímico mental state
ánimo spirit, energy; **estado de ánimo** state of mind (11)
anoche last night (5)
anónimo/a anonymous
anotarse to write down; to score
ansioso/a anxious
ante before; faced with, in the presence of
anteayer day before yesterday
antepasado/a ancestor (15)
anterior previous
antes before (3); **antes (de)** *prep.* before (5); **antes de que** *conj.* before (16); **cuanto antes** as soon as possible
anticipación: de anticipación in advance
anticiparse to anticipate
anticonceptivo contraceptive (16)

antiguo/a old, antique (8)
antojito snack (*Mex.*) (7)
anunciar to announce
anuncio advertisement; **anuncio comercial** commercial
año year; **Año Nuevo** New Year's Day (3); **¿cuántos años tiene(s)?** how old are you? (C); **cumplir años** to have a birthday (6); **de... años** . . . years old (B); **tener... años** to be . . . years old; **tengo... años** I'm . . . years old (C); **todo el año** all year long; **todos los años** every year
apagar (gu) (la luz) to turn off (the light) (5)
aparador *m.* sideboard, buffet
aparato appliance (5)
aparecer (zc) to appear (9)
aparición *f.* appearance
apariencia (outward) appearance; **en apariencia** apparently
apartado/a removed
apartado postal post office box
apartamento apartment; **edificio de apartamentos** apartment building
aparte: punto y aparte (write a) period and (begin a) new paragraph (*dictation*)
apasionado/a passionate
apasionar to fill with enthusiasm
apellido last name (C)
apenas barely
apetito appetite
apio celery (7)
aplaudir (*fig.*) to commend, praise
aplicarse (qu) to be applied
apoderarse de to take control of
apoyar to support
apoyo support
apreciar to appreciate
aprender to learn (4)
apresar to capture
apresurarse to hurry
apretado/a tight (12)
apretar (ie) to press; to squeeze
aprobar (ue) to approve (13)
apropiado/a appropriate
aprovechar to take advantage of
aproximado/a approximate
aquel, aquella *adj.* that (over there); *pron.* that one (over there); **en aquel entonces** at that time (8)
aquello that, that thing, that fact
aquí here (2); **aquí mismo** right here; **por aquí** around here
árabe *m.* Arabic (language)
árabe *n. m., f.* Arab; *adj.* Arabic
arándano cranberry (7)

arar to plow

árbol *m.* tree (3); **árbol de Navidad** Christmas tree (3)

arbusto bush

arco arch

ardilla squirrel

arena sand

argentino/a Argentinian (C)

árido/a arid (9)

aritmética arithmetic

arma arm, weapon; **arma de fuego** firearm (15); **portar armas** to bear arms (15)

armar to arm

armario closet (5)

arqueólogo/a archeologist

arquitecto/a architect

arquitectura architecture

arranque *m.* ignition (9)

arrecife *m.* reef (9)

arreglar to arrange; to straighten up, clean; to fix (4)

arriba: arriba de on top of (2); **boca arriba** face up; **arriba de** above; **hacia arriba** up(wards); **para arriba** up(wards)

arroz *m.* rice (7); **arroz con leche** rice pudding (7)

arruinar to ruin

arte *m.* (*but* **las artes**) art; **artes gráficas** graphic arts; **bellas artes** fine arts; **Facultad** (*f.*) **de Bellas Artes** School of Fine Arts (2)

arteria artery

artesanía *sing.* crafts; craftsmanship

artículo article

artificial: fuegos artificales fireworks (3)

artillero gunner, artilleryman

artista *m., f.* artist

asado/a roasted; **bien asado** well-done (7); **poco asado** rare (7)

asador m. barbecue (*grill*) (12)

asamblea assembly

asar to roast (7)

ascendencia ancestry

ascensor *m.* elevator (5)

asco disgust

asegurarse to make sure

asesinar to assassinate

asesino/a murderer

así thus, so, that way; **así es la vida** that's life (15) **así que** so (that), with the result of

asiático/a Asian

asiento seat (9)

asignar to assign

asistencia aid, assistance, attendance

asistente (*m., f.*) **de vuelo** flight attendant (10)

asistir (**a**) to attend (2)

asociación *f.* association

asociar to associate

asombroso/a astonishing

aspecto aspect; appearance

aspiradora vacuum cleaner (5); **pasar la aspiradora** to vacuum (5)

aspirar (**a**) to aspire (to)

aspirina aspirin

astuto/a astute, shrewd

asunto subject, topic; matter, affair

asustado/a scared (6)

asustar to scare; **asustarse** to be scared

atacar (**qu**) to attack

ataque *m.* attack; **ataque del corazón** heart attack (11)

atar to tie (6)

atardecer *m.* late afternoon

atención *f.* attention; **llamar la atención a** to call attention to (9)

atender (**ie**) to assist, take care of (11); **atender mesas** to wait on tables (4)

aterrarse to be terrified

aterrizar (**c**) to land (*airplane*)

atestiguar (**gü**) to testify

atleta *m., f.* athlete (14)

atraer (*like* **traer**) to attract (15)

atrapar to trap (6)

atrás behind

atravesar (**ie**) to cross, go across (11)

atreverse (**a** + *infin.*) to dare (to *do something*)

atrevido/a daring

atribuir (**y**) to attribute

atropellar to run over (*with a vehicle*) (11)

atuendo suit (*of clothes*), outfit

atún *m.* tuna (7)

aumentar to increase (13)

aumento raise, increase (16) **aumento de sueldo/salario** raise (in pay)

aun even

aún still, yet

aunque although (6)

ausente absent

auto car

autobús *m.* bus; **estación** (*f.*) **de autobuses** bus depot (2); **parada del autobús** bus stop (2)

automático: cajero automático automatic teller machine

automóvil *m.* automobile, car; **seguro de automóvil** car insurance

automovilista *m., f.* driver

automovilístico/a of or pertaining to cars

autonomía autonomy

autónomo/a autonomous

autopista freeway (9)

autor(a) author

autoridad *f.* authority

autorización *f.* authorization

auxiliar auxiliary

auxilio help (11)

avance *m.* advance

avanzado/a advanced

avda. (*abbrev. for* **avenida**) avenue

ave *f.* (*but* **el ave**) bird; fowl (7)

avena oatmeal (7)

avenida avenue (2)

aventón *m.* ride; **dar un aventón** to give (*someone*) a ride (*Mex.*) (9)

aventura adventure

avergonzado/a ashamed, embarrassed

avergonzarse (**gü**) (**c**) to be ashamed of (15)

avería breakdown

aviación *f.* aviation

avión *m.* (air)plane (4)

avisar to inform

aviso (**comercial**) notice; (ad) (4); **aviso clasificado** classified ad (4)

ayer yesterday (1)

ayuda help (14)

ayudar to help (3); **ayudarse** to help each other (14)

azteca *m., f.* Aztec

azúcar *m.* sugar (7); **caña de azúcar** sugar cane

azul blue (A); **azul** (*m.*) **marino** navy blue (12)

B

bahía bay (9)

bailador(a) dancer

bailar to dance (D); **salir a bailar** to go out dancing (D)

baile *m.* dance (3); **salón** (*m.*) **de baile** dance hall

bajar to lower; to go down (9); **bajarse** to get off (10)

bajo *prep.* under

bajo/a short (*in height*) (A); low; **en voz baja** in a low voice (13)

Baleares: Islas Baleares Balearic Islands

baloncesto basketball (D)

banco bank; bench

banquete *m.* banquet

bañar to bathe (4); **bañarse** to bathe (3)

bañera bathtub (5)

baño bathroom (5); **sala de baño** bathroom (5); **traje de baño** bathing suit (6)

bar *m.* bar

barato/a inexpensive, cheap (7)
barba beard (A)
barbacoa barbecue (food)
barbitúrico barbiturate
barca small boat; **pasear en barca** to take a boat ride (1)
barco boat (9)
barra de pan loaf of bread (12)
barrer to sweep (5)
barril *m.* barrel
barrio neighborhood (8); **Barrio Sésamo** Sesame Street
basarse (en) to be based (on)
básquetbol *m.* basketball (D)
bastante *adj.* enough, sufficient; *adv.* rather, quite
bastón *m.* cane
basura trash; **bote** (*m.*) **de la basura** trash can (5); **sacar la basura** to take the trash out (5)
basurero trash can
bata robe (12)
batalla battle (6)
batido de frutas fruit shake (7); **batido de leche** milkshake (7)
batir to beat (7)
bautizar (c) to baptize
bautizo christening ceremony, baptism (14)
bazar *m.* bazaar; market place
bebé *m., f.* baby (2)
bebeleche *m.*: **jugar al bebeleche** to play hopscotch (*Mex.*) (8)
beber to drink (3)
bebida drink
beca scholarship (16)
béisbol *m.* baseball
belleza beauty; **salón** (*m.*) **de belleza** beauty parlor
bello/a beautiful; **bellas artes** fine arts; **Facultad** (*f.*) **de Bellas Artes** School of Fine Arts (2)
bendición *f.* blessing
beneficio benefit
beneficioso/a beneficial
benigno/a benign, kind
besar to kiss (11); **besarse** to kiss each other (14)
beso kiss (3); **dar un beso** to (give a) kiss (6)
bestia beast
Biblia Bible
biblioteca library (1)
bici *f.* bike
bicicleta bicycle (C); **andar/pasear en bicicleta** to go for a bicycle ride; **montar en bicicleta** to ride a bike (D)

bien *adv.* well; **bien** + *adj.* very + *adj.*; **bien gracias** fine thanks; **estoy bien** I am fine (A)
bienes *m. pl.* possessions, goods (16)
bienestar *m* well-being; **bienestar social** social welfare (15)
bienvenida: dar la bienvenida to welcome (3)
bienvenido/a welcome (10)
bigote *m.* moustache (A)
bilingüe bilingual
billar *m.* billiards, pool (1)
billete *m.* ticket; bill (*paper money*) (10)
billetera wallet (7)
biografía biography
biología biology (1)
bisabuelo/a great-grandfather/mother (14); **bisabuelos** great-grandparents
bistec *m.* steak (7)
blanco/a white (A); **espacio en blanco** blank; **vino blanco** white wine (7)
bloque *m.* block
blusa blouse (A)
boca mouth (B); **boca arriba** face up
bocina car horn; **tocar la bocina** to honk the horn (9)
boda wedding (14)
boleto ticket (10); **boleto de ida y vuelta** round-trip ticket (10)
boliche *m.* bowling (1)
bolígrafo ballpoint pen (A)
bolívar *m. monetary unit of Venezuela* (12)
boliviano/a Bolivian
bolsa purse (4); **bolsa de mano** carry-on luggage; handbag (10)
bolsillo pocket (12); **calculadora de bolsillo** pocket calculator
bollo lump, bump; fuss
bombardear to bombard
bombardeo bombardment
bonito/a pretty (A)
boquerón *m.* (*kind of*) anchovy
bordado embroidery
borde *m.* edge, border
bordo: a bordo on board (10)
borracho/a drunk
borrador *m.* eraser (B)
borrar to erase (13)
borrego lamb
bosque *m.* forest (9)
botas boots (A)
bote (*m*) **de la basura** trash can (5)
botella bottle (7)
botones *m. sing.* bellhop (10)
brasileño/a Brazilian (C)
bravo/a angry, irate
brazo arm (B)

breve *adj.* brief (15)
brillante bright
brindar to drink a toast
brisa breeze
brócoli *m.* broccoli (7)
broncearse to get a tan (10)
bronquitis *f.* bronchitis (11)
brusco/a brusque, rough
bruto: ingresos brutos gross income
bucear to skin-dive/scuba dive; to snorkel (2)
buen, bueno/a good (3); **¡buen viaje!** have a nice trip! (10); **buenas tardes/ noches** good afternoon/evening (A); **buenos días** good morning (A); **de buenas a primeras** suddenly; **estar de buen humor** to be in a good mood (3); **hace buen tiempo** it's fine weather (1); **qué bueno que** how great that (15)
bueno... well . . . (C) hello (*answering phone, Mex.*) (13)
bufanda scarf (12)
bulevar *m.* boulevard
bullicio noise, hubbub
burro/a burro, donkey
busca: en busca de in search of
buscar (qu) to look for (4)

C

caballero gentleman (12); horse rider
caballo horse (2); **montar a caballo** to ride a horse (1)
cabellera head of hair
caber (*irreg.*) to fit (13)
cabeza head (B); **dolor** (*m.*) **de cabeza** headache
cabina cabin
cabo cape, promontory; **al cabo de** + *time expression* at the end of + *time expression*; **llevar a cabo** to carry out, fulfill
cabrito kid, young goat
cacahuete *m.* peanut
cachorro/a puppy
cada *inv.* each (7); **a cada rato** every few minutes (13); **cada día** each day (11); **cada semana** each/every week (5); **cada uno/a** each one; **de cada lado** on each side (7)
cadena chain
cadera hip (11)
caer (*irreg.*) to fall; **caerle bien/mal a alguien** to make a good/bad impression on someone; **caerse** to fall down (8); **dejar caer** to let fall/drop (10)
café *m.* coffee; café; **color café** brown (A); **tomar café** to drink coffee (3)

cafetera coffee pot (5)
cafetería cafeteria
caja box (12); case; cash register
cajero/a cashier (4); teller (*in a bank*); **cajero automático** automatic teller machine
calaca *grim reaper figure of Mexican folklore*
calamar *m.* squid
calcetín *m.* sock (12)
calculadora calculator; **calculadora de bosillo** pocket calculator
calcular to add up; **calcularse** to be calculated
caldo clear soup (7)
calendario calendar
calentador *m.* heater (5)
calentar (ie) to warm up (5)
calidad *f.* quality (12)
caliente hot (3); **té (*m.*) caliente** hot tea (7)
calificación *f.* grade
calificar (qu) to rate, rank, classify; **calificarse** to be classified
calor *m.* heat; **hace calor** it's hot (weather) (1); **tener calor** to be hot
caloría calorie (7)
caluroso/a warm
calzada wide road
calzoncillos *pl.* men's underwear (12)
callado/a quiet (5)
callarse to be quiet (13)
calle *f.* street (D)
callejero/a: vendedor(a) callejero/a street vendor
cama bed (2); **cama matrimonial** double bed (5); **tender la cama** to make the bed (5)
cámara camera; chamber
camarones *m.* shrimp (7)
cambiar to change (8); **cambiar cheques (dinero)** to cash checks (money) (10); **¡cómo cambia el mundo!** how the world changes! (C)
cambio change (10); **cambios** gears (9); **en cambio** on the other hand
camilla stretcher (11)
caminar to walk (1)
camino road (9), path; journey, trip; **por el camino** on the way
camión *m.* truck (9)
camisa shirt (A)
camiseta T-shirt, undershirt (12)
camisón *m.* nightgown (12)
campamento camp
campaña campaign; **campaña de alfabetización** literacy campaign (15); **carpa**

de campaña tent (10); **tienda de campaña** tent
campesino/a peasant (16)
camping *m.* campground
campo country(side) (6)
Canadá *m.* Canada
canadiense Canadian
cáncer *m.* cancer
canción *f.* song
cancha de tenis tennis court (5)
candidato/a candidate
cangrejo crab (7)
canicas marbles
cansado/a tired; **estoy un poco cansado/a** I am a bit tired (A)
cansancio fatigue
cansarse to get tired (11)
cantante *m., f.* singer (4)
cantar to sing
cantarín, cantarina fond of singing
cantidad *f.* quantity
cantina bar (7)
canto song
caña de azúcar sugar cane
cañón *m.* canyon (9)
capa de ozono ozone layer (9)
capacidad *f.* capacity
capaz (pl. capaces) capable
capilla chapel
capital *m.* capital (*money*) (16); *f.* capital (*city*)
capítulo chapter
capó hood (*of an automobile*) (9)
captar to capture
cara face (B)
carabinero *soldier equipped with high-powered rifle*
carácter *m.* (*pl.* **caracteres**) personality, character (14)
caracterizar (c) to characterize
caramelo candy
carbón *m.* coal
carburos fluorados fluorocarbons (9)
cárcel *f.* jail
cargo office, position; **hacerse cargo de** to take charge of
Caribe *m.* Caribbean (2)
caricia caress
carne *f.* meat; beef; **carne de cerdo/puerco** pork (7); **carne de res** beef (7); **carne molida** ground beef (7)
carnicería meat market (12)
caro/a expensive (5)
carpa (de campaña) tent (10)
carpintero/a carpenter
carrera career; course of study; race; **seguir una carrera** to have a career (4)

carretera highway (9)
carro car, automobile (C); **dar un paseo en carro** to go for a drive
carta letter; **escribir cartas** to write letters (D)
cartera wallet (12)
cartón *m.* cardboard (12)
casa house (A); **ama (*f. but* el ama) de casa** housewife (12); **casa editorial** publishing house; **casa particular** private home (5)
casado/a married (C)
casarse (con) to get married (to) (6)
casco helmet
casero/a home; household
casete *m.* cassette
casi almost (7); **casi nunca** very rarely (7)
caso case; **en caso de que** in case (14); **hacer caso** to pay attention
castaño/a brown (*hair, eyes*) (A)
castellano Spanish (language)
castigar (gu) to punish (13)
castillo castle
catalizador *m.* catalyst
catarro cold (*illness*) (11)
catedral *f.* cathedral
catolicismo Catholicism
católico/a Catholic
catorce fourteen (A)
causa: a causa de because of (13)
causar to cause
cavado/a dug
cebiche *m.* *national dish of raw fish marinated in lemon juice (Peru)*
cebolla onion (7)
ceja eyebrow (11)
celebración *f.* celebration
celebrar to celebrate; **celebrarse** to be celebrated
celos *pl.* jealousy; **morirse de celos** to die of jealousy (8)
celoso/a jealous (8)
célula cell
cena dinner (2)
cenar to have dinner (D); **cenar fuera** to go out to dinner (1)
cenicero ashtray
censura censorship
centavo cent (B); **no tener ni un centavo** to be broke (12)
centígrado/a centigrade
céntrico/a central
centro center; downtown (1); **centro comercial** shopping center (5)
centroamericano/a Central American
ceño: fruncir el ceño to wrinkle one's brow, scowl

cepillarse los dientes to brush one's teeth

cepillo brush; **cepillo de dientes** toothbrush (5)

cerca *n.* fence (5); *adv.* near (3); **cerca de** *prep.* close to

cercanías *pl.* vicinity, environs

cercano/a near, close by (5)

cerdo pork; **carne** (*f.*) **de cerdo** pork (7); **chuleta de cerdo** pork chop

cerebro brain (11)

ceremonia ceremony

cero zero (A)

cerrado/a closed (12)

cerrar (ie) to close (1); to turn off

certeza certainty

cervantino/a pertaining to Cervantes

cerveza beer (3)

césped *m.* lawn (5)

cesta de la compra shopping basket

cicatriz *f.* (*pl.* **cicatrices**) scar (11)

ciclismo cycling

ciclo cycle

ciclón *m.* cyclon

ciego/a *n.* blind person; *adj.* blind

cielo sky (9); heaven

cien, ciento/a one hundred (C); **por ciento** percent

ciencia science; **ciencias sociales** social science (1); **ciencias políticas** political science; **Facultad** (*f.*) **de Ciencias Naturales** School of Natural Sciences (2)

científico/a *n.* scientist (8); *adj.* scientific

cierto/a certain; true

ciervo/a deer

cigarrillo cigarette (11)

cima top, summit

cinco five (A); **a las cinco** at five o'clock

cincuenta fifty

cine *m.* movie theater (D); **estrella de cine** movie star (14)

cinta tape, cassette (4); **cinta de vídeo** video tape

cintura waist (11)

cinturón *m.* belt (12); **cinturón de seguridad** seat belt (9)

circulación *f.* circulation; traffic

circular to circulate

ciruela plum (7); **ciruela seca** prune (7)

cirujano/a surgeon (11)

cita appointment; date (11)

ciudad *f.* city

ciudadanía citizenship

ciudadano/a citizen (14)

civil: estado civil marital status (D)

civilización *f.* civilization

claro/a clear; **claro** of course; **claro que**

no of course not (B); **claro que sí** of course (B)

clase *f.* class; kind, type; **compañero/a de clase** (A); **dar clases** to teach; **después de clases** after school (8); **primera clase** first class (10); **salón** (*m.*) **de clase** classroom

clásico/a classical

clasificado/a: aviso clasificado classified ad (4)

clasificar (qu) to classify

cláusula clause

clavar to fix, fasten, nail down

clave *adj.* key

cliente, clienta customer (4)

clima *m.* climate (1)

clínica clinic

clínico/a clinical

clorhidrato hydrochloride

closet *m.* closet

club *m.* club; **club nocturno** nightclub (4)

cobarde *n. m., f.* coward; *adj.* cowardly (11)

cobertura coverage

cobrar to charge (*amount one collects*) (10); **cobrarse a lo chino** *to take a cut (money)*

cobro charge (*money owed*) (10)

cocaína cocaine

cocido/a cooked; **huevos cocidos** hard-boiled eggs (7); **poco cocido** rare (7)

cocina kitchen (4); stove

cocinar to cook (D)

cocinero/a cook (4)

coco coconut

coctel *m.* cocktail

coche *m.* car, automobile (C); **coche deportivo** sports car (13)

cochera garage (10)

cod. (*abbrev. for* **código**) postal zip code

codo elbow (11)

coger (j) to catch

coincidencia coincidence; **¡qué coincidencia!** what a coincidence! (10)

coincidir to coincide

col. (*abbrev. for* **colonia**) colony, neighborhood

cola: hacer cola to wait in line (6)

colaborador(a) collaborator

colaborar to collaborate

colada: piña colada *tall mixed drink of rum, cream of coconut, pineapple juice, and ice, usually mixed in a blender*

colección *f.* collection

colectivo/a *adj.* communal; **colectivo** *n. passenger vehicle smaller than a bus (Arg., Peru)*

colega *m., f.* colleague

colegio high school (3)

colgar (ue) (gu) to hang (*clothes in a closet*) (5)

coliflor *f.* cauliflower (7)

colina hill (9)

colocado/a placed

colombiano/a Colombian (2)

Colón: Cristóbal Colón Christopher Columbus

colonia colony, neighborhood; cologne (7); **colonia espacial** space colony (14)

colonizado/a colonized

colonizador(a) colonist

color *m.* color; **color café** brown (A); **¿de qué color es?** what color is it? (A); **¿de qué color tiene el pelo/los ojos?** what color are your/his/her hair/eyes? (B); **televisor** (*m.*) **en colores** color TV set (12)

colorimétrico/a colorimetric (*pertaining to a device that analyzes color*)

columna column

collar *m.* necklace (12): **collar de perlas** pearl necklace (12)

comadre *f.* very good friend (*female*); godmother; mother of one's godchild (14)

combinación *f.* combination; slip (12)

combinar to combine

combustible *m.* fuel; **gastar combustible** to use gas (9)

comedia comedy

comedor *m.* dining room (5)

comensal *m., f.* fellow diner

comentar to comment

comentario comment, commentary; **hacer comentarios** to comment

comenzar (ie) (c) to begin (8); **comenzar a** (+ *infin.*) to begin to (*do something*)

comer to eat (D); **comerse** to eat up, finish up

comercial *adj.* commercial, business; **anuncio comercial** commercial; **aviso comercial** notice; ad (4); **centro comercial** shopping center (5)

comercio commerce, business; **libre comercio** free enterprise

cometa: volar una cometa to fly a kite (8)

cometer to commit (*an error, a crime*) (16)

cómico/a comical; **tiras cómicas** comic strips (8)

comida food (3); meal; dinner

comisión *f.* commission

como as; as a; like; since (6); **como si nada** as if nothing were wrong; **tal y**

como exactly the same as; **tan... como** as . . . as (5); **tan pronto como** as soon as (14); **tanto(s)/tanta(s)... como** as many . . . as (5)

cómo no of course

¿cómo? how?; what?; **¿cómo era... ?** what were you/was he/she/it like? (8); **¿cómo eres (tú)?** what are you like? (B); **¿cómo es Ud./él/ella?** what are you/is he/she like? (B); **¿cómo está Ud.?** how are you? (A); **¿cómo estás (tú)?** how are you? (B); **¿cómo se llama?** what is his/her name? (A); **¿cómo se llama Ud.?, ¿cómo te llamas?** what is your name? (D); **¿cómo son ustedes/ellos/ellas?** what are you/they like? (B)

cómoda chest of drawers (5)

cómodamente *adv.* comfortably (9)

cómodo/a comfortable (12)

compacto/a: reproductor (*m.*) **para discos compactos** CD player (D)

compadre *m.* very good friend (*male*); godfather; father of one's godchild (14)

compañero/a companion; **compañero/a de clase** classmate (A)

compañía company

comparación *f.* comparison

comparar to compare

compartir to share (14)

compatriota *m., f.* fellow countryman/ woman, fellow citizen

competencia competition

complacer (zc) to please

complejo complex; **complejo turístico** tourist resort (10)

complemento: pronombre (*m.*) **de complemento directo/indirecto** direct/indirect object pronoun

completar to complete

completo/a complete; **jornada completa** full time (4); **por completo** totally (15)

componer (*like* **poner**) to compose; to fix; **componerse de** to be composed of

comportamiento behavior (13)

composición *f.* composition

compositor(a) composer

compra purchase (12); grocery shopping (7); **cesta de la compra** shopping basket; **hacer la compra** to do the grocery shopping (4); **ir de compras** to go shopping (D)

comprar to buy (3)

comprender to understand (4); **comprenderse** to understand each other (14)

comprensión *f.* comprehension, understanding

comprobar (ue) to check, verify (15)

comprometerse a (+ *infin.*) to pledge oneself, promise to (*do something*); **estar comprometido/a** to be engaged (14)

compromiso engagement (10)

compueblano/a fellow town dweller

computador(a) computer

común common; **el común de la gente** the majority of the people

comunicación *f.* communication

comunicarse (qu) to communicate with each other

comunidad *f.* community

comunista *n. m., f.; adj.* communist

con with (A); **con tal (de) que** provided that

concebir (i, i) to conceive

conceder to concede; to grant

concentrado/a concentrated

concierto concert; **entradas para un concierto** tickets for a concert (D)

concreto/a concrete

concurso contest

conde, condesa count/countess

condición *f.* condition

condicional conditional

condimento condiment

condominio condominium

conducir (zc) (j) to drive

conducta conduct, behavior

conductor(a) driver (16)

conectar to connect

confeccionar to make, prepare

conferencia conference; lecture

conferencista *m., f.* conference speaker, lecturer

confianza confidence; **de confianza** confidential

confiar en to trust

confrontar to confront

confuso/a confused

congelado/a frozen

congelador *m.* freezer (5)

congestionado/a congested (11)

congreso congress

conjunto group

conmemorarse to be commemorated

conmigo with me (3)

conmovedor(a) moving

conocedor(a) expert

conocer (zc) to meet (5); to know (5); **dar a conocer** to make known

conocimiento knowledge

conquistador(a) conqueror (15)

conquistar to conquer (16)

consciente conscious; aware; **ser consciente de** to be aware of (15)

consecuencia consequence

conseguir (i, i) (g) to obtain, get (14)

consejos *pl.* advice (13)

conservación *f.* preservation

conservador(a) conservative (B)

conservar to preserve; to maintain

considerar to consider

consistir en to consist of

constitución *f.* constitution

construcción *f.* construction

construir (y) to build (15)

consulado consulate (10)

consulta consultation, office visit (11)

consultorio doctor's office (4)

consumidor(a) consumer

consumo consumption (9)

contabilidad *f.* accounting

contador(a) accountant (12)

contagiarse de to catch (*a disease*)

contagio spreading (*of disease*); **tener contagio** to be infected

contaminación *f.* pollution; **contaminación ambiental** environmental pollution (14)

contar (ue) to count; to tell, narrate (8)

contener (*like* **tener**) to contain (7)

contenido *sing.* contents

contento/a happy (3); **estar contento/a de que** to be happy that (15)

contestación *f.* answer, reply

contestar to answer (1)

contigo with you (*inf. sing.*)

continuación: a continuación next, following (15)

continuo/a continual

contra against; **estar en contra de** to be against (14)

contracción *f.* contraction

contraer (*like* **traer**) to contract

contribuir (y) to contribute

control *m.* control; **control de la natalidad** birth control (16)

controvertible controversial (15)

convenir (*like* **venir**) to suit; to be convenient

conversación *f.* conversation

conversar to converse, talk, chat (1)

convertir (ie, i) to change; **convertirse en** to become

convocar (qu) to convene, call for (*elections*)

copa (wine)glass (7)

corazón *m.* heart (11); **ataque** (*m.*) **del corazón** heart attack (11)

corbata tie (*clothing*) (A)

cordero lamb

cordillera mountain range (15)

corral *m.* yard; stockyard, pen (12)

corrección *f.* correction

corredor *m.* corridor

correo mail; post office (10); **mandar por correo** to send by mail (10)

correr to run (1); **correr riesgo** to run a risk (16)

correspondencia correspondence

corrida de toros bullfight (10)

corriente *f.* current; **agua corriente** running water (7)

cortar to cut (4); **cortarse el pelo** to cut one's hair, have one's hair cut (6)

corte *f.* court; *m.* cutting; cut, fit (*of clothing*) (12)

cortina curtain (5)

corto/a short (*in length*) (A)

cosa thing (B)

coser to sew (1)

cosmopolita cosmopolitan

cosmos *m. sing. and pl.* universe; world

costa coast (9); **a costa de** at the expense of

costado side (11)

costar (ue) to cost; **¿cuánto cuesta(n)... ?** how much is/are . . . ? (B); **cuesta(n)...** it costs (they cost) . . . (B)

costarricense Costa Rican (2)

costilla rib (11)

costo cost

costumbre *f.* habit, custom (10)

cotillear (*coll.*) to gossip (15)

creación *f.* creation

crear to create (9)

crecer (zc) to grow, grow up

crecimiento growth

crédito credit; **tarjeta de crédito** credit card (7)

creencia belief

creer (y) to believe; to think (1); **creo que no** I don't think so; **creo que sí** I think so; I should think so!; **(no) creer que** to (not) believe that (15); **no lo creo** I don't believe it (D); **no lo puedo creer** I can't believe it (15); **ya lo creo** of course

crema cream (7)

criada (live-in) maid

crianza upbringing (13)

criar(se) to bring up (be brought up) (13)

crimen *m.* crime

criollo/a Creole; American born of European parents

crisis *f. sing. and pl.* crisis

cristal *m.* pane of glass

cristiano/a Christian

criterio criterion

crítica criticism

criticar (qu) to criticize

crítico/a critical

cromático/a chromatic

cronológico/a chronological

crucero cruise ship; cruise (9)

crudo/a raw (7); severe, harsh (*weather*)

cruz *f.* (*pl.* **cruces**) cross; **la Cruz Roja** Red Cross (11)

cruzar (c) to cross (6)

cuaderno notebook (B)

cuadra block (*street*) (10)

cuadrado/a squared

cuadro picture (*on the wall*) (5); **de cuadros** checkered, plaid (12)

¿cuál? what?, which?(C); **¿cuál(es)?** which (ones)?; **¿cuál es su nombre?** what is your name? (A)

cualidad *f.* quality

cualquier(a) any

cuando when; **de vez en cuando** once in a while (9)

¿cuándo? when?

cuanto: en cuanto as soon as (14); **en cuanto a** as for, as regards; **unos/as cuantos/as** a few (16)

¿cuánto/a? how much?; how long?; **¿cuánto cuesta(n)... ?** how much is/are . . . ? (B); **cuánto hace que** + *present...* ? how long have/has . . . ? (9); **¿cuánto tiempo hace que...?** how long has it been since . . . ? (6); **¿cuánto vale?** how much is it?

¿cuántos/as? how many?; **¿cuántos/as (hay)?** how many (are there)? (A); **¿cuántos años tiene(s)?** how old are you? (C)

cuarenta forty (B)

cuartico small room (*dim. of* **cuarto**)

cuarto room; bedroom; **y/menos cuarto** quarter past/to (*time*) (D)

cuarto/a fourth (1)

cuatro four (A)

cuatrocientos/as four hundred (D)

cubano/a Cuban (2)

cubanoamericano/a Cuban American

cubierto/a *p.p.* covered

cubismo cubism

cubrir to cover (9)

cuchillo knife

cuello neck (B); **cuello en V** V-neck collar (12)

cuenta bill, check (7); **darse cuenta (de)** to realize; **tomar en cuenta** to take into account

cuento short story

cuerda rope; **saltar la cuerda** to jump rope (8)

cuero leather (12)

cuerpo body (B)

cuestión *f.* question, issue, matter

cuestionar to question

cuidado care; **con cuidado** with care, carefully (4); **¡cuidado!** (be) careful!; **cuidado médico** medical care (15); **tener cuidado** to be careful

cuidar (de) to take care (of) (4); **cuidarse** to take care of oneself (10)

culpa fault, blame; **tener la culpa** to be to blame, be guilty (11)

culpable guilty

cultivarse to be cultivated

cultivo cultivation

cultura culture

cumpleaños *m. sing. and pl.* birthday (D)

cumplir (con) to fulfill, carry out; **cumplir años** to have a birthday (6)

cuñado/a brother-in-law/sister-in-law (8)

cuota quota

cupo quota, share, space

cura *f.* cure; *m.* priest (*Catholic*) (14)

curandero/a witch doctor *in pre-Columbian Meso-America*, quack, spiritual healer

curar to cure; **curarse de** to cure oneself, be cured (of) (16)

curiosidad *f.* curiosity

curioso/a curious

curita adhesive bandage (11)

curso course (4)

curva curve (9)

cuyo/a whose

CH

chamarra jacket (*Mex.*) (12)

champaña *m.* champagne

champiñón *m.* mushroom (7)

champú *m.* shampoo

chaparreras chaps

chaqueta jacket (A)

charlar to chat (1)

cheque *m.* check; **cambiar cheques** to cash checks (10); **cheque de viajero** traveler's check (10)

chicano/a Chicano

chicle *m.* chewing gum (2)

chico/a *n. m., f.* young man/young woman (B); *adj.* small

chile *m.* chili pepper; **chile relleno** stuffed chili pepper (7)

Chile *m.* Chile (2)

chileno/a Chilean (2)

chimenea fireplace (5)

china orange (*fruit*) (7)

chino Chinese (language) (C)

chino/a Chinese (C)

chiquillo/a child; (*coll.*) darling, beloved (*Sp.*)

chismear to gossip (15)
chismoso/a gossipmonger
chiste *m.* joke
chistoso/a funny
chivito/a kid, young goat
chocar (qu) to collide, crash; **chocar con** to crash, run into (*something*) (10)
chocolate *m.* chocolate; hot chocolate
chofer *m., f.* driver (4)
choque *m.* collision, crash (11)
chorizo sausage
chuleta chop (7); **chuleta de cerdo** pork chop
chultún *m. subterranean chamber carved in rock*

D

dama lady (12)
danza dance
dañar to damage
dañino/a harmful (11)
daño damage (9); **hacer daño** to harm (11)
dar (*irreg.*) to give (3); **da lo mismo** it doesn't matter; **dar a conocer** to make known; **dar como resultado** to result in (16); **dar la bienvenida** to welcome (3); **dar miedo** to frighten (9); **dar muchas vueltas** to go back and forth; **dar permiso** to give permission (8); **dar rabia** to anger, enrage; **dar risa** to make laugh; **dar un aventón** to give (*someone*) a ride (*Mex.*) (9); **dar un beso** to (give a) kiss (6); **dar un paseo** to take a walk (3); **dar un paseo en carro** to go for a drive; **dar un paso** to take a step; **dar una fiesta** to give a party (1); **dar vueltas** to go around; **darle la mano a alguien** to shake someone's hand; **darle risa a alguien** to make someone laugh; **darle una vuelta a alguien** to take someone for a walk; **darse cuenta (de)** realize; **darse la mano** to shake each other's hand (14); **darse por vencido** to give up; **darle vergüenza a uno** to be ashamed
datar: datar de to date from
datos *pl.* data
de *prep.* of; from (A); by; **del, de la** of the (A)
debajo de under (2)
deber *n. m.* duty
deber *v.* to owe; **deber** (+ *infin.*) should, ought to (*do something*) (4); **debía de ser** it should be
década decade
decidir to decide

décimo/a tenth (1)
decir (*irreg.*) to say, to tell (3); **es decir** that is to say; **¡no me digas!** you don't say! (7); **querer decir** to mean; **y tú, ¿qué dices?** and you? (what do you say?) (D)
decisión *f.* decision; **tomar una decisión** to make a decision
declaración *f.* declaration; statement
declarar to declare; **declarar la huelga** to go on strike
decorado scenery
decorado/a decorated
decretar to decree
dedicar (qu) to dedicate; **dedicarse** to dedicate oneself
dedo finger (11)
deducir (zc) (j) to deduct
defenderse (ie) to defend oneself
defensa defense
definición *f.* definition
definir to define
dejar to leave; to abandon; to allow; **déjame en paz** leave me alone; **dejar** (+ *infin.*) to allow someone to (*do something*) (13); **dejar caer** to let fall/drop (10); **dejar de** (+ *infin.*) to stop (*doing something*) (11); **dejar que** (+ *subjunctive*) to allow someone to (*do something*) (13); **dejarse** (+ *infin.*) **por** to allow oneself to be... (16); **se lo(s)/la(s) dejo en...** I'll let you have it (them) for . . . (12)
del (*contraction of* **de** + **el**) of the (A); from the
delante de in front of
delfín *m.* dolphin
delgado/a thin (B)
delicioso/a delicious
delincuencia delinquency
delincuente *m., f.* delinquent
delito crime, offense (16)
demás: lo demás the rest; **los/las demás** the rest, others (6)
demasiado *adv.* too much (7)
demasiado/a *adj.* too much; **demasiados/as** too many
democracia democracy
democrático/a democratic
demostrar (ue) to demonstrate
demostrativo: pronombre (*m.*) **demostrativo** demonstrative pronoun
denso/a dense
dental: hilo dental dental floss (11)
dentista *m., f.* dentist
dentro inside; **dentro de** inside; within; **por dentro** on the inside (7)
denunciar to denounce

departamento apartment (*Mex.*) (5)
depender de to depend on
dependiente, dependienta clerk, salesperson (4)
deporte *m.* sport; **practicar un deporte** to play a sport (8)
deportista *n. m., f.* sportsman/woman; *adj.* athletic (B)
deportivo/a *adj.* sporting, sports; **coche** (*m.*) **deportivo** sports car (13); **ropa deportiva** sport clothes (1)
depositar to deposit
depósito deposit
depredador(a) plunderer
deprimido/a depressed (3)
derecha *n.* right hand, right side; **a/de la derecha** to/from the right (3)
derecho *n.* right (*legal*); law; straight ahead; **de derecho** by right; **derecho** (*sing.*) **de aduana** customs duties, taxes (10); **Facultad** (*f.*) **de Derecho** School of Law (2)
derecho/a *adj.* right; right-hand
derrocar (qu) to overthrow (16)
derrotar to defeat
derrumbe *m.* landslide
desafío challenge
desagradable unpleasant (4)
desahogadamente comfortably
desamparado/a homeless person (13)
desanimarse to become discouraged
desaparecer (zc) to disappear
desarmarse to fall to pieces
desarrollado/a developed (16)
desarrollar to develop
desarrollo development (16); **en vías de desarrollo** developing
desastre *m.* disaster; **¡qué desastre!** what a mess! (15)
desatarse to be let loose
desayunar to have breakfast (1)
desayuno breakfast (6)
descansar to rest (1)
descanso rest; break (1)
descender (ie) to descend
descendiente *m., f.* descendant
descomponerse (*like* **poner**) to break down (8)
desconectar to disconnect
desconocido/a *n.* stranger (13); *adj.* unknown
descontento *n.* discontent
descontrolado/a uncontrolled
describir to describe
descripción *f.* description
descrito/a *p.p.* described
descubierto/a *p.p.* discovered
descubrimiento discovery

descubrir to discover (8)
desde *prep.* from (2); **desde la(s)... hasta la(s)...** from . . . to . . . (*time*) (4); **desde que** *conj.* since
desear to desire, wish
desempleado/a unemployed (15)
desempleo unemployment; **tasa del desempleo** unemployment rate (15)
desempolvar to dust (5)
desentenderse (ie) to feign ignorance
deseo desire, wish
deseoso/a desirous
desesperación *f.* desperation
desesperado/a desperate
desgracia mishap; **por desgracia** unfortunately
desgraciadamente unfortunately (12)
deshacerse (*like* **hacer**) **de** to get rid of
deshumanizante dehumanizing
desierto desert (9)
desinflado/a flat, deflated; **llanta desinflada** flat tire (9)
desmayarse to faint (11)
desmoronamiento crumbling, decaying
desordenado/a *n.* disorderly person; *adj.* disorderly, disarranged (15)
despacio *adv.* slowly (9)
despacho office
despedida leave-taking, farewell (A)
despedirse (i, i) to say good-bye
despejar to clear up; to clear (weather)
despensas *pl.* provisions
desperdiciar to waste (9)
desperdicios *pl.* waste; **desperdicios nucleares** *pl.* nuclear waste (9)
despertador *m.* alarm clock (6)
despertar (ie) to wake; **despertarse** to wake up (3)
despierto/a *p.p.* awake; awakened
déspota *m., f.* despot; tyrant
despótico/a despotic
desprecio scorn
después *adv.* after (1); **después de** *prep.* after (5); **después de clases** after school (8); **después de que** *conj.* after (14); **poco después** a bit later (6)
destapar to decongest; to unplug
destino destination (10); destiny
destituido/a discharged, dismissed
destreza skill
destrucción *f.* destruction
destruir (y) to destroy (15)
desventaja disadvantage (14)
desviación *f.* detour (9)
detallado/a detailed
detalle *m.* detail (8)
detección *f.* detection
detener (*like* **tener**) to detain; to stop

(16); **detenerse** to stop; to linger
determinación *f.* determination
detestar to hate
detrás de behind (2)
deuda debt; **deuda externa** foreign debt (15)
devaluación *f.* devaluation
devastador(a) devastating
devoción *f.* devotion
devolver (ue) to return (*something*)
devuelto/a *p.p.* returned
día *m.* day; **buenos días** good morning (A); **cada día** each day (11); **de día** by day; **Día de Acción de Gracias** Thanksgiving Day (3); **día de fiesta** holiday; **Día de la Independencia** Independence Day (3); **Día de la Madre** Mother's Day (3); **Día de los Enamorados** Valentine's Day (3); **Día de los Muertos** All Souls' Day (3); **Día de los Reyes Magos** Epiphany, Jan. 6th (*lit.* Day of the Magi) (3); **Día de Todos los Santos** All Saints' Day (3); **Día del Padre** Father's Day (3); **día del santo** saint's day (3); **día feriado** holiday; **día festivo** holiday (15); **en el día a día** in day-to-day life; **hoy (en) día** nowadays; **todo el día** all day long; **todos los días** every day (3)
diablo devil
diálogo dialogue
diamante *m.* diamond
diariamente daily (10)
diario/a daily (2)
dibujar to draw
dibujo drawing (C); **dibujos animados** cartoons
diccionario dictionary
diciembre *m.* December (D)
dictador(a) dictator
dictadura dictatorship (16)
dicho *n.* saying
dicho/a *p.p.* said
diecinueve nineteen (A)
dieciocho eighteen (A)
dieciséis sixteen (A)
diecisiete seventeen (A)
diente *m.* tooth (11); **cepillarse los dientes** to brush one's teeth; **cepillo de dientes** toothbrush (5); **lavarse los dientes** to brush one's teeth (3); **pasta de dientes** toothpaste
dieta: estar a dieta to be on a diet (7)
dietético/a *adj.* diet
diez ten (A)
diferencia difference
difícil difficult (B)
dificultad *f.* difficulty

dignidad *f.* dignity
diligencia task, errand
diminutivo diminutive (**-ito/a**)
dinastía dynasty
dinero money (4); **cambiar dinero** to cash money (10); **ganar dinero** to earn money (4)
dios *m.* god; **Dios** God
diplomático/a diplomat
dirección *f.* direction; address (D)
directamente directly (13)
director(a) principal
dirigente *adj.* ruling
dirigir (j) to direct
discernir (ie) to discern
disco record (3); **poner discos** to play records (2); **reproductor** (*m.*) **para discos compactos** CD player (D)
discoteca discotheque
discriminación *f.* discrimination
disculpar to excuse, pardon; **disculpe** excuse me (6)
discurso speech
discusión *f.* discussion
discutir to discuss; to argue (8)
diseño design
disfrutar to enjoy (10)
disgustado/a displeased
disgustar(se) to (be) upset (15)
disminuir (y) to diminish; **disminuir la velocidad** to reduce speed (13)
disolvente *m.* solvent (9)
disponer (*like* **poner**) **de** to have (*at one's disposal*) (10)
disponible available
dispuesto/a willing; **estar dispuesto/a a** to be willing to (14)
distancia distance
distinto/a different
distracción *f.* distraction
distraerse (*like* **traer**) to distract oneself
distraído/a distracted
distribuidor(a) distributor
distribuir (y) to distribute
distrito district
disuelto/a dissolved
diversión *f.* entertainment (5)
divertido/a fun (B); **¡qué divertido!** how fun! (D)
divertirse (ie, i) to have fun (1)
dividir to divide
división *f.* division
divorciado/a divorced (D)
divorciar to divorce
divorcio divorce
doblar to turn (10); to fold (5);
doble sentido two-way (*street*) (9)
doce twelve (A)

doctor(a) doctor

dólar *m.* dollar (B)

dolencia ache, pain

doler (ue) to hurt, ache (11)

dolor *m.* pain; **dolor de cabeza** headache (11)

doloroso/a painful (11)

doméstico/a domestic; **animal** (*m.*) **doméstico** pet; **empleado/a doméstico/a** servant (5)

domicilio address (10)

domingo Sunday (D); **Domingo de Pascua** Easter Sunday (3)

dominicano/a of the Dominican Republic (2); **República Dominicana** Dominican Republic (2)

dominó *m. sing.* dominoes

don *m. title of respect used with a man's first name* (A)

doncella maiden, maid

donde where

¿dónde? where?; **¿de dónde es usted/ eres tú?** where are you from? (2)

dondequiera: por dondequiera everywhere

doña *title of respect used with a woman's first name* (A)

dorado/a golden brown (7)

dormido/a asleep (8); **quedarse dormido** to fall asleep

dormir (ue, u) to sleep (3); **dormir todo el día** to sleep all day (D); **dormir una siesta** to take a nap; **dormirse** to fall asleep (3)

dormitorio bedroom (5)

dos two (A); **los/las dos** both

doscientos/as two hundred (D)

drama *m.* drama, play

dramaturgo/a playwright

drástico/a drastic

droga drug

drogadicción *f.* drug addiction

drogadicto/a drug addict

ducha shower (5)

ducharse to shower (2)

duda: sin duda without a doubt (11)

dudar to doubt; **(no) dudar que** to (not) doubt that (15)

dudoso/a doubtful; **es dudoso que** it is doubtful that (15)

dueño/a owner

dulce *adj.* sweet (7); *m. pl.* candy (13)

dulzón, dulzona sickly sweet; (*coll.*) cloying

dúo duo, duet

duque *m.* duke

durante during (D)

durar to last

durazno peach (7)

durísimo/a very severe

E

e and (*used instead of* **y** *before words beginning with* **i** *or* **hi**)

ecología ecology

ecológico/a ecological

economía economy

económico/a economic

ecosistema *m.* ecosystem

ecuatorial: línea ecuatorial equator

ecuatoriano/a Ecuadoran (2)

echar to throw, cast; **echar a correr** to break into a run; **echarse a** (+ *infin.*) to begin (*doing something*); **echarse de menos** to miss each other (14)

edad *f.* age; **edad límite** maximum age (14); **mayor de edad** of age, adult; **menor de edad** minor; (legally) under age (16); **¿qué edad tiene(s)?** how old are you? (C)

edición *f.* edition

edificio building (2); **edificio de apartamentos** apartment building

editor(a) publisher, editor

editorial: casa editorial publishing house

edo. (*abbrev. for* **estado**) state

educación *f.* education; **educación sexual** sex education (15)

educar (qu) to educate

educativo/a educational

EE.UU. (*abbrev. for* **Estados Unidos**) United States

efecto effect; **poner en efecto** to carry out; **surtir efecto** to work, have the desired effect

efectuar to effect, bring about, carry out (16)

eficacia effectiveness

eficaz (*pl.* **eficaces**) effective (16)

eficiente efficient

egipcio/a Egyptian (C)

Egipto Egypt (C)

egoísta selfish

ejecutivo/a executive

ejemplar *m.* copy (*of a book*)

ejemplo example; **por ejemplo** for example

ejercer (z) to exercise

ejercicio exercise; **hacer ejercicio** to exercise (D)

ejército army (16)

el *m. definite article* the (A); **el lunes** on Monday

él *sub. pron.* he; *obj. of prep.* him

elaboración *f.* elaboration

elaborar to manufacture, produce (15)

elástico elastic

elección *f.* election

electricidad *f.* electricity

eléctrico/a electrical; **rasuradora eléctrica** electric razor (3)

elegir (i, i) (j) to elect (16)

elevación *f.* elevation

elevar to elevate, raise

eliminar to eliminate

ella *sub. pron.* she; *obj. of prep.* her

ellos/as *sub. pron.* they; *obj. of prep.* them

embajada embassy (10)

embajador(a) ambassador

embarazada pregnant; **quedar embarazada** to become pregnant (15)

embarazo pregnancy (16)

embarcarse (qu) to embark (*on an enterprise*)

embargo: sin embargo however (7)

emborracharse to get drunk

emergencia emergency; **sala de emergencia** emergency room (11)

emigrante *m., f.* emigrant (15)

emigrar to emigrate

emisora radio station

emoción *f.* emotion

empacar (qu) to pack

empanada turnover pie or pastry

emperador *m.* emperor

empezar (ie) (c) to begin (6); **empezar a** (+ *infin.*) to begin to (*do something*)

empleado/a employee (10); **empleado/a doméstico/a** servant (5)

empleo job (4)

empresa company, firm (14)

empresario/a manager

en in; on (A); at

enamorado/a (de) in love (with) (3)

enamorados sweethearts; **Día** (*m.*) **de los Enamorados** Valentine's Day (3)

encabezar (c) to head, lead

encantado/a delighted, pleased (*to meet someone*) (5)

encantar to delight, charm; **me encanta que** I love it when (15)

encargarse (gu) de to be in charge of

encender (ie) to turn on; to set on fire; **encender la luz** to turn on the light (5)

encerrar (ie) to shut in; to lock up

encías gums (*anatomy*) (11)

enciclopedia encyclopedia

encima de on top of (2)

encomienda *Indian village granted to Spanish colonist by royal decree*

encontrar (ue) to find (4); to meet; **encontrarse con** to meet; to run into (6)

encuadernado/a bound (*book*)

encuentro encounter; meeting
encuesta survey (14)
enchilada *rolled tortilla filled with meat and topped with cheese and sauce, cooked in oven*
endeudarse to become indebted
enemigo/a enemy
energía energy; **fuente** (*f.*) **de energía** energy source (15)
enérgico/a energetic
enero January (D)
enfatizar (c) to emphasize
enfermarse to get sick (11)
enfermedad *f.* illness; disease; **enfermedad venérea** sexually transmitted disease (15)
enfermero/a nurse (4)
enfermo/a *n.* sick person; *adj.* sick (3)
enfrentar to face; to confront; to meet, encounter (16); **enfrentarse con** to face
enfrente *adv.* in front; **de enfrente** in front; **enfrente de** in front of (1)
enfriar to cool off (9)
enfurecido/a enraged
engañar to deceive
engaño deceit
engordar to get fat
enmendar (ie) to amend; to reform
enojado/a angry (3)
enojar: hacer enojar to make angry, anger (11); **enojarse** to get angry (11)
enorme enormous
enriquecer (zc) to enrich (16); **enriquecerse** to get rich
ensalada salad
ensayista *m., f.* essayist
ensayo essay
en seguida immediately (14)
enseñanza teaching (16)
enseñar to teach (4); to show (13)
entablar to strike up (*correspondence*)
entender (ie) to understand; **no entendí bien** I didn't quite understand (D)
entero/a whole (7)
enterrado/a buried
entonces then (1); **en aquel entonces** at that time (8)
entorno environment, surroundings
entrada entrance; ticket (D); **de entrada** as an entrée (*meal*); **entradas para un concierto** tickets for a concert (D)
entrar (en) to enter; **entrar al trabajo** to start work (4); **entrar en vigor** to go into effect
entre between, among (2); **entre paréntesis** in parentheses
entregar (gu) to hand in (8); to turn over

entrenar(se) to train
entrevista interview (B)
entrevistar to interview (6)
entristecer (zc) to sadden; **entristecerse** to become sad (11)
entusiasmo enthusiasm
entusiasta enthusiastic (B)
envase *m.* packing, packaging; bottle (9)
enviar to send (5)
envidia envy; **¡qué envidia!** how I envy you! (6)
envío shipping
envolver (ue) to wrap (12)
enyesado/a in a cast (11)
epidemia epidemic
episodio episode
época era, age
equipaje *m.* baggage (10); **exceso de equipaje** excess baggage (10)
equivocado/a mistaken
equivocarse (qu) to make a mistake
era era, age
erosión *f.* erosion
erradicar (qu) to eradicate
erupición *f.:* **hacer erupción** to erupt
escabeche *m.* marinade *of oil, vinegar, herbs, and spices (to preserve fish)*
escabroso/a rugged, craggy
escala scale
escalar to climb a mountain (6)
escalera stairway, stairs (5)
escaparse to escape, run away (8)
escarcha frost
escasez *f.* (*pl.* **escaseces**) scarcity (9); shortage (14)
escena scene
esclavo/a slave (15)
escoba broom (5)
escoger (j) to choose (3)
escolar of or pertaining to school
esconder to hide
escondite *m.* hiding place; **jugar al escondite** to play hide-and-seek (8)
Escorpión *m.* Scorpio
escribir to write; **¿cómo se escribe... ?** how do you spell . . . ? (D); **escribir a máquina** to type (4); **escribir cartas** to write letters (D)
escrito/a *p.p.* written
escritor(a) writer (12)
escritorio desk (B)
escritura *n.* writing (13)
escuchar to listen (to)
escuela school (2); **escuela primaria** grade school; **escuela secundaria** high school (6)
escultura sculpture
ese, esa *pron.* that (one); *adj.* that

esencial essential
eso that, that thing, that fact; **a eso de** (+ *time*) around (*a specific time*) (11); **por eso** for that reason (16)
esos/as *pron.* those (ones); *adj.* those
espacial *adj.* space; **colonia espacial** space colony (14)
espacio space; **espacio en blanco** blank
espada sword; **entre la espada y la pared** between a rock and a hard place
espaguetis *m. pl.* spaghetti
espalda back (B)
España Spain (C)
español *m.* Spanish (language) (A, C)
español(a) *n.* Spaniard; *adj.* Spanish (C)
espárragos *pl.* asparagus (7)
especial special
especialidad *f.* specialty; major (*field of study*) (1)
especialista *m., f.* specialist
especialmente especially (3)
especie *f.* species
específico/a specific
especular to speculate
espejo mirror (5); **espejo retrovisor** rearview mirror (9)
espejuelos spectacles
espera: sala de espera waiting room (10)
esperanza hope
esperar to hope; to wait for (2); **esperar... de...** to expect (*something*) from (*somebody*) (14)
espeso/a thick (7)
espinacas spinach (7)
espíritu *m.* spirit
esponja sponge
espontáneo/a spontaneous
esposo/a husband/wife (C)
esqueleto skeleton
esquí *m.* skiing (D); ski
esquiar to ski (1)
esquina corner
estabilidad *f.* stability
estabilizar (c) to stabilize
estable *adj.* stable (4)
establecer (zc) to establish
establo stable (12)
estación *f.* station; season (*weather*); **estación de autobuses** bus depot (2)
estacionamiento parking lot (2)
estacionar to park (6)
estadio stadium (D)
estado state; **estado civil** marital status (D); **estado de ánimo** state of mind (11); **Estados Unidos** United States (C); **golpe** (*m.*) **de estado** coup d'état, overthrow of the government (16)
estadounidense *n. m., f.* United States

citizen; *adj.* of, from, or pertaining to the United States (16)

estante *m.* shelf (5)

estar (*irreg.*) to be; **¿cómo está Ud.?** how are you? (A); **¿cómo estás (tú)?** how are you? (B); **estar a dieta** to be on a diet (7); **estar a favor de/en contra de** to be for/against (14); **estar comprometido/a** to be engaged (14); **estar de acuerdo** to agree (11); **estar de buen/mal humor** to be in a good/bad mood (3); **estar de moda** to be in style (12); **estar de pie/sentado** to be standing/seated, sitting down (4); **estar dispuesto/a a** to be willing to (14); **estar listo/a** to be ready (4); **estoy bien/regular** I am fine/OK (A); **estoy un poco cansado/a** I am a bit tired (A)

estatal *adj.* state

estatura height (B); **estatura mediana** medium height (B)

este, esta *pron.* this (one); *adj.* this; **esta noche** tonight, this night (1); **este...** um . . . (*pause in speech*)

estereotipo stereotype

estilo style

estimulante stimulating

estímulo stimulus

estirar la pata (*coll.*) to kick the bucket

esto this, this thing, this matter

estómago stomach (B); **dolor de estómago** stomachache (11)

estornudar to sneeze (11)

estornudo sneeze (11)

estos/as *pron.* these (ones); *adj.* these

estrecho/a narrow; tight (12)

estrella star (10); **estrella de cine** movie star (14)

estreno premiere, first performance

estrés *m.* stress

estrofa stanza

estudiante *m., f.* student (A)

estudiantil *adj.* student; **residencia estudiantil** university dorm (4)

estudiar to study (1)

estudio study; *pl.* studies, schooling (14)

estufa stove (5)

estupendo/a stupendous

estúpido/a stupid

etapa stage, period of time

eterno/a eternal

etiqueta etiquette; tag, label

eufórico/a euphoric

Europa Europe

europeo/a European

eutanasia euthanasia

evaluación *f.* evaulation

evangelizar (**c**) to evangelize

evitar to avoid (11)

exactamente exactly (11)

examen *m.* test

examinar to examine

excelencia excellency

excepción *f.* exception

exceso excess; **exceso de equipaje** excess baggage (10); **exceso de velocidad** speeding (6)

excursión *f.* excursion; **hacer excursiones** to go on outings

exhibirse to be exhibited

exigir (**j**) to demand (16)

exiliado/a exile

existente existing

existir to exist

éxito success; **con éxito** successfully; **tener éxito** to be successful

experiencia experience

experimentar to test, try out

experto/a expert

explicación *f.* explanation

explicar (**qu**) to explain (4)

explorador(a) explorer

explorar to explore

explosión *f.* explosion

explotador(a) exploiter

explotar to exploit (16)

exportación *f.* export

exposición *f.* exhibition

expresar to express

expresión *f.* expression

expresivo/a expressive

exquisito/a exquisite

extender (**ie**) to extend; **extenderse** to extend oneself; to be extended

extensión *f.* extension

exterior foreign; exterior

externa: deuda externa foreign debt (15)

extinción *f.* extinction

extraer (*like* **traer**) to extract

extranjero/a *n.* foreigner; *m.* abroad (10); *adj.* foreign

extrañar to miss, long for

extraño/a strange (2)

extraterrestre extraterrestrial (15)

extremadamente extremely

extremo/a extreme

extrovertido/a *n.* extrovert; *adj.* extroverted

F

fábrica factory (4)

fabricado/a made

fabricante *m.* manufacturer (9)

fabuloso/a fabulous

fácil easy (B)

factura invoice, bill (10)

facturar to check (*baggage*) (10)

facultad *f.* school (*of a university*); **Facultad de Bellas Artes** School of Fine Arts (2); **Facultad de Ciencias Naturales** School of Natural Sciences (2); **Facultad de Derecho** School of Law (2); **Facultad de Filosofía y Letras** School of Humanities (2); **Facultad de Medicina** School of Medicine (2)

falda skirt (A)

falso/a false

falta: hacer falta to be necessary

faltar to be missing, lacking (13); to be absent

familia family

familiar *n. m., f.* member of the family; *adj.* family

famoso/a famous (8)

farmacéutico/a pharmacist

farmacia pharmacy

fascinante fascinating

fascinar to fascinate

fascismo fascism

fascista *m., f.* Fascist

favor: estar a favor de to be for (14); **favor de** (+ *infin.*) please (*do something*); (4) **por favor** please (D)

favorecer (**zc**) to favor

favorito/a favorite

fe *f.* faith

febrero February (D)

fecha date; **fecha de nacimiento** date of birth (D)

felicidad *f.* happiness (14); *pl.* congratulations

felicitar to congratulate

feliz (*pl.* **felices**) happy (11)

femenino/a feminine

fenómeno phenomenon

feo/a ugly (B)

feriado: día (*m.*) **feriado** holiday (3)

ferrocarril *m.* railway

festividad *f.* celebration, holiday

festivo: día (*m.*) **festivo** holiday (15)

fiambre *m.* cold cut

fidelidad *f.* faithfulness

fiebre *f.* fever (11)

fiel faithful

fiesta party; **dar una fiesta** to give a party (1); **día** (*m.*) **de fiesta** holiday; **hacer una fiesta** to have a party; **ir a fiestas** to go to parties (D)

figura figure

fijarse en to notice; **fíjate** just imagine

fijo/a fixed

fila line, row

filosofía philosophy; **Facultad** (*f.*)

de Filosofía y Letras School of Humanities (2)

fin *m.* end (4); purpose, goal; **a fines de** at the end of; **en fin** in short, in brief; **fin de semana** weekend (D); **ponerle fin a** to put an end to (16); **por fin** finally (3)

final *n. m.* end; *adj.* final; **al final** in the end; **al final de** at the end of

finalizar (c) to finalize

finalmente finally (1)

financiero/a financial

finca farm (16)

fino/a fine; of good quality (12)

firma signature (D)

firmar to sign (6)

físico/a physical

flan *m.* sweet custard (7)

flexibilidad *f.* flexibility

flojo/a lazy

flor *f.* flower

flotar to float

fluidez *f.:* **con** *fluidez* fluently

fluorado: carburos fluorados fluorocarbons

fogata bonfire

folleto brochure

fomentar to foster, encourage

fondo fund (14); **plato de fondo** main dish

foráneo/a foreign

forastero/a stranger, newcomer

forestal pertaining to forests; **masa forestal** forest

forma form

formación *f.* formation

formar to form

formatear to format

fortuna fortune

forzar (ue) (c) to force

foto *f.* photo; **sacar fotos** to take pictures (D)

fotocopia photocopy

fotografía photography; picture (4)

fotógrafo *m., f.* photographer (12)

fracasar to fail

fracaso failure

fracturado/a fractured

fragmentado/a fragmented

fragmento excerpt

francés *m.* French (language) (C)

francés, francesa French (C)

Francia France (C)

franquista pertaining to Francisco Franco

frase *f.* sentence, phrase

fraude *m.* fraud

frecuencia frequency; **con frecuencia** frequently (1)

frecuentemente frequently (7)

fregadero kitchen sink (5)

freír (i, i) to fry

freno brake (9)

frente *m.* front; *f.* forehead (11); **en frente de** in front of; **frente a** *prep.* facing, opposite

fresa strawberry (7)

fresco/a fresh (7); cool; **hace fresco** it's cool weather (1)

frijol *m.* bean (7)

frío/a cold; **hace frío** it's cold (weather) (1); **té** (*m.*) **frío** cold tea (7); **tener frío** to be cold (3)

frito/a *p.p.* fried; **papas fritas** French fries (7); **pollo frito** fried chicken (7)

frontera border, frontier (7)

fruncir (z) el ceño to wrinkle one's brow, scowl

fruta fruit; **batido de frutas** fruit shake (7)

frutal *adj.* fruit

frutería fruit store (12)

fuego fire; **a fuego lento** over a low fire (7); **arma** *f.* (*but* **el arma**) **de fuego** firearm (15); **fuegos artificiales** fireworks (3)

fuente *f.* source; fountain (3); **fuente de energía** energy source (15)

fuera out, outside; **cenar fuera** to go out to dinner (1); **por fuera** on the outside (7)

fuerte strong (9)

fuertemente strongly (16)

fuerza strength

fuga flight, escape

fulano: fulano o zutano Mr. so-and-so; **todos los fulanos, zutanos y perenganos** every Tom, Dick, and Harry

fumador(a) smoker

fumar to smoke (2); **sección** (*f.*) **de (no) fumar** (non)smoking section (10)

función *f.* function

funcionar to function

funcionario/a *n.* official

fundar to found

fúnebre funeral

furia fury

furioso/a furious

fusilar to shoot, execute by firing squad

fútbol *m.* soccer (D); **fútbol americano** football

futuro *n.* future

futuro/a *adj.* future

G

gabinete *m.* cabinet (*government*) (16); cabinet (5); cupboard

galón *m.* gallon

galope *m.:* **al galope** at a gallop

galletita cookie (7)

ganador(a) winner (15)

ganancias earnings

ganar to earn; to win; **ganar dinero** to earn money (4)

ganas: tener ganas de (+ *infin.*) to feel like (*doing something*) (4)

ganga bargain (12)

garaje *m.* garage; **venta de garaje** garage sale (12)

garantía guarantee

garbanzo chickpea

garganta throat (11)

gárgaras: hacer gárgaras to gargle (11)

garúa drizzle

garza heron

gasolinera gas station (5)

gastar to spend (*money*) (12); to consume; **gastar combustible** to use gas (9)

gasto expense (15)

gato/a cat (A); **jugar al gato** to play tag (8)

gaveta drawer (5)

gemelo/a twin (C)

Géminis *m.* Gemini

generación *f.* generation

general *adj.* general; **en general** in general; **por lo general** in general

generalmente generally (2)

generar to generate

generoso/a generous

genial brilliant, inspired

genio genius

gente *f. sing.* people (3)

geografía geography

geográfico/a geographical

gerente *m., f.* manager

gesto gesture (10)

gimnasia: hacer gimnasia to do gymnastics

gimnasio gymnasium

gira tour; **hacer una gira** to take a tour (9)

girar to spin around

giro postal money order

gitano/a gypsy

glosario glossary

gobernador(a) governor

gobernante *m., f.* ruler

gobernar (ie) to govern

gobierno government

gol *m.* goal (*sports*)

golf *m.* golf

golfo gulf (9)

golpe *m.* blow, hit; **golpe de estado** coup d'état; **golpe militar** military coup

golpear(se) to hit (oneself) (11)
goma rubber (12)
gordo/a fat (A); **premio gordo** first prize (14)
gorro party hat (3)
gota drop; **gotas para la nariz** nose drops (11)
goteo nasal nasal drip
gozar (c) de to enjoy (14)
grabado/a recorded
grabadora tape recorder
gracias thank you (A); **Día** (*m.*) **de Acción de Gracias** Thanksgiving Day (3); **gracias a** thanks to; **muchas gracias** thank you very much
grado degree (1)
graduación *f.* graduation
graduarse to graduate
gráfica: artes (*f.*) **gráficas** graphic arts
gragea sprinkle (*colored candy granule used for decorating cakes*); pill
gramática grammar (4)
gran, grande big, large (B) great; **en gran parte** to a large degree
gratis *inv.* free
gratuito/a free (16)
grave serious
Grecia Greece
griego/a *n.* Greek; *adj.* Grecian
grieta crack, fissure
grifo faucet
gringo/a (*coll.*) foreigner
gripe *f.* flu (11)
gris gray (A)
gritar to yell, shout, scream (8); **gritarse** to yell at each other (14)
grito shout, scream (6)
grosero/a rude
grueso/a thick
grupo group
guante *m.* glove (12)
guapo/a good-looking (A)
guardafango *m. sing. and pl.* fender (9)
guardar to keep; to save; **guardar ropa** to put away clothes (5)
guardería (infantil) child care center (16)
guardia *m., f.* guard
guatemalteco/a Guatemalan (2)
guayaba guava
guayabera *embroidered shirt of light material worn in tropical climates* (12)
guerra war (14); **Segunda Guerra Mundial** Second World War
guerrero soldier
guerrillero/a guerrilla (16)
guía guide(book) (3)
guiar to guide
guisante *m.* pea (7)

guitarra guitar
gustar to be pleasing; **a mí (sí/no) me gusta...** I (do/don't) like to . . . (D); **le gusta...** you (*pol. sing.*) like to . . . ; he/she likes to . . . (D); **les gusta...** you (*pl.*) like to . . . ; they like to . . . (D); **(no) me gusta...** I (don't) like to . . . (D); **¿qué le gusta hacer?** what do you (*pol. sing.*); does he/she like to do? (D); **¿qué te gusta hacer?** what do you (*inf. sing.*) like to do? (D); **te gusta...** you (*inf. sing.*) like to . . . (D)
gusto taste; pleasure, delight; **con gusto** with pleasure (7); **mucho gusto** pleased to meet you (A); **¡qué gusto!** what a pleasure! (14)

H

ha habido (haber) there has/have been (13)
Habana: La Habana Havana
haber (*irreg.*) (*infin. form of* **hay**) to have (*auxiliary*); to be
había (haber) there was/there were (8)
habichuela green bean (7)
habilidad *f.* ability; skill (4)
habitación *f.* room (5)
habitado/a inhabited
habitante *m., f.* inhabitant
hábito habit
habitual usual
hablador(a) talkative
hablar to speak, talk; **hablar por teléfono** to speak on the phone (D)
habrá there will be
habría there would be
Habsburgo Hapsburg
hacendado/a property owner (16)
hacer (*irreg.*) to do; to make (D); **¿cuántas millas hace por... ?** how many miles per . . . do you get? (9); **¿cuánto hace que** + *present*? how long have/has . . . ? (9); **¿cuánto tiempo hace que... ?** how long has it been since . . . ? (6); **hace** + *time* (time) . . . ago (6); **hace** + *time* + **que** + *present* (I) have been (*doing something*) for + *time*; **hace buen/mal tiempo** it's fine/bad weather (1); **hace calor/fresco/frío/sol/viento** it's hot/cool/cold/sunny/windy weather (1); **hacer análisis** to do (medical) tests (15) **hacer caso** to pay attention; **hacer cola** to wait in line (6); **hacer comentarios** to comment; **hacer daño** to harm (11); **hacer ejercicio** to exercise (D); **hacer el papel de** to play the role

of (4); **hacer enojar** to make angry, anger (11); **hacer erupción** to erupt; **hacer excursiones** to go on outings; **hacer falta** to be necessary; **hacer gárgaras** to gargle (11); **hacer la compra** to do the grocery shopping (4); **hacer las maletas** to pack (10); **hacer preguntas** to ask questions (4); **hacer ruido** to make noise (10); **hacer transbordo** to change (trains, etc.); **hacer una fiesta** to have a party; **hacer una gira** to take a tour (9); **hacer una limpieza** to clean (11); **hacer viajes** to take trips, travel (9); **hacerse** to become; to pretend or feign to be; **hacerse cargo de** to take charge of; **¿qué le gusta hacer?** what do you (*pol. sing.*); does he/she like to do? (D); **¿qué te gusta hacer?** what do you (*inf. sing.*) like to do? (D); **¿qué tiempo hace?** what is the weather like? (1); **se me está haciendo tarde** it's getting late
hacia towards; **hacia adelante** forward
hallar to find
hambre *f.* (*but* **el hambre**) hunger; **pasar hambre** to go hungry; **tener hambre** to be hungry
hamburguesa hamburger
harapiento/a ragged; unkempt
harina flour (7)
hasta *prep.* up to, until (A); *adv.* even; **desde la(s)... hasta la(s)...** from . . . to . . . (*time*) (4); **hasta la fecha** up to now; **hasta luego** see you later (A); **hasta mañana** see you tomorrow; **hasta que** *conj.* until (14)
hay there is, there are; **¿cuántos/as hay?** how many are there? (A); **hay que** one has to (5); **no hay paso** no entrance (9)
hebreo Hebrew (language) (C)
hecho fact; event (6); **de hecho** in fact
hecho/a *p.p.* made; **de qué está hecho/a?** what is it (made) of? (12); **hecho/a a mano** handmade (12)
helada frost; freezing weather
heladera refrigerator (10)
heladería ice cream parlor (12)
helado ice cream (C)
helado/a frozen; **té** (*m.*) **helado** iced tea (7)
helar (ie) to freeze
hembra female
hemisferio hemisphere
herida wound (11)
herido/a *n.* wounded person (11); *adj.* wounded
hermanastro/a stepbrother/sister (14)
hermano/a brother/sister (B)

hermoso/a beautiful (3)
héroe *m.* hero
heroína heroin; heroine
herramienta tool (12)
hervir (ie, i) to boil
hielo ice; **patinar en el hielo** to ice skate (D)
hierro iron (12)
hígado liver (7)
hijo/a son/daughter (C); **hijo/a único/a** only child (14); **hijos** children (sons, sons and daughters) (C)
hilo linen (12); **hilo dental** dental floss (11)
hinchado/a swollen (11)
hipnotizado/a hypnotized
hispánico/a Hispanic
hispano/a Hispanic
Hispanoamérica Spanish America (10)
hispanoamericano/a Spanish American
histérico/a hysterical
historia story; history
historial (*m.***) clínico** medical history (11)
histórico/a historical
historieta short story, anecdote
hnos. (*abbrev. for* **hermanos**) brothers
hogar *m.* home
hoja leaf
hola hi
Holanda Holland
hombre *m.* man (A)
hombro shoulder (B)
homicidio homicide
hondureño/a Honduran (2)
honestidad *f.* honesty
hongo mushroom (7)
honrado/a honorable, honest
hora hour; time; **¿a qué hora (es) ... ?** at what time (is) . . . ? (D); **a última hora** at the last minute (10); **¿qué hora es?** what time is it? (D); **¿qué hora tiene?** what time do you have? (D); **¡ya era hora!** it was about time! (15)
horario schedule
horneado/a baked (7)
horno oven (5); **horno de microondas** microwave oven (5)
horóscopo horoscope
hospedarse en to stay at (10)
hospital *m.* hospital
hospitalidad *f.* hospitality
hotel *m.* hotel
hotelero/a *adj.* hotel
hoy today (2); **hoy (en) día** nowadays
huelga (labor) strike (16); **declarar la huelga** to go on strike
huelguista *m., f.* striker
huella mark, trace

huérfano/a orphan
huerta orchard; garden
hueso bone (11)
huésped(a) guest (10)
huevo egg; **huevos cocidos** hard-boiled eggs (7); **huevos rancheros** *eggs, usually fried or poached, topped with a spicy tomato sauce and sometimes served on a fried corn tortilla;* **huevos revueltos** scrambled eggs (7)
humano/a *n.; adj.* human; **ser (***m.***) humano** human being (14)
humedad *f.* humidity (9)
húmedo/a humid
humilde humble
humo smoke
humor *m.* humor; mood; **estar de buen/ mal humor** to be in a good/bad mood (3); **ponerse de buen/mal humor** to get into a good/bad mood; **sentido del humor** sense of humor
humorístico/a humoristic
hundirse to sink
huracán *m.* hurricane

I

ida: boleto de ida y vuelta round-trip ticket (10)
idea: ¡qué buena idea! what a good idea! (1)
idealista idealistic
idéntico/a identical
identificación *f.* identification
identificar (qu) to identify
ideología ideology
idioma *m.* language; **idiomas africanos** African languages (C)
iglesia church (3)
ignorar to ignore
igualdad *f.* equality
igualmente same here (A)
ilegal illegal
ilustración *f.* illustration
ilustrar to illustrate
imagen *f.* image
imaginario/a imaginary
imaginarse to imagine
impaciencia impatience
impaciente impatient
impedir (i, i) to prevent
imperio empire (16)
imponer (*like* **poner**) to impose; **imponerse** to impose oneself
importación *f.* import
importado/a imported
importancia importance
importante important

importar to matter, be important; **¿qué me importa a mí?** I don't care! (15)
imposible impossible
impresión *f.* impression
impresionante impressive
impresionar to impress
impresionista Impressionist
impuesto tax (10)
inagotable inexhaustible
inca *n. m., f.* Inca; *adj.* Incan
incansable indefatigable
incivilizado/a uncivilized
inclinar to bow, bend; **inclinarse** to lean
incluir (y) to include (7)
incluso *adv.* (*coll.*) even; including (15)
incómodo/a uncomfortable
incondicional unconditional
inconsciente unconscious (11)
incorporar to incorporate
increíble unbelievable
incrementar to increase
indefenso/a defenseless
independencia independence; **Día (***m.***) de la Independencia** Independence Day (3)
independiente independent
indicación *f.* indication
indicar (qu) to indicate
índice (*m.***) de natalidad** birthrate
indígena *n. m., f.; adj.* indigenous, native (15)
indio/a Indian
indirecto: pronombre (*m.***) de complemento indirecto** indirect object pronoun
indispensable essential
individuo person, individual (16)
indocumentado/a illegal, without papers (16)
indudable doubtless
industria industry
industrial: obrero/a industrial industrial worker (4)
industrialización *f.* industrialization
industrializado/a industrialized
inerte inert, motionless
infancia childhood
infante *m.:* **jardín (***m.***) de infantes** kindergarten
infantil: guardería infantil child care center (16)
infarto heart attack (11)
infección *f.* infection
infectado/a infected
infierno hell
inflación *f.* inflation
influencia influence
influir (y) to influence

información *f.* information
informar to inform; **informarse** to be informed
informática data processing (1)
informe *m.* report
ingeniería engineering (1)
ingeniero/a engineer (4)
Inglaterra England (C)
inglés *m.* English (language) (C)
inglés, inglesa English (C)
ingrediente *m.* ingredient
ingresar (en) to enter
ingresos *pl.* income
iniciar to initiate
injusto/a unfair
inmediato/a immediate
inmenso/a immense
inmigración *f.* immigration
inmigrante *m., f.* immigrant
inmunodeficiencia immunodeficiency
innovador(a) innovative
inodoro toilet (5); **taza del inodoro** toilet bowl (5)
inolvidable unforgettable
inquieto/a restless, uneasy
inquisición *f.* inquisition
inscribir to enroll (16)
inscrito/a *p.p.* registered, enrolled
inseguro/a unsure
inseminación (*f.***) artificial** artificial insemination
insistir to insist
inspeccionar to inspect
inspector(a) inspector
instalación *f.* installation
instalar to install; **instalarse** to settle; to establish oneself (16)
instante *m.* moment
instinto instinct
institución *f.* institution
instrucción *f.* instruction
insultarse to insult each other
inteligencia intelligence
inteligente intelligent
intensidad *f.* intensity
intentar to try; **intentar** + *infin.* to try to (*do something*)
intento attempt
interacción *f.* interaction
intercambiar to exchange
interés *m.* interest
interesante interesting; **¡qué interesante!** how interesting! (D)
interesar to interest, be interested in; **le interesa** you (*pol. sing.*), he/she is interested (4); **me interesa** I am interested (4)

interior *m.* interior, inside; **ropa interior** underwear (12)
intermedio/a intermediate
internacional international
internar to admit, put into (*a hospital*) (11)
interno/a internal
interoceánico/a interoceanic (*situated between two oceans*)
interrogar (qu) to interrogate
interrumpir to interrupt
intervención *f.* intervention
intervenir (*like* **venir**) to intervene
íntimo/a close, intimate
intoxicación *f.* intoxication
inundación *f.* flood
invasión *f.* invasion
invasor(a) invader
inversionista *m., f.* investor
invertir (ie, i) to invest (16)
investigación *f.* research
investigador(a) researcher
invierno winter (D)
invitación *f.* invitation
invitado/a guest
inyección *f.* injection
ir (*irreg.*) to go (D); **¿cómo se va de... a...**
? how does one get from . . . to . . . ? (10); **ir a** + *infin.* to be going to (*do something*); **ir a fiestas** to go to parties (D); **ir de compras** to go shopping (D); **ir de vacaciones** to go on vacation; **ir** + **-ndo** to be in the process of (*doing something*); **irse** to go away, get away (8); **que te/le vaya bien** may it go well with you; **vamos a** (+ *infin.*) let's (+ *infin.*) (4); **vamos a ver** let's see; **ya voy** I'm coming (2)
Irlanda Ireland
irlandés, irlandesa *n.* Irishman/woman; *adj.* Irish (16)
ironía irony
irritado/a irritated
isla island (9)
israelí Israeli
Italia Italy (C)
italiano Italian (language) (C)
italiano/a Italian (C)
izquierda left hand; left hand side; **a/de la izquierda** to/from the left (5)
izquierdo/a left, left-hand

J

jabón *m.* soap (3)
jai alai *m.* Basque ball game
jalar to pull (*Mex.*) (13)
jalea jelly (7)

jamás never; **más que jamás** more than ever
jamón *m.* ham (7)
Japón *m.* Japan (C)
japonés, *m.* Japanese (language) (C)
japonés, japonesa Japanese (C)
jarabe *m.* (**para la tos**) (cough) syrup (11)
jardín *m.* garden (1); yard; **jardín de infantes** kindergarten
jeans *m.* (blue) jeans
jefe, jefa boss, chief (16)
Jesucristo Jesus Christ
jonrón *m.* home run
jornada day's work; **jornada completa** full time (4); **media jornada** part time (4)
joven *n. m., f.* youth; *adj.* young (A)
joya jewel (10); *pl.* jewelry
joyería jewelry store (12)
jubilarse to retire (14)
judío/a *n.* Jew; *adj.* Jewish (16)
juego game (D); **Juegos Olímpicos** Olympic Games
jueves *m. sing. and pl.* Thursday (D)
juez *m., f.* (*pl.* **jueces**) judge (4)
jugador(a) player
jugar (ue) (gu) to play (D); **jugar a la rayuela** to play hopscotch (8); **jugar al** + *sport* to play (*a sport*); **jugar al bebeleche** to play hopscotch (*Mex.*) (8); **jugar al escondite** to play hide-and-seek (8); **jugar al gato** to play tag (8)
jugo juice; **jugo natural** fresh-squeezed juice (7)
juguete *m.* toy (8)
julio July (D)
junio June (D)
junto a next to
juntos/as together (2)
jurar to swear
justamente just, exactly
justificar (qu) to justify
justo/a fair
juventud *f.* youth (8)
juzgar (gu) to judge

K

kg. (*abbrev. for* **kilogramo**) kilogram, kilo
kilo kilogram, kilo
kilómetro kilometer
kínder *m.* kindergarten
km. (*abbrev. for* **kilómetro**) kilometer

L

la *f. definite article* the (A); *d.o.* her, it, you (*pol. sing.*)

labio lip (11)

laboratorio laboratory

lacio/a straight (*hair*) (A)

ladera hillside, slope (*of a mountain*)

lado side (7); **al lado de** next to (2); **de al lado** next door; **de cada lado** on each side (7); **por todos lados** on all sides

ladrar to bark

ladrillo brick (12)

ladrón, ladrona thief (6)

lagarto lizard

lago lake (3)

lamentablemente unfortunately

lamento lament, wail

lámpara lamp

lana wool (12)

lancha boat (9)

langosta lobster (7)

langostino prawn, crayfish

lanzar (c) to launch; to fire

lápiz *m.* (*pl.* **lápices**) pencil (B)

largo/a long (A)

las *f. pl. definite article* the (A); *d.o.* them, you (*pol. pl.*)

lástima compassion; shame; **¡qué lástima!** what a pity! (12); **¡qué lástima que... !** what a pity that. . .

lata can (7)

latino/a Latin

Latinoamérica Latin America

latinoamericano/a Latin American

lavandería laundromat (2)

lavabo bathroom sink (5)

lavadora washing machine (5)

lavandería laundromat (2)

lavaplatos *m. sing. and pl.* dishwasher (5)

lavar to wash (1); **lavarse el pelo** to wash one's hair (3); **lavarse los dientes** to brush one's teeth (3)

lazo lasso, lariat

le *i.o.* to/for him, her, it, you (*pol. sing.*)

lealtad *f.* loyalty (14)

lección *f.* lesson (6)

lector(a) reader

lectura *n.* reading (4)

leche *f.* milk (3); **arroz** (*m.*) **con leche** rice pudding (7); **batido de leche** milkshake (7)

lechón *m.* piglet

lechuga lettuce (7)

leer (y) to read (D); **leer el periódico** to read the newspaper (D)

legalización *f.* legalization

legalizar (c) to legalize; **legalizarse** to be legalized

legumbre *f.* vegetable

lejano/a distant, remote

lejos *adv.* far away; **lejos de** *prep.* far away from

lengua tongue; language; **lengua materna** mother tongue (16)

lenguaje *m.* language

lentamente slowly (9)

lentes *m.* (eye)glasses (A)

lento/a slow; **a fuego lento** over a low fire (7)

leño: al leño spit-roasted (*over a wood fire*)

león, leona lion/lioness

les *i.o.* to/for them, you (*pol. pl.*)

letra letter (*of the alphabet*); *pl.* literature; **Facultad** (*f.*) **de Filosofía y Letras** School of Humanities (2)

letrero sign

levantar to lift, raise up; **levantar pesas** to lift weights (1); **levantarse** to get up (3)

ley *f.* law (15)

leyenda legend

liberación *f.* liberation

libertad *f.* liberty, freedom; **libertad de palabra/de prensa** freedom of speech/of the press (16)

libertador(a) liberator (15)

libra pound (7); **Libra** Libra

libre free; available (3); **al aire libre** outdoors (6); **mercado libre** free market (16)

librería bookstore (2)

librero bookseller

libro book

licencia de manejar driver's license

licenciado/a lawyer (11)

licor *m.* liquor

licuadora blender (12)

líder *m.* leader

ligado/a linked

ligero/a light (7)

limitar to limit; **limitarse** to limit oneself

límite: edad (*f.*) **límite** maximum age (14)

limón *m.* lemon

limonada lemonade

limpiaparabrisas *m. sing. and pl.* windshield wiper (9)

limpiar to clean (1)

limpieza *n.* cleaning; **hacer una limpieza** to clean (11)

limpio/a clean (5)

lindo/a pretty (6)

línea line; **línea ecuatorial** equator

lino linen (12)

líquido liquid; **líquido para la transmisión** transmission fluid

lista list

listo/a ready, prepared; **estar listo/a** to be ready (4); **ser listo/a** to be smart, clever

literario/a literary

literatura literature

litro liter (12)

lo *d.o.* him, it, you (*pol. sing.*); **lo** + *adj.* the + *adj.* part, thing, that which is + *adj.*; **lo que** that which, what (6); **lo siento** I'm sorry (10)

loco/a *n.* crazy person; *adj.* crazy; **volverse loco/a** to go crazy (11)

locomoción *f.* locomotion

locomotora locomotive

lógico/a logical

lograr to achieve, attain; **lograr** + *infin.* to manage to (*do something*), succeed in (*doing something*)

loma hill

Londres *m.* London (C)

los *m. pl. definite article* the (A); *d.o.* them, you (*pol. pl.*)

lote *m.* share, portion

lotería lottery

lucha fight, struggle

luchar to fight, struggle; **luchar por** to fight for (15)

luego then (1); **desde luego** of course; **hasta luego** see you later (A); **luego de** after

lugar *m.* place; **lugar de nacimiento** place of birth (D); **tener lugar** to take place (16)

lujo luxury (10); **de lujo** deluxe

lujoso/a luxurious

luna de miel honeymoon (14)

lunar *m.:* **de lunares** polka-dotted (12)

lunes *m. sing. and pl.* Monday (D)

luz *f.* (*pl.* **luces**) light (B); electricity; **apagar la luz** to turn off the light (5); **encender la luz** to turn on the light (5); **prender la luz** to turn on the light (5)

LL

llamada telefónica telephone call

llamar to call (3); **¿cómo se llama?** what is his/her name? (A); **¿cómo se llama Ud.?, ¿cómo te llamas?** what is your name? (A); **llamar la atención (a)** to call, attract attention (to) (9); **llamar por teléfono** to phone (13); **llamarse** to be called, named; **me llamo...** my name is . . . (A); **se llama...** his/her name is . . . (A)

llano *n.* plain (9)

llanta tire; **llanta desinflada** flat tire (9)

llave *f.* key

llegada arrival

llegar (gu) to arrive (1); **llegar a ser** to become (16); **llegar a tiempo** to arrive/ be on time (4); **llegar al poder** to attain power (16); **llegar tarde** to arrive/be late (4)
llenar to fill (7)
lleno/a full
llevar to wear (D); to take (*someone or something somewhere*) (D); to carry; **llevar** + *time* + **-ndo** to have been (*doing something*) for + *time* (16); **llevar a cabo** to carry out, perform; **llevarse** to carry off, take away (12); **llevarse bien** to get along well (8); **me lo llevo** I'll take (*buy*) it (12)
llorar to cry (2)
lloroso/a tearful, weeping
llover (ue) to rain (9)
llovizna drizzle (9)
lluvia rain (9)

M

machista chauvinistic
macho male
madera wood (9)
madrastra stepmother (14)
madre *f.* mother (C); **Día** (*m.*) **de la Madre** Mother's Day (3)
madrina godmother (14)
madrugada dawn (6)
madurar to mature
maduro/a mature; ripe (7)
maestro/a *n.* teacher (4); *adj.* masterly, expert; **obra maestra** masterpiece
magia magic
magnífico/a magnificent; great (15)
Mago: Día (*m.*) **de los Reyes Magos** Epiphany, Jan. 6th (*lit.* Day of the Magi) (3)
maíz *m.* corn (7); **mazorca de maíz** corn on the cob (7); **palomitas** (*pl.*) **de maíz** popcorn (7)
majestad *f.* majesty
mal *n. m.* evil; *adv.* badly
mal, malo/a *adj.* bad (5); **estar de mal humor** to be in a bad mood (3)
maldito/a damned, accursed
maleta suitcase (10); **facturar la maleta** to check baggage (10); **hacer las maletas** to pack (10)
maletero trunk (9)
malgastar to waste
malhumorado/a bad-tempered
maltrato mistreatment, abuse (16)
mallas tights
mamá mother
mancha stain

manchar to stain
mandar to send (16); to order, command; **mandar a buscar** to have (*someone*) look for; **mandar por correo** to send by mail (10)
mandarina mandarin orange
mandato command
manejar to drive (1); **licencia de manejar** driver's license
manera manner, way; **de esta manera** in this way; **de manera que** so that (15); in such a way that; **manera de pensar** way of thinking
manga sleeve (12)
manifestar (ie) to manifest
mano *f.* hand (B); **a mano** by hand; **bolsa de mano** carry-on luggage; handbag (10); **con las manos en la masa** red-handed, in the act; **darse la mano** to shake each other's hand (14); **equipaje** (*m.*) **de mano** hand luggage, carry-on luggage; **hecho/a a mano** handmade (12); **mano de obra** manual labor (16)
mansión *f.* mansion
mantel *m.* tablecloth
mantener (*like* **tener**) to maintain; **mantenerse** to keep oneself (11)
mantenimiento maintenance
mantequilla butter (7)
mantequillera butter dish
manzana apple (7)
mañana *n.* morning; tomorrow (1); *adv.* **de/por la mañana** in the morning (D); **hasta mañana** see you tomorrow; **mañana por la mañana** tomorrow morning; **pasado mañana** day after tomorrow (3)
mapa *m.* map
maquillaje *m.* makeup
maquillarse to put on makeup (3)
máquina machine; **escribir a máquina** to type (4)
mar *m., f.* sea, ocean (D); **nivel** (*m.*) **del mar** sea level (15)
maravilla wonder, marvel; **¡qué maravilla!** how marvelous! (15)
maravilloso/a marvelous (15)
marca brand (3)
marcar (qu) to indicate, show; to dial (*telephone*)
marcha march; speed
marcharse to go away, leave
mareado/a dizzy (11); nauseated
marearse to get sea/carsick, dizzy (9)
mareo dizziness, nausea (11)
mariachi *band/type of music with trumpets, guitars, and marimba* (*Mex.*)
marido husband

marino/a sea; **azul** (*m.*) **marino** navy blue (12)
mariposa butterfly
marisco shellfish, seafood (7)
martes *m. sing. and pl.* Tuesday (D)
martillo hammer (12)
marxista *m., f.* Marxist
marzo March (D)
más more (1); **el/la más** (+ *adj.*) the most . . . , the _____-est (5); **más de** + *number* more than + *number*; **más o menos** more or less; **más que (de)** more than (5); **más tarde** later (1); **más vale** + *infin.* it is better to (*do something*)
masa: con las manos en la masa red-handed, in the act; **masa forestal** forest
mascarada masquerade
masticar (qu) to chew
matar to kill (15)
matemáticas *pl.* mathematics
materia subject (*school*) (8)
maternidad *f.* maternity
materno/a maternal; **lengua materna** mother tongue (16)
matrícula registration
matrimonial: cama matrimonial double bed (5)
matrimonio matrimony, marriage; couple
máxima high, highest temperature
máximo/a maximum
maya *m., f.* Maya(n)
mayo May (D)
mayonesa mayonnaise (7)
mayor older (C); oldest; major, main; greater; **la mayor parte** the majority
mayor (*m.*) **de edad** adult, person of legal age; **mayores** adults
mayoría majority (10)
mazmorra dungeon
mazorca de maíz corn on the cob (7)
me *d.o.* me; *i.o.* to/for me; *refl. pron.* myself
mecánico/a *n.* mechanic; *adj.* mechanical
mecedora rocking chair (12)
mediado: desde mediados de since the middle of
mediano/a medium (length) (A); average; **estatura mediana** medium height (B)
medianoche *f.* midnight (D)
mediante by means of, through (14)
medias nylons, stockings; socks (*Caribbean*)
medicamento medicine
medicina medicine; **Facultad** (*f.*) **de Medicina** School of Medicine (2)
médico/a *n.* doctor (4); *adj.* medical; **cuidado médico** medical care (15); **receta**

médica medical prescription (16); **seguro médico** health insurance (11)
medida means, measure; **a medida que** as, at the same time as
medio *n.* means; middle; **en medio de** in the middle of; **medio ambiente** environment (9); **medios de comunicación** means of communication; mass media (16); **medios de producción** means of production (16); **número medio** median (14); **por el medio** in half; **por medio de** by means of
medio/a *adj.* half (7); middle; **es la una y media** it's one-thirty (half past one) (D); **media jornada** part time (4); **número medio** median
mediodía *m.* noon, midday (D)
medir (i, i) to measure
Mediterráneo Mediterranean (*Sea*)
mediterráneo/a Mediterranean
mejilla cheek (11)
mejor better (B); best (5); **mejor amigo/a** best friend (6); **es... mejor que** (+ *subjunctive*) it is better that . . . (13)
mejorar to improve
melocotón *m.* peach (7)
melodía melody
melón *m.* melon
memoria memory
mencionar to mention
menor younger (C); youngest; **menor** (*m.*) **de edad** minor; (legally) under age (16)
menos less (1); least; **a menos que** unless (15); **echarse de menos** to miss each other (14); **más o menos** more or less; **menos que (de)** less than (5); **por lo menos** at least; **son las nueve menos diez** it's ten to nine
mensaje *m.* message
mensual monthly
mentir (ie, i) to lie
mentira lie
mentiroso/a liar; **¡qué mentiroso/a!** what a liar! (8)
menú *m.* menu
menudo: a menudo often (5)
mercado market (3); **mercado libre** free market (16); **sacar al mercado** to put (*a new product*) on the market (15); **salir al mercado** to appear on the market (15)
mercancía merchandise
merecer(se) (zc) to deserve
merendar (ie) to have a snack; **merendar en el parque** to have a picnic in the park (1)
merengue *m. national popular dance/music of the Dominican Republic*

mermelada marmalade
mero/a pure, simple; **la mera verdad** the simple truth
mes *m.* month; **¿en qué mes nació?** what month were you (was he/she) born in? (D)
mesa table (B); **atender mesas** to wait on tables (4)
mesero/a waiter/waitress (4)
mesita coffee table (5)
mesteño mustang
meta goal (13)
metadona methadone
meter to put; **meterse** to get into, enter
método method
metro subway (2); meter
mexicano/a Mexican
México Mexico
mexicoamericano/a Mexican American
mezcla mixture
mezclilla denim (12)
mi *poss.* my (A)
mí *obj. of prep.* me; **¿a mí qué?** what is it to me? (15)
miau *m.* meow
microbio germ
microondas: horno de microondas microwave oven (5)
miedo fear; **dar miedo** to frighten (9); **tener miedo** to be afraid (3)
miel *f.* honey (7); **luna de miel** honeymoon (14)
miembro member (14)
mientras while (2); **mientras más... más...** the more . . . the more . . . ; **mientras que** while; **mientras tanto** in the meanwhile
miércoles *m. sing. and pl.* Wednesday (D)
mil thousand, one thousand (D)
militar *n. m.* soldier; *adj.* military
milla mile; **¿cuántas millas hace por... ?** how many miles per . . . do you get? (9)
millón *m.* million
mineral: agua (*f. but* **el agua**) **mineral** mineral water
minifalda miniskirt
mínima low, lowest temperature
mínimo minimum
mínimo/a *adj.* minimum
ministerio ministry (*political*)
ministro minister; **primer ministro** prime minister
minoritario/a minority (16); **grupos minoritarios** minorities
mío/a *poss.* my, (of) mine
mirar to look at (1), watch; **mirarse** to look at oneself
misa Mass

mismo *adv.* right; **ahora mismo** right now (2); **aquí mismo** right here
mismo/a (*pron.*) same (one); *adj.* same; self (11); **da lo mismo** it doesn't matter; **el/la mismo/a** the same (4); **sí mismo/a** oneself; **tú mismo/a (usted mismo/a)** yourself (11); **uno/a mismo/a** oneself (13)
misterio mystery
misterioso/a mysterious
mitad *f.* half (16)
mitin *m.* meeting
mixto/a mixed
mochila backpack (D)
moda fashion (12); **de moda** fashionable (12); **estar de moda** to be in fashion; **ponerse de moda** to become fashionable
moderado/a moderate
modernizar (c) to modernize; **modernizarse** to modernize oneself
módico/a affordable (5)
modificado/a modified
modo way, manner; **de modo que** so that (15); **de otro modo** in a different way; **de todos modos** anyway (8); **ni modo** oh well; tough! (15)
mojado/a wet
mojar to dip; to wet (7)
molestar to bother (9); **me molesta que** it bothers me when (15)
molestia bother; discomfort
molesto/a upset (11)
molida: carne (*f.*) **molida** ground beef (7)
monarquía monarchy
monasterio monastery
moneda currency; coin (15)
monetario/a monetary
monja nun
mono/a monkey
montaña mountain (1)
montañoso/a mountainous
montar: montar a caballo to ride a horse (1); **montar en bicicleta** to ride a bike (D); **montar en motocicleta** to ride a motorcycle (1)
monte *m.* mount, mountain
montón *m.* heap, pile; **ser del montón** (*coll.*) to be mediocre
morado/a purple (A)
moraleja moral, lesson
morder (ue) to bite
mordida bite
mordisco bite
moretón *m.* bruise
morfina morphine
morir(se) (ue, u) to die; **morirse de celos** to die of jealousy (8)

Moscú Moscow (C)
mosquetero musketeer
mostaza mustard (7)
mostrador *m.* counter (10)
mostrar (ue) to show (12)
moto *f.* motorcycle
motocicleta motorcycle; **andar/montar en motocicleta** to ride a motorcycle (1)
motor *m.* motor, engine
mover (ue) to move
movimiento movement
mts. (*abbrev. for* **metros**) meters (*unit of measurement*)
muchacho/a boy/girl; young man/young woman (A)
mucho *adv.* a lot; much (D)
mucho/a much; *pl.* many; **muchas gracias** thank you very much (D); **muchas veces** many times (4); **muchísimo** very much (6); **mucho gusto** pleased to meet you (A); **tener mucha hambre** to be very hungry (3)
mudarse to move (to another home) (14)
mueble *m.* piece of furniture; *pl.* furniture (4); **sacudir los muebles** to dust (5)
muela molar, tooth
muerte *f.* death; **pena de muerte** death penalty (15)
muerto/a *n.* dead person; *adj.* dead (8); *p.p.* died; **Día** (*m.*) **de los Muertos** All Souls' Day (3)
mujer *f.* woman (A)
mula mule
mulato/a mulatto (*person of mixed African and European ancestry*)
muleta crutch (11)
multa fine; traffic ticket (6)
multitud *f.* multitude
mundial *adj.* of or pertaining to the world (15); **Segunda Guerra Mundial** Second World War
mundo world; **¡cómo cambia el mundo!** how the world changes! (C); **Tercer Mundo** Third World (16)
muñeca wrist (11); doll (8)
musa Muse (*mythology*)
músculo muscle (11)
museo museum
música music
músico/a musician
muslo thigh (11)
musulmán, musulmana Moslem
muy very; **muy bien** very well, very good

N

nacer (zc) to be born; **¿en qué mes nació?** what month were you (was he/she) born in? (D); **recién nacido/a** newborn (14)
nacimiento birth; **fecha de nacimiento** date of birth (D); **lugar** (*m.*) **de nacimiento** place of birth (D)
nación *f.* nation
nacional national
nacionalidad *f.* nationality
nacionalización *f.* nationalization
nada nothing (C); **como si nada** as if nothing were wrong
nadar to swim (D)
nadie no one, nobody, not anybody
nalga buttock (11)
naranja orange (*fruit*) (7)
narcotraficante *m., f.* drug trafficker
narcotráfico drug trafficking
nariz *f.* (*pl.* **narices**) nose (B); **nariz tapada** stuffy nose (11)
narrador(a) narrator
narrar to narrate; **narrarse** to be narrated
nasal: goteo nasal nasal drip
natación *n. f.* swimming
natal *adj.* native
natalidad *f.* birthrate; birth (9); **control** (*m.*) **de la natalidad** birth control (16); **índice** (*m.*)**/tasa de natalidad** birthrate
nativo/a native
natural: jugo natural fresh-squeezed juice (7); **recurso natural** natural resource (15)
naturaleza nature (15)
náusea: tener náuseas to be nauseated (11)
navaja (razor)blade (3)
navegante *m., f.* navigator (8)
navegar (gu) to sail (1)
Navidad *f.* Christmas (3); **árbol** (*m.*) **de Navidad** (3)
neblina fog (9)
nebulización *f.* spray
necesario/a necessary
necesidad *f.* necessity
necesitado/a needy (16)
necesitar to need (3); **necesitar** (+ *infin.*) to need (*to do something*) (5); **necesitarse** to be needed, be necessary; **se necesita** is needed (4)
negar(se) (ie) (gu) to deny; **negarse a** (+ *infin.*) to refuse (*to do something*) (16)
negociante *m., f.* businessman/woman (16)
negocio business (14); **viaje** (*m.*) **de negocios** business trip
negro/a *n.* African, black; *adj.* black (A)
nene, nena baby, infant
nervioso/a nervous (B)

nevada snowfall
nevar (ie) to snow
ni neither; nor; even; **ni modo** oh well; tough! (15); **ni... ni** neither . . . nor; **¡ni pensarlo!** don't even think about it!; no way! (3); **ni siquiera** not even
nicaragüense *m., f.* Nicaraguan (2)
nieto/a grandson/daughter (C); **nietos** grandchildren
nieve *f.* snow
nimio/a trivial, insignificant
ningún, ninguno/a none, not any
niñera babysitter (13)
niñez *f.* childhood (8)
niño/a boy/girl (A); child; **de niño** as a child
nivel *m.* level (16); **nivel del mar** sea level (15)
no no; not
Nóbel: Premio Nóbel Nobel Prize (15)
nocturno/a nighttime; **club** (*m.*) **nocturno** nightclub (4)
noche *f.* night; **buenas noches** good evening; good night (A); **de noche** at night (10); **esta noche** tonight, this night (1); **por la noche** in the evening, at night (D); **salir de noche** to go out at night (3)
Nochebuena Christmas Eve (3)
nomás only, just
nombrar to name (1)
nombre *m.* name; **¿cuál es su nombre?** what is your name? (A); **mi nombre es...** my name is . . . (A)
normalmente normally (7)
norte *m.* north
Norteamérica North America
norteamericano/a North American (C)
nos *d.o.* us; *i.o.* to/for us; *refl. pron.* ourselves
nosotros/as *sub. pron.* we; *obj. of prep.* us
nota note; grade (*academic*); **sacar buenas/malas notas** to get good/bad grades (8)
noticia(s) news (3)
noticiero newscast
novecientos/as nine hundred
novela novel; **novela policíaca** detective novel
novelesco/a novelistic, fictional
novelista *m., f.* novelist
noveno/a ninth (1)
noventa ninety (C)
noviazgo courtship (14)
noviembre *m.* November (D)
novio/a boy/girlfriend (2); fiancé(e); groom/bride (14)
nube *f.* cloud (9)

nublado/a cloudy (9); **parcialmente nublado** partly cloudy (9)
núcleo nucleus
nuclear nuclear; **desperdicios** (*pl.*) **nucleares** nuclear waste (9)
nuera daughter-in-law (8)
nuestro/a *poss.* our
nueve nine (A)
nuevo/a new; **Año Nuevo** New Year's Day (3); **de nuevo** again
nuez *f.* (*pl.* **nueces**) nut (7)
numeración *n. f.* numbering
número number; **número medio** median (14)
numeroso/a numerous
nunca never (4); **casi nunca** very rarely (7)
nupcial nuptial

O

o or
obedecer (**zc**) to obey
objetivo objective
objeto object
obligación *f.* obligation
obligar (**gu**) to oblige
obra work; **mano** (*f.*) **de obra** manual labor; **obra maestra** masterpiece
obrero/a (**industrial**) (industrial) worker (4)
observador(a) observant
observar to observe, watch
obtener (*like* **tener**) to obtain, get (4)
obviamente obviously
ocasión *f.* occasion
ocasionado/a occasioned, caused
occidental *adj.* western
occidente (*m.*) west (15)
océano ocean
octavo/a eighth (1)
octubre *m.* October (D)
ocupación *f.* occupation
ocupado/a busy (3)
ocupar to occupy; **ocuparse** to be busy
ocurrencia: ¡qué ocurrencia! what a silly idea! (3)
ocurrir to occur
ochenta eighty (C)
ocho eight (A)
ochocientos/as eight hundred (D)
oda ode
odio hatred
oeste *m.* west
ofensa offense
oficina office (B)
ofrecer (**zc**) to offer (1)
oído (inner) ear (11)
oír (*irreg.*) to hear (6); **oye...** hey . . .

ojalá (**que**) I hope that
ojo eye (A); **¿de qué color tiene los ojos?** what color are your/his/her eyes? (B)
ola wave (*ocean*) (6)
oleoducto oil pipeline
oler (*irreg.*) to smell (11)
Olímpico: Juegos Olímpicos Olympic Games
olor *m.* odor
olvidar(se) to forget (8)
once eleven (A)
onda: estar en onda to be "in", current
onza ounce (7)
opción *f.* option
ópera opera
operación *f.* operation
operador(a) operator
operar (**a**) to operate (on)
opinar to think, believe (14)
opinión *f.* opinion
oponer (*like* **poner**) to oppose (16); **oponerse** to be opposed
oportunidad *f.* opportunity, chance
oposición *f.* opposition
optimista *n. m., f.* optimist; *adj.* optimistic
opuesto/a opposite
oración *f.* sentence
orden *m.* order (*chronological*); *f.* order, command (13); **poner en orden** to order, put in order
ordenado/a tidy (5)
ordenador *m.* computer (*Sp.*)
ordenar to arrange, put in order
oreja (outer) ear (B)
orgánico/a organic
organización *f.* organization
organizar (**c**) to organize (1)
órgano organ
orgullo pride
orgulloso/a proud (14)
oriente *m.* east
origen *m.* origin
originalidad *f.* originality
orilla bank, shore
orina urine
oro gold (12)
orquesta orchestra
os *d.o.* you (*inf. pl. Sp.*); *i.o.* to/for you (*inf. pl. Sp.*); *refl. pron.* yourselves (*inf. pl. Sp.*)
oscuro/a dark
oso bear (6)
ostra oyster (7)
otoño autumn (D)
otro/a other; another (B); **de otro modo** in a different way; **otra vez** again (4); **por otra parte** on the other hand

oxígeno oxygen
ozono: capa de ozono ozone layer (9)

P

paciencia patience
paciente *n. m., f.; adj.* patient
pacíficamente peacefully
padrastro stepfather (14)
padre *m.* father (C); priest; *pl.* parents (C); **Día** (*m.*) **del Padre** Father's Day (3)
padrino godfather (14); *pl.* godparents
paella *Valencian rice dish with meat, fish, or seafood and vegetables*
pagar (**gu**) to pay (4)
página page (A)
pago payment (10)
país *m.* country; **país natal** native country (10)
paisaje *m.* countryside
pájaro bird (2)
pala shovel (12)
palabra word (3); **libertad de palabra** freedom of speech (16)
palacio palace
paletita lollipop (*Mex.*)
pálido/a pale
palma palm tree
palmera palm tree (6)
palomitas (*pl.*) **de maíz** popcorn (7)
pan *m.* bread (7); **barra de pan** loaf of bread (12); **llamar al pan pan y al vino vino** to call a spade a spade; **pan tostado** toast (7)
pana corduroy (12)
panadería bakery (3)
Panamá *m.* Panama (2)
panameño/a Panamanian (2)
pandilla gang
panecillo roll, bun (7)
pánico panic
panorámico/a panoramic
panqueque *m.* pancake (7)
pantaletas *pl.* women's underpants (12)
pantalón, pantalones *m.* pants (A, 12); **pantalones vaqueros** jeans (1)
pantalones cortos shorts
panteón *m.* mausoleum, graveyard
pantimedias *pl.* nylons, pantyhose (12)
pantorrilla calf (*of leg*) (11)
pantufla slipper
paño cloth
pañuelo handkerchief
papa potato (7); **papas fritas** French fries (7); **puré** (*m.*) **de papas** mashed potatoes
papá *m.* papa, dad
papalote *m.* paper kite (*Mex.*); **volar un**

papalote to fly a kite (8)
papel *m.* paper (3); role; **hacer el papel de** to play the role of (4)
papelería stationery store (3)
paperas mumps (11)
papi *m.* daddy
paquete *m.* package (7)
par *m.* pair
para for; in order to (D); **para que** in order that (15); **¿para qué sirve?** what is it used for? (5)
parabrisas *m. sing. and pl.* windshield (9)
parachoques *m. sing. and pl.* bumper (9)
parada del autobús bus stop (2)
paraguas *m. sing. and pl.* umbrella (12)
Paraguay *m.* Paraguay (2)
paraguayo/a Paraguayan (2)
paralizado/a paralyzed
parar to stop (5)
parcialmente partially; **parcialmente nublado** partly cloudy (9)
parecer (**zc**) to look; seem; **parecerle (a uno)** to seem (to one) (5); **parecerse** to look alike (like each other) (14); **¿qué te/le parece... ?** what do you think of . . . ?
pared *f.* wall (B)
pareja couple (12)
paréntesis *m. sing. and pl.:* **entre paréntesis** in parentheses
pariente, parienta relative (3)
París *m.* Paris
parlamento parliament
Parnaso Mount Parnassus (*mythology*)
parque *m.* park; **merendar en el parque** to have a picnic in the park (1)
párrafo paragraph
parrilla: a la parrilla grilled, char-broiled (7)
parrillada grilled meat
parroquia parish
parte *f.* part; **por otra parte** on the other hand; **todas partes** everywhere
participación *f.* participation
participar to participate
particular particular; private; **casa particular** private home (5)
partida departure
partidario/a supporter, advocate
partido party (*political*); game, match (D); **ver un partido de...** to watch a game of . . . (D)
partir to leave; to divide: **a partir de** + *time* from + *time*
pasa raisin (7)
pasado *n.* past (5)
pasado/a *adj.* past, last; **la semana pasada** last week (6); **pasado mañana** day after

tomorrow (3)
pasaje *m.* passage; fare, ticket (10)
pasajero/a passenger (9)
pasaporte *m.* passport; **sacar el pasaporte** to get one's passport (10)
pasar to pass; to happen; to come in; to spend (*time*); **pasar hambre** to go hungry; **pasar la aspiradora** to vacuum (5); **pasar por** to go through; **pasar tiempo** to spend time (5); **pasarlo bien/mal** to have a good/bad time; **¿qué pasa?** what's going on? (6); **¿qué pasó?** what happened? (6); **¿qué te/le pasa?** what's the matter with you?
pasatiempo pastime (1)
Pascua Easter; **Domingo de Pascua** Easter Sunday (3)
pasear to go for a walk; to take a ride; **pasear en barca** to take a boat ride (1); **pasear en bicicleta** to go for a bicycle ride
paseo walk, stroll; **dar un paseo** to take a walk (3); **dar un paseo en carro** to go for a drive
pasión *f.* passion
paso step; **dar un paso** to take a step; **de paso** incidently; **no hay paso** no entrance (9); **paso a paso** step by step
pasta de dientes toothpaste
pastel *m.* cake (3)
pata: estirar la pata (*coll.*) to kick the bucket, die
patata potato (*Sp.*)
paterno/a paternal
patinar to skate; **patinar en el hielo** to ice skate (D)
patio patio; **patio de recreo** schoolyard (8)
patria country, homeland
patriota *m., f.* patriot
paulatino/a slow, gradual
pavón *m.* peacock
paz *f.* (*pl.* **paces**) peace (14); **déjame en paz** leave me alone
peatón, peatona pedestrian (9)
pecho chest (11); breast
pedir (**i, i**) to ask for, request; **pedir permiso** to ask for permission (4); **pedir(se) perdón** to apologize (to each other) (14)
pegado/a close together
pegar (**gu**) to hit, strike; **pegarse un susto** to get a shock
peinado hairdo
peinarse to comb one's hair (3)
Pekín *m.* Peking (C)
pelea fight
pelear to fight (8); **pelearse** to fight with

each other (14)
película movie (1); **rollo de película** roll of film (12)
peligro danger
peligroso/a dangerous (9)
pelo hair (A); **cortarse el pelo** to cut one's hair, have one's hair cut (6); **¿de qué color tiene el pelo?** what color is your/his/her hair? (B); **lavarse el pelo** to wash one's hair (3); **secarse el pelo** to dry one's hair (3)
pelota ball (8)
peluquería beauty parlor (4)
peluquero/a hairdresser (4)
pena de muerte death penalty (15)
pendejadas *pl.* (*coll.*) nonsense
pendiente hanging
pensamiento thought (11)
pensar (**ie**) to think (4); **¡ni pensarlo!** don't even think about it!; no way! (3); **pensar** (+ *infin.*) to plan to (*do something*) (4); **pensar en** to think about (*something/someone*) (8); **pensar que** to think that (15); **pensarlo** to think about it
peor worse (5); worst (5)
pepino cucumber (7)
pequeño/a small (B)
pera pear
percance *m.* mishap, misfortune
percibir to perceive (11)
perder (**ie**) to lose (9); **perderse** to get lost (8)
perdón *m.* pardon; pardon/excuse me (C); **pedir(se) perdón** to apologize (to each other) (14)
perdonar to excuse (10)
perengano: todos los fulanos, zutanos y perenganos every Tom, Dick, and Harry
perfeccionar to perfect
perfil *m.* profile
perfume: ponerse perfume to put on perfume (3)
periódicamente periodically
periódico newspaper; **leer el periódico** to read the newspaper (D)
periodista *m., f.* journalist (16)
período period
perjuicio: en perjuicio de damaging to
permanecer (**zc**) to remain
permiso permission; **dar permiso,** to give permission (8); **pedir permiso** to ask for permission (4)
permitir to allow (8); **permitirse** to be allowed (8)
pero but (C)
perro/a dog (A)

persecución *f.* persecution
perseguir (i, i) (g) to pursue; to persecute (16)
persona person
personaje *m.* character (*in a story*)
personalidad *f.* personality
personalmente personally; in person (4)
personificado/a personified
pertenecer (zc) to belong
Perú *m.* Peru (2)
peruano/a Peruvian (2)
pesas: levantar pesas to lift weights (1)
pesado/a heavy
pesar to weigh; **a pesar de** in spite of
pescado fish (*caught*)
pescar (qu) to fish (D)
peseta *monetary unit of Spain* (3)
pesimista *n. m., f.* pessimist; *adj.* pessimistic
pésimo/a appalling; terrible (16)
peso peso (*monetary unit of Mexico, Colombia, Cuba, etc.*); weight (D)
pestaña eyelash (11)
petróleo petroleum; oil
pez *m.* (*pl.* **peces**) fish (live) (2)
pícaro/a *n.* rogue, scoundrel; *adj.* scheming, mischievous; **¡qué pícaro/a!** what a rascal! (8)
picazón *f.* itch, itching (11)
pie *m.* foot (B); *pl.* feet (B); (**estar) de pie** (to be) standing (4); **ponerse de pie** to stand up
piedra stone
piel *f.* skin; leather (12)
pierna leg (B)
pieza piece (7)
pijama *m. sing.* pajamas
píldora pill (15)
pilotear to fly (*a plane*) (4)
piloto pilot
pimienta pepper (7)
pinacoteca art gallery
pinar *m.* pine grove
pinta look, appearance
pintar to paint (4)
pintor(a) painter (10)
pintoresco/a picturesque
pintura painting
piña pineapple (7); **piña colada** *tall mixed drink of rum, cream of coconut, pineapple juice, and ice, usually mixed in a blender*
pirámide *f.* pyramid
Pirineos Pyrenees (*mountains separating Spain and France*)
piscina swimming pool (D)
Piscis *m.* Pisces
piso floor (B); apartment (*Sp.*)
pizarra (chalk)board (B)

placa license plate (9)
placer *m.* pleasure
plaguicida pesticide
plan *m.* plan
planchar to iron (2)
planear to plan
planeta *m.* planet
planificar (qu) to plan
plano plan, diagram; (city) map (10)
planta plant
plantel *m.* institution; school
plástico plastic
plata silver (12)
plataforma platform
plátano banana (7)
platicar (qu) to chat
platillo dish (*food*) (7)
plato plate; culinary dish
playa beach (D)
playera T-shirt (*Mex.*) (12)
plenamente fully
pluma feather; pen (*Mex.*)
población *f.* population; **sobrepoblación** overpopulation (15)
poblar (ue) to populate
pobre *n. m., f.* poor person; *adj.* poor
pobreza poverty
poco/a little; *pl.* few; **dentro de poco** within a short time; **poco a poco** little by little; **poco asado** rare (7); **poco cocido** rare (7); **poco después** a bit later (6); **un poco** a little (6)
poder *n. m.* power (16); **llegar al poder** to attain power (16)
poder *v.* (*irreg.*) to be able; **poder** (+ *infin.*) to be able to (*do something*) (4)
poema *m.* poem
poesía poetry
poeta *m.* poet
poético/a poetical
poetisa poetess
policía *m., f.* police officer; *f.* police force (6)
policíaco/a (*adj.*) police (4); **novela policíaca** detective novel
polideportivo sports complex
poliéster *m.* polyester
política *sing.* politics; policy (16)
político/a *n.* politician (16); *adj.* political; **ciencias políticas** political science
polvo dust (5); **quitar el polvo** to dust (5)
pollo chicken (7); **pollo frito** fried chicken (7)
pomelo grapefruit (7)
poner (*irreg.*) to put, place; to put on; to put up; to show (*film*); **poner discos** to play records (2); **poner en efecto** to carry out; **poner en orden** to order,

put in order; **ponerle fin a** to end, put an end to (16); **ponerse + adj.** to get, become + *adj.*; **ponerse a + infin.** to begin to (*do something*); **ponerse de buen/mal humor** to get into a good/bad mood; **ponerse de moda** to become fashionable; **ponerse de pie** to stand up; **ponerse la ropa** to put on clothes (3); **ponerse perfume** to put on perfume (3); **ponerse rojo/a** to blush (6)
por by; through; because of; for; per; around, about; on; because of, on account of; **darse por vencido** to give up; **por aquí** around here; **por ciento** percent; **por completo** totally (15); **¿por cuánto?** for how much?; **por dentro** on the inside (7); **por dondequiera** everywhere; **por ejemplo** for example; **por el medio** in half; **por eso** that's why; **por favor** please (D); **por fin** finally (3); **por fuera** on the outside (7); **por la mañana/tarde/noche** in the morning/afternoon/evening/at night (D); **por lo general** in general; **por lo menos** at least; **por lo tanto** therefore; **por supuesto** of course; **por último** finally
porcelana porcelain
porcentaje *m.* percentage
porción *f.* serving (7)
¿por qué? why? (1); **¿por qué no?** why not?
porque because
portar to carry; **portar armas** to bear arms (15)
portátil portable
portazgo toll, tollbooth
porteño/a of or from Buenos Aires
portugués *m.* Portuguese (language) (C)
portugués, portuguesa Portuguese (C)
posada inn
posesión *f.* possession
posesivo/a possessive
posibilidad *f.* possibility
postal: apartado postal post office box number; **giro postal** money order; **tarjeta postal** postcard (10)
postre *m.* dessert (7); **de postre** for dessert
potable potable, drinkable
potencia power, force
potencial *m.* potential
potente powerful
p.p.m. (*abbrev. for* **palabras por minuto**) words per minute
pqte. (*abbrev. for* **paquete**) package
práctica practice

practicar (qu) to play a sport; to practice (1); **practicar un deporte** to play a sport (8)

práctico/a practical

preciarse de + *infin.* to boast of (*doing something*)

precio price (3)

precioso/a precious

precisamente exactly

precolombino/a pre-Colombian

preconcebido/a preconceived

predilecto/a favorite

predominar to predominate

preferible preferable

preferido/a favorite (2)

preferir (ie, i) to prefer (1)

pregunta question; **hacer preguntas** to ask questions (4)

preguntar to ask (questions) (2); **pregúntele a...** ask . . . (1)

prehispánico/a pre-Hispanic

prejuicio prejudice

premiar to reward

premio prize (14); premium; **premio gordo** first prize (14); **Premio Nóbel** Nobel Prize (15)

prenda de ropa garment (12)

prender (la luz) to turn on (the light) (5)

prensa press; **libertad de prensa** freedom of the press (16)

preocupación *f.* worry (10)

preocupado/a worried (3)

preocupar to worry; **me preocupa que** it worries me that (15); **preocuparse** to be worried

preparación *f.* preparation

preparar to prepare; **prepararse** to prepare oneself

preparativos *pl.* preparations

preparatoria junior college (*offers lower division requirements for university-bound students*) (1)

preparatorio/a preparatory

presa dam

presencia presence

presenciar to witness, be present at

presentación *f.* presentation; introduction

presentar to present; to introduce

presente *n. m.; adj.* present

preservar to preserve

presidente, presidenta president

presidido/a presided over

presión *f.* pressure (9)

presionar to pressure

préstamo loan (16)

prestar to lend (13)

prestigio prestige

presupuesto budget (13)

pretencioso/a pretentious

pretérito preterite

prevenido/a prepared, ready

prevenir (*like* **venir**) to prevent (16); **más vale prevenir** it is better to anticipate

primaria: (escuela) primaria elementary school

primavera spring (D)

primer, primero/a first (1); **de buenas a primeras** suddenly; **por primera vez** for the first time (8); **primera clase** first class (10)

primo/a cousin (C)

princesa princess (C)

príncipe *m.* prince (C)

principio beginning; principal; **para principios de** by the beginning of

prioridad *f.* priority

prisa: tener prisa to be in a hurry

privado/a private

probador *m.* fitting room

probar(se) (ue) to try (out); to prove; to try on (12)

problema *m.* problem

procedente coming, originating

procesadora *adj.* processor

procesión *f.* procession

proceso process

proclamar to proclaim

producción *f.* production

producir (zc) (j) to produce

profesión *f.* profession

profesor(a) professor (A)

profundo/a deep

programa *m.* program

progreso progress

prohibir to prohibit; **prohibirse** to be prohibited

prolongar (gu) to prolong

promedio average (9)

prometer to promise

promulgar (gu) to proclaim; to put into effect (16)

pronombre *m.* pronoun; **pronombre de complemento directo/indirecto** direct/indirect object pronoun

pronosticar (qu) to forecast (9)

pronóstico del tiempo weather forecast (1)

pronto soon (6); **lo más pronto posible** as soon as possible; **tan pronto como** as soon as (14)

pronunciar to pronounce

propagarse (qu) to be propagated

propiedad (*f.*): **título de propiedad** deed (14)

propina tip (*for a service*) (7)

propio/a own (5); typical, characteristic

proponer (*like* **poner**) to propose (16)

proporcionar to furnish, provide (14)

propósito purpose

propuesto/a proposed

prosperar to prosper

prosperidad *f.* prosperity

próspero/a prosperous

protagonista *m., f.* protagonist

proteger (j) to protect (9)

proveer (y) to provide (16)

provenir (*like* **venir**) to originate

provincia province, region

provocar (qu) to provoke

próximo/a next (3); **la semana próxima** next week (3)

proyectar to project

prueba test

psicofármaco mind-altering drug

psicología psychology

psicólogo/a psychologist

psiquiatra *m., f.* psychiatrist

ptas. (*abbrev. for* **pesetas**) monetary unit of Spain

publicación *f.* publication

publicar (qu) to publish

público/a public; **salud pública** public health (16)

pueblo town (8); people (16)

puente *m.* bridge (9)

puerco pork; **carne** (*f.*) **de puerco** pork (7)

puerta door (B)

puerto (sea)port (16)

puertorriqueño/a Puerto Rican (2)

pues... well . . . (1)

puesto job; stand, booth

puesto/a *p.p.* put, placed; **puesto a punto** adjusted, regulated; **tengo una falda puesta** I have a skirt on, I'm wearing a skirt

pulga flea

pulgar *m.* thumb

pulmón *m.* lung (11)

pulpa pulp, flesh

pulso pulse

punto point; period; **al punto** medium rare (7); **puesto a punto** adjusted; regulated; **punto de vista** point of view; **punto y aparte** (write a) period and (begin a) new paragraph (*dictation*)

puntuación *f.* punctuation

puntual punctual

pupitre *m.* student's desk (B)

puré (*m.*) **de papas** mashed potatoes

puro/a pure

Q

que that, which; than; **lo que** that which, what (6); **más/menos que** more/less than (5); **ya que** since

¿qué... ? what . . . ? (B); **¿de qué está hecho/a?** what is it (made) of? (12); **¿qué tal?** how's it going?; how are you? (5); **¿qué tal si... ?** how about if . . . ?; **¡qué va!** no way! (15)

quechua *m.* Quechua (language) (*indigenous to Peru, Bolivia, etc.*)

quedar(se) to remain, stay; to fit; to be, be situated; to be, get; **no quedar más remedio** not to have any other choice; **quedar embarazada** to become pregnant (15); **quedar de acuerdo** to agree; **quedar por** + *infin.* to remain to be + *p.p.*; **quedarle apretado/suelto** to fit tight/loose (12); **quedarle bien/mal** to look nice/bad on one (12); **quedarle grande/pequeño** to be too big/small (12); **quedarse dormido** to fall asleep; **quedarse en casa** to stay home (3)

quehacer *m.* chore

quejarse to complain (8)

quemadura burn (11)

quemar to burn

querer (*irreg.*) to want (D); to love; **querer decir** to mean; **quererse** to love each other (14)

querido/a dear; beloved; **ser** (*m.*) **querido** loved one (14)

quesadilla *cornmeal or tortilla pie filled with cheese* (*Mex., Honduras*)

queso cheese (7)

quetzal *m. monetary unit of Guatemala* (12)

quien(es) who, whom

¿quién(es)? who?, whom?; **¿de quién es/son... ?** whose is/are . . . ? (C); **¿quién es?/¿quiénes son?** who is it?/who are they? (A)

química chemistry (1)

químico/a chemist

quince fifteen (A)

quinientos/as five hundred (D)

quinto/a fifth (1)

quitar (**se**) to remove; **quitar el polvo** to dust (5); **quitarse la ropa** to take off clothes (3)

quizá(s) perhaps

R

rábano radish (7)

rabia: dar rabia to anger, enrage

rabioso/a furious

racimo cluster, bunch

racista *adj.* racist

radiator *m.* radiator (9)

radio *m.* radio (*receiver*); *f.* radio (*broadcasting*); **radio cassette** *m.* (**portátil**) (portable) radiocassette player (12); **radio despertador** alarm clock radio (12)

rallar to grate (7)

rancheros: huevos rancheros *eggs, usually fried or poached, topped with a spicy tomato sauce and sometimes served on a fried corn tortilla*

rápidamente fast, rapidly (3)

rapidez *f.* rapidity; **con rapidez** rapidly

rápido *adv.* fast; quickly

rápido/a *adj.* rapid, fast

raqueta racket

ráquetbol *m.* racketball

raro/a strange

rasgo trait, characteristic

Rastro *Madrid flea market* (12)

rasuradora eléctrica electric razor (3)

rato little while, short time; **a cada rato** every few minutes (13)

ratón *m.* mouse

raya: de rayas striped (12)

rayo ray

rayuela hopscotch; **jugar a la rayuela** to play hopscotch (8)

razón *f.* reason; **con razón** with good reason; **sea cual sea la razón** whatever the reason may be; **tener razón** to be right (13)

reacción *f.* reaction

reaccionar to react

real real; royal

realidad *f.* reality

reata riata, lariat (*rope used to tie horses or mules in single file*)

rebajado/a reduced (*price*) (12)

rebajar to reduce a price (12)

rebanada slice (7)

rebelde *m., f.* rebel

recámara bedroom (*Mex.*) (5)

recepción *f.* reception

recepcionista *m., f.* receptionist

receta recipe; medical prescription (16); **surtir una receta** to fill a prescription (11)

recetar to prescribe (11)

recibir to receive (1)

reciclaje *m.* recycling (9)

recién recently; **recién nacido/a** newborn (14)

reciente recent

recipiente *m.* container

recíproco/a reciprocal

recoger (**j**) to pick up (2)

recomendación *f.* recommendation

recomendar (**ie**) to recommend

recompensa reward

reconciliarse to become reconciled

reconocer (**zc**) to recognize

reconstrucción *f.* reconstruction

reconstruir (**y**) to reconstruct

recordar (**ue**) to remember (8)

recreativo/a recreational

recreo recess (8); **patio de recreo** schoolyard (8); **sala de recreo** recreation room (12)

recto/a straight (12)

rectoría office of the president (rector) of a university (2)

recuerdo souvenir; *pl.* memories (8)

recuperar to recuperate, get back

recurrir (**a**) to appeal (to)

recurso resource; **recurso natural** natural resource (15)

rechazar (**c**) to reject (14)

red *f.* network

reducción *f.* reduction

reducir (**zc**) (**j**) to reduce

reelegir (**i, i**) (**j**) to reelect

reemplazar (**c**) to replace (15)

referirse (**ie, i**) **a** to refer to (3)

reflejar to reflect

reflexión *f.* reflection

reforma: reforma agraria land reform (16)

reformar to reform

reforzar (**ue**) (**c**) to reinforce

refrán *m.* proverb

refresco soft drink (2)

refrigerador *m.* refrigerator (5)

refugiado/a refugee (16)

refugio refuge, shelter

regalar to give as a gift

regalo gift (3)

regar (**ie**) (**gu**) to water (5)

regatear to bargain (12); **a regatear** let's bargain

regateo bargaining (12)

régimen *m.* (*pl.* **regímenes**) regime; diet

región *f.* region

regir (**i, i**) (**j**) to govern, rule

registrar to register

regla rule

regresar to return (2)

regreso: de regreso *adj.* return

regulado/a regular

regular fair, so-so; **estoy regular** I am OK (A)

reina queen (15)
reír (se) (de) (i, i) to laugh (at)
rejuvenecer (zc) to recover one's youth (15)
relación *f.* relationship
relacionado/a related (9)
relacionar to relate
relajado/a relaxed
relámpago lightning (9)
relato account, story
releer (y) to reread
religión *f.* religion
religioso/a religious
reloj *m.* watch (A); clock
relleno filling
relleno/a stuffed; **chile** (*m*) **relleno** stuffed chili pepper
remediar to remedy
remedio remedy; **no quedar más remedio** not to have any other choice
remoto/a remote
remover (ue) to remove
rendir (i, i) tributo to pay tribute
renovar (ue) to renovate
renunciar to renounce
reparación *f.:* **taller** (*m*) **de reparación** garage (4)
reparar to repair, fix (1)
repartir to divide; to distribute (16)
repente: de repente suddenly
repetir (i, i) to repeat
repisa shelf; mantelpiece
repleto/a de replete with, full of
réplica replica, copy
reponer (*like* **poner**) to put back
reportaje *m.* report
reportar to report
reposado/a calm, peace
representación *f.* production, performance
representante *m., f.* representative
representar to represent; **representarse** to be represented
represión *f.* repression
reproductor (*m.*) **para discos compactos** CD player (D)
república republic; **República de Sudáfrica** South Africa (C); **República Dominicana** Dominican Republic (2)
republicano/a Republican
repuesto/a *p.p.* replaced; **de repuesto** replacement (part)
requerir (ie, i) to require (15)
res *f.* head of cattle; beast; **carne** (*f.*) **de res** beef (7)
resbalarse to slip (and fall) (11)
resbaloso/a slippery (9)
resentir (ie, i) to resent

reservación *f.* reservation (7)
reservar to reserve
resfriado cold (*illness*) (11)
resfriado/a: estar resfriado/a to have a cold (11)
resfrío cold (11)
residencia residence; **residencia estudiantil** university dorm (4)
residencial residential
resistir to resist
resolver (ue) to solve (9)
respecto: al respecto about the matter; **con respecto a** with respect to; **respecto a** with respect to
respetar to respect
respeto respect
respiradora respirator
respirar to breathe (11)
responder to respond, answer
responsabilidad *f.* responsibility
responsable responsible
respuesta answer (1)
restauración *f.* restoration
restaurante *m.* restaurant
resto rest; *pl.* remains
restricción *f.* restriction
restringir (j) to restrict
resuelto/a *p.p.* resolved, solved
resultado result; **dar como resultado** to result in (16)
resultante consequential
resultar to turn out, result
retirarse to pull out, pull back
retozar (c) to horse around, play around
retrovisor: espejo retrovisor rearview mirror (9)
reunión *f.* meeting (2)
reunirse to get together (3)
revisar to check (9)
revista magazine (7)
revitalización *f.* revitalization
revolución *f.* revolution
revolucionario/a revolutionary
revuelto/a: huevos revueltos scrambled eggs (7)
rey *m.* king (15); **Día** (*m.*) **de los Reyes Magos** Epiphany, Jan. 6th (*lit.* Day of the Magi) (3)
rezar (c) to pray (3)
rico/a rich; delicious (7)
ridículo/a ridiculous
riesgo risk; **correr riesgo** to run a risk (16)
riguroso/a severe, harsh
rincón *m.* corner
riñón *m.* kidney (11)
río river (6)
riqueza riches, wealth

risa: dar risa to make laugh
ritmo rhythm
rizado/a curly (A)
robar to rob, steal
robot *m.* robot
roca rock
rock *m.* rock music
rodante rolling
rodeado/a surrounded (9)
rodear to surround
rodilla knee (11)
rogar (ue) (gu) to beg (13)
rojo/a red (A); **ponerse rojo/a** to blush (6)
rollo roll; **rollo de película** roll of film (12)
romano/a Roman
romántico/a romantic
romperse to break (8)
ronda night watch or patrol; beat (*of a police officer*)
ropa clothing; **guardar ropa** to put away clothes (5); **ponerse la ropa** to put on clothes (3); **quitarse la ropa** to take off clothes (3); **ropa deportiva** sport clothes (1); **ropa interior** underwear (12)
rosa rose
rosado/a pink (A)
roto/a *p.p.* broken
rótulo sign, poster
rubio/a blond(e) (A)
rueda wheel (9)
ruido noise; **hacer ruido** to make noise (10)
ruidoso/a noisy
ruinas ruins
rumor *m.* rumor
ruso Russian (language) (C)
ruso/a Russian (C)
rústico/a rustic
rutina routine

S

sábado Saturday (D)
sábana sheet (10)
saber (*irreg.*) to know (3); to find out about; **saber** + *infin.* to know how to (*do something*) (4); **ya lo sé** I already know it (13); (**yo**) **sé** I know (1)
sabiduría wisdom
sabor *m.* flavor, taste (8); **de sabores** flavored
sabroso/a delicious, tasty (14)
sacar (qu) to take out (4); to get, receive (*grade*); **sacar adelante** to carry forward; **sacar al mercado** to put (*a new product*) on the market (15); **sacar**

buenas/malas notas to get good/bad grades (8); **sacar fotos** to take pictures (D); **sacar el pasaporte (la visa)** to get one's passport (visa); **sacar la basura** to take the trash out (5)

saco bag; jacket, sport coat (A)

sacrificarse (qu) to sacrifice oneself

sacudir los muebles to dust (5)

Sagitario Sagittarius

sagrado/a sacred, holy

sal *f.* salt (7); **agua** (*f.* but **el agua**) **con sal** salted water (11)

sala room; living room (5); **sala de baño** bathroom (5); **sala de emergencia** emergency room (11); **sala de espera** waiting room (10); **sala de recreo** recreation room (12)

salario salary; **aumento de salario** raise (7)

salchicha sausage, frankfurter, hot dog (7)

saldar to settle, pay up (*a debt*)

salero salt shaker

salida departure; exit

salir (*irreg.*) to leave; to go out (D); **salir a** + *infin.* to go or come out to (*do something*); **salir a bailar** to go out dancing (D); **salir al mercado** to appear on the market (15); **salir de noche** to go out at night (3); **salir de vacaciones** to go on vacation (3); **salir del trabajo** to get off work (4)

salón *m.* room; **salón de baile** dance hall; **salón de belleza** beauty parlor; **salón de clase** classroom

salsa salsa (*music*); sauce (7)

saltar to jump; to jump up; **saltar la cuerda** to jump rope (8)

salud *f.* health (7); **¡salud!** bless you! (*after a person sneezes*) (11); **salud pública** public health (16)

saludable healthy (7)

saludar to greet, say hello (6); **saludarse** to greet each other (1)

saludo greeting (A)

salvadoreño/a Salvadoran (2)

salvaje wild, savage

salvar to save (*from danger*) (9)

salvo except

san, santo/a saint; **día** (*m.*) **del santo** saint's day (3); **Día** (*m.*) **de Todos los Santos** All Saints' Day (3); **Semana Santa** Holy Week (3)

sandalia sandal

sandía watermelon (7)

sándwich *m.* sandwich

sangre *f.* blood (11); **análisis** (*m.*) **de sangre** blood test (11)

sangriento/a bloody (16)

sano/a healthy (11)

saquear to sack, plunder (16)

sarampión *m. sing.* measles (11)

sartén *f.* (frying) pan (7)

satélite *m.* satellite

satisfacción *f.* satisfaction

satisfacer (*like* **hacer**) to satisfy

se (*impersonal*) one; *refl. pron.* herself, himself, itself, themselves, yourself (*pol.*) yourselves (*pol.*)

secadora dryer (5)

secar (**qu**) to dry; **secarse** to dry off, dry oneself (3); **secarse el pelo** to dry one's hair (3)

sección (*f.*) **de (no) fumar** (non)smoking section (10)

seco/a dry (7); **ciruela seca** prune (7)

secretario/a secretary

secundaria: (**escuela**) **secundaria** high school (6)

sed *f.* thirst; **tener sed** to be thirsty (3)

seda silk (12)

seguida: en seguida immediately (14)

seguir (**i, i**) (**g**) to follow; to continue; **seguir** + **-ndo** to go on (*doing something*) (13); **seguir una carrera** to have a career (4)

según according to (C)

segundo *n.* second; *adv.* secondly

segundo/a *adj.* second (1)

seguridad *f.* safety; **cinturón** (*m.*) **de seguridad** seatbelt (9); **con toda seguridad** with absolute certainty

seguro insurance; **seguro de automóvil** car insurance (9); **seguro médico** health insurance (11)

seguro/a sure, safe (10)

seis six (A)

seiscientos/as six hundred (D)

selección *f.* selection, choice

seleccionar to select, choose

selva jungle; **selva tropical** tropical jungle (9)

semáforo signal; traffic light (9)

semana week; **a la semana** per week; **cada semana** each/every week (5); **fin** (*m.*) **de semana** weekend (D); **la semana pasada** last week (6); **la semana próxima** next week (6); **Semana Santa** Holy Week (3); **...veces a la/por semana** . . . times a week (4)

semejante similar (A)

semejanza similarity

semestre *m.* semester

semilla seed (7)

seminario seminar

senador(a) senator

sencillo/a simple

sensación *f.* sensation

sensible sensitive (15)

sentado/a seated; **(estar) sentado** (to be) seated, sitting down (4)

sentarse (**ie**) to sit down (9)

sentenciado/a sentenced

sentido sense; **doble sentido** two-way (*street*) (9); **sentido del humor** sense of humor; **un solo sentido** one-way (*street*) (9)

sentimiento feeling

sentir(se) (**ie, i**) to feel (6); **lo siento** I'm sorry (10)

seña sign

señal *f.* sign; signal (9)

señalar to indicate, show

señor (**Sr.**) *m.* man; Mr. (A); **los señores Torres** Mr. and Mrs. Torres

señora (**Sra.**) woman; Mrs. (A)

señorita (**Srta.**) young woman; Miss (B)

separar to separate; **separarse** to resign; to get separated

septiembre *m.* September (D)

séptimo/a seventh (1)

sequía drought (9)

ser *n. m.* being; **ser extraterrestre** extraterrestrial (15); **ser humano** human being (14); **ser querido** loved one (14)

ser *v.* (*irreg.*) to be (B); **a no ser que** unless; **¿cómo eres (tú)?** what are you like? (B); **¿cómo es usted/él/ella?** what are you/is he/she like? (B); **¿cómo son ustedes/ellos/ellas?** what are you/they like? (B); **¿de qué es?** what is it (made) of? (12); **¿de quién es/son... ?** whose is/are . . . ? (C); **llegar a ser** to become (16); **o sea** that is; **¿quién es?/¿quiénes son?** who is it?/who are they? (A); **sea cual sea la razón** whatever the reason may be; **ser consciente de** to be aware of (15); **ser listo** to be smart, clever

serenidad *f.* serenity

serie *f.* series

serio/a serious

servicio service

servilleta napkin

servir (**i, i**) to serve (4); **¿en qué puedo servirle?** may I help you? (10); **¿para qué sirve?** what is it used for? (5); **para servirle** at your service (10)

Sésamo: Barrio Sésamo Sesame Street

sesenta sixty (C)

sesión *f.* meeting; conference

setecientos/as seven hundred (D)

setenta seventy (C)

sexenio period of six years

sexo sex

sexto/a sixth (1)

sexual: educación (*f.*) **sexual** sex education (15); **violación sexual** rape (15)
si if
sí yes (B)
sí: en sí in itself; **sí mismo/a** oneself
SIDA *m.* (*abbrev. for* **síndrome de inmunodeficiencia adquirida**) AIDS (11)
siempre always (1)
siesta: dormir una siesta to take a nap; **tomar una siesta** to take a nap (1)
siete seven (A)
siglo century (6)
significado meaning
significar (qu) to mean
significativo/a significant
signo sign
siguiente following, next
silencio silence
silla chair (B)
sillón *m.* easy chair (5)
símbolo symbol
simpático/a friendly, nice (B)
sin without (6); **sin duda** without a doubt (11); **sin embargo** however (7); **sin que** *conj.* without (15)
sincero/a sincere
sincronizado/a synchronized
sindicalista *adj.* of or related to a trade union (16)
sindicato labor union
síndrome *m.* syndrome
sino but (rather)
sinónimo/a synonymous
síntoma *m.* symptom
siquiera even; **ni siquiera** not even
siseo hiss(ing)
sismo earthquake
sistema *m.* system
sitio place, location (10)
situación *f.* situation
situado/a located (15)
sobras leftovers
sobre on, on top of; above; about; **sobre todo** above all, especially
sobremesa after-dinner conversation
sobrepoblación *f.* overpopulation (15)
sobreponer (*like* **poner**) to put on top
sobresalir (*like* **salir**) to stand out
sobreviviente *m., f.* survivor (11)
sobrevivir to survive
sobreexplotación *f.* overexploitation
sobrino/a nephew/niece (8)
social: bienestar (*m.*) **social** (social) welfare (15)
socialista *m., f.* Socialist
sociedad *f.* society
socio/a member
sociología sociology

socorro help (11)
sofá *m.* sofa
sofisticado/a sophisticated
sol *m.* sun; *monetary unit of Perú* (12); **de sol a sol** from sunup to sundown; **hace sol** it's sunny (weather) (1); **tomar el sol** to sunbathe (1)
solamente only (1)
soldado soldier
soleado/a sunny (9)
soledad *f.* solitude
soler (**ue**) to be accustomed to
solitario: en solitario alone
sólo *adv.* only (C)
solo/a alone; **un solo sentido** one-way (*street*) (9)
soltero/a single (*unmarried*) (C)
solución *f.* solution
sombrero hat (A)
someter to subdue, quell
sonar (**ue**) to ring, go off (*alarm clock*) (6)
sonido sound (11)
sonoro/a sonorous
sonreír (**i, i**) to smile
soñar (**ue**) **con** to dream about (3)
sopa soup
Sor *f.* Sister (*used before the name of a nun*)
sorbo sip
sorprender to surprise
sorpresa surprise
sos *form of* **ser** *that goes with* **vos** (**tú eres** = **vos sos**) (*Arg.*)
sospechar to suspect (13)
sostén *m.* bra (12)
su *poss.* his, her (B); its, their, your (*pol. sing., pl.*)
suave soft
subdesarrollo underdevelopment
subir to rise; to go up (6); **subir a** to board (*a train, plane, bus*) (10)
subjuntivo subjunctive
subterráneo/a subterranean
subyacente underlying
subyugar (**gu**) to subjugate
suceder to happen
suceso event, happening
sucio/a dirty
sucursal *f.* branch office
Sudáfrica: República de Sudáfrica South Africa (C)
sudafricano/a South African (C)
Sudamérica South America (2)
sudar to sweat
sueco/a *n.* Swede; *adj.* Swedish
suegro/a father-/mother-in-law (8)
sueldo salary
suelo floor
suelto/a loose (12)

sueño dream
suero serum
suerte *f.* luck; lot, fate
suéter *m.* sweater (A)
sufrir to suffer
sugerencia suggestion (4)
sugerir (**ie, i**) to suggest (13)
suicidio suicide
Suiza Switzerland
sujetar to hold (12)
sujeto subject
sujeto/a a subject to (10)
sumar to add up
¡súper! great! (15)
superar to surpass, excel
superficie *f.* surface (9)
supermercado supermarket
superpoblación *f.* overpopulation (16)
supervisar to supervise
supervisor(a) supervisor
suponer (*like* **poner**) to suppose (10)
supuesto: por supuesto of course
supuesto/a *p.p.* supposed
sur *m.* south
surgir (**j**) to arise (14)
suroeste *m.* southwest
surrealista surrealistic
surtir to fill (*prescription*) (11); **surtir efecto** to work, have the desired effect
suscribirse to subscribe
suspender to suspend, dismiss
suspiro sigh
sustancia substance
susto scare, fright; **pegarse un susto** to get a shock
suyo/a *poss.* your, of yours (*form. sing., pl.*); his, of his, her, of hers

T

tabaco tobacco
tacaño/a stingy
taco *Mexican dish, rolled or folded tortilla filled with meat, beans, etc.*
tacón *m.* heel; **zapatos de tacón alto** high heels (12)
tal such, such a; **con tal (de) que** provided that (15); **¿qué tal?** how's it going?; how are you? (5); **¿qué tal si... ?** how about if . . . ?; **tal vez** maybe (14); **tal y como** exactly the same as
taladro drill
talla size (12); **¿qué talla usa?** what size do you wear?
taller (*m.*) **de reparación** (mechanic's) garage (4)
tamal *m.* tamale (*Mexican dish of minced meat and red peppers rolled in cornmeal wrapped in corn husks or banana leaves*) (7)

tamaño size (7)

también also (B); **a mí también me gusta...** I like to . . . also (D)

tampoco neither, not either; **a mí tampoco me gusta...** I don't like to . . . either (D)

tan so (10); **tan... como** as . . . as (5); **tan pronto como** as soon as (14)

tanque *m.* tank

tanto *adv.* so much; as much; **mientras tanto** in the meanwhile; **por lo tanto** therefore; **tanto como** as much as

tanto/a *adj.* so much; such, such a; *pl.* so many; **tanto(s)/tanta(s)... como** as many . . . as (5); **¡tanto tiempo sin verte!** I haven't seen you (*inf. sing.*) in ages! (6)

tapado/a stuffed up, congested (11)

tapar to cover (7)

tapas hors d'oeuvres

tapizado/a upholstered

taquería taco stand

tardar *time* **en** + *infin.* to take (*time*) to (*do something*); **¿cuánto tiempo tarda(s) en... ?** how long does it take you to . . . ? (4)

tarde *f.* afternoon; *adv.* late (3); **buenas tardes** good afternoon (A); **de/por la tarde** in the afternoon (D); **llegar tarde** to arrive/be late (4); **más tarde** later (1); **toda la tarde** all afternoon long

tarea homework (2); task

tarifa rate, price

tarjeta card; **tarjeta de crédito** credit card (7); **tarjeta postal** postcard (10)

tarro jar (7)

tasa rate, level; **tasa del desempleo** unemployment rate (15)

tasca (*coll.*) bar, tavern

tauromaquia art and technique of bullfighting

taxi *m.* taxi

taza cup (4); **taza del inodoro** toilet bowl (5)

te *d.o.* you (*inf. sing.*); *i.o.* to/for you (*inf. sing.*); *refl. pron.* yourself (*inf. sing.*)

té *m.* tea (7); **té caliente/frío/helado** hot/cold/iced tea (7); **té con hielo** iced tea

teatro theater (2)

técnico/a *n.* technician; *adj.* technical

techo roof (B)

tel. (*abbrev. for teléfono*) telephone

tela cloth, material (12)

telecomunicación *f. sing.* telecommunications

telefónico/a *adj.* telephone

teléfono telephone; **hablar por teléfono** to speak on the phone (D); **llamar por teléfono** to phone (13); **por teléfono** on the telephone, by telephone (A)

telégrafo telegraph

telenovela soap opera; **ver una telenovela** to watch a soap opera (D)

televisión *f.* television; **ver la televisión** to watch television (D)

televisor *m.* TV set (5); **televisor en colores** color TV set (12)

telúrico/a terrestrial

tema *m.* theme, topic

temblor *m.* tremor; earthquake

temor *m.* fear

tempestad *f.* storm

temprano early (3)

tender (ie) to stretch out; **tender la cama** to make the bed (5)

tener (*irreg.*) to have (B); **¿cuántos años tiene(s)?** how old are you? (C); **¿de qué color tiene los ojos?** what color are your/his/her eyes? (B); **no tener razón** to be wrong; **¿qué edad tiene(s)?** how old are you? (C); **¿qué hora tiene?** what time do you have? (D); **tener... años** to be . . . years old; **tener calor/frío/hambre/miedo/sed/ sueño** to be hot/cold/hungry/afraid/ thirsty/sleepy (3); **tener contagio** to be infected; **tener cuidado** to be careful (9); **tener de todo** to be well-stocked (12); **tener en vista** to have in mind; **tener éxito** to be successful; **tener ganas de** (+ *infin.*) to feel like (*doing something*) (4); **tener interés en** to be interested in; **tener la culpa** to be to blame, be guilty (11); **tener lugar** to take place (16); **tener náuseas** to be nauseated (11); **tener prisa** to be in a hurry (3); **tener que** (+ *infin.*) to have to (*do something*) (4); **tener razón** to be right (13); **tengo... años** I'm . . . years old (C)

tenis *m.* tennis; **cancha de tenis** tennis court (5); **zapato de tenis** tennis shoe (A)

teoría theory

tercer, tercero/a third (1); **Tercer Mundo** Third World (16)

terciopelo velvet (12)

terminar to finish (12)

ternera veal

terraza terrace

terremoto earthquake (11)

terreno terrain

territorio territory

terrorista *m., f.* terrorist

testamento last will and testament

testarudo/a obstinate, stubborn

testigo *m., f.* witness (11)

testimonio testimony

tetera teapot (5)

ti *obj. of prep.* you (*inf. sing.*)

tiempo time; weather (1); **a tiempo** on time; **¿cuánto tiempo hace que... ?** how long has it been since . . . ? (6); **llegar a tiempo** to arrive/be on time (4); **pasar tiempo** to spend time (5); **pronóstico del tiempo** weather forecast (1); **¿qué tiempo hace?** what is the weather like? (1); **¡tanto tiempo sin verte!** I haven't seen you (*inf. sing.*) in ages! (6)

tienda store (2)

tierra earth; land (9)

tijeras scissors (12)

tímido/a timid

tinte *m.* hair coloring

tinto: vino tinto red wine (7)

tintorería dry cleaners (10)

tío/a uncle/aunt (8)

típico/a typical

tipo type (3); (*coll.*) guy, character; **todo tipo de** all kinds of (15)

tiras cómicas comic strips (8)

tiránico/a tyrannical

tirar to throw

titularse to be titled

título title; **título de propiedad** deed (14)

tiza chalk (B)

toalla towel (3)

tobillo ankle (11)

tocador *m.* dresser (5)

tocar (qu) to touch (2); to play (*a musical instrument*) (2); **tocar a la puerta** to knock; **tocar la bocina** to honk the horn (9)

tocino bacon

todavía still, yet

todo everything

todo/a all, all of; **con toda seguridad** with absolute certainty; **de todos modos** anyway (8); **tener de todo** to be well-stocked (12); **toda la vida** one's whole life (14); **todas partes** everywhere; **todo el día** all day long; **todo tipo de** all kinds of (15); **todos los días** every day (3)

Tokio Tokyo

tomar to take; to drink; to eat; **tomar café** to drink coffee (3); **tomar el sol** to sunbathe (1); **tomar en cuenta** to take into account; **tomar la decisión** to make the decision; **tomar una siesta** to take a nap (1)

tomate *m.* tomato

tonto/a *n.* fool; *adj.* silly, foolish
toque *m.* touch
torcido/a twisted, sprained (11)
tormenta storm (9)
toro bull; **corrida de toros** bullfight (10)
toronja grapefruit (7)
torpe clumsy
torre *f.* tower (10)
torta sandwich (*Mex.*)
tortilla *thin cake made of (corn) flour (Mex.)*; **tortilla española** *Spanish omelette made of eggs, potatoes, and onions* (7)
tos *f.* cough (11)
toser to cough
tostada *dish with beans, meat, lettuce, etc. on a crisp, fried tortilla (Mex.)*; toast (*Sp.*) (7)
tostado: pan (*m.*) **tostado** toast (7)
tostador *m.* toaster
totalitario/a totalitarian
totalitarismo totalitarianism
tóxico/a toxic
toxicología toxicology
trabajador(a) *n.* worker; *adj.* hard-working (B)
trabajar to work (D)
trabajo work (2); job; **entrar al trabajo** to start work (4); **salir del trabajo** to get off work (4)
trabajólico/a workaholic
tradición *f.* tradition
tradicional traditional
traducción *f.* translation
traducir (**zc**) (**j**) to translate
traer (*irreg.*) to bring (3); **traer dinero** to be carrying money (12)
tráfico traffic
trágico/a tragic
traje *m.* suit (A); **traje de baño** swimsuit (6)
tranquilamente peacefully (6)
tranquilo/a calm, peaceful
transbordador *m.* ferry (9)
transbordo transfer (10); **hacer transbordo** to change (*trains, etc.*)
transformar to transform
transición *f.* transition
transitar to travel
tránsito traffic
transmisión *f.* transmission; **líquido de la transmisión** transmission fluid
transmitir to transmit
transportar to transport
transporte *m.* transportation
tranvía cable car (9)
trapo rag
tras *prep.* after
trascender (**ie**) to transcend
trasladarse to move

tratado treaty
tratamiento treatment (11)
tratar to treat; to deal with; **tratar de** (+ *infin.*) to try to (*do something*) (4); **tratarse de** to be about (something) (15)
trato agreement
través: a través de through, by means of (15)
trece thirteen (A)
treinta thirty (A)
treinta y uno thirty-one (A)
treinta y dos thirty-two (A)
tremendo/a tremendous
tren *m.* train
tres three (A)
trescientos/as three hundred (D)
tribu *f.* tribe
tribunal *m.* court (*of law*)
trimestre *m.* trimester; quarter
triste sad (3)
tristeza sadness
triunfante triumphant
triunfo triumph
trompeta trumpet
tronco trunk; stem, stalk
tropa troop
tropical tropical; **selva tropical** tropical jungle
trotar to jog (3)
trozo piece, chunk
trueno thunder (9)
tu *poss.* your (*inf. sing.*) (B)
tú *sub. pron.* you (*inf. sing.*); **y tú, ¿qué dices?** and you? (what do you say?) (D)
tuberculosis *f.* tuberculosis
tubito small tube
tufillo (*coll.*) odor
tumba tomb
turismo tourism
turista *n. m., f.* tourist
turístico/a *adj.* tourist; **complejo turístico** tourist resort (10)
turno turn
tuyo/a *poss.* your, of yours (*inf. sing.*)

U

u or (*used instead of* **o** *before words beginning with* **o** *or* **ho**)
ubicado/a located (15)
últimamente lately (16)
último/a last (6); latest; **a última hora** at the last minute (10); **la última vez** the last time (6); **por última vez** for the last time; **por último** finally
un, uno/a *indefinite article* a, an; one (A); **unos/as** some
unánimemente unanimously

único/a only; unique (10); **lo único** the only thing (10)
unidad *f.* unit
unido/a united; attached (9); **Estados Unidos** United States (C)
unificar (**qu**) to unify
unión *f.* union
unir to unite, join
universidad *f.* university
universitario/a of or pertaining to the university (13)
uña fingernail (11)
urbanístico/a urban
urgencia emergency
uruguayo/a Uruguayan (2)
usar to use; **¿qué talla usa?** what size do you wear?; **usarse** to be used
uso use
usted (**Ud., Vd.**) *sub. pron.* you (*pol. sing.*); *obj of prep.* you (*pol. sing.*); **¿y usted?** and you? (A)
ustedes (**Uds., Vds.**) *sub. pron.* you (*pol. pl.*); *obj. of prep.* you (*pol. pl.*)
usurero/a profiteer, moneylender
utensilio utensil
útil useful
utilización *f.* use, utilization
utilizar (**c**) to utilize, use
uva grape (7)

V

vaca cow
vacaciones *f. pl.* vacation; **ir de vacaciones** to go on vacation; **salir de vacaciones** to go on vacation (3)
vacío/a empty
vacuna vaccination (10)
vago/a bum
vagón *m.* car (*of a train*) (9)
vainilla vanilla
valenciano/a from Valencia (*Spain*)
valer (*irreg.*) to be worth; to cost (12); **¿cuánto vale?** how much is it?; **más vale** + *infin.* it is better to (*do something*); **valerse de** to make use of, avail oneself of
valiente *n. m., f.* brave person; *adj.* brave
valija suitcase
valioso/a valuable (10)
valor *m.* value; cost (10)
valorar to value (14)
valle *m.* valley
vampiresa femme fatale
vanidad *f.* vanity
vaquero/a cowboy/girl; (**pantalones** [*m.*]) **vaqueros** jeans (1)
variar to vary
varicela chicken pox (11)

variedad *f.* variety
varios/as several (3)
varón *m.* male
vasco/a Basque
vaso glass (3)
vecindario neighborhood
vecino/a neighbor (B)
vegetación *f.* vegetation
vehículo vehicle
veinte twenty (A)
veinticinco twenty-five (A)
veinticuatro twenty-four (A)
veintidós twenty-two (A)
veintinueve twenty-nine (A)
veintiocho twenty-eight (A)
veintiséis twenty-six (A)
veintisiete twenty-seven (A)
veintitrés twenty-three (A)
veintiuno twenty-one (A)
velero sailboat; **andar en velero** to go sailing (1)
velocidad *f.* speed; **disminuir la velocidad** to reduce speed (13); **exceso de velocidad** speeding (6)
vena vein
vencer (z) to conquer
vencido/a: darse por vencido/a to give up
vendaje *m.* bandage (11)
vendedor(a) salesperson, seller (12)
vender to sell (12)
venéreo/a: enfermedad (*f.*) **venérea** sexually transmitted disease (15)
venezolano/a Venezuelan (2)
venir (*irreg.*) to come (3)
venta sale (16); **de venta** for sale (9); **venta de garaje/zaguán** garage sale (12)
ventaja advantage (14)
ventana window (B)
ventanilla window (*of car, train, etc.*)
ventilador *m.* (*electric*) fan (5)
ver (*irreg.*) to see (D); to watch; **a ver** let's see; **nos vemos** we'll be seeing each other; see you (1); **¡tanto tiempo sin verte!** I haven't seen you (*inf. sing.*) in ages! (6); **vamos a ver** let's see; **ver la televisión** to watch television (D); **ver una telenovela** to watch a soap opera (D); **ver un partido de...** to watch a game of . . . (D); **verse** to see oneself; to look, appear
veranear to spend the summer
veraniego/a summer, summer-like
verano summer (D)
veras: ¿de veras? really? (3)
verbo verb
verdad *f.* truth (6); **de verdad** truly, re-

ally; **es verdad** it's true; **la mera verdad** the simple truth; **¿verdad?** right?, isn't it?
verde green (A)
verduras (green) vegetables (7)
vergüenza: darle vergüenza a uno to be ashamed
versátil versatile
versión *f.* version
verso verse, rhyme
vestido dress (A)
vestir (i, i) to dress; **vestirse** to get dressed (4)
veterinario/a veterinarian
vez *f.* (*pl.* **veces**) time; **a la vez** at the same time (4); **a veces** sometimes (4); **alguna vez** once; ever; **algunas veces** sometimes (14); **de vez en cuando** once in a while (9); **dos veces** twice; **en vez de** instead of; **la última vez** the last time (6); **muchas veces** many times (4); **otra vez** again (4); **por primera vez** for the first time (8); **por última vez** for the last time; **tal vez** maybe (14); **una vez** once (8); **...veces a la/por semana** . . . times a week (4)
vía road, way; **en vías de desarrollo** developing
viajar to travel (C)
viaje *m.* trip (4); **agencia de viajes** travel agency; **agente** (*m., f.*) **de viajes** travel agent (10); **¡buen viaje!** have a nice trip! (10); **hacer viajes** to take trips, travel (9); **viaje de negocios** business trip
viajero/a traveler (10); **cheque** (*m.*) **de viajero** traveler's check (10)
vicepresidente, vicepresidenta vice president
vicio vice, bad habit (11)
víctima *m., f.* victim
vida life (2); **así es la vida** that's life (15); **toda la vida** one's whole life (14)
videocasetera videocassette player (12)
videocentro video store (3)
vidrio glass (*a material*) (9)
viejo/a *n.* old person; *adj.* old (A)
viento wind; **hace viento** it's windy (1)
viernes *m. sing. and pl.* Friday (D)
vigor: entrar en vigor to go into effect
VIH *m.* (*abbrev. of* **virus de la immunodeficiencia humana**) HIV (11)
vinagre *m.* vinegar
vino wine (7); **llamar al pan pan y al vino vino** to call a spade a spade; **vino blanco/tinto** white/red wine (7)
violación *f.* violation; **violación sexual** rape (15)

violar to rape
violencia violence
violín *m.* violin
violinista *m., f.* violinist
virreinal viceregal
virreinato viceroyalty
virus *m. sing. and pl.* virus
visa visa (10); **sacar la visa** to get one's visa (10)
visado visa (10)
víscera body organ
visita visit; **de visita** visiting (13)
visitante *m., f.* visitor
visitar to visit
vista view; **punto de vista** point of view; **tener en vista** to have in mind
visto/a *p.p.* seen, viewed
viudo/a a widower/widow (D)
vivienda housing (14)
vivir to live (D); **viva...** long live . . .
vivo/a alive (8)
vocabulario vocabulary
vocalista *m., f.* vocalist
volante *m.* steering wheel (9)
volar (ue) to fly (6); **volar una cometa/un papalote** (*Mex.*) to fly a kite (8)
volcán *m.* volcano
voleibol *m.* volleyball
volumen *m.* volume
voluntad *f.* will, desire
volver (ue) to return (3); **volverse loco/a** to go crazy (11)
vos *sub. pron.* you (*inf. sing. in Arg., Gua., etc.*)
vosotros/as *sub. pron.* you (*inf. pl. Sp.*); *obj. of prep.* you (*inf. pl. Sp.*)
votar to vote
voz *f.* (*pl.* **voces**) voice (14); **en voz alta/baja** in a loud/low voice (13)
vuelo flight; **asistente** (*m., f.*) **de vuelo** flight attendant (10)
vuelta: boleto de ida y vuelta round-trip ticket (10); **darle una vuelta a alguien** to look in on someone (*an invalid or hospital patient*); **dar muchas vueltas** to go back and forth; **dar vueltas** to go around; **una vuelta más** another time around
vuelto/a *p.p.* returned; **de ida y vuelta** round-trip
vuestro/a *poss.* your (*inf. pl. Sp.*), of yours (*inf. pl. Sp.*)

X

xenofobia xenophobia

Y

y and (A); plus

ya already (4); now; **ya era hora** it was about time (15); **ya lo creo** of course; **ya lo sé** I already know it (13); **ya no** no longer; **ya que** since (16); **ya voy** I'm coming (2)

yerno son-in-law (8)

yo *sub. pron.* I

Z

zaguán *m.*: **venta de zaguán** garage sale (12)

zanahoria carrot (7)

zapatería shoe store (3)

zapatilla slipper (12)

zapato (*de tenis*) (tennis) shoe (A); **zapatos de tacón alto** high heels (12); **zapatos de tenis** tennis shoes (A)

zarza bramble; blackberry bush

zócalo plaza, town square (*Mex.*)

zoológico zoo (6)

zurdo/a *n.* left-hander; *adj.* left-handed

zutano: fulano o zutano Mr. so-and-so; **todos los fulanos, zutanos y perenganos** every Tom, Dick, and Harry

Index

This index is divided into two parts. "Grammar" covers grammar, structure, and usage; "Topics" lists cultural and vocabulary topics treated in the text. Topics appear as groups; they are not cross-referenced. Any abbreviations in the index are identical to those used in the end vocabulary.

GRAMMAR

a, + **el**, 140
  + infinitive, 90
  + noun or pronoun, to specify indirect
    object, 168, 258
abstract ideas expressed by **lo**, 403–404
accent marks, with demonstrative
    pronouns, 405
  with interrogatives and exclamations,
    316
  with object pronouns, 343, 411, 433
adjective clauses, 489–490, 520
adjectives, agreement of, 13–15, 30–32,
    43–44, 46–47
  defined, 13–15
  demonstrative, 171–172, 405
  descriptive, 4, 21, 23, 88, 457–458
  forms of, 13–15, 30
  irregular comparative forms of, 199
  listed, 88
  meaning after **ser** and **estar**, 131, 147,
    149, 442, 457–458
  nominalization (used as nouns), 403
  of nationality, 38–40, 46–47, 105, 112
  ordinal, 77–78, 88, 91
  past participle used as, 131
  position of, 13–15
  possessive (stressed), 406–407. *See also*
    Appendix 2
  possessive (unstressed), 43–44. *See also*
    Appendix 2
  regular comparative forms of, 199–201
  with **lo**, 403–404
adverbial clauses with subjunctive,
    344–345, 435, 461, 520. *See also*
    Appendix 2
adverbs, defined, 316
  ending in **-mente**, 316
  of time, 193, 198, 203, 209. *See also*
    Appendix 2
affirmative words, 261

age, expressing, 37, 45
ago (with **hacer**), 216–217, 235, 317
agreement, of adjectives, 13–15, 30–32,
    43–44, 46–47, 171–172
  of articles, 13–15, 27–30
  of nouns, 13–15, 27–30
  of possessive adjectives, 43–44
  of possessive pronouns, 406–407
  of subject and verb, 14, 25–26,
    114–115
al, 140
alphabet, Spanish, 66–67
andar (*irreg.*). *See* Appendix 1
antecedent, defined, 490
apocopation, 91, 199, 261–262
-ar verbs, commands, 342, 414, 423,
    429–431
  conditional, 462
  future, 459
  imperfect, 284, 341
  past (preterite), 191–192, 202–203,
    208, 213–214, 225–226, 341
  past subjunctive, 493
  present, 14, 47–48, 114, 341
  subjunctive, 345. *See also* Appendix 1
articles, definite, 13–15, 27–28, 199, 403
  indefinite, 13–14, 27–28, 403
  plural, 15, 29–30

become, 372

caer (*irreg.*). *See* Appendix 1
cardinal numbers, 6, 10, 19, 37, 53–54,
    66, 385
changes in state, expressing, 372
clause, defined, 489–490
comer. *See* Appendix 1
commands (imperative), defined, 11
  formal (polite; **Ud., Uds.**), 2, 8, 11,
    342–343, 414, 429–431
  indirect, 373–374
  informal (**tú**), 414, 429–431

About the Authors

Tracy D. Terrell (*late*) received his Ph.D. in Spanish Linguistics from the University of Texas at Austin and published extensively in the areas of Spanish dialectology, specializing in the sociolinguistics of Caribbean Spanish. Professor Terrell's publications on second-language acquisition and on the Natural Approach are widely known in the United States and abroad.

Magdalena Andrade received her first B.A. in Spanish/French and a second B.A. in English from San Diego University. After teaching in the Calexico Unified School District Bilingual Program for several years, she taught elementary and intermediate Spanish at both San Diego State and at the University of California, Irvine, where she also taught Spanish for Spanish Speakers and Humanities Core Courses. After receiving her Ph.D. from the University of California, Irvine, she taught for two years at the University of California, Riverside where she also worked as a coordinator of the Teaching Assistant Program. She is currently teaching language and literature at California State University, Long Beach.

Jeanne Egasse received her B.A. and M.A. in Spanish linguistics from the University of California, Irvine. She has taught foreign language methodology courses and supervised teachers in training of foreign languages and ESL at UC Irvine. Currently she is an instructor of Spanish and coordinates the foreign language program at Irvine Valley College. She also serves as a consultant for local schools and universities on implementing the Natural Approach in the language classroom.

Elías Miguel Muñoz is a widely published prose writer and poet. He has a Ph.D. in Spanish from the University of California, Irvine, and has taught Spanish language and Latin American literature at the university level. His published works include two books of literary criticism and the highly regarded novels *Crazy Love* and *The Greatest Performance*, as well as two collections of poetry, *En estas tierras/In This Land* and *No fue posible el sol*. Muñoz has contributed to several anthologies of U. S. Latino literature, including the critically acclaimed *Iguana Dreams*. He has recently completed his fourth novel.

Realia credits: Page 5 Reprinted with permission of Pelikan International Handelsges. mbH² Co. KG, Hannover/Germany; **37** *Cambio 16*; **68** Reprinted with permission of the United States Olympic Committee; **71** Reprinted with permission of Dunlop-Slazenger, Inc.; **76** *Guía del Ocio*; **128** © Quino/Quipos; **152** Reprinted with permission of Berlitz International, Inc.; **159** © Quino/Quipos; **160** *Cambio 16*; **182** © Quino/Quipos; **217** *Muy Interesante*; **239** *Tú*, Editorial América; **249** *Noticias de la Semana*; **272 (top)** Pilar Gómez/ *Semana*; **(bottom)** *Tedi*, Editorial Armonia; **274** *Ser Padres Hoy*; **300** Reprinted with permission of Iberia Airlines of Spain; **302** © Robert Bosch GmbH, reprinted with permission; **304** *Tribuna de la Actualidad*; **305** *Ser Padres Hoy*; **307** *Eres*; **324** © AAA, reprinted with permission; **328** *Ser Padres Hoy*; **329** *Ser Padres Hoy*; **330** *Biba*, Editorial América Ibérica; **346** *Práctica Mujer*; **356** *Ser Padres Hoy*; **358 (top)** *Noticias de la Semana*; **(bottom)** American Red Cross; **362 (top left)** © ALI, all rights reserved; **(top right)** Reprinted with permission of CIBA Consumer Pharmaceuticals, a division of CIBA-GEIGY Corp.; **367 (middle)** © Quino/Quipos; **(bottom)** *Vivir*; **379** © Quino/Quipos; **389** © Gruner & Jahr España/ *Natura*; **416** *Tú*, Editorial América; **429** *Mía*; **444 (top)** *Cambio 16*; **444 (bottom)** *Mía*; **445** *Más*, Univision Publications; **449** © Quino/Quipos; **455** © Ballesta/Quipos; **460** Reprinted with permission of Germán Barrero, publisher of *Alcancía de Ahorros*, Upland, California; **467** *Los Domingos de ABC*, Madrid; **471** *Historia 16*, Madrid 1985; **480 (middle and bottom)** © Quino/Quipos; **481** *Muy Interesante*; **499** © Quino/Quipos; **505** *Integral*; **506** *Prisma Latinoamérica*, July 1991; **509** © Quino/Quipos; **523** © Quino/Quipos.

Literary credits: Pages 221–222 "Oda a la tormenta", © Pablo Neruda, 1954, and Fundación Pablo Neruda; **250–251** "Oda al tomate", © Pablo Neruda, 1954, and Fundación Pablo Neruda; **363–364** "Paletitas de guayaba", from *Voces: An Anthology of Nuevo Mexicano Writers* (Albuquerque, NM.: El Norte Publications); **482–484** "Prejuicio" by Luis Muñoz Marin, from *Cuentos alegres para principiantes*, Third Edition, by Mario B. Rodríguez, © 1972 by Holt, Rinehart and Winston, Inc., reprinted by permission of the author.

El mundo hispano a su alcance

Argentina

población	32.700.000
capital	Buenos Aires
moneda	el peso
idiomas	el español, el italiano
alfabetización	95,3%
exportación principal	cereales
agricultura	caña de azúcar, trigo, ganadería

Bolivia

población	7.580.000
capitales	La Paz y Sucre
moneda	el peso boliviano
idiomas	el español, el aimará, el quechua
alfabetización	77,5%
exportación principal	gas natural
agricultura	café, caña de azúcar, papa

Brasil

población	146.155.000
capital	Brasilia
moneda	la cruzada (o cruzeiro)
idiomas	el portugués, el alemán, el japonés
alfabetización	82,2%
exportación principal	metales
agricultura	café, soya, caña de azúcar

Colombia

población	33.613.000 (1991)
capital	Bogotá
moneda	el peso
idiomas	el español, el chibcha, el arauaco
alfabetización	86,7% (1990)
exportación principal	café
agricultura	café, cacao, plátano

Costa Rica

población	3.088.000
capital	San José
moneda	el colón
idiomas	el español, el inglés-criollo
alfabetización	92,8%
exportación principal	café
agricultura	café, plátano, maíz, arroz

Cuba

población	10.700.000
capital	La Habana
moneda	el peso
idioma	el español
alfabetización	94%
exportación principal	azúcar
agricultura	caña de azúcar, arroz

Chile

población	13.386.000 (1991)
capital	Santiago
moneda	el peso
idiomas	el español, el mapuche
alfabetización	93,4%
exportación principal	metales
agricultura	frutas, trigo, cebada

Ecuador

población	11.079.000
capital	Quito
moneda	el sucre
idiomas	el español, el quechua
alfabetización	85,6%
exportación principal	petróleo
agricultura	plátano, café, algodón, caña de azúcar

España

población	39.952.000
capital	Madrid
moneda	la peseta
idiomas	el español, el catalán, el gallego, el vascuence
alfabetización	95,4%
exportación principal	equipos de transporte
agricultura	trigo, cebada, remolacha azucarera

Guatemala

población	9.454.000
capital	Ciudad de Guatemala
moneda	el quetzal
idiomas	el español, varios idiomas mayas
alfabetización	55,1%
exportación principal	café
agricultura	café, plátano, caña de azúcar, maíz